LAW&BUSINESS

法商圖書

上市公司资金占用与违规担保风险化解实证研究

Empirical Study on Solutions to Funds Occupation and Illegal Guarantees in Listed Companies

张杜超　著

法律出版社 LAW PRESS · CHINA | 北京

图书在版编目(CIP)数据

上市公司资金占用与违规担保风险化解实证研究 / 张杜超著. -- 北京 : 法律出版社, 2024
ISBN 978-7-5197-8978-7

Ⅰ. ①上… Ⅱ. ①张… Ⅲ. ①上市公司-贷款担保-风险管理-研究-中国 Ⅳ. ①F832.4

中国国家版本馆 CIP 数据核字(2024)第 065878 号

上市公司资金占用与违规担保风险化解实证研究
SHANGSHI GONGSI ZIJIN ZHANYONG YU WEIGUI DANBAO FENGXIAN HUAJIE SHIZHENG YANJIU

张杜超 著

策划编辑 肖 越 魏艳丽
责任编辑 肖 越 魏艳丽
装帧设计 汪奇峰

出版发行 法律出版社
编辑统筹 法商出版分社
责任校对 王 丰
责任印制 胡晓雅
经　　销 新华书店

开本 710 毫米×1000 毫米 1/16
印张 47.75 **字数** 739 千
版本 2024 年 5 月第 1 版
印次 2024 年 5 月第 1 次印刷
印刷 永清县金鑫印刷有限公司

地址:北京市丰台区莲花池西里 7 号(100073)
网址:www.lawpress.com.cn
投稿邮箱:info@lawpress.com.cn
举报盗版邮箱:jbwq@lawpress.com.cn

销售电话:010-83938349
客服电话:010-83938350
咨询电话:010-63939796

书号:ISBN 978-7-5197-8978-7
定价:188.00 元

凡购买本社图书,如有印装错误,我社负责退换。电话:010-83938349

推荐序

改革开放四十余年,中国资本市场从小到大、由弱变强,已成为现代经济体系的重要部分。我们这一代的法律人幸运地见证了中国资本市场的高速发展。不过历史总是螺旋式上升、波浪式前进的,近期上市公司频繁暴露出一些风险和隐忧。例如,张杜超律师新作所关注研究的上市公司非经营性资金占用和违规担保问题,已是资本市场成因复杂的风险之一。这些问题损害了中国资本市场的公信力,扭曲了资源配置的效率,影响了中外投资者的信心,对中国经济的稳定和效率产生负面效应。

这本书就探讨了上市公司涉及的非经营性资金占用和违规担保问题,拆解并实证分析了市场前沿、具有代表性的案例,就其概念、表现形式、产生原因、主体责任以及衍生风险等进行了详细阐释。另外,本书在提出问题的同时,也总结了切实可行的解决方案,包括现金清偿、资产抵偿、债权债务抵销与破产重整等。因此,这本书集前沿性、理论性、实务性与操作性于一体,对上市公司的实控人、管理层、监管机构、投资者以及专业人士都有很强的参考价值。

通过本书,我欣慰于看到中伦的合伙人们,对国家与市场始终传承着家国情怀与担当精神。他们面对市场问题与环境变化,能顺应形势需求,将法律服务推陈出新,切实回应现实问题。这种心态与能力不仅要求律师不断地适应市场,拥抱变化,更应重视思考律师职业能够为国家、市场与客户创造何种价值,借此实现更高层面的追求,将个人的职业道路与中国前途紧密联系起来。

我知道杜超一直对市场前沿问题深感兴趣,加之本身处于上市公司风险处置领域的一线,也发表了大量理论与实务著作。因此,当他提及本书创作背景并邀我作序时,我一点不觉奇怪,尤当杜超谈及创作初衷之一,是想通过服务于上市公司风险处置工作,帮助其背后的千千万万的员工、股民与债权人及其家庭获益时,我更为之欣慰。人能弘道,道亦弘人。这体现了法律职业群体的温度与担当,故我很高兴为本书作序,推荐各界朋友阅览此书,以提升对这一重要议题的认识和理解,并期待中国资本市场"千帆"齐头并进,乘风破浪向前,在透明、公正的基础上健康、持续与有序发展。

是为序。

吴　鹏

中伦律师事务所创始合伙人

二〇二四年四月

自　序

近年来中国经济遭遇了重大挑战,也展现出强大韧性。从微观层面观察,世界经济不确定性在增加,境内经济增速放缓趋势明显,部分行业或企业遭遇债务困境。在此过程中,大量优质生产要素留滞于困境企业,既不能为所有者创造财富,又因查封、冻结与担保等法律限制,难以重新流转至市场发挥价值。针对上述情况,国家出台了众多纾困政策,但债务企业的气血仍显不畅——困境企业无法获得增量资金化解流动性风险,而金融机构等资金提供者也无法回收资金。借贷双方在僵持中一输俱输。与此同时,大量资金沉淀于银行系统空转,未能扎扎实实地支持实体经济。这种恶性循环导致宏观的经济刺激在微观层面的作用力不断降低,提升了爆发系统性债务风险的可能性。

如何理解债务风险的发展阶段,又该如何处理债务风险?达利欧在《债务危机:我的应对原则》中总结:一是财政紧缩,减少支出;二是债务违约或重组;三是央行印钞,购买资产或提供担保;四是,将资金和信贷从充足的领域转向不足领域。这既是客观的阶段性描述,也是具有现实意义的解决路径。鉴于此,中国当下要做好第三、四阶段的工作,即将在银行体系沉淀的天量资金引导至信贷不足领域。我们认为金融机构在化解债务风险与纾困投资方面,可以发挥重大作用。首先,在政策层面,对金融机构的放贷与考核给予更多的宽容度、灵活度与自主权,鼓励有条件的企业债务重组,适度放宽对重组企业的清收比例与时限要求；其次，在采取扩张性的货币发行政策时，不单纯依赖银行信贷通道完成，尤应注重提升国有背景的资产管理公司在投资困境行业或企业方面的积极性，敦促这类主体更加积极、进取且广泛地参与到危困企业的纾困投资中，释放流动性，稳定企业信心，偿付债权与保留就业，提升市场向上的预期；最后，出台更多的民间资本进入纾困投资领域的鼓励性政策，允许金融机构在债务重组中适度"让利"，刺激民间资本更多地参与特殊机会投资。这里的"让利"从个案来看是金融机构的"信贷自救"或"投资博弈"行为，而从整体观之，可起到促进困境企业的优质生产资料重新组合、流通并创造价值的重要作用。

通过上述措施可以更好地让财政资金与生产要素流动起来，以有形之手调控资本充足领域（热门赛道）与投资不足领域（困境行业）的平衡，实现达利欧所称的"美丽的去杠杆"。更为关键的是，这种通过金融机构信贷与投资适度"损失"的方式，能够避免流动性僵化的极端情况，即各方被共同锁定在出现债务问题的特定地域、产业或企业。该等操作的关键在于银行与资产管理公司。资管公司应在特定债务时期，一定程度地代替银行信贷部门向市场释放流动性。其一，信贷机构减轻对危困企业进行债务重组的担忧和限制，同时内部放宽对偿债率和清偿周期的考核标准。其二，国家加大资管公司资本端的投入。这种投入回报不仅以市场化为目标，更要注重财政工具属性，引导沉淀在金融机构账户的资金释放到实体经济，尤其重视对民间资本的引导作用。在当前形势下，更应注重发挥国资背景的资管公司在经济下行周期中发挥有形之手的调控作用。这与完全市场化的操作方式不同，适当调低资管公司的考核与业绩标准，有利于避免其在经济条件好的时候溢价抢夺优质资产，而在经济环境下行的时候紧捂钱袋子，也有利于在第一时间将优质资产重新释放给市场运营者，恢复生产资料的高效流动。总之，应当为国资背景的资管公司提供更为宽松的内外环境，使其更好地成为逆周期经济调控的"控制阀"，而非市场追涨杀跌的"助推器"。

目前，市场上进行债务重组的企业以民营部门为多。因此，上述资金的投放重点应是民营企业。辜朝明认为，在资产负债表衰退期中，政府应该从相反方向采取措施，即从私营部门入手并防止恶性循环。[①] 这样操作的好处在于，第一时

---

① 参见[美]辜朝明：《复盘：一个经济学家对宏观经济的另类解读》，艾尼瓦尔·吐尔逊/朱玲译，中信出版集团股份有限公司2020年版，第50页。

间预防私营部门在全面去杠杆与停止投资方面达成一致的市场共识。如果企业停止借贷扩大生产并且开始归还金融系统的资金,而其他企业同样更多地存储资金而非用于消费等开支,那么国家的经济将会停滞。参照日本发生过的事实,这种投资信心的再次恢复时间可能长达数十年。届时,国有企业即使再大幅度地提升市场参与度,试图提振市场信心,也会因私营企业的大幅收缩而效果不彰,容易陷入系统性的僵局之中,反向拖累国有资本进入项目的安全性。因此,通过国资资管公司释放流动性,从而带动民营资本的投资并形成"杠杆效应",将资金引导至债务重组市场,为优质的民营企业输血,不失为一个引导沉淀资金支持实体经济的理想选项。

通过资管公司将央行资金投入到危困企业,又以民营部门中的上市公司为优先选择。一是上市公司是资本市场的"晴雨表",具有稳定市场预期的示范效应;二是上市公司资产较好,投放资金不会大水漫灌,也非雨露均沾,而是通过法治化与市场化的手段,精准地使用资金,符合上述"国资牵头,民资跟进",产生投资杠杆效应的初衷;三是上市公司具有良好的流动性和退出渠道,利于提升国有资金的投资安全边际;四是在当前市场转冷的环境下,上市公司不断退市对市场信心影响较大,亟需化危为机的舆论导向;五是上述资金还可起到一举多得的作用,挽救困境企业,保护中小股民,提升证券市场的繁荣度,最大范围地使更加广泛的群体受益。

当下,我们站在上市公司债务重组的一线,观一叶而知秋的萧瑟感尤为明显。诚然,上市公司债务重组已经成为一种重新发挥优质资产价值的有效手段,但很多上市公司的债务重组过程颇为不顺。这是因为很多优质上市企业的问题并不仅仅是债务问题,历史问题也是国有资本注资纾困绕不过的门槛,其中,又以资金占用与违规担保最为突出。如能解决上市公司资金占用和违规担保等问题,则债务重组问题也将更好地迎刃而解。因此,如何解决该类问题,既能符合当下法律和市场要求,又能起到上述更高层面的价值,遂成为我们重点思考的问题。于是,我们继宏观的《债务重组》①,中观的《破产与诉讼实践讲义》②之后,拟从微观层面讲述上市公司违规担保与资金占用问题的处置方案。在创作过程

---

① 张杜超、郭璐璐:《债务重组》,中信出版集团 2020 年版。

② 张杜超:《破产与诉讼实践讲义》,法律出版社 2023 年版。

中,本书不断总结我们在实践中的处置经验,结合市场上最具代表性的经典案例,通过“总编总结,分编实证”,力求“授人以鱼不如授人以渔”,将上市公司解决该类问题过程中的细节与得失,全部向读者展现出来。

最后,让我们重新回到达利欧的“美丽的去杠杆”,这需要艺术的平衡,即将央行信贷投向不充足的领域——债务重组市场——促使停滞的优质生产要素流动起来。作者认为,在当下的市场经济环境下,债务重组应当探索更高的价值和意义,承担起延缓或遏制资产负债表衰退的历史责任。希望本书为此发挥绵薄作用。

是为序。

张杜超

二〇二四年三月

前　言

上市公司控股股东、实际控制人及其关联方的非经营性资金占用行为(以下简称资金占用)以及上市公司违规为其控股股东、实际控制人及关联方提供担保行为(以下简称违规担保,与资金占用统称合规问题)一直是资本市场的热议话题。在2006年中国证监会发布《关于进一步做好清理大股东占用上市公司资金工作的通知》后的十余年间,中国证监会和交易所持续强化对上市公司的监管治理力度,但仍屡禁不止。在中国证监会和交易所对于资金占用和违规担保的监管和惩处力度不断加码的背景下,出现合规问题的上市公司如何解决合规问题,上市公司、控股股东、实际控制人,上市公司董事、监事与高级管理人员(以下简称董监高)与中介机构(以下合称相关当事人)应当承担何种类型、何等程度的法律责任,成为资本市场关注的热点话题。

本书自合规问题涉及的资金金额、法律责任与解决路径三个维度,以选自2018年至2023年间赫美集团、天翔环境、众泰汽车、安通控股、康美药业、围海股份、海航控股、海航基础、供销大集、银亿股份、天马股份、华英农业、金贵银业、德威新材14个最具代表性的案例为主体,辅以其他20个同类型案例进行实证分析。

在案例选择方面,重点关注其在责任类型与风险化解等方面的代表性、全面性和创新性。在合规问题涉及的法律责任方面,上述 14 个案例基本涵盖了自律监管责任、行政责任、民事责任和刑事责任。在不同案例中,当事人承担的法律责任的类型各有不同。以康美药业为例,其因合规问题所涉及的法律责任最为复杂,相关当事人被交易所追究自律责任、被中国证监会处以行政处罚、被法院裁判承担民事赔偿责任和刑事责任。

在解决路径方面,上述案例基本囊括了各类解决工具。其中,针对资金占用问题,涵盖现金清偿、常规资产抵偿、债权债务抵销、信托份额抵偿、差异化转增股票抵偿、债务转移、第三方代偿和破产重整等技术手段,其中多个案例还涉及多种合规解决工具的配套使用。例如,在供销大集的案例中,使用了破产重整嵌套现金清偿、信托份额抵偿和差异化转增股票抵偿的方式;在华英农业的案例中,包含常规资产抵偿、债务转移和第三方代偿等方式。关于违规担保问题,上述案例基本涵盖了清偿主债务、债权人豁免、诉讼主张担保无效与破产重整等综合方案。其中,部分案例还涉及诉讼和非诉手段的组合,例如在安通控股的案例中,通过诉讼手段主张担保无效,同步结合在重整程序中利用差异化转增股票抵偿的路径;在赫美集团的案例中,使用了诉讼主张担保无效、在债权人豁免和重整程序中重整投资人兜底等方案。

这个世界只具有有限的颗粒度,上市公司合规问题和解决方案并不是无穷的,具有一以贯之的高关联性。本书通过深入研究 14 个最具代表性的重点案例,同步结合最具时效性、创新性与代表性的 20 个辅助案例,全面还原每个案件的发展过程,阐释在不同阶段与场景下合规问题的产生原因、事件变量、处置逻辑、衍生影响、监管措施、法律责任及解决方案,为市场解决相同或类似的上市公司合规问题,提供决策建议和参考。

全简称对照表

全　　称	简　　称
深圳赫美集团股份有限公司	赫美集团
郴州市金贵银业股份有限公司	金贵银业
天马轴承集团股份有限公司	天马股份
银亿股份有限公司	银亿股份
河南华英农业发展股份有限公司	华英农业
江苏德威新材料股份有限公司	德威新材
成都天翔环境股份有限公司	天翔环境
众泰汽车股份有限公司	众泰汽车
安通控股股份有限公司	安通控股
康美药业股份有限公司	康美药业
浙江省围海建设集团股份有限公司	围海股份
海航集团有限公司	海航集团
海南航空控股股份有限公司	海航控股
海航基础设施投资集团股份有限公司	海航基础
供销大集集团股份有限公司	供销大集
中国证券监督管理委员会	中国证监会
中国证券监督管理委员会下属的各省/自治区/直辖市证监局	地方证监局
上海证券交易所	上交所
深圳证券交易所	深交所

续表

全　　称	简　　称
国务院国有资产监督管理委员会	国资委
中国银行保险监督管理委员会	银保监会
最高人民法院《关于适用〈中华人民共和国民法典〉时间效力的若干规定》	《适用民法典时间效力规定》
最高人民法院《关于适用〈中华人民共和国民法典〉有关担保制度的解释》	《担保制度司法解释》
最高人民法院《关于适用〈中华人民共和国担保法〉若干问题的解释》	《担保法解释》
《关于审理上市公司破产重整案件工作座谈会纪要》	《上市公司重整纪要》
《全国法院民商事审判工作会议纪要》	《九民纪要》
《全国法院破产审判工作会议纪要》	《破产审判会议纪要》
最高人民法院《关于审理证券市场虚假陈述侵权民事赔偿案件的若干规定》	《虚假陈述规定(新)》
最高人民法院《关于审理证券市场因虚假陈述引发的民事赔偿案件的若干规定》	《虚假陈述规定(旧)》
最高人民检察院、公安部《关于公安机关管辖的刑事案件立案追诉标准的规定(二)》	《刑事案件追诉标准(二)》
中国证券监督管理委员会、国务院国有资产监督管理委员会《关于规范上市公司与关联方资金往来及上市公司对外担保若干问题的通知》	《16号文》
《上市公司监管指引第8号——上市公司资金往来、对外担保的监管要求》	《8号监管指引》
《上海证券交易所股票上市规则》	《上交所股票上市规则》
《上海证券交易所公司债券上市规则》	《上交所公司债券上市规则》
《深圳证券交易所股票上市规则》	《深交所股票上市规则》
《深圳证券交易所创业板股票上市规则》	《深交所创业板股票上市规则》
《深圳证券交易所主板上市公司规范运作指引》	《深交所主板上市公司规范运作指引》
《深圳证券交易所中小企业板上市公司规范运作指引》	《深交所中小企业板上市公司规范运作指引》

续表

全　　称	简　　称
《深圳证券交易所创业板上市公司规范运作指引》	《深交所创业板上市公司规范运作指引》
《上海证券交易所上市公司内部控制指引》	《上交所上市公司内部控制指引》
《上海证券交易所自律监管措施和纪律处分实施办法》	《上交所自律监管措施和纪律处分办法》
《深圳证券交易所自律监管措施和纪律处分实施办法》	《深交所自律监管措施和纪律处分办法》
《深圳证券交易主板上市公司公开谴责标准》	《深交所主板上市公司公开谴责标准》
《深圳证券交易所中小企业板上市公司公开谴责标准》	《深交所中小企业板上市公司公开谴责标准》
《深圳证券交易所上市公司纪律处分实施标准(试行)》	《深交所上市公司纪律处分实施标准(试行)》
《会计监管风险提示第 9 号——上市公司控股股东资金占用及其审计》	《会计监管 9 号文件》
《关于进一步做好清理大股东占用上市公司资金工作的通知》	《清理资金占用通知》
上市公司各个时段的资金占用金额存在变动,本书所统计的资金占用金额为上市公司非经营性资金占用问题被披露后未能及时解决的资金占用余额	资金占用金额
上市公司各个时段的违规担保金额存在变动,本书所统计的违规担保金额为上市公司违规担保问题被披露后未能及时解决的担保余额	违规担保金额

CONTENTS 目　录

总　编

分　编

总　　编

第一章　资金占用

资金占用是一种严重的利益输送行为，对上市公司造成的负面影响是全方位的，比如降低现金储备，影响市场评级，面临追责处罚，控制权失控乃至衍生违规退市风险。出现资金占用的上市公司虽然处于危险境地，但现实情况是这类公司如果处置得当，也可在解决过程中受益，涤除公司在治理结构中的弱点，解决公司过度负债，引进新的优质股东，重塑市场声誉，即以解决资金占用问题为切入点，夯实更坚固的运营基础，迎来新的开端，促成新的发展周期。本章以理解资金占用，解决资金占用，超越资金占用为目标，研究打造适用于解决上市公司资金占用以及其他并生、衍生问题的策略。

一、概述

（一）资金占用的概念

资金占用是指上市公司控股股东、实际控制人及其关联方违反《证券法》《16 号文》《8 号监管指引》等规定，以其对上市公司的控制地位，通过代垫费用、资金拆借与对外投资等方式，将上市公司资金转移至自身或关联方无偿使用，且不及时履行信息披露义务的行为。

在资金占用问题分析中，首要区分关联方中的控股股东、实际控制人及关联方的概念。根据《上市公司章程指引》的规定,控股股东是指其持有的普通股(含表决权恢复的优先股)占公司股本总额50%以上的股东;持有股份的比例虽然不足50%,但依其持有的股份所享有的表决权已足以对股东大会的决议产生重大影响的股东。实际控制人是指虽不是公司的股东,但通过投资关系、协议或者其他安排,能够实际支配公司行为的人。控股股东、实际控制人关联方是指控股股东、实际控制人通过股权关系,代持股关系,亲属关系等方式控制的企业,或是与实际控制人存在亲属关系的自然人等主体。

中国证监会根据《证券法》《16号文》《8号监管指引》之规定,如上市公司存在资金占用等合规问题,应对相关当事人进行行政处罚。交易所根据《股票上市规则》《纪律处分和监管措施办法》对相关当事人进行自律监管,并根据违法违规情况施以纪律处分。除此之外,如资金占用问题涉及虚假陈述的,根据相关法律和司法解释的规定,相关当事人存在被法院追究民事赔偿责任的风险;若资金占用问题涉及信息披露违法违规,严重损害上市公司利益,触犯《刑法》,则相关当事人存在被法院追究刑事责任的风险。

(二)资金占用的常见形式

根据《8号监管指引》的规定,资金占用的法定形式主要有:其一,上市公司为控股股东、实际控制人及其关联方垫支工资、福利、保险、广告等费用,承担成本和其他支出;其二,上市公司有偿或者无偿地拆借公司的资金(含委托贷款)给控股股东、实际控制人及其关联方使用,但上市公司参股公司①的其他股东同比例提供资金的除外;其三,上市公司委托控股股东、实际控制人及其关联方进行投资活动;其四,上市公司为控股股东、实际控制人及其关联方开具没有真实交易背景的商业承兑汇票,以及在没有商品和劳务对价情况下或者明显有悖商业逻辑情况下以采购款、资产转让款、预付款等方式提供资金;其五,上市公司代控股股东、实际控制人及其关联方偿还债务;其六,中国证监会认定的其他方式。

根据上述规定,结合中国证监会和交易所的监管实践,监管部门认定为资金占用的常见情形,具体如下。

---

① 本处所称"参股公司"不包括由控股股东、实际控制人控制的公司。

1. 代垫费用

《上市公司治理准则》第 68 条规定："控股股东、实际控制人与上市公司应实行人员、资产、财务分开，机构、业务独立，各自独立核算、独立承担责任和风险。"但一些上市公司在实际运营过程中，仍然与控股股东、实际控制人及其关联方存在混同情况，如共用生产办公地点，统一开展各类费用的报销等。在此情况下，便可能会发生上市公司替控股股东、实际控制人及其关联方垫付费用的情况。

以山东金晶科技股份有限公司（证券代码：600586，以下简称金晶科技）为例，根据金晶科技 2022 年 4 月 12 日披露的《关于〈上市公司 2021 年度非经营性资金占用及其他关联资金往来情况汇总表〉相关情况的补充说明的公告》，[①]金晶科技与大股东及附属企业位于同一区域，由于生产线的连续性和水电系统的不可分割性，水电系统仅开立一个对水电供应部门的付款结算账户，由金晶科技全资子公司每月代各家公司支付 90% 以上的水电费，因而形成资金占用。

以江南模塑科技股份有限公司（证券代码：000700，以下简称模塑科技）为例，根据模塑科技 2022 年 1 月 7 日披露的《关于定期报告、非经营性资金占用的补充披露的公告》[②]《关于江苏证监局对公司采取责令改正措施决定的整改报告》[③]，公司实际控制人、董事长、总经理 2020 年度在模塑科技报销的 357.83 万元费用与模塑科技生产经营无关，构成资金占用，且未履行相应的信息披露义务，被江苏证监局要求责令改正。

除上述案例外，在本书重点研究的 14 家上市公司案例中，海航控股、海航基础同样涉及该种类型的资金占用。

2. 拆借资金

在控股股东、实际控制人及其关联方发生流动性风险，对外融资渠道难以获取流动性资金的情况下，可能会拆借上市公司资金用于补充自身流动性。

以海航基础为例，根据海航基础 2021 年 1 月 30 日披露的《关于公司治理专项自查情况的公告》[④]，海航基础及并表子公司存在为关联方偿还到期银行贷款、拆借资金用于日常运营的情形，金额为 111,263 万元。其中，海航基础应收关联

① 参见巨潮资讯网：http://static.cninfo.com.cn/finalpage/2022-04-13/1212897886.PDF。
② 参见巨潮资讯网：http://static.cninfo.com.cn/finalpage/2022-01-07/1212110579.PDF。
③ 参见巨潮资讯网：http://static.cninfo.com.cn/finalpage/2022-01-07/1212110585.PDF。
④ 参见巨潮资讯网：http://static.cninfo.com.cn/finalpage/2021-01-30/1209218424.PDF。

方海航实业集团有限公司资金占用款项 78,966 万元、应收关联方海航股权管理有限公司资金占用款项 32,297 万元。

以武汉三特索道集团股份有限公司(证券代码:002159,以下简称三特索道)为例,根据 2022 年 8 月 8 日披露的深交所纪律处分公告:自 2019 年 1 月起,三特索道控股股东武汉当代科技产业集团股份有限公司(以下简称当代集团),多次要求三特索道及全资子公司海南三特索道有限公司向其指定的第三方提供借款。出借资金最终流向当代集团,构成非经营性资金占用。根据 2022 年 5 月 11 日三特索道针对深交所问询的回函,2019 年、2020 年、2021 年和 2022 年 1 月至 4 月,分别发生非经常性占用 14.23 亿元、3.7 亿元、19.04 亿元及 5.05 亿元,累计发生额约 42.02 亿元,日最高占用余额约 5.05 亿元;占用资金已于 2022 年 4 月 24 日归还公司。①

除上述海航基础、三特索道外,在本书重点研究的 14 家上市公司案例中,天翔环境、安通控股、康美药业、围海股份、银亿股份、天马股份同样涉及该种类型的资金占用。

3. 投资活动

在上市公司流动性充沛,且有对外投资需求的情况下,可能会通过委托控股股东、实际控制人及其关联方进行投资活动或直接收购关联方资产。在投资过程中,控股股东、实际控制人及其关联方可能会在投资款的支付环节占用上市公司资金。

以众泰汽车为例,根据众泰汽车的控股股东铁牛集团有限公司(以下简称铁牛集团)2020 年 10 月 23 日披露的《对有关事项的说明》,在众泰汽车实施对铁牛集团关联方捷孚传动科技有限公司的收购过程中,铁牛集团通过资金的循环支付,形成了对众泰汽车 3.1 亿元的资金占用。②

除众泰汽车外,在本书重点研究的其他 13 家上市公司案例中,海航控股、海航基础亦涉及该种类型的资金占用。

---

① 参见王娟娟:《"当代系"债务危机当前违规占用三特索道 42 亿元被处分》,载财新网,https://finance.caixin.com/2022-08-09/101924099.html。

② 参见巨潮资讯网:http://static.cninfo.com.cn/finalpage/2020-10-24/1208607645.PDF。

4. 代偿债务

在控股股东、实际控制人及其关联方对外融资过程中,金融机构等出借人可能会要求上市公司对相应借款承担保证责任。此后,当控股股东、实际控制人及其关联方不能清偿到期债务时,出借人便会追究上市公司的担保责任,当上市公司承担担保责任,代偿相关债务后,便会形成资金占用。

以海航控股为例,根据海航控股 2021 年 1 月 30 日披露的《关于上市公司治理专项自查报告的公告》,海航控股为海航集团及其关联方相关债务提供担保,因主债务人到期未偿付,出现债权人划扣海航控股资金的情况。例如:(1)大新华航空有限公司(以下简称大新华航空)全资子公司债权人划扣海航控股保证金本息 31,477.65 万元;(2)海航航空集团有限公司(以下简称海航航空集团)债权人划扣海航控股保证金 35,000 万元;(3)云南祥鹏投资有限公司(以下简称祥鹏投资)债权人划扣海航控股保证金 31,101.71 万元等。①

除海航控股外,在本书重点研究的其他 13 家上市公司案例中,围海股份、海航基础、供销大集同样涉及代偿债务类型的资金占用。

5. 以上市公司名义对外借款

在控股股东、实际控制人及其关联方融资能力有限,却又亟需资金的情况下,可能会以上市公司的名义对外签署借款合同,并在出借人放款后实际使用相应借款,形成资金占用。

以华英农业为例,根据华英农业 2020 年 6 月 16 日披露的《关于深圳证券交易所关注函回函的公告》,华英农业控股股东河南潢川华英禽业总公司(以下简称华英禽业总公司),因其自身经营发展需要,自 2019 年起,开始以华英农业的名义开展融资行为,实质上出现了占用华英农业资金的行为。②

除华英农业外,在本书重点研究的其他 13 家上市公司案例中,赫美集团、海航控股亦涉及该种类型的资金占用。

6. 上市公司支付预付款形成资金占用

在控股股东、实际控制人及其关联方与上市公司存在业务往来的情况下,上市公司可能会以开展业务并支付预付款的形式,将大额资金支付给控股股东、实

---

① 参见巨潮资讯网:http://static. cninfo. com. cn/finalpage/2021-01-30/1209218418. PDF。

② 参见巨潮资讯网:http://static. cninfo. com. cn/finalpage/2020-06-16/1207927441. PDF。

际控制人及其关联方，用以缓解其流动性压力。除此之外，其他表现形式还包括上市公司将预付款支付给供应商，再由供应商将预付款支付给控股股东、实际控制人及其关联方，进而形成资金占用。

以金贵银业为例，根据金贵银业 2019 年 9 月 7 日披露的《关于深圳证券交易所关注函的回复公告》，经金贵银业自查并询问控股股东及部分供应商发现，控股股东因自身资金周转需求，通过部分供应商与金贵银业供应合作的关系，由金贵银业向部分供应商预付货款，供应商收到预付款后，将部分款项应控股股东要求转至指定账户。截至 2019 年 6 月 30 日，控股股东以该等形式对金贵银业形成的资金占用余额为 10.14 亿元，[①]具体见表 1－1－1。

表 1－1－1　金贵银业资金占用问题形成原因

时间	供应商名称	占用金额（元）	占用原因
2018 年 1 月至 2019 年 6 月	郴州市××贸易有限责任公司	38,500,000	资金周转
	郴州市××贸易有限公司	217,560,000	
	郴州市××贸易有限责任公司	190,536,700	
	郴州市××贸易有限责任公司	378,340,000	
	郴州市××贸易有限责任公司	138,900,000	
	永兴县××贵金属有限责任公司	50,000,000	
	合计	1,013,836,700	

除金贵银业外，在本书重点研究的其他 13 家上市公司案例中，围海股份、银亿股份、德威新材与海航控股同样涉及该种类型的资金占用。

7. 上市公司购买理财产品

在上市公司控股股东、实际控制人及其关联方面临流动性危机时，除向银行等金融机构借款外，还会通过私募基金、信托计划、资管计划运营平台举债。但是，部分平台并不以自有资金对外借款，而是先以出售理财产品等形式吸收投资款，在筹集到资金后再开展对外借款业务。在该操作模式下，资金占用路径通常为上市公司及其子公司斥资购买理财产品，其后平台将相应资金借予控股股东、实际控制人及其关联方实际使用，进而形成资金占用。

以供销大集为例，根据供销大集 2021 年 1 月 30 日披露的《关于上市公司治

① 参见巨潮资讯网：http://static.cninfo.com.cn/finalpage/2019－09－07/1206906899.PDF。

理专项自查报告的公告》,供销大集子公司购买的部分理财产品的最终资金借用方为其控股股东及关联方,例如供销大集子公司购买的"顺亿 8 号资产收益权""青岛云洲平治股权投资基金合伙企业(有限合伙)"等理财产品,该部分资金最终均由海航集团及其关联方借用。[1]

该种类型的市场案例相对其他形式较少,在本书重点研究的 14 家上市公司案例中,仅有供销大集 1 例。

8. 代收代付

当上市公司财务制度不规范的情况下,可能会存在上市公司使用控股股东、实际控制人及其关联方银行账户收付款的情况。当相关银行账户被冻结,或是控股股东、实际控制人及其关联方私自划扣相应款项,影响上市公司正常用款时,便会形成资金占用。

以北京晓程科技股份有限公司(证券代码:300139,以下简称晓程科技)为例,根据晓程科技 2021 年 4 月 27 日披露的《关于 2020 年度关联方非经营性资金占用偿还情况的公告》,为避免境外汇率波动导致外币结算损失,实际控制人在境外开设个人人民币账户,用于晓程科技子公司与境外客户结算。2020 年 12 月 14 日,因实际控制人的个人账户被冻结,账户中属于晓程科技子公司的资金共计 905.53 万元无法使用,形成资金占用。[2]

除上述案例外,在本书重点研究的 14 家上市公司案例中,海航控股、海航基础同样涉及该种类型的资金占用。

9. 集团财务公司存款

部分大型企业集团为加强资金集中管理,提高资金使用效率,通过建立自己的财务公司,为企业集团成员单位提供财务管理服务。若是上市公司在财务公司大量存款的同时,仍然对外高息借款,则可能被监管机构认定为隐性资金占用。

以营口港务股份有限公司(证券代码:600317,以下简称营口港)为例,2019 年 11 月 7 日,中国证监会对营口港下发《关于对营口港务股份有限公司采取责令改正措施的决定》[3],营口港将日常经营资金归集至其所属财务公司,由财务公

---

① 参见巨潮资讯网:http://static.cninfo.com.cn/finalpage/2021-01-30/1209218408.PDF。

② 参见巨潮资讯网:http://static.cninfo.com.cn/finalpage/2021-04-27/1209817741.PDF。

③ 参见中国证监会官网:http://www.csrc.gov.cn/liaoning/c103750/c1059298/content.shtml。

司进行集中收付。营口港为财务公司提供了绝大部分的流动性来源,其中2017年末归集资金16.95亿元,占财务公司归集资金的43.74%,从财务公司获取贷款3亿元。2018年末归集资金30.43亿元,占财务公司归集资金的73.68%,获取贷款4.5亿元。资金贡献率与从财务公司获得的贷款比率严重失衡。在相应年份,营口港向财务公司归集大量资金,同期财务公司资金无法覆盖其贷款需求,促使营口港从外部金融机构进行融资,形成隐性资金占用。

除上述案例外,在本书重点研究的14家上市公司案例中,海航控股、海航基础与供销大集同样具有财务公司大额存款的情况,但其未被监管机构认定为隐性资金占用。

10.未及时支付业绩补偿款

上市公司自控股股东、实际控制人及其关联方处收购资产,关联方有时会就标的资产的未来业绩作出承诺,在不能完成业绩承诺时,履行差额补足义务。当标的资产业绩未达标,且控股股东、实际控制人及其关联方在约定的时间内不能完成差额补足义务的,则有可能会被监管机构认定为资金占用。监管逻辑在于,在常态商事交易中,如出售方不能履行差额补足义务,则收购方将采取诉讼等手段追偿,至少会固化相应的债权证据与具体金额。而在关联交易中,上市公司难以全面、有效与及时地向关联方主张权利。这种在客观上产生债权债务关系,却又缺乏足够强制力与约束力的事实状态,产生了等同于资金占用行为的损害后果,故被监管机构认定为一类较为特殊的,对上市公司造成实质伤害的资金占用行为。

以凯迪生态环境科技股份有限公司(证券代码:000939,以下简称凯迪生态)为例,根据凯迪生态2015年5月29日披露的《武汉凯迪电力股份有限公司发行股份及支付现金购买资产并募集配套资金暨关联交易报告书》,凯迪生态向其控股股东关联方及其他相关主体以现金和发行股份的方式购买生物质发电、水电、风电以及林业资产。控股股东关联方对2015年至2017年的林业资产业绩作出承诺。[①] 2018年6月27日,根据凯迪生态披露的《关于凯迪生态环境科技股份有限公司收购林业资产业绩承诺实现情况的专项审核报告》[②],控股股东关联方承诺的林业资产2017年度的业绩未实现,应进行差额补足。此后,因控股股东关

① 参见巨潮资讯网:http://static.cninfo.com.cn/finalpage/2015-05-30/1201081284.PDF。

② 参见巨潮资讯网:http://static.cninfo.com.cn/finalpage/2018-06-29/1205105070.PDF。

联方未按业绩承诺约定在期限内支付业绩补偿款，形成资金占用。①

除上述案例外，在本书重点研究的14家上市公司案例中，众泰汽车、供销大集、银亿股份涉及业绩承诺问题，但未被监管机构认定为资金占用。

11. 公司减资

在上市公司与控股股东、实际控制人及其关联方共同持股一家公司的情况下，当其申请减资，收到上市公司代为支付的减资款后，未依照法律规定完成减资程序的，该行为可能会被监管机构认定为资金占用。

以凯迪生态为例，武汉金湖科技有限公司（以下简称金湖科技）是控股股东阳光凯迪的关联方，持有凯迪生态3.76%的股份。与此同时，金湖科技是凯迪生态子公司格薪源生物质燃料有限公司（以下简称格薪源）的股东，认缴出资额为2.94亿元，占格薪源总注册资本的9.8%。2017年11月，格薪源收到金湖科技的减资申请。2017年11月28日，在格薪源未履行减资程序的情况下，凯迪生态代格薪源向金湖科技支付2.94亿元减资款。② 2018年8月30日，中国证监会湖北证监局向凯迪生态下发《湖北证监局关于对公司采取责令改正措施的事先告知书》，2018年9月18日，下发《湖北证监局关于对公司采取责令改正措施的决定》，认定该2.94亿元减资款形成资金占用，要求凯迪生态整改。③

综上所述，根据本书重点分析的14家上市公司的具体情况，在上述资金占用表现形式中，资金拆借、代偿债务、预付款、以上市公司名义对外借款是资金占用问题最为常见的类型。在本书重点研究的14家上市公司案例中，有8家公司涉及资金拆借、4家公司涉及代偿债务、4家公司涉及预付款、3家公司涉及对外借款。

二、产生原因

根据本书重点分析的14家上市公司案例，资金占用问题频发的原因主要来自三大方面：一是控股股东、实际控制人及其关联方因业务或债务问题出现资金

---

① 参见巨潮资讯网：http://static.cninfo.com.cn/finalpage/2018-12-28/1205695009.PDF。

② https://reportdocs.static.szse.cn/UpFiles/cfwj/2019-09-17_0009391057.pdf?random=0.7068037825972067。

③ 参见巨潮资讯网：http://static.cninfo.com.cn/finalpage/2018-09-20/1205455232.PDF。

缺口。这是导致其占用上市公司资金的主要诱因。二是公司治理结构失衡，控股股东等“关键少数”的合规意识不足，即上市公司内控体系以及运行机制存在缺陷。这是上市公司资金被占用的内在原因。三是违法收益与惩戒成本不匹配。现有监管惩处措施难以有效约束上市公司、控股股东、实际控制人及其关联方。这是引发资金占用问题的外部因素。为更加全面、真实、客观地探究合规问题根源，本书特予进一步细分，归纳为下述 5 大基本类型，具体如下。

（一）控股股东、实际控制人及其关联方的扩张动机

控股股东、实际控制人及其关联方在对外扩张过程中，资金需求较大，在自有资金无法满足需求之时，道德风险便会提升。以天翔环境为例，根据审计机构 2019 年 4 月 29 日披露的《关于成都天翔环境股份有限公司 2018 年度非经营性资金占用及其他关联资金往来的专项说明》[①]，其资金占用金额为 243, 101. 71 万元。根据天翔环境 2018 年 10 月 12 日披露的《关于 2018 年半年报问询函的回复》，天翔环境控股股东在 2016 年至 2018 年期间为推动资产收购项目，采用了“先以非自有资金收购标的股权，择机注入上市公司”的分步运作模式。

资产分步注入模式依赖于控股股东本身现金流充沛，不用杠杆举债，市场环境相对平和，监管规则保持稳定，如自身现金流紧张或标的资产不能按期注入上市公司，通过杠杆举债进行的收购，被收购资金财务费用压垮的风险便会激增。在前期收购过程中，天翔环境控股股东自有资金不足，通过高息举债的方式筹措了大量资金。后期，因其控股股东债务违约导致部分目标公司股权被冻结，无法及时将相应资产注入天翔环境解决债务问题。

控股股东在举债资金的财务费用不断走高，偿债压力持续增大的情况下，为避免被本次交易拖入泥淖，亦为避免债务违约导致其所持有的天翔环境股票被强制执行，进而引发天翔环境的控制权的不稳定，出现不但上市公司层面资本运作无法获利，还导致控股股东自身被拖垮的极端局面，最终占用了天翔环境的资金用以偿还自身债务。该等收购方式要兼具“天时”“地利”“人和”的良好环境，任一环节出现问题，整个交易都可能失败并将风险传导到包含上市公司在内的各方主体。

---

① 参见巨潮资讯网：http://static. cninfo. com. cn/finalpage/2019 - 04 - 30/1206164715. PDF。

天翔环境的案例所涉资金占用问题，属于较为典型的上市公司无偿拆借自有资金给控股股东、实际控制人及其关联方使用的情况。在我们统计的 14 家上市公司相关案件中，有 2 家上市公司的资金占用问题是因控股股东、实际控制人及其关联方业务扩张引发。

（二）控股股东、实际控制人及其关联方的债务危机

控股股东、实际控制人及其关联方自身债务危机爆发，同样是触发占用上市公司资金的主要原因。控股股东、实际控制人及其关联方因为自身经营或对外扩张等对外融资时，惯常将上市公司股票质押作为增信措施。在本书重点研究的 14 家上市公司案例中，控股股东、实际控制人及其关联方在资金占用问题披露前后，都存在高比例股权质押情况，其中 100% 全额质押的公司数量高达 10 家，平均股权质押率约为 97%，具体见表 1 - 1 - 2。

表 1 - 1 - 2　资金占用与控股股东、实际控制人及其关联方股权质押

序号	公司名称	占用金额（亿元）	持股数（股）	持股比例	质押比例
1	天翔环境	24.31	140,994,669	32.26%	100%
2	众泰汽车	3.10	786,250,375	38.78%	82.40%
3	安通控股	13.09	807,826,725	54.33%	100%
4	康美药业	84.81	1,612,987,917	32.43%	100%
5	围海股份	1.84	492,697,204	43.06%	100%
6	海航控股	380.03	5,135,169,570	30.55%	100%
7	海航基础	44.23	2,380,109,264	60.91%	100%
8	供销大集	196.42	2,810,943,945	46.99%	99.52%
9	银亿股份	22.47	2,872,649,408	71.32%	100%
10	天马股份	35.51	356,000,000	29.97%	100%
11	华英农业	4.66	57,339,334	10.73%	100%
12	金贵银业	10.14	205,253,479	21.37%	96.54%
13	赫美集团	1.68	125,018,000	23.69%	100%
14	德威新材	9.78	141,441,890	14.06%	99.99%

该等高比例股权质押意味着大股东的债务问题相当严峻。当上市公司控股股东、实际控制人及其关联方债务问题失控后，一方面，为了避免质押股票被强

制平仓,维护其对上市公司控制权的稳定;另一方面,为缓解自身债务危机爆雷,应对即期偿付压力,就会滋生占用上市公司资金的道德风险。这也是中国证监会在归纳 A 股市场三大痛点时,将股权质押置于资金占用与违规担保之前的原因——股权质押与资金占用、违规担保有着因果联系,而资金占用与违规担保具有伴生与转化关系。

以海航集团为例,在 2017 年之前的十多年间,海航集团携旗下多家上市公司和非上市公司激进、盲目、无序扩张,导致资产负债率高。根据券商中国报道:为避免大面积债务违约影响集团信用,自 2018 年下半年以来,海航集团处置了超过 3000 亿元资产。但截至 2018 年末,其资产负债率仍然高达 70.55%,净利润亏损 49 亿元,在海航集团债券年报中,审计机构对其资金流表示疑虑,并出具带强调事项的其他审计意见。① 此后,海航集团为避免全集团层面的大规模债务违约,通过资金拆借、预付款、代偿债务、代收代付、购买理财产品、股权投资等各种形式,占用海航控股 380.03 亿元资金、海航基础 44.23 亿元资金、供销大集 196.42 亿元资金。②

与其他同类案例相比,海航集团占用上市公司资金的方式,基本涵盖了《8 号监管指引》列示的主要情形。在资金占用诱发原因等方面,在本书重点研究的 14 家上市公司案例中,资金占用问题与控股股东债务问题有关。

(三)公司治理与内控机制失灵

公司治理不是新鲜事物,内部控制最早由美国会计师协会和美国联邦储备委员提出,一般是指企业必须遵循法律规定、内部规章和道德规范。从现代内控制度发展来看,不得不提美国证券交易委员会颁布的《萨班斯—奥克斯利法案》,其明确了企业内控的基本原则:一是明确内部控制的主要责任人,包括首席执行官及财务主管在内的企业管理层有责任为企业建立和维护有效的与财务报告有

---

① 参见仰山:《海航再现债券违约!一年处置 3000 亿资产,15 亿私募债竟还不上?资金链再度绷紧,还有 157 亿待偿债券在路上》,载微信公众号“券商中国”2019 年 7 月 30 日,https://mp.weixin.qq.com/s/cIbjPtXxVW0j0d8TWI4DqA。

② 参见巨潮资讯网:海航控股 http://static.cninfo.com.cn/finalpage/2022-04-30/1213268705.PDF;海航基础 http://static.cninfo.com.cn/finalpage/2021-04-30/1209878684.PDF;供销大集 http://static.cninfo.com.cn/finalpage/2021-04-30/1209871417.PDF。

关的内部控制；二是要求企业定期提供与财务报告相关内部控制有效性的评估报告，及时披露内部控制设计与执行中的主要缺陷；三是为公司提供财务报告审计的外部公共会计师事务所应为内部控制的有效性提供鉴证报告。[①] 从中可知，企业内控的核心是财务控制。这也是为何审计机构在上市公司合规问题中面临较重压力和责任，详见下文。

根据国资委、世界银行以及经合组织等主体颁布的合规指引可知，企业合规内控机制的目的之一是，规范利益输送在内的各类不当行为。资金占用即为典型的利益输送。在我国上市公司层面，由于主要证券交易所对合规和信息披露的重视，在上市之初就需搭建合规管理体系。[②] 即使中国证监会、交易所一直持有高度关注和严格监管，但无法杜绝资金占用问题的频发，其一大原因在于上市公司的顶层决策结构失衡，控股股东"一股独大"，部分领导"一言堂"，管理层责任划分不明、部门职能边界不清，致使在不当决策之初即埋下风险伏笔。[③] 此类上市公司在公司治理结构中，股东会、董事会、监事会三者分权制衡的治理模式失灵，尤其是监事会没能发挥像德国式监事会居高临下，监督和指导董事会与管理层，强调职工参与的监督、制衡的作用。[④]

在围海股份资金占用的案例中，控股股东利用其在围海股份管理方面的优势地位而占用围海股份资金，绕过了围海股份内控审批。围海股份在经过 3 次自查后，方予以确认资金占用的准确金额，具体情况如下：2019 年 4 月 27 日，围海股份披露《关于公司违规担保、资金占用等事项的公告》，经自查发现存在资金占用情况，截至 2019 年 4 月 26 日资金占用余额为 4750 万元；[⑤]2020 年 4 月 30 日，围海股份披露《关于新增控股股东及关联方资金占用事项的公告》，在宁波证监局的提示下，围海股份再次开展自查，截至披露日，发现尚未归还的资金占用

---

① 参见宋建波：《上市公司内部控制信息披露分析》，中国人民大学出版社 2022 年版，第 9 页。

② 参见李素鹏、叶一珺、李昕原编著：《合规管理体系标准解读及建设指南》，人民邮电出版社 2021 年版，第 201 页。

③ 参见张杜超、岳虹君：《从企业合规视角构建债务风险预防、纠偏与隔离机制的债务合规体系实践》，载中国中小企业协会合规专业委员会编著：《中国中小企业合规指南〈中小企业合规管理体系有效性评价〉适用解读——分论》，法律出版社 2023 年版。

④ 参见郭雳：《中国式监事会：安于何处，去向何方？——国际比较视野下的再审思》，载《比较法研究》2016 年第 2 期。

⑤ 参见巨潮资讯网：http://static.cninfo.com.cn/finalpage/2019-04-27/1206119444.PDF。

余额为 3100 万元;[①]2020 年 9 月 24 日,围海股份披露《关于新增控股股东及关联方资金占用事项的公告》,经围海股份自查,发现截至披露日,控股股东资金占用余额为 18,385 万元。[②]

另外,根据围海股份 2019 年 12 月 14 日披露的《关于公司公章、财务专用章等重要办公资料失控的公告》,2019 年 12 月 13 日,围海股份出现了控股股东提名的董事抢夺公司公章和网银 U 盾的闹剧。[③] 2019 年 12 月 21 日,根据围海股份披露的《关于全体董事、部分高级管理人员及监事辞职的公告》,董事会于 2019 年 12 月 20 日陆续收到 11 名高管的辞职报告。[④] 根据券商中国的报道,围海股份抢夺公章、网银 U 盾以及高管集体辞职事件,都是其内部的控制权争夺战到达白热化程度的具体表现。[⑤]

除围海股份之外,在本次研究范围内众泰汽车[⑥]、安通控股[⑦]、康美药业[⑧]、围海股份[⑨]、海航控股[⑩]、海航基础[⑪]、供销大集[⑫]、银亿股份[⑬]、天马股份[⑭]、赫美集团[⑮]在资金占用问题被披露之际,其内部控制报告均因资金占用问题被审计机构出具了否定意见,华英农业[⑯]因资金占用问题被审计机构出具无法表示意见,金贵银业[⑰]、天翔环境[⑱]则是在内控报告自评中承认存在重大缺陷。从上述案件中

---

① 参见巨潮资讯网:http://static. cninfo. com. cn/finalpage/2020 - 04 - 30/1207688191. PDF。

② 参见巨潮资讯网:http://static. cninfo. com. cn/finalpage/2020 - 09 - 24/1208484517. PDF。

③ 参见巨潮资讯网:http://static. cninfo. com. cn/finalpage/2019 - 12 - 14/1207165303. PDF。

④ 参见巨潮资讯网:http://static. cninfo. com. cn/finalpage/2019 - 12 - 21/1207182181. PDF。

⑤ 参见云中隼:《"抢公章"大战余波未了,11 名董监高集体辞职,这家上市公司究竟怎么了? 深交所紧急问询》,载微信公众号"券商中国"2019 年 12 月 21 日,https://mp. weixin. qq. com/s/BxaIOsHsNTP6GFGWH8wwEw。

⑥ 参见巨潮资讯网:http://static. cninfo. com. cn/finalpage/2021 - 04 - 29/1209851337. PDF。

⑦ 参见巨潮资讯网:http://static. cninfo. com. cn/finalpage/2019 - 04 - 30/1206167544. PDF。

⑧ 参见巨潮资讯网:http://static. cninfo. com. cn/finalpage/2019 - 04 - 30/1206168282. PDF。

⑨ 参见巨潮资讯网:http://static. cninfo. com. cn/finalpage/2019 - 04 - 30/1206166812. PDF。

⑩ 参见巨潮资讯网:http://static. cninfo. com. cn/finalpage/2019 - 04 - 30/1206167121. PDF。

⑪ 参见巨潮资讯网:http://static. cninfo. com. cn/finalpage/2021 - 04 - 30/1209878680. PDF。

⑫ 参见巨潮资讯网:http://static. cninfo. com. cn/finalpage/2021 - 04 - 30/1209871409. PDF。

⑬ 参见巨潮资讯网:http://static. cninfo. com. cn/finalpage/2019 - 04 - 30/1206178686. PDF。

⑭ 参见巨潮资讯网:http://static. cninfo. com. cn/finalpage/2019 - 04 - 30/1206165075. PDF。

⑮ 参见巨潮资讯网:http://static. cninfo. com. cn/finalpage/2019 - 04 - 30/1206166678. PDF。

⑯ 参见巨潮资讯网:http://static. cninfo. com. cn/finalpage/2021 - 04 - 29/1209860407. PDF。

⑰ 参见巨潮资讯网:http://static. cninfo. com. cn/finalpage/2020 - 04 - 29/1207667476. PDF。

⑱ 参见巨潮资讯网:http://static. cninfo. com. cn/finalpage/2019 - 04 - 30/1206164716. PDF。

可知,失灵的企业内控机制与公司治理制度为控股股东、实际控制人及其关联方占用上市公司资金提供了便利,成为引发资金占用问题的内在原因。

(四)外部专业机构未能勤勉尽责

近期,在上市公司出现合规问题后,专业机构应当承担何种程度的责任,引发市场热议。中国证监会在2022年总结中指出,专业机构违法案件呈现三大特点:一是涉案主体及案发领域更为多元,会计师事务所、证券公司、资产评估机构、律师事务所、信用评级机构均有涉案,提供中介服务领域包括发行上市、股票定增、债券发行、年报审计、资产重组等多种类型。二是执业质量和程序存在缺陷,例如未按计划履行基本的尽职调查职责,未发现公司重要生产业务停产等异常状态,或对存在舞弊迹象的业务资料未保持职业怀疑,出具存在虚假记载的报告等。三是个别从业人员严重违反执业规定。有的签字会计师未实际参与审计工作,甘当“橡皮图章”;有的协助上市公司伪造协议虚增收入,沦为造假“帮凶”。①

《证券法》第160条规定:“会计师事务所、律师事务所以及从事证券投资咨询、资产评估、资信评级、财务顾问、信息技术系统服务的证券服务机构,应当勤勉尽责、恪尽职守,按照相关业务规则为证券的交易及相关活动提供服务。”中国注册会计师协会对此亦有担忧,审计机构和注册会计师在对上市公司财务报告进行审计过程中,理应保持独立、客观、公正,但部分审计机构和注册会计师却放弃原则和立场,听之任之,最终导致审计过程失控、执业质量低下,进而放任了上市公司资金占用问题的肆意发展。②

以康美药业为例,根据中国证监会行政处罚决定书的内容可知,其在2016年度至2018年度年报中存在重大遗漏,未按规定披露资金占用情况,且存在严重的财务造假问题。2016年至2018年,康美药业在未经过决策审批或授权程序的情况下,累计向控股股东及其关联方提供资金11,619,130,802.74元。③ 对于

---

① 参见梁冀:《证监会2022执法成绩单出炉　全年办理案件超600起》,载经济观察网,http://www.eeo.com.cn/2023/0211/577796.shtml。

② 参见高榴:《证券资格会计师事务所勤勉尽责之实务分析——基于2013—2017行政处罚案例的思考》,载《中国注册会计师》2018年第11期。

③ 参见巨潮资讯网:http://www.csrc.gov.cn/csrc/c101928/c1042341/content.shtml。

该违规问题,中国证监会除对康美药业及其控股股东、实际控制人、部分董监高进行了行政处罚外,还对审计机构和注册会计师进行了处罚。2021 年 2 月 18 日,中国证监会作出行政处罚决定书①,认定审计机构在康美药业 2016 年度至 2018 年度财务报告审计过程中,未勤勉尽职,出具的审计报告存在虚假记载、误导性陈述和重大遗漏。据此,中国证监会对审计机构以及注册会计师施以责令改正、没收业务收入、警告、罚款的行政处罚。

以雄安科融环境科技股份有限公司(证券代码:300152,以下简称科融环境)为例,2019 年 1 月 10 日,科融环境收到中国证监会下发的《关于对徐州科融环境资源股份有限公司采取责令改正措施的决定》②。对于资金占用问题以及财务造假问题,中国证监会除对科融环境进行行政处罚外,还处罚了审计机构。2021 年 12 月 6 日,中国证监会作出行政处罚决定书,因审计机构在审计过程中未能发现的科融环境 2017 年年报错报达到重要性水平,执业行为未勤勉尽责,对审计机构及其注册会计师采取责令改正、没收业务收入、警告和罚款的行政处罚。③

以浙江大东南股份有限公司(证券代码:002263,以下简称大东南股份)为例,2019 年 12 月 9 日,大东南股份收到中国证监会下发的《行政处罚及市场禁入事先告知书》,经调查,大东南股份控股股东及其关联方在 2016 年至 2018 年间频繁、大量占用大东南股份及其子公司资金,且未进行信息披露。④

针对上述资金占用问题,中国证监会除对大东南股份施以行政处罚外,还对审计机构进行了处罚。2019 年 12 月 31 日,中国证监会作出行政处罚决定书⑤,经过调查,审计机构对大东南股份 2016 年、2017 年财务报表进行审计过程中,对货币资金科目进行审计时,未发现执行有效审计程序应当发现的大东南股份资金被占用问题。据此,中国证监会对审计机构及其注册会计师采取责令改正、没收业务收入、予以警告、罚款的行政处罚。

审计机构作为独立于政府和企业的第三方专业机构,其通过对上市公司进

① 参见巨潮资讯网:http://www. csrc. gov. cn/csrc/c101928/c9a654df415374f6aa6a1a5e46e4e8221/content. shtml。

② 参见中国证监会官网:http://static. cninfo. com. cn/finalpage/2019 - 01 - 10/1205733986. PDF。

③ 参见中国证监会官网:http://www. csrc. gov. cn/csrc/c101927/c1664256/content. shtml。

④ 参见巨潮资讯网:http://static. cninfo. com. cn/finalpage/2019 - 12 - 10/1207149358. PDF。

⑤ 参见中国证监会官网:http://www. csrc. gov. cn/zhejiang/c103940/c1351256/content. shtml。

行审计来保护投资者和债权人合法权益并引导做出正确决策。① 审计机构对于资本市场的健康运转承担着重要的职责。但近年来,审计行业的诚信环境及有序市场竞争机制的缺失,使劣币驱逐良币、行业不正当竞争的现象时有发生。有的审计机构一味迎合被审计单位关于审计报告意见类型的要求,不惜违背职业道德以身试法,主动提供虚假陈述,严重破坏审计的独立性。②

当然,将这种后果完全归结于专业机构未能勤勉尽责亦不公允。这种劣币驱逐良币,勤勉尽责态度的缺失,也有服务价格与工作成本倒挂的市场原因。财政部会计司等联合发布的《我国上市公司 2017 年执行企业内部控制规范体系情况分析报告》披露,“从近年内部控制审计费用情况来看,2017 年、2016 年、2015 年、2014 年内部控制审计收费最低值顺次为 3.5 万元、3 万元、3 万元和 5 万元。根据现有数据,内部控制审计收费有逐年持续走低的疑虑,说明仍然存在内部控制审计低价竞争的现象。部分会计师事务所的内部控制审计业务收费过低,可能影响内部控制审计业务程序执行的充分性和适当性”③。这份报告所反映和担心的问题,在当下仍未得到根本性改变。

在这样的市场环境下,专业机构应当“抓住主要”,做好自身风险防范工作。根据近年来审计机构的合规性案例,在法律层面,审计机构从自身谨慎性角度出发,应当尤为关注的事项,具体见表 1－1－3。

表 1－1－3 审计机构重点事项的审核重点

序号	重点事项	审核重点
1	企业内控测试	全面性
2	往来函证	真实性
3	价值资产减值与折旧	公允性
4	收入确认依据以及超额利润分配	合法性

---

① 参见《对延安必康年报审计未勤勉尽责 瑞华会计师事务所被罚 360 万》,载百度网 2021 年 11 月 30 日,https://baijiahao.baidu.com/s?id=1717789427986907590&wfr=spider&for=pc。

② 参见高榴:《证券资格会计师事务所勤勉尽责之实务分析——基于 2013—2017 行政处罚案例的思考》,载《中国注册会计师》2018 年第 11 期。

③ 财政部会计司、证监会会计部、证监会上市部:《我国上市公司 2017 年执行企业内部控制规范体系情况分析报告》,载微信公众号“财政部”2018 年 11 月 9 日,https://mp.weixin.qq.com/s/eOhj8ox7f4pCVhAb26NhUg。

根据法律实践经验,上述事项属于中小投资者等市场主体易于向审计机构提出质疑并追责的重点,也是法院庭审关注的争议焦点。部分审计机构在上述方面的审计核查不足,确为控股股东、实际控制人及其关联方占用上市公司资金等行为,在客观上提供了便利。

(五)现行法律体系关于惩处机制的不完善

根据现行法律规定,当事人对于资金占用问题所涉法律责任的承担,无论民事责任、行政责任还是刑事责任,多从信息披露违法违规的角度进行惩处。在本书重点研究的 14 家上市公司案例中,相关当事人的违法违规成本相对较低。

1. 民事责任

《证券法》及相关法律法规、司法解释和自律规则,尚未对各方主体的责任承担予以单独规定。中国证监会和交易所针对上市公司资金占用问题,一般以信息披露违法违规为切入点予以监管。上市公司因资金占用问题涉及信息披露违法违规的,投资者可依据《虚假陈述规定(新)》等规定,通过证券虚假陈述责任纠纷诉讼等方式,要求相关当事人承担虚假陈述的民事赔偿责任。结合现有案例,目前资本市场涉及的证券虚假陈述民事赔偿案例多是以上市公司虚增收入、利润或是其他财务造假行为诱骗投资者入局,[①]而对于因资金占用问题涉及的信息披露违法违规并判处相关当事人承担证券虚假陈述民事赔偿责任的案例相对较少。

以海航集团旗下的海航控股、海航基础和供销大集为例,三家上市公司被海航集团及其关联方占用的资金金额高达 620.65 亿元。中国证监会于 2021 年 12 月 17 日对三家上市公司立案调查,2022 年 9 月作出行政处罚决定。但截至 2023 年 4 月 6 日,仍未有投资者因其已查实的资金占用问题提起证券虚假陈述侵权民事赔偿诉讼,相关当事人自然同样未承担民事赔偿责任。但需要注意的是,2023 年 4 月 28 日,海航控股收到中国证监会的立案通知书,因其 2018 年至 2020 年涉嫌债券市场信息披露违法被立案调查。基于此,根据网传消息,有部分债券投资者提起证券虚假陈述侵权民事赔偿诉讼。但海航控股债券市场信息披露违

---

① 参见《【优化法治化营商环境】证券虚假陈述责任纠纷十大典型案例》,载百度网 2022 年 8 月 25 日,https://m.thepaper.cn/baijiahao_19342074。

法违规尚未查实，其行政责任和民事赔偿责任的承担，还需关注中国证监会进一步的调查结果以及法院的审判结果。

以康美药业为例，在其财务造假问题被网络媒介揭开后，2019 年 4 月，经过审计机构的核查，发现其存在 88.79 亿元的资金占用问题。在中国证监会对相关当事人进行行政处罚后，数以万计的投资者提起了证券虚假陈述侵权民事赔偿诉讼。经过法院的审理，最终判决康美药业承担 24.59 亿元的赔偿责任，实际控制人、部分董监高、会计师事务所及相关注册会计师承担连带责任。

2. 行政责任

我国《证券法》并未直接规定上市公司存在资金占用问题的行政处罚措施。中国证监会在对上市公司的监管工作中，均是以信息披露违法违规对相关当事人进行处罚。处罚手段主要有通报批评、警告、罚款。

《证券法》第 197 条规定："信息披露义务人未按照本法规定报送有关报告或者履行信息披露义务的，责令改正，给予警告，并处以五十万元以上五百万元以下的罚款；对直接负责的主管人员和其他直接责任人员给予警告，并处以二十万元以上二百万元以下的罚款。发行人的控股股东、实际控制人组织、指使从事上述违法行为，或者隐瞒相关事项导致发生上述情形的，处以五十万元以上五百万元以下的罚款；对直接负责的主管人员和其他直接责任人员，处以二十万元以上二百万元以下的罚款。信息披露义务人报送的报告或者披露的信息有虚假记载、误导性陈述或者重大遗漏的，责令改正，给予警告，并处以一百万元以上一千万元以下的罚款；对直接负责的主管人员和其他直接责任人员给予警告，并处以五十万元以上五百万元以下的罚款。发行人的控股股东、实际控制人组织、指使从事上述违法行为，或者隐瞒相关事项导致发生上述情形的，处以一百万元以上一千万元以下的罚款；对直接负责的主管人员和其他直接责任人员，处以五十万元以上五百万元以下的罚款。"

根据上述规定，对于因资金占用问题涉及的信息披露违法违规，顶格处罚是 1000 万元。根据本书重点研究的 14 家上市公司因资金占用问题导致的行政处罚情况来看，海航控股、海航基础和供销大集的罚款金额最高，三家上市公司均被处罚 200 万元，对董监高的最高处罚是 100 万元。具体情况见表 1－1－4。

表1-1-4　海航集团旗下的三家上市公司资金占用问题引发的法律责任

公司名称	占用金额（亿元）	上市公司	董监高	控股股东/实际控制人	中介机构
海航控股[1]	380.03	给予警告，并处以200万元罚款	对多位董监高予以警告并处20万~100万元罚款	无	无
海航基础[2]	44.23	给予警告，并处以200万元罚款	对多位董监高予以警告并处10万~100万元罚款	无	无
供销大集[3]	196.42	给予警告，并处以200万元罚款	对多位董监高予以警告并处15万~100万元罚款	无	无

〔1〕参见巨潮资讯网：http://static.cninfo.com.cn/finalpage/2022-09-02/1214515618.PDF。

〔2〕参见巨潮资讯网：http://static.cninfo.com.cn/finalpage/2022-09-23/1214649932.PDF。

〔3〕参见巨潮资讯网：http://static.cninfo.com.cn/finalpage/2022-09-29/1214704393.PDF。

根据中国证监会对上述三家上市公司的行政处罚情况，对比本书重点研究的其他11家上市公司案例，就罚款金额来看，上述三家上市公司的罚款金额最高。但与其他案例相比，三家上市公司的实际控制人未被予以行政处罚。另外，虽然上述案例关于实际控制人等主体的处罚并未达到顶格处罚上限1000万元，但值得注意的是，市场已有更高的处罚案例。

例如，在上海智汇未来医疗服务股份有限公司（证券代码：600532，曾用名：上海宏达矿业股份有限公司，以下简称宏达矿业）案例中，根据中国证监会的调查，2020年12月至2021年12月，实际控制人及关联方累计占用宏达矿业44.49亿元资金，未履行信息披露义务。中国证监会最终对宏达矿业处以300万元罚款，对实际控制人处以425万元罚款，对宏达矿业部分董监高处以20万~100万元罚款。

另外，市场关于实际控制人顶格处罚的案例已经出现，例如另一家上市公司上海宏达新材料股份有限公司（证券代码：002211），因虚增营业收入和虚增利润等问题，实际控制人被中国证监会处以1000万元罚款。

3. 刑事责任

我国《刑法》并未对上市公司资金占用的问题专门制定相应的法定刑。目前，上市公司涉及资金占用问题的，主要是根据《刑法》第161条规定的违规披露、不披露重要信息罪和第169条之一规定的背信损害上市公司利益罪进行判罚。截至2023年4月6日，在本书重点研究的14家上市公司案例中，康美药业的实际控制人因操纵证券市场罪，单位行贿罪，违规披露、不披露重要信息罪被判处刑事责任;天翔环境、安通控股实际控制人因违规披露、不披露重要信息罪被立案侦查并移送检察院审查起诉,目前尚未查询到生效刑事判决书;海航集团旗下的三家上市公司、围海股份实际控制人被立案侦查,目前尚未查询到刑事案件的进一步进展。

根据相关报道,在2006年至2020年间,自中国裁判文书网、威科先行数据库等公开渠道可以取得关于违规披露、不披露重要信息罪的刑事判决书不到10份。[①] 2006年,《刑法修正案(六)》新增背信罪,以规制上市公司“关键少数”违背忠实义务、损害上市公司利益的行为,震慑资金占用。但通过背信损害上市公司利益罪追究资金占用行为刑事责任的案例较少,该罪的适用存在“落地难、争议大、适用少”的“冷罪名”困境。据了解,背信损害上市公司利益罪自入刑近17年来,截至2023年,判决的案例仅6件。对于背信罪震慑力度不足的问题,全国人大代表、深交所总经理沙雁认为,究其原因,一方面,《刑法》列举的背信情形有一定局限性,难以涵盖资金占用的复杂情形;另一方面,背信罪作为结果犯,须造成“致使上市公司利益遭受重大损失”的结果,但何为“重大损失”,尚未达成共识。[②]

综上,上市公司控股股东、实际控制人及其关联方,在盲目扩张、债务问题失控的情况下,容易滋生占用上市公司资金的道德风险;而在上市公司方面,因控股股东、实际控制人“一股独大”,难以对其进行有效制衡,导致了内部控制失效,为其资金占用行为提供了便利;在中介机构层面,受多种因素的影响,使一些中介机构在对上市公司财务报告进行审计过程中,不能及时掌握翔实资料,披露相关的违规问题,致使审计监督机制失灵;在国家监管层面,现有的自律监管、行政监管和司法监管,对资金占用行为的惩处机制尚不健全,导致违法成本较低。如何更好地量化资金占用行为的违法性和危害性,建立公平合理的惩处尺度,是当下监管部门应当关注的重要问题。

另需注意的是,资金占用并非个别和意外事件,无论是控股股东亟需资金,

---

① 参见李露、何东闽:《违规披露、不披露重要信息罪的司法导向——从四部委联合发布〈依法从严打击证券犯罪典型案例〉谈起》,微信公众号“金诚同达”2022年10月8日,https://mp.weixin.qq.com/s/BTFAzDZ6bg0ts_Gu30jEMg。

② 参见安卓:《背信罪“落地难”,对上市公司“关键少数”震慑力不足,如何破解?》,载第一财经2023年3月12日,https://www.yicai.com/news/101699108.html。

公司治理失衡,还是违法成本不足以遏制道德风险,均可能导致资金占用的发生。在某种意义上,部分公司出现合规问题是必然结果,是市场系统出现问题,单纯地归咎于企业失控,制度失灵,监管不力抑或专业机构失职都是片面的。

三、曝光原因

根据本书统计,资金占用问题被揭开的原因主要有上市公司主动披露、监管调查以及第三方披露等三种主要类型。对上市公司、控股股东和实际控制人而言,资金占用本是隐秘之事,在未经其主动披露的情况下,外界实际难以发现。但这并非绝对,当上市公司资金占用问题严重时,可能难以通过调整财务报表的手段掩饰太平,监管机构或是其他第三方主体可能能够从其披露信息中察觉到相关问题。

(一)主动披露

2006 年,中国证监会联合公安部等部门发布了《清理资金占用通知》。2017 年,中国证监会联合国资委发布了《16 号文》。2022 年 1 月 28 日,在整合上述通知的基础上,中国证监会联合公安部、国资委、原银保监会发布《8 号监管指引》,要求上市公司自查资金占用问题,定期核查、披露资金占用情况。通过上述规定可知,中国证监会等监管部门以及其他国家机关,一直强调、要求上市公司主动开展资金占用问题的自查工作,并根据自查情况予以披露。

以围海股份为例,在 2019 年至 2020 年间,围海股份三次自查资金占用问题,并根据监管要求及时披露。2019 年 4 月 28 日,根据围海股份披露的《关于第五届董事会第四十三次会议相关事项的独立意见暨关于公司关联方占用资金情况和违规担保情况的专项说明和独立意见》可知,其于 2019 年 4 月 3 日接到公司审计机构的沟通函,审计机构表示围海股份存在资金占用问题。此后围海股份在审计机构的协助下,发现截至 2019 年 4 月 30 日的资金占用余额为 4750 万元,并予以披露。[①] 2019 年 5 月 28 日,围海股份披露,前期自查发现的 4750 万元资金占用问题已解决。[②] 2019 年 7 月 12 日,中国证监会对围海股份进行立案调

① 参见巨潮资讯网:http://static.cninfo.com.cn/finalpage/2019-04-30/1206166791.PDF。

② 参见巨潮资讯网:http://static.cninfo.com.cn/finalpage/2019-05-28/1206308718.PDF。

查，[①]在宁波证监局的提示下，围海股份通过自查，于2020年4月30日披露《关于新增控股股东及关联方资金占用事项的公告》，截至披露日，发现尚未归还的资金占用余额为3100万元。[②] 2020年9月，经围海股份再度自查后披露《关于新增控股股东及关联方资金占用事项的公告》，调查发现依然存在18,385万元资金占用问题尚未解决，并根据监管要求及时对外披露。[③]

以海航控股、海航基础、供销大集为例，2021年1月29日，该三家上市公司被债权人申请破产重整。[④]《国务院关于进一步提高上市公司质量的意见》第10条规定："……上市公司实施破产重整的，应当提出解决资金占用、违规担保问题的切实可行方案……"根据这一规定，为了快速推进三家上市公司的重整程序，化解债务问题与合规问题，三家上市公司于2021年1月30日分别披露资金占用问题和初步整改计划，[⑤]并于2021年2月9日补充披露更为详细的整改计划。[⑥]

就本书重点研究的14家上市公司案例，有11家上市公司系主动披露资金占用问题。但是，这并非严格意义上的主动型披露，其实质动机迥异，既可能像海航集团旗下的三家上市公司一般，需解决自身债务问题而拟启动重整程序，为符合重整受理的前置程序或条件，故在同一时间主动披露；或是如华英农业一般，在控股股东变更后，新的国有控股股东内部开展自查并发现合规问题，根据监管要求进行披露；还有如围海股份、安通控股、天马股份、赫美集团一般，在审计机构发现资金占用问题后主动披露。

（二）监管调查

中国证监会是国务院设立的证券监督管理机构，依法对全国证券市场实行

① 参见巨潮资讯网：http://static.cninfo.com.cn/finalpage/2019-07-16/1206446865.PDF。

② 参见巨潮资讯网：http://static.cninfo.com.cn/finalpage/2020-04-30/1207688191.PDF。

③ 参见巨潮资讯网：http://static.cninfo.com.cn/finalpage/2020-09-24/1208484517.PDF。

④ 参见巨潮资讯网：http://static.cninfo.com.cn/finalpage/2021-01-30/1209218419.PDF；http://static.cninfo.com.cn/finalpage/2021-01-30/1209218425.PDF；http://static.cninfo.com.cn/finalpage/2021-01-30/1209218409.PDF。

⑤ 参见巨潮资讯网：http://static.cninfo.com.cn/finalpage/2021-01-30/1209218418.PDF；http://static.cninfo.com.cn/finalpage/2021-01-30/1209218424.PDF；http://static.cninfo.com.cn/finalpage/2021-01-30/1209218408.PDF。

⑥ 参见巨潮资讯网：http://static.cninfo.com.cn/finalpage/2021-02-09/1209261907.PDF；http://static.cninfo.com.cn/finalpage/2021-02-09/1209261908.PDF；http://static.cninfo.com.cn/finalpage/2021-02-09/1209261911.PDF。

统一监管。中国证监会根据需要设立派出机构,即地方证监局。地方证监局按照授权履行监督管理职责。监管上市公司及其股东的证券市场行为是中国证监会和地方证监局的重要职责之一,对上市公司进行现场检查或在上市公司存在合规问题的情况下主动立案调查是其履行监管责任的主要手段。在中国证监会和地方证监局对上市公司进行现场检查或是调查其他违规问题之际,可能会查出上市公司存在的资金占用问题。

以德威新材为例,2020 年 7 月 8 日,德威新材因其他原因被中国证监会立案调查。① 在此之前,德威新材一直对外披露不存在资金占用问题。2021 年 9 月 12 日,德威新材收到中国证监会下发的《行政处罚及市场禁入事先告知书》,经中国证监会调查发现,德威新材存在资金占用情况,截至 2020 年 7 月 8 日,资金占用余额为 9.78 亿元。②

以新亚制程(浙江)股份有限公司(证券代码:002388,以下简称新亚制程)为例,其在 2022 年 12 月之前一直对外披露不存在资金占用问题。但此后,在广东证监局的调查下,其资金占用问题曝光。2022 年 12 月 26 日,新亚制程收到了广东证监局下发的《关于对新亚电子制程(广东)股份有限公司采取责令改正措施并对许某宇等采取出具警示函措施的决定》。经查,2019 年 1 月至 2022 年 8 月期间,新亚制程以供应链垫资、预付货款、发放保理款、代付资金等名义向控股股东及其关联方提供资金。截至 2022 年 8 月 31 日,新亚制程仍有 6.26 亿元被占用资金尚未收回。③

以营口港为例,其在 2019 年 11 月之前一直对外披露不存在资金占用问题。2019 年 11 月 13 日,中国证监会辽宁监管局对营口港下发《中国证监会辽宁监管局行政监管措施决定书的公告》④,中国证监会辽宁监管局于 2019 年 7 月对营口港进行现场检查,发现营口港存在隐性资金占用问题。营口港将日常经营资金归集至财务公司,由财务公司进行集中收付。营口港对于财务公司的资金贡献率与从财务公司获得的贷款比率严重失衡。在相应年份,营口港向财务公司归集大量资金,同期财务公司资金无法覆盖营口港贷款需求,客观上促使营口港从

---

① 参见巨潮资讯网:http://static.cninfo.com.cn/finalpage/2020-07-08/1208016099.PDF。

② 参见巨潮资讯网:http://static.cninfo.com.cn/finalpage/2021-09-14/1211046601.PDF。

③ 参见巨潮资讯网:http://static.cninfo.com.cn/finalpage/2022-12-27/1215459034.PDF。

④ 参见巨潮资讯网:http://static.cninfo.com.cn/finalpage/2019-11-14/1207087377.PDF。

外部金融机构进行融资。

部分上市公司未自查披露资金占用,而是在监管过程中被中国证监会发现,一方面,可能是以德威新材和新亚制程为代表的上市公司心存侥幸,有意隐瞒,被中国证监会因其他问题进场调查后一并发现;另一方面,可能是以营口港为代表的上市公司,并未意识到自身的资金运作模式造成了资金占用的结果。营口港案例具有代表性,中国证监会的调查为同样存在隐性资金占用行为的公司敲响了警钟。截至 2023 年 12 月 30 日,A 股上市公司数量已达 5335 家。[①] 上市公司数量多,中国证监会的监管难以面面俱到,亟须上市公司提升自律意识,强化内控机制,加强法人独立性,落实公司责任。

(三)第三方披露

在常规情况下,上市公司及其控股股东、实际控制人会通过各种手段掩饰资金占用问题,使审计机构和监管部门难以察觉。但纸包不住火,只要资金占用问题无法解决,外界总能通过蛛丝马迹逐步知悉资金占用问题。在这种情况下,"吹哨人"可能是新闻媒体,可能是控股股东的破产管理人,也可能是其他第三方。

以康美药业为例,2018 年 4 月 24 日,康美药业公开披露《关于康美药业股份有限公司非经营性资金占用及其他关联资金往来情况的专项说明》,经审计机构核查,截至 2017 年 12 月 31 日,康美药业不存在资金占用问题。2018 年 10 月 16 日,《康美药业盘中跌停,疑似财务问题自爆:现金可疑,人参更可疑》一文在互联网广泛传播,舆情发酵并引发市场质疑康美药业财务造假。中国证监会于 2018 年 12 月 28 日官宣进场调查,[②]在中国证监会的调查压力下,康美药业最终承认其存在资金占用问题。截至 2019 年 4 月 30 日,康美药业涉及的资金占用余额为 88.79 亿元。[③]

以众泰汽车为例,2020 年 6 月 23 日,众泰汽车披露《2019 年度控股股东及其他关联方资金占用情况的专项说明》,经审计机构核查,截至 2019 年 12 月 31 日,众泰汽车不存在资金占用问题。2020 年 9 月 1 日,众泰汽车收到公司控股股东铁牛集团的告知函,获悉铁牛集团于 2020 年 8 月 31 日收到浙江省永康市人民

---

① 参见万得:《2023 年度 A 股大数据排行榜》,载微信公众号"Wind 万得"2023 年 12 月 30 日,https://mp.weixin.qq.com/s/LLDnKLqLoZlWKhqTYdy9ZQ。

② 参见巨潮资讯网:http://static.cninfo.com.cn/finalpage/2018-12-29/1205700666.PDF。

③ 参见巨潮资讯网:http://static.cninfo.com.cn/finalpage/2019-04-30/1206168290.PDF。

法院(以下简称永康法院)下发的民事裁定书,进入破产重整程序。

2020 年 10 月 23 日,铁牛集团披露对有关事项的说明,其存在占用众泰汽车资金的情况,截至重整受理日资金占用余额为 3.1 亿元。[①] 虽然铁牛集团管理人在该说明中表示其未收到资金占用所涉及的资料,本着谨慎性原则无法就资金占用问题发表意见,但管理人实际上已在该说明发出前完成了对铁牛集团的接管工作,若没有管理人与重整受理法院的监督压力,铁牛集团恐怕难以作出该说明。因此,本书将众泰汽车资金占用问题的披露原因列为管理人披露。

与康美药业相比,众泰汽车更接近于在破产重整管理人与法院监督下的主动披露,而康美药业财务造假问题的披露,是现代媒体力量崛起的具体表现。自进入 21 世纪以来,媒体力量的崛起逐渐成为一种重要的社会与经济监督手段。媒体报道能够形成一种"盯住效应",使得这些被报道的公司成为社会舆论关注的焦点。当被媒体关注较多的公司管理者出于各种动机企图通过财务重述来操纵会计信息时,他们所采取的这种违规行为相对于那些未引起媒体关注的公司,被社会公众识破的概率要大得多。[②]

四、负面影响

资金占用问题引发的不利影响是全方位的,涉及上市公司、控股股东、实际控制人、上市公司董监高等各方主体。其中,合规问题对于上市公司的负面效应最为明显,一方面,会影响上市公司的正常经营;另一方面,会导致上市公司触发退市风险。对于其他当事人而言,主要影响在于需要承担因资金占用问题而导致的法律责任。

(一)监管问责

根据本书的统计,在上市公司资金占用问题暴露后,中国证监会、交易所会在第一时间对资金占用问题予以关注。具体而言,中国证监会一般会对上市公

---

① 参见巨潮资讯网:http://static.cninfo.com.cn/finalpage/2020-10-24/1208607645.PDF。

② 参见戴亦一、潘越、刘思超:《媒体监督、政府干预与公司治理:来自中国上市公司财务重述视角的证据》,载《世界经济》2011 年第 11 期。

司进行立案调查,确有其事的,则在调查完成后对相关当事人下发行政处罚事先告知书,在通过听证程序听取相关当事人申辩后作出正式的行政处罚决定书;地方证监局一般是下发监管工作函询问相关情况或是对相关当事人出具警示函,并配合中国证监会的调查工作;交易所一般是就资金占用问题进行询问、下发监管工作函、对相关当事人进行纪律处分、对上市公司股票实施其他风险警示或退市风险警示。需要说明的是,在此过程中,各个监管部门的调查流程或惩处手段相对独立并又相互关联,其中涉及刑事问题的,除中国证监会等上述单位外,公安机关有时也会进驻调查。

以康美药业为例,2018 年 10 月 16 日,自互联网出现揭露康美药业财务造假的民间声音后,16 日当晚,中国证监会紧急成立核查小组,第二天便进驻康美药业调查取证;同年 12 月 28 日正式宣布对康美药业立案调查;①2019 年 8 月 16 日,中国证监会向康美药业和相关当事人下发《行政处罚及市场禁入事先告知书》②。在通过听证程序听取相关当事人申辩后,中国证监会于 2020 年 5 月 14 日下发行政处罚决定书、市场禁入决定书,对相关当事人进行行政处罚。③ 交易所方面,在 2019 年 4 月 30 日、5 月 5 日、5 月 12 日上交所接连发出《对公司前期会计差错更正等有关事项的监管工作函》《关于对康美药业股份有限公司媒体报道有关事项的问询函》《关于对康美药业股份有限公司 2018 年年度报告的事后审核问询函》,④询问有关财务造假及资金占用问题。2019 年 5 月 20 日对康美药业股票实施其他风险警示。⑤ 2020 年 5 月 15 日下发《关于 ST 康美行政处罚有关事项的监管工作函》,要求康美药业就中国证监会行政处罚及市场禁入相关事宜进行整改。⑥ 因涉及财务造假和资金占用问题,康美药业 2020 年度财务报告被审计机构出具无法表示意见,交易所决定对其股票自 2021 年 4 月 29 日起实施退市风险警示(见图 1－1－1)。⑦

---

① 参见周毅:《康美药业重整方案正式通过,广药等企业接盘》,载观察者网,https://www.guancha.cn/economy/2021_11_22_615782。

② 参见巨潮资讯网:http://static.cninfo.com.cn/finalpage/2019－08－17/1206541471.PDF。

③ 参见巨潮资讯网:http://static.cninfo.com.cn/finalpage/2020－05－15/1207813837.PDF。

④ 参见巨潮资讯网:http://static.cninfo.com.cn/finalpage/2019－05－21/1206286681.PDF。

⑤ 参见巨潮资讯网:http://static.cninfo.com.cn/finalpage/2019－05－18/1206283586.PDF。

⑥ 参见巨潮资讯网:http://static.cninfo.com.cn/finalpage/2020－05－16/1207818281.PDF。

⑦ 参见巨潮资讯网:http://static.cninfo.com.cn/finalpage/2021－04－28/1209841773.PDF。

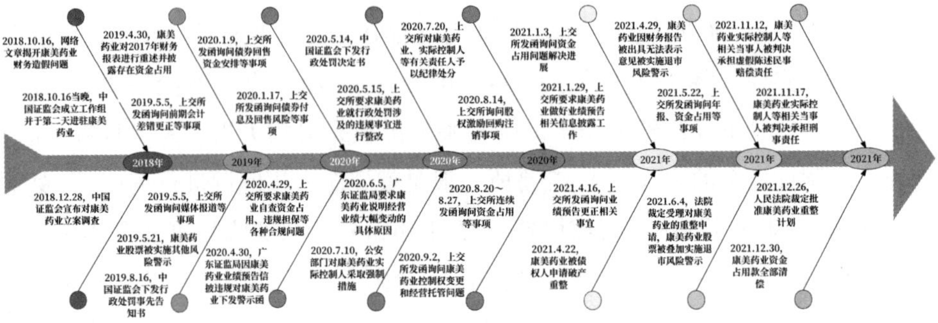

图 1－1－1　康美药业合规问题化解鱼骨图

以安通控股为例，2019 年 4 月 30 日，经审计机构核查，发现安通控股存在 11.31 亿元的资金占用问题。[①] 上交所于 2019 年 5 月 9 日首先发出《关于对安通控股股份有限公司 2018 年年度报告的事后审核问询函》，对资金占用问题进行询问。[②] 2019 年 5 月 16 日，黑龙江证监局对安通控股发出《关于对安通控股股份有限公司采取出具警示函措施的决定》，对安通控股出具警示函，并要求整改。[③] 2020 年 4 月 28 日，中国证监会对安通控股立案调查；[④]中国证监会于 2020 年 7 月 3 日下发《行政处罚及市场禁入事先告知书》，2020 年 7 月 8 日下发《行政处罚决定书及市场禁入决定书》对相关当事人进行行政处罚（见图 1－1－2）。[⑤]

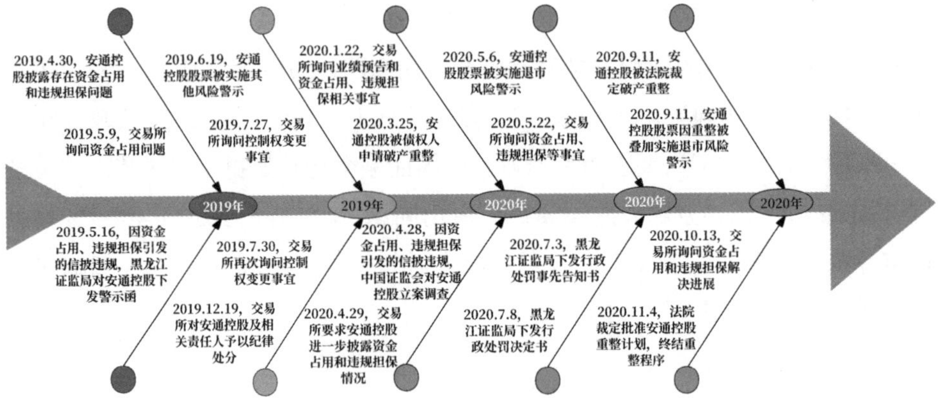

图 1－1－2　安通控股合规问题化解鱼骨图

① 参见巨潮资讯网：http：//static. cninfo. com. cn/finalpage/2019－04－30/1206167551. PDF。
② 参见巨潮资讯网：http：//static. cninfo. com. cn/finalpage/2019－05－10/1206254268. PDF。
③ 参见巨潮资讯网：http：//static. cninfo. com. cn/finalpage/2019－05－17/1206277744. PDF。
④ 参见巨潮资讯网：http：//static. cninfo. com. cn/finalpage/2020－04－30/1207689098. PDF。
⑤ 参见巨潮资讯网：http：//static. cninfo. com. cn/finalpage/2020－07－09/1208015479. PDF。

以海航集团旗下的海航控股、海航基础和供销大集为例，与康美药业和安通控股相比，中国证监会和交易所对于该三家上市公司的公开关注相对较少。2021 年 1 月 29 日，三家上市公司被债权人申请破产重整。1 月 30 日，三家上市公司正式披露资金占用问题。根据公开信息，自三家上市公司披露资金占用问题后，交易所除对三家上市公司股票实施其他风险警示、退市风险警示和纪律处分外，未主动公开询问或是采取其他自律监管措施；中国证监会在三家上市公司披露资金占用问题后的 11 个月内，未实施监管措施，但在三家上市公司重整计划被法院裁定批准后，中国证监会针对三家上市公司的资金占用等合规问题立案调查（见图 1－1－3）。

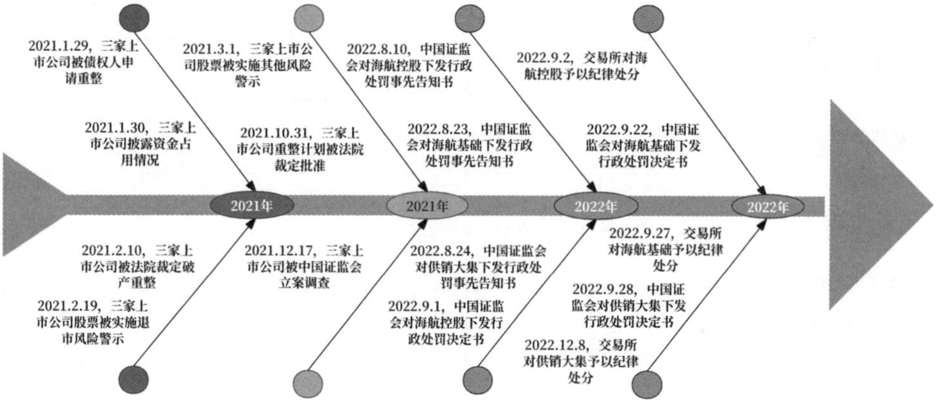

图 1－1－3　海航集团旗下的三家上市公司合规问题化解鱼骨图

康美药业、安通控股与海航集团旗下的三家上市公司合规问题及相关重大事件的时间节点，详细统计数据见表 1－1－5。

表 1－1－5　康美药业、安通控股与海航集团旗下的三家上市公司合规问题及相关重大事件的时间节点

重大事件时间点	康美药业	安通控股	海航集团旗下的三家上市公司
合规问题爆发	2018. 10. 16	2019. 4. 30	2021. 1. 30
资金占用披露	2019. 4. 30	2019. 4. 30	2021. 1. 30
被申请重整	2021. 4. 23	2020. 3. 25	2021. 1. 29
裁定重整	2021. 6. 5	2020. 9. 11	2021. 2. 10
重整结束	2021. 11. 27	2020. 11. 4	2021. 11. 1

续表

重大事件时间点	康美药业	安通控股	海航集团旗下的三家上市公司
证监会调查	2018. 12. 28	2020. 4. 28	2021. 12. 27
行政处罚事先告知	2019. 8. 16	2020. 7. 3	2022. 8
正式行政处罚	2020. 5. 15	2020. 7. 8	2022. 9
地方证监局下发警示函	2020. 5. 11	2019. 5. 16	无
地方证监局采取监管措施	2020. 6. 8	无	无
地方证监局责令公开说明	2020. 6. 5	无	无
采取刑事强制措施	2020. 7. 10	2021. 9. 27	2021. 9. 24
刑事判决	2021. 11. 17	无	无
交易所第 1 次关注	2019. 4. 30	2019. 5. 9	2021. 2. 19 退市风险警示
交易所第 2 次关注	2019. 5. 5	2019. 6. 19 其他风险警示	2021. 3. 1 其他风险警示
交易所第 3 次关注	2019. 5. 12	2019. 7. 27	2022. 9 ~ 12 纪律处分
交易所第 4 次关注	2019. 5. 21 其他风险警示	2019. 7. 30	无
交易所第 5 次关注	2020. 1. 9	2019. 12. 16 纪律处分	无
交易所第 6 次关注	2020. 1. 18	2020. 1. 22	无
交易所第 7 次关注	2020. 1. 22	2020. 4. 29	无
交易所第 8 次关注	2020. 4. 29	2020. 5. 6 退市风险警示	无
交易所第 9 次关注	2020. 5. 15	2020. 5. 22	无
交易所第 10 次关注	2020. 7. 20 纪律处分	2020. 9. 11 叠加退市风险警示	无
交易所第 11 次关注	2020. 8. 14	2020. 10. 13	无
交易所第 12 次关注	2020. 8. 20 ~ 27	无	无
交易所第 13 次关注	2020. 9. 2	无	无
交易所第 14 次关注	2021. 1. 3	无	无
交易所第 15 次关注	2021. 1. 29	无	无
交易所第 16 次关注	2021. 4. 16	无	无
交易所第 17 次关注	2021. 4. 29 退市风险警示	无	无
交易所第 18 次关注	2021. 5. 21	无	无

续表

重大事件时间点	康美药业	安通控股	海航集团旗下的三家上市公司
交易所第 19 次关注	2021.6.5 叠加退市风险警示	无	无
交易所第 20 次关注	2022.8.8 纪律处分	无	无
解决资金占用问题	2021.12.31	2021.4.20	2022.1～2022.4

根据上述三个案例的对比，在康美药业和安通控股的案例中，中国证监会和交易所对其资金占用问题尤为关注，在资金占用问题披露后，经常性地询问或实施必要的监管措施。需要注意的是，在海航集团旗下的三家上市公司的案例中，中国证监会和交易所在三家上市公司公开披露资金占用问题后的 11 个月内，虽未公开发出询问函、警示函进行监管，但是该等情况不应被简单地理解为监管缺位。三家上市公司在资金占用问题披露后不久即启动重整程序，可能出于社会稳定的考虑，监管机构提高了监管宽容度，以便为三家上市公司在重整期间创造良好的外部环境，促使其顺利解决合规问题和债务问题，最大限度维护上市公司债权人和投资者的权益。不过，无论监管部门在具体案件中的处置方式如何，参照伯克南、盖特纳与保尔森“救市三人小组”对 2008 年美国经济危机的反思，“理想情况下，应该有一个更强大、更全面的监管体系以及更严厉、更积极主动的监管机构”①，在当下上市公司资金占用等合规问题风险有显著提升的趋势下，已到未雨绸缪，强化干预之时。

（二）股票被交易所实施其他风险警示

《上交所股票上市规则》第 9.8.1 条规定：“上市公司出现以下情形之一的，本所对其股票实施其他风险警示：（一）公司被控股股东（无控股股东的，则为第一大股东）及其关联人非经营性占用资金，余额达到最近一期经审计净资产绝对值 5% 以上，或者金额超过 1000 万元，未能在 1 个月内完成清偿或整改；或者公司违反规定决策程序对外提供担保（担保对象为上市公司合并报表范围内子公司的除外），余额达到最近一期经审计净资产绝对值 5% 以上，或者金额超过

① 参见［美］本·伯克南、［美］蒂莫西·盖特纳、［美］亨利·保尔森：《灭火》，冯毅译，中信出版集团股份有限公司 2019 年版，第 20 页。

1000 万元,未能在 1 个月内完成清偿或整改……"

《深交所股票上市规则》第 9.8.1 条规定:"上市公司出现下列情形之一的,本所对其股票交易实施其他风险警示:(一)公司存在资金占用且情形严重……"第 9.8.2 条规定:"本规则第 9.8.1 条第(一)项所述存在资金占用且情形严重,是指上市公司被控股股东或者控股股东关联人占用资金的余额在 1000 万元以上,或者占公司最近一期经审计净资产的 5% 以上,且无可行的解决方案或者虽提出解决方案但预计无法在一个月内解决……"

根据上述规定,若上市公司存在的资金占用问题超过上述标准,且在 1 个月之内无法解决,则股票会被交易所实施其他风险警示。本书重点研究的 14 家上市公司在发生资金占用问题后,除天翔环境外,其余均因资金占用问题被实施其他风险警示,具体情况见表 1-1-6。

表 1-1-6　资金占用与风险警示

序号	公司名称	占用金额(亿元)	披露时间	风险警示时间
1	天翔环境	24.31	2018.8.30	无
2	众泰汽车	3.10	2020.10.23	2021.4.19
3	安通控股	13.09	2019.4.30	2019.6.19
4	康美药业	84.81	2019.4.30	2019.5.21
5	围海股份	1.84	2019.4.27	2019.5.29
6	海航控股	380.03	2021.1.30	2021.3.1
7	海航基础	44.23	2021.1.30	2021.3.1
8	供销大集	196.42	2021.1.30	2021.3.1
9	银亿股份	22.47	2019.4.30	2019.5.6
10	天马股份	35.51	2018.4.27	2018.9.15
11	华英农业	4.66	2020.5.30	2021.11.1
12	金贵银业	10.14	2019.8.30	2019.10.9
13	赫美集团	1.68	2019.4.30	2019.5.18
14	德威新材	9.78	2021.9.12	2021.2.2[1]

[1] 该时间是德威新材因违规担保被交易所实施其他风险警示的时间,在资金占用问题披露后,未查询到被叠加实施其他风险警示的具体时间。

在天翔环境的案例中,其股票未被实施其他风险警示的主要原因是,当时的

《深交所创业板股票上市规则》(2018 年第一次修订)没有关于其他风险警示的规定。但未被实施其他风险警示并不意味着交易所对天翔环境违规行为的放任,2018 年度、2019 年度天翔环境股票因资金占用等问题被审计机构出具无法表示意见,且 2019 年度净资产为负,深交所于 2020 年 5 月 13 日决定天翔环境股票暂停上市。在新亚制程的案例中,广东证监局于 2022 年 12 月 26 日因资金占用问题对相关当事人出具警示函后,控股股东在 1 个月内便偿还了全部的资金占用款,因而避免了被深交所实施其他风险警示的结果。

(三)影响企业正常经营与业务开展

资金占用问题会挤占上市公司用于正常生产经营的流动资金,导致上市公司经营业绩下滑。与此同时,资金占用还会降低上市公司的流动比率,在上市公司债务集中到期的特殊窗口,更易刺破上市公司的债务风险。

以安通控股为例,根据中国证监会的调查,在 2018 年 1 月至 2019 年 8 月期间,控股股东对安通控股的资金占用金额累计达 41.85 亿元,虽在监管压力之下偿还了部分占款,但最终仍有 13.09 亿元资金无法偿还。运营资金的频繁给付,资金周转密集,资金周转循环次数快,物流压款、长账期等是安通控股这类物流公司独有的特点。[①] 控股股东频繁且巨额的资金占用,严重影响了安通控股的正常资金周转,进而导致安通控股经营业绩不断下滑。受资金占用的影响,安通控股经营业绩自 2018 年起开始下滑,2019 年下滑更多,归属于上市公司股东的扣除非经常性损益的净利润较上年下滑幅度达 1222.96%。[②]

(四)上市公司层面无法开展资本运作

根据《16 号文》第 4 条的规定:"……(二)上市公司及其董事、监事、经理等高级管理人员违反本《通知》规定,中国证监会将责令整改,依法予以处罚,并自发现上市公司存在违反本《通知》规定行为起 12 个月内不受理其再融资申请。(三)上市公司控股股东违反本《通知》规定或不及时清偿违规占用上市公司资

① 参见刘颖芳:《物流企业现金流管理与风险应对措施》,载公务员之家 2022 年 5 月 31 日,https://www.gwyoo.com/lunwen/guanlilunwen/wlqylw/202105/741678.html。

② 参见巨潮资讯网:http://static.cninfo.com.cn/finalpage/2020-04-30/1207689108.PDF。

金的,中国证监会不受理其公开发行证券的申请或其他审批事项,并将其资信不良记录向国资委、中国银行业监督管理委员会和有关地方政府通报……”

根据上述规定,上市公司发生资金占用问题后,将无法通过在资本市场发行股票或债券等方式公开融资。在本书重点研究的 14 家上市公司的案例中,在上市公司存在资金占用等合规问题期间,都未有通过资本市场公开融资的记录,只能通过银行贷款、对外出售资产等方式进行融资。

(五)财务报告和内控报告被出具非标准意见

当上市公司存在资金占用问题时,审计机构会根据资金占用问题的严重程度对上市公司的财务报告出具带强调事项段的无保留意见、保留意见、无法表示意见或否定意见;对上市公司的内控报告出具无法表示意见或否定意见;或是上市公司通过自评承认其内控制度存在缺陷。

本书重点研究的 14 家上市公司在资金占用问题被披露后,审计机构根据实际情况对其财务报告和内控制度做出了不同的评价,具体情况见表 1 –1 –7。

表 1 –1 –7　资金占用与审计机构评价

序号	公司名称	占用金额(亿元)	资金占用 披露时间	近一期财务 报告意见	近一期内控 报告意见
1	天翔环境	24. 31	2018. 8. 30	无法表示意见	自评内部重大缺陷
2	众泰汽车	3. 10	2020. 10. 23	保留意见	否定意见
3	安通控股	13. 09	2019. 4. 30	强调事项段 无保留意见	否定意见
4	康美药业	84. 81	2019. 4. 30	保留意见	否定意见
5	围海股份	1. 84	2019. 4. 27	保留意见	否定意见
6	海航控股	380. 03	2021. 1. 30	无法表示意见	否定意见
7	海航基础	44. 23	2021. 1. 30	无法表示意见	否定意见
8	供销大集	196. 42	2021. 1. 30	无法表示意见	否定意见
9	银亿股份	22. 47	2019. 4. 30	保留意见	否定意见
10	天马股份	35. 51	2018. 4. 27	无法表示意见	自评内部重大缺陷
11	华英农业	4. 66	2020. 5. 30	无法表示意见	无法表示意见
12	金贵银业	10. 14	2019. 8. 30	保留意见	自评内部重大缺陷
13	赫美集团	1. 68	2019. 4. 30	无法表示意见	否定意见
14	德威新材	9. 78	2021. 9. 12	无法表示意见	自评无缺陷

以海航控股、海航基础、供销大集三家上市公司为例，根据三家上市公司在2021年1月30日至4月30日的信息披露情况，海航集团及其关联方占用资金合计620.68亿元。[①] 基于该资金占用问题，审计机构对三家上市公司的财务报告出具了无法表示意见，内部控制审计报告出具了否定意见。

以新亚制程为例，2022年12月26日，在被广东证监局查出6.26亿元资金占用问题后，控股股东火速筹集资金并于2023年1月底前偿还全部资金占用款。其后，审计机构未对其财务报告和内部控制报告出具非标准意见。

以德威新材为例，2020年7月8日，中国证监会因其他事宜对德威新材立案调查，2021年9月12日完成调查并向德威新材下发《行政处罚及市场禁入事先告知书》，德威新材9.78亿元的资金占用问题首次为外界所知。[②] 2022年4月28日，审计机构因资金占用、违规担保、应收票据违规计提减值、持续经营能力存在重大不确定性等，对德威新材财务报告出具无法表示意见。但根据德威新材的披露，未见审计机构对其内部控制制度发表意见，德威新材自评其内部控制制度不存在缺陷。[③] 德威新材存在9.78亿元的资金占用问题，但却未见审计机构对其内部控制制度进行评价，其内控自评亦是无缺陷评价，与本书重点研究的其他13家上市公司案例相比，有较大的差异。

从上市公司内部管理的角度来说，建立健全的内部控制体系，且内控机制运转良好，能够有效避免资金占用等合规问题发生。在德威新材案例中，存在较大规模的资金占用问题，但上市公司自评却无缺陷，导致这一现象的原因之一即公司治理结构失衡。对于这种难以依靠上市公司自查或是自我整改消除合规问题的情形，通常要依靠中国证监会、交易所、媒介等外部力量进行纠正。

（六）引发上市公司的强制退市风险

根据前述，当上市公司存在资金占用问题，且不能在1个月内解决的，其股

---

① 参见巨潮资讯网：http://static.cninfo.com.cn/finalpage/2022-04-30/1213268705.PDF；http://static.cninfo.com.cn/finalpage/2021-04-30/1209878684.PDF；http://static.cninfo.com.cn/finalpage/2021-04-30/1209871417.PDF。

② 参见巨潮资讯网：http://static.cninfo.com.cn/finalpage/2021-09-14/1211046601.PDF。

③ 参见巨潮资讯网：http://static.cninfo.com.cn/finalpage/2022-04-30/1213266561.PDF。

票会被交易所实施其他风险警示,但仅存在其他风险警示并不直接引发上市公司的退市风险。资金占用与退市风险的关系在于,在对上市公司财务报告进行审计时,审计机构可能会因资金占用问题,对其财务报告直接出具无法表示意见或否定意见。另外,在资金占用金额较大的情况下,上市公司的净利润、净资产等主要财务指标可能会受到重大影响,可能会发生归属于上市公司股东的净利润为负或是净资产为负的情况。基于上述情况的综合影响,审计机构更容易就财务报告出具非标准意见。如财务报告被出具无法表示意见或否定意见,其股票会面临被交易所施加退市风险警示。

《上交所股票上市规则》第 9. 3. 2 条规定:"上市公司出现下列情形之一的,本所对其股票实施退市风险警示:(一)最近一个会计年度经审计的净利润为负值且营业收入低于 1 亿元,或追溯重述后最近一个会计年度净利润为负值且营业收入低于 1 亿元;(二)最近一个会计年度经审计的期末净资产为负值,或追溯重述后最近一个会计年度期末净资产为负值;(三)最近一个会计年度的财务会计报告被出具无法表示意见或否定意见的审计报告;(四)中国证监会行政处罚决定书表明公司已披露的最近一个会计年度经审计的年度报告存在虚假记载、误导性陈述或者重大遗漏,导致该年度相关财务指标实际已触及第(一)项、第(二)项情形的;(五)本所认定的其他情形。"

第 9. 3. 11 条规定:"上市公司股票因第 9. 3. 2 条规定情形被实施退市风险警示后,公司出现下列情形之一的,本所决定终止其股票上市:(一)公司披露的最近一个会计年度经审计的财务会计报告存在第 9. 3. 2 条第一款第(一)项至第(三)项规定的任一情形或财务会计报告被出具保留意见审计报告;(二)公司未在法定期限内披露最近一年年度报告;(三)公司未在第 9. 3. 6 条第一款规定的期限内向本所申请撤销退市风险警示;(四)半数以上董事无法保证公司所披露最近一年年度报告的真实性、准确性和完整性,且未在法定期限内改正;(五)公司撤销退市风险警示申请未被本所同意。"

《深交所股票上市规则》第 9. 3. 1 条规定:"上市公司出现下列情形之一的,本所对其股票交易实施退市风险警示:(一)最近一个会计年度经审计的净利润为负值且营业收入低于 1 亿元,或者追溯重述后最近一个会计年度净利润为负值且营业收入低于 1 亿元;(二)最近一个会计年度经审计的期末净资产为负值,或者追溯重述后最近一个会计年度期末净资产为负值；（三）最近一个会计年度的财务会计报告被出具无法表示意见或者否定意见的审计报告；（四）中国证监会行政处罚决定书表明公司已披露的最近一个会计年度财务报告存在虚假记载、误导性陈述或者重大遗漏，导致该年度相关财务指标实际已触及本款第（一）项、第（二）项情形；（五）本所认定的其他情形。”

第 9.3.11 条第 1 款规定：“上市公司因触及本规则第 9.3.1 条第一款第（一）项至第（三）项情形其股票交易被实施退市风险警示后，首个会计年度出现下列情形之一的，本所决定终止其股票上市交易：（一）经审计的净利润为负值且营业收入低于 1 亿元，或者追溯重述后最近一个会计年度净利润为负值且营业收入低于 1 亿元；（二）经审计的期末净资产为负值，或者追溯重述后最近一个会计年度期末净资产为负值；（三）财务会计报告被出具保留意见、无法表示意见或者否定意见的审计报告；（四）未在法定期限内披露过半数董事保证真实、准确、完整的年度报告；（五）虽符合第 9.3.7 条的规定，但未在规定期限内向本所申请撤销退市风险警示；（六）因不符合第 9.3.7 条的规定，其撤销退市风险警示申请未被本所审核同意。”

根据上述规定，资金占用并不必然导致上市公司面临退市风险，即在上市公司资金占用问题不严重的情况下，会被交易所实施“其他风险警示”，不必然导致“退市风险警示”。当上市公司资金占用问题严重，因隐匿关键财务信息等问题导致审计机构对财务报告无法出具意见或出具否定意见，或是资金占用问题严重影响上市公司财务指标，导致触发净资产为负等财务退市指标的情况下，上市公司股票将会被交易所实施退市风险警示。在被施加退市风险警示后的首个会计年度，财务指标不能得到根本改变或是审计报告被出具保留意见、无法表示意见或者否定意见的，则交易所有权决定上市公司股票终止上市交易。

以围海股份为例，2019 年 4 月 30 日，其主动披露存在资金占用和违规担保问题，但合规问题并未严重影响围海股份 2018 年度主要财务指标，审计机构未对围海股份 2018 年度财务报告出具无法表示意见或否定意见，交易所在 2019 年 5 月 28 日对围海股份股票实施其他风险警示。这也说明当时的合规问题并未引发围海股份的退市风险。2020 年 4 月 28 日，随着合规问题的持续发酵，审计机构因围海股份资金占用、违规担保、被中国证监会调查等对其财务报告出具无法表示意见,使围海股份股票被实施退市风险警示。此后,围海股份通过控股股东的重整,成功解决了合规问题,被撤销了退市风险警示。

以德威新材为例,2020 年 12 月 29 日,德威新材在回复深交所询问时承认存在违规担保问题。① 自 2021 年 2 月 2 日起,德威新材股票被深交所实施其他风险警示。② 此时,德威新材并未因违规担保问题而面临退市风险。2021 年 4 月 26 日,德威新材财务报告因票据违规计提减值、违规担保、被中国证监会立案调查等,被审计机构出具无法表示意见。③ 德威新材股票于 2021 年 4 月 29 日起被实施退市风险警示。

根据上述规定,若德威新材不能在 2021 年 12 月 31 日之前解决违规担保问题,则将面临退市的结果。2021 年 9 月 12 日,根据中国证监会的调查结果,发现德威新材除违规担保外,还存在 9. 78 亿元的资金占用问题。④ 实际上,德威新材在资金占用问题未被公开披露之前,就已经在筹划通过破产重整解决自身债务问题和合规问题,但截至 2021 年 12 月 31 日,德威新材预重整程序迟迟未能结束,无法顺利进入破产重整程序,未能在 2021 年 12 月 31 日前解决自身债务问题、资金占用问题和违规担保问题。2022 年 4 月,审计机构对德威新材 2021 年度财务报告再次出具无法表示意见,⑤深交所最终于 2022 年 5 月 27 日决定终止德威新材股票上市交易。

总之,资本市场法治最重要的制度就是注册制的法制和退市制度的法制,以及投资者保护制度的法规、打击违规违法行为的法规、信息披露的法规、证交所对上市企业退市审核监管的规章。⑥ 如上市公司因资金占用问题导致最近一年的财务报告被出具无法表示意见,或是财务指标受到较大影响导致净资产为负,则对上市公司的负面影响不可估量。上市公司需要在当年年底前解决资金占用问题,改善财务指标,净资产由负转正。若不能在这有限的窗口期内解决问题,上市公司将会面临退市的结果。当然,在窗口期不能解决问题的上市公司,或代

---

① 参见巨潮资讯网:http://static. cninfo. com. cn/finalpage/2020 - 12 - 30/1209015584. PDF。

② 参见巨潮资讯网:http://static. cninfo. com. cn/finalpage/2021 - 02 - 01/1209217920. PDF。

③ 参见巨潮资讯网:http://static. cninfo. com. cn/finalpage/2021 - 04 - 28/1209838814. PDF。

④ 参见巨潮资讯网:http://static. cninfo. com. cn/finalpage/2021 - 09 - 14/1211046601. PDF。

⑤ 参见巨潮资讯网:http://static. cninfo. com. cn/finalpage/2022 - 04 - 30/1213266559. PDF。

⑥ 参见黄奇帆:《结构性改革:中国经济的问题与对策》,中信出版集团股份有限公司 2020 年版,第 137 页。

表企业有着自身难言之困,或预示着已被市场抛弃,被强制退市亦可预期。

(七)对控股股东、实际控制人与关联方的影响

1. 资金占用款的法律责任

《8 号监管指引》第 20 条规定:“上市公司应对其与控股股东、实际控制人及其他关联方已经发生的资金往来、对外担保情况进行自查。对于存在资金占用、违规担保问题的公司,应及时完成整改,维护上市公司和中小股东的利益。”第 21 条规定:“上市公司被控股股东、实际控制人及其他关联方占用的资金,原则上应当以现金清偿。严格控制控股股东、实际控制人及其他关联方以非现金资产清偿占用的上市公司资金……”

根据上述规定,控股股东、实际控制人及其关联方存在占用上市公司资金情况的,应当及时清偿。关于清偿方式,监管部门最青睐的是现金清偿,但不排斥以非现金资产清偿,只是规定了更为严格的限制。当然,我们倾向于认为监管层面近期在实践中确立了“以现金清偿为原则,以非现金偿付为例外”的指导原则,尤其是在上市公司破产重整案件中,既然公司有着更多的技术工具与可能性解决资金占用问题,那么更应限制非现金资产清偿这一方式。例如,上市公司启动司法重整,通过引进产业投资人与财务投资者等方式,鼓励投资人计算、接受投资综合成本后,承诺兜底回填占用资金,化解退市风险与财务风险。我们预测在未来的重整市场上,上市公司采用非现金资产解决资金占用问题,会受到监管部门越来越严格的评价与限制。

若是控股股东、实际控制人及其关联方最终不能清偿资金占用款,则资金占用问题引发的法律责任将存在“升级”为刑事责任之风险。以新疆准东石油技术股份有限公司(证券代码:002207,以下简称准油股份)为例,在 2015 年 11 月 20 日至 12 月 16 日,准油股份实际控制人利用职务便利,使用准油股份印章,对外借款 4000 万元,该笔借款由实际控制人关联方使用,截至案发时仍未归还。对此,新疆维吾尔自治区克拉玛依市克拉玛依区人民法院裁判认定实际控制人的上述行为构成犯罪,并于 2020 年 12 月 10 日以背信损害上市公司利益罪判处准油股份实际控制人有期徒刑 2 年 10 个月,缓刑 3 年,并处罚金人民币 10 万元。

以多伦科技股份有限公司(证券代码:603528,以下简称多伦科技)为例,在

2013年7月至2015年2月期间，多伦科技实际控制人采用伪造多伦科技子公司开发的某项目分包商林某某签名、制作虚假的资金支付申请与审批表等方式，以支付工程款和往来款名义，将多伦科技子公司资金划转至该公司实际控制的林某某个人账户与某项目部账户，再通过上述账户划转至多伦科技实际控制人控制的多个公司、个人账户内，转出资金循环累计约1.2亿元。其中，2360万元被其用于理财、买卖股票等，至案发时尚未归还。对此，上海市高级人民法院二审以背信损害上市公司利益罪判处多伦科技实际控制人有期徒刑1年8个月，并处罚金人民币180万元。

2. 违规法律责任的承担

控股股东、实际控制人除应偿还资金占用款外，还要与上市公司董监高一同承担因资金占用引发的信息披露违法违规所导致的法律责任。具体而言，控股股东、实际控制人，以及上市公司董监高将会因信息披露违法违规承担交易所的纪律处分；承担中国证监会的行政处罚；因信息披露违法违规给投资者造成损失的，还需要承担民事赔偿责任；如信息披露违法违规行为触犯《刑法》的，还应承担刑事责任。

以康美药业为例，自其2019年4月30日披露实际控制人及其关联方占用上市公司资金84.81亿元后，实际控制人及其关联方通过处置资产变现、债权债务抵销和出售转增股票的方式解决了资金占用问题，但实际控制人、康美药业董监高和中介机构依然承担了相应的法律责任，具体情况见表1－1－8。

表1－1－8　实际控制人及其关联方法律责任

主体	纪律处分	行政处罚	民事赔偿	刑事责任
实际控制人	1. 公开谴责； 2. 终身不适合担任上市公司高管	1. 警告； 2. 罚款； 3. 市场禁入	对上市公司的民事赔偿承担连带责任	1. 有期徒刑； 2. 并处罚金
董监高	1. 公开谴责； 2. 期限内不适合担任上市公司高管	1. 警告； 2. 罚款； 3. 市场禁入		1. 有期徒刑； 2. 并处罚金
中介机构	公开谴责	1. 责令改正； 2. 没收业务收入； 3. 罚款		无

在本书重点研究的14家上市公司案例中，并非所有案例的相关当事人都被法

院等机关或部门认定为应当单独或与其他主体共同承担行政责任、民事赔偿责任和刑事责任。情节轻微的上市公司或其他主体可能仅被追究自律监管责任。以新亚制程为例,因其在一个月内便成功解决了资金占用问题,违法违规情节较轻,相关当事人仅被广东证监局出具了警示函,未被追究其他更为严重的法律责任。对于相关当事人法律责任的承担,详见下述第五部分——法律责任的确定。

五、法律责任的确定

如上市公司涉及资金占用问题,当事人要根据自身过错程度承担不同类型的法律责任,包含交易所作为自律监管机构实施的自律监管责任、中国证监会作为行政监管机构实施的行政责任、人民法院根据投资者起诉判令的民事赔偿责任,以及人民法院根据公安部门的侦查、检察院的公诉所判令的刑事责任。

(一)自律监管责任

自律监管是指上交所和深交所为了规范交易所自律管理,维护市场秩序,根据《证券法》《上海证券交易所章程》《深圳证券交易所章程》及其他相关业务规则规定的纪律处分和自律监管措施对上市公司进行监管。

1. 主要类型

根据《上交所纪律处分和监管措施办法》的规定,上交所对相关当事人的纪律处分和监管措施见表1-1-9。

表1-1-9　上交所纪律处分和监管措施

纪律处分	通报批评
	公开谴责
	公开认定不适合担任证券发行人董监高或者境外发行人信息披露境内代表
	建议法院更换证券发行人破产管理人或管理人成员[1]
	暂不接受发行人提交的发行上市申请文件
	暂不接受控股股东、实际控制人及其控制的其他发行人提交的发行上市申请文件
	暂不接受保荐人、承销商、证券服务机构提交的文件
	暂不接受保荐代表人及保荐人其他相关人员、承销商相关人员、证券服务机构相关人员签字的文件

续表

纪律处分	暂停或者限制交易权限
	取消交易参与人资格
	取消会员资格
	限制投资者账户交易
	要求会员拒绝接受投资者港股通交易委托
	收取惩罚性违约金
监管措施	口头警示
	书面警示
	监管谈话
	要求限期改正
	要求公开致歉
	要求聘请保荐机构、证券服务机构进行核查并发表意见
	要求保荐人聘请第三方机构进行核查并发表意见
	要求限期参加培训
	建议更换相关任职人员
	向相关主管部门出具监管建议函

〔1〕即对未勤勉尽责的上市公司破产管理人或者管理人成员，上交所可以建议有关人民法院予以更换。

根据《深交所自律监管措施和纪律处分办法》的规定，深交所对相关当事人的纪律处分和监管措施见表1-1-10。

表1-1-10　深交所纪律处分和监管措施

纪律处分	通报批评
	公开谴责
	公开认定不适合担任相关职务
	建议法院更换上市公司破产管理人或者管理人成员[1]
	暂不接受发行人、上市申请人提交的发行上市申请文件
	暂不接受控股股东、实际控制人及其控制的其他发行人提交的发行上市申请文件
	暂不受理专业机构或者其从业人员出具的相关业务文件
	收取惩罚性违约金
	暂停或者限制交易权限
	取消交易权限
	取消会员或者其他交易参与人资格
	报请中国证监会认定会员董监高为不适当人选

续表

监管措施	口头警示
	书面警示
	约见谈话
	要求中介机构或者要求聘请中介机构核查并发表意见
	要求限期改正
	要求公开更正、澄清或说明
	要求限期召开投资者说明会
	要求上市公司董事会追偿损失
	对未按要求改正的证券发行人相关证券实施停牌
	建议更换相关任职人员
	暂停受理或者办理相关业务
	暂停适用信息披露直通车业务
	限制交易
	向相关主管部门出具监管建议函

〔1〕即对未勤勉尽责的上市公司破产管理人或者管理人成员，深交所可以建议有关人民法院予以更换。

2. 纪律处分和监管措施的适用标准

《上交所纪律处分和监管措施办法》对于上述纪律处分和监管措施的适用标准，主要根据主观因素、客观因素和具体情节加以确定，具体情况见表1－1－11。

表1－1－11 上交所纪律处分和监管措施适用标准

标准/因素	具体内容
主观因素	1. 监管对象的主观状态是否存在过错，监管对象是否故意实施违规行为或者明知违规行为而不予指明，或者未勤勉尽责，对违规行为发生或者持续存在过失； 2. 监管对象为单位的，该单位是否存在内部人共同故意，或者是否仅系相关个人行为造成单位违规； 3. 违规行为发生后，监管对象是否继续掩饰、隐瞒，是否采取适当的补救、改正措施； 4. 违规行为发生后，监管对象是否及时向交易所报告，在调查中是否积极配合，是否干扰、阻碍调查的进行等
客观因素	1. 违规行为所涉及的相关金额的大小、占相关财务数据的比重； 2. 违规的次数、持续时间的长短，违规监管对象从中获取利益的大小； 3. 违规行为对证券交易价格和投资者投资决策的影响程度； 4. 违规行为对证券发行上市、挂牌转让、风险警示、终止上市、重新上市、重大资产重组、权益变动、要约收购豁免、股权激励计划等事项或者条件的影响程度； 5. 违规行为给证券发行人造成损失的大小，违规行为对债券发行人偿债能力、违约处置等事项的影响程度；

续表

标准/因素	具体内容
客观因素	6. 违规行为给投资者特别是中小投资者造成损失的大小; 7. 违规行为对证券市场秩序和证券监管造成的影响程度; 8. 违规行为被相关行政机关、司法机关查处的情况等
区分监管对象的责任大小	1. 在违规行为发生过程中所起的作用,在违规事项中所起的是主要作用还是次要作用,是主动参加还是被动参加,是直接参与还是间接参与; 2. 知情程度和态度,监管对象对于违规事项及其内容是否知情或者应当知情,是否反映、报告,是否采取措施有效避免或者减少损害后果,是否放任违规行为发生; 3. 职务、具体职责及履职情况,认定的违规事项是否与责任人员的职务、具体职责存在直接关系,责任人员是否忠实、勤勉履行职责,有无懈怠、放弃履行职责,是否履行职责预防、发现和阻止违规行为发生; 4. 专业背景和技能,是否存在责任人员对于与其专业背景或者技能有关的违规事项应当发现而未予指出的情况; 5. 履职渠道和措施,是否具有取得违规事项相关信息的渠道,是否为核验违规事项相关信息所采取相关措施等
加重处罚情形	1. 违规行为严重侵害中小投资者权益,或者对证券市场秩序造成严重影响; 2. 违规行为导致证券发行人遭受重大损失,或者对债券发行人偿债能力、违约处置等事项具有重大影响; 3. 违规行为涉及金额或者占相关财务数据比重巨大; 4. 违规行为多次、高频发生或长期持续未予整改; 5. 最近 12 个月内曾被中国证监会行政处罚或者实施行政监管措施; 6. 最近 12 个月内曾被交易所实施纪律处分或者监管措施; 7. 违规行为导致证券或者证券衍生品种交易发生异常波动或者非正常停牌,情节严重; 8. 违规行为对证券发行上市、挂牌转让、风险警示、终止上市、重新上市、重大资产重组、控制权变更、要约收购、股权激励计划等事项或者条件具有重大影响; 9. 故意实施或者隐瞒违规行为; 10. 干扰、阻碍或拒不配合交易所采取相关措施等
减轻处罚情形	1. 违规行为未对市场造成实际影响,或已经采取有效措施消除不良影响; 2. 在违规行为被发现前,积极主动采取或要求公司采取纠正措施,并向本所或者证券监管机构报告或进行信息披露; 3. 在违规行为所涉期间,由于不可抗力、意外事件等无法正常履行职责; 4. 积极配合本所采取相关措施; 5. 能够证明具有一定勤勉尽责履职表现等
履职表现的综合认定	1. 是否按照法律法规、交易所业务规则以及公司章程的规定积极、主动、勤勉地履行职责; 2. 是否依照规定履行保证证券发行文件或者定期报告内容真实、准确、完整的义务,无法保证或者有异议,是否依照规定以书面方式发表附具体理由的意见并依法披露,但在审议、审核信息披露文件时投赞成票的除外; 3. 是否在证券发行人重大风险化解、债务违约处置中发挥重要实质作用,已全面纠正违规行为,完成证券发行人风险化解或债务偿还,赔偿或者补偿投资者损失; 4. 是否存在其他勤勉尽责的履职表现等

《深交所自律监管措施和纪律处分办法》对于上述纪律处分和监管措施的适用标准，主要根据主客观因素和具体情节进行确定，具体情况见表1－1－12。

表1－1－12　深交所纪律处分和监管措施适用标准

标准/因素	具体内容
主客观因素	1. 当事人的违规行为是否存在主观故意； 2. 违规行为发生后，当事人是否掩饰、隐瞒，是否采取适当的补救、纠正措施； 3. 违规行为发生后，当事人是否及时向本所报告，是否积极配合，是否干扰、阻碍调查进行； 4. 当事人为单位的，在单位内部是否存在违规共谋，或是否仅因个人行为导致违规； 5. 违规行为涉及的金额及占相关财务数据的比重； 6. 违规行为发生的次数、频率及持续的时间； 7. 违规行为对证券发行上市、风险警示、停复牌、终止上市、重新上市、重大资产重组、收购及股份权益变动、股权激励计划等事项或条件、证券交易价格或证券交易量的影响； 8. 违规行为给上市公司、投资者等造成的损失，违规当事人从中获取的利益； 9. 违规行为被相关行政机关、司法机关查处的情况； 10. 其他需要考量的主观、客观因素
责任标准	1. 当事人在违规事项中所起的是主要作用还是次要作用； 2. 当事人的职务、职责、权限、专业背景及履职情况； 3. 其他需要考量的情节
加重情节	1. 违规行为导致证券或者证券衍生品种交易发生异常波动、非正常停牌或交易状态变更等； 2. 违规行为对市场造成恶劣影响； 3. 影响上市公司再融资、股权激励等的实施条件，或影响公司证券及其衍生品种的上市条件； 4. 违规金额或占相关财务数据的比重巨大； 5. 违规行为长期持续； 6. 最近12个月内曾因同类违规行为被中国证监会行政处罚，或被本所实施自律监管措施或者纪律处分； 7. 干扰、阻碍调查或者拒不配合本所采取相关措施； 8. 本所认定的其他情形
减轻情节	1. 在违规行为被发现前，积极主动采取或要求公司采取纠正措施，并向本所或者证券监管机构报告； 2. 违规行为未对市场造成实际影响，或者已经采取有效措施消除不良影响； 3. 违规行为是由于自然灾害等不可抗力、意外事件造成； 4. 本所认定的其他情形

3. 具体案例

根据上述交易所的自律监管措施和纪律处分的类型，实证分析14家上市公司案例：在日常监管方面，对于上市公司资金占用问题，交易所一般会公开发函询问上市公司资金占用情况，必要时出具监管工作函，要求相关当事人整改，对上市公司股票实施其他风险警示。因资金占用导致上市公司年度财务报告被出具无法表示意见或否定意见的,或是经审计后的净资产为负的,交易所会对上市公司股票实施退市风险警示。在纪律处分方面,就上市公司资金占用问题,交易所一般会对上市公司、控股股东、实际控制人、董监高进行通报批评或是公开谴责,认定其期限内不适合担任上市公司重要职位,具体情况见表1-1-13。

表1-1-13　资金占用的自律监管责任

序号	公司名称	占用金额（亿元）	对上市公司的处罚	对控股股东/实际控制人的处罚	对董监高的处罚	对中介机构的处罚
1	天翔环境	24.31	1. 询问; 2. 公开谴责; 3. 暂停上市,最终终止上市	1. 公开谴责; 2. 5年内不适合担任上市公司董监高	通报批评	无
2	众泰汽车	3.10	1. 询问; 2. 公开谴责; 3. 其他风险警示和退市风险警示	公开谴责	通报批评	无
3	安通控股	13.09	1. 询问; 2. 下发监管工作函,要求自查整改; 3. 其他风险警示和退市风险警示; 4. 公开谴责	1. 公开谴责; 2. 10年内不适合担任上市公司董监高	通报批评	无
4	康美药业	84.81	1. 询问; 2. 下发监管工作函,要求自查整改; 3. 其他风险警示和退市风险警示; 4. 公开谴责	1. 公开谴责; 2. 终身不适合担任上市公司董监高	1. 公开谴责; 2. 部分高管10年内不适合担任上市公司董监高	公开谴责
5	围海股份	1.84	1. 询问; 2. 通报批评; 3. 其他风险警示和退市风险警示	1. 公开谴责; 2. 通报批评	通报批评	无
6	海航控股	380.03	1. 其他风险警示和退市风险警示; 2. 公开谴责	无	1. 公开谴责; 2. 警示监管	无

续表

序号	公司名称	占用金额（亿元）	对上市公司的处罚	对控股股东/实际控制人的处罚	对董监高的处罚	对中介机构的处罚
7	海航基础	44.23	1. 其他风险警示和退市风险警示； 2. 公开谴责	无	1. 公开谴责； 2. 通报批评； 3. 警示监管	无
8	供销大集	196.42	1. 其他风险警示和退市风险警示； 2. 公开谴责	无	1. 公开谴责； 2. 通报批评	无
9	银亿股份	22.47	1. 询问； 2. 公开谴责； 3. 其他风险警示和退市风险警示	公开谴责	1. 公开谴责； 2. 通报批评	无
10	天马股份	35.51	1. 询问； 2. 公开谴责； 3. 其他风险警示和退市风险警示	1. 公开谴责； 2. 5 年内不适合担任上市公司董监高	1. 公开谴责； 2. 5 年内不适合担任上市公司董监高	无
11	华英农业	4.66	1. 询问； 2. 其他风险警示和退市风险警示； 3. 通报批评	通报批评	通报批评	无
12	金贵银业	10.14	1. 询问； 2. 其他风险警示和退市风险警示； 3. 公开谴责	公开谴责	公开谴责	无
13	赫美集团	1.68	1. 询问； 2. 其他风险警示和退市风险警示； 3. 公开谴责	1. 通报批评； 2. 公开谴责	1. 公开谴责； 2. 通报批评	无
14	德威新材	9.78	1. 询问； 2. 其他风险警示和退市风险警示； 3. 公开谴责	1. 公开谴责； 2. 5 年内不适合担任上市公司董监高	1. 公开谴责； 2. 通报批评； 3. 财务总监 5 年内不适合担任上市公司董监高	下发签字注册会计师监管函

通过实证分析上述 14 家涉及资金占用问题的上市公司案例，交易所较少对中介机构实施监管措施或纪律处分。除上述重点研究的案例外，通过公开检索发现，在科融环境资金占用案例中，在中国证监会于 2021 年 12 月 7 日对科融环境审计机构及相关签字注册会计师进行行政处罚后，深交所于 2022 年 6 月 7 日

对审计机构及相关注册会计师进行了通报批评处分。[①] 在大东南股份资金占用案例中,在中国证监会于 2019 年 12 月 30 日对审计机构及相关注册会计师予以行政处罚后,深交所于 2021 年 12 月 3 日向相关注册会计师下发了监管函:希望相关当事人吸取教训,严格遵守《公司法》、《证券法》以及《深交所股票上市规则》等法律法规,杜绝上述问题的再次发生。[②] 根据公开信息检索,整体而言,交易所因资金占用问题对于中介机构的处罚案例较少。

(二)行政责任

相较于前述交易所的自律监管责任,证监会的行政责任对当事人而言更具威慑力,也是抑制上市公司资金占用等合规问题产生的重要监管与惩处手段。

1. 法律规定

我国《证券法》及相关法律法规和司法解释并未对资金占用问题直接规定相应的行政责任。在司法实践中,中国证监会一般是以资金占用问题引发的信息披露违法违规对相关当事人进行处罚。根据《证券法》的规定,上市公司、控股股东、实际控制人及董监高等信息披露义务人因资金占用引发的信息披露违法违规主要承担的行政责任包括:责令改正、予以警告、罚款、证券市场禁入。对于中介机构在对上市公司财务报告审计过程中未勤勉尽责,未能及时发现上市公司资金占用问题的,需要承担的行政责任包括:责令改正、没收业务收入,并处以罚款。具体规定如下。

《证券法》第 193 条规定:"违反本法第五十六条[③]第一款、第三款的规定,编造、传播虚假信息或者误导性信息,扰乱证券市场的,没收违法所得,并处以违法所得一倍以上十倍以下的罚款;没有违法所得或者违法所得不足二十万元的,处

---

① 参见深交所官网:http://reportdocs.static.szse.cn/UpFiles/cfwj/2022-06-08_3001522231.pdf?random=0.40245375612559364。

② 参见深交所官网:http://reportdocs.static.szse.cn/UpFiles/jgsy/gkxx_jgsy_002263166227.pdf?random=0.3175954237323535。

③ 《证券法》第 56 条:"禁止任何单位和个人编造、传播虚假信息或者误导性信息,扰乱证券市场。禁止证券交易场所、证券公司、证券登记结算机构、证券服务机构及其从业人员,证券业协会、证券监督管理机构及其工作人员,在证券交易活动中作出虚假陈述或者信息误导。各种传播媒介传播证券市场信息必须真实、客观,禁止误导。传播媒介及其从事证券市场信息报道的工作人员不得从事与其工作职责发生利益冲突的证券买卖。编造、传播虚假信息或者误导性信息,扰乱证券市场,给投资者造成损失的,应当依法承担赔偿责任。"

以二十万元以上二百万元以下的罚款。违反本法第五十六条第二款的规定，在证券交易活动中作出虚假陈述或者信息误导的，责令改正，处以二十万元以上二百万元以下的罚款；属于国家工作人员的，还应当依法给予处分。传播媒介及其从事证券市场信息报道的工作人员违反本法第五十六条第三款的规定，从事与其工作职责发生利益冲突的证券买卖的，没收违法所得，并处以买卖证券等值以下的罚款。"

第 197 条规定："信息披露义务人未按照本法规定报送有关报告或者履行信息披露义务的，责令改正，给予警告，并处以五十万元以上五百万元以下的罚款；对直接负责的主管人员和其他直接责任人员给予警告，并处以二十万元以上二百万元以下的罚款。发行人的控股股东、实际控制人组织、指使从事上述违法行为，或者隐瞒相关事项导致发生上述情形的，处以五十万元以上五百万元以下的罚款；对直接负责的主管人员和其他直接责任人员，处以二十万元以上二百万元以下的罚款。信息披露义务人报送的报告或者披露的信息有虚假记载、误导性陈述或者重大遗漏的，责令改正，给予警告，并处以一百万元以上一千万元以下的罚款；对直接负责的主管人员和其他直接责任人员给予警告，并处以五十万元以上五百万元以下的罚款。发行人的控股股东、实际控制人组织、指使从事上述违法行为，或者隐瞒相关事项导致发生上述情形的，处以一百万元以上一千万元以下的罚款；对直接负责的主管人员和其他直接责任人员，处以五十万元以上五百万元以下的罚款。"

第 221 条第 1 款规定："违反法律、行政法规或者国务院证券监督管理机构的有关规定，情节严重的，国务院证券监督管理机构可以对有关责任人员采取证券市场禁入的措施。"①

第 213 条第 3 款规定："证券服务机构违反本法第一百六十三条的规定，未勤勉尽责，所制作、出具的文件有虚假记载、误导性陈述或者重大遗漏的，责令改正，没收业务收入，并处以业务收入一倍以上十倍以下的罚款，没有业务收入或者业务收入不足五十万元的，处以五十万元以上五百万元以下的罚款；情节严重

① 证券市场禁入是指在一定期限内直至终身不得从事证券业务、证券服务业务，不得担任证券发行人的董监高，或者一定期限内不得在证券交易所、国务院批准的其他全国性证券交易场所交易证券的制度。

的,并处暂停或者禁止从事证券服务业务。对直接负责的主管人员和其他直接责任人员给予警告,并处以二十万元以上二百万元以下的罚款。”

根据上述规定,证券监管尚未直接且具体地就资金占用引发的行政责任进行规定,通常以未披露资金占用为切入点进行追究处罚。就实践操作而言,同样起到了惩戒作用,但从客观行为方面来看,资金占用与信披违规毕竟分属不同的不当行为且差异明显,《证券法》等法律法规应当尽快完善更新。

2. 行政责任的认定标准

《证券法》《信息披露违法行为行政责任认定规则》对于信息披露违法违规行政责任的认定标准,主要根据主观因素、客观因素和具体情节加以确定,具体情况见表1-1-14。

表1-1-14　信息披露违法违规行政责任的认定标准

标准/因素	具体内容
主观因素	1. 信息披露义务人为单位的,在单位内部是否存在违法共谋,信息披露违法所涉及的具体事项是否是经董事会、公司办公会等会议研究决定或者由负责人员决定实施的,是否只是单位内部个人行为造成的; 2. 信息披露义务人的主观状态,信息披露违法是否故意的欺诈行为,是否不够谨慎、疏忽大意的过失行为; 3. 信息披露违法行为发生后的态度,公司董监高知道信息披露违法后是否继续掩饰,是否采取适当措施进行补救; 4. 与证券监管机构的配合程度,当发现信息披露违法后,公司董监高是否向证监会报告,是否在调查中积极配合,是否对调查机关欺诈、隐瞒,是否有干扰、阻碍调查情况; 5. 其他违法行为[1]引起信息披露义务人信息披露违法的,通常综合考虑以下情形认定责任: (1)信息披露义务人是否存在过错,有无实施信息披露违法行为的故意,是否存在信息披露违法的过失; (2)信息披露义务人是否因违法行为直接获益或者以其他方式获取利益,是否因违法行为止损或者避损,公司投资者是否因该项违法行为遭受重大损失; (3)信息披露违法责任是否能被其他违法行为责任所吸收,认定其他违法行为行政责任、刑事责任是否能更好体现对违法行为的惩处
客观因素	1. 违法披露信息包括重大差错更正信息中虚增或者虚减资产、营业收入及净利润的数额及其占当期所披露数的比重,是否因此资不抵债,是否因此发生盈亏变化,是否因此满足证券发行、股权激励计划实施、利润承诺条件,是否因此避免被特别处理,是否因此满足取消特别处理要求,是否因此满足恢复上市交易条件等; 2. 未按照规定披露的重大担保、诉讼、仲裁、关联交易以及其他重大事项所涉及的数额及其占公司最近一期经审计总资产、净资产、营业收入的比重,未按照规定及时披露信息时间长短等; 3. 信息披露违法所涉及事项对投资者投资判断的影响大小; 4. 信息披露违法后果,包括是否导致欺诈发行、欺诈上市、骗取重大资产重组许可、收购要

续表

标准/因素	具体内容
客观因素	约黜免、暂停上市、终止上市，给上市公司、股东、债权人或者其他人造成直接损失数额大小，以及未按照规定披露信息造成该公司证券交易的异动程度等； 5. 信息披露违法的次数，是否多次提供虚假或者隐瞒重要事实的财务会计报告，或者多次对依法应当披露的其他重要信息不按照规定披露； 6. 社会影响的恶劣程度等
责任大小的综合分析认定	1. 在信息披露违法行为发生过程中所起的作用，对于认定的信息披露违法事项是起主要作用还是次要作用，是否组织、策划、参与、实施信息披露违法行为，是积极参加还是被动参加； 2. 知情程度和态度，对于信息披露违法所涉事项及其内容是否知情，是否反映、报告，是否采取措施有效避免或者减少损害后果，是否放任违法行为发生； 3. 职务、具体职责及履行职责情况，认定的信息披露违法事项是否与责任人员的职务、具体职责存在直接关系，责任人员是否忠实、勤勉履行职责，有无懈怠、放弃履行职责，是否履行职责预防、发现和阻止信息披露违法行为发生； 4. 专业背景，是否存在责任人员有专业背景，对于信息披露中与其专业背景有关违法事项应当发现而未予指出的情况，如专业会计人士对于会计问题、专业技术人员对于技术问题等未予指出等
加重处罚	1. 不配合证券监管机构监管，或者拒绝、阻碍证券监管机构及其工作人员执法，甚至以暴力、威胁及其他手段干扰执法； 2. 在信息披露违法案件中变造、隐瞒、毁灭证据，或者提供伪证，妨碍调查； 3. 两次以上违反信息披露规定并受到行政处罚或者证券交易所纪律处分； 4. 在信息披露上有不良诚信记录并记入证券期货诚信档案等
从轻或者减轻处罚	1. 未直接参与信息披露违法行为； 2. 在信息披露违法行为被发现前，及时主动要求公司采取纠正措施或者向证券监管机构报告； 3. 在获悉公司信息披露违法后，向公司有关主管人员或者公司上级主管提出质疑并采取了适当措施； 4. 配合证券监管机构调查且有立功表现； 5. 受他人胁迫参与信息披露违法行为等
不予处罚	1. 当事人对认定的信息披露违法事项提出具体异议记载于董事会、监事会、公司办公会会议记录等，并在上述会议中投反对票的； 2. 当事人在信息披露违法事实所涉及期间，由于不可抗力、失去人身自由等无法正常履行职责的； 3. 对公司信息披露违法行为不负有主要责任的人员在公司信息披露违法行为发生后及时向公司和证券交易所、证券监管机构报告等

〔1〕其他违法行为，包括上市公司的董监高违背对公司的忠实义务，利用职务便利，操纵上市公司从事损害公司利益行为；上市公司的控股股东或者实际控制人，指使上市公司董监高从事损害公司利益行为；上市公司董监高和持股5%以上股东违法买卖公司股票行为；公司工作人员挪用资金、职务侵占等行为；配合证券市场内幕交易、操纵市场以及其他可能致使信息披露义务人信息披露违法的行为。

3. 具体案例

根据上述关于行政责任的法律规定，结合本书重点研究的14家上市公司案例的行政处罚情况，上市公司存在资金占用问题的，中国证监会一般会对上市公司、控股股东/实际控制人、董监高处以责令改正、警告、罚款、期限内证券市场禁入等行政处罚。对于中介机构，因资金内控措施与监督的核心在于财务报表年审制度，故通常对审计机构履职提出要求，即如果审计师在财务年审等方面未能勤勉尽责，对资金占用问题的产生确有失职行为的，一般将对审计机构及其注册会计师处以责令改正、警告、没收业务收入和罚款的行政处罚，具体情况见表1－1－15。

表1－1－15　资金占用的行政责任

序号	公司名称	占用金额（亿元）	对上市公司的处分	对控股股东/实际控制人的处分	对董监高的处分	对中介机构的处分
1	天翔环境	24.31	1. 责令改正； 2. 警告； 3. 60万元罚款	1. 警告； 2. 90万元罚款	1. 警告； 2. 10万～30万元罚款	无
2	众泰汽车	3.10	无	无	无	无
3	安通控股	13.09	1. 责令改正； 2. 警告； 3. 60万元罚款	1. 警告； 2. 90万元罚款； 3. 终身证券市场禁入	1. 警告； 2. 10万～20万元罚款； 3. 部分董监高5年内证券市场禁入	无
4	康美药业	84.81	1. 责令改正； 2. 警告； 3. 60万元罚款	1. 对两位实际控制人予以警告； 2. 分别处90万元罚款； 3. 终身证券市场禁入	1. 警告； 2. 10万～30万元罚款； 3. 部分董监高期限内证券市场禁入	1. 对会计师事务所责令改正、没收业务收入1425万元，并处4275万元罚款； 2. 对签字会计师处以警告，并处3万～10万元罚款
5	围海股份	1.84	1. 责令改正； 2. 警告； 3. 60万元罚款	1. 警告； 2. 90万元罚款	1. 警告； 2. 10万～25万元罚款	无
6	海航控股	380.03	1. 警告； 2. 200万元罚款	无	1. 警告； 2. 20万～100万元罚款	无

续表

序号	公司名称	占用金额（亿元）	对上市公司的处分	对控股股东/实际控制人的处分	对董监高的处分	对中介机构的处分
7	海航基础	44.23	1.警告； 2.200万元罚款	无	1.警告； 2.10万～100万元罚款	无
8	供销大集	196.42	1.警告； 2.200万元罚款	无	1.警告； 2.15万～100万元罚款	无
9	银亿股份	22.47	1.警告； 2.40万元罚款	1.警告 2.60万元罚款	1.警告； 2.10万～15万元罚款	无
10	天马股份	35.51	1.责令改正； 2.警告； 3.60万元罚款	1.警告； 2.90万元罚款； 3.终身证券市场禁入	1.警告 2.3万～30万元罚款	无
11	德威新材	9.78	1.责令改正； 2.警告； 3.60万元罚款	1.警告； 2.90万元罚款； 3.终身证券市场禁入	1.警告； 2.3万～30万元罚款； 3.部分董监高3年内市场禁入	无
12	华英农业	4.66	无	无	无	无
13	金贵银业	10.14	无	无	无	无
14	赫美集团	1.68	无	无	无	无

根据分析上述14家涉及资金占用的上市公司案例可知，警告和罚款是最为常见的行政处罚手段。总体而言，罚款金额与资金占用金额具有一定的正相关性。以海航集团旗下3家上市公司为例，其资金占用金额在我国资本市场中史无前例。虽然上市公司未被顶格处罚，但罚款金额在本书重点研究的案例样本中已是最高。截至2022年5月31日，本书尚未从公开渠道查询到中国证监会对于海航控股、海航基础和供销大集等3家上市公司实际控制人的行政处罚。从本书的案例来看，在宏达矿业案中对于实际控制人的处罚金额最高，为425万元。

基于不同案例的特殊情况，监管机构对上市公司以及相关人员的处理结果有所差异。众泰汽车、赫美集团、金贵银业、华英农业虽不同程度存在资金占用问题,但未被中国证监会处以行政处罚。在众泰汽车和华英农业案例中,中国证监会未对两家公司进行立案调查,但地方证监局对两家公司及部分董监高出具了警示函。[①] 在赫美集团和金贵银业案中,中国证监会和地方证监局对两家公司予以立案调查,此后未对相关当事人处以行政处罚。[②] 在新亚制程案例中,由于其在一个月内以现金清偿了资金占用款,中国证监会未对其进行立案调查。

对于存在资金占用问题的上市公司,中国证监会的处罚对象并不仅局限于上市公司、控股股东、实际控制人和上市公司董监高,中介机构同样是中国证监会的处罚对象之一。在上述康美药业资金占用案中,中国证监会便对审计机构进行了处罚,且涉事会计师事务所在处罚后倒闭。除此之外,本书查询到,在科融环境资金占用案和大东南股份资金占用案中,中国证监会对审计机构进行了处罚,具体处罚措施为责令改正、没收业务收入、警告和罚款。

(三)民事责任

关于上市公司资金占用等问题引发的民事责任,基于上市公司公众属性,市场通常关注上市公司应当向社会公众投资者承担的民事赔偿责任,系一种“外部责任”。但是,关于合规问题引发的民事责任,实质上应当注意“内外有别”。

民事责任的“内外有别”是指,民事责任分为对内与对外两个层面。就对内层面而言,控股股东等主体占用上市公司资金,侵害上市公司利益,应当承担回填资金,弥补损失等民事义务。该等责任的法律依据可以援引《公司法》第 22 条之规定,公司的控股股东、实际控制人、董监高不得利用关联关系损害公司利益。如违反前款规定,给公司造成损失,应当承担赔偿责任。如出现上述问题,上市公司向法院起诉控股股东等被告,被告仅以该交易已经履行了信息披露、经股东会或者股东大会同意等法律、行政法规或者公司章程规定的程序为由抗辩,人民法院不予支持。如上市公司没有提起诉讼的,符合条件的股东可以向人民法院

① 参见巨潮资讯网:http://static. cninfo. com. cn/finalpage/2020 - 11 - 10/1208713433. PDF。

② 参见巨潮资讯网:http://static. cninfo. com. cn/finalpage/2021 - 07 - 12/1210455948. PDF; http://static. cninfo. com. cn/finalpage/2021 - 12 - 23/1211993550. PDF。

提起诉讼。[1] 也就是说，内部层面的民事责任是指控股股东等资金占用方对上市公司的民事责任，而非直接对上市公司其他股东的赔偿责任。

就外部层面而言，上市公司既是受害方但也有时亦系侵权主体，未将资金占用问题及时、完整与准确披露，侵害了社会公众投资者的经济利益。《证券法》第94条规定，发行人的董监高在执行公司职务时违反法律、行政法规或者公司章程的规定给公司造成损失，发行人的控股股东、实际控制人等侵犯公司合法权益给公司造成损失，投资者保护机构持有该公司股份的，可以为公司的利益以自己的名义向人民法院提起诉讼，持股比例和持股期限不受《公司法》等具体规定的限制。

上述《证券法》及相关法律法规和司法解释，也侧面表明应当向投资者承担赔偿义务。在司法实践中，资金占用问题引发的信息披露违法违规给投资者造成损失的，法院一般会根据《证券法》第85条的规定，结合相关司法解释判令相关当事人承担民事赔偿责任。具体的民事赔偿责任的确定，要根据投资者的损失情况，结合上市公司股票受系统性风险和非系统性风险的影响来最终确定。

1.赔偿义务的主体类型

《证券法》第85条规定："信息披露义务人未按照规定披露信息，或者公告的证券发行文件、定期报告、临时报告及其他信息披露资料存在虚假记载、误导性陈述或者重大遗漏，致使投资者在证券交易中遭受损失的，信息披露义务人应当承担赔偿责任；发行人的控股股东、实际控制人、董事、监事、高级管理人员和其他直接责任人员以及保荐人、承销的证券公司及其直接责任人员，应当与发行人

---

① 《公司法》第189条规定：董事、高级管理人员有前条规定的情形的，有限责任公司的股东、股份有限公司连续一百八十日以上单独或者合计持有公司百分之一以上股份的股东，可以书面请求监事会向人民法院提起诉讼；监事有前条规定的情形的，前述股东可以书面请求董事会向人民法院提起诉讼。监事会或者董事会收到前款规定的股东书面请求后拒绝提起诉讼，或者自收到请求之日起三十日内未提起诉讼，或者情况紧急、不立即提起诉讼将会使公司利益受到难以弥补的损害的，前款规定的股东有权为公司利益以自己的名义直接向人民法院提起诉讼。他人侵犯公司合法权益，给公司造成损失的，本条第一款规定的股东可以依照前两款的规定向人民法院提起诉讼。公司全资子公司的董事、监事、高级管理人员有前条规定情形，或者他人侵犯公司全资子公司合法权益造成损失的，有限责任公司的股东、股份有限公司连续一百八十日以上单独或者合计持有公司百分之一以上股份的股东，可以依照前三款规定书面请求全资子公司的监事会、董事会向人民法院提起诉讼或者以自己的名义直接向人民法院提起诉讼。

承担连带赔偿责任,但是能够证明自己没有过错的除外。"另外,最高人民法院在2022年出台《虚假陈述规定(新)》后,涉及相关规定在适用层面的"新老划段",为更加全面准确还原、了解虚假陈述相关责任,本书特同时交叉援引、对比《虚假陈述规定(旧)》《虚假陈述规定(新)》等相关规定。

《虚假陈述规定(旧)》第7条即有关于赔偿义务主体类型之规定:"虚假陈述证券民事赔偿案件的被告,应当是虚假陈述行为人,包括:(一)发起人、控股股东等实际控制人;(二)发行人或者上市公司;(三)证券承销商;(四)证券上市推荐人;(五)会计师事务所、律师事务所、资产评估机构等专业中介服务机构;(六)上述(二)、(三)、(四)项所涉单位中负有责任的董事、监事和经理等高级管理人员以及(五)项中直接责任人;(七)其他作出虚假陈述的机构或者自然人。"

根据上述《证券法》等法律法规的相关规定,因资金占用涉及的信息披露违法违规,给投资者造成损失的,上市公司应当承担赔偿责任,控股股东、实际控制人、董监高和其他直接责任人员以及证券服务机构及其直接责任人员,应当承担连带赔偿责任,但是能够证明自身不存在过错的除外。

2. 因果关系的认定标准

关于因果关系的认定,《虚假陈述规定(新)》与《虚假陈述规定(旧)》的规定基本一致,即上市公司存在虚假陈述行为,投资人在虚假陈述实施日之后实施了相关股票的交易活动并受到实际损失。对于不存在因果关系的情形,主要包括投资者在虚假陈述行为实施前或是在披露日或更正日之后进行股票交易遭受损失,以及其他非因虚假陈述造成的损失,具体情况见表1-1-16。

表1-1-16　虚假陈述的因果关系认定

类型	《虚假陈述规定(旧)》	《虚假陈述规定(新)》
存在因果关系	1. 投资者所投资的是与虚假陈述直接关联的证券; 2. 投资者在虚假陈述实施日及之后,至揭露日或者更正日之前买入该证券; 3. 投资者在虚假陈述揭露日或者更正日及之后,因卖出该证券发生亏损,或者因持续持有该证券而产生亏损	1. 信息披露义务人实施了虚假陈述; 2. 投资者交易的是与虚假陈述直接关联的证券; 3. 投资者在虚假陈述实施日之后、揭露日或更正日之前实施了相应的交易行为,即在诱多型虚假陈述中买入了相关证券,或者在诱空型虚假陈述中卖出了相关证券

续表

类型	《虚假陈述规定(旧)》	《虚假陈述规定(新)》
不存在因果关系	1. 投资者在虚假陈述揭露日或者更正日之前已经卖出证券; 2. 投资者在虚假陈述揭露日或者更正日及之后进行的投资; 3. 投资者明知虚假陈述存在而进行的投资; 4. 投资者损失或者部分损失是由证券市场系统风险等其他因素所导致; 5. 投资者属于恶意投资、操纵证券价格的	1. 投资者交易行为发生在虚假陈述实施之前,或者是在揭露或更正之后; 2. 投资者在交易时知道或者应当知道存在虚假陈述,或者虚假陈述已经被证券市场广泛知悉; 3. 投资者交易行为是受到虚假陈述实施后发生的上市公司的收购、重大资产重组等其他重大事件的影响; 4. 投资者交易行为构成内幕交易、操纵证券市场等证券违法行为的; 5. 不具有交易因果关系的其他情形

需要注意的是,《虚假陈述规定(旧)》仅规定了诱多型虚假陈述的赔偿责任,即在投资者高价买入股票后,因上市公司虚假陈述问题被迫低价卖出股票情况下的赔偿责任。而《虚假陈述规定(新)》根据市场实践发展和监管履职要求,完善增补了诱空型虚假陈述的赔偿责任。诱空型虚假陈述是指,上市公司发布虚假的对其股价上涨不利的消息或是有意隐瞒利好消息,使得投资者在股价下跌过程中低价卖出股票,而在相关消息被披露或更正后,股价旋即上涨,投资者因而遭受损失的情况。

3. 主观过错认定标准

关于主观过错,主要存在故意和过失两种情形:关于故意,即相关当事人故意制作、出具存在虚假陈述的信息披露文件,或者明知信息披露文件存在虚假陈述而不予指明、予以发布;关于过失,即相关当事人严重违反注意义务,对信息披露文件中虚假陈述的形成或者发布存在过失。

4. 无过错认定标准

根据《虚假陈述规定(旧)》第 21 条至第 25 条的规定,相关当事人存在以下情况的,应当免责,具体见表 1－1－17。

表 1－1－17　虚假陈述的无过错认定依据(《虚假陈述规定(旧)》)

主体类型	无过错认定依据
董监高	1. 发起人、发行人或者上市公司虚假陈述给投资者造成的损失。 2. 发行人、上市公司负有责任的董事、监事和经理等高级管理人员对前款的损失承担连带赔偿责任。但有证据证明无过错的,应予免责

续表

主体类型	无过错认定依据
证券承销商、证券上市推荐人	1. 证券承销商、证券上市推荐人对虚假陈述给投资者造成的损失承担赔偿责任。但有证据证明无过错的,应予免责。 2. 负有责任的董事、监事和经理等高级管理人员对证券承销商、证券上市推荐人承担的赔偿责任负连带责任。其免责事由同前款规定
其他中介机构	专业中介服务机构及其直接责任人违反《证券法》第161条[1]和第202条[2]的规定虚假陈述,给投资者造成损失的,就其负有责任的部分承担赔偿责任。但有证据证明无过错的,应予免责

〔1〕现行《证券法》第163条。
〔2〕现行《证券法》第213条。

根据《虚假陈述规定(新)》第15条至第19条的规定,当事人存在以下情况的,应当认定为没有过错,予以免责,具体见表1-1-18。

表1-1-18 虚假陈述的无过错认定(《虚假陈述规定(新)》)

主体类型	无过错认定依据
董监高	发行人的董监高依照《证券法》第82条第4款的规定,以书面方式发表附具体理由的意见并依法披露的,人民法院可以认定其主观上没有过错,但在审议、审核信息披露文件时投赞成票的除外
独立董事	独立董事能够证明下列情形之一的,人民法院应当认定其没有过错: (1)在签署相关信息披露文件之前,对不属于自身专业领域的相关具体问题,借助会计、法律等专门职业的帮助仍然未能发现问题的; (2)在揭露日或更正日之前,发现虚假陈述后及时向发行人提出异议并监督整改或者向证券交易场所、监管部门书面报告的; (3)在独立意见中对虚假陈述事项发表保留意见、反对意见或者无法表示意见并说明具体理由的,但在审议、审核相关文件时投赞成票的除外; (4)因发行人拒绝、阻碍其履行职责,导致无法对相关信息披露文件是否存在虚假陈述作出判断,并及时向证券交易场所、监管部门书面报告的; (5)能够证明勤勉尽责的其他情形。 独立董事提交证据证明其在履职期间能够按照法律、监管部门制定的规章和规范性文件以及公司章程的要求履行职责的,或者在虚假陈述被揭露后及时督促发行人整改且效果较为明显的,人民法院可以结合案件事实综合判断其过错情况
保荐机构、承销机构	保荐机构、承销机构等机构及其直接责任人员提交的尽职调查工作底稿、尽职调查报告、内部审核意见等证据能够证明下列情形的,人民法院应当认定其没有过错: (1)已经按照法律、行政法规、监管部门制定的规章和规范性文件、相关行业执业规范的要求,对信息披露文件中的相关内容进行了审慎尽职调查; (2)对信息披露文件中没有证券服务机构专业意见支持的重要内容,经过审慎尽职调查和独立判断,有合理理由相信该部分内容与真实情况相符; (3)对信息披露文件中证券服务机构出具专业意见的重要内容,经过审慎核查和必要的调查、复核,有合理理由排除了职业怀疑并形成合理信赖

续表

主体类型	无过错认定依据
会计师事务所	会计师事务所能够证明下列情形之一的，人民法院应当认定其没有过错： (1)按照执业准则、规则确定的工作程序和核查手段并保持必要的职业谨慎，仍未发现被审计的会计资料存在错误的； (2)审计业务必须依赖的金融机构、发行人的供应商、客户等相关单位提供不实证明文件，会计师事务所保持了必要的职业谨慎仍未发现的； (3)已对发行人的舞弊迹象提出警告并在审计业务报告中发表了审慎审计意见的； (4)能够证明没有过错的其他情形

5. 损失计算

(1)赔偿范围

关于赔偿范围，《虚假陈述规定(旧)》和《虚假陈述规定(新)》皆作出详细规定，具体见表1－1－19。

表1－1－19　虚假陈述的赔偿范围

《虚假陈述规定(旧)》	《虚假陈述规定(新)》
1. 相关当事人在证券交易市场承担民事赔偿责任的范围，以投资者因虚假陈述而实际发生的损失为限。投资者实际损失包括： (1)投资差额损失； (2)投资差额损失部分的佣金和印花税。 2. 上述所涉资金利息，自买入至卖出证券日或者基准日，按银行同期活期存款利率计算	相关当事人在证券交易市场承担民事赔偿责任的范围，以原告因虚假陈述而实际发生的损失为限。原告实际损失包括投资差额损失、投资差额损失部分的佣金和印花税

(2)重要时点

证券虚假陈述民事赔偿案件涉及的重要时点，主要有虚假陈述实施日、虚假陈述揭露日、虚假陈述更正日和基准日。其中，实施日、揭露日和更正日三个时点组成的区间，主要是用来框定哪些时间段实施股票交易的投资者属于受害者；基准日的作用主要是用来确定股票基准价格，并以此为标准，计算投资者的损失。具体情况见表1－1－20。

表 1-1-20　虚假陈述的重要时点

重要时点	《虚假陈述规定(旧)》	《虚假陈述规定(新)》
实施日	指作出虚假陈述或者发生虚假陈述之日	指信息披露义务人作出虚假陈述或者发生虚假陈述之日。信息披露义务人在证券交易场所的网站或者符合监管部门规定条件的媒体上公告发布具有虚假陈述内容的信息披露文件,以披露日为实施日;通过召开业绩说明会、接受新闻媒体采访等方式实施虚假陈述的,以该虚假陈述的内容在具有全国性影响的媒体上首次公布之日为实施日。信息披露文件或者相关报道内容在交易日收市后发布的,以其后的第一个交易日为实施日。因未及时披露相关更正、确认信息构成误导性陈述,或者未及时披露重大事件或者重要事项等构成重大遗漏的,以应当披露相关信息期限届满后的第一个交易日为实施日
揭露日	指虚假陈述在全国范围发行或者播放的报刊、电台、电视台等媒体上,首次被公开揭露之日	指虚假陈述在具有全国性影响的报刊、电台、电视台或监管部门网站、交易场所网站、主要门户网站、行业知名的自媒体等媒体上,首次被公开揭露并为证券市场知悉之日。人民法院应当根据公开交易市场对相关信息的反映等证据,判断投资者是否知悉了虚假陈述。除当事人有相反证据足以反驳外,下列日期应当认定为揭露日:(1)监管部门以涉嫌信息披露违法为由对信息披露义务人立案调查的信息公开之日;(2)证券交易场所等自律管理组织因虚假陈述对信息披露义务人等责任主体采取自律管理措施的信息公布之日。信息披露义务人实施的虚假陈述呈连续状态的,以首次被公开揭露并为证券市场知悉之日为揭露日。信息披露义务人实施多个相互独立的虚假陈述的,人民法院应当分别认定其揭露日
更正日	指虚假陈述行为人在中国证监会指定披露证券市场信息的媒体上,自行公告更正虚假陈述并按规定履行停牌手续之日	指信息披露义务人在证券交易场所网站或者符合监管部门规定条件的媒体上,自行更正虚假陈述之日
基准日	指虚假陈述揭露或者更正后,为将投资者应获赔偿限定在虚假陈述所造成的损失范围内,确定损失计算的合理期间而规定的截止日期。基准日分别按下列情况确定:(1)揭露日或者更正日起,至被虚假陈述影响的证券累计成交量达到其可流通部分100%之日为基准日。但通过大宗交易协议转让的证券成交量不予计算。(2)按前项规定在开庭审理前尚不能确定的,则以揭露日或者更正日后第30个交易日为基准日。(3)已经退出证券交易市场的,以摘牌日前一交易日为基准日。(4)已经停止证券交易的,可以停牌日前一交易日为基准日;恢复交易的,可以该条第1项规定确定基准日	指在虚假陈述揭露或更正后,为将原告应获赔偿限定在虚假陈述所造成的损失范围内,确定损失计算的合理期间而规定的截止日期。在采用集中竞价的交易市场中,自揭露日或更正日起,被虚假陈述影响的证券集中交易累计成交量达到可流通部分100%之日为基准日。自揭露日或更正日起,集中交易累计换手率在10个交易日内达到可流通部分100%的,以第10个交易日为基准日;在30个交易日内未达到可流通部分100%的,以第30个交易日为基准日。虚假陈述揭露日或更正日起至基准日期间每个交易日收盘价的平均价格,为损失计算的基准价格。无法依前款规定确定基准价格的,人民法院可以根据有专门知识的人的专业意见,参考对相关行业进行投资时的通常估值方法,确定基准价格

(3)损失计算方式

《虚假陈述规定(旧)》第31条规定:“投资人在基准日及以前卖出证券的,其投资差额损失,以买入证券平均价格与实际卖出证券平均价格之差,乘以投资人所持证券数量计算。”第32条规定:“投资人在基准日之后卖出或者仍持有证券的,其投资差额损失,以买入证券平均价格与虚假陈述揭露日或者更正日起至基准日期间,每个交易日收盘价的平均价格之差,乘以投资人所持证券数量计算。”具体见表1-1-21。

表1-1-21　虚假陈述的损失计算(《虚假陈述规定(旧)》)

具体情境	损失计算公式
投资人在基准日及以前卖出股票的情形	投资损失=(买入证券平均价格-实际卖出证券平均价格)×所持证券数量
投资人在基准日后卖出或者仍持有股票的情形	投资损失=(买入证券平均价格-实际卖出证券平均价格)×所持证券数量

《虚假陈述规定(新)》第27条规定:“在采用集中竞价的交易市场中,原告因虚假陈述买入相关股票所造成的投资差额损失,按照下列方法计算:(一)原告在实施日之后、揭露日或更正日之前买入,在揭露日或更正日之后、基准日之前卖出的股票,按买入股票的平均价格与卖出股票的平均价格之间的差额,乘以已卖出的股票数量;(二)原告在实施日之后、揭露日或更正日之前买入,基准日之前未卖出的股票,按买入股票的平均价格与基准价格之间的差额,乘以未卖出的股票数量。”

第28条规定:“在采用集中竞价的交易市场中,原告因虚假陈述卖出相关股票所造成的投资差额损失,按照下列方法计算:(一)原告在实施日之后、揭露日或更正日之前卖出,在揭露日或更正日之后、基准日之前买回的股票,按买回股票的平均价格与卖出股票的平均价格之间的差额,乘以买回的股票数量;(二)原告在实施日之后、揭露日或更正日之前卖出,基准日之前未买回的股票,按基准价格与卖出股票的平均价格之间的差额,乘以未买回的股票数量。”具体见表1-1-22。

表 1－1－22　虚假陈述的损失计算(《虚假陈述规定(新)》)

具体情境	损失计算公式
在实施日之后、揭露日或更正日之前买入,在揭露日或更正日之后、基准日之前卖出股票的情形	投资损失＝(买入股票平均价格－卖出股票的平均价格)×已卖出股票数量
在实施日之后、揭露日或更正日之前买入,在基准日之前未卖出股票的情形	投资损失＝(买入股票平均价格－基准价格)×未卖出的股票数量
在实施日之后、揭露日或更正日之前卖出,在揭露日或更正日之后、基准日之前买回股票的情形	投资损失＝(买回股票平均价格－卖出股票平均价格)×买回股票数量
在实施日之后、揭露日或更正日之前卖出,基准日之前未买回股票的情形	投资损失＝(基准价格－卖出股票平均价格)×未买回的股票数量

6. 新旧规定的适用

《虚假陈述规定(新)》第 35 条规定:“本规定自 2022 年 1 月 22 日起施行。《最高人民法院关于受理证券市场因虚假陈述引发的民事侵权纠纷案件有关问题的通知》《最高人民法院关于审理证券市场因虚假陈述引发的民事赔偿案件的若干规定》同时废止。《最高人民法院关于审理涉及会计师事务所在审计业务活动中民事侵权赔偿案件的若干规定》与本规定不一致的,以本规定为准。本规定施行后尚未终审的案件,适用本规定。本规定施行前已经终审,当事人申请再审或者按照审判监督程序决定再审的案件,不适用本规定。”

根据上述规定,新规定自 2022 年 1 月 22 日起实施,在新旧规定交替的阶段,案件仍未终审的,应适用新法规定。鉴于新规定的保护性更强,这对于投资者而言,无疑是一件好事。例如,《虚假陈述规定(旧)》中规定了行政前置的起诉条件,即相关虚假陈述案件的诉讼时效从虚假陈述行为被处以行政处罚或刑事判决之日起开始计算,这导致法院在审查是否受理时,需以行政处罚等作为前置条件。如相关当事人未因虚假陈述行为受到行政处罚或是刑事判决,则投资者无法起诉主张损害赔偿。而《虚假陈述规定(新)》废除了这一规定,这就更好地保护了投资者的诉讼权利与经济利益。

7. 具体案例

以康美药业为例,因财务造假、资金占用引发的信息披露违法违规导致投资者受损,广州市中级人民法院根据投资者的诉讼请求,判决康美药业赔偿投资者损失 2,458,928,544 元,实际控制人、部分董监高、中介机构承担一定的连带责任。根据广州市中级人民法院的判决结果,在康美药业虚假陈述民事赔偿案件中涉及损害赔偿计算的重点部分如下。

（1）重要时点的确定

根据法院判决，确定康美药业虚假陈述行为的实施日为 2017 年 4 月 20 日，即康美药业披露存在虚假记载和重大遗漏的 2016 年年度报告之日；虚假陈述行为的揭露日为 2018 年 10 月 16 日，即网络发酵披露质疑康美药业财务造假之日；投资差额损失计算的基准日为 2018 年 12 月 4 日，即康美药业上市可流通股票换手率达到 100%之日，投资差额损失计算的基准价为 12.7 元。

（2）实际损失的计算

法院采用移动加权平均法计算投资者买入均价，即投资者在每次买入股票后，以新买入的股票成本加上前次的持仓成本，除以本次买入的股票数量加上前次的持仓数。投资者每次买入股票时测算一次买入成本（持仓成本价），卖出股票的成本以前一次计算所得买入均价为计价依据，算法公式如下：

①$\text{买入均价}=\dfrac{\text{本次购入股票金额}+\text{本次购入前持股总成本}}{\text{本次购入股票数量}+\text{本次购入前持股数量}}$

②$\text{卖出均价}=\dfrac{\text{揭露日（含）至基准日（含）期间有效卖出总金额}}{\text{有效卖出总数量}}$

根据上述方法确认的投资差额损失计算公式，具体如下：

①投资差额损失 = 卖出损失 + 持有损失

②卖出损失 =（买入均价 − 卖出均价）× 有效卖出总股数

③持有损失 =（买入均价 − 基准价）× 基准日剩余有效股数

另外，法院裁判认为，本案涉及的佣金费率按万分之三计算，印花税税率按千分之一计算，资金利率为银行同期活期存款利率 0.35%（资金利息天数自第一笔有效买入日计算至揭露后最后一笔有效卖出日或基准日）。

（3）系统性风险的扣除

在康美药业案中，广州市中级人民法院最终决定选取医药生物（申万）指数作为比对指数，采用"个体相对比例法"测算投资者证券市场系统风险扣除比例，具体计算方式如下：

①$\text{市场系统风险扣除比例}=\dfrac{\text{证券买入与卖出期间指数加权平均跌幅}}{\text{证券买入与卖出期间个股加权平均跌幅}}$

②$\text{指数加权平均跌幅}=\dfrac{\text{指数卖出损失}+\text{指数持有损失}}{\text{有效索赔股数}\times\text{指数买入均价}}$

③个股加权平均跌幅 $= \frac{\text{个股卖出损失} + \text{个股持有损失}}{\text{有效索赔股数} \times \text{个股买入均价}}$

根据测算情况，除去损失金额在扣除系统风险后为0或者负数的3289名投资者后，共计52,037名投资者有损失。

(4)其他应扣除的非系统性风险

在康美药业案中，广州市中级人民法院认为，一方面，根据《虚假陈述规定(旧)》第19条的规定，本案缺乏扣除非系统风险导致的损失的法律依据；另一方面，部分当事人提出了诸如经营不善、实际控制人曾行贿等应当扣除非系统风险的理由，但未举证证明何种事件应当作为非系统风险，同样未证明该等事件独立于虚假陈述行为对康美药业股价产生消极影响，缺乏扣除非系统风险的依据，广州市中级人民法院对于部分当事人扣除非系统风险的主张不予支持。[①]

(5)最终的损失金额计算方法

根据《虚假陈述规定(旧)》的规定，广州市中级人民法院最终支持的损害赔偿的范围包括：投资差额损失；投资差额损失部分的佣金和印花税；自买入至卖出证券日或者基准日期间，按银行同期活期存款利率计算的资金利息，具体计算方式如下。

①损失金额 = 投资差额损失 + 佣金 + 印花税 + 资金利息

②投资差额损失 = A[②] × (1 − 市场系统风险扣除比例[③])

③佣金 = 投资差额损失 × 佣金费率

④印花税 = 投资差额损失 × 印花税税率

⑤资金利息 = (投资差额损失 + 佣金 + 印花税) × 银行同期活期存款利率 × 实际天数/365

剔除康美药业个案，在其他司法实践过程中，关于投资者数次买入股票平均价格的计算，存在普通加权平均法、综合加权平均法、先进先出加权平均法与移动加权平均法等多种计算方式，不同法院对于不同案件中的计算方法存在差异。其中，移动加权平均法对于持股单价的计算更全面、客观，更能反映投资者真实的投资成本，更为司法实践所认可。上海金融法院发布的2020年度十大典型案

---

① 参见广东省广州市中级人民法院民事判决书，(2020)粤01民初2171号。

② A为不扣除市场系统风险的投资差额损失。

③ 风险系数大于1则按1计算；风险小于0，则按0计算。

例之一：许某鑫等诉上海普天邮通科技股份有限公司证券虚假陈述责任纠纷案就采用了该种算法计算投资人的损失。①

投资者在揭露日后基准日及以前卖出股票的，司法实践中的审判标准如下：投资人在揭露日后基准日前多次买卖股票的，以对应揭露日前投资人所持数量，能够确定该部分股票卖出价格的，按照算数平均法计算卖出均价。卖出数量 < 揭露日前所持数量的，卖出均价 = 实际卖出总价 ÷ 实际卖出数量。卖出数量 > 揭露日前所持数量的，卖出均价 = 实际卖出总价 ÷ 揭露日之前持有数量。投资人在基准日后卖出或持有股票的，卖出均价 = 基准价 = 揭露日或更正日至基准日期间各交易日收盘价总和 ÷ 期间交易日总天数（揭露日至基准日期间，有停牌情况的不应当纳入基准价的计算）。②

8. 研究报告重点研究范围内的虚假陈述赔偿情况

在本书重点研究的案例中，因上市公司资金占用问题承担民事赔偿责任的具体情况见表 1-1-23。

表 1-1-23　资金占用的民事责任

序号	公司名称	占用金额（亿元）	民事赔偿具体情况
1	康美药业	84.81	1. 康美药业应对投资者损失共计 2,458,928,544 元承担赔偿责任； 2. 实际控制人与部分董监高与康美药业承担连带赔偿责任； 3. 部分董监高在 5% ~20% 的范围内承担连带赔偿责任； 4. 审计机构与康美药业承担连带赔偿责任； 5. 注册会计师在审计机构承责范围内承担连带赔偿责任
2	天翔环境	24.31	截至 2020 年 1 月 20 日，成都市中级人民法院已经受理部分投资者的索赔诉讼，第一批证券虚假陈述案件已于 2019 年 12 月 12 日开庭审理，索赔金额 1,260,725.05 元，另有约 30 名投资者已向法院提交诉讼资料待受理，天翔环境计提预计负债 5153.825 万元
3	围海股份	1.84	有 3 名投资者提起诉讼，要求围海股份承担民事赔偿责任，案件涉及赔偿金额 604,452 元
4	安通控股	13.09	有少部分投资者提起诉讼要求相关当事人承担赔偿责任，但相关诉讼最终以撤诉收场

① 参见张潇元、田园：《泰和泰研析丨上市公司证券虚假陈述民事赔偿案件中投资人损失的计算方式——从一则实务案例说起》，载微信公众号“泰和泰北京办公室”2021 年 11 月 15 日，https://mp.weixin.qq.com/s/X7lu0RLeDd08VjIkQ83mTA。

② 参见艾小红：《证券虚假陈述民事责任纠纷中投资人损失的计算方式》，载微信公众号“蓝海证券诉讼及合规团队”2021 年 3 月 9 日，https://mp.weixin.qq.com/s/kOsScPHGUFINrpTtvFuBJQ。

续表

序号	公司名称	占用金额（亿元）	民事赔偿具体情况
5	天马股份	35.51	天马股份预计在2022年度计提营业外支出3.90亿元至4.50亿元用于承担民事赔偿责任
6	银亿股份	22.47	针对虚假陈述诉讼，银亿股份预提2739.62万元负债用于承担民事赔偿责任
7	赫美集团	1.68	截至2023年5月16日，赫美集团存在的投资者诉讼金额合计28,790,271.07元，涉及132名投资者
8	海航控股	380.03	未查询到虚假陈述民事赔偿诉讼的相关情况
9	海航基础	44.23	未查询到虚假陈述民事赔偿诉讼的相关情况
10	供销大集	196.42	未查询到虚假陈述民事赔偿诉讼的相关情况
11	华英农业	4.66	未查询到虚假陈述民事赔偿诉讼的相关情况
12	众泰汽车	3.1	未查询到虚假陈述民事赔偿诉讼的相关情况
13	金贵银业	10.14	未查询到虚假陈述民事赔偿诉讼的相关情况
14	德威新材	9.78	未查询到虚假陈述民事赔偿诉讼的相关情况

在中国裁判文书网、威科先行数据库、巨潮资讯网等上进行检索，在上述14家上市公司中，康美药业、天翔环境、天马股份、银亿股份面临证券虚假陈述民事赔偿责任。截至2023年5月28日，公开查询到投资者对安通控股提起证券虚假陈述侵权民事赔偿诉讼，但最终投资者撤诉。除此之外，未查询到其他9家上市公司被投资者起诉的情况。关于其他10家上市公司未被投资人起诉追究民事赔偿责任的原因，各有不同：一是上市公司股票因资金占用等问题未引发大幅下跌，在扣除市场系统风险的影响因素后，无须承担赔偿责任或是仅需承担轻微的赔偿责任；二是在2022年之前实施的《虚假陈述规定（旧）》对于证券虚假陈述民事赔偿案件有行政前置的立案要求，在上市公司未因资金占用被处以行政处罚或是被判处刑事责任的情况下，投资者提起诉讼但最终未被法院受理。

以海航控股为例，海航控股的资金占用行为发生于2018年至2020年间，其虚假陈述实施日应为2019年4月30日披露年报之际。海航控股于2021年1月30日披露资金占用情况，其揭露日应当是2021年1月30日。海航控股虚假陈述实施日的股票收盘价是2.19元/股。其后，受新冠疫情影响，海航控股股票价格持续走低。海航控股股票在揭露日（2021年1月30日）停盘，前一日收盘价是1.53元/股，受资金占用问题影响，2021年2月3日，股票最低跌至1.21元/股，此后持续反弹至2021年6月2日的2.5元/股。海航控股股票交易量较大,若依据《虚假陈述规定(旧)》来计算基准日,初步判断基准日较揭露日期间应该不会太长;若以《虚假陈述规定(新)》来计算基准日,则基准日为揭露日之后的第30个交易日。基准价为揭露日至基准日期间每个交易日收盘价的平均价格,为1.39元/股。

在实施日至基准日期间内,海航控股的股票一直在1.2～2.59元/股波动,且期间还有中美贸易冲突、新冠疫情等系统性风险影响,[①]股票价格变动不大。因此,假设后续主体提起诉讼,相较于康美药业案件的判决结果,在扣除系统性风险的影响后,购买海航控股股票的投资者通过证券虚假陈述诉讼能够获取赔偿的数额可能较低,这可能是其截至目前仍未提起证券虚假陈述民事赔偿诉讼的重要原因之一。

以众泰汽车为例,众泰汽车的资金占用问题发生于2019年,参照上述法律规定与裁判思路,其虚假陈述实施日应为2020年6月23日披露年报之日,股票收盘价是1.78元/股;揭露日是2020年10月23日,股票收盘价是1.44元/股。在2020年10月23日至2021年11月12日期间,众泰汽车股票一直处于上涨趋势,最高曾达9.94元/股。在此情况下,在不考虑其他诉讼策略的情况下,投资者即使提起诉讼,根据众泰汽车的股票价格变化,也有可能无法取得满意的赔偿数额。

以金贵银业、赫美集团和华英农业为例,三家上市公司均存在资金占用问题,但中国证监会未予行政处罚。依据《虚假陈述规定(旧)》第5条的规定:"投资人对虚假陈述行为人提起民事赔偿的诉讼时效期间,适用民法通则第一百三十五条的规定,根据下列不同情况分别起算:(一)中国证券监督管理委员会或其派出机构公布对虚假陈述行为人作出处罚决定之日;(二)中华人民共和国财政部、其他行政机关以及有权作出行政处罚的机构公布对虚假陈述行为人作出处罚决定之日;(三)虚假陈述行为人未受行政处罚,但已被人民法院认定有罪的,作出刑事判决生效之日。因同一虚假陈述行为,对不同虚假陈述行为人作出两

---

① 参考南方航空(自最高9.71元/股跌至5.14元/股)、东方航空(自最高8.24元/股跌至4.01元/股)和中国国航(自最高12.35元/股跌至6.31元/股)2019年4月至2021年2月的股票价格走势发现,三家航空公司与海航控股的股票价格走势大致一致,股票价格整体均为下降趋势。

个以上行政处罚;或者既有行政处罚,又有刑事处罚的,以最先作出的行政处罚决定公告之日或者作出的刑事判决生效之日,为诉讼时效起算之日。"

如前述分析,上市公司存在虚假陈述行为,但行政机关未予行政处罚,司法机关未对其虚假陈述行为作出刑事判决的,投资者起诉难以被法院受理。这可能是未能查询到金贵银业、赫美集团和华英农业相关虚假陈述民事赔偿诉讼的原因。当然,随着近年来中国证监会对资本市场资金占用问题的严查,以及《虚假陈述规定(新)》的颁布实施,《虚假陈述规定(旧)》规定的行政前置的起诉前提条件被废除,上市公司因资金占用等合规问题引发的信息披露违法违规,投资者可以直接向法院起诉,要求相关当事人承担赔偿责任。

(四)刑事责任

根据中国证监会《清理资金占用通知》等相关文件及法律法规的规定,各级地方政府、各级国资监管部门和中国证监会对于占用上市公司资金的违法违规行为要坚决查处,涉嫌犯罪的,及时移交公安机关,依法追究刑事责任。

1.法律规定

我国《刑法》并没有直接对上市公司资金占用的行为规定相应的罪名与刑罚,对于上市公司资金占用的刑事责任,主要参考《刑法》第 161 条违规披露、不披露重要信息罪和第 169 条之一背信损害上市公司利益罪进行判罚。主要刑罚包括拘役、有期徒刑和罚金,具体如下。

《刑法》第 161 条规定:"依法负有信息披露义务的公司、企业向股东和社会公众提供虚假的或者隐瞒重要事实的财务会计报告,或者对依法应当披露的其他重要信息不按照规定披露,严重损害股东或者其他人利益,或者有其他严重情节的,对其直接负责的主管人员和其他直接责任人员,处五年以下有期徒刑或者拘役,并处或者单处罚金;情节特别严重的,处五年以上十年以下有期徒刑,并处罚金。前款规定的公司、企业的控股股东、实际控制人实施或者组织、指使实施前款行为的,或者隐瞒相关事项导致前款规定的情形发生的,依照前款的规定处罚。犯前款罪的控股股东、实际控制人是单位的,对单位判处罚金,并对其直接负责的主管人员和其他直接责任人员,依照第一款的规定处罚。"

第 169 条之一规定:"上市公司的董事、监事、高级管理人员违背对公司的忠实义务,利用职务便利,操纵上市公司从事下列行为之一,致使上市公司利益遭受重大损失的,处三年以下有期徒刑或者拘役,并处或者单处罚金;致使上市公司利益遭受特别重大损失的,处三年以上七年以下有期徒刑,并处罚金:(一)无偿向其他单位或者个人提供资金、商品、服务或者其他资产的;(二)以明显不公平的条件,提供或者接受资金、商品、服务或者其他资产的;(三)向明显不具有清偿能力的单位或者个人提供资金、商品、服务或者其他资产的;(四)为明显不具有清偿能力的单位或者个人提供担保,或者无正当理由为其他单位或者个人提供担保的;(五)无正当理由放弃债权、承担债务的;(六)采用其他方式损害上市公司利益的。上市公司的控股股东或者实际控制人,指使上市公司董事、监事、高级管理人员实施前款行为的,依照前款的规定处罚。犯前款罪的上市公司的控股股东或者实际控制人是单位的,对单位判处罚金,并对其直接负责的主管人员和其他直接责任人员,依照第一款的规定处罚。"

根据上述规定,无论刑事责任还是民事责任,都会以信息披露为切入点:信息披露应抑制金钱的力量,刑事是抑制道德风险的卫士。根据斯蒂格利茨的观点,公开透明有利于抑制市场势力扩张。阳光是最好的防腐剂,真正的、完全的信息透明是朝着正确方向迈出的一步。[①] 即使不能实现完全的透明,也将对资本市场产生帮助,将刑事作为降低金钱对制度影响的最后防线,这一点尤为关键。实际上,目前上市公司就信息披露所应承担的责任仍不完善,尤其是刑事责任的护城河机制没有得以普遍贯彻与发挥。

关于上市公司刑事追责问题,全国人大代表已就背信损害上市公司利益罪等罪名针对性不足,提出相关建议。在2023年全国"两会"期间,深交所总经理沙雁提出关于出台背信罪司法解释,强化对资金占用刑事追责的建议,认为2006年《刑法》虽设立背信损害上市公司利益罪,但长期以来资金占用行为通过背信罪予以刑事追责的案例偏少,背信罪的适用存在"落地难、争议大、适用少"的"冷罪名"困境。在实践的基础上,出台背信罪的司法解释,厘清背信罪的适用争议、回应实践需求,例如明确将控股股东、实际控制人、董监高等关联方的各种直接

---

① 参见[美]约瑟夫·E.斯蒂格利茨:《美国真相:民众、政府和市场势力的失衡与再平衡》,刘斌等译,机械工业出版社2020年版,第70页。

或者间接资金占用行为纳入背信罪予以规制。[①]

2. 责任主体

根据《刑法》第161条关于违规披露、不披露重要信息罪的规定，该罪的犯罪主体和判罚主体包括上市公司、控股股东、实际控制人以及其他直接负责的主管人员和其他直接责任人员。

根据《刑法》第169条之一关于背信损害上市公司利益罪的规定，该罪的犯罪主体和判罚主体包括上市公司的董监高、控股股东或实际控制人。

3. 立案标准

根据《刑事案件追诉标准(二)》第6条的规定，关于违规披露、不披露重要信息罪的追诉标准为："……(一)造成股东、债权人或者其他人直接经济损失数额累计在一百万元以上的；(二)虚增或者虚减资产达到当期披露的资产总额百分之三十以上的；(三)虚增或者虚减营业收入达到当期披露的营业收入总额百分之三十以上的；(四)虚增或者虚减利润达到当期披露的利润总额百分之三十以上的；(五)未按照规定披露的重大诉讼、仲裁、担保、关联交易或者其他重大事项所涉及的数额或者连续十二个月的累计数额达到最近一期披露的净资产百分之五十以上的；(六)致使不符合发行条件的公司、企业骗取发行核准或者注册并且上市交易的；(七)致使公司、企业发行的股票或者公司、企业债券、存托凭证或者国务院依法认定的其他证券被终止上市交易的；(八)在公司财务会计报告中将亏损披露为盈利，或者将盈利披露为亏损的；(九)多次提供虚假的或者隐瞒重要事实的财务会计报告，或者多次对依法应当披露的其他重要信息不按照规定披露的；(十)其他严重损害股东、债权人或者其他人利益，或者有其他严重情节的情形。"

根据《刑事案件追诉标准(二)》第13条的规定，背信损害上市公司利益罪的追诉标准为："……(一)无偿向其他单位或者个人提供资金、商品、服务或者其他资产，致使上市公司直接经济损失数额在一百五十万元以上的；(二)以明显不公平的条件，提供或者接受资金、商品、服务或者其他资产，致使上市公司直接经济损失数额在一百五十万元以上的；(三)向明显不具有清偿能力的单位或者个人

---

① 参见岳跃：《人大代表沙雁：建议修改基金法以简化REITs产品结构》，载财新网，https://topics.caixin.com/2023-03-08/102006038.html。

提供资金、商品、服务或者其他资产，致使上市公司直接经济损失数额在一百五十万元以上的；(四)为明显不具有清偿能力的单位或者个人提供担保，或者无正当理由为其他单位或者个人提供担保，致使上市公司直接经济损失数额在一百五十万元以上的；(五)无正当理由放弃债权、承担债务，致使上市公司直接经济损失数额在一百五十万元以上的；(六)致使公司、企业发行的股票或者公司、企业债券、存托凭证或者国务院依法认定的其他证券被终止上市交易的；(七)其他致使上市公司利益遭受重大损失的情形。"

4. 具体案例

在本书重点研究的14家上市公司案例中，因资金占用问题被公安机关立案侦查的分别有康美药业、天翔环境、围海股份、海航控股、海航基础、供销大集等6家上市公司的实际控制人。截至目前，我们查询到康美药业实际控制人及其部分董监高被判处刑事责任，其罪名包括：操纵证券市场罪，违规披露、不披露重要信息罪和单位行贿罪。除此之外，我们通过公开检索，尚未查询到在其他几家上市公司案例中，因信息披露违法违规涉及的刑事案件的最新进展，具体情况见表1－1－24。

表1－1－24　资金占用的刑事责任追究情况

序号	公司名称	占用金额（亿元）	刑事责任追究情况
1	康美药业	84.81	1. 原实际控制人因操纵证券市场罪，违规披露、不披露重要信息罪以及单位行贿罪数罪并罚，被判处有期徒刑12年，并处罚金人民币120万元； 2. 康美药业因单位行贿罪被判处罚金500万元； 3. 康美药业原副董事长、常务副总经理及其他责任人员共11人，因参与相关证券犯罪被分别判处有期徒刑并处罚金
2	天翔环境	24.31	2020年1月，控股股东及其一致行动人因涉嫌违规披露、不披露重要信息被成都市公安局立案调查，并于2021年6月移送检察院审查起诉，成都市中级人民法院于2022年1月正式立案
3	围海股份	1.84	2020年9月，上市公司获知，实际控制人因涉嫌挪用资金，被宁波高新区公安分局立案侦查。围海股份未进一步披露相关信息，无法获知实际控制人被公安机关立案侦查的详情
4	海航控股	380.03	2021年9月24日，海航集团接到海南公安机关通知，海航集团董事长、首席执行官因涉嫌违法犯罪，被依法采取强制措施
5	海航基础	44.23	2021年9月24日，海航集团接到海南公安机关通知，海航集团董事长、首席执行官因涉嫌违法犯罪，被依法采取强制措施
6	供销大集	196.42	2021年9月24日，海航集团接到海南公安机关通知，海航集团董事长、首席执行官因涉嫌违法犯罪，被依法采取强制措施

续表

序号	公司名称	占用金额（亿元）	刑事责任追究情况
7	安通控股	13.09	2021年9月27日，上市公司获悉，泉州市人民检察院对上市公司、郭某泽、郭某圣、李某海涉嫌违规披露、不披露重要信息案一案已收到泉州市公安局移送起诉的材料。但最终公安机关决定对上市公司不起诉
8	华英农业	4.66	公安机关未立案侦查
9	众泰汽车	3.1	公安机关未立案侦查
10	金贵银业	10.14	公安机关未立案侦查
11	赫美集团	1.68	公安机关未立案侦查
12	德威新材	9.78	公安机关未立案侦查
13	天马股份	35.51	公安机关未立案侦查
14	银亿股份	22.47	公安机关未立案侦查

另外，基于刑事案件信息披露更为严格，通过威科先行法律数据库查询到的涉及违规披露、不披露重要信息罪和背信损害上市公司利益罪的案例较少，具体情况见表1－1－25。

表1－1－25　资金占用的刑事责任涉及的罪名

序号	案号	涉案公司	涉案罪名	涉案事实
1	(2020)浙0105刑初255号	九好集团	违规披露、不披露重要信息罪	财务造假、违规担保
2	(2020)川01刑初323号	金亚科技股份有限公司	欺诈发行股票罪，违规披露、不披露重要信息罪	财务造假
3	(2016)粤04刑初131号	珠海博元投资股份有限公司	违规披露、不披露重要信息罪	财务造假
4	(2020)新0203刑初98号	准油股份	背信损害上市公司利益罪	资金占用、违规担保
5	(2019)沪刑终110号	上海多伦实业股份有限公司	背信损害上市公司利益罪、操纵证券市场罪	挪用资金、操纵证券市场
6	(2017)皖0208刑初10号	国投新集能源股份有限公司	背信损害上市公司利益罪	违规供货

六、解决方案

近年来，上市公司合规案件不断涌现，对资本市场和金融稳定构成系统性风险隐患。上市公司合规问题的解决，客观上无法一蹴而就，主观上不能釜底抽薪，应是多措并举，事缓则圆。关于具体的合规问题解决方案，以清偿方式为标准，资金占用问题的解决分为现金清偿和非现金资产清偿两种方式。现金清偿既是监管部门最为青睐的解决路径，也是市场实践中最高效、易行的解决路径；对于非现金资产清偿，需要履行相应的内部审批流程，并做好信息披露工作，且限制性条件较多，具体规定如下。

《8 号监管指引》第 21 条规定："上市公司被控股股东、实际控制人及其他关联方占用的资金，原则上应当以现金清偿。严格控制控股股东、实际控制人及其他关联方以非现金资产清偿占用的上市公司资金。控股股东、实际控制人及其他关联方拟用非现金资产清偿占用的上市公司资金，应当遵守以下规定：(一)用于抵偿的资产必须属于上市公司同一业务体系，并有利于增强上市公司独立性和核心竞争力，减少关联交易，不得是尚未投入使用的资产或者没有客观明确账面净值的资产。(二)上市公司应当聘请符合《证券法》规定的中介机构对符合以资抵债条件的资产进行评估，以资产评估值或者经审计的账面净值作为以资抵债的定价基础，但最终定价不得损害上市公司利益，并充分考虑所占用资金的现值予以折扣。审计报告和评估报告应当向社会公告。(三)独立董事应当就上市公司关联方以资抵债方案发表独立意见，或者聘请符合《证券法》规定的中介机构出具独立财务顾问报告。(四)上市公司关联方以资抵债方案须经股东大会审议批准，关联方股东应当回避投票。"

目前在市场实践中，非现金资产清偿主要包括固定资产、长期股权投资等常规资产抵偿，债权债务抵销、破产重整等方式。此处的破产重整是一个宽泛的概念，严格来讲，它是一个解决综合问题的制度平台。在本书重点研究的 14 家上市公司案例中，破产重整是适用频率最高的方式，通过破产重整程序，可最大限度释放上市公司、控股股东的偿债资源。一般而言，在上市公司重整程序中，可嵌套差异化转增股票、债务转移、第三方代偿的方式解决资金占用；在控股股东重整程序中,可通过信托份额抵偿、债务转移、第三方代偿的方式解决资金占用问题。将各种合规解决方式嵌套在破产重整中的意义在于,合规问题通常会导致上市公司现金流量急剧下降“来自持续经营的现金流量急剧下降是财务困境开始的信号,随后的困境阶段具有股利下降、技术性违约或还贷违约,或者债务重组等特征”①。此时,上市公司面临的就不仅是合规问题,还包括合规问题导致的债务问题,需要一个综合性解决方案。

（一）现金清偿

1. 操作方式

现金清偿是指控股股东、实际控制人及其关联方通过现金形式清偿资金占用款。该方式简单、直接,是中国证监会、交易所最青睐的解决方式。

2. 适用前提

以现金清偿方式解决资金占用问题的前提,一是资金占用金额较小,占上市公司或控股股东、实际控制人及其关联方净资产的比重较小;二是控股股东、实际控制人及其关联方流动资金充裕,具有偿债能力。

以模塑科技为例,2021 年 9 月底至 10 月初,江苏证监局对模塑科技进行了现场检查。经查,实际控制人 2020 年度在模塑科技报销的 3, 578, 254. 76 元费用与模塑科技生产经营无关,构成资金占用。模塑科技在 2021 年 12 月 7 日收到江苏证监局《关于对江南模塑科技股份有限公司采取责令改正措施的决定》后,实际控制人迅速配合上市公司的整改,于 2021 年 12 月 30 日之前,以现金形式偿还了上述资金占用款和对应的利息。②

以新亚制程为例,2022 年 12 月 26 日,广东证监局查出新亚制程存在 6. 26 亿元资金占用问题。而此时新亚制程控股股东及其关联方的流动资产充沛,仅用一个月的时间,便以现金形式顺利解决了资金占用问题。这亦是本书中涉及资金占用问题的 14 家上市公司案例中,解决问题最为迅速的上市公司。正因如此,相关当事人未受中国证监会行政处罚,未涉及相应的民事赔偿和刑事责任等。

---

① 赵丽琼:《我国财务困境公司重组摘帽绩效的实证研究》,经济科学出版社 2010 年版,第 5 页。

② 参见巨潮资讯网:http://static. cninfo. com. cn/finalpage/2022 - 01 - 07/1212110585. PDF。

3. 适用障碍

通过该方案解决资金占用问题,需要投入等量现金,按照 1∶1 的标准清偿资金占用款,不能像破产程序中的债权调整一般,可以打折清偿,成本较高。因此,资金占用金额过高,超出控股股东、实际控制人及其关联方的清偿能力,是实施该方案的最大的障碍。以海航控股、海航基础和供销大集为例,三家上市公司被海航集团及其关联方占用的资金金额为 620.68 亿元,具体见表 1－1－26。

表 1－1－26　海航集团旗下的三家上市公司资金占用占近一年经审计的净资产的比例

公司名称	占用金额（亿元）	2020 年度净资产（亿元）	资金占用占近一年经审计的净资产的比例
海航控股	380.03	－222.54	100%
海航基础	44.23	287.45	15.39%
供销大集	196.42	258.50	75.98%
合计	620.68	323.41	—

根据海航集团等 321 家公司重整计划中披露的资产情况,截至 2021 年 2 月 10 日,海航集团等 321 家公司经合并抵销后资产总值为 2531.64 亿元,负债总额为 10,390.01 亿元,净资产为－7858.37 亿元,整体已严重资不抵债。

海航集团及其关联方占用三家上市公司的资金金额高达 620.68 亿元,与此同时,其净资产却是－7858.37 亿元,明显不具备通过现金方式清偿 620.68 亿元资金占用款的能力。即便采用该方案化解资金占用问题,也仅能在自身清偿能力范围之内,以小规模的自有资金解决少部分资金占用问题。这也是为何包含海航集团所涉三家上市公司在内的 14 家上市公司,最终选择通过破产重整程序彻底解决问题的原因之一。

4. 效果评价

以现金清偿方式解决资金占用问题是最直接、最高效的方案。在围海股份、模塑科技和新亚制程案例中,模塑科技和新亚制程通过现金清偿的方式迅速息事宁人,未因资金占用问题受到中国证监会的行政处罚。围海股份虽然受罚,但实际原因在于,后续自查再次发现更严重的资金占用问题。不过,该方案的缺点同样是十分明显的,只能在资金占用金额较小或是控股股东及其关联方具备清偿能力的情况下才能适用。若是资金占用金额较大且控股股东、实际控制人及其关联方不具备清偿能力,该方案将难以适用。

(二)常规资产抵偿

1. 操作方式

常规资产抵偿是指由控股股东、实际控制人及其关联方所有的固定资产、长期股权投资等常规资产,以公允的评估价值抵偿因资金占用形成的对上市公司的债务。

2. 适用前提

根据《16 号文》《8 号监管指引》之相关规定,以常规资产抵偿资金占用款的,抵偿资产必须与上市公司属同一业务体系,并有利于增强上市公司独立性和核心竞争力;抵偿资产需经中介机构评估,抵偿价值应当公允;由独立董事发表独立意见,或是由财务顾问出具独立财务顾问报告;须经上市公司股东大会审议批准,具体规定见表 1 –1 –27。

表 1 –1 –27　以常规资产抵偿资金占用款的适用前提

序号	《16 号文》第 3 条规定	《8 号监管指引》第 21 条规定
1	用于抵偿的资产必须属于上市公司同一业务体系,并有利于增强上市公司独立性和核心竞争力,减少关联交易,不得是尚未投入使用的资产或没有客观明确账面净值的资产	用于抵偿的资产必须属于上市公司同一业务体系,并有利于增强上市公司独立性和核心竞争力,减少关联交易,不得是尚未投入使用的资产或者没有客观明确账面净值的资产
2	上市公司应当聘请有证券期货相关业务资格的中介机构对符合以资抵债条件的资产进行评估,以资产评估值或经审计的账面净值作为以资抵债的定价基础,但最终定价不得损害上市公司利益,并充分考虑所占用资金的现值予以折扣。审计报告和评估报告应当向社会公告	上市公司应当聘请符合《证券法》规定的中介机构对符合以资抵债条件的资产进行评估,以资产评估值或者经审计的账面净值作为以资抵债的定价基础,但最终定价不得损害上市公司利益,并充分考虑所占用资金的现值予以折扣。审计报告和评估报告应当向社会公告
3	独立董事应当就上市公司关联方以资抵债方案发表独立意见,或者聘请有证券期货相关业务资格的中介机构出具独立财务顾问报告	独立董事应当就上市公司关联方以资抵债方案发表独立意见,或者聘请符合《证券法》规定的中介机构出具独立财务顾问报告
4	上市公司关联方以资抵债方案须经股东大会审议批准,关联方股东应当回避投票	上市公司关联方以资抵债方案须经股东大会审议批准,关联方股东应当回避投票

以华英农业为例,2020 年 6 月 10 日,华英农业召开董事会,会议决议召开年度股东大会审议《关于控股股东以实物资产和其他方式偿还非经营性占用上市

公司资金并签署相关协议暨关联交易的议案》等相关议案。[①] 2020年6月11日，华英农业披露控股股东拟抵偿资金占用款的不动产评估报告，根据中介机构的评估，拟抵债不动产的评估价值为30,560万元。[②] 华英农业独立董事于2020年6月11日就控股股东以不动产抵偿资金占用款的事宜发表独立意见，表示同意与支持。[③] 2020年6月16日，独立董事通过公开回复深交所关注函的形式发表独立意见，对控股股东通过不动产抵偿资金占用款的事宜表示认可。[④] 2020年6月29日，独立董事再次回复深交所的关注函，表示抵偿资产有利于提升华英农业独立性与竞争力，且抵偿价格公允。2020年7月4日，华英农业披露，根据审计机构的核查，截至2020年6月23日，控股股东已通过不动产抵偿和其他方式完成了全部资金占用款的偿还工作。[⑤]

但需注意的是，相关流程必须严格遵循。在本案中，华英农业原本计划通过股东大会审议不动产抵偿事宜，但在2020年6月19日的董事会上决议取消了相关议案。[⑥] 此后，以不动产抵偿资金占用款的事项同样未提交股东大会审议。2021年4月，中国证监会河南监管局因其资产抵偿事宜未召开股东大会审议而向华英农业出具警示函。

3. 适用障碍

根据上述适用条件，相较于程序性问题，抵偿资产的实际价值对于方案实施的影响更大。抵偿资产在符合《16号文》《8号监管指引》要求，且与上市公司适配性较好的情况下，即便存在一定的程序瑕疵，也不必然影响资产抵偿方案的实施落地。但若是用于抵偿的资产存在以次充好等情况，等于再次变相占用上市公司资金，将会使抵偿方案的实施存在实质障碍，同时还会受中国证监会与交易所的从严处罚。

以山东未名生物医药股份有限公司（证券代码：002581，以下简称未名医药）为例，根据未名医药的自查以及审计机构的核查，截至2019年6月4日，控股股

---

① 参见巨潮资讯网：http://static.cninfo.com.cn/finalpage/2020-06-11/1207916379.PDF。
② 参见巨潮资讯网：http://static.cninfo.com.cn/finalpage/2020-06-11/1207916382.PDF。
③ 参见巨潮资讯网：http://static.cninfo.com.cn/finalpage/2020-06-11/1207916381.PDF。
④ 参见巨潮资讯网：http://static.cninfo.com.cn/finalpage/2020-06-16/1207927444.PDF。
⑤ 参见巨潮资讯网：http://static.cninfo.com.cn/finalpage/2020-07-04/1208002819.PDF。
⑥ 参见巨潮资讯网：http://static.cninfo.com.cn/finalpage/2020-06-20/1207943909.PDF。

东对未名医药的资金占用余额为 5.07 亿元，利息为 5435.67 万元。2019 年 12 月 31 日，未名医药披露控股股东拟以其所持有的 4 项药品技术和子公司 100% 的股权用于抵偿 5.61 亿元资金占用款。2020 年 1 月 18 日，未名医药披露《关于对深圳证券交易所关注函回复公告》，称抵偿股权的账面净值为 18.13 亿元，但未名医药在 2020 年 2 月 20 日披露的深交所关注函回复中，对抵偿股权净值进行修正，修正后的价值为 1149.34 万元。

2020 年 6 月 4 日，深交所据此对未名医药、控股股东、实际控制人和部分董监高给予公开谴责的纪律处分。[①] 2020 年 6 月 22 日，中国证监会山东监管局对未名医药出具警示函。[②] 同时，审计机构因抵偿资产价格的公允问题和其他问题对未名医药 2019 年度财务报告出具了保留意见，[③]资产抵偿方案的实施面临难以继续的风险。但幸运的是，2020 年 6 月 24 日，未名医药披露抵偿股权的评估报告，经第三方中介机构评估，相应股权的公允评估价值为 120,225.48 万元。2020 年 8 月 20 日，未名医药召开临时股东大会表决通过了资产抵偿的议案。

在未名医药案例中，我们不妨进一步思考，如最终的抵偿资产存在以假乱真，以次充好的情况，则中国证监会和交易所必然不会认可其资金占用解决方案。审计机构在对其财务报告进行审计时，应如实披露资金占用问题的解决情况。如财务报告被审计机构出具非标准意见，其股票被交易所实施退市风险警示；相关当事人也可能会被中国证监会施以行政处罚。因此，对于希望通过常规资产抵偿方式化解资金占用问题的上市公司，应当严格依照《16 号文》和《8 号监管指引》的规定开展抵偿工作。

4. 效果评价

在上述两个以常规资产抵偿资金占用款的案例中，依据专业机构出具的评估报告，通过控股股东自有资产抵偿了资金占用款。但在抵偿工作推进过程中，与现金清偿相比，常规资产抵偿的流程更为复杂。一是应经中介机构评估抵偿资产价值且估值应当公允；二是独立董事或者第三方中介机构的财务报告背书；三是涉及关联交易的还需要股东大会审议。根据上述华英农业和未名医药的案

---

① 参见巨潮资讯网：http://static.cninfo.com.cn/finalpage/2020-06-05/1207898078.PDF。

② 参见巨潮资讯网：http://static.cninfo.com.cn/finalpage/2020-06-23/1207949193.PDF。

③ 参见巨潮资讯网：http://static.cninfo.com.cn/finalpage/2020-06-24/1207956126.PDF。

例,上市公司分别因程序性瑕疵和抵债资产价值问题收到了交易所的询问,以及地方证监局的警示函,可见监管机构对于资产抵偿的严谨态度。

在上述程序性事项中,相较于独立董事发表意见、股东大会审议等程序性事宜,抵偿资产的实际价值以及与上市公司的适配性更加重要。如果抵偿资产存在以次充好的情况,则资产抵偿方案难以继续推进,例如在未名医药的案例中,在各方质疑抵偿资产价值的情况下,则需第三方中介机构给出更为公允的评估结果。

(三)债权债务抵销

1. 操作方式

债权债务抵销是指在控股股东、实际控制人及其关联方与上市公司及其子公司互有债权债务的情况下,以债权债务抵销的方式,清偿资金占用款项,解决资金占用问题。

2. 适用前提

《民法典》第 568 条规定:"当事人互负债务,该债务的标的物种类、品质相同的,任何一方可以将自己的债务与对方的到期债务抵销;但是,根据债务性质、按照当事人约定或者依照法律规定不得抵销的除外。当事人主张抵销的,应当通知对方。通知自到达对方时生效。抵销不得附条件或者附期限。"第 569 条规定:"当事人互负债务,标的物种类、品质不相同的,经协商一致,可以抵销。"

根据上述规定,通过债权债务抵销的方式化解资金占用问题的,一是控股股东、实际控制人及其关联方要与上市公司及其子公司互负债权债务;二是根据法律规定,在法定抵销的情况下,需要债务的标的物种类、品质相同;三是在约定抵销的情况下,双方应当就抵销问题协商一致;四是标的债权不能是法律规定不能抵销的类型。

以天娱数字科技(大连)集团股份有限公司(证券代码:002354,以下简称天娱数字)为例,2017 年 9 月,控股股东、实际控制人通过实际使用天娱数字子公司融资款的方式形成对天娱数字 1542.88 万元的资金占用。与此同时,实际控制人通过为天娱数字承担保证责任、借款和其他形式,构成对天娱数字 1626.03 万元的债权。经天娱数字董事会审议,董事会同意天娱数字与实际控制人通过债权债务抵销方式解决资金占用问题。根据天娱数字与实际控制人签署的《债权债务抵销协议》,债权债务抵销后,天娱数字仍需向实际控制人支付人民币 83.15 万元。①

以奥瑞德光电股份有限公司(证券代码:600666,以下简称奥瑞德)为例,2022 年 4 月 22 日,经审计机构核查,奥瑞德控股股东及其关联方存在 35,299.66 万元资金占用问题。② 此后,奥瑞德子公司债权人、奥瑞德及其子公司、控股股东签订了多方《债务抵销协议》,债权人同意将其持有的上市公司子公司债权合计人民币 22,980.81 万元无偿转让给控股股东,用于抵偿其对奥瑞德因资金占用问题形成的 22,980.81 万元债务。③

3. 适用障碍

根据《民法典》第 568 条等法律法规的规定,当事人双方的债权债务在特定情况下不得抵销,具体情形见表 1-1-28。

表 1-1-28　债权债务不得抵销的具体情形

法律规定	具体内容
《信托法》第 18 条	受托人管理运用、处分信托财产所产生的债权,不得与其固有财产产生的债务相抵销。受托人管理运用、处分不同委托人的信托财产所产生的债权债务,不得相互抵销
《证券投资基金法》第 6 条	基金财产的债权,不得与基金管理人、基金托管人固有财产的债务相抵销;不同基金财产的债权债务,不得相互抵销
《合伙企业法》第 41 条	合伙人发生与合伙企业无关的债务,相关债权人不得以其债权抵销其对合伙企业的债务;不得代位行使合伙人在合伙企业中的权利
《农民专业合作社法》第 13 条第 2 款	农民专业合作社成员不得以对该社或者其他成员的债权,充抵出资;不得以缴纳的出资,抵销对该社或者其他成员的债务
《企业破产法》第 40 条	债权人在破产申请受理前对债务人负有债务的,可以向管理人主张抵销。但是,有下列情形之一的,不得抵销: (1)债务人的债务人在破产申请受理后取得他人对债务人的债权的; (2)债权人已知债务人有不能清偿到期债务或者破产申请的事实,对债务人负担债务的,但是,债权人因为法律规定或者有破产申请一年前所发生的原因而负担债务的除外; (3)债务人的债务人已知债务人有不能清偿到期债务或者破产申请的事实,对债务人取得债权的,但是,债务人的债务人因为法律规定或者有破产申请一年前所发生的原因而取得债权的除外

除此之外,针对债权超过诉讼时效的情况,在司法实践中存在较大分歧,部

① 参见巨潮资讯网:http://static.cninfo.com.cn/finalpage/2019-09-26/1206949967.PDF。

② 参见巨潮资讯网:http://static.cninfo.com.cn/finalpage/2022-04-23/1213057580.PDF。

③ 参见巨潮资讯网:http://static.cninfo.com.cn/finalpage/2022-11-02/1215001999.PDF。

分案例支持在超过诉讼时效的情况下进行抵销，部分案例持有相反裁判思路。

例如，在“辽阳市太子河区农村信用合作联社与辽宁中凯实业有限公司金融借款合同纠纷案”①中，最高人民法院认为，超过诉讼时效的债权属于自然之债，本案太子河联社就2310万元贷款本息仍享有实体上的权利，其通过诉讼就此主张权利，因为超过诉讼时效且在和解协议中承诺不以其他主动方式主张权利而不能在本案中得到支持，但根据诚实信用原则，其可以通过协商谈判或者被动抵销等途径寻求权利救济。

与之相反，在“成都制药一厂与四川鼎鑫置业有限责任公司合资、合作开发房地产合同纠纷案”②中，最高人民法院认为，对于超过诉讼时效期间的四川鼎鑫置业有限公司3051万元债权，债务人成都制药一厂并未提出自愿履行的意思表示，人民法院同样不能强制其履行，如果允许以超过诉讼时效的债权行使抵销权，无异于赋予超出诉讼时效债权法律强制力，不符合抵销权和诉讼时效制度的法律精神。

4. 效果评价

根据时效性、便捷性与有效性等方面的综合评价，债权债务抵销方案的优势仅次于现金清偿。但该方案的局限性同样明显，需要控股股东、实际控制人及其关联方与上市公司互负债权债务。在上述天娱数字案例中，实际控制人对上市公司子公司享有真实债权，债权债务抵销的方案自是顺水推舟。而在奥瑞德案例中，控股股东及其关联方对上市公司并无债权，而是由债权人将其对上市公司子公司的债权“无偿”转让给控股股东及其关联方后，再进行债权债务抵销。这种方式需要注意舆情风险，天下熙熙，皆为利来；天下攘攘，皆为利往。市场会遐想在债权人“无偿”转让债权的背后，控股股东、实际控制人及其关联方可能会对债权人有其他的补偿安排。

（四）破产重整

1. 制度原理

根据《企业破产法》相关规定，根据府院联动机制精神，法院裁定受理上市公

---

① 参见最高人民法院民事判决书，(2014)民二终字第256号。

② 最高人民法院民事裁定书，(2017)最高法民申854号。

司破产重整之目的,有时是为挽救企业债务危机,维持上市地位;有时也会将其视为一种解决特定问题的制度工具。例如,许多公司提出破产申请仅是为了变卖公司资产并对交易所得进行分配。在国外,很多大型企业甚至将破产程序当作一种便利的拍卖平台。再如,美国环球航空公司(TWA)申请破产系为将自己的飞机等资产销售给美国航空公司(American Airlines)。这种将破产重整制度拓展至单纯财务困境企业之外的应用趋势越来越明显。

中国重整实践亦然,破产重整能够发挥远超“化债工具”之外的更大的经济作用。很多时候,上市公司陷入财务困境,实际控制人等主体无法通过现金清偿、资产抵偿、债权债务抵销等方式解决合规问题。原因在于,凡涉及资金占用的公司往往存在更深层面的危机,例如股东与上市公司同时面临严重的债务问题;投资者不信任常态下的重组安排,担心未来涉及财务造假与退市风险等隐性成本过高等。最终这些障碍互为因果,环环相扣,单纯的现金清偿等方式无法解决问题,需更加系统综合地解决上述问题。

如此情况,破产重整制度为包含债务困境在内的各种问题,提供了一种解决机制或平台,既可发挥司法程序的独特强制力与公信力优势,又不排斥其他技术手段的嵌套使用。上市公司或是通过单体重整,或是与控股公司协同重整,使得一揽子解决资金占用和债务问题成为可能,即通过重整程序特有的债务调整方式,采用资本公积金转增、信托计划份额抵偿、差异化转增股票等方式,增添新的偿付资源,既化解自身债务风险,又恢复市场信用评价,同时在重整程序中搭配实施现金清偿、常规资产抵偿、债务转移、第三方代偿等方式,提供多种现金回填路径,形成了一个独特又丰富的风险化解系统平台。另外,重整本身的包容性,能够更好地完成股本结构优化、公司治理升级、重塑高管激励机制等,实现合规问题以及衍生风险的系统解决,这是现金清偿等手段不能比拟的。

2. 适用前提

(1)符合破产重整的受理条件

《企业破产法》第 2 条规定:“企业法人不能清偿到期债务,并且资产不足以清偿全部债务或者明显缺乏清偿能力的,依照本法规定清理债务。企业法人有前款规定情形,或者有明显丧失清偿能力可能的,可以依照本法规定进行重整。”根据该规定,不论是上市公司重整还是控股股东重整,必须满足两个条件:一是必须要“不能清偿到期债务”;二是该企业的“资产负债表显示资不抵债”,即资产价值少于负债总额,资产负债率高于100%,或者是虽然该企业的账面资产大于负债,但是该企业缺乏现金流动性,无力清偿到期债务。在司法实践中,这一标准是法定立案标准,但并非符合该标准即可立案。①

但上市公司启动破产重整更为复杂,需要由行政机关和司法机关双线审批。在行政审批程序中,需要由上市公司所在地人民政府将申请重整的情况层报至省级人民政府,再由省级人民政府致函中国证监会,中国证监会审核无异议后,回函表示支持上市公司重整,同时抄送最高人民法院。在法院审批程序中,上市公司重整申请及相关材料由受案法院逐级报送最高人民法院审查,最高人民法院审查无异议并收到上述中国证监会抄送的支持上市公司重整的函后,批复同意受案法院受理重整案件。在司法与行政双线审批通过后,上市公司方可进入重整程序。② 上市公司双线审批机制并无专项规定,且各地操作迥异,具体规定如下。

《上市公司重整纪要》第3条规定:“……申请人申请上市公司破产重整的,除提交《企业破产法》第8条规定的材料外,还应当提交关于上市公司具有重整可行性的报告、上市公司住所地省级人民政府向证券监督管理部门的通报情况材料以及证券监督管理部门的意见、上市公司住所地人民政府出具的维稳预案等。上市公司自行申请破产重整的,还应当提交切实可行的职工安置方案。”

第8条规定:会议认为,重整计划草案涉及证券监管机构行政许可事项的,受理案件的人民法院应当通过最高人民法院,启动与中国证监会的会商机制,即由最高人民法院将有关材料函送中国证监会,中国证监会安排并购重组专家咨询委员会对会商案件进行研究。并购重组专家咨询委员会应当按照与并购重组审核委员会相同的审核标准,对提起会商的行政许可事项进行研究并出具专家咨询意见。人民法院应当参考专家咨询意见,作出是否批准重整计划草案的裁定。

根据上述法律规定,在面临资金占用等合规问题的上市公司重整实践中,法院裁定受理该类上市公司重整,必须符合《企业破产法》规定的法定条件,即债务

---

① 参见张杜超:《破产与诉讼实践讲义》,法律出版社2023年版,第37页。

② 参见张杜超:《破产与诉讼实践讲义》,法律出版社2023年版,第50页。

企业具备无力清偿到期债权,且资不抵债或明显缺乏清偿能力之可能。除此之外,上市公司重整启动条件还应满足上述监管部门的审批要求,重点在于上市公司重整可行性的报告,维稳预案以及职工安置方案等。

(2)明确合规问题的解决方案

上市公司拟通过破产重整解决债务问题和资金占用问题的,在进入破产重整之前应当提出解决资金占用问题的切实可行的方案,否则中国证监会在会商过程中可能不会同意上市公司重整,具体规定如下。

《国务院关于进一步提高上市公司质量的意见》第10条规定:"严肃处置资金占用、违规担保问题。控股股东、实际控制人及相关方不得以任何方式侵占上市公司利益。坚持依法监管、分类处置,对已形成的资金占用、违规担保问题,要限期予以清偿或化解;对限期未整改或新发生的资金占用、违规担保问题,要严厉查处,构成犯罪的依法追究刑事责任。依法依规认定上市公司对违规担保合同不承担担保责任。上市公司实施破产重整的,应当提出解决资金占用、违规担保问题的切实可行方案。(证监会、最高人民法院、公安部等单位与各省级人民政府负责)"

出现合规问题的上市公司,监管层面尤为关心重整成功的确定性。合规问题势必影响投资人的收购意愿,而重整投资者直接关乎重整成败,故该等上市公司在启动重整报批前,重整投资者经核算综合成本,如能在上市公司审批前,就控股股东等主体的资金回填等民事赔偿义务出具承诺函,同意兜底或代为履行,将会对监管审批起到决定性影响。

(3)预测重整计划的表决与批准

《企业破产法》第84条规定:"人民法院应当自收到重整计划草案之日起三十日内召开债权人会议,对重整计划草案进行表决。出席会议的同一表决组的债权人过半数同意重整计划草案,并且其所代表的债权额占该组债权总额的三分之二以上的,即为该组通过重整计划草案……"第86条规定:"各表决组均通过重整计划草案时,重整计划即为通过。自重整计划通过之日起十日内,债务人或者管理人应当向人民法院提出批准重整计划的申请。人民法院经审查认为符合本法规定的,应当自收到申请之日起三十日内裁定批准,终止重整程序,并予以公告。"

上市公司及控股股东拟通过重整程序解决资金占用和债务问题的，一般需要将相关安排写入重整计划草案中，提交债权人会议表决。在一半以上债权人同意，且其所代表的债权金额超过2/3时，重整计划才视为表决通过。在重整计划经债权人表决通过后，还需要由破产重整受理法院裁定批准，批准后重整计划中涉及的资金占用问题的解决方案才能正式落地。

3. 适用风险

（1）未及时进入破产重整程序的风险

在上市公司因资金占用问题使得财务报告被审计机构出具无法表示意见、否定意见，或是上市公司经审计后的净资产为负，导致上市公司被交易所实施退市风险警示的情况下，在上市公司被实施退市风险警示后的首个会计年度，财务报告必须是无保留意见，净资产必须由负转正，否则将会被交易所摘牌。在这种情况下，留给上市公司、控股股东、实际控制人及其关联方解决资金占用问题的时间十分有限。如在有限时间内，无法及时启动破产重整，优化上市公司财务指标，则退市风险将会剧增，同时亦会挤占其风险化解的时间，提升解决资金占用问题的难度。

启动上市公司重整程序绝非易事，其可能要面对破产审判工作发展的不平衡、府院联动机制的不顺畅、金融机构联动机制的限制、破产费用保障机制的不完善，以及破产配套机制的配套措施有待完善等问题。如上市公司所在地区审理大型企业重整案件的经验不足，政府对破产重整必要性的决策审批流程较长，金融机构就征询意见要层报总行审批导致时间不确定，以及部分上市公司破产费用较高但现金流缺乏进而导致专业团队难以介入等问题，上市公司能否在有效的时间内启动破产重整程序面临较大的不确定性。

部分行业的上市公司进入破产重整程序的前置程序更加严格。例如，在大型上市地产企业启动重整前，相关各方尤为关切司法重整对市场销售、社会心理以及"保交楼"工作的负面影响，担心衍生风险。尤其是上市房企债务包含购房者优先权、建设工程优先权等庞杂复杂的法律问题，加之"房地产企业杂、散、小"，子公司盘根错节，空壳公司数量不少，①在业务上，分布广泛且由当地项目公

---

① 参见黄奇帆：《结构性改革中国经济的问题与对策》，中信出版集团股份有限公司2020年版，第273页。

司主导,在进入破产重整程序之后更难打通不同地产项目之间,区域之间的流动性调配,债务风险与舆情影响更不可控。因此,房地产上市企业的破产重整启动程序极为严格。在实践中,困境房企与债权人可能同时对破产重整等庭内重组模式避而远之,更易于在庭外重组达成一致。这也是房地产市场的特殊性造成的。[①] 截至目前,相对于区域上市公司,全国性大型房企整体重整尚无先例,但基于保交楼等工作需求,以及风险出清以及法律要求,全国性大型房企重整仍存在操作空间和现实意义。

在实践中,以山东龙力生物科技股份有限公司(证券代码:002604,以下简称龙力生物)为例,2018 年 5 月 2 日,龙力生物因净资产为负被实施退市风险警示。2018 年 5 月,龙力生物披露被债权人申请重整的事宜。2020 年 4 月 17 日,龙力生物收到法院(2018)鲁 14 破申 32 号民事裁定书,法院指出,龙力生物公司系上市公司,申请上市公司破产重整的,除提交《企业破产法》第 8 条规定的材料外,还应当提交相关部门的材料和意见,因申请人未能提供,不符合上市公司破产重整的受理条件,法院未予受理。法院在裁定书中虽未明确提及欠缺何等部门的材料和意见,但根据一般上市公司重整实践,大概率应系在双线审批过程中未获得当地政府无异议函或中国证监会批文,导致无法及时进入重整程序。直接后果是龙力生物因无法通过重整程序化解自身债务问题与资金占用问题,最终无奈退市。

(2)重整失败导致清算风险

《企业破产法》第 78 条规定:"在重整期间,有下列情形之一的,经管理人或者利害关系人请求,人民法院应当裁定终止重整程序,并宣告债务人破产:(一)债务人的经营状况和财产状况继续恶化,缺乏挽救的可能性;(二)债务人有欺诈、恶意减少债务人财产或者其他显著不利于债权人的行为;(三)由于债务人的行为致使管理人无法执行职务。"

第 79 条第 3 款规定:"债务人或者管理人未按期提出重整计划草案的,人民法院应当裁定终止重整程序,并宣告债务人破产。"

第 88 条规定:"重整计划草案未获得通过且未依照本法第八十七条的规定获得批准,或者已通过的重整计划未获得批准的,人民法院应当裁定终止重整程

---

① 参见张杜超、郭璐璐:《债务重组》,中信出版集团股份有限公司 2020 年版,第 353 页。

序,并宣告债务人破产。"

第93条第1款规定:"债务人不能执行或者不执行重整计划的,人民法院经管理人或者利害关系人请求,应当裁定终止重整计划的执行,并宣告债务人破产。"

根据上述规定,在重整程序中,出现以下情况,债务人企业将面临破产清算的结果:一是在重整期间债务人企业经营状况恶化、损害债权人利益或干扰管理人执行职务的;二是债务人或者管理人未按期提出重整计划草案的;三是重整计划草案无法经债权人表决通过或无法获得法院裁定批准的;四是债务人企业不能执行或不执行重整计划的。若破产重整程序因上述原因无法继续推进,转入破产清算程序,则上市公司、控股股东、实际控制人及其关联方、债权人等各利益相关方将一输俱输。

以江苏善俊清洁能源科技有限公司(以下简称江苏善俊)为例,因不能清偿到期债务,经债权人申请后,法院于2017年11月10日裁定江苏善俊重整。2018年12月27日,江苏善俊重整计划经债权人表决通过后,法院裁定批准江苏善俊重整计划。此后,在重整计划执行期间,受政府化工产业政策调整和化工园区整治政策影响,重整计划无法继续执行。2019年4月25日,法院裁定终止重整计划执行,宣告江苏善俊破产。①

目前,通过公开检索,我们暂未查询到其他境内上市公司受前述规定影响而导致重整失败的案例,但这并不代表上市公司不存在重整失败的风险。参考上述江苏善俊的案例,若是在上市公司重整程序中出现上述情况,则最终结果将是被法院宣告破产。总之,上市公司的重整计划草案并非总能得到法院的批准,上市公司重整在法律和商业上的失败案例也将出现。现今市场上认为上市公司重整很难失败的一代人,依据既有经验,持有乐观主义的幻想,认为股东、公司与政府都不会视而不见,以为上市公司的利益诉求必然导致上市公司重整成功的观念,迟早会被市场证伪。②

4. 具体案例

在本书重点研究的14家上市公司案例中,除围海股份仅通过控股股东重整

① 参见浙江高院:《021年浙江法院破产审判工作报告暨典型案例》,载微信公众号"浙江天平"2022年3月29日,https://mp.weixin.qq.com/s/5aBFZCWMVzYzyaMEWlezjA。

② 参见张杜超:《破产与诉讼实践讲义》,法律出版社2023年版,第354页。

便成功化解资金占用问题外,其余案例均是通过上市公司破产重整嵌套现金清偿、常规资产抵偿、债权债务抵销、债务转移、第三方代偿、差异化转增股票抵偿等方式解决资金占用问题。另需注意的是,在前述资金占用的解决方案中,除现金清偿和常规资产抵偿的方式外,其余化解方式均要在破产重整程序中才能发挥出最大的优势,最大限度化解资金占用问题。在个别方案中,如以信托份额抵偿或是差异化转增股票抵偿只有在重整程序中才能发挥作用。具体情况见表1-1-29。

表1-1-29 破产重整中资金占用问题解决方案的适用情况

序号	公司名称	占用金额(亿元)	解决方案适用情况
1	康美药业	94.81	1. 上市公司重整; 2. 资金占用方小规模现金清偿; 3. 资金占用方与上市公司、上市公司债权人等多方抵销; 4. 资金占用方通过重整程序将资本公积转增股票出售给重整投资人的所得对价清偿
2	天翔环境	24.31	1. 上市公司重整; 2. 上市公司通过重整程序以应收账款抵债将部分债务转移给资金占用方以解决资金占用
3	围海股份	3.46	1. 控股股东重整; 2. 重整投资人收购因资金占用和违规担保形成的违规资金收益权,替资金占用方先行偿还资金占用款
4	安通控股	13.09	1. 上市公司重整; 2. 资金占用方通过重整程序将资本公积转增股票出售给重整投资人的所得对价清偿
5	天马股份	33.43	1. 上市公司重整; 2. 资金占用方小规模现金清偿; 3. 资金占用方与上市公司、上市公司债权人等多方抵销; 4. 代缴资产收购款; 5. 追认收购股权相关交易
6	银亿股份	22.48	1. 上市公司重整; 2. 资金占用方小规模现金清偿; 3. 资金占用方以资抵债清偿
7	海航控股	380	1. 上市公司与资金占用方同时重整; 2. 上市公司将部分债务转移至资金占用方,由资金占用方代为清偿解决资金占用问题
8	海航基础	44.23	1. 上市公司与资金占用方同时重整; 2. 资金占用方通过重整程序将资本公积转增股票回填至上市公司解决资金占用问题

续表

序号	公司名称	占用金额（亿元）	解决方案适用情况
9	供销大集	196.42	1. 上市公司与资金占用方同时重整； 2. 在资金占用方重整程序中申报债权受偿，受偿方式分为小额现金清偿和信托份额抵债清偿； 3. 资金占用方通过重整程序将资本公积转增股票回填至上市公司解决资金占用问题
10	华英农业	0.9	1. 上市公司重整； 2. 资金占用方以常规资产抵偿； 3. 将上市公司部分债务转移至资金占用方，由资金占用方代偿； 4. 重整投资人提供小部分资金代偿解决资金占用问题
11	众泰汽车	3.1	1. 上市公司与资金占用方同时重整； 2. 通过债权债务抵销解决小部分资金占用问题； 3. 上市公司旗下八家子公司债权人豁免部分债务代资金占用方偿还资金占用款
12	金贵银业	10.14	1. 上市公司重整； 2. 资金占用方与上市公司、上市公司债权人等签署债权债务转移代偿协议，由资金占用方代上市公司偿还债务解决资金占用问题
13	赫美集团	2.67	1. 上市公司重整； 2. 资金占用方与上市公司、上市公司债权人等签署协议，约定由债权人豁免其对上市公司的债务代为偿还资金占用款
14	德威新材	9.78	尚未解决

（1）信托份额抵偿

信托份额抵偿是指在控股股东、实际控制人及其关联方存在对上市公司资金占用问题的同时，其自身债务问题同样十分严重，最终通过破产重整化解债务问题。控股股东及其关联方通过破产重整化解债务问题时，可能会使用信托计划份额的方式清偿所负债务，包括欠付上市公司的资金占用款。这一方案的实施前提是上市公司的股东公司进入破产重整程序，其在程序中将其持有的上市公司股票或其他资产置入信托计划并向债权人分配，此时，上市公司作为债权人向管理人申报债权并参与分配，以最终分配的信托份额解决资金占用问题。

以供销大集为例，2021 年 9 月 29 日，海航集团等 321 家公司召开第二次债权人会议，会议当天重整计划未得到债权人表决通过。此后，重整计划表决延期至 2021 年 10 月 20 日方才通过。2021 年 10 月 31 日，法院裁定批准了海航集团等 321 家公司的重整计划。根据重整计划，海航集团等 321 家公司的债权清偿方案见表 1－1－30。

表 1-1-30　海航集团等 321 家公司的债权清偿方案

债权类型	清偿方案
有财产担保债权	引战平台:留债展期清偿; 非引战平台:优先以信托份额清偿
破产费用和共益债务	按照《企业破产法》规定,以债务人财产随时予以清偿
职工债权和税款债权	以现金方式全额清偿
救助性贷款	留债展期清偿
普通债权	3 万元以下部分全额现金清偿; 3 万元以上部分以信托份额清偿
劣后债权	在所有财产担保的债权人、普通债权人通过信托计划获得的收益已全额覆盖其全部债权后,剩余信托收益及财产将向劣后债权人按比例分配

供销大集在海航集团等 321 家公司重整程序中就资金占用款申报了债权,债权金额约为 196 亿元,其中,包含部分有财产担保的债权等优先债权。根据海航集团等 321 家公司的重整计划,信托计划将通过总持股平台实现对所有信托底层资产的实控及管理,即海航集团等 321 家公司的全部资产①均纳入信托计划。

根据海航集团等 321 家公司重整程序评估机构的评估结果并模拟测算,根据重整计划以及战投引进情况综合安排,依据底层资产的市场价值,结合优先债权具备等额担保财产保障并预计全额清偿等因素测算,对于拟以信托份额清偿的普通债权,每 100 元普通债权对应底层资产市场价值最小值为 25 元,即每 100 元普通债权清偿比例最小值为 25%。对于通过信托份额不能受偿的部分,供销大集将通过差异化转增股票的方式予以解决。② 具体而言,在海航集团信托计划得以顺利实施的情况下,结合海航集团等 321 家公司重整计划对于不同性质债权的清偿安排,供销大集所享有的普通债权按照信托计划预计清偿最小值来测算,供销大集在取得该等信托份额后可解决 25% 的资金占用问题。除此之外,在通过信托份额抵偿方式仍不能解决资金占用问题时,将通过差异化转增股票抵偿的方式解决。

除上述条件外,该方案的适用还应注意控股股东及其关联方在重整失败被迫转入破产清算时引发的一系列风险,即当控股股东及其关联方重整失败被迫

① 信托底层资产具体包括但不限于各类上市公司股票、金融机构股权等股权投资类资产,房屋、土地、在建工程等实物资产,应收账款等其他资产。

② 参见巨潮资讯网:http://static.cninfo.com.cn/finalpage/2022-01-20/1212219504.PDF。

进入清算程序之际,其将无法适用该方案化解资金占用问题。以众泰汽车为例,众泰汽车最初希望通过控股股东的破产重整程序获偿,解决部分资金占用问题,并按照铁牛集团重整程序的相关要求申报了债权。若铁牛集团的重整程序能够顺利实施,通过信托份额抵偿部分资金占用款并非不可实现。但是,铁牛集团因严重资不抵债,无继续经营的能力,缺乏挽救可能性,最终被法院裁定终结重整程序,宣告破产。[①] 在铁牛集团重整失败后,众泰汽车另觅他法,最终通过其子公司债权人豁免债权的方式代铁牛集团偿还了相应的资金占用款。

在上述案例中,在海航集团等321家公司重整程序中,专业机构对其资产的审计和评估结果,截至2021年2月10日,海航集团等321家公司经合并抵销后资产价值为2531.64亿元,负债金额为10,390.01亿元,净资产为-7858.37亿元;账面资产的市场价值为2725.08亿元、清算价值为1067.84亿元。海航集团及其关联方占用供销大集的资金金额为196.42亿元,根据上述海航集团等321家公司重整程序中的审计与评估结果,无论是通过现金清偿还是常规资产抵偿、债权债务抵销,都无法顺利解决如此大规模的资金占用问题。而通过信托计划份额抵偿,供销大集虽不能立刻收回资金占用款,但可即刻解决合规问题,撤销因资金占用问题导致的其他风险警示,消除往年财务报告中无法表示意见所涉事项,化解退市风险。对于资金占用款的回款,信托计划实际是以时间换空间,供销大集可在信托计划存续期间实现资金占用款的持续回流,并最终解决资金占用问题,当然这种方式毕竟不等同于现金清偿,在此期间衍生风险无法完全规避。

(2)差异化转增股票抵偿

差异化转增股票抵偿是指在上市公司重整程序中,以上市公司总股本为基础,实施资本公积转增股票。转增股票中,应当分配给控股股东、实际控制人的股票按照公允的评估价值回填上市公司,用于抵偿其因资金占用问题对上市公司产生的负债。上市公司获取该部分回填股票后,可用于清偿自身债务。

以供销大集为例,其196.42亿元资金占用问题主要通过信托份额抵偿和差异化转增股票的方式解决。其中,通过信托份额抵偿方式解决了不低于25%的资金占用问题,剩余部分则通过差异化转增股票的方式予以解决,即以供销大集

---

① 参见巨潮资讯网:http://static.cninfo.com.cn/finalpage/2020-12-24/1208972275.PDF。

现有 A 股股票 598,200.40 万股为基数,按照每 10 股转增 34.9 股实施资本公积金转增,转增股票约 2,088,046.70 万股。其中,597,258.54 万股补偿给上市公司,用于解决供销大集资金占用、违规担保等合规问题。

以海航基础为例,2021 年 9 月 28 日,海航基础及子公司召开第二次债权人会议和出资人组会议,表决重整计划和出资人权益调整方案。会议召开当日,重整计划经表决未获通过,法院将表决时间延长至 2021 年 10 月 20 日。此后,重整计划获得债权人表决通过,法院裁定批准。根据重整计划和出资人权益调整方案,以海航基础现有 A 股股票约 390,759.25 万股为基数,按照每 10 股转增 20 股实施资本公积金转增,转增股票约 781,518.49 万股。其中,控股股东及关联方获取的约 149,229.52 万股回填海航基础,用于解决资金占用和违规担保等合规问题。①

以康美药业为例,2021 年 11 月 15 日,康美药业召开第二次债权人会议和出资人组会议,并于同日表决通过重整计划草案及出资人权益调整方案。根据重整计划和出资人权益调整方案,以康美药业现有 A 股股票约 493,889.17 万股(康美药业现有总股本 497,386.17 万股,其中涉及员工股权激励需回购注销的限售股 3497 万股,扣除该部分限售股后剩余 493,889.17 万股)为基数,按照每 10 股转增 18 股实施资本公积金转增,转增股票约 889,000.50 万股。其中,控股股东及关联方获取的约 126,582.28 股股票以 4.74 元/股转让给重整投资人,处置所得资金 60 亿元用于解决资金占用问题。②

在采用差异化转增股票抵偿的案例中,海航集团及其关联方占用供销大集的资金金额约为 196.42 亿元,占用海航基础的资金金额为 44.23 亿元。与此同时,根据中介机构在海航集团等 321 家公司重整程序内,对其资产的审计和评估报告,其已处于严重资不抵债的财务困境中;康美药业控股股东及其关联方占用康美药业 84.81 亿元资金,与此同时,控股股东因资金占用问题和自身债务问题被迫进入破产程序,③实际控制人因涉嫌多项罪名而被追究刑事责任。

在上述案例中,在上市公司控股股东及其关联方已经处于资不抵债的情况

---

① 参见巨潮资讯网:http://static.cninfo.com.cn/finalpage/2022-01-20/1212219596.PDF。

② 参见巨潮资讯网:http://static.cninfo.com.cn/finalpage/2021-11-27/1211709039.PDF。

③ 参见巨潮资讯网:http://static.cninfo.com.cn/finalpage/2023-04-08/1216357483.PDF。

下,其面对如此大规模的资金占用清偿压力,通过现金清偿、常规资产抵偿、债权债务抵销等方式进行清偿都已无济于事。而破局的关键则在于,通过上市公司的重整,为控股股东、实际控制人带来增量资源,使其在不动用其他资源的情况下,解决资金占用问题。

(3)债务转移

控股股东、实际控制人及其关联方因资金占用而形成了对上市公司的债务。同时,上市公司自身亦存在对外负债。此时,可通过协议方式或是破产重整程序中的应收账款抵债的方式,将上市公司的债务平移给控股股东、实际控制人及其关联方,由其代替上市公司偿还债务,上市公司不再承担相应债务的清偿责任。在债务转移完成后,可根据债务转移金额抵销等额的资金占用款。

目前,监管部门对于通过债务转移方式解决资金占用问题并无特殊的限制性规定。司法实践不排斥该种方式的原因在于,一是上市公司本身也存在亟须化解的债务问题;二是控股股东因自身债务问题及资产规模有限,无法通过现金或资产抵债等常规方式解决资金占用问题。但需要注意的是,对于上市公司的债权人而言,债务转移并不能让债权人实际受偿,属于在形式上解决资金占用问题。

以海航控股为例,2021 年 9 月 27 日,海航控股及其子公司召开第二次债权人会议和出资人组会议,根据债权人的表决结果,重整计划草案并未获债权人表决通过。其后,法院将表决截止时间定为 2021 年 10 月 20 日,最终在各方共同努力下促成了重整计划获批。根据重整计划,对于每个普通债权人债权金额超过 10 万元以上的部分,64.38%的债权转移至海航集团等 321 家公司重整程序中受偿,即由最终的资金占用方代偿相关债务。根据海航集团等 321 家公司重整计划的规定,该部分债权的清偿方式为普通信托份额抵债清偿。

以天翔环境为例,2021 年 3 月 19 日,天翔环境召开第一次债权人会议和出资人组会议,并于同日表决通过了重整计划和出资人权益调整方案。根据重整计划,每个普通债权人 30 万元以上的债权部分,一部分以转增股票清偿,剩余部分以天翔环境的应收账款清偿。以应收账款清偿的部分,按每 100 元普通债权分得 100 元应收账款,应收账款为天翔环境应收的控股股东资金占用款和/或对其他主体的应收款项,[①]其中资金占用款占抵债应收账款的比重超过 90%。实际

① 参见巨潮资讯网:http://static.cninfo.com.cn/finalpage/2021-04-19/1209726366.PDF。

上,重整计划中的应收账款抵债的清偿方案就是将天翔环境的债务平移至资金占用方,由资金占用方代偿债务的方式解决资金占用问题。

以金贵银业为例,2020 年 3 月 13 日,金贵银业召开董事会和监事会,审议通过《关于公司与债权人签订〈债务转移暨股东代偿协议〉以解决公司控股股东资金占用暨关联交易的议案》。为推进金贵银业重整,解决资金占用问题,金贵银业及控股股东与债权人签订附条件生效的《债务转移暨股东代偿协议》。各方同意,自人民法院裁定受理金贵银业重整之日,金贵银业对债权人的债务转移至控股股东及其关联方代为清偿,金贵银业不再承担清偿责任。与此同时,控股股东及其关联方就该代偿部分等额抵销其所欠上市公司的资金占用款。[①] 在本案中,金贵银业虽然不是在重整程序中实施债务转移,但其相关协议生效条件却是金贵银业能够顺利进入重整程序,可见,债务转移方案仅是系统性交易一环,其对重整程序具有相当程度的依赖性。

在控股股东、实际控制人及其关联方资产负债结构失衡且存在严重债务问题的情况下,实难向上市公司支付资金占用款项。同样的道理,上市公司债权人为何要放弃上市公司作为偿债主体而选择相信其股东,接受债务转移方案,是因为债权人的利益能够从其他方面获得弥补。以天翔环境为例,重整计划约定了以应收账款抵债,以实现债务转移的目的,但实际上应收账款的实现难度非常大。如果天翔环境控股股东、实际控制人及其关联方资产状况很好,完全可以通过现金或资产抵偿的方式解决资金占用问题。天翔环境的债权人显然清楚控股股东、实际控制人及其关联方近乎山穷水尽,用于抵债的应收账款回款难度很大。天翔环境为了取得债权人的支持,最终选择以其他方式弥补债权人在应收账款抵债方面的损失,即天翔环境在股票抵债安排中,将抵债股价锁定为 0.71 元/股,使债权人以远低于重整投资人 1.49 元/股的收购价格获取了大量转增股票,进而使得债权人让渡的部分权益与最终获得的清偿结果有了一个平衡。

如上市公司与控股股东、实际控制人及其关联方通过一方或者双方共同重整的方式进行债务转移,则该安排需要在重整计划中予以明确。重整计划需要债权人表决且在重整受理法院裁定批准后方可生效。在控股股东、实际控制人及其关联方偿债能力有限的情况下,债权人是否能够同意重整计划存在不确定

① 参见巨潮资讯网:http://static.cninfo.com.cn/finalpage/2020-03-14/1207372503.PDF。

性。以海航控股为例,其于 2021 年 9 月 27 日召开第二次债权人会议表决重整计划,根据管理人的统计结果,当日重整计划未能表决通过。法院决定将表决期限延长至 2021 年 10 月 20 日,在经过二十多日艰难博弈后,重整计划才得以通过。对于海航控股债权人会议当日重整计划未能表决通过的原因,市场猜测,一是管理人未能在债权人会议上向债权人披露完整的重整计划,仅披露了重整计划摘要,机构类债权人无法就重整计划表决事宜进行内部决策;二是海航控股的控股股东海航集团等 321 家公司的第二次债权人会议尚未召开,重整计划尚未披露,债权人对于债务转移后的清偿安排心有疑虑;三是债权人对于海航集团等 321 家公司的资产和负债情况有大致了解,意识到债务转移后的清偿率可能较低,抉择困难。

债务转移是解决大型资金占用问题的有效手段,在上述案例中,海航控股、天翔环境、金贵银业均是通过将自身债务转移给控股股东、实际控制人及其关联方,以代偿债务的方式从形式上解决了资金占用问题。但需注意的是,单纯的债务转移并不能从根本上解决资金占用问题,只是从监管合规的层面解决该问题,且债务转移还要有其他配套措施才能顺利实施。一般而言,控股股东、实际控制人及其关联方本就无力偿还其占用的上市公司资金,上市公司将自身的部分债务转移出去,控股股东、实际控制人及其关联方实际上亦缺乏解决该部分债务问题的能力,但是债务转移有时又是必需的,若不采取解决上市公司合规问题,上市公司极有可能会面临退市的结果,最终会损害全部主体利益;需要注意的是,上市公司在做债务转移方案时,应兼顾商业合理性与可行性,通过其他形式对债权人予以补偿。例如在天翔环境案例中,其股票抵债价格明显低于重整投资人的收购价格,以补偿债权人的损失。

(4)第三方代偿

第三方代偿是指由上市公司债权人或重整投资人等第三方主体,以现金清偿或债务豁免等方式,代控股股东、实际控制人及其关联方偿还资金占用款。目前,监管部门对于第三方代偿模式并无限制性规定,相反在重整程序中,如有战略投资者或财务投资者同意出资解决资金占用问题,将成为监管部门同意启动上市公司重整程序的有效助力。

无论是重整纾困投资,还是不良资产投资,最重要的原则是“低风险才能获得高收益,风险越小,盈利的可能性越大”。在司法实践中,由重整投资人代偿解决资金占用问题的,一般适用于上市公司发展前景良好,只是因为合规问题或者债务问题暂时性陷入困境的情形。重整投资人的收购成本是固定的,重整投资人愿意代偿资金占用款的,收购成本仍处于可控范围,否则,重整投资人将无利可图,除非部分投资者是为“业绩冲量”不然很难参与。

以围海股份为例,其资金占用问题的化解是通过控股股东的重整来实现的。在控股股东的重整程序中,三位重整投资人以10.25亿元现金获取控股股东所持的围海股份40.44%的股票,即462,677,204股股票。① 另外,两位重整投资人以8.56亿元的价格等价收购了围海股份的违规资金收益权,②代替控股股东解决资金占用等合规问题。③ 两位重整投资人收购违规资金收益权后,当围海股份收到违规资金收益权回款时,在按照4.35%/年的标准扣除利息后,应将剩余的收益权回款支付给两位重整投资人。虽然重整投资人在收购过程中的即期支付成本较高,但违规资金收益权的回款概率较高,因此重整投资人依然在交易中有利可图且风险可控。

关于债权人通过债务豁免代控股股东、实际控制人及其关联方偿还资金占用款的方式,实践中亦有先例。在司法实践中,该方案的适用一般要对承诺债务豁免的债权人予以补偿,使其债权的受偿结果不因债务豁免而受到损害。以众泰汽车为例,2020年10月,众泰汽车八家子公司陆续进入破产重整程序;2021年6月9日,众泰汽车进入重整程序。在众泰汽车八家子公司的重整程序中,债权人同意豁免23,914.71万元债权用以抵偿控股股东对众泰汽车的部分资金占用款。④ 根据众泰汽车的出资人权益调整方案,其将以现有总股本202,767.13万股为基数,按每10股转增15股的比例实施资本公积转增股本共计304,150.69万股。在转增股票中,约将24,880.97万股分配给众泰汽车债权人用于清偿债务,约将76,502.59万股提供给众泰汽车八家子公司用于清偿债务。⑤

---

① 参见巨潮资讯网:http://static.cninfo.com.cn/finalpage/2022-05-13/1213335394.PDF。
② 违规资金收益权是指,围海股份因资金占用和违规担保等合规问题而形成的对控股股东的债权。
③ 参见巨潮资讯网:http://static.cninfo.com.cn/finalpage/2022-04-25/1213062386.PDF。
④ 参见巨潮资讯网:http://static.cninfo.com.cn/finalpage/2022-01-26/1212276013.PDF。
⑤ 参见巨潮资讯网:http://static.cninfo.com.cn/finalpage/2021-12-01/1211746670.PDF。

根据众泰汽车的重整计划，其普通债权人以股抵债的价格为 12.98 元/股，以此对应的股票抵债化解的普通债权金额约 32 亿元。[①] 众泰汽车八家子公司未公开披露重整计划，但根据媒体报道，众泰汽车及其八家子公司的债务规模约 140 亿元。[②] 根据众泰汽车的重整计划，初步推算负债规模在 53.57 亿～62.65 亿元，再以此为基础计算，众泰汽车八家子公司的债务规模应在 77.35 亿～86.43 亿元。假设众泰汽车八家子公司的所有债权均为普通债权并采用股票抵债方式化解，则股票抵债价格在 10.11～11.30 元/股。如上述假设成立，众泰汽车八家子公司债权人虽豁免了部分债务代控股股东偿债，但其抵债股票价格却低于上市公司其他债权人的股票抵债价格。这也是债权人同意该方案的重要前提条件。

无论是重整投资人还是债权人，其为控股股东、实际控制人及其关联方代偿资金占用款，必然会影响自身利益。虽然上市公司与控股股东、实际控制人及其关联方可能会通过其他形式补偿重整投资人或是债权人，但重整投资人、债权人的"牺牲"与得到的补偿总应形成各方接受的相对平衡，若是这个平衡被打破，则方案将难以实施。以海航控股为例，其资金占用金额高达 380.03 亿元，重整投资人收购海航控股 440,000 万股股票的对价是 123 亿元，在海航控股可动用资源有限的前提之下，想让重整投资人代偿资金占用款，显然难以解决如此规模的资金占用问题。对于债权人而言，股票抵债价格是 3.18 元/股，海航控股重整受理日的股价是 1.42 元/股，重整期间股价波动不大，进一步调低股票抵债价格，换取债权人豁免部分债权的空间同样不大。

如有投资人或债权人代控股股东、实际控制人及其关联方偿付资金占用款项，嵌套破产重整程序操作更为理想：一方面，破产重整程序府院联动的工作机制与特点，兼具司法强制力与公信力，有效降低投资风险，最大限度消除交易悔约等不确定性；另一方面，破产重整能够通过特有的资本公积转增股票，最大限度释放上市公司资源，为第三方代偿方案的实施提供更多的资源支撑。

此时需要注意的是，若上市公司与控股股东、实际控制人及其关联方通过单

---

① 参见巨潮资讯网：http://static.cninfo.com.cn/finalpage/2021-12-01/1211746670.PDF。

② 参见浙江省高级人民法院：《2021 年浙江法院破产审判工作报告暨典型案例》，载微信公众号"浙江天平"2022 年 3 月 29 日，https://mp.weixin.qq.com/s/5aBFZCWMVzYzyaMEWlezjA。

独或共同重整的方式推进代偿安排,则该安排需要在重整计划中予以明确。重整计划需要债权人表决且经法院裁定批准后方可生效。在控股股东、实际控制人及其关联方偿债能力有限的情况下,债权人能否同意重整计划草案则存在不确定性。

总体而言,第三方代偿的方案与债务转移的方案类似,只是资金占用款的实际清偿主体发生了变化,由控股股东、实际控制人及其关联方变为上市公司债权人或重整投资人。商业没有真正免费的午餐,根据上述案例,重整投资人或债权人代偿资金占用款需要额外补偿。在围海股份案例中,重整投资人获取了违规资金收益权,该收益权并非空头支票,实际是可以产生回款的;在众泰汽车案例中,作为补偿,债权人则是以相对较低的价格获取了上市公司抵债股票。因此,只有在代偿主体的利益得到保障的情况下,代偿方案才能得到有效执行。只有对第三方的利益做好平衡,才能进一步协商解决资金占用问题。

5. 效果评价

本书重点研究的 14 家上市公司案例,均是选择通过破产重整再嵌套其他方案化解资金占用问题和自身债务问题。由此可见,在上市公司存在资金占用且其财务状况不佳,面临债务危机的情况下,破产重整可能是最有效的风险化解方案。通过重整程序,不仅有利于上市公司解决资金占用问题,还有利于改善资产负债结构和各项财务指标。本书重点研究的 14 家涉及资金占用问题的上市公司,除天翔环境因恢复上市的申请资料不符合标准被摘牌,德威新材未在窗口期内化解风险而被摘牌外,其余 12 家上市公司均成功保住上市地位。

在围海股份案例中,围海股份与其他采用类似方案的上市公司不同,其主要问题是资金占用问题,本身并未出现严重的债务问题,不需要特意通过重整程序化解债务。因此,最终只是通过控股股东的清算式重整实现围海股份控制权的转移与资金占用问题的化解。

在天翔环境案例中,在其重整计划被法院裁定批准并开始执行之前,债务问题和资金占用问题的化解工作一直正常推进,直至天翔环境向深交所提交恢复上市的申请后,才出现了意外。2021 年 5 月 12 日,天翔环境向深交所提交了恢复上市申请材料,但未能提交保荐机构出具的恢复上市保荐书,不符合《深交所创业板股票上市规则》(2018 年 11 月修订)第 13.2.15 条的规定,[①]深交所决定不予受理其股票恢复上市申请。[②] 此后,天翔环境虽然在 2021 年 6 月 21 日向深交所提出了复核申请,但最终未能避免被摘牌的结局。虽然天翔环境通过重整程序成功化解了自身债务和资金占用问题,但最终还是没能保住上市地位,重整投资人和债权人被牢牢套在了天翔环境这艘“沉船”之上。

在德威新材案例中,2021 年 4 月 26 日,因应收票据违规计提减值、预付账款、违规担保、被中国证监会立案调查、持续经营能力等问题,德威新材 2020 年度财务报告被审计机构出具无法表示意见。[③] 2021 年 5 月,德威新材推进预重整程序,希望借此化解自身债务问题和其他合规问题。[④] 2021 年 9 月,在中国证监会的调查下,德威新材 9.78 亿元资金占用问题才得以曝光。截至 2021 年 12 月 31 日,德威新材预重整程序进展缓慢,债务问题、合规问题依然迟迟无法解决。2022 年 4 月 28 日,审计机构对德威新材 2021 年度财务报告出具了无法表示意见。根据《深交所创业板股票上市规则》(2020 年 12 月修订)第 10.3.10 条的规定,德威新材财务报告连续两年被审计机构出具无法表示意见,触发了财务类强制退市规定,最终被深交所摘牌。

6. 市场趋势

根据现有案例,破产重整是一种统筹解决上市公司合规与债务风险的有效路径,但我们发现市场在逐渐消除破产重整企业污名化的同时,因重整案件数量

---

① 《深交所创业板股票上市规则》(2018 年 11 月修订)第 13.2.15 条规定:暂停上市公司提出恢复上市申请时,应当向本所提交下列文件:(1)恢复上市申请书;(2)董事会关于符合恢复上市条件,同意申请恢复上市的决议;(3)董事会关于暂停上市期间公司为恢复上市所做主要工作的报告;(4)董事会关于导致公司股票暂停上市的情形已完全消除,且不存在该规则规定的其他暂停上市或者终止上市情形的说明;(5)管理层从公司主营业务、经营活动、财务状况、或有事项、期后事项和其他重大事项等角度对公司实现盈利的情况、经营能力和盈利能力的持续性和稳定性作出的分析报告;(6)董事会关于公司治理和规范运作情况的说明;(7)关于公司最近一个年度的重大关联交易说明,包括关联交易的内部决策程序、合同及有关记录、实施结果及相关证明文件等;(8)关于公司最近一个年度的纳税情况说明;(9)年度报告或者半年度报告及其审计报告原件;(10)保荐机构出具的恢复上市保荐书以及保荐协议(如适用);(11)法律意见书;(12)董事会对非标准审计意见的说明(如适用);(13)会计师事务所和注册会计师对非标准审计意见的说明(如适用);(14)董事会关于暂停上市期间公司主营业务未发生重大变化的说明;(15)本所要求的其他有关材料。因该规则第 13.2.15 条所述情形申请恢复上市的公司,不适用前款规定。公司应当在向本所提出恢复上市申请后次一交易日发布相关公告。

② 参见巨潮资讯网:http://static.cninfo.com.cn/finalpage/2021-05-17/1209996489.PDF。

③ 参见巨潮资讯网:http://static.cninfo.com.cn/finalpage/2021-04-28/1209838814.PDF。

④ 参见巨潮资讯网:http://static.cninfo.com.cn/finalpage/2021-05-12/1209957818.PDF。

的快速增多,原本精耕细作的重整方案有"复制粘贴,一切从简"的不好趋势,加之宏观经济的叠加影响,失败风险快速提升。该趋势一旦成型,势必对上市公司采用司法重整全面解决合规与债务风险的意愿和结果产生严重影响。造成上述影响的原因之一,即重整成败在于能否招募重整投资人,注入新的增量资源。在有的案件中,重整投资人看好企业并给出较高估值,做出业绩承诺,顺利完成重整程序,但却因市场环境等外部原因,在重整完成后的几年内仍被摘牌,重整投资人受损严重。在重整投资市场的风险偏好下行阶段,通过重整程序解决合规问题的意愿自然也会降低。

在庞大汽贸集团股份有限公司(证券代码:601258,以下简称庞大股份)重整案中,2019 年庞大股份启动破产重整程序,引进 3 家投资人组成收购联合体。重整投资人承诺在未来 3 年内,即在 2020 年至 2022 年,每年净利润分别不低于 7 亿元、11 亿元与 17 亿元。但是,汽车销售行业受疫情影响,长时间的闭店和新能源汽车的崛起,庞大股份未能完成业绩目标。对此,2023 年 5 月 18 日,上交所向庞大股份发函,称收到投资者投诉,庞大股份控股股东、实际控制人涉嫌通过潜在关联方占用上市公司资金、利用退市逃避重整业绩承诺、上市公司虚假回购等事项。[①] 这一事件表明,司法重整虽是解决历史问题的有效手段,但如后续运作不顺,仍有可能被投资人重新追溯旧有问题之风险。2023 年 6 月 21 日,因庞大股份连续 20 个交易日的股票收盘价低于 1 元,上交所决定终止其股票上市并于 6 月 30 日正式摘牌。

近期,市场上一些上市公司重整案件的不尽如人意,给市场投资者极大的震撼与刺激。这再次提醒市场,上市公司重整项目并非没有失败之可能。在重整交易领域不存在风险免疫,即使上市公司顺利完成重整程序,也仅代表法律意义上的成功。从商事角度来看,客观上存在交易层面的失败乃至二次破产的风险。投资人的谨慎自然导致很多上市公司在招募重整投资者时出现问题。这也是目前部分上市公司首先启动预重整,不敢直接启动重整程序的原因。该类事项导致意向方在投资上市公司重整项目时日趋保守,尤其是叠加合规问题的上市公司,在通过重整程序引进投资者并嵌套投资人兜底等其他合规解决工具时,将面临没有投资者的窘境。

---

① 参见巨潮资讯网:http://static.cninfo.com.cn/finalpage/2023-05-19/1216856286.PDF。

七、方案的分析与评价

(一)影响方案选择的主要因素

1. 资金占用金额因素

资金占用金额是上市公司选择解决方式的重要影响因素之一,对于资金占用金额较小的上市公司,可选方案的余地较大,如现金清偿、常规资产抵偿、第三方代偿、债务转移等。例如模塑科技,资金占用金额仅有 357.83 万元,规模不大,且未超出实际控制人的清偿能力范围,实际控制人也于第一时间以现金方式偿还了资金占用款。

对于资金占用金额大的上市公司,可选方案的余地较小。以海航控股为例,海航集团及其关联方占用海航控股资金金额为 380.03 亿元,海航控股重整受理日的总市值为 465 亿元左右,以 2021 年 2 月 10 日的股价计算,资金占用的金额已经超过了海航控股总市值的 80%。根据海航控股的重整计划可知,重整投资人收购海航控股 440,000 万股股票的对价为 123 亿元,占资金占用金额的 50%。因此,面对如此大规模的资金占用问题,难以通过单一的现金清偿或第三方代偿的方式解决。

2. 企业经营因素

上市公司和资金占用方的经营因素主要指上市公司和控股股东、实际控制人及关联方的资产负债情况。在当下资产负债衰退周期,资产负债表对方案选择具有重要影响。资产负债表衰退是指在资产价格泡沫破灭之后,企业资产负债表的负债端价值不变,而资产端价值严重缩水,这就使得这些企业面临资不抵债的境地。然而,这些企业的生产经营没有问题,依然能够获得正常的营业收入。因此,这些企业在资产价格泡沫破灭之后,其生产经营目标会由“利润最大化”转为“负债最小化”。此时,削减债务成为企业第一目标,而不是追求更高利润,企业和个人为减少债务主动地降低了投资和消费的状态。① 这样一来,这种类型的企业既符合重整条件(具备重整挽救价值),重整对其又对症下药(削减债务),二者具有较

---

① 参见宋笛、杜涛、田进:《激辩“资产负债表衰退”》,载《经济观察报》2023 年 7 月 24 日,第 1 版。

高的契合点，更为各方所接受。因此，在解决上市公司资金占用问题时，还应将调整资产负债结构，优化财务指标，强化经营价值，维持上市地位进行系统考量，单一的解决工具在上市公司需求适配性方面，较破产重整等制度工具尚显不足。

在本书重点研究的14家上市公司案例中，大多数上市公司都因资金占用问题引爆上市公司的债务危机，需通过重整配合其他方案解决资金占用和上市公司债务问题。例如康美药业除涉及84.81亿元的资金占用问题外，还有362.66亿~496.10亿元的债务需要化解。因此，只有选择重整化解自身债务问题，再在重整方案中嵌套其他资金占用化解方案，一荣俱荣，才能做活全局。而在围海股份案例中，控股股东的资金占用问题并未严重影响围海股份的资产负债结构和财务指标，使围海股份无须通过自身破产重整的方式化解资金占用问题，最终仅通过其控股股东的重整程序便顺利解决了资金占用问题。

控股股东、实际控制人及其关联方的经营状况，对合规问题解决方案的选择同样有着决定性影响。资金占用方的资产负债结构失衡，债务问题严重，势必难以通过单一方式解决资金占用问题。以众泰汽车为例，其控股股东铁牛集团不仅面对巨额的资金回填责任，还面临着严峻的债务问题，偿付资源近乎山穷水尽。铁牛集团最初希望通过破产重整涅槃重生，奈何重整价值偏低，最终失败导致破产清算。如铁牛集团的重整价值仍在，至少在理论上存在采用信托份额抵偿的方式化解资金占用问题，而无须通过众泰汽车子公司债权人进行债务豁免的方式来解决资金占用问题。

3. 利益相关方诉求

上市公司、控股股东、实际控制人及其关联方、债权人、潜在投资方和地方政府等各方主体，就上市公司资金占用问题的解决方案，诉求不同，想法不同，选择不同。

一是上市公司，其作为发生资金占用问题的主战场，最迫切的想法是快速解决合规问题，收回资金补充流动性，保住上市地位，不会过多考虑其他问题；二是控股股东、实际控制人及其关联方，作为资金占用方，在自身债务问题爆发之际，更迫切地希望兵不血刃，以最低成本解决合规问题，①但是在合规问题解决过程

---

① 实际上，企业家的想法可能不仅仅局限于合规问题，正如SabaSoftware创始人鲍比·雅兹达尼所说，"企业家最常犯的错误就是把自己的想法藏得太深""虽然这是他们自己的选择，但如果他们愿意分享自己的想法，或许其他人还可以帮助他实现"。

中有时也会出现“卖者估价总比买主高”的虚拟所有权现象；①三是上市公司的债权人，其关注焦点在于自身债权的受偿结果，较少关心资金占用问题的具体路径。合规问题解决方案只有在不伤害债权受偿的情况下，才有可能获得各类债权人的配合与支持；对潜在投资方而言，根本目标在于实现对上市公司的收购，只有在计算收购收益和协助解决资金占用问题的成本后，才会真正出钱出力；对地方政府而言，尤其在上市公司数量稀少的地区，政府会更加在意辖区内上市公司的数量，也会觊觎某一上市公司所掌握的垄断性资源，会更加不遗余力地统筹各方，合力解决上市公司债务问题和合规问题，避免退市摘牌风险。

以海航基础为例，海航集团及其关联方占用海航基础的资金金额为 44.23 亿元。海航基础资金占用解决方案的主要内容：以现有股本为基础，按照每 10 股转增 20 股实施资本公积金转增，转增股票约 781,518.49 万股。在转增股票中，将应向控股股东及其关联方分配的股票直接回填海航基础，解决资金占用问题；其余部分用于引进战略投资人，清偿债务。对于海航基础而言，该方案较为简单，可一次性化解资金占用问题和自身债务问题；对于资金占用方而言，该方案无须再提供资源填补 44.23 亿元的资金占用亏空，大大减轻了偿债压力。但是，根据海航基础 2020 年度财务报告，其 2020 年度末的净资产是 72.58 亿元，还未达到资不抵债的境地；根据重整程序中的评估结果，海航基础资产状况较好，即便不通过破产重整，亦可尝试利用海航集团分配的信托份额化解资金占用问题。因此，海航基础之所以最终选择通过破产重整化解资金占用问题，最主要的原因是利用破产重整方案的独特优势，通过资本公积转增的方式拓展出更多化解风险的资源。

以众泰汽车为例，众泰汽车最初拟通过控股股东的重整程序获偿解决部分资金占用问题，但控股股东不具备重整价值被迫清算。最终通过众泰汽车 8 家子公司债权人豁免债务的方式代控股股东偿还了资金占用款。在方案实施过程中，为了平衡债权人的利益，众泰汽车将转增的大部分股票分配给了 8 家子公

---

① 虚拟所有权与宜家效应，我们经常假定各方看待交易的眼光是一致的，但实际上交易双方用完全不同的角度看待一切，所有权会形成一个情感断层，横亘在两群人之间，导致出价完全不同。这也是一些上市公司启动重整的障碍，影响了解决合规问题的成功可能性。参见［美］丹·艾瑞里：《怪诞行为学——可预测的非理性》，赵德亮、夏蓓洁译，中信出版集团股份有限公司 2017 年版，第 127 ~ 135 页。

司，使8家子公司债权人获得抵债股票的价格低于众泰汽车，弥补了债权人豁免债务的损失。如果在该方案的推进过程中没能认真考虑债权人的利益，认为债权人豁免相应债务属于天经地义，那么8家子公司的重整计划能否通过都会具有极大的不确定性。

（二）不同解决方案的优劣对比（见表1－1－31）

表1－1－31　资金占用不同解决方案的优劣对比

解决方案	优势	劣势
现金清偿	1. 对于上市公司而言成本较低，能最大限度降低对中小股东利益的伤害； 2. 可以快速解决资金占用问题，避免影响上市公司运营； 3. 现有资金占用方不会因资金占用问题失去对上市公司的控制； 4. 可避免因资金占用问题迟迟得不到解决而导致资金占用方面临法律责任升级	1. 需要动用等量资金按照1∶1的比例解决资金占用问题，对于资金占用方而言成本较高； 2. 只能在资金占用规模可控和资金占用方流动资产储备充足的情况下适用
常规资产抵偿	1. 对于上市公司而言成本较低，能较大限度地保护中小股东利益； 2. 可以快速解决资金占用问题，避免影响上市公司运营； 3. 现有资金占用方不会因资金占用问题失去对上市公司的控制； 4. 可避免因资金占用问题迟迟得不到解决而导致资金占用方面临法律责任升级	1. 中国证监会对于抵偿资产的实际情况有较高要求，如必须与上市公司属于同一业务体系，有利于增强上市公司独立性和核心竞争力，抵偿价值必须公允且经中介机构评估； 2. 中国证监会对抵偿程序作了较多限制性要求，须经股东大会审议，独立董事发表意见或是财务顾问出具独立的财务顾问报告； 3. 相关资产没有权利限制，可以实施过户，而资金占用方资产往往存在大量的抵质押和查封、冻结，会对该方案的实施产生限制
债权债务抵销	1. 对于上市公司而言成本较低，能较大限度地保护中小股东利益； 2. 可以快速解决资金占用问题，避免影响上市公司运营； 3. 现有资金占用方不会因资金占用问题失去对上市公司的控制； 4. 可避免因资金占用问题迟迟得不到解决而导致资金占用方面临法律责任升级	1. 客观上上市公司与资金占用方互负债权债务； 2. 相关债权债务不属于法律规定不能抵销的情况
信托份额抵偿	1. 能够从合规层面快速、有效解决大规模的资金占用问题； 2. 对于上市公司而言，无须额外支出相应成本； 3. 不会损害中小股东的利益； 4. 可避免因资金占用问题迟迟得不到解决而导致资金占用方面临法律责任升级	1. 信托份额对应的底层资产快速变现价值甚至是市场价值往往不高，只能从形式上解决合规问题，难以实际偿还资金占用款； 2. 信托份额抵偿必须嵌套在资金占用方的破产重整程序中使用； 3. 资金占用方能否进入重整程序以及重整程序能否成功存在不确定性

续表

解决方案	优势	劣势
差异化转增股票抵偿	1. 能够从合规层面快速、有效解决大规模的资金占用问题； 2. 可避免因资金占用问题迟迟得不到解决而导致资金占用方面临法律责任升级	1. 该方案必须嵌套在上市公司的破产重整程序中使用； 2. 上市公司能否进入重整程序以及重整程序能否成功存在不确定性； 3. 该方案的适用前提是上市公司可转增的资本公积充裕； 4. 该方案会稀释中小股东股权； 5. 上市公司重整后，资金占用方大概率会失去对上市公司的控制
债务转移	1. 能够从合规层面快速、有效解决大规模的资金占用问题； 2. 对于上市公司而言，无须额外支出相应成本； 3. 不会损害中小股东的利益； 4. 可避免因资金占用问题迟迟得不到解决而导致资金占用方面临法律责任升级	1. 债务转移方案嵌套在上市公司重整程序中使用的成功率较高，常规情况下成功率较低； 2. 将上市公司债务转移给资金占用方后，相应债务能够实际获得清偿的可能性较小，仅能从合规层面解决资金占用问题； 3. 上市公司能否进入重整程序以及重整程序能否成功存在不确定性； 4. 上市公司重整后，资金占用方大概率会失去对上市公司的控制
第三方代偿	1. 对于上市公司而言成本最低，不会损害中小股东利益； 2. 可以快速解决资金占用问题，避免影响上市公司运营； 3. 可避免因资金占用问题迟迟得不到解决而导致资金占用方面临法律责任升级	1. 与第三方的协调难度较高，若是以债权人豁免上市公司债务的方式代偿，则协调难度会更高； 2. 该方案嵌套在上市公司重整程序中的成功率较高，常规情况下成功率较低； 3. 上市公司能否进入重整程序以及重整程序能否成功存在不确定性； 4. 上市公司重整程序中涉及资本公积转增股票的，可能会稀释中小股东股权； 5. 上市公司重整后，资金占用方大概率会失去对上市公司的控制
破产重整	1. 重整程序具有较强的包容性，能够在程序内嵌套各种具体的化解方案； 2. 重整程序可以最大限度释放上市公司潜在资源，解决资金占用问题； 3. 在化解资金占用问题的同时，可以解决上市公司的其他合规问题； 4. 能够最大限度优化上市公司财务指标，避免退市	1. 上市公司能否进入重整程序存在不确定性； 2. 重整程序具有不可逆性，若重整失败，则上市公司只能破产清算； 3. 重整程序有严格的时间限制，超出法定期限会面临破产清算的风险； 4. 上市公司重整程序中涉及资本公积转增股票的，可能会稀释中小股东股权； 5. 上市公司重整后，资金占用方大概率会失去对上市公司的控制

第二章　违规担保

关于上市公司违规担保等合规问题，在资源配置、资产定价、风险缓释等方面，对我国资本市场正常功能的发挥造成负面影响。在2022年金融街论坛上，中国证监会上市部主任李明表示，“如果说过去两年提高上市公司质量工作的主要特点是治乱，那么新一轮方案的核心将是提质”。[①] 其中，上市公司违规担保风险暴露明显，李明将其与股权质押、资金占用一并列为上市公司三大痛点。[②] 痛点总要解决，方案需要创新。上市公司合规问题的创新活动有时失败，不是因为一些致命的思路与技术缺陷，而在于真正有能力推动违规担保问题解决的主体缺乏足够的经验，难以全面评估解决方案的优劣。为此，我们特从违规担保的源头出发，真实地还原每个场景下的细节，就每个方案或工具的独特性进行沉浸式分析，以供读者从中梳理从属于自己的脉络，灵活组建自己的个性化方案。

---

① 参见黄盛：《上市公司提质三年行动方案出炉　业界：新一轮方案从“治乱”转向“提质”》，载人民网，http://finance.people.com.cn/n1/2022/1124/c1004-32573575.html。

② 参见陈珂：《证监会李明：上市公司三痛点是股权质押、资金占用、违规担保》，载澎湃新闻2020年10月12日，https://www.thepaper.cn/newsDetail_forward_9532308。

一、概述

(一)违规担保的概念

违规对外提供担保是指上市公司及其附属公司违反相关法律、行政法规、规章、中国证监会发布的规范性文件、公司章程的规定对外提供担保。违规担保在本质上是公司作为担保人,内部意思与外部表示不一致,即违规担保中的"违规"问题出在担保人的担保行为上,而非出在与债权人所形成的担保合同本身,更多的是担保行为的程序性要件是否恰当,如是否履行审议程序、是否进行信息披露、是否超出担保限额等。在本书中,我们主要讨论上市公司及其子公司违规为控股股东、实际控制人及其关联方提供担保的情形。

违规担保与前述资金占用分属不同概念,但常伴生出现。这是因为二者作为控股股东、实际控制人及其关联方利用上市公司筹集资金的手段,有时会被共同使用,且有时在一定情况下二者存在转化情形。上市公司违规为控股股东等提供担保,在上市公司实际承担担保责任后,将会转为资金占用。相对于资金占用,违规担保具有更强的隐蔽性和更大的危害性——违规担保可以体现为上市公司单方提供保函,便于控股股东、实际控制人及其关联方更轻松地绕过内部控制加盖公章予以出具。这种操作无须上市公司配合转移资金,同样中介机构和监管部门很难通过核查的方式发现违规担保。

(二)违规担保的常见表现形式

根据《〈上市公司证券发行管理办法〉第三十九条"违规对外提供担保且尚未解除"的理解和适用——证券期货法律适用意见第5号》第3条的规定,违规担保的具体表现形式见表1-2-1。

表1-2-1　违规担保的常见表现形式

序号	违规担保的常见表现形式
1	未按照相关法律规定履行董事会或股东大会表决程序
2	董事会或股东大会作出对外担保事项决议时,关联董事或股东未按照相关法律规定回避表决

续表

序号	违规担保的常见表现形式
3	董事会或股东大会批准的公司对外担保总额或单项担保的数额超过中国证监会或者公司章程规定的限额
4	董事会或股东大会批准对外担保事项后，未按照中国证监会规定的内容在指定媒体及时披露信息
5	独立董事未按规定在年度报告中对对外担保事项进行专项说明，并发表独立意见
6	其他违反相关法律规定的对外担保行为

根据本书重点研究的10家上市公司违规担保案例以及资本市场其他案例，上市公司为控股股东、实际控制人及其关联方违规提供担保的，大多属于未按照相关法律规定履行董事会或股东大会审批程序这一情形，即由控股股东、实际控制人利用其对上市公司控制上的优势地位，直接绕开董事会、股东会，私自签署担保合同所致，以至于在很多情况下，上市公司及其部分董监高对相关违规担保情况并不知情。

以海航控股为例，海航集团通过“海航集团—事业部/产业集团—单体公司”三层管理结构管理下属公司：在财务上施行全集团一体化、垂直化、三层式控制及管理；在资金管理上施行现金流一体化管理，资金由海航集团统一调拨。海航控股属于前述“单体公司”，在财务资金管控方面缺乏独立性，其与关联方的资金往来、签署对外担保合同等，均在海航集团组织及操控下完成。① 2018年1月1日至2020年12月31日，海航控股为海航集团及其关联方提供担保合计197笔，担保金额合计395.73亿元，未履行审议程序且未进行信息披露。

以围海股份为例，2018年7月至2019年7月，在实际控制人之一冯某的授意安排下，围海股份违规为其关联方提供担保，涉及担保金额合计13.54亿元且围海股份未按规定披露。根据围海股份相关工作人员的披露，相关违规担保事项主要是由实际控制人操作，依靠实际控制人个人权力和威信，擅自盖章所致，②围海股份及其多数董监高不知情。

以赫美集团为例，2019年4月25日，审计机构对赫美集团2018年度财务报告出具无法表示意见。无法表示意见的事实基础主要是：违规担保、资金占用、

---

① 参见中国证监会官网：http://www.csrc.gov.cn/csrc/c101928/c7399550/content.shtml。

② 参见巨潮资讯网：http://static.cninfo.com.cn/finalpage/2022-02-11/1212339153.PDF。

未决诉讼、股权收购和转让、持续经营能力存疑。其中,关于违规担保,审计机构核查表示,赫美集团控股股东及关联方未按照规定的程序使用赫美集团子公司公章,导致赫美集团及其子公司发生未经董事会、股东大会批准的对外违规担保事项,同样未及时履行信息披露义务。由于控股股东凌驾于公司内部控制之上,内部控制失效,审计机构无法确认赫美集团对外担保资料的真实性、完整性,无法预计对外担保事项对赫美集团财务报表的影响。① 其后,违规担保资金金额一直未予披露,直至 2020 年 4 月 30 日,在监管压力和审计机构的核查之下,赫美集团全部违规担保情况正式对外公开。截至 2020 年 6 月 4 日,赫美集团违规担保金额 288,690 万元,尚未解决的违规担保余额是 260,571.57 万元。

以宏达矿业为例,2017 年全年,宏达矿业及其子公司发生对外担保金额合计 23.1 亿元,其中,向实际控制人等关联方提供的担保金额为 19 亿元,占 2016 年度经审计净资产的 99.63%。根据宏达矿业披露,其对上述担保情况不知情,相关事项为越权代表事宜,其在事后未作出任何追认,该等担保无效。② 上述违规担保事宜是在宏达矿业不知情的情况下发生的,且未履行相应的审批手续。

二、产生原因

从本书重点研究的 10 家涉及违规担保问题的上市公司案例来看,市场融资环境收紧,控股股东对外扩张与债务问题是引发违规担保的主因。面对流动性趋紧,偿债压力骤增,融资渠道收窄等不利情况,控股股东等主体为解决上述问题便将目光投向了上市公司。另外,从外部诱因来看,监管部门对违规担保引发的一系列违法违规行为的惩处结果与获益结果不对等,是诱发违规担保问题的重要外部因素。而对于上市公司而言,实际控制人能够在董事会、股东大会毫不知情的情况下,拿走上市公司公章,私自为自身及其关联方的对外融资签署担保合同,展示出内部控制的形同虚设,这是滋生违规担保问题的根本原因。

---

① 参见巨潮资讯网:http://static.cninfo.com.cn/finalpage/2019-04-30/1206166683.PDF。

② 参见中国证监会官网:http://www.csrc.gov.cn/csrc/c101928/c1608426/content.shtml。

(一)控股股东债务问题

违规担保发生的原因可能是控股股东、实际控制人及其关联方因激进扩张或是融资渠道受阻,面临流动性危机,亟须资金解决燃眉之急。通常情况下,控股股东、实际控制人可将其手中持有的上市公司股票质押作为增信措施,获取所需资金。但在控股股东、实际控制人所持股票已经高比例质押,无其他增信措施进行融资的情况下,面临流动性危机的压力,以其对上市公司的控制地位,绕过上市公司审议程序,违规为自身债务提供担保,客观上成为控股股东、实际控制人的选择之一。

在本书重点研究的10家涉及违规担保的上市公司案例中,在违规担保问题披露前,控股股东、实际控制人均存在高比例的股权质押问题,具体情况见表1-2-2。

表1-2-2　控股股东、实际控制人及其关联方股权质押情况

序号	公司名称	担保金额(亿元)	持股数量(股)	持股比例	质押比例
1	天翔环境	0.32	140,994,669	32.26%	100%
2	安通控股	39.99	807,826,725	54.33%	100%
3	围海股份	6	492,697,204	43.06%	100%
4	海航控股	258.26	5,135,169,570	30.55%	100%
5	海航基础	146.47	2,380,109,264	60.91%	98.84%
6	供销大集	50.97	2,810,943,945	46.99%	99.52%
7	天马股份	1.31	356,000,000	29.97%	100%
8	金贵银业	1.6	205,253,479	21.37%	96.54%
9	赫美集团	26.06	125,018,000	23.69%	100%
10	德威新材	1.73	141,441,890	14.06%	99.99%

如前所述,在控股股东、实际控制人将其持有的上市公司股票全部质押,再无其他增信措施进行融资的情况下,面对沉重的流动性压力,私自使用上市公司公章,为自身债务提供担保,是控股股东、实际控制人铤而走险的选择。在该种情况下,控股股东、实际控制人及其关联方希望能够顺利度过临时性债务危机,债权人不追究上市公司担保责任,违规担保问题不会被披露,押宝该合规问题不会被摆到台面上。

(二)市场融资环境收紧

对于非国资背景的民营企业而言,金融监管政策的风向对于上市公司、控股股东、实际控制人及其关联方的融资难度会有直接影响。以2018年为例,我国对金融监管体系进行了大刀阔斧的改革,金融监管架构由原来的"一行三会"调整为"一委一行两会"的格局。在地方层面,监管力量扩充,各地金融办监管职权落到实处,纷纷升格为金融局。但行至年中,"去杠杆"叠加中美贸易摩擦加剧,给中国宏观经济和金融市场造成了较大负面影响,股市、债市、汇率等大幅波动。民企融资困境凸显,部分中小银行不良贷款快速攀升,债券违约总额超过历年总和,资本市场上大量股票质押爆仓,以网络借贷(P2P)为代表的互联网金融"一地鸡毛"。①

在这样的背景下,关于违规担保等隐秘性合规问题近期呈现增长趋势。经济环境从高速增长切换至低速增长,意味着监管趋势可能会从促进企业经济扩张发展转为促进企业合规发展,从奖励冒险精神转为鼓励安分经营。这对上市公司实际控制人等主体而言,很多旧有观念都要重塑,很多外部环境都需重适,需要一个痛苦的适应过程。外部监管对违规担保等原本更能为企业内部消化处理的合规事宜,会面临更大的惩戒,这种不适感也是大的历史阵痛期的缩影。

在当时的金融监管政策背景下,本书涉及的部分上市公司控股股东、实际控制人便受此影响,融资难度加大,甚至面临金融机构抽贷风险。以赫美集团为例,根据其公开披露的信息,受2018年金融政策影响,控股股东的金融机构质押贷款无法续贷,无奈选择成本极高的民间贷款用于归还上述贷款。而民间借贷债权人认为控股股东资信状况已不足以保障债权的安全性,急于收回贷款,并以此为由要求资信状况较好的上市公司提供连带担保。控股股东、实际控制人为了避免自身债务问题暴雷,最终选择违规操控赫美集团为自身债务提供担保。②

(三)内部控制制度失灵

内部控制制度失灵是造成违规担保问题产生的重要原因。上市公司本应是

---

① 参见《从"去杠杆"到"稳杠杆"中国金融体系这一年》,载百度网2018年12月29日,https://baijiahao.baidu.com/s?id=1621156422293964863&wfr=spider&for=pc。

② 参见巨潮资讯网:http://static.cninfo.com.cn/finalpage/2019-05-18/1206282831.PDF。

中国市场体系内经营能力与职业素养最为优质,内控体系最为健全,公司治理结构最为平衡的企业群体,按照常理,违规担保不应成为其突出问题。但是,根据本书中的分析样本,违规担保,上市公司内控制度都不同程度地存在失灵问题。因此,建立完善合规管理体系,提升控股股东、实际控制人与董监高等"关键少数"的合规意识,尤其在上市公司内控评价方面,增加股权质押、资金占用与违规担保等指标权重,进一步完善监管评价体系,按照行业与地区等进行差异化与精细化更新,可能更为适合中国国情和当下市场需求。

《公司法》第16条第2款规定:"公司为公司股东或者实际控制人提供担保的,必须经股东会或者股东大会决议。"《深交所股票上市规则》第6.1.10条规定:"上市公司提供担保,除应当经全体董事的过半数审议通过外,还应当经出席董事会会议的三分之二以上董事审议同意并作出决议,并及时对外披露。上市公司提供担保属于下列情形之一的,还应当在董事会审议通过后提交股东大会审议:……(六)对股东、实际控制人及其关联人提供的担保……"《上交所股票上市规则》第6.1.10条规定:"上市公司发生'提供担保'交易事项,除应当经全体董事的过半数审议通过外,还应当经出席董事会会议的三分之二以上董事审议通过,并及时披露。担保事项属于下列情形之一的,还应当在董事会审议通过后提交股东大会审议:……(六)对股东、实际控制人及其关联人提供的担保……"

根据上述规定,上市公司为控股股东、实际控制人提供担保,应当履行内部审批程序。在本书重点研究的10家涉及违规担保的上市公司案例以及市场上其他案例中,控股股东、实际控制人为融资活动能够顺利取得上市公司的担保背书,选择绕过董事会和股东大会,通过其对上市公司的控制直接签署相关担保协议。这一现象的背后是上市公司内部治理结构的失灵。如在上市公司出现违规担保问题后,交易所同样认为上市公司持续发生多笔大额违规担保,是其内控制度存在重大缺陷的反映。

以围海股份为例,2019年4月27日,围海股份披露,经自查发现实际控制人之一、董事长以围海股份名义为控股股东及其关联方违规提供担保的情况,截至2019年4月26日,尚有6亿元违规担保尚未解除。① 经审计机构核查,该部分担保未根据《对外担保内部控制制度》规定履行审批决策程序和信息披露。审计机

① 参见巨潮资讯网:http://static.cninfo.com.cn/finalpage/2019-04-27/1206119444.PDF。

构同样因该违规担保问题和其他合规问题对围海股份的内部控制报告出具了否定意见。①

在本书重点研究的10家涉及违规担保的上市公司案例中,除上述围海股份案例外,其余公司亦因内部控制失效等,间接助长了违规担保问题的产生。除德威新材外,其余8家上市公司的内部控制制度因此被审计机构出具非标准意见或是自评存在重大缺陷,具体见表1-2-3。

表1-2-3　违规担保与内部控制制度

序号	公司名称	担保金额(亿元)	审计机构内控报告意见	上市公司内控自评意见
1	天翔环境	0.32	—	重大缺陷
2	安通控股	39.99	否定意见	—
3	围海股份	6	否定意见	—
4	海航控股	258.26	否定意见	—
5	海航基础	146.47	否定意见	—
6	供销大集	50.97	否定意见	—
7	天马股份	1.31	—	重大缺陷
8	金贵银业	1.6	—	重大缺陷
9	赫美集团	26.06	否定意见	—
10	德威新材	1.73	—	无缺陷

(四)法律惩处机制的不完善

根据现行法律规定,对于违规担保问题的法律责任,不论是民事责任、行政责任抑或刑事责任,均从信息披露违法违规的角度进行惩处。在本书重点研究的涉及违规担保问题的10家上市公司案例中,相关当事人因违规担保问题所面临的法律责任相对较轻,违法成本不足以遏制违法行为。

1. 民事责任

《证券法》及相关法律法规、司法解释和自律规则并未直接规定上市公司存在违规担保的责任承担问题。中国证监会和交易所就上市公司违规担保问题,均是以信息披露违法违规进行惩处。上市公司出现信息披露违法违规,投资者

① 参见巨潮资讯网:http://static.cninfo.com.cn/finalpage/2021-03-24/1209438954.PDF。

可通过民事诉讼程序要求相关当事人承担虚假陈述的赔偿责任，但基于各种原因，并非全部涉及违规担保的上市公司一定会被提起民事诉讼。

以海航集团旗下的海航控股、海航基础和供销大集为例，三家上市公司为海航集团及其关联方违规提供担保的金额合计455.7亿元。2021年12月17日，中国证监会对三家上市公司立案调查。2022年9月，中国证监会作出行政处罚决定。截至2023年4月6日，未有投资者因已查实的违规担保问题提起证券虚假陈述侵权民事赔偿诉讼，相关当事人未承担民事赔偿责任。需要注意的是，2023年4月28日，海航控股收到中国证监会的立案通知书，因其2018年至2020年涉嫌债券市场信息披露违法被立案调查。据此，有部分债券投资者提起证券虚假陈述侵权民事赔偿诉讼。海航控股债券市场信息披露违法违规目前尚未查实，其行政责任和民事赔偿责任的承担，还需关注中国证监会的进一步调查结果以及相关诉讼与审判情况。

以金贵银业为例，经投资者举报，在深交所的询问下，金贵银业于2018年12月22日主动承认了存在1.6亿元违规担保问题。[①] 但截至2023年4月6日，根据公开信息检索，仅发现一名投资者提起证券虚假陈述侵权民事赔偿诉讼，且案件以撤诉终结，相关当事人同样未承担民事赔偿责任。

2. 行政责任

我国《证券法》并未直接规定上市公司违规担保的行政处罚措施，中国证监会在对上市公司的监管工作中，亦是以信息披露违法违规对相关当事人进行处罚，处罚手段主要有通报批评、警告、罚款。《证券法》第197条对于上市公司、控股股东、实际控制人、上市公司董监高的信息披露违规的行政处罚作出了较为具体的规定。关于违规担保问题引发的信息披露违法违规，顶格处罚1000万元。从本书重点研究的10家涉及违规担保的上市公司案例中的行政处罚情况来看，海航集团旗下的海航控股、海航基础和供销大集的罚款金额最高，三家上市公司均被处罚200万元，对公司董监高的最高处罚是100万元，具体见表1-2-4。

---

① 参见巨潮资讯网：http://static.cninfo.com.cn/finalpage/2018-12-22/1205684552.PDF。

表 1-2-4　海航集团旗下的三家上市公司违规担保问题引发的法律责任

公司名称	担保金额（亿元）	上市公司的法律责任	董监高的法律责任	控股股东/实际控制人的法律责任	中介机构的法律责任
海航控股〔1〕	258.26	给予警告，并处以200万元罚款	对多位董监高予以警告并处20万～100万元罚款	无	无
海航基础〔2〕	146.47	给予警告，并处以200万元罚款	对多位董监高予以警告并处10万～100万元罚款	无	无
供销大集〔3〕	50.97	给予警告，并处以200万元罚款	对多位董监高予以警告并处15万～100万元罚款	无	无

〔1〕参见巨潮资讯网：http://static.cninfo.com.cn/finalpage/2022-09-02/1214515618.PDF。
〔2〕参见巨潮资讯网：http://static.cninfo.com.cn/finalpage/2022-09-23/1214649932.PDF。
〔3〕参见巨潮资讯网：http://static.cninfo.com.cn/finalpage/2022-09-29/1214704393.PDF。

根据中国证监会对上述三家上市公司的行政处罚情况，对比本书重点研究的其他7家涉及违规担保问题的上市公司案例，就罚款金额来看，上述三家上市公司的罚款金额最高，但与其他案例相比，三家上市公司的实际控制人未被予以行政处罚。另外，虽上述案例关于实际控制人等主体的处罚并未达到顶格处罚上限1000万元，但市场已有更为严厉的处罚案例出现，例如在宏达矿业案例中，根据中国证监会的调查，2019年12月至2020年12月，实际控制人在未经董事会股东大会审议的情况下，两次违规为其关联方贷款提供担保，违规担保累计金额12亿元，且未履行信息披露义务。中国证监会最终对宏达矿业处以300万罚款，对实际控制人处以425万元罚款，对宏达矿业部分董监高处以20万～100万元罚款。①

3. 刑事责任

我国《刑法》并未直接对上市公司的违规担保问题设定相应的法定刑，违规担保问题所涉刑事责任主要根据《刑法》第161条规定的违规披露、不披露重要信息罪和第169条之一规定的背信损害上市公司利益罪进行处罚。截至2023年5月31日，在本书重点研究的10家涉及违规担保的上市公司案例中，未有一家上市公司控股股东、实际控制人因违规担保问题被判处刑事责任。但需要说明

① 参见巨潮资讯网：http://static.cninfo.com.cn/finalpage/2022-12-29/1215472262.PDF。

的是，天翔环境实际控制人因违规披露、不披露重要信息罪被立案侦查并移送检察院审查起诉，目前尚未查询到相关生效刑事判决书；海航控股、海航基础、供销大集三家上市公司实际控制人被立案侦查，目前尚未查询到相关刑事案件的进一步进展。

自2006年到2020年，自中国裁判文书网、威科先行数据库等公开渠道可以查询到关于违规披露、不披露重要信息罪的刑事判决书不到10份。[①]《刑法》于2006年设立背信损害上市公司利益罪，但违规担保行为通过背信损害上市公司利益罪被追究刑事责任的案例偏少，该罪的适用存在"落地难、争议大、适用少"的"冷罪名"困境。据了解，背信损害上市公司利益罪自入刑近17年来，至今判决的案例仅6件。[②] 结合本书重点研究的10家涉及违规担保的上市公司案例来看，司法部门对于违规担保的刑事处罚案例不多。

三、曝光原因

一般而言，违规担保是上市公司控股股东、实际控制人为规避上市公司董事会、股东大会的审批程序，利用其对上市公司的控制地位，私自用印产生。只要相应的主债务未曾逾期，违规担保问题便不会在公司财务报表中有所体现，除非相关当事人或是知情人主动披露，或是债权人因主债务逾期追究上市公司担保责任，否则违规担保问题很难被中国证监会、交易所和审计机构察觉。

（一）主动披露

2006年伊始，中国证监会联合其他部门先后发布《清理资金占用通知》、《16号文》与《8号监管指引》，要求上市公司自查违规担保问题，定期核查、披露违规担保情况。根据上述规定，上市公司在中国证监会和交易所的监督下，开展违规担保问题的自查工作并根据自查情况主动披露。

---

① 参见李露、何东闽：《违规披露、不披露重要信息罪的司法导向——从四部委联合发布〈依法从严打击证券犯罪典型案例〉谈起》，载微信公众号"金诚同达"2022年10月8日，https://mp.weixin.qq.com/s/BTFAzDZ6bg0ts_Gu30jEMg。

② 参见安卓：《背信罪"落地难"，对上市公司"关键少数"震慑力不足，如何破解？》，载第一财经2023年3月12日，https://www.yicai.com/news/101699108.html。

以海航控股、海航基础、供销大集为例，2021 年 1 月 29 日，三家上市公司被债权人申请破产重整。根据《国务院关于进一步提高上市公司质量的意见》第 10 条的规定，三家上市公司为了快速推进重整程序，化解债务问题与违规担保问题，于 2021 年 1 月 30 日分别披露违规担保情况和初步整改计划，[①]并于 2021 年 2 月 9 日补充披露更为详细的整改计划。[②]

本书重点研究的 10 家涉及违规担保的上市公司案例，其中有 7 家上市公司主动披露违规担保问题。上市公司主动披露违规担保问题的动机各有不同，可能是像海航控股、海航基础、供销大集一般，为了快速推进重整程序，在同一时间主动披露；或是像围海股份、天翔环境、安通控股与赫美集团一般，在审计机构发现违规担保问题后主动披露。

（二）第三方披露

控股股东、实际控制人通过各种手段掩饰违规担保问题，但纸包不住火，控股股东、实际控制人在解决违规担保问题之前，即便通过各种形式掩盖，但依然可能会有其他主体披露违规担保情况。“吹哨人”既可能是新闻媒体，也可能是投资者，抑或其他第三方主体。

以德威新材为例，2020 年 12 月 7 日，每日经济新闻发布深度调查报道《德威新材 13.8 亿应收票据“迷雾重重”（上）：有供应商时任负责人是实际控制人兄弟，有的屡作债务担保》[③]《德威新材 13.8 亿应收票据“迷雾重重”（下）：供应商背后现多位重名者，重组期间未披露交易方诉讼》[④]，报道实际控制人与德威新材

---

① 参见巨潮资讯网：http://static.cninfo.com.cn/finalpage/2021-01-30/1209218418.PDF；http://static.cninfo.com.cn/finalpage/2021-01-30/1209218424.PDF；http://static.cninfo.com.cn/finalpage/2021-01-30/1209218408.PDF。

② 参见巨潮资讯网：http://static.cninfo.com.cn/finalpage/2021-02-09/1209261907.PDF；http://static.cninfo.com.cn/finalpage/2021-02-09/1209261908.PDF；http://static.cninfo.com.cn/finalpage/2021-02-09/1209261911.PDF。

③ 参见《德威新材 13.8 亿应收票据“迷雾重重”（上）：有供应商时任负责人是实际控制人兄弟，有的屡作债务担保》，载百度网 2020 年 12 月 7 日，https://baijiahao.baidu.com/s?id=1685433309867733462&wfr=spider&for=pc。

④ 参见《德威新材 13.8 亿应收票据“迷雾重重”（下）：供应商背后现多位重名者，重组期间未披露交易方诉讼》，载百度网 2020 年 12 月 7 日，https://baijiahao.baidu.com/s?id=1685433310661148872&wfr=spider&for=pc。

多家应收票据方之间的关系。深交所于 2020 年 12 月 15 日向德威新材发函询问相关事宜。2020 年 12 月 29 日,德威新材在回复深交所的询问时,承认存在违规担保问题,可能需承担的担保责任金额为 24,417.06 万元,占 2019 年经审计的归属于上市公司股东的净资产的 30.82%。[①]

以金贵银业为例,2018 年 12 月,深交所收到投资者举报称金贵银业存在违规担保问题。在收到举报后,深交所于 2018 年 12 月 14 日向金贵银业发函询问。2018 年 12 月 21 日,金贵银业回函承认实际控制人在未经董事会、股东大会审议的情况下,私自在相关担保协议上加盖金贵银业公章。

在上述案例中,每日经济新闻深挖德威新材合规问题并予以披露,是现代媒体力量崛起的具体表现。现代媒介监督已成为中国资本市场行政监管的重要补充。由于现代媒体掌握着引导社会话题和舆论导向的权利,能够对新闻当事人形成一定的声誉压力,因而学术界普遍认为媒体作为一种重要的外部治理机制,可以有效改善公司治理环境,保护投资者利益。[②] 而在金贵银业案例中,投资者主人翁的意识得到了充分体现,及时举报的行为既是在捍卫自己的合法权益,同样是在净化资本市场环境。

(三)债权人起诉追责

违规担保相比资金占用更具隐蔽性,在主债务不暴雷的情况下,上市公司的财务报表难以如实体现,即审计机构在对上市公司财务报告进行年度审计时,如控股股东、实际控制人及其关联方不主动披露,那么审计机构实际上难以察觉。同理,中国证监会和交易所不论对上市公司如何监管,都难以察觉其涉及的违规担保问题。但如果违规担保对应的主债务到期不能清偿,债权人一旦起诉追究上市公司担保责任,则该问题就再难遮掩。

以安通控股为例,在 2019 年之前,其一直对外宣称不存在违规担保问题。2019 年 4 月 28 日,当审计机构完成对安通控股的年度审计并出具了带强调事项段的无保留意见后,其一小部分违规担保问题才被公众所知。根据审计机构的调查,2019

---

① 参见巨潮资讯网:http://static.cninfo.com.cn/finalpage/2020-12-30/1209015584.PDF。

② 参见戴亦一、潘越、刘思超:《媒体监督、政府干预与公司治理:来自中国上市公司财务重述视角的证据》,载《世界经济》2011 年第 11 期。

年4月11日,河南省高级人民法院开庭审理涉及安通控股、实际控制人和第三人的营业信托纠纷案件,安通控股涉诉的对外担保总额为本金20,000万元及相应利息、违约金。而该笔债务的担保协议是实际控制人未经公司董事会、股东大会审议同意,以安通控股名义与对方签署保证合同,为其个人的债务提供连带担保。

除此之外,审计机构未能查询到其他违规担保问题。① 其后,因违规担保问题,安通控股不断被债权人起诉,其违规担保问题被逐一揭开。② 2020年4月28日,中国证监会因信息披露违法违规而对安通控股正式立案调查。经中国证监会调查,2017年2月至2019年3月,安通控股及其子公司违规对外提供担保共计30笔,金额累计达633,356.09万元,截至调查日,担保余额为399,947.93万元。③ 在此情况下,即使债权人胜诉并使得上市公司因违规担保承担一定的连带责任,但显然错过以低成本解决合规问题的最佳时机。

四、具体影响

上市公司违规担保是一种严重侵害其他股东特别是中小股东利益,以及影响金融秩序的违法违规行为。一是违规担保降低市场评价,尤其给中小投资者的持股价值造成实质损失;二是当主债务人无法履行债务时,上市公司的违规担保将由或有负债转变为真实之债,降低净资产水平,提升资产负债率,影响企业发展,破坏金融市场稳定。因此,违规担保引发的负面影响是全方位的,衍生的责任也是全方位的,涉及上市公司、控股股东、实际控制人、上市公司董监高等,具体如下。

(一)监管问责

根据本书的统计,在上市公司违规担保问题暴露后,中国证监会、交易所会在第一时间对违规担保问题予以关注。中国证监会一般是在对上市公司违规担保事宜调查完成后,对相关当事人处以行政处罚;地方证监局则是通过下发监管工作函或是出具警示函的方式要求上市公司整改;交易所一般会就违规担保事

① 参见巨潮资讯网:http://static.cninfo.com.cn/finalpage/2019-04-30/1206167546.PDF。
② 参见巨潮资讯网:http://static.cninfo.com.cn/finalpage/2020-03-12/1207364640.PDF。
③ 参见巨潮资讯网:http://static.cninfo.com.cn/finalpage/2020-07-04/1208001911.PDF。

项进行询问、下发监管工作函、进行纪律处分、实施其他风险警示或退市风险警示等。在此过程中,各个监管部门的调查流程或惩处手段相对独立但又相互关联,其中涉及刑事问题的,移交公安机关查处,依法追究刑事责任。

以德威新材为例,2020 年 7 月 8 日,德威新材因其他违规行为导致的信息披露违法违规被中国证监会立案调查。[①] 2020 年 12 月 7 日,每日经济新闻发布深度调查报道德威新材财务违规事宜,深交所于 12 月 15 日向德威新材发函询问相关事宜,德威新材于 12 月 30 日回复承认违规担保问题,预估可能需承担 24,417.06 万元的担保责任。此时此刻,中国证监会尚未撤场,虽未就违规担保问题公开实施监管措施,但在调查过程中自然不会对该问题视而不见。2021 年 2 月 2 日,深交所对德威新材股票实施其他风险警示。[②] 对于德威新材来说,2021 年是"黑天鹅"满天飞的一年,2021 年 9 月 12 日,收到中国证监会的《行政处罚及市场禁入事先告知书》,其 9.78 亿元资金占用问题被扒出。[③] 此后,深交所对于德威新材更加不放心,每逢定期报告披露时点或发生与违规担保、资金占用相关的最新动态时,深交所都会问询。在 2021 年 12 月 31 日后,德威新材未能在最后的时间窗口解决违规担保、资金占用等合规问题,财务报告第二次被出具无法表示意见,深交所最终决定德威新材退市(见图 1-2-1)。

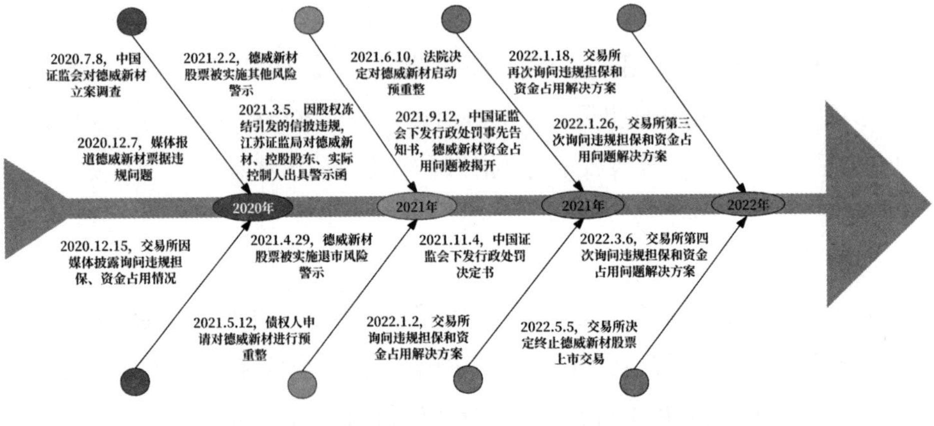

图 1-2-1　德威新材违规担保问题化解鱼骨图

---

① 参见巨潮资讯网:http://static.cninfo.com.cn/finalpage/2020-07-08/1208016099.PDF。

② 参见巨潮资讯网:http://static.cninfo.com.cn/finalpage/2021-02-01/1209217920.PDF。

③ 参见巨潮资讯网:http://static.cninfo.com.cn/finalpage/2021-09-14/1211046601.PDF。

以安通控股为例,2019 年 4 月 30 日,经审计机构核查,发现安通控股存在违规担保问题。[①] 上交所于 2019 年 5 月 9 日首先发函询问。[②] 2019 年 5 月 16 日,黑龙江证监局对安通控股出具警示函并要求整改。[③] 2020 年 4 月 28 日,中国证监会对安通控股立案调查,[④]并于 2020 年 7 月 3 日下发《行政处罚及市场禁入事先告知书》,在 2020 年 7 月 8 日下发《行政处罚决定书及市场禁入决定书》对相关当事人进行行政处罚(见图 1－2－2)。[⑤]

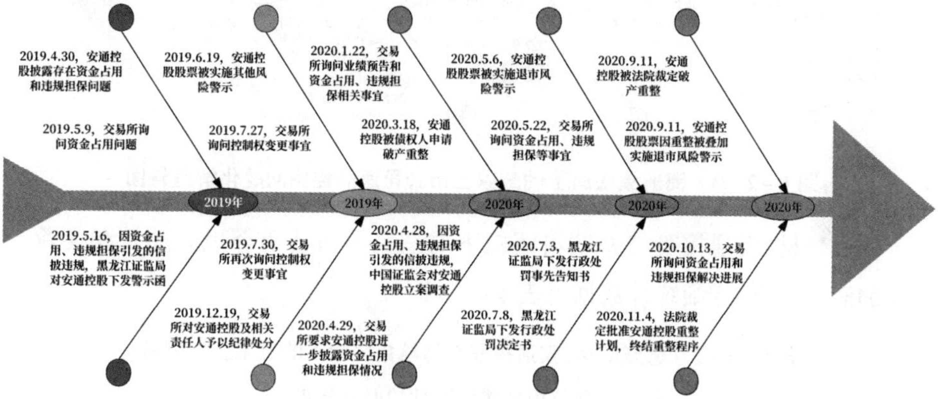

图 1－2－2　安通控股违规担保问题化解鱼骨图

以海航控股、海航基础和供销大集为例,与德威新材和安通控股相比,中国证监会和交易所对于该三家上市公司的关注较少。2021 年 1 月 29 日,三家上市公司被债权人申请破产重整。2021 年 1 月 30 日,三家上市公司披露违规担保问题。根据公开信息,自三家上市公司披露违规担保情况后,交易所除对三家上市公司股票实施其他风险警示、退市风险警示和纪律处分外,并未主动公开询问或是采取任何自律监管措施;中国证监会在三家上市公司违规担保问题被披露后的 11 个月内,未进行任何监管措施,直至三家上市公司重整计划被法院裁定批准后,中国证监会才立案调查(见图 1－2－3)。

① 参见巨潮资讯网:http://static.cninfo.com.cn/finalpage/2019－04－30/1206167546.PDF。
② 参见巨潮资讯网:http://static.cninfo.com.cn/finalpage/2019－05－10/1206254268.PDF。
③ 参见巨潮资讯网:http://static.cninfo.com.cn/finalpage/2019－05－17/1206277744.PDF。
④ 参见巨潮资讯网:http://static.cninfo.com.cn/finalpage/2020－04－30/1207689098.PDF。
⑤ 参见巨潮资讯网:http://static.cninfo.com.cn/finalpage/2020－07－09/1208015479.PDF。

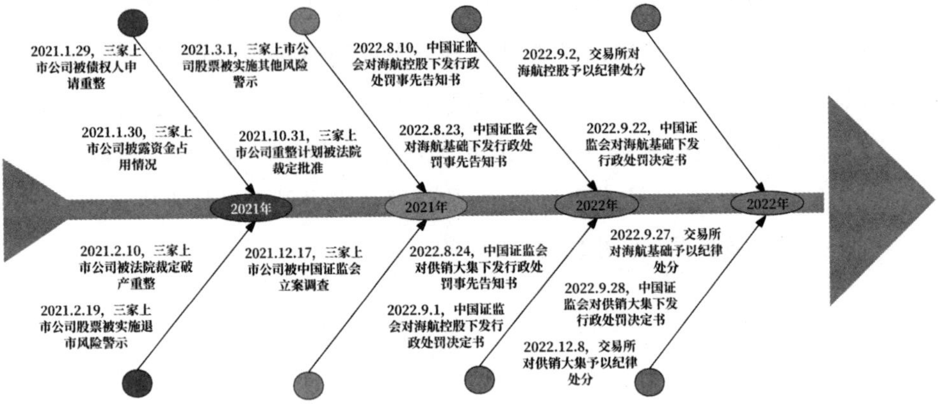

图1-2-3　海航集团旗下的三家上市公司违规担保问题化解鱼骨图

德威新材、安通控股与海航集团旗下的三家上市公司合规问题及相关重大事件的时间节点，详细统计数据见表1-2-5。

表1-2-5　德威新材、安通控股与海航集团旗下的三家上市公司合规问题及相关重大事件的时间节点

重大事件时间点	德威新材	安通控股	海航集团旗下的三家上市公司
合规问题爆发	2020.12.7	2019.4.30	2021.1.30
违规担保披露	2020.12.30	2019.4.30	2021.1.30
被申请(预)重整	2021.5.12	2020.3.25	2021.1.29
裁定(预)重整	2021.6.9	2020.9.11	2021.2.10
重整结束	无	2020.11.4	2021.11.1
证监会调查	2020.7.8	2020.4.28	2021.12.27
行政处罚事先告知	2021.9.12	2020.7.3	2022.8
正式行政处罚	2021.11.4	2020.7.8	2022.9
地方证监局下发警示函	无	2019.5.16	无
地方证监局采取监管措施	无	无	无
地方证监局责令公开说明	无	无	无
采取刑事强制措施	无	无	2021.9.24
刑事判决	无	无	无
交易所第1次关注	2020.12.15	2019.5.9	2021.2.19 被给予退市风险警示

续表

重大事件时间点	德威新材	安通控股	海航集团旗下的三家上市公司
交易所第 2 次关注	2021. 2. 2 被给予其他风险警示	2019. 6. 19 被给予其他风险警示	2021. 3. 1 被给予其他风险警示
交易所第 3 次关注	2021. 2	2019. 7. 27	2022. 9 ~ 12 被给予纪律处分
交易所第 4 次关注	2021. 2. 10	2019. 7. 30	无
交易所第 5 次关注	2021. 4. 29 被给予退市风险警示	2019. 12. 16 被给予纪律处分	无
交易所第 6 次关注	2021. 4	2020. 1. 22	无
交易所第 7 次关注	2021. 5	2020. 4. 29	无
交易所第 8 次关注	2021. 9. 1	2020. 5. 6 被给予退市风险警示	无
交易所第 9 次关注	2022. 1. 2	2020. 5. 22	无
交易所第 10 次关注	2022. 1. 18	2020. 9. 11 被叠加实施退市风险警示	无
交易所第 11 次关注	2022. 1. 26	2020. 10. 13	无
交易所第 12 次关注	2022. 3. 6	无	无
交易所第 13 次关注	2022. 5. 5 收到退市事先告知书	无	无
交易所第 14 次关注	2022. 5. 27 收到退市决定书	无	无
解决违规担保问题	无	2021. 4. 20	2022. 1 ~ 2022. 4

根据上述案例的对比，中国证监会、交易所对不同上市公司违规担保问题的关注程度存在差异，特别是对于海航控股、海航基础和供销大集三家上市公司。三家上市公司在违规担保问题披露后不久便进入重整程序，可能是出于社会稳定的考虑，监管机构提高了监管宽容度，以便为三家上市公司重整期间创造良好的外部环境，促使其顺利解决合规问题和债务问题并最大限度维护上市公司的债权人和投资者权益。这与前述资金占用章节的分析基本一致，不再赘述。

（二）股票被交易所实施其他风险警示

《上交所股票上市规则》第 9. 8. 1 条、《深交所股票上市规则》第 9. 8. 1 条规定，上市公司违反规定决策程序对外提供担保（担保对象为上市公司合并报表范围内子公司的除外），余额达到最近一期经审计净资产绝对值 5% 以上，或者金额超过 1000 万元，未能在 1 个月内解决的，交易所将会对上市公司股票实施其他风险警示。

根据上述规定,若上市公司的违规担保问题超过上述标准,且在 1 个月之内无法解决,则股票会被交易所实施其他风险警示。在本书重点研究的 10 家存在违规担保问题的上市公司案例中,除天翔环境外,其余上市公司均因违规担保问题被实施其他风险警示,具体见表 1 – 2 – 6。

表 1 – 2 – 6　违规担保与风险警示

公司名称	担保金额(亿元)	披露时间	风险警示时间
天翔环境	0.32	2018.8.30	无
安通控股	39.99	2019.4.30	2021.4.19
围海股份	6	2019.4.27	2019.6.19
海航控股	258.26	2021.1.30	2019.5.21
海航基础	146.47	2021.1.30	2019.5.29
供销大集	50.97	2021.1.30	2021.3.1
天马股份	1.31	2018.8.29	2021.3.1
金贵银业	1.6	2018.12.21	2021.3.1
赫美集团	26.06	2019.4.30	2019.5.6
德威新材	1.73	2019.12.29	2018.9.15

天翔环境股票未被实施其他风险警示的主要原因是,其在深交所创业板上市,当时《深交所创业板股票上市规则》(2018 年第一次修订)没有关于其他风险警示的规定。2018 年度、2019 年度,天翔环境股票因违规担保等问题被审计机构出具无法表示意见,且 2019 年度净资产为负,深交所于 2020 年 5 月 13 日决定天翔环境股票暂停上市。

(三)影响企业正常经营与业务开展

在控股股东、实际控制人及其关联方作为主债务人,不能偿还到期债务时,上市公司将面临代其偿还债务的结果,进而形成资金占用。而该部分资金占用,会挤占上市公司用于正常生产经营的资金,影响上市公司正常经营。

以海航控股为例,根据海航控股的自查,其为海航集团等关联方违规提供的担保金额是 258.26 亿元。若海航集团及其关联方不能清偿该部分债务,海航控股在面临 258.26 亿元担保责任的情况下,将会面临巨额的资金流失问题。航空公司虽然外表光鲜，但其营业利润率[①]实际不高。梳理中国国际航空股份有限公司（以下简称中国国航）、中国南方航空股份有限公司（以下简称南方航空）、中国东方航空股份有限公司（以下简称东方航空）财务报告，三家国有航空公司近10年的营业利润率基本都在10%以下，极少超过10%。

运营成本高，利润率低，是航空公司的行业特点。受新冠疫情影响，根据媒体报道，海航控股损失惨重，叠加380.03亿元资金占用的影响，一度缺乏资金购买航油，部分飞机因不能进行正常的维修和保养，“趴窝”在机场上无法使用。自2018年起，海航控股经营业绩逐年下滑，归属于上市公司股东的扣除非经常性损益的净利润持续为负，2020年度更是呈断崖式下降趋势，下降幅度高达12,431.16%，[②]若是再为海航集团及其关联方代偿258.26亿元债务，海航控股将被直接压垮。

（四）无法开展资本市场运作

根据《16号文》第4条第2项、第3项的规定，上市公司发生违规担保问题后，将无法以通过资本市场发行股票或债券等方式公开融资。在本书重点研究的10家涉及违规担保问题的上市公司案例中，上市公司违规担保问题被揭开后直至该问题彻底解决期间，都未有通过资本市场公开融资的记录，只能通过银行贷款、对外出售资产等非公开方式进行融资。

另外，当上市公司出现违规担保等合规问题时，股价极有可能受此影响出现下跌，进而影响控股股东融资。股东融资受阻又将反向影响其筹措资金化解违规担保问题，以围海股份为例，2019年4月27日，围海股份经自查发现资金占用、违规担保问题。控股股东迅速作出反应，拟通过转让其持有的围海股份股票换取现金及配套借款解决违规担保问题。2019年5月23日，控股股东与宁波交通投资控股有限公司（以下简称宁波交投）签订了《股份转让框架协议》，筹划将其所持有的部分上市公司股票（合计340,978,666股普通股，占围海股份总股本的29.8%）转让给宁波交投。宁波交投及其相关方给予控股股东不超过6亿元

---

① 营业利润率是指企业的营业利润与营业收入的比率。它是衡量企业经营效率的指标，反映了在不考虑非营业成本的情况下，企业管理者通过经营获取利润的能力。其计算公式为：营业利润率 = 营业利润/营业收入（商品销售额）×100%。

② 参见巨潮资讯网：http://static.cninfo.com.cn/finalpage/2021-04-30/1209878054.PDF。

借款,用于解决合规问题。①

但事与愿违,围海股份因资金占用、违规担保等合规问题导致股票被实施其他风险警示,②股价随后在 2019 年 5 月至 2019 年 8 月持续下跌,股票收盘价从 5. 35 元/股最低曾跌至 3. 42 元/股,跌幅达 36. 07% ,导致股权转让计划泡汤,亦使得控股股东拟快速解决合规问题的计划被搁浅。

(五)财务报告和内控报告被出具非标准意见

当上市公司存在违规担保问题时,审计机构可能会根据违规担保问题的严重程度,对上市公司的财务报告和内部控制报告出具非标准意见;或是上市公司通过自评承认内控制度存在缺陷。本书重点研究的 10 家上市公司在违规担保问题被揭露后,审计机构根据实际情况对上市公司财务报告和内控制度做出了不同的评价,具体情况见表 1 -2 -7。

表 1 -2 -7 违规担保与审计机构评价

公司名称	担保金额(亿元)	违规担保披露时间	近一期财务报告意见	近一期内控报告意见
天翔环境	0. 32	2018. 8. 30	无法表示意见	自评内部重大缺陷
安通控股	39. 99	2019. 4. 30	强调事项段无保留意见	否定意见
围海股份	6	2019. 4. 27	保留意见	否定意见
海航控股	258. 26	2021. 1. 30	无法表示意见	否定意见
海航基础	146. 47	2021. 1. 30	无法表示意见	否定意见
供销大集	50. 97	2021. 1. 30	无法表示意见	否定意见
天马股份	1. 31	2018. 8. 29	无法表示意见	自评内部重大缺陷
金贵银业	1. 6	2018. 12. 21	保留意见	自评内部重大缺陷
赫美集团	26. 06	2019. 4. 30	无法表示意见	否定意见
德威新材	1. 73	2020. 12. 29	无法表示意见	非财务报告内部控制重大缺陷 1 个

以海航控股、海航基础、供销大集三家上市公司为例,根据 2021 年 1 月 30 日和 2021 年 4 月 30 日三家上市公司的信息披露情况,三家上市公司为海航集团及

① 参见巨潮资讯网:http://static. cninfo. com. cn/finalpage/2019 -05 -24/1206302745. PDF。

② 参见巨潮资讯网:http://static. cninfo. com. cn/finalpage/2019 -05 -28/1206308719. PDF。

其关联方违规提供担保,截至2021年4月30日的担保余额合计是455.7亿元。[①]基于该违规担保问题,审计机构对三家上市公司的财务报告出具无法表示意见,内部控制审计报告出具否定意见。

在德威新材案例中,2020年12月7日,每日经济新闻发文披露德威新材财务违规问题,深交所于当月15日发函询问,德威新材最终承认存在违规担保问题。2021年4月28日,审计机构因票据违规计提减值、预付款商业合理性、违规担保、持续经营能力存在重大不确定性等对德威新材财务报告出具无法表示意见,但根据德威新材的披露,却未见审计机构对其内部控制制度发表意见,德威新材自评存在非财务报告内部控制重大缺陷1个。[②] 与其他9家上市公司相比,德威新材的内控自评显然偏于保守。

(六)引发退市风险

这一点与资金占用问题一致,违规担保不必然导致上市公司面临退市风险。在上市公司违规担保问题不严重的情况下,虽会被交易所实施其他风险警示,但不会直接引发退市风险。但是,当上市公司违规担保问题严重并承担连带清偿责任时,在其财务报告被审计机构出具无法表示意见或否定意见,或是因违规担保而承担大额连带清偿责任,进而严重影响上市公司财务指标,使其净资产为负的情况下,上市公司股票将会被交易所实施退市风险警示。在被施加退市风险警示后的首个会计年度,财务指标不能得到根本改善或是审计报告仍被出具保留意见、无法表示意见或者否定意见的,则交易所有权决定上市公司退市。

以德威新材为例,2020年12月29日,德威新材在回复深交所询问时承认其存在违规担保问题。自2021年2月2日起,德威新材股票被深交所实施其他风险警示,此时,德威新材并未因违规担保问题而面临退市风险。2021年4月26日,德威新材的财务报告因票据违规计提减值、违规担保、被中国证监会立案调查等,被审计机构出具无法表示意见。德威新材股票于2021年4月29日被实施退市风险警示。若德威新材不能在2021年12月31日之前解决违规担保问题,

---

① 参见巨潮资讯网:http://static.cninfo.com.cn/finalpage/2022-04-30/1213268705.PDF;http://static.cninfo.com.cn/finalpage/2021-04-30/1209878684.PDF;http://static.cninfo.com.cn/finalpage/2021-04-30/1209871417.PDF。

② 参见巨潮资讯网:http://static.cninfo.com.cn/finalpage/2021-04-28/1209838797.PDF。

则将被强制退市。2021年6月9日,苏州市中级人民法院决定德威新材预重整。其后,德威新材因时间紧迫未能在2021年12月31日前完成重整工作,无法彻底改善财务指标,解决违规担保和资金占用问题,导致2021年度审计报告再次被出具无法表示意见。因此,深交所最终于2022年5月27日决定德威新材退市。

(七)对控股股东、实际控制人以及相关主体的影响

1. 违规担保的解决义务

根据《8号监管指引》第20条的规定,当上市公司存在为控股股东、实际控制人及其关联方违规提供担保问题的情况时,各方当事人的首要任务是尽快解决违规担保问题。原则上,控股股东、实际控制人及其关联方应当在违规担保问题被披露后的1个月内解决。

《8号监管指引》对于资金占用问题,原则上要求应当是现金清偿,并对非现金资产清偿作出了较为具体的限制条件,而对于违规担保问题的解决,并未作出较为具体的规定。

我们认为,对于违规担保问题,最优解决方案应当是化解主债务或是免除上市公司担保责任。通过诉讼方式解决违规担保问题存在不确定性,各地法院对于上市公司违规担保责任承担的裁判结果存在较大差异,不能把所有期望都放在法院裁判上市公司不承担担保责任上来。在上述方式都无法奏效,上市公司不可避免地需要承担担保责任的情况下,可参考资金占用问题的解决方案,在重整程序中嵌套债务转移、信托份额抵偿、差异化转增股票抵偿等方式化解违规担保问题。

2. 违规法律责任的承担

控股股东、实际控制人及其关联方除需要解决违规担保问题外,还要与上市公司董监高等,一起承担因违规担保涉及的信息披露违法违规问题导致的自律监管责任、民事赔偿责任、行政责任与刑事责任。如控股股东、实际控制人及其关联方无法解决违规担保问题,且违规担保实际对上市公司形成资金占用且无法归还,则控股股东、实际控制人及其关联方面临的惩处责任会有升级的风险。

以准油股份为例,实际控制人因4000万元资金占用问题,被以背信损害上市公司利益罪判处有期徒刑2年10个月,缓刑3年,并处罚金人民币10万元。

以多伦科技为例，实际控制人因2360万元资金占用问题被以背信损害上市公司利益罪判处有期徒刑1年8个月，并处罚金人民币180万元。关于相关当事人法律责任的承担，详见下述第五部分——法律责任的确定。

五、法律责任的确定

上市公司出现违规担保问题的，上市公司及其控股股东等主体应根据过错程度等承担法律责任，具体分为自律监管责任、行政责任、民事责任与刑事责任。

（一）自律监管责任

一般而言，自律监管是指上交所和深交所为了规范交易所自律管理，维护市场秩序，根据《证券法》及其他交易所相关业务规则规定的纪律处分和自律监管措施，开展对上市公司的监督管理工作。

1. 具体类型

根据《上交所纪律处分和监管措施办法》《深交所自律监管措施和纪律处分办法》的规定，交易所对相关当事人实施的监管措施包括：口头警示、书面警示、监管谈话、要求期限改正、要求公开致歉、建议更换相关任职人员、暂停受理或者办理相关业务、向相关主管部门出具监管建议函。交易所对相关当事人实施的纪律处分主要包括通报批评、公开谴责、公开认定不适合担任相关职务等。

例如，在广东紫晶信息存储技术股份有限公司（证券代码：688086，以下简称紫晶存储）及有关责任人的违规担保行为发生后，上交所对上市公司实际控制人、董事与财务总监处以公开谴责，对董秘处以监管警示与通报批评，对保荐代表人处以通报批评。上交所有关负责人表示，本次纪律处分决定是针对紫晶存储已查实的违规事实，严格落实“零容忍”要求，及时亮剑，切实维护资本市场健康稳定和良好生态。①

① 2023年4月21日，上交所发出监管工作函称，紫晶存储已触及《上海证券交易所科创板股票上市规则》中规定的重大违法行为，除违规担保外，中国证监会调查认定其涉嫌欺诈发行、信息披露违法违规，将被实施强制退市。2023年4月21日，紫晶存储正式摘牌。

2. 具体案例

交易所在发现上市公司可能存在违规担保等违法违规行为时，通常采取公开发函询问等方式予以关注和调查，必要时出具监管工作函要求相关当事人整改，并对上市公司股票实施其他风险警示。因违规担保导致上市公司年度财务报告被出具无法表示意见或否定意见的，或是经审计后的净资产为负的，交易所会对上市公司股票实施退市风险警示。在纪律处分方面，对于上市公司违规担保问题，交易所一般会对上市公司、控股股东、实际控制人、部分董监高予以通报批评或是公开谴责，认定其在一定期限内不适合担任上市公司董监高职位。除此之外，中介机构在违规担保问题中确有失职行为的，同样面临相关风险，具体见表1-2-8。

表1-2-8　违规担保与自律监管责任

序号	公司名称	担保金额（亿元）	上市公司	控股股东、实际控制人	董监高	中介机构
1	天翔环境	0.32	1. 询问； 2. 公开谴责； 3. 暂停上市，最终终止上市	1. 公开谴责； 2. 5年内不适合担任上市公司董监高	通报批评	无
2	安通控股	39.99	1. 询问； 2. 下发监管工作函，要求自查整改； 3. 其他风险警示和退市风险警示； 4. 公开谴责	1. 公开谴责； 2. 10年内不适合担任上市公司董监高	通报批评	无
3	围海股份	6	1. 询问； 2. 通报批评； 3. 其他风险警示和退市风险警示	1. 公开谴责； 2. 通报批评	通报批评	无
4	海航控股	258.26	1. 其他风险警示和退市风险警示； 2. 公开谴责	无	1. 公开谴责； 2. 警示监管	无
5	海航基础	146.47	1. 其他风险警示和退市风险警示； 2. 公开谴责	无	1. 公开谴责； 2. 通报批评； 3. 警示监管	无
6	供销大集	50.97	1. 其他风险警示和退市风险警示； 2. 公开谴责	无	1. 公开谴责； 2. 通报批评	无

续表

序号	公司名称	担保金额（亿元）	上市公司	控股股东、实际控制人	董监高	中介机构
7	天马股份	1.31	1.询问； 2.公开谴责； 3.其他风险警示和退市风险警示	1.公开谴责； 2.5年内不适合担任上市公司董监高	1.公开谴责； 2.5年内不适合担任上市公司董监高	无
8	金贵银业	1.6	1.询问； 2.其他风险警示和退市风险警示； 3.公开谴责	公开谴责	公开谴责	无
9	赫美集团	26.06	1.询问； 2.其他风险警示和退市风险警示； 3.公开谴责	1.通报批评； 2.公开谴责	1.公开谴责； 2.通报批评	无
10	德威新材	1.73	1.询问； 2.其他风险警示和退市风险警示； 3.公开谴责	1.公开谴责； 2.5年内不适合担任上市公司董监高	1.公开谴责； 2.通报批评 3.财务总监5年内不适合担任上市公司董监高	下发签字注册会计师监管函

在科融环境违规担保案例中，在中国证监会于2021年12月7日对审计机构及相关注册会计师进行行政处罚后，深交所于2022年6月7日对审计机构及相关注册会计师进行了通报批评处分。[①] 在大东南股份违规担保案例中，在中国证监会于2019年12月30日对审计机构及相关注册会计师进行行政处罚后，深交所于2021年12月3日向相关注册会计师下发了监管函。[②]

虽然市场存在交易所对审计机构及相关注册会计师的纪律处分先例，但综合来看，交易所因违规担保问题对于中介机构的处罚案件数量相对较少。在本书重点研究的10家上市公司违规担保案件中，仅有德威新材案例中的中介机构被交易所采取了纪律处分。如前述分析，出现这种情况的原因在于上市公司涉及的多数违规担保是未经董事会、股东大会审批，由控股股东、实际控制人暗箱操作，在债权人不公开追究上市公司担保责任的情况下，其他主体确难发现。因此，如有证据证明中介机构确有责任，则应当追究其未能勤勉尽责的失察之责，

① 参见深交所官网：http://reportdocs.static.szse.cn/UpFiles/cfwj/2022-06-08_3001522231.pdf?random=0.40245375612559364。

② 参见深交所官网：http://reportdocs.static.szse.cn/UpFiles/jgsy/gkxx_jgsy_002263166227.pdf?random=0.3175954237323535。

而在没有明显证据证明中介机构未勤勉尽职的情况下,不应当以结果倒推责任,“一刀切”地处罚中介机构。

(二)行政责任

1. 责任类型

《证券法》及相关法律法规和司法解释对上市公司违规担保行为未有专门规定,在司法实践中,就违规担保问题所引发的行政责任,中国证监会一般是以信息披露违法违规对相关主体予以处罚。根据《证券法》之规定,上市公司、控股股东、实际控制人等信息披露义务人,就违规担保引发的信息披露违法违规主要承担的行政责任包括:责令改正、给予警告、罚款、证券市场禁入。对于中介机构在对上市公司财务报告审计过程中未勤勉尽责,未能及时发现并披露上市公司违规担保问题的,需要承担的行政责任包括:责令改正、没收业务收入,并处以罚款,具体如下。

(1)信息披露义务人

根据《证券法》第 197 条的规定,信息披露义务人主要指上市公司、控股股东、实际控制人、直接负责的主管人员和其他直接责任人员,即上市公司的董监高。根据《证券法》的具体规定,上市公司违规担保情形不同,行政处罚类型不同,具体见表 1-2-9。

表 1-2-9　信息披露人可能承担的行政处罚类型

主体	未按规定报送有关报告或者履行信息披露义务的情形	报送的报告或者披露的信息有虚假记载、误导性陈述或者重大遗漏的情形
上市公司	责令改正,给予警告,并处以 50 万元以上 500 万元以下的罚款	责令改正,给予警告,并处以 100 万元以上 1000 万元以下的罚款
控股股东/实际控制人	1. 控股股东、实际控制人组织、指使从事上述违法行为,或者隐瞒相关事项导致发生上述情形的,处以 50 万元以上 500 万元以下的罚款; 2. 采取证券市场禁入的措施	1. 控股股东、实际控制人组织、指使从事上述违法行为,或者隐瞒相关事项导致发生上述情形的,处以 100 万元以上 1000 万元以下的罚款; 2. 采取证券市场禁入的措施
直接负责的主管人员和其他直接责任人员	1. 给予警告,并处以 20 万元以上 200 万元以下的罚款; 2. 采取证券市场禁入的措施	1. 给予警告,并处以 50 万元以上 500 万元以下的罚款; 2. 采取证券市场禁入的措施

(2)专业机构

根据《证券法》规定,证券服务机构主要包括会计师事务所、律师事务所以及从事证券投资咨询、资产评估、资信评级、财务顾问、信息技术系统服务的证券服务机构,以及上述机构的主管人员、其他直接责任人员。中介机构及相关工作人员未勤勉尽责,对上市公司违规担保引发的信息披露违法违规负有责任的,《证券法》第213条第3款根据信息披露违法违规情况作出了不同的行政处罚规定,具体见表1-2-10。

表1-2-10　专业机构可能承担的行政处罚类型

主体	制作、出具的文件有虚假记载、误导性陈述或者重大遗漏的情形	情节严重的情形
中介机构	责令改正,没收业务收入,并处以业务收入1倍以上10倍以下的罚款,没有业务收入或者业务收入不足50万元的,处以50万元以上500万元以下的罚款	责令改正、没收业务收入,并处以业务收入1倍以上10倍以下的罚款,没有业务收入或者业务收入不足50万元的,处以50万元以上500万元以下的罚款;并处暂停或者禁止从事证券服务业务
直接负责的主管人员、其他直接责任人	给予警告,并处以20万元以上200万元以下的罚款	

2. 具体案例

根据上述关于行政责任的法律规定,结合本书重点研究范围内涉及违规担保的10家上市公司案例的行政处罚情况,上市公司存在违规担保情况的,中国证监会一般会对上市公司、控股股东、实际控制人、上市公司董监高处以责令改正、警告、罚款、期限内证券市场禁入等行政处罚。对于中介机构的处罚主要集中于审计机构,但违规担保较之于资金占用而言,隐蔽性更强,难以通过对财务报表的审计发现,故中国证监会因违规担保问题对审计机构处以行政处罚的案例较少,具体情况见表1-2-11。

表 1-2-11　违规担保的行政责任

序号	公司名称	担保金额（亿元）	公司的行政责任	控股股东/实际控制人的行政责任	董监高的行政责任	中介机构的行政责任
1	天翔环境	0.32	1. 责令改正； 2. 警告； 3. 60 万元罚款	1. 警告； 2. 90 万元罚款	1. 警告； 2. 并处 10 万 ~ 30 万元罚款	无
2	安通控股	39.99	1. 责令改正； 2. 警告； 3. 60 万元罚款	1. 警告； 2. 分别处 90 万元罚款； 3. 终身证券市场禁入	1. 警告； 2. 并处 10 万 ~ 20 万元罚款； 3. 部分高管 5 年内证券市场禁入	无
3	围海股份	6	1. 责令改正； 2. 警告； 3. 60 万元罚款	1. 警告； 2. 90 万元罚款	1. 警告； 2. 10 万 ~ 25 万元罚款	无
4	海航控股	258.26	1. 警告； 2. 200 万元罚款	无	1. 警告； 2. 20 万 ~ 100 万元罚款	无
5	海航基础	146.47	1. 警告； 2. 200 万元罚款	无	1. 警告； 2. 10 万 ~ 100 万元罚款	无
6	供销大集	50.97	1. 警告； 2. 200 万元罚款	无	1. 警告； 2. 15 万 ~ 100 万元罚款	无
7	天马股份	1.31	1. 责令改正； 2. 警告； 3. 60 万元罚款	1. 警告； 2. 90 万元罚款； 3. 终身证券市场禁入	1. 警告 2. 3 万 ~ 30 万元罚款	无
8	德威新材	1.73	1. 责令改正； 2. 警告； 3. 60 万元罚款	1. 警告； 2. 90 万元罚款； 3. 终身证券市场禁入	1. 警告； 2. 3 万 ~ 30 万元罚款； 3. 部分高管 3 年内证券市场禁入	无
9	金贵银业	1.6	无	无	无	无
10	赫美集团	26.06	无	无	无	无

根据上述实证分析，警告和罚款是违规担保最为常见的行政处罚手段。总体而言，罚款金额与违规担保金额具有一定联系，以海航集团旗下 3 家上市公司为例，其违规担保金额在我国资本市场上是史无前例的，罚款金额亦是本书重点研究案例中的最高金额。截至 2023 年 5 月 31 日，本书未从公开渠道查询到中国证监会对于三家上市公司实际控制人的行政处罚。根据本书收集到的其他案例

来看，对于实际控制人的罚款，目前最高金额为宏达矿业案中的425万元。

赫美集团与金贵银业都存在违规担保问题，但未被中国证监会处以行政处罚。在赫美集团[①]和金贵银业[②]案例中，中国证监会和地方证监局对两家公司予以立案调查，此后未对两家上市公司及其相关当事人处以行政处罚。对于上述存在违规担保问题，未被处罚的两家上市公司，我们通过公开检索无法获得更进一步的信息，但这并不意味着监管机构放宽了对违规担保问题的监管力度，严查违规担保等合规问题依然是中国证监会对上市公司监管工作的主基调。

另外，在科融环境违规担保案例和大东南股份违规担保案例中，中国证监会对审计机构进行了处罚，包括责令改正、没收业务收入、警告和罚款。由此可知，对于存在违规担保问题的上市公司，中国证监会的处罚对象并不局限于上市公司、控股股东、实际控制人和上市公司董监高，中介机构同样是中国证监会的处罚对象之一。

（三）民事责任

我国《证券法》及相关法律法规和司法解释并未对违规担保问题规定相应的民事赔偿责任。在司法实践中，如违规担保问题引发的信息披露违法违规给投资者造成损失，法院一般根据《证券法》及其司法解释有关虚假陈述的规定，判令相关当事人承担民事赔偿责任。该等民事责任的认定规则与本书资金占用部分基本一致，简要介绍如下。

1. 赔偿义务主体

根据《证券法》《虚假陈述规定（旧）》等规定，民事赔偿的主体是上市公司，控股股东、实际控制人、董监高、其他直接责任人员，以及证券服务机构及其直接责任人员，各个主体在其过错范围内承担连带赔偿责任，但是能够证明自己没有过错的除外。

2. 因果关系的认定

关于因果关系的认定，《虚假陈述规定（旧）》和《虚假陈述规定（新）》的具体规定基本一致，即上市公司存在虚假陈述行为，投资人在虚假陈述实施日之后实施了相关股票的交易活动并受到实际损失。对于不存在因果关系的情形，主要包括投资者在虚假陈述行为实施前或是在披露日或更正日之后进行股票交易遭

---

① 参见巨潮资讯网：http://static.cninfo.com.cn/finalpage/2021-07-12/1210455948.PDF。
② 参见巨潮资讯网：http://static.cninfo.com.cn/finalpage/2021-12-23/1211993550.PDF。

受损失的,以及其他非因虚假陈述原因导致的损失。

3. 主观过错的认定

主观过错标准分为故意和过失两种情形:关于故意,即相关当事人故意制作、出具存在虚假陈述的信息披露文件,或者明知信息披露文件存在虚假陈述而不予指明、予以发布;关于过失,即相关当事人严重违反注意义务,对信息披露文件中虚假陈述的形成或者发布存在过失。

4. 无过错认定标准

根据《虚假陈述规定(旧)》第 21 条至第 25 条的规定,上市公司、董监高、中介机构有证据证明无过错的,应当予以免责。其后,《虚假陈述规定(新)》进行了相应更新,根据其第 15 条至第 19 条的规定,当事人存在以下情况的,应当认定为没有过错,予以免责,具体见表 1-2-12。

表 1-2-12　虚假陈述的无过错认定依据

主体类型	无过错认定依据
董监高	发行人的董监高依照《证券法》第 82 条第 4 款的规定,以书面方式发表附具体理由的意见并依法披露的,人民法院可以认定其主观上没有过错,但在审议、审核信息披露文件时投赞成票的除外
独立董事	独立董事能够证明下列情形之一的,人民法院应当认定其没有过错: (1)在签署相关信息披露文件之前,对不属于自身专业领域的相关具体问题,借助会计、法律等专门职业的帮助仍然未能发现问题的; (2)在揭露日或更正日之前,发现虚假陈述后及时向发行人提出异议并监督整改或者向证券交易场所、监管部门书面报告的; (3)在独立意见中对虚假陈述事项发表保留意见、反对意见或者无法表示意见并说明具体理由的,但在审议、审核相关文件时投赞成票的除外; (4)因发行人拒绝、阻碍其履行职责,导致无法对相关信息披露文件是否存在虚假陈述作出判断,并及时向证券交易场所、监管部门书面报告的; (5)能够证明勤勉尽责的其他情形 独立董事提交证据证明其在履职期间能够按照法律、监管部门制定的规章和规范性文件以及公司章程的要求履行职责的,或者在虚假陈述被揭露后及时督促发行人整改且效果较为明显的,人民法院可以结合案件事实综合判断其过错情况
保荐机构、承销机构	保荐机构、承销机构等机构及其直接责任人员提交的尽职调查工作底稿、尽职调查报告、内部审核意见等证据能够证明下列情形的,人民法院应当认定其没有过错: (1)已经按照法律、行政法规、监管部门制定的规章和规范性文件、相关行业执业规范的要求,对信息披露文件中的相关内容进行了审慎尽职调查; (2)对信息披露文件中没有证券服务机构专业意见支持的重要内容,经过审慎尽职调查和独立判断,有合理理由相信该部分内容与真实情况相符; (3)对信息披露文件中证券服务机构出具专业意见的重要内容,经过审慎核查和必要的调查、复核,有合理理由排除了职业怀疑并形成合理信赖

续表

主体类型	无过错认定依据
会计师事务所	会计师事务所能够证明下列情形之一的，人民法院应当认定其没有过错： (1)按照执业准则、规则确定的工作程序和核查手段并保持必要的职业谨慎，仍未发现被审计的会计资料存在错误的； (2)审计业务必须依赖的金融机构、发行人的供应商、客户等相关单位提供不实证明文件，会计师事务所保持了必要的职业谨慎仍未发现的； (3)已对发行人的舞弊迹象提出警告并在审计业务报告中发表了审慎审计意见的； (4)能够证明没有过错的其他情形

5. 损失计算

(1)赔偿范围

关于赔偿范围，《虚假陈述规定(旧)》和《虚假陈述规定(新)》的规定见表1－2－13。

表1－2－13　虚假陈述的赔偿范围

《虚假陈述规定(旧)》	《虚假陈述规定(新)》
1. 相关当事人在证券交易市场承担民事赔偿责任的范围，以投资者因虚假陈述而实际发生的损失为限。投资者实际损失包括： (1)投资差额损失； (2)投资差额损失部分的佣金和印花税。 2. 上述所涉资金利息，自买入至卖出证券日或者基准日，按银行同期活期存款利率计算	相关当事人在证券交易市场承担民事赔偿责任的范围，以原告因虚假陈述而实际发生的损失为限。原告实际损失包括投资差额损失、投资差额损失部分的佣金和印花税

(2)重要时点

证券虚假陈述民事赔偿案件涉及的重要时点主要有虚假陈述实施日、虚假陈述揭露日、虚假陈述更正日和基准日。其中，实施日、揭露日和更正日三个时点组成的区间，主要是用来框定在哪些时间段实施股票交易的投资者属于受害者；基准日的作用主要是用来确定股票基准价格，并以此为标准计算投资者的损失。具体可参考本书前述资金占用部分的分析意见。

(3)损失计算

根据《虚假陈述规定(旧)》《虚假陈述规定(新)》的相关规定，投资者计算投资损失的具体公式见表1－2－14。

表1-2-14　虚假陈述的损失计算

法律规定	具体情境	损失计算公式
《虚假陈述规定(旧)》	投资人在基准日及之前卖出股票的	投资损失=(买入证券平均价格-实际卖出证券平均价格)×所持证券数量
	投资人在基准日后卖出或者仍持有股票的	投资损失=(买入证券平均价格-实际卖出证券平均价格)×所持证券数量
《虚假陈述规定(新)》	在实施日之后、揭露日或更正日之前买入,在揭露日或更正日之后、基准日之前卖出股票的	投资损失=(买入股票平均价格-卖出股票的平均价格)×已卖出股票数量
	在实施日之后、揭露日或更正日之前买入,在基准日之前未卖出股票的	投资损失=(买入股票平均价格-基准价格)×未卖出的股票数量
	在实施日之后、揭露日或更正日之前卖出,在揭露日或更正日之后、基准日之前买回股票的	投资损失=(买回股票平均价格-卖出股票平均价格)×买回股票数量
	在实施日之后、揭露日或更正日之前卖出,在基准日之前未买回股票的	投资损失=(基准价格-卖出股票平均价格)×未买回的股票数量

6. 具体案例

在本书重点研究的案例中,因上市公司违规担保问题被投资者提起证券虚假陈述诉讼的具体情况见表1-2-15。

表1-2-15　违规担保的民事责任

公司名称	担保金额(亿元)	民事赔偿具体情况
天翔环境	0.32	根据天翔环境的公开披露,截至2020年1月20日,成都市中级人民法院已经受理部分投资者的索赔诉讼,第一批证券虚假陈述案件已于2019年12月12日开庭审理,索赔金额1,260,725.05元,另有约30名投资者已向法院提交诉讼资料待受理,天翔环境计提预计负债5153.825万元
天马股份	1.31	天马股份预计在2022年度计提营业外支出3.90亿元至4.50亿元用于承担民事赔偿责任
围海股份	6	有3名投资者提起诉讼,要求围海股份承担民事赔偿责任,案件涉及赔偿金额604,452元
安通控股	39.99	有少部分投资者提起诉讼要求相关当事人承担赔偿责任,但相关诉讼最终以撤诉收场
海航控股	258.26	未查询到虚假陈述民事赔偿诉讼的相关情况
海航基础	146.47	未查询到虚假陈述民事赔偿诉讼的相关情况
供销大集	50.97	未查询到虚假陈述民事赔偿诉讼的相关情况
金贵银业	1.6	未查询到虚假陈述民事赔偿诉讼的相关情况
赫美集团	26.06	未查询到虚假陈述民事赔偿诉讼的相关情况
德威新材	9.78	未查询到虚假陈述民事赔偿诉讼的相关情况

在上述10家上市公司违规担保案例中,对中国裁判文书网、威科先行数据库、巨潮资讯网等进行公开信息检索,仅有天翔环境、天马股份面临证券虚假陈述民事赔偿责任,截至2023年5月31日,尚未通过公开渠道查询到其他8家上市公司因前期查实的违规担保问题而被投资者起诉并要求承担民事赔偿责任的信息。我们认为这与前述资金占用问题所导致的民事赔偿责任的情形相似,部分是因相关案件未予公开,部分是因股价波动不大等市场客观因素造成,还有部分是因案件不满足《虚假陈述规定(旧)》规定的关于行政前置的起诉条件所致,不再赘述。

（四）刑事责任

根据《16号文》《8号监管指引》等相关文件及法律法规的规定,各级地方政府、各级国资监管部门和中国证监会,对于违规担保行为要坚决查处,涉嫌犯罪的,及时移交公安机关查处,依法追究刑事责任。《刑法》虽未对上市公司违规担保行为直接规定相应的罪名与刑罚,但在刑事司法实践中,关于上市公司违规担保涉及的刑事责任,一般依据"违规披露、不披露重要信息罪"和"背信损害上市公司利益罪"予以处理。

1. 刑事罪名

(1)违规披露、不披露重要信息罪

根据《刑法》第161条的规定,涉嫌违规披露、不披露重要信息罪的刑罚主要为5年以下有期徒刑或者拘役,并处或者单处罚金;情节特别严重的,处5年以上10年以下有期徒刑,并处罚金。根据我国目前的司法实践,对于上市公司涉及违规担保问题严重的,司法机关一般按照违规披露、不披露重要信息罪定罪量刑。

以九好网络科技集团有限公司(以下简称九好集团)为例,2013年至2015年,九好集团为实现借壳上市目标,虚增服务费用和资金,截至2015年12月31日,九好集团虚增资产达到当期披露的资产总额的30%以上,未按照规定披露的担保等重大事项所涉及的累计数额占九好集团实际净资产的50%以上。九好集团提供虚假的财务数据和信息的行为,造成投资者直接经济损失数额累计2,122,706.32元。对于九好集团的违法犯罪行为,浙江省杭州市拱墅区人民法院于2021年1月5日以违规披露、不披露重要信息罪判处九好集团实际控制人、部分董监高有期徒刑和相应罚金。[①]

(2)背信损害上市公司利益罪

根据《刑法》第169条之一的规定,背信损害上市公司利益罪的刑罚主要是处3年以下有期徒刑或者拘役,并处或者单处罚金;致使上市公司利益遭受特别重大损失的,处3年以上7年以下有期徒刑,并处罚金。

如上市公司违规担保且造成实质损害,即上市公司因违规担保问题被迫承担担保责任,则违规担保便会转化为资金占用。当违规担保转化为资金占用问题,且控股股东、实际控制人仍然不能解决的,除面临中国证监会的行政处罚,交易所的纪律处分之外,还将面临刑事责任。虽然通过公开检索未查询到上市公司实际控制人直接因违规担保问题被判处刑事责任的案例,但可参考实际控制人因资金占用问题被判处犯背信损害上市公司利益罪的案例。

如在准油股份案中,准油股份实际控制人利用职务便利,擅自使用准油股份印章,以准油股份名义对外借款4000万元,由实际控制人关联方实际使用,案发后仍未归还。对于准油股份实际控制人的违法犯罪行为,法院以背信损害上市公司利益罪判处其有期徒刑2年10个月,缓刑3年,并处罚金人民币10万元。

2. 责任主体

根据《刑法》第161条关于违规披露、不披露重要信息罪的规定,该罪的犯罪主体和判罚主体包括上市公司、控股股东、实际控制人、上市公司董监高。根据《刑法》第169条之一关于背信损害上市公司利益罪的规定,该罪的犯罪主体和判罚主体包括上市公司的董监高、控股股东与实际控制人。

3. 具体案例

在本书重点研究的10家上市公司违规担保案例中,因上市公司违规担保问题被警方立案侦查的分别有天翔环境实际控制人,海航控股、海航基础、供销大集实际控制人,围海股份实际控制人,具体情况见表1-2-16。

---

① 参见浙江省杭州市拱墅区人民法院刑事判决书,(2020)浙0105刑初255号。

表 1－2－16　违规担保的刑事责任

公司名称	担保金额（亿元）	刑事责任追究情况
天翔环境	0.32	2020 年 1 月，控股股东及其一致行动人因涉嫌违规披露、不披露重要信息被成都市公安局立案调查，并于 2021 年 6 月移送检察院审查起诉，成都市中级人民法院于 2022 年 1 月对控股股东及其一致行动人违规披露、不披露重要信息正式立案，截至 2023 年 5 月 31 日，未查询到刑事生效判决书
围海股份	6	2020 年 9 月，上市公司获知，实际控制人因涉嫌挪用资金，被宁波高新区公安分局立案侦查。围海股份未进一步披露相关信息，无法获知实际控制人被公安机关立案侦查的详情
海航控股	1	2021 年 9 月 24 日，海航集团接到海南公安机关通知，海航集团董事长、首席执行官因涉嫌违法犯罪，被依法采取强制措施
海航基础	146.47	2021 年 9 月 24 日，海航集团接到海南公安机关通知，海航集团董事长、首席执行官因涉嫌违法犯罪，被依法采取强制措施
供销大集	50.97	2021 年 9 月 24 日，海航集团接到海南公安机关通知，海航集团董事长、首席执行官因涉嫌违法犯罪，被依法采取强制措施
安通控股	39.99	2021 年 9 月 27 日，上市公司获悉，泉州市人民检察院对上市公司、郭某泽、郭某圣、李某海涉嫌违规披露、不披露重要信息一案已收到泉州市公安局移送起诉的材料。但最终公安机关决定对上市公司不起诉，截至 2023 年 5 月 31 日，未查询到刑事生效判决书
金贵银业	1.6	公安机关未立案侦查
赫美集团	26.06	公安机关未立案侦查
德威新材	1.73	公安机关未立案侦查
天马股份	1.31	公安机关未立案侦查

根据公开检索，在上述 10 家涉及违规担保的上市公司案例中，天翔环境、围海股份、海航控股、海航基础与供销大集 5 家上市公司实际控制人因信息披露违法违规被公安部门立案调查，但截至目前，尚未能通过公开渠道查询到该等刑事案件的进一步信息。通过威科先行法律数据库，能够查询到的涉及违规披露、不披露重要信息罪和背信损害上市公司利益罪的案例较少，具体情况见表 1－2－17。

表 1－2－17　违规担保涉及的罪名

案号	涉案公司	涉案罪名	主要事实
(2020)浙 0105 刑初 255 号	九好集团	违规披露、不披露重要信息罪	财务造假、违规担保
(2020)川 01 刑初 323 号	金亚科技股份有限公司	欺诈发行股票罪，违规披露、不披露重要信息罪	财务造假

续表

案号	涉案公司	涉案罪名	主要事实
(2016)粤04刑初131号	珠海市博元投资股份有限公司	违规披露、不披露重要信息罪	财务造假
(2020)新0203刑初98号	准油股份	背信损害上市公司利益罪	资金占用、违规担保
(2019)沪刑终110号	上海多伦实业股份有限公司	背信损害上市公司利益罪、操纵证券市场罪	挪用资金、操纵证券市场
(2017)皖0208刑初10号	国投新集能源股份有限公司	背信损害上市公司利益罪	违规供货

六、解决方案

关于违规担保的解决方案，就监管部门角度而言，要以是否有利于维护社会公众股东合法权益、是否有利于增强市场信心这一标准来衡量。从方案实际操作而言，如违规担保尚未转化为资金占用，上市公司或控股股东、实际控制人及其关联方通常会与债权人协商解除上市公司的担保责任。如控股股东、实际控制人及其关联方资金充足，还会直接清偿债务。通过上述方式均无法解除的，债权人直接提起诉讼要求上市公司承担担保责任的，上市公司可在诉讼程序中主张担保无效，涤除担保责任。但是，该等方式有时无法解决全部违规担保问题。关于违规担保余额，作为上市公司的沉重负债，可以选择通过破产重整解决。在破产重整程序中，各方还可嵌套“信托份额抵偿”“差异化转增股票抵偿”“债务转移”“第三方兜底”等方式解决违规担保问题。

（一）清偿主债务

1. 操作方式

清偿主债务主要是指在控股股东、实际控制人及其关联方作为主债务人的情况下，由其清偿相关主债务，解除上市公司的担保责任。

2. 适用前提

通过直接清偿主债务的方式化解违规担保的适用前提，一是违规担保金额较小，占控股股东、实际控制人及其关联方净资产的比重较小；二是控股股东、实际控制人及其关联方流动资金充裕，具有即时偿债能力。

以供销大集为例，根据其2021年1月30日披露的违规担保自查情况，供销大集子公司使用自有房产土地为供销大集第二大股东的借款提供抵押，担保金额为10,000万元。为解决该笔违规担保问题，第二大股东出具承诺函，同意提前归还借款2000万元，确保贷款银行解除土地抵押。其后，第二大股东提前偿还了2000万元借款。2022年4月22日，上述土地抵押担保解除。[①]

3. 适用障碍

在方案适用方面，受违规担保金额和控股股东等主体偿债资源的限制，通常情况下，该方案只能解决中小规模的违规担保问题，且前提必须是主债务人具备清偿能力。这里的违规担保金额是相对概念，不同体量的上市公司及其控股股东对偿付违规担保余额的意愿与能力显著不同。

以供销大集为例，其违规担保总金额高达50.97亿元，大部分违规担保余额是在自身及控股股东及其关联方的重整程序中解决的，通过本方案化解的违规担保余额十分有限。在主债务人因资不抵债，不得不通过破产重整消化债务的情况下，实际难以适用该方案解决全部违规担保问题。

以围海股份为例，控股股东拟通过转让其持有的围海股份股票换取现金及配套借款解决合规问题，并与宁波交投签署了《股份转让框架协议》。宁波交投除支付股份对价外，还向控股股东提供不超过6亿元借款，用于解决违规担保问题。在股份转让计划能够顺利实施的情况下，控股股东可以用该部分股份转让款和借款提前清偿相关债务，解决违规担保问题。但令人遗憾的是，股份转让计划因围海股份股价大幅下跌而“难产”，控股股东欲通过清偿主债务化解违规担保问题的计划未能落地。

4. 效果评价

主债务人清偿债务是解决上市公司违规担保最直接、最根本、最有效的方式，《16号文》《8号监管指引》支持鼓励这一方案。以供销大集子公司涉及的土地抵押违规担保问题为例，在主债务人提前清偿部分债务后，贷款银行同意解除相关土地抵押登记，顺利化解了合规问题。但不可忽视的是，此类方案的缺点同样明显，既低估了上市公司自身困境，又高估了主债务人的清偿能力，即对于偿债资源的要求较高，控股股东、实际控制人及其关联方作为主债务人，在其自身

---

① 参见巨潮资讯网：http://static.cninfo.com.cn/finalpage/2022-04-25/1213088083.PDF。

同样面临债务问题的情况下,往往有心无力。在本书重点研究的涉及违规担保问题的10家上市公司案例中,使用该方式化解违规担保问题的情况非常少见。

(二)通过诉讼程序,主张担保无效

除上述主债务人主动清偿债务,解除上市公司的担保责任外,上市公司可主动采取的手段之一,即通过民事诉讼程序主张担保无效,请求法院依法认定上市公司对违规担保不承担担保责任。政府将其作为通过司法程序彻底化解上市公司债务风险,提升公司治理水平的重要路径。例如,湖南省政府在《关于推动湖南省上市公司高质量发展的若干措施》中,明确由湖南证监局、湖南省国资委与湖南高级人民法院等作为责任单位,为提高上市公司法治化水平和风险防控能力,明确要求"解决公司治理失效问题,坚持依法监管、分类处置,组织开展资金占用和违规担保自查自纠行动,加强对控股股东、实际控制人及相关人员的责任追究。督促上市公司积极催收股东占款,通过诉讼、仲裁、调解等方式维护上市公司利益。依法认定上市公司对违规担保不承担担保责任"。

1. 操作方式

根据《民法典》《担保制度司法解释》《九民纪要》等法律规定,债权人在未审核上市公司披露的"担保事项已获决议通过"的相关公告的情况下,即与上市公司订立担保合同,则担保不发生效力,上市公司不承担担保责任或赔偿责任。也就是说,上市公司担保相对人在接受担保时,对有关上市公司决议负有必要的形式审查义务,否则不构成表见代表中的善意相对人,该担保行为对上市公司不发生效力。因此,上市公司对于违规担保,可基于上述规定通过诉讼方式主张免除担保责任。

2. 关于违规担保的法律规定和裁判实践

在最高人民法院颁布实施《担保制度司法解释》前,各地法院之间对于违规担保的判罚尺度存在较大差异。其后,《担保制度司法解释》对于违规担保的效力和裁判标准作出了较为具体的规定,司法实践趋于统一。

(1)在《担保制度司法解释》实施之前

《公司法》第15条第2款规定:"公司为公司股东或者实际控制人提供担保的,应当经股东会决议。"在最高人民法院颁布实施《担保制度司法解释》之前,各地法院对于上市公司违规担保问题的裁判尺度差异较大,严重影响了商事实践。

此后最高人民法院颁布了《九民纪要》,初步统一了违规担保问题的裁判标准,具体见表1-2-18。

表1-2-18 违规担保的裁判标准

裁判要点	具体内容
违反《公司法》第15条规定构成越权代表	为防止法定代表人随意代表公司为他人提供担保给公司造成损失,损害中小股东利益,《公司法》第15条对法定代表人的代表权进行了限制。根据该条规定,担保行为不是法定代表人所能单独决定的事项,而必须以公司股东(大)会、董事会等公司机关的决议作为授权的基础和来源。法定代表人未经授权擅自为他人提供担保的,构成越权代表,人民法院应当根据《民法典》第504条关于法定代表人越权代表的规定,区分订立合同时债权人是否善意分别认定合同效力:债权人善意的,合同有效;反之,合同无效
善意的认定	善意,是指债权人不知道或者不应当知道法定代表人超越权限订立担保合同。《公司法》第15条对关联担保和非关联担保的决议机关作出了区别规定,相应地,在善意的判断标准上同样应当有所区别: (1)为公司股东或者实际控制人提供关联担保,《公司法》第15条明确规定必须由股东(大)会决议,未经股东(大)会决议,构成越权代表。在此情况下,债权人主张担保合同有效,应当提供证据证明其在订立合同时对股东(大)会决议进行了审查,决议的表决程序符合《公司法》第15条的规定,即在排除被担保股东表决权的情况下,该项表决由出席会议的其他股东所持表决权的过半数通过,签字人员应同样符合公司章程的规定。 (2)公司为公司股东或者实际控制人以外的人提供非关联担保,根据《公司法》第15条的规定,此时由公司章程规定是由董事会决议还是股东(大)会决议。无论章程是否对决议机关作出规定,同样无论章程规定是决议机关为董事会还是股东(大)会,根据《民法典》第61条第3款关于"法人章程或者法人权力机构对法定代表人代表权的限制,不得对抗善意相对人"的规定,只要债权人能够证明其在订立担保合同时对董事会决议或者股东(大)会决议进行了审查,同意决议的人数及签字人员符合公司章程的规定,就应当认定其构成善意,但公司能够证明债权人明知公司章程对决议机关有明确规定的除外
债权人审查义务	债权人对公司机关决议内容的审查一般限于形式审查,只要求尽到必要的注意义务即可,标准不宜太过严苛。公司以机关决议系法定代表人伪造或者变造、决议程序违法、签章(名)不实、担保金额超过法定限额等事由抗辩债权人非善意的,人民法院一般不予支持。但是,公司有证据证明债权人明知决议系伪造或者变造的除外
无须机关决议的例外情况	1. 公司是以为他人提供担保为主营业务的担保公司,或者是开展保函业务的银行或者非银行金融机构; 2. 公司为其直接或者间接控制的公司开展经营活动向债权人提供担保; 3. 公司与主债务人之间存在相互担保等商业合作关系; 4. 担保合同系由单独或者共同持有公司2/3以上有表决权的股东签字同意
越权担保的民事责任	1. 担保合同有效,债权人请求公司承担担保责任的,人民法院依法予以支持; 2. 担保合同无效,债权人请求公司承担担保责任的,人民法院不予支持,但可以按照担保法及有关司法解释关于担保无效的规定处理; 3. 公司举证证明债权人明知法定代表人超越权限或者机关决议系伪造或者变造,债权人请求公司承担合同无效后的民事责任的,人民法院不予支持

续表

裁判要点	具体内容
上市公司为他人提供担保	债权人根据上市公司公开披露的关于担保事项已经董事会或者股东大会决议通过的信息订立的担保合同,人民法院应当认定有效

在《九民纪要》实施之后,根据近些年的司法实践,法院关于上市公司所涉违规担保的裁判结果大致类型如下:一是认定违规担保有效;二是认定违规担保无效,上市公司不承担责任;三是认定违规担保无效,上市公司承担不超过50%的赔偿责任。

以安徽华信国际控股股份有限公司(证券代码:002018,以下简称华信控股)为例,在焦作市中站区亿利小额贷款有限公司诉上海华信国际集团工业装备有限公司(以下简称华信装备)、华信控股、上海华信国际集团有限公司、李某借款合同纠纷一案中,华信装备受华信控股间接控制。华信控股为华信装备借款提供担保的行为虽未履行股东大会的审批程序,但属于"公司为其直接或者间接控制的公司开展经营活动向债权人提供担保"的情形,最高人民法院最终认定担保合同合法有效,判决华信控股承担保证责任。该案例属于上市公司为其子公司违规提供担保的情况,与本书重点研究的上市公司为控股股东、实际控制人及其关联方违规提供担保的情况略有不同。

以天马股份为例,在原告微弘商业保理(深圳)有限公司(以下简称微弘保理公司)诉被告怡乐无限信息技术(北京)有限公司(以下简称怡乐无限)、天马股份、喀什星河创业投资有限公司、北京星河世界集团有限公司、徐某栋借款合同纠纷一案中,怡乐无限与天马股份实际控制人存在关联关系,天马股份为实际控制人的关联方提供担保,应当经股东大会审议批准。而在本案中,天马股份为怡乐无限提供担保,未经天马股份股东大会审议,微弘保理未对该违规担保事宜进行基本的形式审查,北京市第三中级人民法院二审宣判天马股份不承担担保责任。

以安通控股为例,在天津宏信商业保理有限公司诉仁建国际贸易(上海)有限公司(以下简称仁建贸易)、安通控股、上海仁建企业发展集团有限公司、郭某泽保理合同纠纷一案中,仁建贸易为安通控股实际控制人的关联方,安通控股为实际控制人的关联方提供担保,应当经股东大会审议批准。而在本案中,安通控股为仁建贸易提供担保,未经股东大会审议,仁建贸易同样未对该违规担保事宜进行基本的形式审查，上海金融法院二审宣判安通控股在案涉债务50%的范围内承担赔偿责任。

以威龙葡萄酒股份有限公司（证券代码：603779，以下简称威龙股份）为例，在华夏银行股份有限公司烟台龙口支行（以下简称华夏银行）诉山东龙口酿酒有限公司、威龙股份、山东威龙集团公司、王某某、范某某金融借款合同纠纷一案中，威龙股份为山东龙口酿酒有限公司借款提供担保，但未经股东大会审议，华夏银行未对该违规担保事宜进行基本的形式审查，不构成善意，最高人民法院最终酌情确定威龙股份承担30%的赔偿责任。

（2）在《担保制度司法解释》实施之后

《担保制度司法解释》第9条第2款规定："相对人未根据上市公司公开披露的关于担保事项已经董事会或者股东大会决议通过的信息，与上市公司订立担保合同，上市公司主张担保合同对其不发生效力，且不承担担保责任或者赔偿责任的，人民法院应予支持。"

《适用民法典时间效力规定》第3条规定："民法典施行前的法律事实引起的民事纠纷案件，当时的法律、司法解释没有规定而民法典有规定的，可以适用民法典的规定，但是明显减损当事人合法权益、增加当事人法定义务或者背离当事人合理预期的除外。"

根据现有案例，法院在审理具体案件时，有时按照《适用民法典时间效力规定》第3条之规定，认定相关担保合同涉及的纠纷不适用《担保制度司法解释》第9条第2款的规定。以安通控股所涉"（2021）沪74民终1549号保理合同纠纷案"为例，安通控股提出，根据《担保制度司法解释》第9条第2款的规定，相关担保合同未经股东大会审议批准，仁建贸易未对该违规担保事宜进行基本的形式审查，因此安通控股不应当承担保证责任。上海金融法院认为，在《担保制度司法解释》颁布之前，相关法律及司法解释并未针对上市公司未经公开披露的对外担保效力及法律后果作出特别规定。因此，该案属于民法典实施前的法律事实引起的民事纠纷案件，在当时的法律、司法解释没有规定而民法典有规定的情况下，案件是否适用《担保制度司法解释》第9条第2款的规定，直接关涉当事人的义务范围和权益保护，影响各方主体对相关法律责任的合理预期。依据《适用民法典时间效力规定》第3条规定，该案不应适用《担保制度司法解释》。

3. 效果评价

通过诉讼主张担保无效,进而达到免除全部或部分担保责任的目的,是上市公司在面临违规担保问题时,可以采取的重要维权手段。上述法律规定体现了国家立法机关对违规担保行为的价值判断,折射出裁判者的公共选择倾向。如债权人主动起诉要求主债务人承担清偿责任,则上市公司承担连带保证责任,上市公司则可作为被告,在相应给付之诉中提出担保合同无效,不承担担保责任的主张。

在本书重点研究的涉及违规担保的10家上市公司案例中,上市公司均采用了此方案,并获得了不错的效果。以海航控股为例,根据其2022年1月20日披露的《关于上市公司治理专项自查报告所涉事项已整改完毕的公告》,在自查报告涉及的247.63亿元未披露担保中,其中约147.98亿元已由法院裁定,裁定确认海航控股需实际承担责任的金额为56.78亿元。[①] 以海航基础为例,根据其2022年1月20日披露的《关于上市公司治理专项自查报告所涉事项已整改完毕的公告》,在前期披露的违规担保余额中,其中约109.52亿元已由法院裁定,裁定确认公司需实际承担责任的金额仅为54.68亿元。[②]

截至目前,法院就上市公司违规担保的裁判尺度虽有差异,但仅以既有裁判标准观察,通过诉讼方式减轻担保责任,所取得的效果同样十分显著。相信随着时间的推移,当《担保制度司法解释》的适用不存在时效争议时,上市公司通过诉讼方式解决违规担保责任的案例将显著增多。

(三)破产重整

1. 操作方式

对于经上述方式仍无法化解违规担保问题的,在上市公司已经承担了担保责任进而形成资金占用,或是上市公司预计需要承担违规担保责任的情况下,可以通过在上市公司重整程序中嵌套资金占用的化解方案解决违规担保问题。具体的化解方式包括:信托份额抵偿、差异化转增股票抵偿、债务转移及第三方代偿等方式。

---

① 参见巨潮资讯网:http://static.cninfo.com.cn/finalpage/2022-01-20/1212219491.PDF。

② 参见巨潮资讯网:http://static.cninfo.com.cn/finalpage/2022-01-20/1212219595.PDF。

2. 具体案例

在本书重点研究的10家存在违规担保问题的上市公司案例中,除金贵银业是通过清偿主债务的方式解决违规担保问题外,其余案例均是通过上市公司或控股股东破产重整的方式使违规担保问题得以全面解决。另外需要注意的是,在前述违规担保的解决方案中,除清偿债务和债权人豁免的方式外,其余化解方式均需要在破产重整程序中才能发挥出最大的效果。在个别案例中,如以信托份额抵偿或是差异化转增股票抵偿只有在重整程序中才能发挥作用。具体情况见表1-2-19。

表1-2-19 破产重整中违规担保问题解决方案的适用情况

序号	公司名称	担保金额(亿元)	解决方案适用情况
1	天翔环境	0.32	1. 上市公司重整; 2. 将违规担保纳入资金占用问题中予以解决,具体为通过债务转移的方式化解违规担保问题
2	围海股份	6	1. 控股股东重整; 2. 通过诉讼方式减免部分违规担保责任; 3. 重整投资人收购因资金占用和违规担保形成的违规资金收益权,替控股股东先行解决合规问题
3	安通控股	39.99	1. 上市公司重整; 2. 通过诉讼方式减免部分违规担保责任; 3. 控股股东以重整程序将资本公积转增股票用于解决违规担保问题
4	天马股份	33.43	1. 上市公司重整; 2. 通过诉讼方式减免部分违规担保责任; 3. 重整投资人、控股股东无偿提供股票解决违规担保问题
5	海航控股	258.26	1. 上市公司与控股股东同时重整; 2. 通过诉讼方式减免部分违规担保责任; 3. 上市公司将部分债务转移至控股股东及其关联方
6	海航基础	146.47	1. 上市公司与控股股东同时重整; 2. 通过诉讼方式减免部分违规担保责任; 3. 控股股东以重整程序将资本公积转增股票回填上市公司以解决违规担保问题
7	供销大集	50.97	1. 上市公司与控股股东同时重整; 2. 通过诉讼方式减免部分违规担保责任; 3. 在控股股东重整程序中申报债权受偿,受偿方式分为小额现金清偿和信托份额抵债清偿; 4. 控股股东以重整程序将资本公积转增股票回填上市公司以解决违规担保问题

续表

序号	公司名称	担保金额（亿元）	解决方案适用情况
8	金贵银业	1.6	1. 上市公司重整； 2. 清偿主债务，解决违规担保问题
9	赫美集团	26.06	1. 上市公司重整； 2. 债权人豁免； 3. 通过诉讼方式减免部分违规担保责任； 4. 重整投资人兜底解决剩余违规担保问题
10	德威新材	26.06	尚未解决

（1）信托份额抵偿

信托份额抵偿是指上市公司的控股股东、实际控制人及其关联方进入重整程序后，上市公司以违规担保余额在控股股东、实际控制人及其关联方重整程序中申报债权，在重整程序中以信托份额的方式抵偿因违规担保问题产生的相关债务。

以供销大集为例，该案以信托份额抵偿方式解决部分违规担保问题。就海航集团及其关联方违规担保、资金占用等合规问题给供销大集造成的损失，其按照自查报告所涉事项可能产生的最大口径向海航集团等321家公司破产重整程序申报债权，并根据海航集团等321家公司重整计划的规定获得现金及信托计划份额清偿。通过信托计划抵偿不足以解决合规问题的，由供销大集在重整程序中资本公积转增的部分股票中，应向海航集团及其关联方分配的597,258.54万股股票回填供销大集，用于解决剩余未能化解的违规担保和资金占用余额。[①]

一般而言，信托计划对应的底层资产是重整程序中快速变现难度较高，重整投资人无收购意向的资产。信托份额抵偿方案虽然不会明确相应信托份额的实际清偿率，但根据信托计划底层资产的情况，实际还是会存在名义清偿率和实际清偿率的区别。因此，仅通过信托份额抵偿方案可能难以化解全部违规担保问题，还需要配套其他解决方案兜底。

（2）差异化转增股票抵偿

差异化转增股票抵偿，是指在上市公司重整程序中实施资本公积转增。将转增股票中应当分配给控股股东、实际控制人的股票按照公允的评估价值回填

① 参见巨潮资讯网：http://static.cninfo.com.cn/finalpage/2022-04-25/1213088614.PDF。

上市公司,用于抵偿其因违规担保问题对上市公司产生的负债。

以供销大集为例,上市公司 50.97 亿元的违规担保余额,在通过诉讼主张担保无效、信托份额抵偿后,仍有未化解部分,继续通过差异化转增股票的方式予以解决。根据供销大集重整计划中的出资人权益调整方案,以供销大集现有 A 股股票 598,200.40 万股为基数,按照每 10 股转增 34.9 股实施资本公积金转增,转增股票约 2,088,046.70 万股。其中,将 597,258.54 万股补偿给上市公司,用于解决供销大集资金占用、违规担保等合规问题。

以海航基础为例,该案例以差异化转增股票抵偿方式解决部分违规担保问题。结合前期通过诉讼应对违规担保问题的解决思路,海航基础按照违规担保责任不超过主债务人无法偿还部分 50% 的比例预计,需就 35.91 亿元债务承担担保责任。海航集团及其关联方在海航基础重整程序中通过资本公积转增股票获得的约 70,174.28 万股股票按照 12.91 元/股的价格计算回填至海航基础,用于解决违规担保问题。届时,海航基础将该部分股票以 15.56 元/股的价格抵偿给债权人,用于清偿债务。①

在上述以差异化转增股票抵偿的案例中,因海航集团及其关联方已经严重资不抵债,通过清偿主债务、诉讼主张担保无效等常规方式,难以彻底解决违规担保问题。在海航集团及其关联方无其他有效资源可利用的情况下,通过将两家上市公司在重整程序中资本公积转增的股票回填上市公司,用以解决违规担保问题,是在当时情况下最优的解决方案。

(3)债务转移

债权债务转移,是指上市公司将自身债务转移给控股股东、实际控制人及其关联方,由其代上市公司偿还债务,用以抵销控股股东、实际控制人及其关联方因违规担保问题对上市公司形成的债务。

以海航控股为例,该案例以债务转移和信托份额抵偿相结合的方式解决部分违规担保问题。对于海航控股为海航集团及其关联方违规提供担保而需承担的连带清偿责任,由海航集团及其关联方出具承诺函,无条件、不可撤销地承诺同意代海航控股清偿因违规担保、资金占用等合规问题为海航控股造成的损失的同等金额的负债。根据海航控股重整计划,在重整程序中,在每个债权人的普

---

① 参见巨潮资讯网:http://static.cninfo.com.cn/finalpage/2022-01-20/1212219595.PDF。

通债权中,有64.38%的债权由海航集团及其关联方清偿,由此解决自查报告所涉违规担保事项给海航控股造成的损失。根据海航集团等321家公司重整计划的规定,该部分债权的清偿方式为普通信托份额抵债清偿。

以天翔环境为例,根据天翔环境重整计划的规定,每个普通债权人30万元以上的债权部分,一部分以转增股票清偿,剩余部分以天翔环境的应收账款清偿。以应收账款清偿的部分,按每100元普通债权分得100元应收账款,应收账款为天翔环境应收的控股股东资金占用款和/或对其他主体的应收款项,①该部分应收账款包含其控股股东因违规担保问题对天翔环境产生的3200万元债务。重整计划中的应收账款抵债的清偿方案就是将天翔环境的债务平移至违规担保受益方,以违规担保受益方代偿债务的方式解决违规担保问题。

通过上述案例可知,债务转移是一种大规模解决违规担保问题的有效方法。在海航控股案中,通过诉讼主张担保无效等方式并不能涤除全部担保责任,而通过债务转移的方式,一方面,可以解除因违规担保引发的合规问题;另一方面,可以帮助海航控股化解超过60%的债务,系一举多得之方案。

(4)第三方兜底

第三方兜底主要是指,由债权人豁免担保责任或是由重整投资人承诺代为解决担保责任。一般而言,该方案需要在上市公司或其控股股东的重整程序中适用。

以赫美集团为例,根据公开披露信息,赫美集团对外担保金额288,690万元,尚未解决的对外担保余额260,571.57万元。受违规担保等合规问题的影响,赫美集团2018年度财务报告被审计机构出具无法表示意见,被交易所实施退市风险警示;2019年度财务报告被审计机构出具保留意见,股票继续被实施退市风险警示;截至2020年12月31日,赫美集团的净资产为-29.92亿元,负债规模为41.23亿元,退市风险剧增。如果不能及时解决违规担保等合规问题,优化财务指标,使净资产由负转正,赫美集团的最终结果只能是遗憾退市,这也是各方都无法接受的极端不利结果。

赫美集团的上市地位与股票是最为关键的优质资产,是各方利益诉求的根本保障。赫美集团、控股股东与部分债权人为避免退市,稳住基本盘,最终达成

---

① 参见巨潮资讯网:http://static.cninfo.com.cn/finalpage/2021-04-19/1209726366.PDF。

了一致意见，债权人豁免赫美集团的担保责任，控股股东与债权人签署《补充协议》，控股股东将协调重整投资人将赫美集团资本公积金转增的部分股份无偿让渡给债权人。另外，控股股东还承诺，在赫美集团破产重整程序中，如重整投资人未能无偿向债权人让渡股份，则其将在赫美集团重整计划中分配到的股份无偿让渡给债权人。根据赫美集团 2022 年 4 月 30 日披露的违规担保解决进展，通过债权人豁免方案化解违规担保的具体情况见表 1 – 2 – 20[①]。

表 1 – 2 – 20 赫美集团债权人豁免方案化解违规担保的具体情况

序号	担保对象	债权人	债权金额（万元）	解决方式
1	实际控制人	杨某伟	3000	协议解除
2	控股股东	北京××××建筑有限公司	10,000	协议解除
3	控股股东	北京××××建筑有限公司	10,000	协议解除
4	控股股东	北京××××资产管理有限公司	15,000	协议解除
5	控股股东	北京××××商贸集团有限公司	4000	协议解除
6	控股股东	北京××××商贸集团有限公司	4300	协议解除
7	控股股东	宏世通达	24,000	协议解除
8	控股股东关联方	深圳××金融控股有限公司	3250	协议解除
9	控股股东	吉林××××商业银行股份有限公司	21,000	协议解除
10	控股股东	吉林××××商业银行股份有限公司	34,900	协议解除
11	控股股东	四川省××商贸有限公司	17,825	协议解除

对于通过诉讼主张担保无效以及债权人豁免等方式仍未能解决的剩余违规担保债权余额，可通过司法重整程序由投资人协助解决。根据赫美集团重整计划，赫美集团违规担保的债权及可能承担赔偿责任的债权，将由重整投资人无偿提供的 172,825,273 股股票及 3,000,000 元资金，按照普通债权的清偿方案予以清偿。如解决历史遗留问题所需的股票超出重整投资人无偿提供的股票数量，超出部分由重整投资人孝义市富源金来热源有限公司无偿提供且不得向赫美集团追偿。[②] 由此可见，以债权人豁免或重整投资人兜底的方式解决违规担保问题，依赖于债权人或重整投资人的让利，平衡好债权人或重整投资人的利益，是

① 参见巨潮资讯网：http://static.cninfo.com.cn/finalpage/2022-04-30/1213265913.PDF。

② 参见巨潮资讯网：http://static.cninfo.com.cn/finalpage/2022-04-30/1213265913.PDF。

促成其协助上市公司解决违规担保问题的重要原因。

但是,在控股股东同样存在严重的债务问题,无力给予债权人额外补偿的情况下,该方案的适用则会面临障碍。当然,即使在上述前提条件全部满足的情况下,从经济利益角度考虑,豁免担保责任可能有利于提高债权人整体受偿率,但是部分债权人受限于内部监管,同样可能无法作出该等决策。以海航控股、海航基础和供销大集为例,三家上市公司违规为海航集团及其关联方提供了455.7亿元的担保。三家上市公司2020年度财务报告因违规担保、资金占用等问题被审计机构出具了无法表示意见,海航控股2020年度甚至出现了净资产为负的情况。若2021年12月31日,三家上市公司不能解决合规问题和自身债务问题,则将面临退市风险。在三家上市公司面临此等困境之际,依然没有债权人主动豁免其担保责任。我们认为根本原因在于,三家上市公司的间接控股股东海航集团及其关联方同样已满目疮痍,负债规模接近万亿元,[①]实难协调其他增量资源,无力提供额外补偿与债权人协商豁免上市公司担保责任相关事宜。

3.效果评价

通过破产重整程序解决违规担保问题实际是前述清偿主债务、协商解除担保责任等方式均无能为力时的最后办法,但实际上同样也是综合效果最佳的方式。通过上市公司或是其控股股东的破产重整程序,嵌套诸如差异化转增股票抵偿、信托份额抵偿、债务转移、第三方兜底等方式,可以解决大规模的违规担保问题。在上市公司破产重整程序中,通过上市公司自身以资本公积转增股票,或是通过引进重整投资人等方式,可以为上市公司带来增量资源,用于解决违规担保问题。而在控股股东的破产重整程序中,控股股东可以将其部分或全部资产装入信托计划,以信托计划抵偿上市公司因违规担保为其代偿债务的款项,以时间换空间,实现各种商业安排,利于各方综合利益。

对于上市公司而言,通过破产重整程序,其不仅可以顺利解决因违规担保等合规问题产生的巨额债务,还有助于改善其各项财务指标,改善其持续经营能力,避免被交易所摘牌。对于控股股东、实际控制人而言,如其积极配合违规担保等合规问题的化解,尽管可能会失去对上市公司的控制权,但却能彻底解决其

① 参见《海航集团"万亿级"破产重整完成》,载百度网2022年4月24日,https://baijiahao.baidu.com/s?id=1730965944722836269&wfr=spider&for=pc。

因违规担保等合规问题所要承担的债务清偿责任,实际是以最小的代价帮助控股股东、实际控制人化解民事责任风险,也由此避免责任升级。当然,破产重整本身并非适用所有企业或情境,破产重整因其成本高、门槛高等特点,会将大部分企业拒之门外,[①]不再赘述。当然,上市公司作为各个行业翘楚企业,破产重整制度对其更为友好。

以海航集团及其旗下的海航控股、海航基础和供销大集为例,三家上市公司为海航集团及其关联方违规提供的担保余额高达455.7亿元。海航集团因早年的盲目扩张已负债累累,即便是通过甩卖资产也没能阻止颓势,直至最后,在万般无奈之下,海航集团及其320家关联方、三家上市公司选择了破产重整的方案。正是破产重整程序的顺利推进,最终使我国有史以来规模最大的违规担保案件得以顺利解决。

七、方案的分析与评价

(一)影响方案选择的考量因素

1. 违规担保金额

违规担保金额是影响方案选择的重要因素之一,对于违规担保金额较小的上市公司,不论是金额较小或是债权人人数较少,控股股东协调解除担保或者主张担保无效,都更为简单和便利。如控股股东资源足够,甚至可以直接清偿主债务,解除违规担保。但是,如违规担保金额较大,协调难度与协调时间均会呈指数级增加。以供销大集为例,为了快速在重整程序中解决不动产被用于为第二大股东债务提供抵押而引发的合规问题,避免不动产被拍卖变卖,最终在各方协调之下,第二大股东以现金提前清偿主债务的方式,置换出抵押不动产,解决了该不动产抵押引发的合规问题。但是,面对供销大集50.97亿元之多的违规担保总金额,各方却无力通过清偿主债务的方式化解全部违规担保余额,只能另觅其他出路。

2. 违规担保的具体形式

违规担保的成因不同,解决方式自然有所差异。根据前述定义,违规担保的

---

① 参见张杜超、郭璐璐:《债务重组》,中信出版集团股份有限公司2020年版,第131页。

具体形式可能是未履行决议程序；审议阶段未遵守回避表决的规定；担保数额超出监管部门或是公司章程限额；上市公司未履行信息披露义务等。若违规担保经上市公司董事会或股东大会审议通过，仅未履行信息披露义务，则上市公司通过诉讼程序主张担保无效的难度更大。若相应担保自始至终未经过上市公司董事会或股东大会审议，由实际控制人私自用印签署担保合同，债权人未尽基本的注意义务，则上市公司在诉讼阶段主张担保无效并涤除全部担保责任的可能性更高。

以天马股份为例，在“原告微弘保理诉被告怡乐无限、天马股份、喀什星河创业投资有限公司、北京星河世界集团有限公司、徐某栋借款合同纠纷案”中，天马股份为怡乐无限提供担保，未经天马股份股东大会审议，微弘保理未对该违规担保事宜进行基本的形式审查，北京市第三中级人民法院二审宣判天马股份不承担担保责任。

3. 主债务人和上市公司的现状

违规担保较为隐蔽，难以被发现，曝光多是因为控股股东、实际控制人及其关联方自身出现问题，导致其无法被掩盖。而违规担保的解决面临同样问题，如违规担保金额较小，控股股东、实际控制人及其关联方作为主债务人，具备偿债能力，则在违规担保问题曝光后，可通过清偿债务的方式快速清偿主债务，直接解决违规担保问题，及早消除对上市公司的不利影响，甚至上市公司股票不会被施加其他风险警示。但是，正因控股股东、实际控制人及关联方自身面临债务风险，现有资产难以处置变现，或不符合抵债条件，才导致违规担保问题持续发酵，最终不可收拾。另外，上市公司的现状同样会影响方案选择，如上市公司资产负债情况良好，即使控股股东因违规担保问题陷入困境，上市公司也可继续经营，有充足的时间和能力从容化解风险，即使需要承担担保责任，也可在清偿担保债务后，再向控股股东、实际控制人及其关联方追偿。

但是，根据本书重点研究的涉及违规担保问题的 10 家上市公司案例，上市公司除存在违规担保问题外，其自身债务危机也很严重，这使上市公司最终能够选择的解决方案范围受到限制。以海航控股为例，其存在 258.26 亿元的违规担保问题，违规担保问题实际可以选择通过海航集团等 321 家公司重整程序中的信托份额抵偿的方式解决，但海航控股并未选择这种较为简单的方式，而是选择通过在重整程序中嵌套诉讼主张担保无效以及债务转移的方式化解违规担保问题,主要原因还是在于海航控股自身的债务问题同样比较严重,需要通过重整程序化解自身债务风险。

另外,控股股东、实际控制人及其关联方的资产负债情况对违规担保解决方案的选择同样具有决定性影响。若其资产负债结构失衡,债务问题严重,则难以通过单一方式解决违规担保问题。以海航集团为例,其在操控海航控股、海航基础和供销大集三家上市公司违规为其提供担保的同时,自身债务问题同样已经到了不可收拾的地步,只能选择破产重整来化解危机。不妨进一步设想,若是海航集团运转良好且违规担保金额较小,则实际可以通过清偿主债务等更为简单直接的方式化解违规担保问题。

4. 利益相关方诉求

对于上市公司违规担保的解决方案,上市公司、控股股东、实际控制人、关联方、债权人、投资人、法院乃至政府,看法与诉求不尽一致。方案设计者要想真正解决问题,不能全神贯注于这一特殊历史时期的单一问题,应当尽可能地拓宽视野,查找合规问题的复杂成因,探究各方真实意图,详细考察判读:共有多少类别的利益主体,可以沿着几条路径加以解决,可能出现何等风险或障碍,最终确认方案以及其要达成的目的——解决违规担保问题本身,还是超越违规担保问题。有时,超越合规问题之外的风险更为严峻,更应在设计方案时优先处理。

(二)不同解决方案的优劣对比(见表1-2-21)

表1-2-21 违规担保不同解决方案的优劣对比

解决方案	优势	劣势
清偿主债务	1. 商业逻辑顺畅,对于上市公司而言风险化解最为彻底,最为保护中小股东利益; 2. 可以快速解决违规担保问题,避免合规问题影响上市公司运营; 3. 实际控制人等违规担保受益方不会失去对上市公司的控制权; 4. 避免因违规担保问题迟迟得不到化解而导致违规担保受益方面临法律责任升级风险	1. 需要动用等量资金清偿主债务,对于违规担保受益方而言,成本较高; 2. 只有在违规担保规模可控和违规担保受益方现金储备充足的情况下才可适用; 3. 资金受益方回填资金有时依然不能满足上市公司化解自身债务危机所需

续表

解决方案	优势	劣势
债权人豁免	1. 高度意思自治，协商空间较大，各方可以根据不同债权人的利益诉求提供不同的解决方案； 2. 对于上市公司而言成本最低，不会损害中小股东利益，不会影响上市公司正常的生产经营； 3. 在满足债权人诉求的前提下，可以实现问题的快速解决； 4. 可避免因违规担保问题迟迟得不到化解而导致违规担保受益方面临法律责任的升级	1. 如涉及债权人较多，协商难度将会大大增加，容易被小部分债权人钳制； 2. 需要对债权人予以额外补偿，成本较高，实施难度较大； 3. 违规担保问题解决不彻底，可能仅能化解已知的违规担保问题； 4. 有时相关操作会引发市场其他质疑
诉讼主张担保无效	1. 上市公司主张担保无效且不承担责任具有法律依据，在证据充分的前提下，可以简单高效地化解违规担保问题，不用考虑债权人诉求； 2. 生效裁判文书具有强制执行力，可实现该违规担保问题的彻底化解，债权人后续将再无主张可能	1. 诉讼程序具有不确定性，上市公司可能仍需承担部分赔偿责任，需要与其他方案配合； 2. 诉讼程序需要经历一审、二审程序，时间成本较高
破产重整	1. 问题解决成本相对较低，违规担保多为信用担保，因此债权人仅能在重整程序中作为普通债权受偿，而普通债权实际清偿率较低； 2. 成功率较高，重整程序的多数决机制，可以保证方案的沟通不受小部分债权人的钳制； 3. 问题解决彻底，由于违规担保的隐蔽性，除非当事人主动披露，否则很难核查，这就导致在常规方式下，违规担保难以全面解决，但是在重整程序中，对于新发现的违规担保同样将按照重整计划的规定清偿，可以将风险控制在可控的范围内，后续上市公司不会再因此受到影响，同样有利于引入投资人； 4. 利于公司治理结构更新，投资者在重组公司的治理结构中非常活跃；[1] 5. 可同步化解上市公司财务困境等其他问题，避免上市公司问题恶化	1. 上市公司需要满足法定破产条件，并通过法院与中国证监会的双线审批，如上市公司资产负债情况良好，该方案将无操作空间； 2. 整体方案的制定和论证需要较多的时间，且需要说服监管部门同意，并非适用于所有上市公司； 3. 违规担保受益方大概率会丧失上市公司的控制权

〔1〕参见［美］爱德华·阿尔特曼、［美］伊迪斯·霍奇斯基：《公司财务危困与不良债权投资》，邱继成等译，中信出版集团股份有限公司2019年版，第270页。

第三章　结　语

根据本书实证分析,上市公司即使面临的合规问题类似,解决方案也可能大相径庭,这说明没有能让所有人满意的"万能药方"。上市公司是资本市场的"晴雨表",抵御风险的能力较强,即使出现问题也存有缓冲时间——"救治黄金期",这就导致一个实践悖论——公司形势危殆反而比拥有缓冲时间更易成功——及时采取行动的公司挽救成功概率较高,但存在救治黄金期的企业反而容易犹豫,而很多上市公司在犹豫间错过了最后的救治机会。

在部分案件中,纯粹理性的分析能够总结是什么原因导致成功,但很难说清为何失败。《黑天鹅》作者塔勒布曾谈及,"我们的本性不擅长以历史为师,天生拒斥别人经验的并不只有孩子和我",企业决策者和投资人也受到相当大的影响。"据我所知,拒斥历史的所有同行,后来都惨遭'炸毁',而且我还没碰到有过幸免于难的这类人。"①塔勒布认为人们总喜欢根据过去的历史来推断未来的走向,这种推测非常不可靠,其原因在于世界充斥着"黑天鹅事件"和非对称现象。对此,根据我们的亲身感受,至少在上市公司合规问题上,并非所有利益攸关者都会积极地采取理性行动,成功与否即使可在统计学意义上寻求规律,但

---

① 参见[美]纳西姆·尼古拉斯·塔勒布:《随机漫步的傻瓜》,盛逢时译,中信出版集团股份有限公司 2019 年版,第 51 页。

也经常在个案中失效。归根结底,解决问题的主体是人,而人性尤为复杂和感性。

在不同场合中,我们坚持在解决上市公司合规问题之前,要了解背后相关利益群体的真实想法。其中,重中之重是实际控制人,其个性、想法、经验与判断至关重要。戴蒙德总结了"应对个人危机成功因素":(1)直面身处危机的现实;(2)愿意承担责任;(3)划清界限,明确问题;(4)向外界寻求物质及情感支持;(5)借鉴他人应对危机的方法;(6)自我力量;(7)诚实的自我评估,应对过往危机的经验;(8)耐心;(9)灵活的个性;(10)个人核心价值观;(11)不受拘束。① 同理,上述特质也影响了国家、政治与经济层面的危机处置结果。

参照上述总结,在成功解决合规事件的案例中,包含又不局限于实际控制人在内的主体,应该直面危机现实,让渡部分权利,达成新的一致。通常,实际控制人与主要管理层是否具有承担责任的勇气,对合规问题顺利解决的影响最大,越勇于承担责任,越能减轻责任。在上市公司利益攸关者众多的情况下,方案要清晰明确,划清界限——上市公司与实际控制人、控股股东及其关联方是各自独立的主体,各方利益与责任边界必须清晰,解决方案的笼统性和模糊性对问题解决毫无帮助,最终不会带来额外收获。在上市公司出现合规问题后,财务困境等并发症也会随之而来。此时,公司要积极寻求外界物质与情感支持,例如,政府的协助与鼓励,有利于维持市场信心,遏制风险蔓延。甚至,政府对企业家一句暖心的鼓励,有时也会起到决定性作用,蝴蝶效应随处可见。在上市公司合规问题爆发后,下定决心处置风险,可借鉴他人应对危机的方法,亦要相信自己的力量,始终对解决问题抱有希望和信心。这种信心既来源于精神力量,也来源于成功经验,同时也是诚实自我评估的结果。在讨论与确定方案时,操盘手的耐心很重要,要排除无效信息的干扰,同时也需要抓住救治黄金期的时间红利。要知道,合规方案不是一蹴而就,方案制定与执行都有着大量博弈,主导者要有灵活的个性,智慧的妥协,存异后的求同,但也要具备核心利益的坚持,不受约束的底线。

如果历史可以参照,市场成败可以总结,根据数学上的遍历性——事件在长周期下会向长期的性质靠拢,那么会有越来越多的上市公司以及相关主体做出

---

① 参见[美]贾雷德·戴蒙德:《剧变》,曾楚媛译,中信出版集团股份有限公司2020年版,第13~20页。

正确判断,市场上的成功案件也会越来越多。但是,这种遍历性绝非自发,是市场对上市公司合规解决方案的理解与适用,不断深化的结果。因此,本书的目的就是,用时间的尺度,让合规事件摆脱随机性,更加趋于正确的方向。在下述分编中,我们采用的具体方式是,在总结成功经验的基础上,为每个样本案例做出更为叙事化的展现,即通过下述分编展现每个研究样本合规问题解决过程中的细节,促使受困于同样问题的主体,看明白眼前的事情,预判即将发生的事情。

分　　编

关于上市公司存在合规问题的案例较多，解决角度迥异。通过对各个案例的事实还原，我们发现看似一致的解决，其实案件过程迥异，甚至同样的决策在不同的阶段会衍生完全不同的结果。举例而言，监管部门发函关注的频次也可能会间接影响事件走向。不对案件事实“解剖麻雀”，就很难理解公司的决策安排，不能精准地评价每一时点相应决策的优劣，很难理解每个决策背后的动机。因此，我们对包含赫美集团在内的各个代表性案例的事实进行详细总结，以图真实、完整、准确地还原各个上市公司在解决合规问题过程中的走向脉络，以便读者自行评判优劣并对自己所拟探求的问题寻求更为精准的答案。另外，我们也在很多亲历参与的案件中收到了各方咨询的诸多问题，例如合规风险的责任究竟有多重，重整期间处置资产的概率，产业投资者与财务投资者承担的资金占用回填义务是否相同等，有无案例可以介绍。实际上，除非设身处地，否则外部人士很难对一个上市公司如何解决合规问题，尤其是配套重整程序时的具体情况充分了解。

基于上述考虑，我们制作了分编部分，力求根据我们对合规问题的处置经验，将本书 15 宗案件涉及各方决策与案件走向的重大事件进行全面梳理，以展现个案案例的处置全貌。事实明晰后，答案也就呼之欲出了。

专题一　赫美集团合规问题解决方案研究

赫美集团为一家于2010年2月9日在深交所上市的公司。从2018年起,因金融市场去杠杆等原因,赫美集团控股股东汉桥机器厂有限公司(以下简称汉桥机器厂,香港注册公司)及其关联方北京首赫投资有限责任公司(以下简称首赫投资)面临严重债务危机。为解决自身债务危机,汉桥机器厂及其关联方首赫投资通过私下盖章等方式,在赫美集团不知情的情况下,占用赫美集团资金并让赫美集团为其债务提供担保,并于2019年4月30日正式在审计报告中披露。同时,赫美集团也面临债务逾期、缺乏可持续经营能力等问题。

为解决上述问题,赫美集团及其控股股东采取了引进战略投资者、设立债务重组纾困基金、重大资产重组等一系列措施,但均未成功。2021年,赫美集团面临退市的风险。但最终,赫美集团在债权人代偿债务、豁免担保以及投资人兜底的前提下,通过一揽子的"组合拳",先行解决了违规担保和资金占用等合规问题,后续又以启动重整程序疏导化解债务风险的方式,完成了合规问题与债务问题的全面解决。上述方案互为前提,以重整化债实现保壳作为各方投入资源、解决合规问题的利益基础,以解决合规问题作为启动破产的前置程序,最终通过"一揽子"交易安排,实现了对违规担保、资金占用、债务风险与退市问题的全方位解决。

上述纾困方式中,重整程序是关键的一环。资金占用等问题之所以无法及时解决,原因在于其某种意义上是债务问题。假设控股股东具备充足的偿付能力,退还资金无疑是最为简捷易行的方式,但事实上,资金占用等问题的暴露说明控股股东面临债务问题,而上市公司受资金占用等合规问题的影响,自身债务安全边际较低,甚至净资产等财务指标已经为负,面临退市风险。此时,资金占用问题与债务问题相互交织,互为前提——资金占用问题需要投入资源,核心资源是上市公司股份,只有将濒临退市的上市公司救活,解决其债务风险,提升其股份价值,各方利益才能够被满足。此时,重整程序作为债务风险化解工具的价值就凸显出来了。

在赫美集团合规问题解决方案中,破产重整制度成为关键,赫美集团通过引入重整投资人,以现金清偿、以股抵债等方式清偿了到期债务,化解了债务危机,避免了退市风险。同时,赫美集团原控股股东汉桥机器厂的持股比例虽然因重整程序中实施的资本公积金转增股本而有所下降,但其持股数量未发生变化,为其后续化解自身债务危机奠定了基础。

一、合规问题事实的梳理

(一)2018 年 12 月 5 日,赫美集团拟引入战略投资者

赫美集团于 2018 年 12 月 5 日与裕文堂有限公司(以下简称裕文堂)签署了《战略合作框架协议》,裕文堂拟通过包括但不限于认购赫美集团发行的新股、协议转让受让赫美集团原股东股份、二级市场竞价交易或双方协商的其他方式持有赫美集团不超过总股本 5% 的股份,成为赫美集团的战略股东。但通过公开市场信息检索,双方在达成框架协议后,后续合作再无进一步消息。

这不是赫美集团第一次试图引入投资者,早在 2018 年 5 月,赫美集团就与韬蕴资本集团有限公司(以下简称韬蕴资本)签署了《战略投资合作框架协议》,韬蕴资本拟于 2018 年 11 月 14 日前收购赫美集团不低于 5% 的股份,同时还将与赫美集团进行多方位业务深度合作。在上述计划实施期间,赫美集团筹划拟收购韬蕴资本一致行动人王某持有的北京东方车云信息技术有限公司(以下简称东方车云)股权。虽然韬蕴资本在 2018 年 11 月 14 日前确实通过其一致行动人以收购的方式间

接持有了赫美集团4.54%的股份,但是该合作最终还是在2018年11月15日被双方共同决定终止。双方披露的终止理由为"当前国际及国内的宏观经济形势变化、双方投融资战略的调整""东方车云拟独立进行境内或境外IPO申报"。

实际上,本次交易的对象东方车云就是当时网约车中的明星企业"易到"。作为一家纯粹的财务投资机构,韬蕴资本并无心长久经营。接盘"易到"后,为了保证"易到"合作的司机群体提现,韬蕴资本需要持续为"易到""输血",但经营实际却无太大起色。基于筹集资金的目的,"易到"拟借壳赫美集团,赫美集团也需新的业务改善经营。但可惜的是,韬蕴资本因收购易到涉及几十亿元的经济纠纷,而"易到"又因管理混乱,经营急剧恶化。最终,赫美集团借"易到"提振资本市场士气的打算只能落空。但是,与韬蕴资本的合作也确实为因赫美集团股价"腰斩",面临平仓风险的控股股东争取了时间。

(二)2018年12月7日,赫美集团被列入失信被执行人名单

2018年12月7日,赫美集团因作为首赫投资与武汉信用小额贷款股份有限公司(以下简称武汉小贷)5000万元债务的担保人,被法院申请列入失信被执行人名单。2019年3月15日,赫美集团、首赫投资与武汉小贷签署了《债务重组协议》,武汉小贷申请将赫美集团、惠州浩宁达科技有限公司(以下简称惠州浩宁达,其是赫美集团重要的全资子公司,后续将多次出现)及其他相关方从失信被执行人名单中删除。

这一事件虽以达成重组协议、债权人武汉小贷将赫美集团等相关主体从失信被执行人名单中删除告终,但作为一家上市公司,赫美集团突然被列为失信人预示着其债务问题非常严重,市场评价与融资等行为将受到严重限制。这一事件也导致赫美集团被监管部门重点关注,成为其违规担保、资金占用问题被公众关注知悉的导火索。

(三)2018年12月11日,深交所对赫美集团对外担保情况、生产经营与融资情况、持续经营能力等表示关注

赫美集团被债权人申请列为失信人名单的影响不在于无法偿付债务,而在于其债务问题将被市场关注,且其从未披露该等对外担保情况。2018年12月11

日,深交所发出关注函[①],对赫美集团被列入失信被执行人清单的问题给予高度关注。对于上述关注函,赫美集团多次延期回复,直至 2019 年 1 月 26 日才作出阶段性回复,且律师与会计师未发表意见,回复的主要内容如下:

1. 对于武汉小贷借款问题。赫美集团回复称其已与湾流资本管理(珠海)有限公司(以下简称湾流资本)签署了战略合作协议,计划共同牵头成立纾困合伙企业,解决股东及公司的债务问题。

2. 关于首赫投资提供担保的问题。赫美集团确认赫美集团及其全资子公司惠州浩宁达未经履行正常审批决策程序,为首赫投资与武汉小贷债务(实际金额为 0.85 亿元)提供了担保金额为 3.5 亿元的连带责任保证担保。

在本次回复中,针对深交所询问的"是否存在其他未履行审议程序的对外担保事项和关联方非经营性占用公司资金事项",赫美集团表示尚在进一步核查。从上述回复中可以看出,赫美集团提出的纾困合伙企业解决债务问题的方案说明其亦知悉解决合规问题的关键是化解债务问题。

(四)2019 年 1 月 5 日,赫美集团引入战略投资者

2019 年 1 月 5 日,赫美集团及其控股股东汉桥机器厂与湾流资本签署了《关于实施债务重组及组建时尚消费产业升级并购基金的战略合作协议》,湾流资本拟对控股股东汉桥机器厂进行债务重组,同时与赫美集团及其控股股东汉桥机器厂进行战略合作,共同组建时尚消费产业升级并购基金。具体而言,湾流资本将通过设立合伙企业或其他法律法规许可的其他主体的方式,筹集不低于 20 亿元的资金重组赫美集团的债务,重组方式包括但不限于承接现有债务、债权转股权或合伙企业份额以及三方共同认可的其他方式。

(五)2019 年 2 月 18 日,赫美集团因筹划重大资产重组上市停牌

2019 年 2 月 18 日,赫美集团披露,其正在筹划通过发行股份的方式购买天津迪诺投资管理有限公司(以下简称迪诺投资)、天津迪诺兄弟资产管理合伙企业(有限合伙)(以下简称迪诺兄弟)及其他方持有的英雄互娱科技股份有限公司(以下简称英雄互娱)的全部或部分股权的事项,而该事项可能涉及赫美集团

---

① 深交所:中小板关注函〔2018〕第 414 号。

控股股东及实际控制人变更。

（六）2019年2月28日，赫美集团公告2018年实现归属于上市公司股东的净利润为-13.88亿元，计提减值准备22.04亿元

赫美集团及下属子公司在对2018年12月31日存在的、可能发生减值迹象的商誉、长期股权投资、应收账款、其他应收款、存货、发放贷款及垫款、预计负债等项目进行了全面清查和资产减值测试后公告，其2018年度拟计提各项减值准备合计人民币220,445万元。赫美集团本次计提减值准备金额占赫美集团2017年度归属于上市公司股东净利润的比例为1530.97%。赫美集团本次计提资产减值准备后，影响赫美集团2018年度合并报表利润220,445万元。

（七）2019年3月1日，深交所对赫美集团2018年度实现归属于上市公司股东净利润为-13.88亿元的事件表示关注

2019年3月1日，深交所出具关注函[①]，对赫美集团预计公司2018年度实现归属于上市公司股东净利润-13.88亿元，业绩快报与业绩预告存在较大差异的原因为计提商誉减值准备、承担违约金及赔偿、补计提资产减值损失等表示高度关注。

2019年3月12日，赫美集团对上述关注函作出回复，表示公司之所以在2018年大额计提商誉减值准备、贷款减值准备及风险准备，主要是因为2018年的经济环境、金融政策环境及公司自身经营等出现了重大不利变化，2018年赫美集团贷款业务内外部环境发生的重大不利变化具有合理性，不存在对当期财务报表进行不当盈余管理的情形。

（八）2019年3月4日，赫美集团披露吸并英雄互娱交易预案

2019年3月1日，赫美集团召开董事会，审议通过了《关于公司吸收合并英雄互娱科技股份有限公司暨关联交易方案的议案》《关于〈深圳赫美集团股份有限公司发行股份吸收合并英雄互娱科技股份有限公司暨关联交易预案〉及其摘要的议案》等相关议案，重点内容如下。

---

① 深交所：中小板关注函〔2019〕第170号。

1. 交易方案概述

赫美集团向英雄互娱全体股东发行股份吸收合并英雄互娱,其中,赫美集团为吸收合并方,英雄互娱为被吸收合并方。吸收合并完成后,英雄互娱将注销法人资格,赫美集团作为存续公司,将承接(或以其全资子公司承接)英雄互娱的全部资产、负债、业务、人员、合同、资质及其他一切权利和义务。吸收合并完成后,英雄互娱的全体股东将成为赫美集团的股东。

于上述吸收合并换股股票上市之日,汉桥机器厂向迪诺投资转让了赫美集团 52,780,655 股股份(占本次交易前赫美集团总股本的 10%)①,具体股权转让价格需待拟注入资产审计、评估工作完成后,由交易各方协商确定。上述发行股份吸收合并与股权转让互为条件,共同构成本次重大资产重组不可分割的组成部分,其中任何一项未能成功实施,本次重大资产重组自始不生效。

本次交易预计构成重大资产重组。本次交易完成后,迪诺投资实际控制人将成为赫美集团新的实际控制人,交易方案见图 2－1－1。

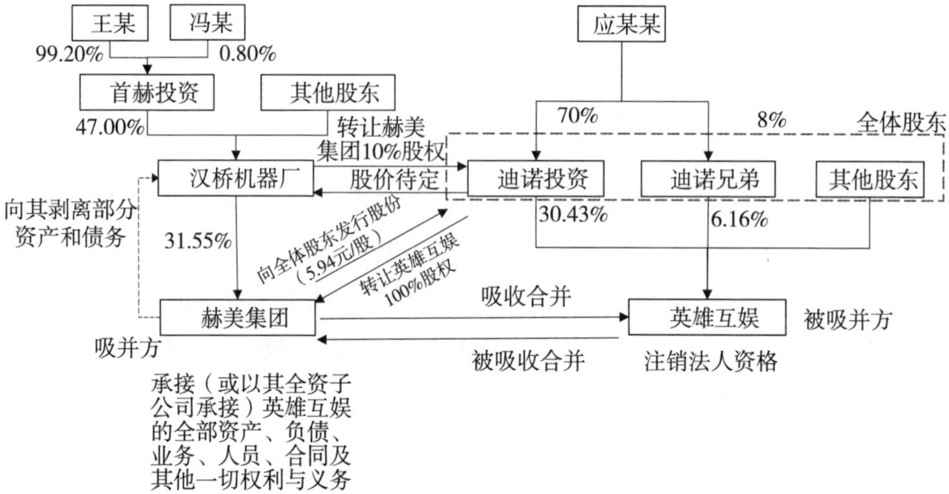

图 2－1－1　赫美集团吸并英雄互娱交易预案

2. 具体实施步骤

(1) 发行股份吸收合并英雄互娱

赫美集团向英雄互娱全体股东发行股份吸收合并英雄互娱,发行股份的价

---

① 赫美集团未披露该股份转让所涉协议的具体内容。

格不低于定价基准日前 20 个交易日赫美集团股票交易均价的 90%，即 5.94 元/股。

交易各方协商确定，英雄互娱 100% 股权的最终交易价格将以具有证券、期货业务资格的资产评估机构出具的评估结果作为参考依据，由交易各方协商确定。

在本次方案获得中国证监会审核核准后，收购请求权提供方将为赫美集团的全体股东提供收购请求权，收购请求权的价格为本次发行股份吸收合并的定价基准日前 20 个交易日赫美集团股票交易均价的 90%，即 5.94 元/股。

(2)汉桥机器厂向迪诺投资转让存量股份

汉桥机器厂向迪诺投资转让赫美集团 52,780,655 股股份（占本次交易前赫美集团总股本的 10%）的时间为上述吸收合并换股股票上市之日；汉桥机器厂向迪诺投资转让的赫美集团 52,780,655 股股份（占本次交易前赫美集团股本的 10%）的具体股权转让价格需待拟注入资产审计、评估工作完成后，由交易各方协商确定。

本次股权转让完成后，迪诺投资及其一致行动人迪诺兄弟合计持有的赫美集团股份预计将超过现有第一大股东，迪诺投资实际控制人将成为赫美集团的实际控制人。

(3)本次交易预计构成反向收购

本次交易完成后，赫美集团向英雄互娱全体股东发行股份购买其持有的英雄互娱 100% 股权，迪诺投资实际控制人预计将取得赫美集团的控制权，本次重组预计构成反向收购。

(4)重组方设立了完备的履约保证条款

为便于展示重组过程中合作双方可能存在的模式与风险，本书尽可能将股权转让协议的细节展示清楚。简言之，本次换股吸收合并与股权转让互为前提，且规定了迪诺投资的单方解除权。

若汉桥机器厂触发股份转让协议中的相关条款，则迪诺投资有权单方面终止股权转让交易。协议核心内容或条款如下：

①未向迪诺投资支付 20,000 万元人民币的偿债保证金。

②在本预案披露后的 10 个工作日内，赫美集团未终止赫美集团及其子公司

惠州浩宁达与武汉小贷签订的《委托贷款最高额保证合同》项下的担保责任。

③在重组上市草案公告之前,其一,除在本预案披露前已经以书面方式向迪诺投资披露的债务或有负债外,赫美集团出现未经迪诺投资认可的新增债务及或有负债;其二,赫美集团处置资产的回款净额低于人民币80,000万元,或者未按照迪诺投资认可的方式完成金额不低于人民币80,000万元的债务剥离;其三,汉桥机器厂及其实际控制人和迪诺投资未就赫美集团截至草案公告前未清偿债务的处置方案达成一致意见并在草案中进行了披露;其四,赫美集团存在任何将导致赫美集团不符合再融资、发行股份购买资产、重大资产重组实质条件的情形或者被立案调查。

④在重组上市草案公告前,汉桥机器厂及其实际控制人或其指定的第三方未将数量不少于52,780,655的股份质押给迪诺投资并办理完成质押登记等。

2019年3月4日,赫美集团披露了控股股东债务重组基金的设立进展。但从披露的内容来看,该债务重组基金可能与2019年1月5日拟引入的湾流资本并不相关,或不止与其相关。但英雄互娱是否参与该债务重组基金设立,尚无法从公开信息确认。

值得注意的是,本次重组最终未能成功。赫美集团在2019年4月2日公告,此次重组终止,其各方于3月1日签订的股份转让协议中的核心交易条件未能满足及达成一致意见,迪诺投资决定单方终止股份转让协议,同时,赫美集团与英雄互娱于3月1日签署的吸收合并协议也一并自动终止。

(九)2019年3月4日,控股股东汉桥机器厂开展纾困自救工作,拟设立债务重组基金和协议转让部分公司股份

赫美集团控股股东汉桥机器厂无力清偿部分到期债务,为通过债务重组方式化解风险,将赫美联合二期(深圳)消费品投资中心(有限合伙)(以下简称赫美联合二期)确定为实施债务重组的基金。作为债务重组方案的部分内容,汉桥机器厂拟将其持有的赫美集团158,289,319股股份协议转让给赫美联合二期。若本次股份转让最终完成,受让方赫美联合二期将持有赫美集团股份158,289,319股,占赫美集团总股本的29.99%,具体交易方案如下。

1. 交易方案股权示意图

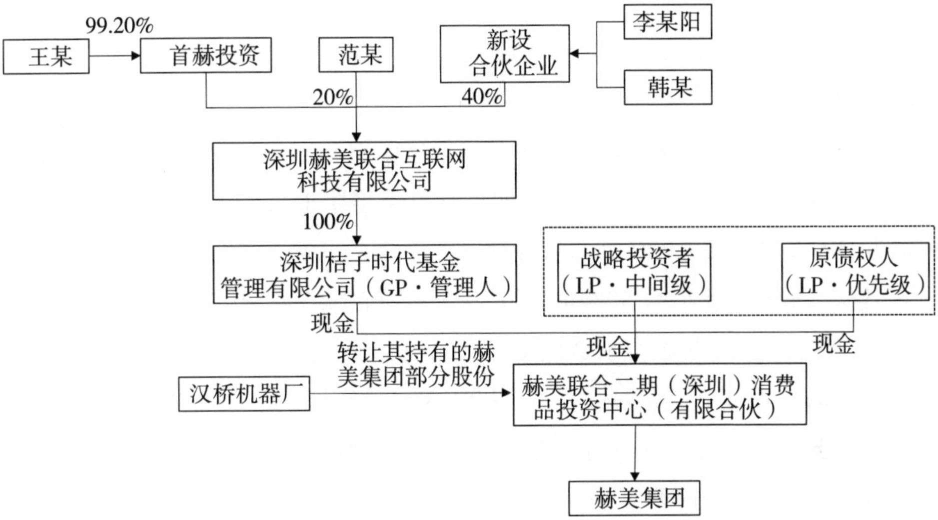

图 2－1－2　赫美集团债务重组方案股权示意

2. 交易方案的主要内容

(1)债务重组方案

受经济环境和证券市场变化等因素的影响,赫美集团控股股东汉桥机器厂存在未清偿债务。汉桥机器厂已同相关债权人初步达成了纾困和债务重组方案,由公司董事长和高管等核心人员作为普通合伙人发起设立债务重组基金,控股股东汉桥机器厂债权人以其持有的汉桥机器厂债权向债务重组基金出资。同时,汉桥机器厂将其持有的部分赫美集团股份转让给债务重组基金,作为对债权人债务清偿和收益的保证,以化解债务危机。

协商确定,拟由公司董事长和高管等核心人员以股权受让的方式取得深圳赫美联合互联网科技有限公司(以下简称赫美联合)的全部股权,并进而持有深圳桔子时代基金管理有限公司(以下简称桔子时代)的股权,桔子时代担任债务重组基金的普通合伙人,汉桥机器厂的债权人以债权方式向债务重组基金出资,成为优先级投资人,并同时引进战略投资者作为中间级投资人;汉桥机器厂将其持有的部分赫美集团股权协议转让给债务重组基金,转让完成后,债务重组基金将持有赫美集团股权。

(2)股份转让方案

2019 年 3 月 1 日,控股股东汉桥机器厂与赫美联合二期签署了股份转让协议,汉桥机器厂拟转让 158,289,319 股股份(约占赫美集团总股本的 29.99%)给赫美联合二期。

本次转让完成后,汉桥机器厂持有赫美集团 101,810,681 股股份,约占赫美集团总股本的 19.29%;赫美联合二期持有赫美集团 158,289,319 股股份,约占赫美集团总股本的 29.99%。首赫投资拟受让赫美联合二期执行事务合伙人桔子时代唯一股东赫美联合 50% 的股权,王某持有首赫投资 99.2% 的股权。

(3)赫美联合二期放弃所持股份对应的表决权

2019 年 3 月 4 日,赫美联合二期签署《关于放弃表决权的声明与承诺》,声明其在受让赫美集团股份后没有改选或更换赫美集团董监高的计划,承诺自本次股权转让完成后 36 个月内,自愿放弃所持有的赫美集团 158,289,319 股股份对应的表决权、提案权、提名权等非财产性权利,亦不委托任何其他方行使前述权利。

(4)赫美联合股权结构调整

考虑到汉桥机器厂为注册成立在境外的公司,其融资受到一定限制,且融资资金及股票收益无法留存在境内,难以保证境内债权人的债权得到有效清偿,本次债务重组通过在中国境内筹建特定的债务重组基金实现。

2019 年 3 月 4 日,赫美联合的现有股东赫美集团及相关人员作为转让方与首赫投资及指定人员共同签署了股权转让协议,约定赫美集团及相关人员将合计持有的赫美联合 100% 的股权分别转让给首赫投资及指定人员共同新设的有限合伙企业。

(5)本次债务重组方案实施后,赫美集团无实际控制人

本次债务重组方案实施后,汉桥机器厂直接持有赫美集团 19.29% 的股份。根据汉桥机器厂的股权结构,汉桥机器厂无实际控制人。

根据赫美联合二期修订后的合伙协议,赫美联合二期在引入债权人和战略投资者后设立了决策委员会,对合伙企业事务进行决策,并授权普通合伙人对外代表合伙企业办理一切事务。决策委员会由普通合伙人、战略投资者、债权人各推举 1 名委员组成。单一合伙人无法对赫美联合二期的决策产生重大影响。同

时，桔子时代及其股东赫美联合无实际控制人。因此，赫美联合二期无实际控制人。

根据赫美联合二期签署的《关于放弃表决权的声明与承诺》，赫美联合二期放弃所持赫美集团 29.99% 股份对应的表决权。因此，赫美联合二期与汉桥机器厂之间不构成一致行动关系。

综上所述，本次债务重组方案实施后，赫美集团无实际控制人。

3. 交易方案的实施步骤

(1)董事长及高管通过赫美联合获得桔子时代(基金管理人)100% 股权(2019 年 3 月 4 日，赫美集团发布公告调整了股权结构)；桔子时代是债务重组基金的普通合伙人、基金管理人。

(2)汉桥机器厂将赫美联合二期设立为债务重组基金，并协议转让约 1.58 亿股(29.99% 的股权)股份，债务重组基金成为赫美集团第一大股东。

(3)债权人将其已到期或即将到期的对汉桥机器厂的债权以展期等的方式延长了债权期限，并将其用于认购债务重组基金的基金份额，从而成为债务重组基金的有限合伙人和优先级投资人。

(4)第三方金融资产管理公司等作为战略投资者认购债务重组基金的基金份额，作为债务重组基金的有限合伙人和中间级投资人。

(5)债务重组基金原有限合伙人赫美联合从债务重组基金中退伙(赫美联合二期并非新设公司，其成立日期为 2016 年 12 月 1 日，合伙人为赫美联合，其股权为 99.6667%，桔子时代，其股权为 0.3333%)。

4. 本次债务重组工作的目标与结局

上市公司合规问题的主要诱因之一是控股股东自身出现严重的债务问题。因此，债务重组工作实际上是“双轨并行”，即控股股东以上市公司资产重组维持股价化解自身债务风险。具体而言，在本方案中，汉桥机器厂有关债权人作为赫美联合二期的有限合伙人，可通过赫美集团股价的提升获得投资收益，实现债务的清偿。换言之，赫美集团股价大涨即可解决债务问题。但是，赫美集团除在 2019 年 8 月 30 日披露的《2019 年半年度报告》中提及了“控股股东及其关联方正在推进债务重组基金落地工作”，此后再未提及该债务重组基金。通过公开渠道查询，该债务重组基金最终未得以设立。

(十)2019 年 3 月 4 日,赫美集团对 2019 年 1 月 30 日关注函作出回复

2019 年 3 月 4 日,赫美集团对深交所 2019 年 1 月 30 日下发的关注函①作出回复,重点内容如下:

1. 经公司向中介机构确认,其预计将不晚于 2019 年 4 月 30 日披露核查意见以及相关事项的专业意见。

2. 截至本关注函回复之日,除已披露情形外,赫美集团及子公司尚未发现存在其他未履行审议程序对外提供担保以及关联方占用公司资金的情形。

3. 截至本函回复日,公司正在筹划发行股份购买英雄互娱的全部或部分股权事宜,重组标的英雄互娱有较强的资金和盈利能力,在泛娱乐和电竞行业处于龙头地位。交易完成后,英雄互娱将实现重组上市,公司的盈利和偿债能力等将有大幅提高。上述发行股份购买资产的同时,公司将剥离现有部分或全部资产和负债给控股股东汉桥机器厂,控股股东汉桥机器厂正在通过设立结构化债务重组基金的方式解决其自身债务问题并承接公司相关资产和债务。汉桥机器厂已同相关债权人初步达成纾困和债务重组基金方案,该基金正在筹备设立过程中。本次资产购买和债务重组方案均具备可行性,相关债务问题预计将会在短期内解决,公司将根据实际进展情况及时履行信息披露义务。

4. 公司的内部控制不存在重大缺陷。

(十一)2019 年 3 月 11 日,深交所对赫美集团吸并英雄互娱进行问询

2019 年 3 月 11 日,深交所出具重组问询函②,并在对赫美集团《发行股份吸收合并英雄互娱科技股份有限公司暨关联交易预案》等披露文件进行形式审查后,要求赫美集团从重组上市、重组方案、交易对方、重组标的等方面予以完善。但是,赫美集团以工作量较大为由,两次申请延期回复,直至 2019 年 3 月 28 日,赫美集团才对上述问询函作出回复。赫美集团回复的重点内容摘录如下。

1. 违规担保问题的影响及解决

首赫投资将于 2019 年 4 月 15 日前向武汉小贷支付剩余本息及相关费用,并

---

① 深交所:中小板关注函〔2019〕第 76 号。

② 深交所:中小板重组问询函(需行政许可)〔2019〕第 9 号。

解除赫美集团及惠州浩宁达的担保义务。同时,赫美集团确认如其对武汉小贷的违规担保问题到期无法解除,根据《上市公司证券发行管理办法》第39条的规定①,其将不得发行股票。

2. 发行股份吸收合并与股权转让互为条件的主要考虑及必要性

由于国家信贷和金融监管政策收紧,赫美集团面临较大的短期偿债压力,且其为首赫投资与武汉小贷金融借贷提供担保所需承担的担保责任尚未履行;同时赫美集团原有业务与拟置入资产亦不存在明显的协同效应。为改善赫美集团财务状况、避免新增大额商誉,迪诺投资要求赫美集团解除担保责任,并通过资产处置回款、剥离债务。但限于停牌时间有限,赫美集团、汉桥机器厂未能制定明确的资产处置和债务剥离计划,赫美集团为首赫投资提供的担保亦未能在预案首次披露时解除。

经协商,迪诺投资同意给予宽限,即赫美集团最迟应于草案披露前通过资产处置回款不低于80,000万元,或按迪诺投资认可的方式完成不低于80,000万元的债务剥离,就赫美集团截至草案公告前未清偿债务的处置方案达成一致意见并在草案中进行披露。否则,迪诺投资有权单方面终止交易。

在违约条件成就的情况下,若迪诺投资最终选择不行使单方面终止权,则其可能会为推进交易而承担部分担保或代偿责任。为保护迪诺投资的利益,双方协商同意,由汉桥机器厂向迪诺兄弟另行转让赫美集团52,780,655股股份(占本次交易前赫美集团股本的10%),具体价格将根据迪诺投资未来实际承担赫美集团负债或提供担保责任的情况确定,在草案前明确。

此外,本次设置股权转让安排亦有助于巩固赫美集团新实际控制人的控制权。本次换股吸收合并新增股份发行完成后,迪诺投资及其一致行动人迪诺兄

---

① 《上市公司证券发行管理办法》第三十九条规定:"上市公司存在下列情形之一的,不得非公开发行股票:(一)本次发行申请文件有虚假记载、误导性陈述或重大遗漏;(二)上市公司的权益被控股股东或实际控制人严重损害且尚未消除;(三)上市公司及其附属公司违规对外提供担保且尚未解除;(四)现任董事、高级管理人员最近三十六个月内受到过中国证监会的行政处罚,或者最近十二个月内受到过证券交易所公开谴责;(五)上市公司或其现任董事、高级管理人员因涉嫌犯罪正被司法机关立案侦查或涉嫌违法违规正被中国证监会立案调查;(六)最近一年及一期财务报表被注册会计师出具保留意见、否定意见或无法表示意见的审计报告。保留意见、否定意见或无法表示意见所涉及事项的重大影响已经消除或者本次发行涉及重大重组的除外;(七)严重损害投资者合法权益和社会公共利益的其他情形。"

弟合计持有的赫美集团股份预计将超过现有第一大股东,迪诺投资实际控制人预计将成为赫美集团的实际控制人。由汉桥机器厂另行向迪诺投资转让部分股份,可进一步提高迪诺投资及其一致行动人对赫美集团的持股比例,有利于保持赫美集团经营稳定,有助于推动其业务发展,提升其综合竞争力、品牌影响力和行业地位,实现赫美集团股东利益最大化。

3. 赫美集团处置资产回款、剥离债务进展

(1)因赫美集团资产处置及债务剥离方案尚在进行中,经汉桥机器厂与迪诺投资协商一致,允许汉桥机器厂分期支付20,000万元的偿债保证金。

(2)赫美集团、首赫投资及相关方与武汉小贷已于2019年3月15日签署了债务重组协议,首赫投资已按协议约定向武汉小贷支付了部分款项,将于2019年4月15日前向武汉小贷支付剩余本息及相关费用,同时解除赫美集团及惠州浩宁达的担保义务。

(3)赫美集团未发生新增债务,未出现导致不符合实质性条件或被立案调查的情形,处置资产及债务剥离事项正在全力推进过程中。

(4)汉桥机器厂已设立债务重组基金,且正在积极推进债务重组,部分债权人已签署参与债务重组的意向函,债务重组方案如预期一样被推进。虽然汉桥机器厂的股票质押比例将被降低,但不会对本次重大资产重组方案中的股权协议转让事宜构成影响。

(5)赫美集团资产处置或债务剥离方案尚在制定过程中,相关方案不与本次重组上市互为条件。

(十二)2019年4月2日,赫美集团公告重大资产重组终止

赫美集团于2019年4月2日收到迪诺投资发出的终止通知,因各方于2019年3月1日签订的《汉桥机器厂有限公司、王某、天津迪诺投资管理有限公司与深圳赫美集团股份有限公司关于深圳赫美集团股份有限公司之股份转让协议》中的核心交易条件未能满足及达成一致意见,迪诺投资决定单方终止股份转让协议。同时,赫美集团与英雄互娱于2019年3月1日签署的《深圳赫美集团股份有限公司与英雄互娱科技股份有限公司之吸收合并协议》也一并自动终止。

2019年4月2日,深交所对赫美集团重组终止表示关注。2019年4月8日,

赫美集团对深交所关注函的回复中确认了终止股份转让协议的具体原因,即赫美集团未向迪诺投资支付20,000万元的偿债保证金,也未能解除赫美集团违规提供的担保。

(十三)2019年4月2日,深交所对赫美集团重大资产重组终止表示关注

2019年4月2日,深交所出具关注函[①],对赫美集团重大资产重组终止事宜表示高度关注。

2019年4月8日,赫美集团对上述关注函作出回复,重点内容摘录如下:

1. 详细说明未满足股份转让协议核心交易条件的具体情况

赫美集团及汉桥机器厂为推进核心交易条件履行而开展的工作包括:

(1)2019年3月1日,赫美集团与某资产管理公司开始筹划80,000万元的资产处置及债务剥离方案。在方案的制定和推进过程中,赫美集团发现该等资产处置或债务剥离会触碰到《上市公司重大资产重组管理办法》中规定的重大资产出售条件,经赫美集团与相关中介机构沟通讨论,方案的实施需要一定周期并需监管机构审批,预计难以按照双方拟定的时间安排完成。考虑到上述方案执行的难度,汉桥机器厂希望在可行的草案披露时间前完成支付保证金。

(2)赫美集团、惠州浩宁达及其他相关方已被从失信被执行人名单中删除。

(3)汉桥机器厂设立债务重组基金,降低汉桥机器厂股票质押比例和取得股票的流动性为推进债务重组的顺利进行提供保障。在工作推进的进程中,部分债权人签署了参与债务重组的意向函,但因公司股票短期内涨幅较大,股东债权人的预期和要求较多,基金落地的推动工作难度加大。

(4)与迪诺投资协商允许汉桥机器厂分期支付上述款项,以保障偿债保证金的履行,但未获得迪诺投资的同意。

2. 迪诺投资主张的终止原因

(1)汉桥机器厂无支付能力足额支付股份转让协议项下金额为20,000万元的偿债保证金;

(2)赫美集团及其子公司惠州浩宁达与武汉小贷签订的《委托贷款最高额保证合同》项下的担保责任未在股份转让协议约定的期限内终止。

---

① 深交所:中小板关注函〔2019〕第206号。

（十四）2019 年 4 月 30 日，赫美集团 2018 年年度报告被出具无法表示意见的审计报告

2019 年 4 月 30 日，赫美集团披露年度报告，但赫美集团董事兼总经理、副总经理、财务总监、负责人均无法保证赫美集团 2018 年年度报告内容的真实、准确、完整。同时，正中所出具了无法表示意见的审计报告，正式披露赫美集团存在违规对外担保事项和资金占用事项，形成无法表示意见的基础包括违规担保事项、资金往来事项（含资金占用）、未决诉讼事项、股权收购及转让事项、持续经营存在重大不确定性。

至此，赫美集团多年来隐藏的资金及违规担保等一系列问题被正式曝光。同日，深交所对赫美集团无法表示意见审计报告表示了关注，并要求赫美集团及控股股东汉桥机器厂披露是否存在明确可行的解决方案。

（十五）2019 年 4 月 30 日，深交所对赫美集团无法表示意见审计报告表示关注

2019 年 4 月 30 日，深交所出具关注函①，对赫美集团无法表示意见的审计报告表示关注。

2019 年 5 月 18 日，赫美集团经两次延期后对上述关注函作出回复，针对其中涉及违规担保和资金占用事项的主要内容，本书梳理总结如下：

1. 关于违规担保事项：赫美集团披露，除年报中已披露的 7.80 亿元外，在《关注函》回复工作中，其还发现存在其他 1.83 亿元未经审议程序的担保，以上合计 9.63 亿元。对此，赫美集团披露正在协商推进，首赫投资已于 2019 年 4 月 10 日召开债权人大会，向债权人提出两种解决方案，一是依据赫美集团前期披露的控股股东债务重组方案进行债转股，二是债务延期，延期条件再行协商，部分债权人表示同意。

2. 关于资金占用事项：赫美集团披露，控股股东汉桥机器厂及其关联方非经营性占用赫美集团资金的总额为 2.40 亿元，资金占用余额为 2.06 亿元。关于如何解决该等事项，赫美集团表示正在协商推进，部分债权人同意免除赫美集团的

---

① 深交所：中小板关注函〔2019〕第 237 号。

还款义务。

需要注意的是，在2019年6月5日对深交所下发的年报问询函回复中，赫美集团再次更新了违规对外担保事项、关联方资金占用事项的具体情况和解决方案。

(十六)2019年5月，赫美集团分别被实施退市风险警示与其他风险警示

2019年5月6日，因审计机构对赫美集团2018年度财务报告出具了无法表示意见的审计报告，深交所对赫美集团股票交易实施了“退市风险警示”的特别处理。2019年5月18日，赫美集团因公司主要银行账户被冻结、违反规定程序对外提供担保及关联方资金占用、公司生产经营活动受到严重影响等相关事项触发了其他风险警示。

关于风险警示的类型问题，参见本书总编部分的相应分析。上市公司发生资金占用与违规担保等合规问题之后直接触发其他风险警示。只有在因合规问题或其他问题导致审计机构对上市公司审计报告出具无法表示意见或否定意见等的情形时，上市公司才会触发退市风险警示。

(十七)2019年5月27日，赫美集团收到立案调查通知书

赫美集团于2019年5月27日收到了中国证监会的调查通知书。因赫美集团涉嫌信息披露违法违规，根据《证券法》的有关规定，中国证监会决定对其立案调查。

截至2020年6月13日赫美集团再次收到立案调查通知书时，深圳证监局的调查工作仍在进行中，赫美集团尚未收到证监会就上述立案调查事项的结论性意见或决定。

(十八)2019年6月11日，赫美集团董事长所持公司股份被司法强制执行被动减持

2019年6月11日，赫美集团实际控制人所持公司股份因赫美集团与湖州升华金融服务有限公司(以下简称升华金融)合同纠纷一案被司法强制处置，出现被动减持，减持股数580, 380股，占总股本的比例为0. 11%。

（十九）2019 年 6 月 15 日，赫美集团再次对 2019 年 5 月 14 日的年报问询函进行回复

2019 年 6 月 15 日，赫美集团再次对深交所 2019 年 5 月 14 日下发的 2018 年年报的问询函①作出回复，就违规担保和资金占用事项更新了部分事实。

1. 除 6 月 5 日披露的 9.63 亿元违规担保外，在年报问询函回复过程中，赫美集团自查发现新增两笔违规担保事项，分别发生于 2018 年 5 月 21 日和 2017 年 12 月 27 日，金额合计 3.5 亿元。

2. 在 6 月 5 日披露的资金占用余额 2.06 亿元的基础上，更新资金占用余额为 1.93 亿元，变动原因为湖北省武汉市中级人民法院（以下简称武汉中院）自 2019 年 6 月 11 日起强制执行质押给郭某晓的汉桥机器厂股票。

（二十）2019 年 8 月 15 日，赫美集团收到行政监管措施决定书

2019 年 8 月 15 日，赫美集团收到深圳证监局下发的行政监管措施决定书，原因之一为截至 2018 年年底，赫美集团资金被其控股股东汉桥机器厂关联方首赫投资及其子公司非经营性占用逾 2 亿元、违规为首赫投资及其关联方提供担保逾 11 亿元，违反了《16 号文》的有关规定，且赫美集团未及时履行相关审议程序及信息披露义务，也未在 2018 年半年度报告中披露该等事项。

对于上述事项，深圳证监局决定对赫美集团采取责令改正的行政监管措施，并要求赫美集团于收到本决定书之日起 30 日内向深圳证监局提交书面整改报告。

（二十一）2019 年 9 月 17 日，赫美集团披露整改报告

2019 年 9 月 17 日，赫美集团整改报告披露了违规担保及资金占用解决的进展情况。

1. 中粤联合（北京）资产管理有限公司同意解除赫美集团的担保义务及责任。

2. 赫美集团、惠州浩宁达及其他相关方失信被执行人名单信息已被依法

---

① 深交所：中小板年报问询函〔2019〕第 136 号。

删除。

3. 郭某晓已向武汉中院申请强制执行深圳首赫机器厂质押股票，截至报告期末，已执行金额为1333.84万元。

（二十二）2019年11月14日，赫美集团及相关当事人受到纪律处分

2019年11月14日，深交所发布了《关于对深圳赫美集团股份有限公司及相关当事人给予纪律处分的决定》，认定赫美集团及相关当事人存在违规对外提供担保、关联方违规占用资金、重大诉讼、仲裁事项未及时披露、银行账户、主要资产被冻结未及时披露、财务报告被出具无法表示意见、业绩预告披露不准确的违规行为，并最终决定：

1. 对赫美集团给予公开谴责的处分。

2. 对首赫投资给予公开谴责的处分。

3. 对赫美集团董事长兼董事会秘书、首赫投资实际控制人，董事兼总经理给予公开谴责的处分。

4. 对赫美集团财务总监、副总经理兼时任董事会秘书给予通报批评的处分。

（二十三）2019年12月21日，赫美集团控股子公司股权被司法拍卖抵债

因赫美集团及其他相关方与升华金融之间的合同纠纷一案，赫美集团持有的深圳赫美智慧科技有限公司（以下简称赫美智科）51%的股权被公开拍卖，并于2020年5月9日完成了赫美智科工商变更登记备案手续。

赫美智科股权被强制执行在一定程度上说明，资金占用问题出现在困境上市公司中的比例相对较高。一旦资金占用等合规问题被曝光，市场信心就会下降，上市公司的债权人将会采取更为极端的追债手段，从而导致上市公司在资金占用问题尚未得到回填的情况下又引发了自身债务风险，造成对其的二次伤害。

（二十四）2020年4月14日，赫美集团通知申报债权

2020年4月14日，赫美集团为厘清其尚未知悉的可能存在的债务和风险，拟对截至2019年度尚未清偿的因借款、担保所形成的债务及或有债务进行清理

统计，登记核查。但直至债权申报工作结束，赫美集团都未收到尚未知悉的符合申报条件的债权申报登记。

（二十五）2020年4月28日，深交所持续对赫美集团违规对外担保、关联方资金占用表示关注

2020年4月28日，深交所出具关注函[①]，原因为赫美集团拟延期披露2019年审计报告，但关注事项之一包括赫美集团的违规对外担保、关联方资金占用事项。

2022年5月14日，赫美集团针对上述关注函作出回复，表示通过采取核查诉讼、仲裁案件、发布债权申报通知等方式，其发现公司存在新的未履行内部审批决策程序对外担保、控股股东资金占用等事项。

（二十六）2020年4月30日，赫美集团披露《关于对外提供担保、资金占用等事项未履行内部审批决策程序的提示性公告》。至此，赫美集团违规担保和资金占用问题全部得以公开

赫美集团通过核查诉讼、仲裁案件、发布债权申报通知等方式，发现公司存在新的未履行内部审批决策程序对外担保、控股股东资金占用等事项，具体情况如下：

1. 公司新增未履行内部审批决策程序对外担保事项

截至本次公告披露日，赫美集团发现其存在的新增未履行审议程序对外担保的金额为人民币130, 890万元，未履行审议程序对外担保的余额累计为人民币130, 122万元，该余额占公司2019年期末净资产（未经审计）的 -71. 61%。

结合此前违规担保事项，赫美集团尚未解决的违规担保余额为人民币260, 571. 57万元。至此，赫美集团违规担保问题被完全公开。

2. 新增资金占用事项

截至本次公告披露日，赫美集团通过整理涉诉案件，发现其还存在新增关联方资金占用事项，公司控股股东汉桥机器厂的股东首赫投资新增占用公司资金2800万元，占公司2019年期末净资产（未经审计）的 -1. 54%。

---

① 深交所：中小板关注函〔2020〕第262号。

结合此前资金占用事项，赫美集团尚未解决的资金占用余额为人民币16,833.84万元。至此，赫美集团资金占用问题被完全公开。

（二十七）2020年4月30日，深交所持续对赫美集团新增违规对外担保、关联方资金占用表示关注

2020年4月30日，深交所出具关注函①。因赫美集团同日披露的《关于对外提供担保、资金占用等事项未履行内部审批决策程序的提示性公告》等公告称其存在新增违规担保13.09亿元，资金占用2800万元，深交所要求赫美集团披露新增违规担保和资金占用的具体情况。

2022年6月4日，赫美集团针对该关注函作出回复，详细披露了新增违规担保13.09亿元、资金占用2800万元的形成过程，具体内容如下。

1.违规担保事项

截至2020年6月4日，赫美集团尚未解决的对外担保余额为人民币260,571.57万元，具体情况见表2-1-1。

表2-1-1　赫美集团对外担保余额情况（截至2020年6月4日）

单位：万元

债权人	被担保人	担保人	担保发生日期	担保金额	担保余额
武汉××	首赫投资	赫美集团、惠州浩宁达	2018.2.5	35,000	8500
××金桥	首赫投资	赫美集团/赫美商业	2018.6.13~2018.6.15	20,000	20,000
××泰富	首赫投资	赫美集团/赫美商业	2018.6.13~2018.6.15	15,000	15,000
××超瑞	首赫投资	赫美集团/赫美商业	2018.6.13~2018.6.15	4000	4000
××通达	首赫投资	赫美集团/赫美商业	2018.6.13~2018.6.15	24,000	24,000
杨某伟	赫美集团实际控制人	赫美集团/赫美商业	2018.6.14~2018.6.26	3000	3000
××银行	每克拉美	赫美集团	2017.7.21	13,000	13,000
××银行	浩宁达实业	赫美集团	2017.9.15	1000	269.57
××超瑞	首赫投资	赫美集团/赫美商业	2018.6.13~2018.6.15	4300	4300
××商贸	首赫投资	赫美集团	2018.5.21	18,500	18,500
××金控	赫美集团实际控制人	惠州浩宁达	2017.12.27	20,000	20,000

① 深交所：中小板关注函〔2020〕第275号。

续表

债权人	被担保人	担保人	担保发生日期	担保金额	担保余额
××通达	赫美集团实际控制人	赫美集团	2018. 8. 31	240	0
××银行	每克拉美	赫美集团	2017. 11. 13	20, 000	20, 000
××银行	北京华璟	赫美集团	2018. 3. 1	20, 000	20, 000
××信托	首赫投资	惠州浩宁达	2018. 12. 24	21, 000	21, 000
××信托	首赫投资	惠州浩宁达	2018. 12. 24	34, 900	34, 900
××银行	每克拉美	赫美集团	2018. 5. 7	30, 000	30, 000
××金控	深圳首赫	惠州浩宁达	2017. 12. 27	3250	3250
××农商行	中锦熠达	赫美集团	2018. 12. 6	1500	852
合计	—	—	—	288, 690	260, 571. 57

2. 资金占用事项

截至 2020 年 6 月 4 日，赫美集团资金占用金额仍为 24, 000 万元，但之后，资金占用余额因其他案件的执行变为 16, 833. 84 万元，具体情况见表 2 - 1 - 2。

表 2 - 1 - 2　赫美集团资金占用余额情况（截至 2020 年 6 月 4 日）

单位：万元

关联方名称	债权人	资金占用发生时间	资金占用金额	偿还总额	资金占用余额
首赫投资	××中讯	2018. 05. 07	10, 000	2406. 69	7593. 31
深圳首赫	郭某晓	2018. 06. 25	8000	1334. 47	6665. 53
首赫投资	林某辉	2018. 05. 22	2000	400	1600
首赫投资	万某亮	2018. 04. 10	4000	3025	975
合计	—	—	24, 000	7166. 16	16, 833. 84

（二十八）2020 年 5 月 22 日，赫美集团收到深圳证监局警示函

2020 年 5 月 22 日，赫美集团收到深圳证监局下发的《关于对深圳赫美集团股份有限公司、王某采取出具警示函措施的决定》，该警示函表明赫美集团未依法及时披露对外担保事项、未依法及时披露与关联方共同借款事项等，构成信息披露违规。该警示函依据的事实为赫美集团 2020 年 4 月 30 日披露的新增违规担保和资金占用问题。针对赫美集团 2019 年 5 月 27 日收到的中国证监会的调查通知书，截至本次公告披露日，中国证监会调查工作仍在进行中。

（二十九）2020 年 5 月 29 日，赫美集团披露被出具带有保留意见的审计报告

2020 年 5 月 29 日，赫美集团披露永拓会计师事务所（特殊普通合伙）（以下简称永拓所）出具了带有保留意见的审计报告，其中形成保留意见的基础包括持续经营存在重大不确定性、无法判断预付款项、应收款项的可收回性、大额应收款项的信用风险无法估计。

（三十）2020 年 5 月 29 日，赫美集团股票继续被实施退市风险警示

虽然赫美集团 2019 年度财务报告未被永拓所出具无法表示意见，赫美集团因审计意见类型触及退市风险警示的情形已经消除，但是因其 2018 年度、2019 年度连续两个会计年度经审计的净利润均为负值，且 2019 年度经审计的期末净资产亦为负值，深交所继续对赫美集团股票交易实行退市风险警示。

（三十一）2020 年 6 月 12 日，赫美集团再次收到立案调查通知书

2020 年 6 月 12 日，赫美集团继 2019 年 5 月 27 日收到中国证监会的调查通知书后，再次收到了中国证监会的调查通知书，调查原因仍为赫美集团涉嫌信息披露违法违规。此时，深圳证监局上次调查工作仍在进行中。

（三十二）2020 年 12 月 21 日，赫美集团正式启动重整程序化解各类风险

赫美集团于 2020 年 12 月 31 日收到了深圳市中级人民法院（以下简称深圳中院）送达的（2020）粤 03 破申 827 号通知书及重整申请书，主要内容为：2020 年 12 月 21 日，申请人深圳市华远显示器件有限公司以“被申请人不能清偿申请人的到期债务，并且已资不抵债，但具有一定的重整价值”为由向法院申请对赫美集团进行重整，并请求法院对被申请人进行预重整，通过重整程序清偿申请人债权。

2021 年 2 月 1 日，赫美集团收到了深圳中院送达的（2020）粤 03 破申 827 号《决定书》，深圳中院决定对赫美集团启动预重整。

2021 年 4 月 21 日，赫美集团全资子公司启动预重整。赫美集团全资子公司惠州浩宁达、赫美商业分别收到了深圳中院送达的（2021）粤 03 破申 3 号、

(2021)粤03破申18号决定书,深圳中院决定对上述赫美集团全资子公司启动预重整,并指定了预重整期间上述重整企业的共同管理人。

(三十三)2021年4月29日,赫美集团债权人与首赫投资签署了《代偿债务协议书》,以解决资金占用问题

2021年4月30日,赫美集团《关于关联方资金占用事项解决进展的公告》披露,赫美集团于2021年4月29日收到了公司债权人佘某康、深圳市新红林资产管理有限公司(以下简称新红林资管)、中聚祥(海南)投资有限公司(以下简称中聚祥)分别与控股股东汉桥机器厂关联方首赫投资签署的《代偿债务协议书》。在交易整体安排方面,佘某康等主体先收购其他债权人的相关债权,再自愿以其对赫美集团享有的应收债权代为偿付首赫投资相应欠付赫美集团的等额债务。关联方首赫投资拟通过上述债务抵偿方式解决占用赫美集团的资金问题。根据上述公告,本次通过的债务抵销方案的主要内容如下:

1. 债权人的债权取得方式

佘某康通过协议受让方式取得深圳市前海东康商业保理有限公司已经生效的法院裁决确认的36,251,707.00元债权。

新红林资管通过协议受让方式取得北京文投九州鼎盛科技发展有限公司、安徽正奇融资租赁有限公司已经生效的法院裁决确认的合计205,863,294.47元的债权。

中聚祥通过协议受让方式取得赫美集团债权人重庆中讯已经生效的法院裁决确认的44,703,929.3元债权。

2. 合规问题解决方案的增信措施

首赫投资及其实际控制人、汉桥机器厂共同向赫美集团承诺,如《代偿债务协议书》或及其相关的交易安排无效,首赫投资及其实际控制人以及汉桥机器厂无条件自愿以其全部财产向赫美集团共同承担无限连带清偿责任。

3. 交易目的对赫美集团的影响

赫美集团欠付佘某康、新红林资管、中聚祥的款项与北京首赫欠付公司的等额占用资金的款项相互抵销。

本代偿债务方案的核心在于利用第三方债权债务关系,通过协议约定进行

债务抵销。但该等方式能否解决资金占用问题需要视协议履行情况而定，单纯地签署该等协议不能达到资金占用问题解决的法律效果。在审计机构出具审计报告时应当对此予以关注，而这也是审计机构后续仍出具带有保留意见的审计报告的原因。

（三十四）2021年4月30日，赫美集团披露继续被出具带有保留意见的审计报告

2021年4月30日，赫美集团披露众华会计师事务所（特殊普通合伙）（以下简称众华所）出具了带有保留意见的审计报告，其中形成保留意见的基础包括：

1. 众华所无法判断赫美集团关联关系和关联交易及往来余额披露的完整性和准确性以及上述款项的可收回性。

2. 2021年4月29日，赫美集团控股股东汉桥机器厂及其关联方与赫美集团其他债权人签订协议，其他债权人以豁免赫美集团债务的方式代控股股东汉桥机器厂及其关联方偿还所欠债务。至此，控股股东汉桥机器厂及关联方对赫美集团不再有资金占用。截至本审计报告出具之日，众华所无法确认代偿协议是否会在未来重整过程中被撤销，也无法获取充分、适当的审计证据以判断控股股东汉桥机器厂及其关联方的偿还能力，进而确定上述资金占用可能产生的信用风险损失。

3. 赫美集团已启动预重整程序，且已完成了债权申报登记工作。但由于债权清查核实及确认工作仍在进行，众华所无法确认赫美集团与此相关的债务是否完整。

（三十五）2021年4月30日，赫美集团披露违规担保解决进展，部分债权人豁免了赫美集团及其子公司的担保责任

2021年4月30日，赫美集团披露，部分债权人同意豁免赫美集团及其全资子公司赫美商业、惠州浩宁达为关联方首赫投资、深圳首赫项下贷款所负全部或任意债务的担保责任，亦同意在责任豁免协议生效后放弃向赫美集团及其全资子公司赫美商业、惠州浩宁达主张相关法律判决或裁决文书项下所享有的任何权利。

针对赫美集团及惠州浩宁达为首赫投资向武汉小贷申请的8500万元贷款提供担保事项的问题，深圳微视在线文化产业投资有限公司（以下简称微视在线）已于2021年4月29日向赫美集团出具了承诺函，该承诺为不可撤销的承

诺,如赫美集团以及惠州浩宁达因对为首赫投资向武汉小贷的贷款承担连带保证责任导致的损失,由微视在线予以补偿。

除本次已解除的违规担保情形外,针对赫美集团未履行审议程序的其他担保,法院或作出判决公司担保无效,承担1/2的过错赔偿责任,或作出判决公司担保无效,无须承担担保责任。

(三十六)2021年4月30日,赫美集团股票继续被实施退市风险警示暨叠加实施其他风险警示

赫美集团股票交易已分别自2019年5月6日、18日被实施退市风险警示、其他风险警示。

因赫美集团2020年度经审计的期末净资产为负值,赫美集团股票将于2021年4月30日继续被实施退市风险警示。因赫美集团2020年年度报告表明,公司存在最近三个会计年度扣除非经常性损益前后净利润孰低者均为负值,且最近一年审计报告显示公司持续经营能力存在不确定性的情形,赫美集团股票将于2021年4月30日被叠加实施其他风险警示。

(三十七)2021年5月15日,赫美集团控股股东股份被司法强制执行

控股股东汉桥机器厂持有的赫美集团3558.10万股无限售流通股股份,占公司总股本的6.74%,在司法拍卖过程中因无人竞拍而流拍,环城农商行遂向法院申请将该等股票司法划转至环城农商行名下以抵偿债务。

(三十八)2021年5月31日,深交所出具年报问询函

2021年5月31日,深交所出具2020年年报的问询函①,就关联方资金占用、违规担保解除的具体细节进行问询。2021年7月10日,赫美集团对上述问询函作出回复,重要内容摘录如下。

1.资金占用事项

截至回函日,赫美集团资金占用总额为人民币2.4亿元(与前期披露一致),仍未解决的关联方资金占用余额为0元,具体见表2-1-3。

① 深交所:〔2021〕第259号。

表 2－1－3　赫美集团资金占用余额

单位：元

序号	占用发生日期	占用主体	占用金额	形成原因	解决时间	解决方式	应付利息及费用	资金占用方前期清偿金额	代偿金额	占用余额
1	2018. 5. 13	首赫投资	100, 000, 000. 00	关联方首赫投资以公司名义与债权人签署借款协议，借款资金流入关联方	2020. 1. 20	汉桥机器厂质押的1105万股股份被司法划转抵偿债务金额24, 066, 900元	63, 470, 817. 53	24, 066, 900. 00	139, 403, 917. 53	0
					2021. 4. 29	协议解决				
2	2018. 6. 25	首赫投资	80, 000, 000. 00	关联方首赫投资以公司名义与债权人签署借款协议，借款资金流入关联方	2020. 6. 28	汉桥机器厂质押的717. 40万股股份被司法强制卖出抵偿债务金额15, 995, 938. 04元	40, 893, 059. 54	15, 995, 938. 04	104, 897, 121. 50	0
					2021. 4. 29	协议解决				
3	2018. 5. 22	首赫投资	20, 000, 000. 00	关联方首赫投资以公司名义与债权人签署借款协议，借款资金流入关联方	2018. 10. 1	首赫投资于2018年10月前陆续向债权人偿还借款本金合计4, 000, 000元	11, 466, 532. 00	4, 000, 000. 00	27, 466, 532. 00	0
					2021. 4. 29	协议解决				
4	2018. 4. 10	首赫投资	40, 000, 000. 00	关联方首赫投资以公司名义与债权人签署借款协议，借款资金流入关联方	2018. 7. 1	首赫投资于2018年度陆续向债权人偿还借款本金合计30, 250, 000元	7, 485, 909. 50	30, 250, 000. 00	17, 235, 909. 50	0
					2021. 4. 29	协议解决				
5	资金占用期间，关联方代公司偿还债务款								10, 253, 932. 90	
合计	—	—	240, 000, 000. 00	—	—	123, 316, 318. 57	74, 312, 838. 04	278, 749, 547. 63	0	0

2. 违规担保事项

截至回函日,赫美集团违规对外担保总额为人民币288,690万元,实际违规担保金额为人民币261,515万元,已解除违规担保金额为人民币253,015万元,剩余违规担保余额为人民币8500万元,具体见表2-1-4。

表2-1-4　赫美集团违规担保余额

单位:万元

序号	发生时间	担保对象	债权人	担保金额	实际担保金额	担保原因	解决时间	解决方式	解除金额	剩余违规担保余额
1	2018.6.14	赫美集团实际控制人	杨某伟	3000	3000	因担保对象资金需求,公司董事长在未履行公司内部决策程序的情况下使用公司公章签署保证合同,为其借款提供连带担保责任保证	2021.4.29	协议解除	3000	0
2	2018.6.13	首赫投资	北京××金桥建筑有限公司	10,000	10,000	因担保对象资金需求,公司董事长在未履行内部决策程序的情况下,使用公司及公司全资子公司赫美商业公章签署保证合同、承诺函,为北京首赫的借款提供连带担保责任保证	2021.4.28	协议解除	10,000	0
3	2018.6.13	首赫投资	北京××金桥建筑有限公司	10,000	10,000	因担保对象资金需求,公司董事长在未履行内部决策程序的情况下,使用公司及赫美商业公章签署保证合同、承诺函,为北京首赫的借款提供连带担保责任保证	2021.4.28	协议解除	10,000	0

续表

序号	发生时间	担保对象	债权人	担保金额	实际担保金额	担保原因	解决时间	解决方式	解除金额	剩余违规担保余额
4	2018. 6. 13	首赫投资	北京××泰富资产管理有限公司	15, 000	15, 000	因担保对象资金需求，公司董事长在未履行内部决策程序的情况下，使用公司及赫美商业公章签署保证合同、承诺函，为北京首赫的借款提供连带担保责任保证	2021. 4. 28	协议解除	15, 000	0
5	2018. 6. 13	首赫投资	北京××超瑞商贸集团有限公司	4000	4000	因担保对象资金需求，公司董事长在未履行内部决策程序的情况下，使用公司及赫美商业公章签署保证合同、承诺函，为北京首赫的借款提供连带担保责任保证	2021. 4. 29	协议解除	4000	0
6	2018. 6. 13	首赫投资	北京××超瑞商贸集团有限公司	4300	4300	因担保对象资金需求，公司董事长在未履行内部决策程序的情况下，使用公司及赫美商业公章签署保证合同、承诺函，为北京首赫的借款提供连带担保责任保证	2021. 4. 29	协议解除	4300	0
7	2018. 6. 13	首赫投资	北京××通达商贸有限公司	24, 000	24, 000	因担保对象资金需求，公司董事长在未履行内部决策程序的情况下，使用公司及赫美商业公章签署保证合同、承诺函，为北京首赫款提供连带担保责任保证	2021. 4. 29	协议解除	24, 000	0

续表

序号	发生时间	担保对象	债权人	担保金额	实际担保金额	担保原因	解决时间	解决方式	解除金额	剩余违规担保余额
8	2018. 8. 31	王某	北京××通达商贸有限公司	240	240	因担保对象资金需求,公司董事长在未履行内部决策程序的情况下,使用公司及赫美商业公章签署保证合同、承诺函,为其借款提供连带担保责任保证	2019. 12. 23	法院判决担保无效	240	0
9	2018. 2. 1	首赫投资	武汉××小额贷款股份有限公司	35,000	8500	因担保对象资金需求,公司董事长在未履行内部决策程序的情况下,使用公司及公司全资子公司惠州浩宁达公章签署保证合同,为北京首赫的借款提供连带担保责任保证	2021. 4. 29	第三方承诺补偿全部担保责任	0	8500
10	2018. 11. 23	广东浩宁达	深圳市××融资担保有限公司(北京银行股份有限公司)	1000	1000	公司为全资子公司惠州浩宁达日常经营的融资需求提供担保,借款展期未及时履行公司内部决策程序	2021. 4. 28	已通过公司股东大会补充审议	1000	0
11	2017. 12. 27	王某	深圳××金融控股有限公司	20,000	20,000	因担保对象资金需求,公司董事长在未履行内部决策程序的情况下使用惠州浩宁达公章签署担保协议,为其借款提供连带担保责任保证	2021. 4. 28	协议解除	20,000	0
12	2017. 12. 27	深圳首赫	深圳××金融控股有限公司	3250	3250	王某在未履行审议程序的情况下使用惠州浩宁达公章为深圳首赫的股权转让协议提供担保	2021. 4. 28	协议解除	3250	0

续表

序号	发生时间	担保对象	债权人	担保金额	实际担保金额	担保原因	解决时间	解决方式	解除金额	剩余违规担保余额
13	2018.12.24	首赫投资	××农村商业银行股份有限公司	21,000	21,000	因担保对象资金需求，公司董事长在未履行内部决策程序的情况下，使用惠州浩宁达公章签署保证合同，为北京首赫的借款提供连带担保责任保证	2021.4.27	协议解除	21,000	0
14	2018.12.24	首赫投资	××农村商业银行股份有限公司	34,900	34,900	因担保对象资金需求，公司董事长在未履行内部决策程序的情况下，使用惠州浩宁达公章签署保证合同，为北京首赫的借款提供连带担保责任保证	2021.4.27	协议解除	34,900	0
15	2018.12.6	中锦熠达	××农村商业银行股份有限公司	1500	1500	因担保对象资金需求，公司董事长在未履行内部决策程序的情况下使用公司公章签署保证合同，为中锦熠达的借款提供连带担保责任保证	2021.4.22	法院判决担保无效	1500	0
16	2018.3.1	华璟商贸	××银行股份有限公司	20,000	20,000	因担保对象资金需求，公司董事长在未履行内部决策程序的情况下使用公司公章签署保证合同，为华璟商贸的借款提供连带担保责任保证	2020.4.20	法院判决担保无效	20,000	0
17	2017.11.13	每克拉美	××银行股份有限公司	20,000	20,000	因担保对象资金需求，公司董事长在未履行内部决策程序的情况下使用公司公章签署保证合同，为每克拉美的借款提供连带担保责任保证	2020.4.20	法院判决担保无效	20,000	0

续表

序号	发生时间	担保对象	债权人	担保金额	实际担保金额	担保原因	解决时间	解决方式	解除金额	剩余违规担保余额
18	2018. 5. 21	首赫投资	四川省××商贸有限公司	18, 500	17, 825	因担保对象资金需求,公司董事长在未履行内部决策程序的情况下使用公司公章签署保证合同,为首赫投资的借款提供连带担保责任保证	2020. 5. 22	法院判决担保无效+协议解除	17, 825	0
19	2018. 5. 7	每克拉美	××银行股份有限公司	30, 000	30, 000	因担保对象资金需求,公司董事长在未履行内部决策程序的情况下使用公司公章签署续担保协议,为每克拉美的借款提供连带担保责任保证	2020. 8. 25	法院判决担保无效	30, 000	0
20	2017. 7. 21	每克拉美	××银行股份有限公司	13, 000	13, 000	因担保对象资金需求,公司董事长在未履行内部决策程序的情况下使用公司公章签署续担保协议,为每克拉美的借款提供连带担保责任保证			13, 000	0
21	2017. 11. 7	赫美小贷提供贷款服务与管理的项下所有贷款债权	中国××信托有限公司	未约定具体担保金额,赫美小贷提供贷款服务与管理的项下所有贷款债权	未约定具体担保金额,赫美小贷提供贷款服务与管理的项下所有贷款债权	因业务合作需求,赫美智科需对其和赫美小贷推荐至资金方的借款人提供担保	2020. 5. 31	赫美智科已被司法拍卖,剥离公司体系	赫美小贷提供贷款服务与管理的项下所有贷款债权	0
合计	—	—	—	288, 690	261, 515	—	—	—	253, 015	8500

(三十九)2021 年 7 月 9 日,赫美集团收到结案通知书

2021 年 7 月 9 日,赫美集团收到深圳证监局下发的结案通知书,对赫美集团于 2019 年 5 月 27 日、2020 年 6 月 12 日收到的中国证监会的调查通知书所载调查事项,深圳证监局决定结案。关于上述案件的调查结果,尚无法通过公开渠道获悉。

(四十)2021 年 7 月 17 日,赫美集团收到意向投资人《投资意向函》

2021 年 7 月 17 日,赫美集团收到深圳市国有免税商品(集团)有限公司的《投资意向函》,拟由下属子公司作为重整投资人参与赫美集团预重整及重整程序,进行战略型参股投资。但后续该公司并未被确认为赫美集团的实际控制人。

(四十一)2021 年 9 月 11 日,赫美集团披露财务投资人出具兜底清偿承诺函

2021 年 9 月 11 日,赫美集团披露《关于在司法重整中解决历史遗留问题的解决方案的公告》。根据公告,赫美集团违规担保债权及可能承担赔偿责任的债权将由财务投资人负责清偿,并由财务投资人出具兜底清偿承诺函,承诺对赫美集团可能承担清偿责任的违规担保责任或相关赔偿责任的债务负责清偿,并予以兜底。

(四十二)2021 年 10 月 20 日,预重整管理人公开招募重整投资人

2021 年 10 月 20 日,赫美集团预重整管理人公开招募重整投资人。2021 年 11 月 29 日,赫美集团、管理人与海南时代榕光实业投资合伙企业(有限合伙)(以下简称时代榕光)、王某霏、孝义市富源金来热源有限公司(以下简称富源金来)签署重整投资协议,约定富源金来作为重整投资人在赫美集团重整计划规定的预留股票不足以清偿或有负债时(包括赫美集团财务账册记载、债权人尚未申报的债权,赫美集团尚未知悉的违规担保债权及其他或有负债),无偿提供清偿股票。同时,全体重整投资人除向赫美集团出资受让赫美集团资本公积转增股票外,还自愿向赫美集团无偿提供 3,000,000 元专项用于赫美集团可能承担违规担保责任或涉历史遗留问题清偿责任的债权之现金清偿部分。

（四十三）2021年11月29日，法院裁定受理赫美集团及全资子公司破产重整，赫美集团被叠加实施规范类退市风险警示

2021年11月29日，深圳中院分别裁定受理债权人对赫美集团及其全资子公司惠州浩宁达、赫美商业的重整申请。另外，因赫美集团被法院裁定受理重整，赫美集团股票自2021年11月30日起将被叠加实施规范类退市风险警示。

（四十四）2021年12月4日，赫美集团管理人披露出资人权益调整方案

以赫美集团总股本527,806,548股为基数，按每10股转增14.84股的比例实施资本公积金转增，共计转增783,447,973股。上述转增783,447,973股股票不向原股东分配，全部无偿让渡，用于清偿赫美集团及其核心子公司惠州浩宁达、赫美商业的债务，引进重整投资人。具体安排如下：

1. 上述转增股份中的598,843,962股股票将用于引进重整投资人。重整投资人以每股1元的价格受让（2021年12月3日收盘价5.26元/股）。股票转让款合计598,843,962元将用于支付赫美集团及其核心子公司破产费用、清偿赫美集团及其核心子公司债务及补充赫美集团流动资金。

2. 上述转增股份中的184,604,011股股票将用于清偿赫美集团及协同重整的核心子公司债务。

（四十五）2021年12月20日，赫美集团出资人组会议表决通过出资人权益调整方案

2021年12月20日，赫美集团出资人组会议审议并通过了《深圳赫美集团股份有限公司重整计划草案之出资人权益调整方案》。

（四十六）2021年12月29日，赫美集团及其全资子公司第一次债权人大会通过重整计划

2021年12月29日，赫美集团及其全资子公司赫美商业、惠州浩宁达第一次债权人大会通过了《深圳赫美集团股份有限公司重整计划草案》，并于同日取得法院批准裁定。其中，关于违规担保问题的解决，重整计划明确如下：

赫美集团违规担保债权及可能承担赔偿责任的债权将由重整投资人时代榕光、王某霏、富源金来合计无偿提供172,825,273股股票及3,000,000元资金，按照普通债权的清偿方案予以清偿。如解决历史遗留问题所需的股票超出重整投资人无偿提供的上述股票数量，则清偿股票由富源金来无偿提供，且其不得向赫美集团追偿。

（四十七）2021年12月31日，重整投资人支付重整投资款

截至2021年12月31日，重整投资人已根据重整投资协议及重整计划支付的股份转让款及专项用于赫美集团可能承担违规担保责任或涉历史遗留问题清偿责任的债权之现金清偿部分合计601,843,962.00元。

（四十八）2021年12月31日，法院裁定赫美集团及其全资子公司重整计划执行完毕

2021年12月31日，深圳中院作出民事裁定书，确认赫美集团及其全资子公司赫美商业、惠州浩宁达重整计划执行完毕。

（四十九）2022年1月4日，赫美集团控股股东发生变更

根据重整计划，汉桥机器厂持有的赫美集团的125,018,000股股票不发生变化，但持股比例因稀释资本公积转增股本下降至9.53%。重整投资人时代榕光及其一致行动人富源金来将获得赫美集团269,916,059股股票，占赫美集团总股本的20.58%，时代榕光为赫美集团第一大股东。

（五十）2022年1月26日，赫美集团撤销规范类退市风险警示情形

2022年1月26日，因法院裁定赫美集团重整计划执行完毕，深交所同意撤销对赫美集团股票交易因触及规范类强制退市之情形而被实施的退市风险警示情形。

（五十一）2022年4月30日，赫美集团披露违规担保问题全部解决的公告

2022年4月28日，审计机构出具《2021年度违规担保及解除情况表的专项

审核意见》,确认赫美集团违规担保解除金额259,667.00万元。截至2021年12月31日,赫美集团违规担保余额为0。2022年4月29日,法律机构出具《关于赫美集团有关违规担保事项解决情况的专项核查意见》,确认赫美集团违规担保事项的影响已消除。

(五十二)2022年4月28日,审计机构确认违规担保等合规问题被彻底解决

2022年4月28日,众华所出具《2021年度关联方非经营性资金占用清偿情况表的专项审核意见》,确认截至2021年12月31日,赫美集团资金占用余额为0,并出具无保留意见的2021年度审计报告。同日,众华所出具《2021年度财务报表上期非标事项在本期消除情况的专项说明》,其中涉及资金占用和违规担保事项的意见如下:关于违规担保事项,赫美集团2020年年度报告保留意见所述关于与赫美集团破产重整债务相关的影响因素已经得到消除;关于资金占用事项,赫美集团2020年年度报告保留意见所述关于控股股东及其关联方资金占用解决方式的影响因素已经得到消除。

(五十三)2022年7月2日,深交所同意撤销退市风险警示及其他风险警示

2022年4月30日,赫美集团因被实施退市风险警示和其他风险警示的情形已消除,申请撤销退市风险警示及其他风险警示。2022年7月2日,深交所同意该等申请。

(五十四)2023年3月3日,赫美集团披露自然人投资者以证券虚假陈述责任纠纷为由对公司提起民事诉讼

2023年3月3日,赫美集团披露近期收到深圳中院送达的民事起诉状等有关证据材料,涉及15名自然人投资者以证券虚假陈述责任纠纷为由对公司提起民事诉讼,诉讼金额共计人民币1,751,929元。其后,陆续有新的投资者发起诉讼程序。截至2023年5月16日,赫美集团存在的投资者诉讼金额合计人民币28,790,271.07元,涉及132名投资者。

二、合规问题事实的总结

在还原赫美集团违规担保和资金占用事项从发生到解决的全部事实后,我们将本案的重要事实总结如下。

(一)违规担保和资金占用问题的事实情况

1. 违规担保问题

2018 年年末,赫美集团违规担保问题因控股股东未及时偿还武汉小贷债务而被曝光。同时,赫美集团及其控股股东的债务问题也为市场所知。2019 年 4 月 30 日,赫美集团违规担保问题在审计报告中正式被披露。根据会计师出具的 2018 年年度审计报告及赫美集团对深交所的回复,截至 2019 年 5 月 18 日,赫美集团未经审议的担保金额为 9. 63 亿元。对此,赫美集团披露控股股东一直在寻求解决措施,但未形成具体的解决方案。2020 年 4 月 30 日,会计师又新发现赫美集团在 2017 年至 2018 年还存在 13. 09 亿元的违规对外担保。截至 2020 年 6 月 4 日,赫美集团对外担保金额为人民币 288, 690 万元,尚未解决的对外担保余额为人民币 260, 571. 57 万元。至此,赫美集团违规担保以及最终金额被予以完整披露。

2. 资金占用问题

赫美集团资金占用问题在 2019 年 4 月 30 日被正式对外披露。根据会计师出具的 2018 年年度审计报告及赫美集团对深交所的回复,截至 2019 年 5 月 18 日,控股股东汉桥机器厂及其关联方非经营性占用赫美集团资金的总额为 2. 40 亿元。对此,赫美集团披露控股股东一直在寻求解决措施,但除部分债权人通过执行汉桥机器厂持有的赫美集团股票而导致资金占用金额减少外,控股股东的资金占用问题一直未得到解决。2020 年 4 月 30 日,会计师又新发现资金占用 0. 28 亿元(但根据会计准则未计入资金占用金额)。至此,赫美集团控股股东及其关联方非经营性占用赫美集团资金的问题完全得以披露。截至 2020 年 6 月 4 日,赫美集团资金占用金额为 24, 000 万元,资金占用余额为 16, 833. 84 万元。

(二)违规担保和资金占用问题的解决情况

在违规担保和资金占用问题全面爆发前,赫美集团及控股股东曾尝试采取措施予以解决,如引入战略投资人、设立债务重组基金、进行重大资产重组,但上述尝试均以失败告终。

在违规担保和资金占用问题全面爆发后,赫美集团及控股股东在较长的时间内未拿出具体的解决方案。直至2021年4月30日,赫美集团披露公司债权人自愿以其对赫美集团所享有的应收债权,代为偿付首赫投资相应欠付赫美集团的债务,以解决首赫投资及相关方对赫美集团的资金占用问题。

在2021年4月27日至29日,赫美集团与部分债权人就其为控股股东及其关联方借款违规提供担保形成的担保责任及过错赔偿责任签订了责任豁免协议,解除了赫美集团对各相关债权人的担保责任及过错赔偿责任。对于未豁免的违规提供担保形成的担保责任及过错赔偿责任所涉的债权,由投资人承诺兜底。

随后,由于赫美集团进入重整程序的合规障碍全部被予以解决,赫美集团进入了重整程序,在解决剩余违规担保问题的同时,其还对自身债务等问题进行了处理,并引入了战略投资人与财务投资者。

(三)上市公司的经营情况

赫美集团自进入2018年之后业绩开始出现了下滑,尤其是净利润,下滑幅度较大(具体见表2－1－5)。赫美集团2018年年报显示,赫美集团2018年营收19.18亿元,归属于上市公司股东的净利润为－16.15亿元。而在2018年之前,虽然利润不高,但赫美集团至少可以实现利润,其中:2013～2017年实现的营业收入分别为6.12亿元、7.74亿元、12.62亿元、21.27亿元、24.1亿元;净利润分别为0.17亿元、0.4亿元、1.04亿元、1.68亿元、2.27亿元。

表2－1－5 赫美集团经营情况

单位:万元

科目	2022年1～9月	2021年	2020年	2019年	2018年
营业收入	3657.46	33,279.44	46,653.70	84,839.35	191,821.83
归属于上市公司股东的净利润	－1737.97	89,985.05	－50,399.77	－187,851.39	－165,191.89

续表

科目	2022 年 1 ~ 9 月	2021 年	2020 年	2019 年	2018 年
归属于上市公司股东的扣除非经常性损益的净利润	-1804.38	-35,136.39	-51,421.07	-186,265.25	-195,128.92
经营活动产生的现金流量净额	—	-1309.95	3705.57	1838.26	-37,953.92
总资产	93,640.93	107,456.52	113,102.37	230,754.05	457,650.72
归属于上市公司股东的净资产	64,471.31	67,703.24	-226,632.22	-176,232.44	11,637.19

（四）计提资产减值准备情况

自 2019 年年初起，赫美集团多次计提减值准备，截至 2022 年 4 月 30 日，赫美集团共计计提减值准备 44.84 亿元，减值项目包括商誉、长期股权投资、应收账款、应收票据、其他应收款、存货、发放贷款及垫款、预计负债—风险准备金、长期股权投资、固定资产等项目，对赫美集团的利润产生了重大影响。赫美集团计提资产减值准备情况具体见表 2-1-6。

表 2-1-6　赫美集团计提资产减值准备情况

单位：万元

计提资产减值准备的资产范围	总金额	拟计入的报告期间	对公司的影响
商誉、长期股权投资、应收账款、其他应收款、存货、发放贷款及垫款、预计负债—风险准备金	220,445	2018 年 1 月 1 日至 2018 年 12 月 31 日	影响公司 2018 年度合并报表利润 220,445 万元
应收账款、其他应收款、存货、发放贷款及垫款、预计负债—风险准备金	56,683	2019 年 1 月 1 日至 2019 年 6 月 30 日	影响公司 2019 年半年度合并报表利润 56,683 万元
应收账款、其他应收款、存货、长期股权投资、在建工程、发放贷款和垫款、预计负债—风险准备金	127,861	2019 年 1 月 1 日至 2019 年 12 月 31 日	影响公司 2019 年年度合并报表利润 127,861 万元
应收票据、应收款项、其他应收款、存货、发放贷款和垫款、预计负债—风险准备金	31,756	2020 年 1 月 1 日至 2020 年 6 月 30 日	影响公司 2020 年 1 ~ 6 月利润 31,756 万元
应收账款、其他应收款、存货、长期股权投资、固定资产	11,628.59	2021 年 1 月 1 日至 2021 年 12 月 31 日	影响公司 2021 年利润 11,628.59 万元
合计	448,373.59	—	—

（五）控股股东及实际控制人变动情况

截至2018年12月31日赫美集团合规问题被披露，赫美集团控股股东为汉桥机器厂，其持有公司股份260,100,000股，占公司股份49.28%。汉桥机器厂股东为：首赫投资，持股比例为47%；北京京富万润投资发展有限公司，持股比例为33.81%；尚维控股有限公司，持股比例为19.19%。赫美集团无实际控制人，但首赫投资股东持有赫美集团2,321,520股股票，持股比例为0.78%。各方持股情况见图2－1－3。

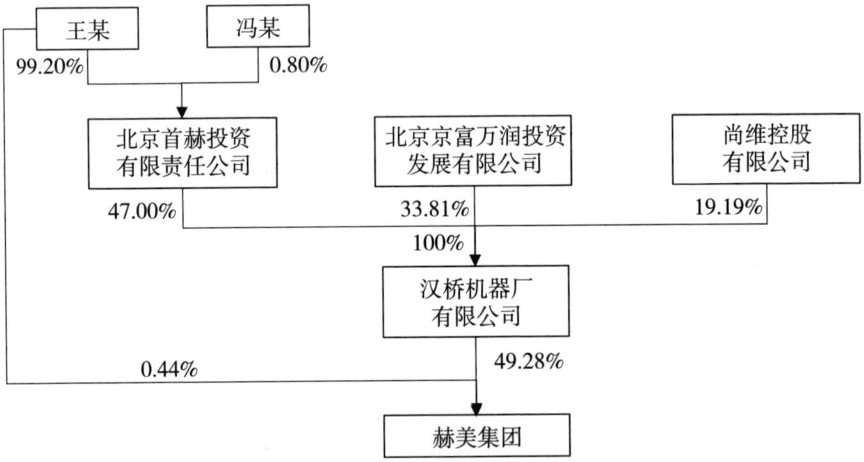

图2－1－3　赫美集团股权结构

赫美集团重整完成后，重整投资人时代榕光及其一致行动人富源金来合计持有赫美集团269,916,059股股票，占公司总股本的20.58%。时代榕光为赫美集团第一大股东，但由于时代榕光及其一致行动人可实际支配的上市公司股份表决权未达到30%，无法决定公司董事会半数以上成员选任，不足以对公司股东大会的决议产生重大影响，因此赫美集团处于无控股股东、实际控制人的状态。

（六）重整程序的推进情况

2020年12月21日，债权人向深圳中院申请对赫美集团进行重整，并请求法院对被申请人进行预重整。

2021年2月1日，深圳中院决定对赫美集团启动预重整。

2021年10月20日,赫美集团预重整管理人公开招募重整投资人。

2021年11月29日,赫美集团、管理人与时代榕光、王某霏、富源金来签署了重整投资协议。

2021年11月29日,深圳中院裁定受理债权人对赫美集团重整申请。

2021年12月29日,赫美集团第一次债权人大会通过重整计划。同日,深圳中院裁定批准重整计划,终结重整程序。

2021年12月31日,深圳中院裁定确认赫美集团重整计划执行完毕。

(七)法律责任的承担情况

1. 自律监管责任

2019年11月14日,赫美集团、首赫投资及赫美集团实际控制人等相关人员因违规担保和资金占用事项被深交所给予公开谴责的处分。

2. 行政责任

2019年5月27日,赫美集团合规问题经审计报告正式披露后的一个月内,赫美集团收到了深圳证监局的立案调查通知书。由于上述审计报告并未完全披露赫美集团的合规问题,后续赫美集团又因债权人起诉等自查发现了新的违规担保和资金占用事项。最终,赫美集团又于2020年6月12日第二次收到了深圳证监局的立案调查通知书。但是,直至前述立案调查结案时,赫美集团及其控股股东都并未受到行政处罚。不过,在立案调查期间,监管部门对赫美集团及相关方采取了非行政处罚性的行政监管措施。2019年8月15日,针对赫美集团违规担保和资金占用事项的问题,深圳证监局采取了责令改正的行政监管措施。2020年5月22日,赫美集团及实际控制人因新增的违规担保和资金占用事项未履行董事会、股东大会审议程序及未依法及时履行信息披露义务,被深圳证监局采取了出具警示函的行政监管措施。

3. 民事责任

自2023年3月起,投资人陆续以证券虚假陈述责任纠纷为由对赫美集团提起诉讼。截至2023年5月16日,赫美集团存在的投资者诉讼金额合计28,790,271.07元,涉及132名投资者。

除上述法律责任外,我们未查询到赫美集团及其控股股东等相关方被追究刑事责任的信息。

（八）合规问题解决时间轴

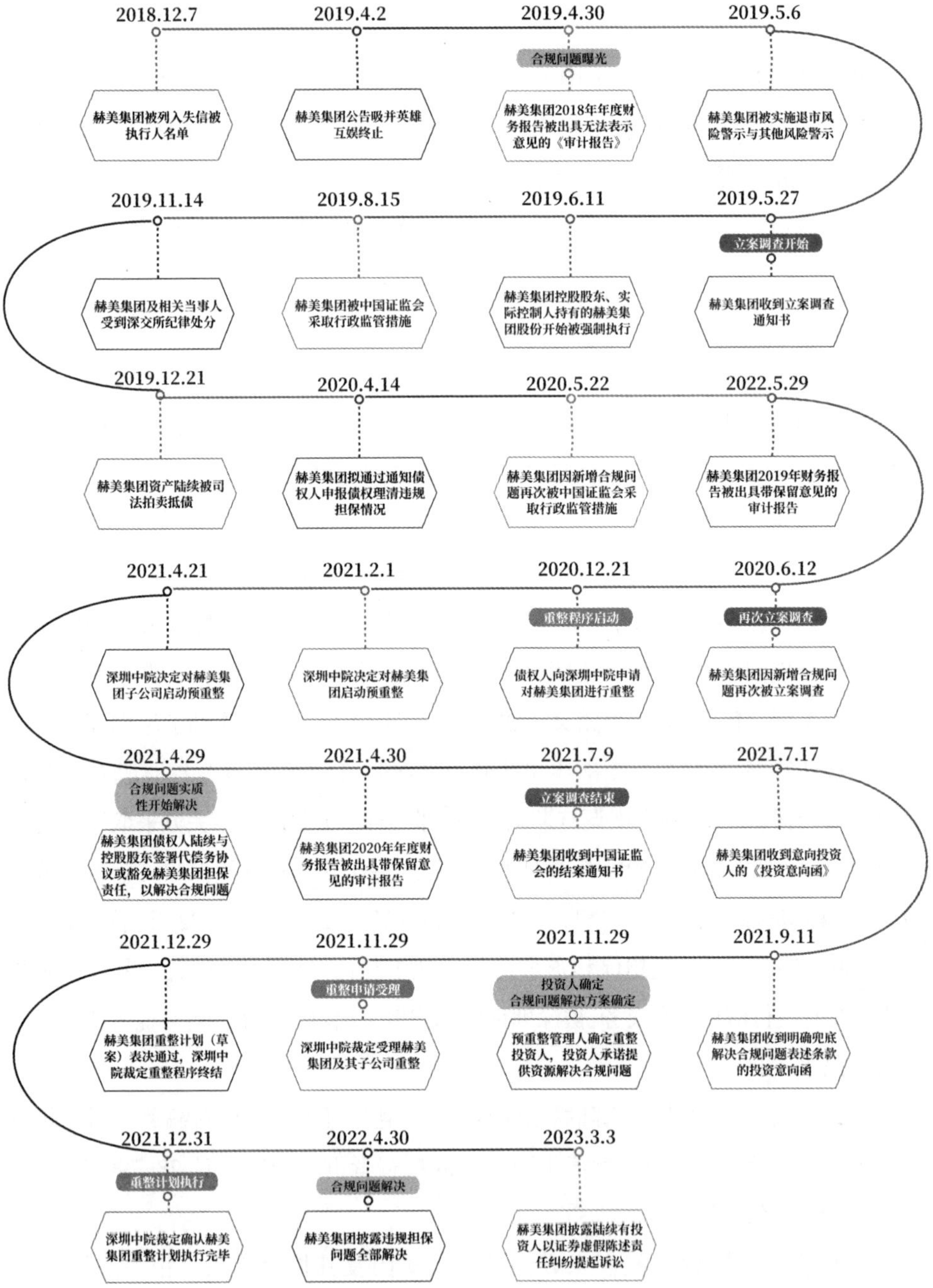

图2-1-4　赫美集团合规问题解决时间轴

三、合规问题发生的原因

根据赫美集团披露的相关公告，违规担保和资金占用事项主要是首赫投资在赫美集团不知情的情况下开展的，其中：违规担保事项的发生原因为首赫投资法定代表人及赫美集团实际控制人在未履行内部决策程序的情况下，使用赫美集团公章补充签署保证合同，为首赫投资及赫美集团实际控制人与债权方之间的借款承担连带担保责任；资金占用问题的发生原因为赫美集团实际控制人在未进行赫美集团及全资子公司赫美商业用印申请或公章外借审批的情况下，以赫美集团及赫美商业的名义与债权方补充签署了借款合同，借款款项直接汇入首赫投资及其关联方深圳首赫的指定账户，未流入赫美集团账户。而导致违规担保和资金占用事项发生的深层次原因则是控股股东面临的诸多问题。

（一）因市场因素自身债务问题爆发，面临流动性危机

自2014年起，汉桥机器厂及首赫投资一直以其控制的赫美集团股票向金融机构进行融资，股权质押比例较高。但是，2018年金融市场去杠杆导致汉桥机器厂及首赫投资的质押贷款无法续贷。为此，首赫投资只能选择成本极高的民间贷款以归还上述金融机构质押贷款。在此期间，赫美集团股价受二级市场整体环境影响大幅下跌，直接导致首赫投资股票权益严重缩水。民间借贷债权人认为首赫投资资信状况已不足以覆盖债权而急于收回贷款，并以此为由要求资信状况较好的上市公司增加信用。在缺乏其他融资手段的前提下，汉桥机器厂及首赫投资通过私下盖章的方式缓解债权人的诉讼查封行为，最终导致了违规担保和资金占用事项的发生。

（二）股权几乎100%质押，融资困难

根据赫美集团披露的年报，截至2018年6月28日，汉桥机器厂持有赫美集团153,000,000股股份，占赫美集团总股本的49.28%；已质押股份数为152,910,000股，占赫美集团总股本的49.25%，占其所持赫美集团股份的99.94%。上述股权质押情况导致汉桥机器厂及首赫投资无法再通过股权转让、

质押的方式进行融资，丧失了解决自身债务问题的主要手段。同时，赫美集团控股股东对赫美集团的控制权也很可能会因债权人的执行而丧失。

四、合规问题产生的影响

（一）上市公司层面

1. 法律责任的承担

（1）纪律处分

由于赫美集团存在为关联方提供担保，关联方非经营性占用资金，且未履行相关审议程序和信息披露义务的情形，赫美集团相关董事、高级管理人员未能恪尽职守、履行诚信勤勉义务，对上述违规行为负有责任，违反了《深交所股票上市规则》[①]《深交所中小企业板上市公司规范运作指引》[②]的相关规定，深交所决定

---

① 《深交所股票上市规则(2014 年修订)》(已失效)第 1.4 条："上市公司及其董事、监事、高级管理人员、股东、实际控制人、收购人等自然人、机构及其相关人员，以及保荐人及其保荐代表人、证券服务机构及其相关人员应当遵守法律、行政法规、部门规章、规范性文件、本规则和本所发布的细则、指引、通知、办法、备忘录等相关规定(以下简称本所其他相关规定)。"第 2.1 条："上市公司及相关信息披露义务人应当根据法律、行政法规、部门规章、规范性文件、本规则以及本所发布的细则、指引和通知等相关规定，及时、公平地披露信息，并保证所披露的信息真实、准确、完整，不得有虚假记载、误导性陈述或者重大遗漏。"第 9.11 条："上市公司发生本规则 9.1 条规定的'提供担保'事项时，应当经董事会审议后及时对外披露。'提供担保'事项属于下列情形之一的，还应当在董事会审议通过后提交股东大会审议：……(六)对股东、实际控制人及其关联人提供的担保……董事会审议担保事项时，应当经出席董事会会议的三分之二以上董事审议同意。股东大会审议前款第(四)项担保事项时，应当经出席会议的股东所持表决权的三分之二以上通过。股东大会在审议为股东、实际控制人及其关联人提供的担保议案时，该股东或者受该实际控制人支配的股东，不得参与该项表决，该项表决须经出席股东大会的其他股东所持表决权的半数以上通过。"第 10.2.4 条："上市公司与关联法人发生的交易金额在三百万元以上，且占上市公司最近一期经审计净资产绝对值 0.5% 以上的关联交易，应当及时披露。"第 10.2.6 条："上市公司为关联人提供担保的，不论数额大小，均应当在董事会审议通过后提交股东大会审议。"

② 《深交所中小企业板上市公司规范运作指引(2015 年修订)》(已失效)第 1.3 条："上市公司及其董事、监事、高级管理人员、股东、实际控制人、收购人等自然人、机构及其相关人员，以及保荐机构及其保荐代表人、证券服务机构及其相关人员应当遵守法律、行政法规、部门规章、规范性文件、《股票上市规则》、本指引和本所发布的细则、指引、通知、办法、备忘录等相关规定(以下简称本所其他相关规定)，诚实守信，自觉接受本所和其他相关监管部门的监督管理。"第 2.1.4 条："上市公司的资产应当独立完整、权属清晰，不被董事、监事、高级管理人员、控股股东、实际控制人及其关联人占用或者支配。"第 8.3.4 条："上市公司应当依法明确对外担保的审批权限，严格执行对外担保审议程序。未经董事会或者股东大会审议通过，公司不得对外提供担保。公司应当在公司章程中规定，对外担保提交董事会审议时，应当取得出席董事会会议的三分之二以上董事同意并经全体独立董事三分之二以上同意。"

对赫美集团给予公开谴责的处分，对赫美集团相关董事、高级管理人员给予公开谴责或通报批评的处分。

（2）行政监管措施

①2019 年 8 月 15 日

由于赫美集团资金被控股股东关联方首赫投资及其子公司非经营性占用、未履行相关审议程序为首赫投资及其关联方提供担保，且未履行信息披露义务，违反了《16 号文》①、《关于规范上市公司对外担保行为的通知》（已失效）②、《上市公司信息披露管理办法》③的相关规定，深圳证监局决定对赫美集团采取责令

---

① 《16 号文》第 1 条第 1、2 款规定："上市公司与控股股东及其他关联方的资金往来，应当遵守以下规定：（一）控股股东及其他关联方与上市公司发生的经营性资金往来中，应当严格限制占用上市公司资金。控股股东及其他关联方不得要求上市公司为其垫支工资、福利、保险、广告等期间费用，也不得互相代为承担成本和其他支出；（二）上市公司不得以下列方式将资金直接或间接地提供给控股股东及其他关联方使用：1. 有偿或无偿地拆借公司的资金给控股股东及其他关联方使用；2. 通过银行或非银行金融机构向关联方提供委托贷款；3. 委托控股股东及其他关联方进行投资活动；4. 为控股股东及其他关联方开具没有真实交易背景的商业承兑汇票；5. 代控股股东及其他关联方偿还债务；6. 中国证监会认定的其他方式。"第 2 条规定："上市公司全体董事应当审慎对待和严格控制对外担保产生的债务风险，并对违规或失当的对外担保产生的损失依法承担连带责任。控股股东及其他关联方不得强制上市公司为他人提供担保。上市公司对外担保应当遵守以下规定：（一）上市公司不得为控股股东及公司持股 50% 以下的其他关联方、任何非法人单位或个人提供担保。……"

② 《关于规范上市公司对外担保行为的通知》第 1 条规定："规范上市公司对外担保行为，严格控制上市公司对外担保风险（一）上市公司对外担保必须经董事会或股东大会审议。（二）上市公司的《公司章程》应当明确股东大会、董事会审批对外担保的权限及违反审批权限、审议程序的责任追究制度。（三）应由股东大会审批的对外担保，必须经董事会审议通过后，方可提交股东大会审批。须经股东大会审批的对外担保，包括但不限于下列情形：1. 上市公司及其控股子公司的对外担保总额，超过最近一期经审计净资产 50% 以后提供的任何担保；2. 为资产负债率超过 70% 的担保对象提供的担保；3. 单笔担保额超过最近一期经审计净资产 10% 的担保；4. 对股东、实际控制人及其关联方提供的担保。股东大会在审议为股东、实际控制人及其关联方提供的担保议案时，该股东或受该实际控制人支配的股东，不得参与该项表决，该项表决由出席股东大会的其他股东所持表决权的半数以上通过。（四）应由董事会审批的对外担保，必须经出席董事会的三分之二以上董事审议同意并做出决议。（五）上市公司董事会或股东大会审议批准的对外担保，必须在中国证监会指定信息披露报刊上及时披露，披露的内容包括董事会或股东大会决议、截止信息披露日上市公司及其控股子公司对外担保总额、上市公司对控股子公司提供担保的总额……"

③ 《上市公司信息披露管理办法（2007 年）》（已失效）第 2 条规定："信息披露义务人应当真实、准确、完整、及时地披露信息，不得有虚假记载、误导性陈述或者重大遗漏。信息披露义务人应当同时向所有投资者公开披露信息。在境内、外市场发行证券及其衍生品种并上市的公司在境外市场披露的信息，应当同时在境内市场披露。"第 3 条规定："发行人、上市公司的董事、监事、高级管理人员应当忠实、勤勉地履行职责，保证披露信息的真实、准确、完整、及时、公平。"第 30 条规定："发生可能对上市公司证券及其衍生品种交易价格产生较大影响的重大事件，投资者尚未得知时，上市公司应当立即披露，说明事件的起因、目前的状态和可能产生的影响。前款所称重大事件包括：……（十七）对外提供重大担保；……"

改正的行政监管措施，赫美集团应按照要求进行改正，并提交书面整改报告。

②2020 年 5 月 22 日

由于赫美集团为关联方首赫投资提供担保未履行董事会、股东大会审议程序，也未依法及时履行信息披露义务，赫美集团董事长、代董事会秘书未履行勤勉尽责义务，对上述违规行为负有责任，违反了《上市公司信息披露管理办法》的相关规定，深圳证监局决定对赫美集团及相关责任人员采取出具警示函的行政监管措施。

(3) 民事赔偿

根据《证券法》《虚假陈述规定(新)》的相关规定，上市公司因其虚假陈述给投资人造成损失的，承担民事赔偿责任。本案中，已有投资人提起证券虚假陈述责任之诉，在因果关系、损失等得以证明后，其诉讼请求存在得到支持的可能，赫美集团将因此承担赔偿责任。

2. 资本市场运作受限

虽然赫美集团实际并未承担行政或刑事责任，但是合规问题仍对赫美集团的资本市场运作产生了不良影响。根据《16 号文》[①]相关规定，赫美集团将因违规占用资金行为而在 12 个月内无法进行配股、公开增发、非公开发行、可转换公司债券、优先股、公司债券、企业资产证券化等一系列资本市场运作，融资能力将进一步受限。

(二) 控股股东层面

1. 法律责任的承担

(1) 纪律处分

由于赫美集团控股股东汉桥机器厂的股东首赫投资对赫美集团违规对外提供担保、非经营性资金占用且未及时履行信息披露义务等违规行为负有责任，违反了《深交所股票上市规则》《深交所中小企业板上市公司规范运作指引》的相关规定，深交所决定对首赫投资给予公开谴责的处分。

---

① 《16 号文》第 4 条："……(二) 上市公司及其董事、监事、经理等高级管理人员违反本《通知》规定，中国证监会将责令整改，依法予以处罚，并自发现上市公司存在违反本《通知》规定行为起 12 个月内不受理其再融资申请……"

(2)民事赔偿

赫美集团控股股东违规占用资金,面临双重赔偿责任。一是根据《虚假陈述规定(新)》第20条的规定①,控股股东操纵上市公司违反证券法律规定,致使投资人在证券交易中遭受损失的,投资人有权要求控股股东承担赔偿责任;二是根据《公司法》的相关规定②,在上市公司履行赔偿责任后,上市公司有权要求控股股东对其给上市公司造成的损失承担赔偿责任。

2. 合规问题的限期解决

根据《国务院关于进一步提高上市公司质量的意见》第5条的规定③,对已形成的合规问题,控股股东要限期予以清偿或化解。本案中,赫美集团控股股东及其关联方占用资金2.40亿元,对此,控股股东需要尽快清偿完毕;赫美集团未经审议的担保金额为9.63亿元,对此,控股股东需要协调债权人解除,如赫美集团承担了担保责任,其有权向控股股东追偿。

五、合规问题以外的困境

(一)上市公司层面

1. 亏损严重,缺乏持续"造血"能力

赫美集团在业务经营上一直存在问题,早在2017年年末,赫美集团扣除非经常性损益后归属于上市公司股东的净利润就已为-1.83亿元,而2018年该等经营困境一直未得以改善,到2018年年末,扣除非经常性损益后归属于上市公

---

① 《虚假陈述规定(新)》第20条:"发行人的控股股东、实际控制人组织、指使发行人实施虚假陈述,致使原告在证券交易中遭受损失的,原告起诉请求直接判令该控股股东、实际控制人依照本规定赔偿损失的,人民法院应当予以支持。控股股东、实际控制人组织、指使发行人实施虚假陈述,发行人在承担赔偿责任后要求该控股股东、实际控制人赔偿实际支付的赔偿款、合理的律师费、诉讼费用等损失的,人民法院应当予以支持。"

② 《公司法》第21条:"公司的控股股东、实际控制人、董事、监事、高级管理人员不得利用其关联关系损害公司利益。违反前款规定,给公司造成损失的,应当承担赔偿责任。"

③ 《国务院关于进一步提高上市公司质量的意见》第5条:"……(十)严肃处置资金占用、违规担保问题。控股股东、实际控制人及相关方不得以任何方式侵占上市公司利益。坚持依法监管、分类处置,对已形成的资金占用、违规担保问题,要限期予以清偿或化解;对限期未整改或新发生的资金占用、违规担保问题,要严厉查处,构成犯罪的依法追究刑事责任。依法依规认定上市公司对违规担保合同不承担担保责任。上市公司实施破产重整的,应当提出解决资金占用、违规担保问题的切实可行方案……"

司股东的净利润为 -19.06 亿元。更能证明赫美集团经营存在问题的是，自2011 年起至 2018 年年底，赫美集团的经营活动产生的现金流量净额仅 2016 年净流入 5225 万，其余年份均为负数，这说明赫美集团无法通过内生性增长获得足够的现金。

2. 债务负担沉重且面临实质违约风险

根据赫美集团 2018 年年度报告，截至 2018 年 12 月 31 日，赫美集团合并口径资产总计为 43.39 亿元，负债总计为 42.90 亿元，净资产为 0.48 亿元，资产负债率接近 100%。其中，上述负债中的流动性负债为 35.29 亿元，其中短期负债为 11.19 亿元(已逾期 4.42 亿元)、应付票据及应付账款为 2.10 亿元(已到期金额为 0.90 亿元)，其他应付款为 11.50 亿元。该等资产负债结构表明，赫美集团债务负担严重且出现实质违约。

3. 资产难以快速变现且需要计提减值以解决债务危机

根据赫美集团 2018 年年度报告，虽然截至 2018 年 12 月 31 日，赫美集团计提资产减值准备 23.82 亿元，计提减值准备后，赫美集团合并口径资产总计为43.39 亿元，但上述资产中的大部分由难以快速变现的资产构成，其中流动资产27.93 亿元，非流动资产 15.45 亿元，而流动资产中的应收票据及应收账款为4.65 亿元，其他应收款为 9.01 亿元，存货为 4.44 亿元。

4. 面临较多的诉讼与仲裁等或有事项

根据赫美集团 2018 年年度报告，赫美集团面临较多的诉讼仲裁事项，涉案金额约 11 亿元，其中多为银行借款逾期。为此，赫美集团主要银行账户、所持子公司股权、多处房产、土地及设备被冻结，约 7.43 亿元资产使用受到限制。

5. 投资不善导致赫美集团损失进一步扩大

根据赫美集团 2018 年年度报告，赫美集团在 2018 年因投资管理不善可能需要承担巨额的投资损失，具体而言：终止收购温州崇高百货有限公司 100% 股权，赔偿违约金 1.55 亿元；拟终止收购北京尚品百姿电子商务有限公司 90% 股权及和诚宇信(香港)有限公司 100% 股权，已支付的 2000.00 万元可能无法收回，合同约定的违约赔偿金为 10 亿元，最终赔偿金额尚未确定；收购山西金卡易联商务有限公司 90% 股权及山西金卡众和电子商务有限公司 90% 股权，未按合同约定进度支付收购款，已支付的 3728.59 万元可能无法收回，违约赔偿金额尚未确定。

6. 二级市场不看好赫美集团,股价连续下降

根据公开披露的信息,在 2018 年一年间,赫美集团股票从年初最高的 19.94 元/股跌至最低的 6.51 元/股。虽然上市公司二级市场股价受多种因素影响,但是这也确实表明市场并不看好赫美集团,赫美集团单纯靠其现有业务无法实现可持续经营能力和盈利能力的恢复。

7. 面临退市风险

因赫美集团 2020 年度经审计的期末净资产为负值,其已因触及《深交所股票上市规则(2020 年修订)》第 14.3.1 条第 1 款第 2 项的规定①被实施了退市风险警示。如赫美集团 2021 年度经审计的期末净资产仍为负值,或出现《深交所股票上市规则(2020 年修订)》第 14.3.11 条规定的任一情形②,赫美集团将被深交所决定终止上市。

(二)控股股东层面

控股股东占用上市公司资金的原因是资金短缺,则这也是其面临的主要困境。此外,控股股东还为上市公司的诸多债务提供了担保。截至 2020 年 12 月 31 日,该等担保余额合计约 12.25 亿元,如上市公司债务问题无法解决,控股股东亦将面临债权人的追偿,其自身债务问题将进一步恶化。

---

① 《深交所股票上市规则(2020 年修订)》(已失效)第 14.3.1 条第 1 款第 2 项:"上市公司出现下列情形之一的,本所对其股票交易实施退市风险警示:(二)最近一个会计年度经审计的期末净资产为负值,或追溯重述后最近一个会计年度期末净资产为负值。"

② 《深交所股票上市规则(2020 年修订)》第 14.3.11 条:"上市公司因本规则触及 14.3.1 条第一款第(一)项至第(三)项情形其股票交易被实施退市风险警示后,首个会计年度出现以下情形之一的,本所决定终止其股票上市交易:(一)经审计的净利润为负值且营业收入低于 1 亿元,或追溯重述后最近一个会计年度净利润为负值且营业收入低于 1 亿元;(二)经审计的期末净资产为负值,或追溯重述后最近一个会计年度期末净资产为负值;(三)财务会计报告被出具保留意见、无法表示意见或者否定意见的审计报告;(四)未在法定期限内披露过半数董事保证真实、准确、完整的年度报告;(五)虽符合第 14.3.7 条规定的条件,但未在规定期限内向本所申请撤销退市风险警示;(六)因不符合第 14.3.7 条规定的条件,其撤销退市风险警示申请未被本所审核同意。公司因触及第 14.3.1 条第一款第(四)项情形其股票交易被实施退市风险警示后,出现前款第(四)项至第(六)项情形或者实际触及退市风险警示指标相应年度的次一年度出现前款第(一)项至第(三)项情形的,本所决定终止其股票上市交易。"

六、合规问题的尝试方案

(一)通过股权转让引入战略投资人

1. 方案的具体内容

在赫美集团合规、债务等一系列问题暴露前,控股股东曾多次尝试通过股权转让的方式引入战略投资人,化解自身的流动性危机。

2018 年 5 月,赫美集团与韬蕴资本签署《战略投资合作框架协议》,约定韬蕴资本在 2018 年 11 月 14 日前收购公司不低于 5% 的股份,并与赫美集团进行多方位业务深度合作。赫美集团则收购韬蕴资本一致行动人持有的东方车云股权,以实现该部分资产的上市。但是,该合作最终还是在 2018 年 11 月 15 日被双方共同决定终止。

2018 年 12 月 5 日,赫美集团与裕文堂签署了《战略合作框架协议》,裕文堂拟通过包括但不限于认购公司发行的新股、协议转让受让公司原股东股份、二级市场竞价交易或双方协商的其他方式持有公司不超过总股本 5% 的股份,以成为公司的战略股东。但该战略合作最终无进一步消息。

2. 方案的实施效果

如投资人认可赫美集团的投资价值,愿意协助赫美集团及其控股股东解决其面临的问题,采取这种方案可达到以下效果:

(1)控股股东可以获得资金以解决自身债务问题,其自身债务问题的解决则可以相应解除赫美集团违规提供的担保。此外,控股股东还可以清偿占用的上市公司资金。

(2)战略投资人存在优质资产或现金可以注入上市公司,如韬蕴资本注入东方车云股权可以在一定程度上改善赫美集团的可持续经营能力,缓解赫美集团的债务危机。

3. 方案的优势和劣势

(1)方案的优势

相对于其他方式,控股股东通过股权转让获得解决债务问题的资金可能是最简洁的,即只要投资人认可赫美集团的投资价值,控股股东就可在较短时间内解决自身债务危机、违规担保、资金占用等问题。

（2）方案的劣势

①战略投资人的引入通常是漫长的，投资人需要较长的时间进行尽调、摸底以作出决策，而控股股东的债务问题已经迫在眉睫。

②控股股东持有的赫美集团股票几乎100%已经被质押，投资人只有先行提供资金协助控股股东解除质押方可取得股票，其需要承担较大的风险。

③赫美集团股价在2018年连续下跌，即使投资人愿意购买，可能也无法解决控股股东的全部债务问题。而且，股票全部出售后，控股股东将丧失赫美集团的控制权，如出售价格低于控股股东的持股成本，其亦会面临投资损失。

4. 方案失败的原因

（1）赫美集团问题过于严重，已经超出投资人可以接受的范围

无论投资人是为何目的取得上市公司股权，其都不会希望自身出现投资损失。具体到本案，韬蕴资本是为了实现其控制的东方车云上市。但是在赫美集团面临债务危机的前提下，若将东方车云注入赫美集团，则其很可能会成为赫美集团的抵债资产，而且赫美集团股权很可能因为债务问题丧失投资价值，这远超出了韬蕴资本的风险承受范围。同样，对于裕文堂（这里我们暂不考虑其真实性）而言，在赫美集团自身债务问题无法解决时，其取得的赫美集团股票也将面临丧失投资价值的风险。

（2）通过该方案无法解决控股股东的全部问题

根据公开市场披露的信息，赫美集团在2018年12月28日的股票收盘价为7.36元/股，而汉桥机器厂持有的赫美集团股份数为260,100,000股，股票价值约为19.14亿元。根据赫美集团后续披露的信息，控股股东导致的违规担保和资金占用金额约29亿元，上述股票即使全部出售，可能也无法解决以上全部问题，而且控股股东当时可能也并不想完全丧失赫美集团的控制权。

（3）战略合作方案过于笼统，难以落地

尽管投资人拟与赫美集团开展战略合作，但并无具体可执行的落地方案，难以有效解决赫美集团自身可持续经营能力差等的问题。同时，投资人与赫美集团进行战略投资，或是实现自身上市诉求，或是为了谋求经济利益。但是，正如赫美集团与韬蕴资本合作终止时披露的理由所述的那样，“当前国际及国内的宏

观经济形势变化、双方投融资战略的调整”“东方车云拟独立进行境内或境外IPO申报”，尽管各方存在合作意图和初步的合作方向，但当具体方案无法落地执行时，投资人也会果断退出。

（二）设立债务重组基金

1. 方案的具体内容

2019年1月5日，赫美集团与湾流资本签署了《关于实施债务重组及组建时尚消费产业升级并购基金的战略合作协议》，湾流资本拟筹集资金对汉桥机器厂进行债务重组，重组方式包括但不限于承接现有债务、债权转股权或合伙企业份额以及三方共同认可的其他方式。同时，湾流资本、赫美集团、汉桥机器厂拟合作设立以时尚消费升级为主题的产业并购基金。

2019年3月4日，赫美集团披露了债务重组基金设立的详细方案，虽然该债务重组基金可能与湾流资本无关。根据方案，赫美集团控股股东汉桥机器厂拟设立债务重组基金。控股股东汉桥机器厂债权人以其持有的汉桥机器厂债权向债务重组基金出资。同时，汉桥机器厂将其持有的部分公司股份转让给债务重组基金，作为对债权人债务清偿和收益的保证，以化解债务危机。

2. 方案的实施效果

如债权人可以接受方案导致的不确定风险，同意在债务重组基金中受偿，采取本方案可达到以下效果：

（1）控股股东汉桥机器厂拟将其持有的赫美集团158，289，319股股份（约占赫美集团总股本的29.99%）转让给债务重组基金，转让完成后，汉桥机器厂还持有赫美集团19.29%的股份。[①] 按照该方案披露前最后一个交易日（2019年2月15日）的股票收盘价6.42元/股计算，前述29.99%股份的市值约10.16亿元。虽然我们无法确认当时控股股东及赫美集团债务的实际规模，但该金额与后续赫美集团在重大资产重组中向交易对方承诺剥离的8亿元债务相差不远，其或可在一定程度上解决控股股东的债务问题。

（2）汉桥机器厂债权人以债权方式向债务重组基金出资，成为优先级投资

---

① 根据同日披露的《关于公司吸收合并英雄互娱科技股份有限公司暨关联交易方案的议案》，汉桥机器厂将向迪诺投资转让赫美集团52，780，655股股份（占本次交易前赫美集团总股本的10%）。

人。在该方案设计下，债务重组基金可以通过陆续处置赫美集团股份并向投资人分配的方式实现投资人的退出，解决债务问题。同时，该方案可以为处置赫美集团股份争取时间，如后续赫美集团股价飙升，投资人还可以实现超额收益，对转为股东的债权人是有益的。

（3）债务重组基金还将引入资产管理公司作为中间级投资人，补充一定的现金作为偿债资源。而这将提高债权人当期的受偿率，更有利于债务问题的解决。

（4）本方案如可以解决控股股东资金占用和违规担保的问题，可以为上市公司后续资本市场运作扫清障碍，有利于解决上市公司的问题。

3. 方案的优势和劣势

（1）方案的优势

该方案为控股股东和上市公司解决问题创造了时间，如后续重大资产重组方案成功，上市公司问题得以解决的同时，债权人也不会遭受损失，同时控股股东的各类问题也将得以解决，对于各方而言都是有利的。

（2）方案的劣势

①本方案对问题的解决依赖于债权人的同意，但本方案本身并不能完全满足债权人的诉求，如清偿期限、清偿金额等，导致债权人需要承担较多不确定性的风险。在无外力推动的情况下，本方案很难实现。

②本方案更多关注的是控股股东层面的债务问题，上市公司仍需要配套实施其他方案。

4. 方案最后失败的原因

（1）本方案实施时，汉桥机器厂持有的赫美集团股份几乎全部处于质押状态，需要相应的债权人解除股份质押。而解除质押将使得各质押权人的债权处于风险状态下，质押权人肯定不倾向于解除质押。

（2）在方案实施过程中，赫美集团也在同步实施重大资产重组，这导致赫美集团股价变动较大，债权人的预期和要求更高，赫美集团难以满足债权人的预期。

（3）在本方案下，债权人的受偿与债务重组基金取得的赫美集团股份处置息息相关，处置回款的不确定性将导致债权人的受偿具有不确定性。同时，股份处置需要较长的时间实现，债权人无法在短期内获得受偿，更进一步增加了该种不确定性。2019 年 2 月 18 日，赫美集团披露其 2018 年预亏 19.24 亿元，这也进一步导致了债权人对赫美集团丧失信心。如后续重大资产重组顺利推进,该债务重组方案还有继续的可能。但可惜的是,2019 年 4 月 2 日,赫美集团宣布重大资产重组终止。

(4)虽然赫美集团正式披露违规担保和资金占用问题的时间是 2019 年 4 月,但是各债权人可能对于赫美集团的问题早已知悉。而且 2018 年年末的武汉小贷借款问题也暴露了赫美集团内控存在风险。在当时的情况下,谁也无法确定赫美集团内部是否还存在其他风险,如赫美集团问题进一步恶化,债务重组基金持有的赫美集团股票可能将无价值。

(三)筹划重大资产重组

1. 方案的具体内容

在推进设立债务重组基金的过程中,赫美集团还筹划了重大资产重组,即通过发行股份的方式购买英雄互娱股权。根据赫美集团披露的交易预案,此次交易分为两个互为前提的步骤进行:第一步,赫美集团发行股份吸收合并英雄互娱;第二步,上述吸收合并换股股票上市之日,汉桥机器厂向迪诺投资协议转让赫美集团 10% 的股权。本次交易完成后,赫美集团控股股东汉桥机器厂的持股比例由 49.28% 进一步降低,迪诺投资及其一致行动人迪诺兄弟合计持有的赫美集团股权比例预计将超过汉桥机器厂,赫美集团实际控制人预计将变更为迪诺投资实际控制人。

在上述重大资产重组的同时,赫美集团还将剥离现有部分或全部资产和负债给控股股东汉桥机器厂,而控股股东汉桥机器厂将以签署债务重组基金的方式承接赫美集团的相关资产和债务。

2. 方案的实施效果

如双方约定的核心交易条件能够被满足,并能取得监管部门的审批,采取本方案可达到以下效果:

(1)重大资产重组作为利好消息可以实现股价的提升,而股价的提升有利于解决控股股东的债务问题。2019 年 3 月 4 日,赫美集团在披露债务重组方案的同时还披露了赫美集团重大资产重组的具体方案。重大资产重组作为利好消息,也使得赫美集团股票实现多日涨停,自 3 月 4 日复牌的 7.06 元/股,最高涨至

21.49 元/股。

(2)重大资产重组可以为赫美集团引入资金,解决赫美集团自身的债务问题。正如前文所述,赫美集团本身也面临较为严重的债务问题,需要第三方投入资金,实现业务的转型。而债务重组基金仅是解决了控股股东的债务问题以及赫美集团的违规担保问题,并不能直接为赫美集团注入资金。但英雄互娱的反向收购却可以实现对赫美集团的资金注入。

3.方案的优势和劣势

(1)方案的优势

重大资产重组属于常规路径下最能解决上市公司面临问题的方式,如其能被成功实施,赫美集团的问题将得以解决,控股股东也可以分享重大资产重组带来的收益。

(2)方案的劣势

①重大资产重组需要监管部门的审批,且审批时间较长,实施的不确定性程度较大。

②由于法律对重大资产重组要求的条件较高,困境企业一般无法满足适用条件。通过该方案解决自身问题面临的挑战更大,赫美集团需要付出更多的努力。

4.方案失败的原因

2019 年 4 月 2 日,赫美集团公告称,各方于 3 月 1 日签订的股份转让协议中的核心交易条件未能满足及达成一致意见,迪诺投资决定单方终止股份转让协议,同时赫美集团与英雄互娱于 3 月 1 日签署的吸收合并协议也一并自动终止。在后续对深交所问询函的回复中,赫美集团进一步说明的重大资产重组终止的原因为:其一,汉桥机器厂无支付能力足额支付股份转让协议项下金额为 20,000 万元的偿债保证金;其二,赫美集团及子公司惠州浩宁达与武汉小贷签订的《委托贷款最高额保证合同》项下的担保责任未在股份转让协议约定的期限内终止。但是,从后续一系列的公告中,我们发现赫美集团所述的以上 2 个原因可能只是表层的原因。

(1)根据股份转让协议,在重组上市草案公告之前,赫美集团需要处置资产的回款净额不低于人民币 80,000 万元,或者按照迪诺投资认可的方式完成金额不低于人民币80,000万元的债务剥离。根据公开信息,虽不能确定该80,000万元与赫美集团的合规问题的关联程度具体有多大,但英雄互娱可能在一定程度上了解赫美集团的债务问题。但是无论是赫美集团自身的债务,还是其为控股股东担保而负担的债务,债务剥离都需要债权人的同意,并有足够资信能力的承接方承接。虽然赫美集团披露部分资产和负债将由控股股东汉桥机器厂设立的债务重组基金承接,但债务重组基金的设立具有不确定性。而且,该等资产处置或债务剥离会触碰到《上市公司重大资产重组管理办法》规定的重大资产出售条件,方案实施需要一定的周期并需监管机构审批。

(2)根据股权转让协议,汉桥机器厂、王某或其指定的第三方需要将数量不少于52,780,655的股份(占赫美集团总股本的10%)转让给迪诺投资。但当时,汉桥机器厂的股权几乎已100%被质押,因此,股权转让的前提是汉桥机器厂的债务问题得以解决。正如前文所述,通过债务重组基金解决控股股东债务问题对债权人而言风险过大,而收益又不具有确定性,因此解除股权质押无法在短期内得以实现。

(3)赫美集团会计师在2019年4月30日正式披露了赫美集团存在大量的违规担保和资金占用问题,而《上市公司证券发行管理办法》第39条第3项规定,"上市公司存在下列情形之一的,不得非公开发行股票:上市公司及其附属公司违规对外提供担保且尚未解除",因此,赫美集团要想推进重大资产重组,就需要先解决违规对外担保问题。结合重大资产重组终止的时间,各方决定终止本次重大资产重组的原因可能是已经预测到赫美集团的违规担保问题在4月30日前无法解决。

七、合规问题的解决方案

(一)方案的具体内容

1. 通过债权债务抵销解决资金占用问题

尽管2019年4月30日赫美集团资产占用问题正式被对外披露,但控股股东及其关联方在其后的两年里一直未拿出具体的解决方案,赫美集团也仅是表示将督促首赫投资及相关方尽快筹集资金,解决上述债务问题。直至2021年4月

30 日,赫美集团披露公司债权人自愿以其对赫美集团享有的应收债权代为偿付首赫投资相应欠付赫美集团的债务,以解决首赫投资及相关方对赫美集团的资金占用问题。而债权人愿意代偿可能是各方已就赫美集团重整达成默契的结果。

如事实部分列示的那样,在资金占用问题发生的两年里并无债权人愿意代首赫投资清偿债权,那么为何在 2021 年债权人同意代偿,且债权人与首赫投资的《代偿债务协议书》签署日为 2021 年 4 月 29 日,仅比赫美集团 2020 年度审计报告披露日期 2021 年 4 月 30 日早 1 天。我们认为,这与赫美集团被申请重整息息相关,系控股股东为将赫美集团推入程序解决自身问题的手段。

从结果来看,在赫美集团 2020 年度审计报告中,尽管会计师因无法确认代偿协议是否会在未来重整过程中被撤销而出具了保留意见,但会计师还是确认了"控股股东及关联方对赫美集团不再有资金占用"。这无疑对推进赫美集团进入重整程序是有积极作用的。

对于为何存在债权人愿意收购债权解决控股股东的资金占用的问题,我们认为存在以下几种可能:

(1)代偿债权人为控股股东所控制。虽然赫美集团披露上述代偿债权人与控股股东不存在关联关系,但不排除控股股东通过其他方式控制代偿债权人的可能。至于为何不是控股股东直接清偿,可能是为减少成本,避免舆论关注。方案中并未披露债权收购的价格,所以不排除债权收购价格远低于债权本息的可能。而如控股股东直接进行债权收购,一方面不利于债权收购的谈判,另一方面也将引发债权人质疑,导致舆论关注。但如上述债权人为控股股东暗中控制的主体,各项操作将更为容易。

(2)代偿债权人可以获得超额收益。正如前文所述,债权收购价格可能远低于债权本息。尽管债权人代控股股东偿还了占用赫美集团的资金,但未来债权人还可以向控股股东追偿。而且,控股股东可能与债权人另行签署了协议,向债权人承诺了远超成本的收益,或提供了足额担保,确保债权人不会遭受损失。

此外,根据《企业破产法》第 32 条的规定,在赫美集团已被申请破产的前提下,代偿债权人的代偿情形有可能会被认定为"个别清偿",在重整程序中被撤销。因此,控股股东等相关方承诺在上述协议失效时承担连带责任。

2. 通过豁免、诉讼、第三方兜底等方式解决大部分违规担保问题

同资金占用问题一样,赫美集团的违规担保问题也是在《2020 年年度审计报告》出具前集中得以解决的。具体方式包括协议解除、诉讼解除以及第三方兜底承诺。

(1)协议解决

在 2021 年 4 月 27 日至 29 日的 3 天时间内,赫美集团与各相关债权人就其为控股股东及其关联方借款违规提供担保形成的担保责任及过错赔偿责任签订了责任豁免协议,解除了赫美集团对各相关债权人的担保责任及过错赔偿责任。结合赫美集团在年报问询函中的回复,债权人愿意豁免担保的原因为:

①赫美集团资不抵债,受偿率难及预期

2018 年,自金融政策去杠杆,赫美集团出现流动性困难以来,其债务逾期导致大量债务纠纷涉诉,赫美集团资产大量被查封、冻结,且已有部分资产被债权人司法拍卖变现偿债,赫美集团剩余可变现资产难以覆盖大额债务,更无法覆盖担保债权。

赫美集团资金紧张导致其主营业务受到较大影响,业务规模收缩,业务收入和盈利能力大幅下降,净资产已连续 2 年为负,出现资不抵债的情形,债务负担已经严重影响赫美集团的盈利能力和持续经营能力。

综上,赫美集团偿债能力弱,只有改善财务状况、恢复持续盈利能力,才能最大限度地维护债权人和股东的利益。

②赫美集团面临退市风险

根据《深交所股票上市规则(2020 年修订)》的规定,如赫美集团 2021 年度触发第 14.3.11 条的任一情形①,其将被深交所决定终止上市。

---

① 《深交所股票上市规则(2020 年修订)》第 14.3.11 条:"上市公司因本规则触及 14.3.1 条第一款第(一)项至第(三)项情形其股票交易被实施退市风险警示后,首个会计年度出现以下情形之一的,本所决定终止其股票上市交易:(一)经审计的净利润为负值且营业收入低于 1 亿元,或追溯重述后最近一个会计年度净利润为负值且营业收入低于 1 亿元;(二)经审计的期末净资产为负值,或追溯重述后最近一个会计年度期末净资产为负值;(三)财务会计报告被出具保留意见、无法表示意见或者否定意见的审计报告;(四)未在法定期限内披露过半数董事保证真实、准确、完整的年度报告;(五)虽符合第 14.3.7 条规定的条件,但未在规定期限内向本所申请撤销退市风险警示;(六)因不符合第 14.3.7 条规定的条件,其撤销退市风险警示申请未被本所审核同意。公司因触及第 14.3.1 条第一款第(四)项情形其股票交易被实施退市风险警示后,出现前款第(四)项至第(六)项情形或者实际触及退市风险警示指标相应年度的次一年度出现前款第(一)项至第(三)项情形的,本所决定终止其股票上市交易。"

如若赫美集团于2021年12月31日财务状况未得改善,合规问题未得到有效整改,其将面临终止上市的风险。上述违规担保债权人为赫美集团股东债权人,拥有赫美集团股东质押的上市公司股票资产的质权,如赫美集团被终止上市,股东债权人将更难以实现债权,债权受偿率极低。

赫美集团于2021年2月1日收到深圳中院送达的(2020)粤03破申827号决定书后对公司启动了预重整。赫美集团全资子公司赫美商业、惠州浩宁达于2021年4月21日收到了深圳中院送达的(2021)粤03破申3号决定书、(2021)粤03破申18号决定书,之后,赫美集团对赫美商业、惠州浩宁达启动预重整。对赫美集团和子公司的全面重整可以全面系统解决公司债务问题,争取尽早执行完成重整计划,完善合规治理,实现各利益方的共同目标,消除退市风险警示,步入常态化可持续发展。

③监管要求赫美集团必须解决合规问题

根据《国务院关于进一步提高上市公司质量的意见》的明确要求,上市公司实施破产重整的,应当提出解决资金占用、违规担保问题的切实可行方案。《中国证券监督管理委员会深圳监管局关于推动辖区上市公司落实主体责任提高治理水平实现高质量发展的通知》进一步明确,已经存在资金占用和违规担保问题的上市公司应在2020年年报披露前完成资金清偿和担保风险化解工作,并于2020年年报披露时专项披露占用担保情况及会计师事务所的专项审核意见。

根据《上市公司证券发行管理办法》(已失效)、《上市公司重大资产重组管理办法》、《上市公司重整纪要》等的相关规定以及上市公司破产重整的案例分析,赫美集团及其附属公司如存在违规对外提供担保和资金占用且尚未解除的情形,不得非公开发行股票,并且难以获得中国证监会对上市公司破产重整的支持函。综上,于2020年4月30日前解决上市公司的违规问题是实现重整成功的必要条件之一,解决违规问题是赫美集团进入重整程序的必要环节。

赫美集团及上述债权人深知违规担保解除将有利于公司顺利推进司法重整,尽快恢复上市公司的经营能力及偿债能力,有利于维护公司股东及债权人的共同利益。

④控股股东与债权人存在协议安排,对债权人进行补偿

在签署责任豁免协议的同时,控股股东汉桥机器厂还与债权人签署了补充

协议,以协调重整投资人将赫美集团资本公积金转增的部分股份无偿让渡给债权人的方式进行偿还。同时,控股股东汉桥机器厂承诺,在赫美集团破产重整程序中,如重整投资人未能无偿向债权人让渡股份,则汉桥机器厂无偿将其根据赫美集团重整计划中分配到的上述股份让渡给债权人。此外,除公开披露的协议外,控股股东和债权人间可能还存在其他协议,以确保债权人利益不受损,否则债权人可能也很难予以豁免。

(2)诉讼解除

《公司法》第 16 条规定,"公司向其他企业投资或者为他人提供担保,依照公司章程的规定,由董事会或者股东会、股东大会决议……"。

《九民纪要》第 17 条①明确了担保行为必须以公司股东(大)会、董事会等公司机关的决议作为授权的基础和来源,法定代表人未经授权擅自为他人提供担保的构成越权代表,该担保合同的效力按照原《合同法》第 50 条的规定,以相对人是否善意进行判断。其第 18 条②进一步明确了相对人善意的认定方式,要求

---

① 《九民纪要》第 17 条:"为防止法定代表人随意代表公司为他人提供担保给公司造成损失,损害中小股东利益,《公司法》第 16 条对法定代表人的代表权进行了限制。根据该条规定,担保行为不是法定代表人所能单独决定的事项,而必须以公司股东(大)会、董事会等公司机关的决议作为授权的基础和来源。法定代表人未经授权擅自为他人提供担保的,构成越权代表,人民法院应当根据《合同法》第 50 条关于法定代表人越权代表的规定,区分订立合同时债权人是否善意分别认定合同效力:债权人善意的,合同有效;反之,合同无效。"

② 《九民纪要》第 18 条:"前条所称的善意,是指债权人不知道或者不应当知道法定代表人超越权限订立担保合同。《公司法》第 16 条对关联担保和非关联担保的决议机关作出了区别规定,相应地,在善意的判断标准上也应当有所区别。一种情形是,为公司股东或者实际控制人提供关联担保,《公司法》第 16 条明确规定必须由股东(大)会决议,未经股东(大)会决议,构成越权代表。在此情况下,债权人主张担保合同有效,应当提供证据证明其在订立合同时对股东(大)会决议进行了审查,决议的表决程序符合《公司法》第 16 条的规定,即在排除被担保股东表决权的情况下,该项表决由出席会议的其他股东所持表决权的过半数通过,签字人员也符合公司章程的规定。另一种情形是,公司为公司股东或者实际控制人以外的人提供非关联担保,根据《公司法》第 16 条的规定,此时由公司章程规定是由董事会决议还是股东(大)会决议。无论章程是否对决议机关作出规定,也无论章程规定决议机关为董事会还是股东(大)会,根据《民法总则》第 61 条第 3 款关于'法人章程或者法人权力机构对法定代表人代表权的限制,不得对抗善意相对人'的规定,只要债权人能够证明其在订立担保合同时对董事会决议或者股东(大)会决议进行了审查,同意决议的人数及签字人员符合公司章程的规定,就应当认定其构成善意,但公司能够证明债权人明知公司章程对决议机关有明确规定的除外。债权人对公司机关决议内容的审查一般限于形式审查,只要求尽到必要的注意义务即可,标准不宜太过严苛。公司以机关决议系法定代表人伪造或者变造、决议程序违法、签章(名)不实、担保金额超过法定限额等事由抗辩债权人非善意的,人民法院一般不予支持。但是,公司有证据证明债权人明知决议系伪造或者变造的除外。"

相对人应当对担保行为所对应的董事会决议或股东(大)会决议进行形式审查。

《担保制度司法解释》第17条规定:"主合同有效而第三人提供的担保合同无效,人民法院应当区分不同情形确定担保人的赔偿责任:(一)债权人与担保人均有过错的,担保人承担的赔偿责任不应超过债务人不能清偿部分的二分之一;(二)担保人有过错而债权人无过错的,担保人对债务人不能清偿的部分承担赔偿责任;(三)债权人有过错而担保人无过错的,担保人不承担赔偿责任。主合同无效导致第三人提供的担保合同无效,担保人无过错的,不承担赔偿责任;担保人有过错的,其承担的赔偿责任不应超过债务人不能清偿部分的三分之一。"

根据上述规定,由于赫美集团违规担保事项均未履行公司内部审批决策程序,法院在审查债权人是否善意、是否已履行相应的形式审查要求后判定赫美集团担保行为无效,并根据赫美集团的过错确定了赫美集团承担的具体责任。

(3)第三方兜底承诺

虽然赫美集团大部分违规担保已经通过协议、诉讼的方式予以解决,但仍有一笔8500万元的担保无法解除。为此,2021年4月28日,微视在线向赫美集团及赫美集团全资子公司惠州浩宁达做出了如下不可撤销的承诺:对赫美集团及惠州浩宁达因为其对首赫投资向武汉小贷借款合计8500万元本金及利息提供连带保证责任导致的损失,微视在线予以补偿。

其后,为保持预重整期间被重整主体的资产稳定,快速推动重整计划形成,推动赫美集团及惠州浩宁达进入正式重整程序,响应《国务院关于进一步提高上市公司质量的意见》以及深圳证监局相关会议精神,首赫投资及赫美集团、惠州浩宁达、每克拉美与武汉小贷经友好协商签订了协议书。根据该协议书及武汉小贷授权律师送达的《关于"中止执行"期间及"恢复执行"后相关安排的通知》,上述协议各方确认武汉小贷自协议生效之日起中止对赫美集团、惠州浩宁达已查封资产、质押股票及每克拉美质押钻石的执行程序(包括但不限于拍卖、变卖、以物抵债等),直至赫美集团进入重整程序。即使赫美集团未在协议约定时间内如期进入重整程序,恢复执行后,根据可执行资产的价值及效率,也将于恢复执行后优先执行每克拉美质押的钻石,其后执行天鸿伟业质押的股票,保障赫美集团在法院裁定受理重整前的资产稳定。

2021年9月11日,财务投资人致合(杭州)资产管理有限公司、海口卓粤实业有限公司、杭州橙玖企业管理合伙企业(有限合伙)、杭州君裕物资有限公司就该笔8500万元的担保以及赫美集团在预重整程序中新申报的债权承诺予以兜底。

可能是因为微视在线以及前述财务投资人最终未能确定为赫美集团重整投资人,2021年11月29日,赫美集团、管理人与重整投资人时代榕光、王某霏、富源金来签署了重整投资协议,协议约定富源金来作为重整投资人在赫美集团重整计划规定的预留股票不足以清偿或有负债时(包括赫美集团财务账册记载、债权人尚未申报的债权,赫美集团尚未知悉的违规担保债权及其他或有负债),无偿提供清偿股票。同时,全体重整投资人除向赫美集团出资受让赫美集团资本公积转增股票外,还自愿向赫美集团无偿提供3,000,000元专项用于赫美集团可能承担违规担保责任或涉历史遗留问题清偿责任的债权之现金清偿部分。

至此,赫美集团进入重整程序的合规障碍全部被予以解决。但是,为何赫美集团必须推进重整程序呢?除前文赫美集团披露的原因外,我们有必要进一步进行分析。

①不推进重整程序,债权人就不会同意豁免公司的违规担保

正如在事实部分列示的那样,赫美集团违规担保问题在2019年4月就已经被披露了,但在此后的两年时间里,赫美集团就违规担保问题一直未能形成解决方案。在此期间,赫美集团并非毫无作为,债权人也并非一定不知道赫美集团根本无力清偿债务。各方在这两年时间里无法达成一致意见的原因是无论控股股东如何承诺解决,债权人放弃担保均可能导致其承受更大的损失,甚至面临内部的追责。更何况,控股股东自身的债务问题也导致其无法提供更有效的解决方案。而赫美集团进入重整程序则可以向各债权人证明赫美集团已经无清偿能力,即使债权人要求赫美集团提供担保,也不会获得全额清偿,有利于赫美集团说服债权人。

②不进入重整程序就无法取得政府部门的支持

上市公司作为各地重要的资源,一般会受到政府部门的关注。在常规状态下,即使上市公司面临债务问题,政府也不会主动协助公司化解问题。但如上市公司进入重整程序,政府部门的重视程度将进一步增加。为确保公司的上市地位,一般情况下,政府会成立专门的协调小组,协助公司与债权人进行沟通。而

该等支持将更有利于公司化解债务问题。在本案中,我们未从公开渠道看到政府提供支持的信息,但是我们认为政府部门就赫美集团问题的解决也提供了一定的帮助。

③不推进重整程序就无法解决剩余违规担保问题

虽然大部分债权人在程序前豁免了赫美集团违规提供的担保,但仍有部分债权人坚决不同意豁免担保。此时,如对其全额清偿(无论是赫美集团还是投资人),将会使问题解决的成本增加,对其他债权人也是不公平的。但在重整程序中,该等违规担保仅能作为普通债权受偿,且重整程序的多数决机制也使得赫美集团不会受小部分债权人的钳制,可以有效地降低问题解决成本。同时,由于重整程序中的清偿方案对全体债权人均有效,即使后续还存在其他违规担保行为,也应按重整程序确定的清偿方案受偿,不会过分增加问题的解决成本。对于无偿提供问题解决资源的重整投资人而言,风险是可控的。

④不推进重整程序就无法引入赫美集团自身债务问题

前述仅是从推进重整程序解决合规问题进行的分析,回归到赫美集团自身,其自身的债务问题只有利用重整程序中的各项工具,才能高效、低成本地予以解决,否则赫美集团最终将只能走向退市。

3. 在重整程序中解决剩余违规担保问题

根据赫美集团重整计划,在重整程序中,剩余违规担保问题主要由重整投资人无偿提供的资源予以解决。重整计划明确如下:赫美集团违规担保债权及可能承担赔偿责任的债权,将由重整投资人时代榕光、王某霏、富源金来合计无偿提供172,825,273股股票及3,000,000元资金,按照普通债权的清偿方案予以清偿。其中,时代榕光提供91,027,916股股票及1,580,115元资金,王某霏提供63,326,986股股票及1,099,266元资金,富源金来提供18,470,371股股票及320,619元资金。如解决历史遗留问题所需的股票超出重整投资人无偿提供的上述股票数量,清偿股票则由富源金来无偿提供,且不得向赫美集团追偿。

但是,重整投资人即使为解决违规担保问题无偿提供资源,也仍可实现较大收益,这也是重整投资人愿意无偿提供资源的主要原因。根据重整计划,重整投资人以每股1元的价格受让转增股份中的598,843,962股股票,也即支付股票转让款约5.98亿元。但是,自管理人于2021年10月20日正式招募投资人至29

日正式签署投资协议,乃至2021年12月29日重整计划被批准以来,赫美集团股票最低价仅为3.61元/股(最高可达6.09元/股)。因此,即使重整投资人无偿提供172,825,273股股票及3,000,000元资金(成本约1.75亿元)用以解决违规担保问题,也可实现较大的账面收益,更不用说重整投资人还取得了清洁上市公司的控制权。

(二)方案的实施效果

1. 违规担保和资金占用问题得到解决

根据赫美集团后续对深交所年报问询函的回复,截至2021年7月10日,赫美集团资金占用总额为2.4亿元,仍未解决的关联方资金占用余额为0元。之后,由于破产重整程序并未撤销前述代偿协议,赫美集团2020年年度审计报告中的"由于无法确认代偿协议是否会在未来重整过程中被撤销"的保留意见被消除了。2022年4月28日,众华所出具《2021年度关联方非经营性资金占用清偿情况表的专项审核意见》,确认赫美集团截至2021年12月31日的资金占用余额为0元。

2022年4月28日,众华所出具《2021年度违规担保及解除情况表的专项审核意见》,确认赫美集团截至2021年12月31日的违规担保余额为0元。2022年4月29日,律师出具《关于赫美集团有关违规担保事项解决情况的专项核查意见》,确认赫美集团违规担保事项的影响已消除。至此,赫美集团违规担保问题全部得以解决。

2. 赫美集团债务问题得到解决

根据赫美集团重整计划,赫美集团有财产担保债权将在担保财产清算价值或实际变现价款范围内优先受偿,未优先受偿的债权则按照普通债权清偿;职工债权和税款债权将以现金方式获得全额清偿;普通债权将以每家债权人50万元以下(含50万元)部分予以现金全额清偿,每家债权人超过50万元的债权部分,按照每100元普通债权分得10股赫美集团股票,以分得的股票抵偿债务,股票的抵债价格为10元/股,该部分债权的清偿比例为100%。通过上述方式,赫美集团在重整程序中合计解决了79.21亿元的债务,大大减轻了赫美集团的资金负担。

3. 经营与盈利能力得到改善

赫美集团通过重整引入了投资人,在债务减轻的同时获得了继续生产经营的资金。同时,重整的成功也为赫美集团的业务转型创造了时间,随着市场环境的改善,也有利于赫美集团"涅槃重生"。

4. 避免赫美集团的退市风险

根据赫美集团 2021 年度报告,重整完成后,赫美集团合并口径净资产为 68, 999. 97 万元,已经实现了净资产的转正,避免了赫美集团的退市风险。

5. 避免赫美集团和控股股东承担更为严重的法律责任

虽然赫美集团和控股股东因资金占用和违规担保问题被深圳证监局实施了行政监管措施及出具了警示函,也被深交所实施了纪律处分,但由于问题最终得以解决,赫美集团和控股股东并未被行政处罚,也未承担刑事责任。

6. 控股股东持有的赫美集团股票未被无偿让渡

赫美集团的重整计划并未剥夺控股股东持有的存量股票,其仍可通过存量资源解决自身债务问题。在重整成功后,控股股东还可分享重整成功带来的衍生收益,例如自赫美集团在二级市场的股价上涨中受益。

但我们也要看到,在该方案项下,控股股东持有上市公司的股票虽未被无偿让渡(剥夺),但其却丧失了对上市公司的控制权。这是多方博弈的结果,上市公司启动重整程序后将由管理人接管企业。管理人基于勤勉尽责等法律要求,将综合考虑债权人、投资者与上市公司本身的多方意见并制定方案。其一,对于债权人而言,其肯定希望清偿率越高越好,即引进重整投资人并投入更多资源,达成更高的债权清偿率,这就导致投入资源与赋能更多的产业资本成为重整程序的刚需,而财务投资者则沦为重整中的配角;其二,对于产业资本而言,取得上市公司的控制权的吸引力要高于仅作为财务投资者;其三,对于上市公司而言,战略投资人的协助更有利于其在业务和资源端进行赋能或协助转型,恢复原有或创造新的增长曲线。因此,基于管理人、债权人与投资人的利益角度与程序合力,大部分上市公司在重整程序中引入了战略投资人,这就意味着即使控股股东保留了一部分持股份额,也会丧失对上市公司的控制地位。控股股东要想继续控制上市公司,就需要付出更多的努力与资源。

八、本案的启示

赫美集团的风险处置方案未能高效解决违规担保和资金占用问题的主要原因在于上市公司及其控股股东皆面临着严重的债务问题,且二者债务相互交织,如不能同时考虑、同步解决,则其他措施很难真正地执行落地。在本案中,控股股东曾寄希望于直接出售所持上市公司股份,回笼资金以解决问题,但事实证明,因顾虑到上市公司债务问题与经营风险,受让方最终选择退出。控股股东只能继续占用上市公司资金,导致上市公司的债务问题越来越严重。

因此,在设计方案时,无论谁是主导者,均应统筹考虑各方利益,全面分析化解合规问题中可能面临的实操障碍,否则将浪费时间和成本,导致问题化解的难度越来越大。赫美集团的违规担保和资金占用问题被曝光后,在相当长的一段时间内,各方始终未能就解决方案达成一致,直至赫美集团因净资产指标持续为负将被终止上市,各方才接受通过重整解决债务问题,同意豁免担保或代为清偿占用资金的重组安排。这也说明,一方面,司法重整仅是各方迫不得已而采取的最后手段,不到万非得已,司法重整很难取得利益攸关者的普遍认可;另一方面,尽管各方的极限博弈将上市公司的问题拖得更为严重,但"悬崖边"的博弈客观上又带给上市公司和控股股东更大的谈判空间。当然,上市公司和控股股东也会因将问题拖到最后一刻解决而承担更大的风险,并最终可能因时间不足而退市。尤其是随着2020年被称为"最严退市新规"的落地,重整这一工具的适用难度也越来越高。在新规出台之后,越来越多的上市公司等不到各方达成一致就已经因触发退市标准而主动退市了。

简言之,各方博弈的拿捏尺度应当充分考虑时间对上市公司的重要性,尤其是在上市公司同时面对合规问题、债务风险与退市危机的内忧外患之际,企业历史上赖以健康存续的稳定结构已经坍塌,而新的出路尚未形成,以控股股东为代表的利益相关方应更为迅速地行动并稳定局面,即花费时间分析和规划并不总是最有效的办法,任何事情的解决,直接和快速的行动将在瞬息万变的事态发展中发挥决定性作用。

专题二 金贵银业合规问题解决方案研究

金贵银业于2014年1月28日在深交所中小板上市,是国内第一家以白银为主业的上市公司,是我国白银生产出口的重要基地之一,拥有全国领先的白银冶炼和深加工技术,白银年产量居全国同类企业前列。

自2019年以来,受有色金属价格低迷、金融机构流动性收紧、公司经营管理决策失误、控股股东违规占用资金等因素的影响,金贵银业陷入债务危机和经营困境。同时,受金融去杠杆及上市公司股价波动的影响,公司控股股东、实际控制人面临金融及证券机构的集中还贷、补仓和利息支付压力,持有的上市公司股票亦面临平仓风险。为解决自身面临的问题,金贵银业控股股东占用金贵银业非经营性资金101,400万元,并最终在2019年8月30日于《2019年半年度报告》中被曝光。

为解决其所面临的问题,在当地政府的主导下,金贵银业拟进入重整程序。为扫清程序障碍,金贵银业控股股东通过受让上市公司债务解决了资金占用问题。最终,在司法重整程序中,金贵银业化解了自身债务问题,避免了退市危机,并通过引入投资人实现了生产经营的恢复。

一、合规问题事实的梳理

(一)2018 年 5 月 3 日,金贵银业策划重大事项停牌

2018 年 5 月 3 日,金贵银业拟以发行股份及支付现金相结合的方式收购湖南临武嘉宇矿业有限责任公司、湖南东谷云商集团有限公司股权并募集配套资金,预计交易金额分别为 14 亿 ~16 亿元、4 亿 ~6 亿元。金贵银业股票因上述事项自 2018 年 5 月 3 日停牌至 8 月 31 日。股票复牌后,金贵银业披露其仍在推进重大资产重组工作,但最终该重大资产重组还是于 2019 年 7 月 13 日终止。

(二)2018 年 9 月 12 日,金贵银业控股股东签订股权转让意向协议拟转让金贵银业控制权

2018 年 9 月 12 日,金贵银业控股股东与上海稷业(集团)有限公司(以下简称稷业集团)签署了股权转让意向协议,金贵银业控股股东拟将其持有的金贵银业股份 160, 379, 945 股(占金贵银业总股本的 16. 70% ,占其持有金贵银业股份总额的 51%)转让给稷业集团,双方同意在正式股权转让协议签署后、股权交割完成之前,金贵银业控股股东将其持有的金贵银业股份 160, 379, 945 股的表决权委托稷业集团全权行使。金贵银业控股股东持有金贵银业 314, 470, 479 股股份,占金贵银业总股本的 32. 74% 。

2019 年 4 月 24 日,在金贵银业与中国长城资产管理股份有限公司湖南省分公司(以下简称长城资产湖南分公司)资产重组方案通过长城资产总部批复的同日,金贵银业披露其控股股东终止了与稷业集团的股权转让事项。

(三)2018 年 9 月 17 日,金贵银业收到深交所关于控股股东控制权转让相关事项的问询函

2018 年 9 月 17 日,金贵银业收到深交所问询函[①]。2018 年 9 月 21 日,金贵银业对上述问询函作出回复,其中就金贵银业控股股东股权转让的原因,金贵银

---

① 深交所:中小板问询函〔2018〕第 686 号。

业控股股东是否存在资金紧张等情形及对金贵银业产生的影响进行了说明，具体如下：

1. 公司面临融资难、融资贵的不利局面，单纯靠公司自身力量难以突破融资瓶颈。为打开局面，实现公司跨越式发展，金贵银业控股股东作为公司创始人，为了公司未来更好地发展，积极引进有国资背景的战略投资者，以改善公司股东结构，促进公司的长远发展。

2. 金贵银业控股股东持有的公司股份共计314,470,479股，占公司总股本的32.74%。截至本次公告披露日，金贵银业控股股东合计质押307,367,670股，占公司总股本的32.00%，占其所持金贵银业股份的97.74%，其股份质押率较高。因为公司股票自2018年8月31日复牌之后股价出现较大幅度的下跌，金贵银业控股股东面临较大的质押股票的现金补仓压力，所以其考虑通过股权转让来补充个人资金需求，降低质押及债务风险。

（四）2018年11月5日，金贵银业与天风证券股份有限公司签署战略合作框架协议

2018年11月5日，金贵银业与天风证券股份有限公司（以下简称天风证券）签署了《资本服务之战略合作框架协议》。双方经友好协商后一致同意，天风证券根据公司并购云南涵巨矿业有限公司等优质矿山的需求，与金贵银业共同发起设立并购基金，同时，双方同意建立日常沟通联络工作机制，建立长期、全面、稳定的战略合作关系。

（五）2018年11月12日，金贵银业及其控股股东与长城资产湖南分公司签署综合服务意向协议

金贵银业及其控股股东与长城资产湖南分公司签署了综合服务意向协议，三方经友好协商后一致同意，金贵银业及其控股股东拟聘请长城资产湖南分公司作为其共同的金融服务顾问，长城资产湖南分公司拟接受聘请并为金贵银业恢复正常融资能力及帮助控股股东恢复对金贵银业信用融资的担保能力提供"一揽子"综合金融服务。

2019年4月24日，金贵银业已得到长城资产湖南分公司首笔流动性支持3

亿元,资产重组方案也已经得到了长城资产总部的批复,长城资产湖南分公司后期将为金贵银业及其控股股东提供包括但不限于资产重组、债务重组、股权转让、流动性支持等的综合服务。

(六)2018年12月14日,金贵银业收到深交所关于是否存在违规担保的问询函

2018年12月14日,金贵银业收到深交所问询函[①],原因为投资者举报称,2017年6月13日,上海汐麟投资管理有限公司(以下简称上海汐麟)向郴州金江房地产开发有限公司(以下简称金江房地产)提供借款1.6亿元,金贵银业为该借款提供了不可撤销的连带责任保证担保。

2018年12月21日,金贵银业对上述问询函作出回复,主要内容如下:

1. 投资者举报事项是否属实,金贵银业是否已按相关规定就上述担保事项履行审议程序和信息披露义务,上述借款是否偿还完毕、担保责任是否履行完毕、是否存在涉诉事项。

对此,金贵银业回复:经公司核查,投资者举报事项存在偏差。具体情况如下:

(1)2017年6月13日,公司控股股东控股的金江房地产向上海汐麟融资1.6亿元,由于金江房地产全部股权已经为上市公司金贵银业向民生银行8亿元授信提供了担保,金江房地产已无资产进行质押,上海汐麟要求金贵银业提供连带责任保证才能放款。

金贵银业内控制度健全,严格控制关联担保,上市以来没有为关联方进行过任何担保。公司控股股东由于自身高比例质押已经丧失了融资能力,考虑到金江房地产全部资产已经为金贵银业提供了担保,基于对等的原则,控股股东在没有召开董事会、股东大会等法定流程的情况下违规私自加盖了金贵银业公章。

对于控股股东私自利用上市公司的名义为关联方融资违规提供担保,上海汐麟明知上述担保未履行金贵银业董事会、股东大会等法定程序,未公告,独立董事没有发表同意的独立意见,不符合《公司法》和金贵银业公司章程的规定,在未经金贵银业追认的情况下仍然借款给金江房地产的行为,公司认定担保无效,其不应当承担担保责任,但最终需以法院判决结果为准。

---

① 深交所:中小板问询函〔2018〕第872号。

(2)金江房地产所欠上海汐麟 1.6 亿元的款项已经到期,经公司询问金江房地产相关人员,双方本来已经就展期达成一致,但因为近期 P2P 贷款系统性风险上升等,上海汐麟临时通知金江房地产必须还款,金江房地产已还 1000 万元,其余款项逾期。

(3)由于金江房地产到期未能归还上海汐麟的借款构成债务违约,上海汐麟向法院提起诉讼,同时要求金贵银业承担连带保证担保责任,截至本次公告披露日,法院尚未开庭审议。经公司自查,截至本次公告披露日,该诉讼事项导致公司有的银行账户被法院司法保全,冻结资金 19,366,734.36 元。

(4)公司将通过法律途径来维护公司的利益。

2. 金江房地产是否与金贵银业控股股东及其一致行动人存在关联关系,若存在关联关系,请说明是否属于《深交所股票上市规则》(2018 年修订)第 13.3.1 条和第 13.3.2 条所规定的应被实施其他风险警示的情形及主要原因。

公司回复:金江房地产为公司控股股东控股的公司(出资比例为 92%),为公司关联方。本担保事项未履行金贵银业董事会、股东大会等法定程序,未公告,独立董事没有发表同意的独立意见,不符合《公司法》金贵银业公司章程的规定,公司认定该项担保无效,金贵银业不应当承担担保责任。同时,本次控股股东私自利用上市公司的名义为关联方融资违规提供的担保总金额占公司最近一期审计的净资产的 4.52%,不属于《深交所股票上市规则》(2018 年修订)第 13.3.1 条和第 13.3.2 条所规定的应被实施其他风险警示的情形。

3. 金贵银业是否存在其他应披露而未披露的担保事项。

公司回复:公司不存在其他应披露而未披露的担保事项。

(七)2019 年 1 月 29 日,金贵银业与湖南省资产管理有限公司签署战略合作框架协议

2019 年 1 月 29 日,金贵银业与湖南省资产管理有限公司(以下简称湖南资管)及湖南资管控股子公司郴州市资产管理有限公司(以下简称郴州资管)签署了战略合作框架协议。湖南资管为湖南财信金融控股集团有限公司(以下简称财信金控集团)的全资子公司。根据财信金控集团的整体部署,湖南资管将协同财信金控集团下属子公司财富证券有限责任公司、湖南省财信产业基金管理有

限公司、湖南省信托有限责任公司、吉祥人寿保险股份有限公司、湖南财信金融科技服务有限公司与公司建立战略合作关系,实现互利共赢。合作内容包括:

1. 业务资源整合和综合金融服务。湖南资管作为财信金控集团的全资子公司,将其现有业务资源整合,积极与金贵银业对接,并充分利用财信金控集团的全金融牌照业务优势,在符合相关条件的情况下,根据金贵银业对金融服务的需求为其在产业整合、资产管理、债务重组及流动性等方面提供支持和协作。

2. 湖南资管拟通过其控股子公司郴州资管对金贵银业或其控股股东提供流动性支持。

3. 未来,金贵银业将优先聘请财富证券作为财务顾问,提供并购重组、非公开发行等资本市场服务,促进上市公司产业协同和升级优化;聘请湖南财信金融科技服务有限公司提供供应链金融服务,助力进出口贸易业务发展。

2019 年 2 月 14 日,金贵银业收到湖南资管首笔流动性支持资金共计 1 亿元,借款方式为信托贷款,借款期限为一年。

(八)2019 年 2 月 26 日,金贵银业与国网海南企业总部管理有限公司签署合作框架协议

金贵银业与国网(海南)企业总部管理有限公司(以下简称国网管理公司)签署合作框架协议,合作内容包括:

1. 双方整合各自的供货、销售渠道,建立稳定、优质的上下游客户;

2. 根据各自的资金优势进行贸易资金上的互补,国网管理公司提供政策资源支持金贵银业依法合规经营;

3. 根据各自的盈利模式进行贸易盈利上的互补;

4. 利用金贵银业强大的销售物流团队及其累积的经验和行业市场优势积极拓展业务,夯实双方的销售力量。

(九)2019 年 4 月 30 日,金贵银业披露 2018 年年度报告被出具保留意见

2019 年 4 月 30 日,金贵银业披露天健会计师事务所(以下简称天健所)对金贵银业 2018 年年度报告出具保留意见,形成保留意见的基础如下:

2017 年 6 月 13 日,上海汐麟向金贵银业关联方金江房地产提供一年期借款

16,000.00 万元,金贵银业及金江房地产的共同实际控制人在没有经过金贵银业董事会、股东大会等内部决策流程审批的情况下私自加盖了公司公章,从而让公司为该借款提供不可撤销的连带责任担保,借款到期后金江房地产未按时还款。2018 年 10 月,上海汐麟向北京市第三中级人民法院起诉,要求公司对前述借款承担连带担保责任。2019 年 3 月 18 日,上海汐麟、金江房地产、金贵银业控股股东及其配偶许某签订《执行和解协议》,约定金江房地产应不晚于 2019 年 6 月 28 日前分四次归还尚欠上海汐麟的款项。由于金贵银业内部控制存在的缺陷,天健所无法获取充分、适当的审计证据以判断公司是否还存在其他未经内部决策流程审批的对外担保等影响公司利益的事项以及对公司财务报表可能产生的影响。

(十)2019 年 5 月 9 日,金贵银业控股股东之控股公司与长城资产湖南分公司签署财务顾问协议

2019 年 5 月 9 日,金贵银业控股股东之控股公司金和贵公司与长城资产湖南分公司签署财务顾问服务协议,协议主要内容包括:

1. 债务重组顾问:通过债务重组的方式改善金和贵公司及控股股东的财务状况,并提升其信用担保能力。

2. 资产重组顾问:长城资产湖南分公司将利用专业知识和资源优势,根据金和贵公司的要求,协助金和贵公司制定资产重组方案,推动资产重组顺利实施。

3. 管理重组顾问:长城资产湖南分公司将结合金和贵公司的发展状况,完善金和贵公司的管理制度,帮助其建立健全现代化企业管理机制和激励约束机制,包括但不限于聘请专业机构出具专业咨询报告帮助金和贵公司制定科学的发展规划、管理机制和激励约束机制,引入管理人才等,以帮助其实现企业管理升级。

4. 常年财务顾问服务:长城资产湖南分公司将为金和贵公司提供常年综合财务顾问服务,以帮助其稳健发展。

(十一)2019 年 5 月 14 日,深交所对金贵银业年度报告进行问询

2019 年 5 月 14 日,深交所出具 2018 年年报的问询函①,对金贵银业年报事项进行问询,其中因金贵银业年审会计师对金贵银业 2018 年度财务报表出具了

---

① 深交所:中小板年报问询函〔2019〕第 135 号。

保留意见，深交所要求金贵银业补充说明上述导致金贵银业内部控制缺陷事项的进展情况和具体安排，自查是否还存在其他违规对外担保或大股东资金占用等违规情形。

2019 年 7 月 10 日，金贵银业对上述问询函作出回复，经金贵银业自查，公司不存在其他未经决策流程审批的对外担保等影响公司利益的事项，也不存在其他违规对外担保或大股东资金占用等违规情形。

（十二）2019 年 6 月 13 日，金贵银业收到解除担保责任确认函

2019 年 6 月 13 日，金贵银业收到上海汐麟出具的解除担保责任确认函，解除金贵银业在保证合同项下向金江房地产提供的连带责任保证。

（十三）2019 年 6 月 28 日，金贵银业及相关人员收到湖南证监局行政监管措施决定书

2019 年 6 月 28 日，金贵银业收到湖南证监局行政监管措施决定书，因金贵银业在未履行董事会、股东大会等法定审议程序的情况下，公司董事长私自使用公司公章，为其控制的金江房地产向上海汐麟的 1.6 亿元借款提供担保，湖南证监局决定对金贵银业、董事长及相关董事采取出具警示函的监管措施。

（十四）2019 年 7 月 12 日，金贵银业终止筹划重大资产重组

2019 年 7 月 12 日，金贵银业终止筹划关于拟以发行股份及支付现金的方式收购湖南临武嘉宇矿业有限责任公司 100% 股权、湖南东谷云商集团有限公司 100% 股权、赤峰宇邦矿业有限公司 65% 股权的重大资产重组事项。终止筹划本次重大资产重组的原因为：经金贵银业与交易对方多轮沟通和谈判，各方仍未能就本次交易的核心条款达成一致意见，本次重大资产重组面临重大的不确定因素，继续推进本次重大资产重组的条件不够成熟。

（十五）2019 年 7 月 24 日，金贵银业收到深交所监管函

2019 年 7 月 24 日，金贵银业收到深交所监管函[①]。因金贵银业为金江房地

---

① 深交所：中小板监管函〔2019〕第 137 号。

产向上海汐麟借款1.6亿元提供连带责任保证未履行相应的审议程序和信息披露义务，深交所要求公司董事会充分重视上述问题，吸取教训，并在2019年7月29日前及时提出整改措施并对外披露，杜绝上述问题的再次发生。

（十六）2019年8月30日，金贵银业资金占用问题正式披露

2019年8月30日，金贵银业披露的《2019年半年度报告》显示，经自查，公司发现存在控股股东资金占用的情形，公司控股股东占用公司非经营性资金的金额为人民币101,400万元（占金贵银业最近一期经审计净资产的27.42%），资金占用的时间发生在2018年6月30日至2019年8月30日。

非经营资金占用的原因为：受金融去杠杆以及公司控股股东、实际控制人高比例质押的影响，控股股东出现流动性困难，面临金融及证券机构的集中还贷、补仓和利息支付压力。基于前述背景，加之控股股东规范意识不足，最终导致了其占用上市公司资金行为的发生。控股股东正通过资产出售、股权转让、资产重组、债务重组等方式积极筹措资金，加快资金回笼，并预计于2019年10月归还上述资金，预计偿还方式包括现金清偿、股权转让收入清偿、以资抵债清偿等。

（十七）2019年8月30日，金贵银业收到深交所关注函，对金贵银业非经营资金占用表示关注

2019年8月30日，金贵银业收到深交所关注函①，深交所对金贵银业控股股东、实际控制人占用公司非经营性资金的事项表示关注。

2019年9月7日，金贵银业就上述关注函作出回复，主要内容如下：

1. 经公司自查，并询问控股股东及部分供应商发现控股股东因自身资金周转需求，通过部分供应商与公司供应合作的关系，由公司向部分供应商预付货款，供应商收到预付款后将应其要求部分款项转至指定账户。截至2019年6月30日，控股股东累计非经营性占用上市公司资金10.14亿元，其间日最高占用额为14.42亿元。

2. 控股股东的资金状况：截至本次公告披露日，控股股东的总资产约为60亿元，个人负债约为38.8亿元。

---

① 深交所：中小板关注函〔2019〕第328号。

3. 股份质押情况：控股股东质押股份数量为307,367,670股，供涉及6名债权人，涉及债权本金167,231.51万元。

4. 司法冻结情况：控股股东司法冻结数量为314,470,479股，占其所持股份的比例为100%；轮候冻结股份数为5,446,074,317股。

5. 清偿占用资金的解决措施和时间安排、能否在一个月内归还：公司控股股东因自身资金周转需求占用了公司的资金，对公司造成了不利影响，对此，控股股东向广大投资者深表歉意。控股股东已经成立了相关的工作小组，正在处置个人名下不限于个人拥有的矿山资产、房产、应收账款及股权资产，计划在2019年9月30日前向公司偿还所占用的资金。

（十八）2019年9月21日，郴州市委、市政府、市委政法委、郴州中院、市委金融办等多家相关单位共同组成司法重整协调专班，全面推进金贵银业重整工作

（十九）2019年10月9日，金贵银业股票被实施其他风险警示

因存在被控股股东非经营性占用资金，且1个月以内无法偿还所占用资金的情况，金贵银业股票触及了其他风险警示情形。

（二十）2019年11月1日，金贵银业披露“14金贵债”无法按时兑付的情况

2019年11月1日，金贵银业因资金周转困难，不能按期全额兑付“14金贵债”全体债券持有人的本金及利息。

（二十一）2019年11月6日，金贵银业收到深交所对其2019年第三季度报告的问询函

2019年11月6日，金贵银业收到深交所问询函①。2019年11月27日，金贵银业对上述问询函作出回复，其中涉及资金占用问题的内容如下：

金贵银业在2019年半年度报告中披露控股股东存在占用公司资金的事项，

---

① 深交所：中小板年报问询函〔2019〕第6号。

截至2019年6月30日，控股股东非经营性占用金额为101,383.67万元。对此，控股股东初步拟定了资金占用的还款计划，计划通过以资抵债等方式偿还上市公司的资金占用。截至本次公告披露日，控股股东已经聘请了相关的审计、评估机构对其个人控股公司及个人名下的矿山资产、房产及股权资产进行评估，具体的偿还方案将根据最新的评估报告确定。

（二十二）2019年11月19日，金贵银业披露上市公司及其实际控制人被纳入失信被执行人名单（见表2－2－1）

表2－2－1　金贵银业及其实际控制人被纳入失信被执行人名单所涉案件情况

失信被执行人名称	案号	详情概况
金贵银业	（2019）渝05执1847号、（2019）渝05执1848号、（2019）渝05执1849号、（2019）渝05执1850号	执行法院：重庆市第五中级人民法院 执行依据文号：（2019）渝05民初392号 立案时间：2019年7月29日 做出执行依据的单位：重庆市第五中级人民法院 失信被执行人行为具体情形：违反财产报告制度
实际控制人	（2019）渝05执1847号	执行法院：重庆市第五中级人民法院 执行依据文号：（2019）渝05民初392号 立案时间：2019年7月29日 做出执行依据的单位：重庆市第五中级人民法院 失信被执行人行为具体情形：违反财产报告制度
	（2018）粤03执2561号	执行法院：深圳中院 执行依据文号：（2018）京中信执字01581号立案时间：2018年11月22日 做出执行依据的单位：北京市中信公证处 失信被执行人行为具体情形：违反财产报告制度

与此同时，实际控制人被列入限制消费人名单。

（二十三）2019年12月26日，实际控制人因退休和身体原因辞去总经理职务

因退休和身体原因，实际控制人不便继续履行总经理职责，故申请辞去公司总经理职务。实际控制人辞去上述职务后，继续在公司担任党总支书记、董事、董事会战略委员会委员职务。

(二十四)2019 年 12 月 18 日,金贵银业被债权人申请破产重整

2019 年 12 月 18 日,金贵银业收到通知书称,湖南福腾建设有限公司(以下简称福腾建设)以金贵银业不能清偿到期债务,且明显缺乏清偿能力为由,向法院申请对金贵银业进行重整。

(二十五)2020 年 2 月 5 日,金贵银业收到深交所问询函

2020 年 2 月 5 日,金贵银业在 2019 年业绩预告披露后收到了深交所问询函[①],请金贵银业自查是否存在尚未披露的资金占用、违规担保等情形,如存在,请说明具体情况。2020 年 2 月 26 日,金贵银业对上述问询函作出回复,其中涉及资金占用的内容如下:经公司自查,截至 2019 年年末,除已披露的控股股东占用上市公司资金 10.14 亿元外,没有发现新增的资金占用、违规担保等情形。

(二十六)2020 年 3 月 13 日,金贵银业董事会通过以债务转移方式解决资金占用问题的议案

2020 年 3 月 13 日,金贵银业为推进公司司法重整进程,解决控股股东及其关联方对公司的资金占用问题而召开了公司第四届董事会及监事会会议。此次会议审议通过了《关于公司与债权人签订〈债务转移暨股东代偿协议〉以解决公司控股股东资金占用暨关联交易的议案》。

金贵银业及控股股东与债权人签订了附条件生效的《债务转移暨股东代偿协议》,主要内容如下:各方同意,自人民法院裁定受理公司司法重整之日,金贵银业对债权人的标的债务转移由控股股东关联方金和贵公司代为清偿,金贵银业就标的债务不再向债权人承担清偿责任;标的债务转移至控股股东关联方之日,金贵银业就标的债务欠付控股股东关联方的款项与控股股东欠付金贵银业的等额占用资金的款项相互抵销,视为控股股东向金贵银业清偿了与标的债务等额的占用资金。

议案通过后,金贵银业及其控股股东与债权人协商,持续推进《债务转移暨股东代偿协议》的签署工作。截至 2020 年 8 月 24 日,金贵银业及其控股股东与

① 深交所:中小板问询函〔2020〕第 25 号。

19家债权人达成了合计101,393.43万元的债务转移协议,具体签署情况见表2-2-2。

表2-2-2　金贵银业债务转移协议暨股东代偿协议签署情况

单位:元

序号	债权人	债务转移金额	公告时间
1	郴州市××贸易有限公司	100,000,000.00	2020.3.14
2	重庆××银行股份有限公司××支行	20,000,000.00	2020.4.18
3	中国××银行股份有限公司××支行	140,000,000.00	2020.5.18
4	××银行股份有限公司××分行	100,000,000.00	2020.5.20
5	××银行股份有限公司××分行	24,400,000.00	2020.5.20
6	××银行股份有限公司××分行	30,000,000.00	2020.5.21
7	××银行股份有限公司××支行	81,700,000.00	2020.5.25
8	××银行股份有限公司××分行	15,400,000.00	2020.5.30
9	××银行股份有限公司××分行	24,800,000.00	2020.5.30
10	××银行股份有限公司××分行	14,324,314.25	2020.5.30
11	××银行股份有限公司××支行	66,000,000.00	2020.5.30
12	华夏银行股份有限公司××分行	9,700,000.00	2020.6.3
13	××银行股份有限公司××分行	12,000,000.00	2020.6.3
14	××银行股份有限公司××分行	24,900,000.00	2020.6.18
15	××银行股份有限公司	5,710,000.00	2020.6.23
16	××银行××分行	9,000,000.00	2020.7.9
17	××银行股份有限公司××分行	30,000,000.00	2020.8.8
18	××资产管理股份有限公司××省分公司	156,000,000.00	2020.8.24
19	××信托有限责任公司	150,000,000.00	2020.8.24
合计	—	1,013,934,314.25	—

自此,金贵银业控股股东非经营性占用上市公司资金101,383.67万元已全部达成解决方案。

(二十七)2020年4月3日,金贵银业拟终止募投项目并将约5.43亿元剩余资金永久补充流动资金

金贵银业于2020年4月3日召开了董事会和监事会会议,审议通过了《关于终止募集资金投资项目并将剩余募集资金永久补充流动资金的议案》,公司拟

终止募集资金投资项目,并将剩余募集资金 54,314.15 万元(含利息收入,具体金额以银行结算为准)永久补充流动资金。

(二十八)2020 年 4 月 29 日,金贵银业披露 2019 年年度财务报告被出具保留意见

2020 年 4 月 29 日,金贵银业披露天健所对金贵银业 2019 年年度报告出具保留意见,形成保留意见的基础如下:

1. 截至 2019 年 12 月 31 日,其他应收款中应收控股股东金额为 101,383.67 万元,系控股股东通过公司部分供应商违规占用公司资金,这表明金贵银业内部控制的运行是无效的。金贵银业未对该项债权计提坏账准备,虽然截至本审计报告出具日,控股股东通过金贵银业债务转移清偿了 12,000.00 万元,并拟采取措施归还余款,但由于天健所无法获取控股股东本人可用于偿还占用金贵银业资金来源的充分、适当的审计证据,无法判断控股股东占用资金是否能够收回以及无法确定金贵银业对上述其他应收款不计提坏账准备是否适当。

2. 金贵银业与供应商之间的资金往来较大,款项可收回性下降。截至 2019 年 12 月 31 日,公司将预付供应商的款项在预付款项中列报为 61,140.53 万元,在其他应收款项中列报为 408,424.08 万元(已计提坏账准备 158,577.85 万元)。天健所无法获取充分、适当的审计证据以判断公司对相关供应商业务及其往来的真实性、完整性、商业逻辑的合理性和该等供应商与金贵银业是否存在关联关系,也无法获取充分、适当的审计证据以判断其财务报表列报的准确性、完整性以及相关坏账准备的计提是否充分、合理。

3. 由于金贵银业资金流动性困难,面临较大的债务清偿风险、供应商保理业务连带清偿风险及供应商信用证福费廷(FORFAITING)业务到期支付风险等,公司在 2019 年发生了大量诉讼事项。截至 2019 年 12 月 31 日,金贵银业已计提与诉讼事项相关的预计负债余额为 72,168.74 万元。天健所无法获取充分、适当的审计证据以判断金贵银业的供应商保理业务及供应商信用证福费廷业务等的真实性、完整性和商业逻辑的合理性,也无法判断因对外担保和各项债务违约等事项而引发的诉讼赔偿责任以及该等事项的完整性,也无法判断金贵银业公司预计负债的计提是否充分、合理。

(二十九)2020年4月29日,金贵银业股票交易被实行退市风险警示

因2019年度经审计的净资产为负值,深交所将对金贵银业股票交易实行退市风险警示。此前,金贵银业股票因控股股东非经营性占用上市公司资金已被实施其他风险警示。

(三十)2020年5月28日,金贵银业收到深交所对其2019年年报的问询函

2020年5月28日,金贵银业收到深交所2019年年报的问询函[①]。2020年6月24日,金贵银业对上述问询函作出回复,涉及资金占用问题的内容如下:

1. 控股股东资金占用款10.14亿元至今仍未偿还,公司未对该笔应收款项计提坏账准备,请说明具体依据,是否符合会计准则规定,请会计师发表意见。

公司未对该笔应收款项计提坏账准备的具体依据:自上述资金占用事项发生后,公司一直在与控股股东协商占用资金的归还事宜,通过与控股股东积极磋商,努力推进其非经营性占用资金的回收工作,控股股东也一直在全力配合公司制定还款方案。公司和控股股东都认为能够妥善解决控股股东的资金占用问题,且不会对公司造成损失。基于此,公司认为控股股东占用的资金能够被全部收回,无须计提坏账准备。

截至本问询函回复日,控股股东已与公司及公司的债权人通过签订《债务转移暨股东代偿协议》的方式初步解决了6.69亿元的资金占用问题,余下3.45亿元的占用资金,控股股东正在积极寻求切实可行的方案争取尽快解决。

2. 请金贵银业自查是否存在未披露的资金占用及违规担保情况。

经核查,截至本问询函回复日,未发现金贵银业存在未披露的资金占用及违规担保的情况。

(三十一)2020年6月2日,金贵银业与湖南立业贵金属有限公司签署战略合作框架协议、资产租赁合同的情况

2020年6月2日,金贵银业与湖南立业贵金属有限公司(以下简称湖南立

---

① 深交所:中小板年报问询函〔2020〕第122号。

业)基于业务的共同发展需要建立了全面战略合作伙伴关系,并签署了《战略合作框架协议》。

2020年6月2日,金贵银业董事会审议通过了《关于公司与湖南立业贵金属有限公司签署资产租赁合同的议案》,同意金贵银业将与生产相关的,包括厂房、土地使用权、生产设备以及配套设施等有形资产和无形资产出租给湖南立业使用,租赁期限为5年。

2020年11月19日,因金贵银业实施司法重整,双方签订的资产租赁合同及相关战略合作框架协议无法再继续履行,前述合同从发函之日起终止,湖南立业将就租赁合同前期投入依法申报债权。

(三十二)2020年7月3日,金贵银业及控股股东、实际控制人被立案调查

2020年7月3日,金贵银业及控股股东、实际控制人收到了中国证监会下发的调查通知书。因金贵银业涉嫌信息披露违法违规,中国证监会决定对金贵银业及控股股东、实际控制人进行立案调查。

(三十三)2020年8月17日,金贵银业收到深交所问询函

2020年8月17日,金贵银业收到深交所问询函①,要求其对〔2020〕第122号年报问询函回函中的事项进行补充说明。2020年9月16日,金贵银业对上述问询函作出回复,其中涉及资金占用问题的内容如下:

关于问询问题:年审会计师因无法获取金贵银业控股股东可用于偿还占用金贵银业资金来源的充分、适当的审计证据,无法判断占用资金能否归还。请说明金贵银业及控股股东认为能够妥善解决资金占用问题的具体依据及合理性。

金贵银业回复称,金贵银业未对该笔应收款项计提坏账准备的具体依据及合理性:自上述资金占用事项发生后,金贵银业一直在与控股股东协商占用资金的归还事宜,通过与控股股东积极磋商,努力推进其非经营性占用资金的回收工作,控股股东也一直在全力配合公司制定还款方案。金贵银业和控股股东认为能够妥善解决控股股东的资金占用问题,且不会对公司造成损失。基于此,金贵银业认为控股股东占用的资金能够被全部收回,无须计提坏账准备。

---

① 深交所:中小板问询函〔2020〕第160号。

截至2020年8月24日,金贵银业及控股股东已与19家银行或非银行债权人达成了合计101,393.43万元的债务转移协议,金贵银业控股股东非经营性资金占用已全部达成解决方案,上述债务转移协议已经金贵银业临时股东大会审议通过。金贵银业及金贵银业管理层将积极推进金贵银业司法重整进程,尽快争取人民法院裁定受理金贵银业司法重整,金贵银业司法重整被人民法院裁定受理后,金贵银业及控股股东与债权人签订的附条件生效的《债务转移暨股东代偿协议》正式生效,金贵银业对债权人的标的债务转移由控股股东代为清偿,金贵银业就标的债务不再向债权人承担清偿责任。因此,金贵银业及控股股东认为能够妥善解决资金占用问题是合理的。

(三十四)2020年8月31日,金贵银业披露计提坏账准备和预计负债及存货跌价准备情况

金贵银业针对截至2020年6月30日可能存在回收风险的预付账款计提坏账准备、相关的诉讼计提预计负债以及计提存货跌价准备,具体而言:本次计提坏账准备金额为40,634.06万元、预计负债7731.32万元,存货跌价准备10,224.09万元,将减少公司2020年半年度归属于母公司所有者净利润约人民币58,589.47万元,将减少公司2020年半年度归属于母公司所有者权益约58,589.47万元。

(三十五)2020年9月8日,金贵银业收到深交所对其2020年半年报的问询函

2020年9月8日,金贵银业收到深交所2020年半年报的问询函①。2020年9月22日,金贵银业对上述问询函作出回复,涉及资金占用问题的内容如下:

1.除需股东大会和法院受理司法重整外,上述债务转移是否存在其他附加条件,金贵银业是否需要承担其他义务。

金贵银业回复:金贵银业及控股股东与19家银行或非银行债权人达成的《债务转移暨股东代偿协议》的附条件生效条件均为股东大会通过和法院受理司法重整,金贵银业无须承担其他义务。

---

① 深交所:中小板半年报问询函〔2020〕第2号。

2. 金贵银业是否与债权人签订相关协议，以确保相关债务转移后，债权人对金贵银业债权无追索权。

金贵银业回复称，金贵银业未与债权人签订债务转移后，债权人对金贵银业债权无追索权的相关协议。金贵银业及控股股东与19家银行或非银行债权人达成的《债务转移暨股东代偿协议》中已经约定：金贵银业对相关债权人的标的债务转移由控股股东负责清偿，金贵银业就标的债务不再向相关债权人承担清偿责任；标的债务转移至控股股东之日，金贵银业就标的债务欠付控股股东的款项与控股股东欠付金贵银业的等额占用资金的款项相互抵销，视为控股股东向金贵银业清偿了与标的债务等额的占用资金。

3. 请说明金贵银业以债务转移解决资金占用问题的方式是否符合中国证监会《16号文》第3条第4项、第5项的规定，并请律师发表意见。

律师回复：金贵银业控股股东以代为清偿标的债务的方式对非经营性占用资金进行冲抵，有利于金贵银业未来减少关联交易及增强金贵银业的独立性。金贵银业独立董事已就金贵银业与债权人签订的《债务转移暨股东代偿协议》解决金贵银业控股股东资金占用暨关联交易的方案发表了独立意见。金贵银业已召开临时股东大会审议通过了前述以资抵债的方案，且关联方股东回避了投票。但是，金贵银业仍需继续按照中国证监会《16号文》及签订的《债务转移暨股东代偿协议》履行相关义务及信息披露程序。

（三十六）2020年11月5日，郴州中院裁定受理对金贵银业的重整申请暨金贵银业继续被实施退市风险警示

2020年11月5日，金贵银业收到郴州市中级人民法院（以下简称郴州中院）送达的（2020）湘10破申4号民事裁定书，郴州中院裁定受理债权人福腾建设对金贵银业的重整申请。

同时，因金贵银业被法院裁定受理重整，其公司股票将被继续实施退市风险警示。

（三十七）2020年11月30日，金贵银业确定重整投资人并签署重整投资协议

2020年11月30日，金贵银业管理人与郴州市发展投资集团产业投资经营

有限公司(以下简称郴投产业公司)签署《郴州市金贵银业股份有限公司重整案投资协议书》,确定郴投产业公司为金贵银业本次重整的投资人,郴投产业公司为郴州国资委控制的全资公司。该协议主要内容为:

1. 金贵银业以现有总股本实施资本公积金转增股本,郴投产业公司及其认可的主体通过金贵银业重整出资人权益调整程序有条件地受让资本公积金转增的股票,并向金贵银业提供合计 552, 450, 000. 00 元(人民币)资金。

2. 金贵银业管理人将依据《企业破产法》及重整计划的规定将前述资金依法专项用于支付下列款项:(1)破产费用;(2)共益债务;(3)清偿和提存各类债权分配款项。相应资金有剩余的,用于补充金贵银业的流动资金。

3. 自金贵银业重整计划草案获得郴州中院裁定批准之日起 3 个工作日内,郴投产业公司及其认可的主体将按照重整投资协议的约定将转增股票认购对价款足额付至金贵银业管理人银行账户。

但需要注意的是,我们未查询到金贵银业公开招募投资人的信息。

(三十八)2020 年 12 月 1 日,金贵银业披露重整计划(草案)之出资人权益调整方案

以金贵银业现有总股本 960, 478, 192 股为基数,按每 10 股转增约 13. 01436 股的比例实施资本公积金转增股票,共计转增 1, 250, 000, 896 股。转增后,金贵银业总股本将由 960, 478, 192 股增至 2, 210, 479, 088 股。全部转增股票不向原股东进行分配,其中 435, 000, 000 股用于引入重整投资人,并由重整投资人按照金贵银业 2019 年年度报告披露后 20 个交易日股票成交均价的九折计 1. 27 元/股的价格有条件受让,合计提供 552, 450, 000. 00 元资金。重整投资人受让的股份占重整后金贵银业总股本的 19. 68%。重整投资人支付的资金用于支付重整费用、清偿各类债务、补充公司流动资金;815, 000, 896 股用于抵偿金贵银业的债务。

(三十九)2020 年 12 月 14 日,郴投产业公司确定长城资管、财信资管与其共同参与金贵银业重整并保持一致行动关系

2020 年 12 月 14 日,管理人收到郴投产业公司向管理人提交的《关于重整投

资人投资额和权益分配的通知书》及各方签署的《关于合作重整郴州市金贵银业股份有限公司的协议书》(以下简称《合作投资协议》)、《关于合作重整郴州市金贵银业股份有限公司的一致行动协议书》(以下简称《一致行动协议》),根据《关于重整投资人投资额和权益分配的通知书》的内容,郴投产业公司与郴州市发展投资集团有限公司、财信资产管理(郴州)有限公司(以下简称财信郴州资管)和长城资产湖南省分公司共同签署了合作投资协议,确定财信郴州资管和长城资产湖南省分公司共同作为金贵银业投资人参与金贵银业重整;根据《一致行动协议》的内容,财信郴州资管、长城资产湖南省分公司与郴投产业公司保持一致行动关系。

(四十)2020年12月16日,金贵银业第一次债权人会议、出资人组会议表决通过重整计划(草案)

2020年12月16日,金贵银业第一次债权人会议、出资人组会议表决通过重整计划(草案),并于同日取得郴州中院作出的(2020)湘10破4号民事裁定书,裁定批准《郴州市金贵银业股份有限公司重整计划》,并终止公司重整程序。重整计划主要内容如下:

1.债权审查及确认情况

截至债权申报期限届满,共计418家债权人向管理人申报债权,申报债权总额共计12,523,147,868.58元,经债权人会议核查并由郴州中院裁定确认的债权共397家,裁定确认的债权总额9,787,826,622.87元。

2.债务清偿方案的主要内容

(1)职工以及税款债权

经管理人调查,本案涉及的职工债权总额合计为13,289,690.26元,涉及的税款债权总额为37,675,447.93元。债权清偿方案不做调整,将以现金全额清偿。

(2)有财产担保债权

有财产担保的债权总额为4,038,511,723.56元,共计19家债权人。其中,抵押物、质物为公司经营所必需的不动产、股权、设备等财产或是存货的有财产担保债权,按照抵押物、质物的评估价值留债分期受偿,未能留债部分作为普通债权受偿;建设工程优先权按照相应建设工程的评估价值留债分期受偿,未能留债部分作为普通债权受偿。

(3)普通债权

普通债权总额为5,740,599,826.45元,共计387家债权人。根据《偿债能力分析报告》,普通债权在破产清算状态下的清偿率仅为3.86%;根据公司实际情况,重整计划将对普通债权数额20万元以下(含20万元)的部分以货币形式全额受偿;超过20万元的部分,每100元以货币形式受偿2.00元、受偿转增股票7.3股;未受偿的部分,公司不再承担清偿责任。

金贵银业在本次计划执行期限内,每家只有按照普通债权人每100元分得约7.3股上市公司股票,换算后股票上涨至13.42元/股,该部分债权的清偿比例方达到100%。

(四十一)2020年12月22日,重整投资人支付完毕全部重整投资款

2020年12月22日,重整投资人支付完毕全部重整投资款,共计552,450,000.00元。

(四十二)2020年12月30日,金贵银业披露股东权益变动暨控股股东、实际控制人发生变更情况

根据重整计划中的出资人权益调整方案,郴投产业公司、财信郴州资管、长城资产湖南省分公司将以1.27元/股的价格分别受让金贵银业210,000,000股、110,000,000股和115,000,000股转增股票,占重整后公司总股本的9.50%、4.98%和5.20%。本次资本公积金转增股票使公司原控股股东的持股比例由21.37%下降至9.29%,具体变动情况见表2-2-3。

表2-2-3　金贵银业股东权益变动暨控股股东、实际控制人发生变动情况

股东名称	本次权益变动前		本次权益变动后	
	持股数(股)	持股比例(%)	持股数(股)	持股比例(%)
郴投产业公司	0	0	210,000,000	9.50%
财信郴州资管	0	0	110,000,000	4.98%
长城资产湖南省分公司	0	0	115,000,000	5.20%

续表

股东名称	本次权益变动前		本次权益变动后	
	持股数(股)	持股比例(%)	持股数(股)	持股比例(%)
曹某贵	205,253,479	21.37%	205,253,479	9.29%
其他股东	755,224,713	78.63%	1,570,225,609	71.03%
总股本	960,478,192	100%	2,210,479,088	100%

(四十三)2020年12月30日,原控股股东承诺不谋求上市公司控制权以及放弃股东权利

2020年12月30日,原控股股东签署《关于不谋求上市公司控制权的承诺函》及《关于放弃股东权利的承诺函》。两份函件的内容摘要如下:

1.《关于不谋求上市公司控制权的承诺函》

"本人无条件且不可撤销地放弃截至本承诺函出具日本人直接及间接持股金贵银业全部股份(以下简称弃权股份)对应的股东大会召集权、提名权、提案权及表决权等股权权利(包括但不限于依法请求、召集、召开和出席金贵银业股东大会,提交包括提名、推荐、选举或罢免董事、监事在内的股东提议或议案及其他议案,对所有根据相关法律、法规、规章及其他有法律约束力的规范性文件或上市公司章程规定需要股东大会审议的事项行使表决权等股东权利)(以下简称弃权权利),亦不会委托第三方行使前述弃权权利,仅保留该等股份对应的分红权、收益权与最终处置权。

如因司法处置、质押式回购业务平仓或其他情形导致本人持有上市公司股份数量减少的,就本人剩余持有的上市公司股份,本人将继续遵守上述承诺安排。自本承诺函出具之日起,本人通过任何方式直接或间接增持的金贵银业股份或由于金贵银业送红股、转增股本等增持的金贵银业的股份,亦应遵守上述弃权承诺安排。

本人并确保本人关联方和一致行动人:(1)不会以所持有的金贵银业股份单独或共同谋求金贵银业的实际控制权;(2)不会以委托、征集股票权、协议、联合其他股东以及其他任何的方式单独或共同谋求金贵银业的实际控制权。"

2.《关于放弃股东权利的承诺函》

"自本函出具之日起,本人无条件且不可撤销地放弃截至本承诺函出具日本人直接及间接持股金贵银业全部股份(以下简称弃权股份)对应的股东大会召集

权、提名权、提案权及表决权等股权权利(以下简称弃权权利),亦不会委托第三方行使前述弃权权利,仅保留该等股份对应的分红权、收益权与最终处置权。”

(四十四)2020 年 12 月 31 日,郴州中院裁定金贵银业重整计划已执行完毕

2020 年 12 月 31 日,金贵银业收到郴州中院作出的(2020)湘 10 破 4 号之二民事裁定书。该裁定书确认金贵银业重整计划已执行完毕,终结金贵银业重整程序。

(四十五)2021 年 2 月 6 日,原控股股东所持部分公司股份被司法拍卖

因控股股东与第一创业证券股份有限公司、长城国瑞证券股份有限公司之间的担保物权纠纷,其所持部分公司股份合计 51,313,369 股被司法拍卖,占公司总股本的 5.34%,并于 2021 年 2 月 6 日办理了过户手续。控股股东持有公司股份数量从 205,253,479 股减少为 153,940,110 股,持股比例由 21.37% 下降至 16.03%。

(四十六)2021 年 3 月 11 日,金贵银业开始复工复产

2021 年 3 月 11 日,金贵银业粗铅系统正式投料生产。2022 年 4 月 27 日,银电解系统首批标准银锭出炉,这标志着金贵银业整个生产线全线拉通,金贵银业全面实现复工复产。

(四十七)2021 年 4 月 30 日,金贵银业披露 2020 年年度报告被出具保留意见

2021 年 4 月 30 日,金贵银业披露天健所对金贵银业 2020 年年度报告出具保留意见,形成保留意见的基础如下:

1. 金贵银业与供应商之间的资金往来较大,截至 2020 年 12 月 31 日,公司将预付供应商款项在其他应收款列报为 486,276.13 万元,本期根据期后该等款项的拍卖结果计提信用减值损失 307,525.48 万元,累计计提信用减值损失 466,271.34 万元。尽管该等款项的损失金额已经确定,但是天健所仍然无法获取充分、适当的审计证据以判断公司对相关供应商业务及其往来的真实性、商业逻辑的合理性。

2. 由于金贵银业资金流动性困难,面临较大的债务清偿风险、供应商保理业务连带清偿风险及供应商信用证福费廷业务到期支付风险等,公司自 2019 年以来发

生了大量诉讼事项。尽管公司在 2020 年实施司法重整后已将大部分诉讼事项解决,2020 年度确认涉诉损失 113,969.03 万元,累计确认涉诉损失 186,137.77 万元,但天健所仍然无法获取充分、适当的审计证据以判断这些诉讼涉及的交易事项的真实性和商业逻辑的合理性。

3. 2020 年 7 月 3 日,金贵银业及其原实际控制人收到中国证监会下达的调查通知书,因公司及原实际控制人涉嫌信息披露违法违规,根据《证券法》的有关规定,中国证监会决定对公司及原实际控制人立案调查。由于该立案调查尚未有结论性意见或决定,天健所无法判断立案调查的结果及其对公司财务报表可能产生的影响。

(四十八)2021 年 4 月 30 日,金贵银业申请撤销退市风险警示和其他风险警示

此前,金贵银业因 2019 年度经审计的净资产为负值、重整被法院受理被实施了退市风险警示,因控股股东非经营性占用公司资金被实施了其他风险警示。

此时,金贵银业 2020 年度财务报告经天健所审计,2020 年度实现营业收入 12.05 亿元,归属于母公司所有者的权益为 19.6 亿元,归属于母公司所有者的净利润为 2.22 亿元。原控股股东非经营性占用公司资金的情况已解决;公司重整计划执行完毕;公司前期存在的银行账户被冻结问题,截至本书披露日,公司主要经营账户已解除冻结。因此,金贵银业于 2021 年 4 月 30 日申请撤销退市风险警示和其他风险警示。

2021 年 6 月 25 日,金贵银业关于申请撤销退市风险警示及其他风险警示的申请已获深交所核准同意。

(四十九)2021 年 5 月 11 日,金贵银业收到深交所对其 2020 年年报的问询函

2021 年 5 月 11 日,金贵银业收到深交所 2020 年年报的问询函[①]。

2021 年 6 月 25 日,金贵银业对上述问询函作出回复,其中涉及资金占用问题的内容如下:

---

① 深交所:〔2021〕第 75 号。

1. 请以列表形式逐笔说明占用资金的具体解决方式，对金贵银业财务数据产生的影响，涉及的债务转移是否符合终止确认条件，会计处理是否符合会计准则的规定。

金贵银业回复：(1)截至 2020 年 8 月 24 日，金贵银业及原控股股东已与 19 家银行或非银行债权人达成了合计 101,393.43 万元的债务转移协议。(2)2020 年 11 月 5 日，金贵银业开始实施司法重整。至此，金贵银业及原控股股东与 19 家银行或非银行债权人达成的合计 101,393.43 万元的债务转移协议全部生效，原控股股东对金贵银业的非经营性资金占用问题得到解决。(3)在开始实施司法重整后，金贵银业相应的应收原控股股东的往来达到了终止确认的条件，金贵银业的相关会计处理符合企业会计准则的相关规定。

2. 请说明占用时间是否与实际情况相符，若不符，请更正。

金贵银业回复称，之前其未考虑到原控股股东占用资金尚未偿还的期间，本次回复，其将原控股股东占用资金的时间更正为 2018 年 1 月至 2020 年 11 月，原控股股东占用时间与实际情况是相符的。

3. 请年审会计师核查上述事项并发表明确意见。

关于上述事项，年审会计师认为：(1)金贵银业原控股股东占用金贵银业资金的占用时间与实际情况是相符的；(2)金贵银业通过采用债务转移的形式解决原控股股东资金占用的问题并终止确认相应其他应收款符合企业会计准则的规定。

(五十)2021 年 12 月 22 日，中国证监会对金贵银业、原控股股东的立案调查结案

2021 年 12 月 22 日，湖南证监局下发结案通知书，对金贵银业、原控股股东涉嫌信息披露违法行为的立案稽查，其决定结案。

(五十一)2022 年 4 月 25 日，天健所对金贵银业 2021 年年度报告出具标准意见

(五十二)2022 年 10 月 21 日，金贵银业拟发行股份购买资产

金贵银业拟向湖南有色产业投资集团有限责任公司(以下简称有色集团)、湖南黄金集团有限责任公司发行股份购买其合计持有的湖南省宝山有色金属矿

业有限责任公司100%股权,同时拟向有色集团发行股份募集配套资金。本次交易前,金贵银业控股股东及实际控制人为郴投产业公司;本次交易完成后,预计金贵银业的控股股东和实际控制人将发生变化,控股股东将变更为有色集团,实际控制人将变更为湖南省国资委。

二、合规问题事实的总结

(一)资金占用问题的事实及其解决情况

2019年8月30日,金贵银业披露的《2019年半年度报告》显示,控股股东新增非经营性资金占用金额为10.14亿元,占其最近一期经审计净资产的27.42%,其间日最高占用额为14.42亿元。

对此,控股股东表示其正通过资产出售、股权转让、资产重组、债务重组等方式积极筹措资金,加快资金回笼,预计偿还方式包括现金清偿、股权转让收入清偿、以资抵债清偿等。但最终控股股东资金占用问题是在金贵银业被申请重整后,通过"债务转移暨股东代偿"的方式予以解决的。

(二)控股股东及实际控制人变动情况

截至2019年8月30日,金贵银业资金占用问题披露前,金贵银业控股股东、实际控制人为曹某贵,其持有金贵银业股份314,470,479股,占金贵银业总股本的32.74%,其中质押股份数量为307,367,670股,冻结股份数量为314,470,479股。后续,曹某贵未清偿自身债务,其所持金贵银业股份被债权人申请执行,具体变动情况见表2-2-4。

表2-2-4 金贵银业控股股东及实际控制人变动情况(重整前)

股东名称	减持方式	减持期间	减持均价(元/股)	减持股数(股)	减持比例	减持原因
曹某贵	司法强制划转卖出	2020.2.19	—	30,600,000	3.19%	因控股股东股权质押触发违约而被质权人申请司法强制卖出
	司法强制划转	2020.2.28	2.22748	78,617,000	8.19%	因控股股东债务而被债权人申请司法强制划转
合计				109,217,000	11.38%	—

截至2020年11月5日，法院裁定受理金贵银业重整之日，曹某贵持有金贵银业股份205,253,479股，占金贵银业总股本的21.37%。在重整程序中，曹某贵持有的金贵银业股份数未发生变化，仍为205,253,479股，只是持股比例因金贵银业实施资本公积金转增股本被稀释至9.29%。同时，曹某贵于2020年12月31日签署了承诺函，承诺不谋求金贵银业控制权以及放弃全部股东权利。但是在金贵银业司法重整完成后，曹某贵所持金贵银业股份仍被债权人申请执行，具体变动情况见表2-2-5。

表2-2-5　金贵银业控股股东及实际控制人变动情况(重整后)

股东名称	减持方式	减持期间	减持均价（元/股）	减持股数（股）	减持比例	减持原因
曹某贵	司法拍卖	2021.2.6	2.266	51,313,369	5.34%	因控股股东债务而被债权人申请司法拍卖
	司法拍卖	2021.5.28	2.49	21,683,000	0.98%	因控股股东债务而被债权人申请司法拍卖
	司法拍卖	2021.9.3	2.96	98,608,884	4.46%	因控股股东债务而被债权人申请司法拍卖
合计				171,605,253	10.78%	—

截至重整程序终结，曹某贵持有的金贵银业股份为33,648,226股，占金贵银业总股本的1.52%。

金贵银业重整程序完成后，重整投资人郴投产业公司持有金贵银业210,000,000股股票，占重整后金贵银业股份的9.50%，一致行动人财信资管持有110,000,000股股票，持股比例为4.98%，一致行动人长城资产湖南分公司持有115,000,000股股票，持股比例为5.2%。郴投产业公司及其一致行动人将合计直接持有金贵银业435,000,000股股票(不包括长城资产通过普通债权清偿所获得的股票以及财信资管作为受益人承接的金贵银业股票，对应74,085,859股股票)，合计持股比例约为19.68%。公司控股股东及实际控制人将由曹某贵变更为郴投产业公司。

(三)金贵银业的经营情况

2014~2017年，金贵银业营收规模节节攀升，从开始时的42.97亿元增至最高的113.03亿元，营收增速始终保持在20%~40%的高水平标准。但自2018

年起,金贵银业营收开始大幅下滑,具体经营情况见表2-2-6。

表2-2-6　金贵银业经营情况

单位:万元

科目	2022年1~9月	2021年	2020年	2019年	2018年
营业收入	67,182.85	198,935.93	120,514.38	619,919.81	1,065,658.40
归属于上市公司股东的净利润	-6674.22	1493.59	22,231.70	-434,891.40	11,843.50
归属于上市公司股东的扣除非经常性损益的净利润	-6854.91	-10,227.79	-492,764.26	-364,428.87	2710.35
经营活动产生的现金流量净额	—	-54,965.08	-18,246.15	-12,172.53	-5422.74
总资产	384,711.20	415,606.07	364,884.42	1,013,335.42	1,171,966.25
归属于上市公司股东的净资产	67,182.85	198,935.93	120,514.38	619,919.81	1,065,658.40

(四)监管机构的关注情况

金贵银业资金占用问题爆发当日,深交所就发函予以了关注,但随后却未就金贵银业资金占用问题专门关注,一般是与其发现的其他事项共同进行问询,具体情况见表2-2-7。

表2-2-7　金贵银业受监管机构关注情况

问询时间	问询函名称	答复时间	问询主要原因
2019.8.30	《关于对郴州市金贵银业股份有限公司的关注函》(中小板关注函〔2019〕第328号)	2019.9.7	资金占用问题被曝光
2019.11.6	《关于对郴州市金贵银业股份有限公司2019年第三季度报告的问询函》	2019.11.27	2019年第三季度报告披露
2020.2.5	《关于对郴州市金贵银业股份有限公司的问询函》(中小板问询函〔2020〕第25号)	2020.2.26	2019年业绩预告披露
2020.5.28	《关于对郴州市金贵银业股份有限公司2019年年报的问询函》(中小板年报问询函〔2020〕第122号)	2020.6.24	2019年年报披露
2020.8.17	《关于对郴州市金贵银业股份有限公司的问询函》(中小板问询函〔2020〕第160号)	2020.9.16	〔2020〕第122号年报问询函回函的补充问询
2020.9.8	《关于对郴州市金贵银业股份有限公司2020年半年报的问询函》(中小板半年报问询函〔2020〕第2号)	2020.9.22	2020年半年报披露

续表

问询时间	问询函名称	答复时间	问询主要原因
2021. 5. 11	《关于对郴州市金贵银业股份有限公司 2020 年年报的问询函》(〔2021〕第 75 号)	2021. 6. 25	2020 年年报披露

（五）重整程序的推进情况

2019 年 12 月 18 日，金贵银业收到郴州中院送达的通知书，债权人以公司不能清偿到期债务且明显缺乏清偿能力为由，向法院申请对公司进行重整。

2020 年 11 月 5 日，金贵银业收到郴州中院送达的（2020）湘 10 破申 4 号民事裁定书，裁定受理债权人对公司的重整申请。

2020 年 11 月 30 日，金贵银业管理人与郴投产业公司签署《郴州市金贵银业股份有限公司重整案投资协议书》，确定郴投产业公司为金贵银业本次重整的投资人。

2020 年 12 月 14 日，郴投产业公司确定长城资管、财信资管与其一起共同参与金贵银业重整工作并保持一致行动关系。

2020 年 12 月 16 日，金贵银业召开第一次债权人会议及出资人组会议，此次会议表决通过了《郴州市金贵银业股份有限公司重整计划（草案）》。

2020 年 12 月 16 日，郴州中院作出（2020）湘 10 破 4 号之二民事裁定书，裁定批准《郴州市金贵银业股份有限公司重整计划》，并终止金贵银业重整程序，金贵银业进入重整计划执行阶段。

2020 年 12 月 31 日，金贵银业向管理人提交了《关于郴州市金贵银业股份有限公司重整计划执行工作报告》。同日，金贵银业管理人向郴州中院提交了《关于郴州市金贵银业股份有限公司重整计划执行情况的监督报告》，报告了金贵银业管理人监督公司执行重整计划的相关情况，认为金贵银业已经完成重整计划执行工作，提请郴州中院裁定确认重整计划执行完毕。

2020 年 12 月 31 日，金贵银业收到郴州中院作出的（2020）湘 10 破 4 号之二民事裁定书，确认金贵银业重整计划已执行完毕。

（六）法律责任的承担情况

2019 年 6 月 28 日，金贵银业、金贵银业董事长及相关董事因违规担保被湖南省证监局采取了出具警示函的监管措施。由于该问题及时被解决了,金贵银业及其主要负责人并未再受到行政处罚。但是可惜的是,2019 年 8 月 30 日,金贵银业审计报告披露公司还存在严重的资金占用问题。

2020 年 7 月 3 日,在金贵银业资金占用问题被曝光的 1 年后,因金贵银业及其实际控制人涉嫌信息披露违法违规,中国证监会决定对金贵银业及其实际控制人进行立案调查。但是,前述立案调查以结案处理,金贵银业及其实际控制人并未受到行政处罚,也未再被采取行政监管措施。同时,金贵银业及其实际控制人也未因资金占用问题被追究民事责任,更未被追究刑事责任。

(七)合规问题解决时间轴(见图 2-2-1)

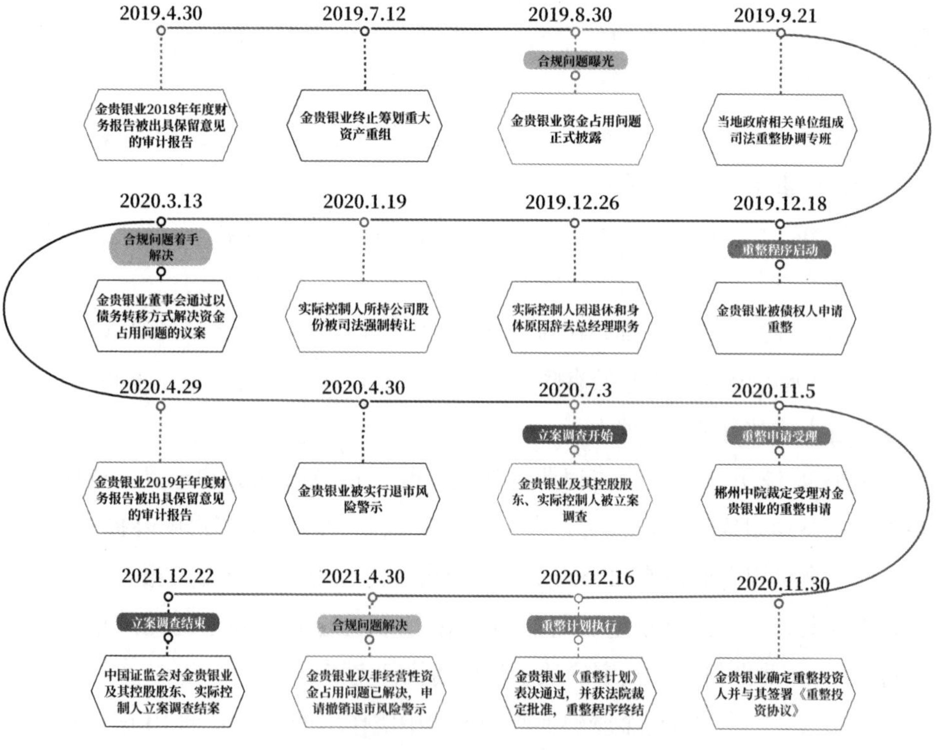

图 2-2-1　金贵银业合规问题解决时间轴

三、合规问题发生的原因

(一)个人融资导致高比例质押和冻结

截至2019年8月24日,金贵银业控股股东持有金贵银业股份共计314,470,479股,占金贵银业总股本的比例为32.74%。其中累计质押的股份共计307,367,670股,占其持股总数的97.74%,占金贵银业总股本的32.00%;累计被司法冻结的股份共计314,470,479股,占其持有金贵银业股份的100%,占金贵银业总股本的32.74%;累计被司法轮候冻结4,502,662,880股,超过其实际持有的金贵银业股份数。前述高比例的质押和冻结均系金贵银业控股股东的个人融资导致的。而金贵银业股价的下跌导致金贵银业控股股东需要筹集资金避免平仓。但是,高比例的股票质押和冻结同时导致控股股东无法再通过股权转让、股权质押等方式进行融资。此时,金贵银业控股股东为保护其对金贵银业的控制权而通过占用金贵银业资金的方式解决自身债务问题也似乎顺理成章。

(二)控股股东持有的金贵银业股票被执行

控股股东持有的金贵银业股票存在较高比例的质押和冻结情况,这导致在金贵银业控股股东未及时清偿债务时,其持有的金贵银业股票被部分债权人申请执行。截至金贵银业进入重整程序,金贵银业控股股东持有的金贵银业股票约1/3已被执行。但是,由于金贵银业股价处于低位,前述执行将导致金贵银业控股股东资产缩水。

四、合规问题产生的影响

(一)资本市场运作受限

在资金占用问题被曝光后,金贵银业及其控股股东虽被立案调查,但并未承担任何法律责任。但是,根据《16号文》第4条等的规定,金贵银业将因违规占用资金行为在12个月内无法进行配股、公开增发、非公开发行、可转换公司债券、优先股、公司债券、企业资产证券化等一系列资本市场运作，融资能力将进一步受限。

（二）债务等问题的进一步恶化

资金占用问题发生后，金贵银业的债务问题被进一步恶化，股价进一步下跌。同时，金贵银业化解自身问题的手段也进一步减少，在资金占用问题暴露前，金贵银业还在推进与资产管理公司、银行的战略合作，但在资金占用问题发生后，该等合作就再无进一步的消息了。

（三）法律责任的承担

1. 纪律处分

由于金贵银业存在控股股东非经营性占用资金，且未及时履行信息披露义务的情形，金贵银业控股股东、实际控制人、董事和高级管理人员未能恪尽职守、履行诚信勤勉义务，对上述违规行为负有责任，违反了《深交所股票上市规则》《深交所中小企业板上市公司规范运作指引》的相关规定，深交所决定对金贵银业及相关责任人员给予公开谴责的处分。

2. 行政监管措施

由于金贵银业存在未履行董事会、股东大会等法定审议程序为实际控制人关联方提供担保的情形，且未及时履行信息披露义务，金贵银业董事长及相关董事未能忠实、勤勉地履行职责，对上述违规行为负有责任，违反了《关于规范上市公司对外担保行为的通知》《上市公司信息披露管理办法》的相关规定，深圳市证监局决定对金贵银业及相关责任人员采取出具警示函的监管措施。

五、合规问题以外的困境

（一）上市公司层面

1. 债务负担严重

金贵银业 2019 年年度报告显示，截至 2019 年 12 月 31 日，金贵银业合并口径资产总计 101.33 亿元，合并口径负债总计 107.77 亿元，合并净资产为 -6.38

亿元,资产负债率已接近105%。此外,上述负债中的流动性负债为89.73亿元,其中短期借款38.60亿元、应付票据及应付账款17.73亿元,其他应付款9.06亿元,一年内到期的非流动负债为15.81亿元。在上述负债中,金贵银业逾期银行贷款11.37亿元,逾期非标保理9.71亿元,未使用的银行授信被冻结。该等资产负债结构表明,金贵银业债务负担严重且亟须在短期内解决。

2.经营存在严重困难

金贵银业的主营业务是以白银冶炼和深加工为主,配套铅冶炼,并综合回收金、铋、锑、锌、铜、铟等有价金属,主要产品是白银和电铅。但是,自2018年起,受错综复杂的国内外形势和国内严厉的安全环保政策,以及国家金融去杠杆和公司主营产品白银价格低迷等因素的影响,公司利润出现下滑,这也导致金贵银业经营活动产生的现金流出现负值,并从2018年的-0.54亿元快速扩大至2020年的-1.82亿元。与此同时,金贵银业2018年末账面现金仅有14亿元,维持运营所需仅有3.15亿元,实际可用资金不断萎缩,最终导致金贵银业无力采购原材料及准备生产。

3.股价下跌

受市场因素的影响,金贵银业股价自2018年起连续下跌,从年初的13.11元/股跌至最低的5.44元/股,在2019年甚至跌至2.24元/股。股价下跌可能受多方面因素的影响,但从一定程度上也能看出市场的低迷。

4.频频涉诉

受资金流动性问题的影响,金贵银业无法偿还多项到期债务,从而导致其诉讼事项频发,银行账户及相关资产被冻结,对公司日常的生产和经营造成了一定的影响。金贵银业仅《2019年年度报告》披露的重大诉讼和仲裁情况的涉诉金额就约31亿元;被申请冻结的公司及子公司银行账户共49个,仅可通过少数银行账户经营收支各类业务款项;多家子公司股权被冻结;多处土地房产被查封,占公司2018年度经审计总资产的9.01%。

5.退市风险

金贵银业因2019年度经审计净资产为负值已经被实施了退市风险警示,如其2020年度净资产仍为负,其将直接面临暂停上市甚至退市的风险。

（二）控股股东层面

控股股东占用上市公司资金的原因也是其面临的主要困境。此外，控股股东为上市公司的诸多债务提供了担保。截至 2018 年 12 月 31 日，该等担保余额合计约 20.55 亿元，如上市公司债务问题无法解决，控股股东亦将面临债权人的追偿，自身债务问题将进一步恶化。

六、合规问题的解决方案

在金贵银业资金占用问题披露前，金贵银业及其控股股东探索了多种自救道路，以期解决自身面临的债务等问题，包括聘请资产管理公司进行资产重组、引入投资人开展战略合作、转让上市公司控制权等。但是，由于控股股东持有上市公司的股票存在高比例的质押和冻结，上述方案均未最终成型。在资金占用问题披露后，金贵银业很快确定了通过司法重整解决问题的思路，2019 年 9 月 21 日，郴州当地政府、法院等多家相关单位组建了司法重整协调专班，全面推进金贵银业重整工作。而金贵银业进入司法重整程序的前提为，实际控制人的巨额资金占用问题得以解决。为此，各方确定了通过债务转移暨股东代偿的方式解决资金占用问题的思路。

（一）方案的具体内容

1. 通过债务转移暨股东代偿解决资金占用问题

在资金占用问题发生后，虽然金贵银业披露控股股东正通过资产出售、股权转让、资产重组、债务重组等方式积极筹措资金，并已成立相关的工作小组处置个人名下不限于个人拥有的矿山资产、房产、应收账款及股权资产，并预计于 2019 年 10 月归还上述资金，预计偿还方式包括现金清偿、股权转让收入清偿、以资抵债清偿等，但实际上，解决资金占用问题的方案直至 2020 年 3 月才得以确定，也即通过“债务转移暨股东代偿”进行清偿，具体方式为控股股东关联方金和贵公司受让金贵银业债务以抵销控股股东对金贵银业的资金占用。

2020 年 3 月 14 日至 8 月 24 日，19 家债权人分别与金贵银业签署《债务转移暨股东代偿协议》,金贵银业对 19 家债权人的 10.14 亿元债务转移由控股股东关联方代为清偿,视为控股股东向金贵银业清偿了 10.14 亿元的占用资金,金贵银业亦不再向 19 家债权人清偿 10.14 亿元债务。具体而言:金贵银业及控股股东与债权人签订了附条件生效的《债务转移暨股东代偿协议》,各方同意,自人民法院裁定受理金贵银业司法重整之日起,金贵银业对债权人的标的债务转移由控股股东关联方代为清偿,金贵银业就标的债务不再向债权人承担清偿责任;标的债务转移至控股股东关联方之日,金贵银业就标的债务欠付控股股东关联方的款项与控股股东欠付金贵银业的等额占用资金的款项相互抵销,视为控股股东向金贵银业清偿了与标的债务等额的占用资金。

实际上,债务转移模式存在一定的困难,原因在于:第一,金贵银业资产负债相较于控股股东一般更优,债权人理论上能够获得更多的清偿;第二,相关借款可能已经有控股股东作为保证人了。我们认为上述 19 家债权人同意以债务转移方式解决资金占用问题,并取得监管部门认可的原因可能有以下几点。

(1)无须现金清偿

以债务转移方式解决资金占用问题的最大好处是无须现金清偿,同时能够减轻上市公司债务。如果需要现金清偿,在控股股东自身无力偿付债权时,大概率还需要第三方提供资金,这不仅需要一定的时间,还需要控股股东提供一定的保证,在程序外几乎无法实现。但是,通过非现金方式清偿资金占用需要符合中国证监会《16 号文》第 3 条第 4 项、第 5 项的规定,这里需要特别注意。

(2)操作简便且一劳永逸

金贵银业的债务转移较为“干净利落”,债权人不能因为控股股东未偿债而向金贵银业追偿,金贵银业亦不对债务转移承担任何担保或兜底责任。如果债权人仍能找到金贵银业要求偿债,则此种债务转移模式很难被监管部门认定为资金占用问题切实有效的解决方式。

(3)债权人利益不一定受损

相较于上市公司退市,债权人同意债务转移更可能是在利益权衡下作出的决定。在此种债务转移模式下,债务的承接方为控股股东关联公司金和贵公司,金和贵公司可能并非全无资产,债权人甚至可能在金和贵公司内获得更高的清偿。而且即使债权人对于该笔债权难以追偿,债权人利益可能也不会受损。例如,债权人可能也是重整投资人(长城资管),牺牲此部分债权可能可以为他们换来更大的利益。或者,该部分让利可能并不会弱化其在重整程序中的总体清偿情况(大部分债权人仅转让了部分债权),又或者该等安排下重整收益会优于破产清算下的清偿率(清算状态下的清偿率为3.86%)。

(4)政府的积极参与和大力支持

在本案中,郴州当地政府的积极参与和大力支持是至关重要的。在重整的全过程中,郴州市政府的积极参与协调功不可没。为了尽快解决金贵银业司法重整遭遇的困难和问题,2019年9月21日,郴州市委、市政府、市委政法委、郴州中院、市委金融办等多家相关单位共同组成司法重整协调专班,全面推进金贵银业重整工作。为了引进投资方,郴州市政府广泛接触潜在投资人,组织金贵银业与多家企业、投资人进行接触谈判,为后续引进投资方奠定了坚实的基础。为了保障企业职工权益,在企业停工期间,郴州市政府帮助寻找租赁商将厂区设备承租,保障了1000多名职工生活补助的发放。可以说,金贵银业的重整工作是在当地政府的主导下进行的。而在债务转移解决资金占用的问题中,我们也相信政府对于促成债权人和监管部门同意也发挥了重要的作用。

综上,金贵银业通过债务转移方式彻底解决了控股股东对公司的巨额资金占用问题,扫清了其重整道路上的一大阻碍。后续,2020年11月5日,中国证监会、最高人民法院批复同意金贵银业实施重整。同日,湖南高院出具批复意见并第一时间作出受理的裁定书和决定书,实现当日裁定受理。

2. 通过司法重整程序开展自救

在重整程序中,由于资金占用问题在明面上已经被解决了,重整计划并未就资金占用问题做特殊安排。但是,考虑到大部分债权人即使同意转移部分债权至控股股东关联方,其也仍为上市公司的债权人,为弥补该等债权人的损失,重整计划可能还是作出了特殊安排,例如本案中的以股抵债并非全额清偿,而是为债权人向保证人追偿保留了法律路径(当然,也可能是抵债价格过高,债权人不同意)。

在本案中,普通债权人20万元以下的部分为现金清偿,超过20万元的部分,每10元受偿现金2元,转增股票7.3股,换算转股价格为13.42元/股。而重整裁定批准前的股价约为2.77元/股,抵债价格与股票市价比约为4.84∶1,在近年重整案件中，其比值排在前列，按照当前22.10亿股的总股本计算，在完全偿还的情况下，金贵银业市值需达到297亿元。与此形成对比的是，投资人投入的单股价格为1.27元/股，远低于市价。但前述抵债价格仅为参考价，重整计划并未约定债权人接受清偿视为全额受偿，债权人仍可向保证人和其他连带债务人追偿，损失存在被弥补的可能。

（二）方案实施的效果

1. 控股股东层面

（1）控股股东资金占用问题得以解决

郴州中院受理金贵银业重整后，金贵银业及其控股股东与债权人签署的《债务转移暨股东代偿协议》正式生效，控股股东非经营性占用公司资金101,383.67万元全部得到解决。对此，年审会计师在《2020年度审计报告》中予以确认。

（2）控股股东持有的金贵银业股票在重整程序中未被调整

重整计划中未剥夺控股股东持有的金贵银业股票，控股股东持股数未发生变化，只是持股比例因资本公积金转增股票被稀释了，控股股东保有的金贵银业股票可用于解决自身债务问题。

（3）控股股东、金贵银业未因资金占用问题被追究法律责任

在本案中，虽然控股股东、金贵银业因资金占用问题引发的信息披露违法违规被中国证监会立案调查，但在问题解决后，该立案调查作结案处理，控股股东、金贵银业未被追究行政责任，更未被追究刑事责任。同时，我们也未在公开市场上查询到控股股东、金贵银业因证券虚假陈述承担民事责任的判决。

（4）控股股东为金贵银业债务提供的信用担保得以部分解决

根据重整计划的规定，债权人按照重整计划受偿后，对于债权未受偿部分，其可以要求保证人和其他连带债务人继续清偿。根据金贵银业的重整计划，虽然债权人的受偿率并非100%，但在债权人接受金贵银业清偿后，控股股东为金贵银业债务提供的信用担保在对应部分得以解决了。

2. 上市公司层面

（1）上市公司自身债务问题得以解决

重整计划规定，有财产担保债权按照评估价值留债分期受偿或以变价收入

优先受偿；职工债权、税款债权以货币形式全额受偿；普通债权额 20 万元以下（含 20 万元）的部分以货币形式全额受偿，超过 20 万元的部分，每 100 元以货币形式受偿 2.00 元、受偿转增股票 7.3 股，未受偿的部分，金贵银业不再承担清偿责任。通过上述方式，金贵银业合计解决了 97.88 亿元的债务，改善了资产负债结构，资产负债率大幅度降低，从重整前 2019 年的 105% 下降至 48.25% 左右，财务成本亦大幅降低。

（2）上市公司经营状况得以改善

金贵银业通过司法重整获得了重整投资人 5.52 亿元的资金注入，并对大部分债务实施了债务重组，诉讼事项也因重整得以处理，前期被冻结的银行账户被解除。同时，金贵银业已于 2021 年 3 月 11 日复工复产，并于 2021 年 4 月 26 日全面复工复产，持续经营能力得到恢复，2021 年营业收入比上年增长 65.07%，达到 19.89 亿元。同时，重整投资人预计，在不考虑白银及其他有色金属价格变化的影响下，2022 ~ 2025 年，四大主营业务板块累计营业收入分别可实现约 107.2 亿元、133.86 亿元、168.16 亿元、191.37 亿元，净利润约 3.82 亿元、5.34 亿元、7.49 亿元、8.76 亿元。

（3）退市风险警示被撤销

重整前，金贵银业因 2019 年度经审计的净资产为负值被实施了退市风险警示；重整后，金贵银业经审计的净资产为 19.63 亿元，实现了净资产的由负转正，退市风险警示被撤销。

（三）利益主体的影响分析

重整成功后，虽然金贵银业的债务与退市风险以及合规问题基本得以解决，但是从控股股东的角度而言，其在金贵银业实控权等方面遗有缺憾，具体如下：

1. 原控股股东丧失了对金贵银业的控制权

在本案中，虽然控股股东的股票未被“无偿让渡”，但持股比例仍因资本公积金转增的新增量股本被稀释。同时，控股股东还出具了不谋求金贵银业控制权和放弃股东权利的承诺函。

2. 原控股股东自身债务问题仍未解决

在本案中，控股股东自身债务仍无具体的解决路径，控股股东持有的金贵银业股票仍处于高比例质押和冻结状态。理论上，金贵银业股票价格在重整后因债务问题得到解决而存在上涨空间，但上涨需要时间，且不确定性也较高。控股股东持有的金贵银业股票陆续被低价执行也反映了重整程序并未解决原控股股东自身债务问题。

3. 原控股股东仍可能面临金贵银业债权人的追责

在本案中，虽然控股股东为金贵银业提供的信用担保部分得以解决，但是由于债权人在重整程序中的受偿并未完全覆盖债权人的损失，债权人仍可以向作为保证人的控股股东追偿。

七、本案的启示

政府在司法重整中的府院联动与工作指导上发挥了关键作用。在本案中，政府及时的介入促使各方选择司法重整解决上市公司合规与债务问题。从案件处置效果来看，重整确实优势独特，使上市公司的资产负债结构与财务状况在不到一年的时间内迅速被改善，这对于面临退市的上市公司而言尤为重要。同时，重整的制度性工具多样，尤其是通过资本公积金转增股本的方式可以创造出巨额增量资源，这也是其他债务重组手段所不具备的。

本案对于资金占用问题的解决思路非常简明，即在 19 家债权人的共同支持下，控股股东承接上市公司债务以抵销资金占用债务。债权人愿意接受债务转移的原因前文已作分析，此处不再赘述。本案中，采用的债权人保留部分债务在上市公司，转移部分债务由控股股东清偿的方式值得其他公司，尤其是招募重整投资人困难或重整投资人难以提供资金解决全部合规问题的上市公司借鉴。鉴于政府在协调债权人时发挥了重要作用，其他公司借鉴时需要更充分地考虑政府站位及债权人的利益和诉求，控股股东可能需要为此承担更多的成本。本案从侧面展示出——重整的本质是博弈与平衡，参与重整的主体需让渡利益以达成新的平衡并重新启航。

本案属于典型的政府支持型重整，在重整程序启动、债权人沟通、投资人引入等诸多环节中，政府皆发挥了重要作用。政府参与下的重整案件优势明显，程序保障和方案执行具有一定意义上的政府背书。对比债务人自力救济，本案重整自然轻松许多。不过,该种模式下,政府更多地从风险处置大局着眼,考虑上市公司包含合规、债务、退市乃至地方产业布局等。其中,关于控股股东在未来上市公司中的角色,政府更多的是从市场化与法治化角度综合而定。并非所有的实控人均会被保留股份,有些人甚至会被追究前文提及的各类责任。因此,控股股东等重整参与者需要根据案件实际情况把握请求政府支持的边界尺度。另外,在本案中,原控股股东并未因资金占用问题承担责任的原因之一与其自行解决合规问题以及后续积极配合重整的态度亦有关系。

在本案中,政府积极牵头协调、债权人愿意让渡利益、投资人引入工作顺利等种种因素,促使金贵银业的合规问题和债务问题得到了较为理想的解决结果。与其他重整上市公司相比,尤其是与迟迟无法进入重整程序的上市公司相比,核心不同是金贵银业的资产足够优质,这大大降低了司法和行政机关审批时的顾虑。作为资源型龙头股,金贵银业持有银矿和成体系的加工设备,只要重新获得现金流,即可令市场重估公司价值,这一点对重整投资者而言尤为关键。在壳价值日渐降低的趋势下,投资者关于炒壳和保壳的投资逻辑要重新回归真实价值。

在当下的时间渡口下,我们可以看到时间长河的两种流向,一是坚持市场行为优胜劣汰,债务重组市场的市场化程度进一步提升,政府参与程度慢慢降低;二是政府更加主动且深度地参与上市公司的风险化解工作,拥抱区域经济环境的重大变化,主动重塑市场信心。例如,在上市公司合规问题解决中,政府代表着非经济投入型的信用背书。信心比黄金珍贵,这种信心将撬动社会资本的跟投,有助于困境优质企业的涅槃重生,东山再起。市场化与法治化是企业纾困领域的底色,政府"有形之手"的引导决定了重整成功的概率和高度。

专题三　天马股份合规问题解决方案研究

天马股份是一家于2007年3月28日在深交所上市的公司。2016年10月,天马股份控股股东变更为喀什星河创业投资有限公司(以下简称喀什星河),实际控制人变更为徐某栋。天马股份原主营业务为轴承及机床的研发、生产和销售。自2016年10月引入新控股股东后,天马股份开始向大数据驱动的智能商业服务商转型,其主营业务切换为企业云服务、大数据应用和商业人工智能。

但是,喀什星河在控股天马股份不久后就开始通过多种方式占用上市公司资金超过30亿元,并于2018年8月对外曝光。在上述问题发生后,天马股份控股股东、实际控制人及徐州睦德信息科技有限公司(以下简称徐州睦德)承诺将共同消除天马股份遭受的损失及或有损失,其中天马股份控股股东、实际控制人承担赔偿义务,徐州睦德承担代偿义务。但实际上天马股份原控股股东早已丧失了清偿能力,原实际控制人也已失联。后续,前述承诺的主要履行主体为徐州睦德。

在2022年10月天马股份正式进入重整前,对于天马股份已确定发生的33.43亿元资金占用问题,徐州睦德以现金、债权债务抵销、代偿资产收购款、追认交易等方式清偿完毕。对于3.38亿元或有资金占用和违规担保问题,则是在重整程序中,由徐州睦德、天马股份现控股股东四合聚力信息科技集团有限公司(以下简称四合聚力)以及重整投资人无偿提供资源清偿完毕。

一、合规问题事实的梳理

(一)2017 年 12 月 19 日,天马股份因筹划购买资产事项停牌

2017 年 12 月 19 日,天马股份披露其正在筹划购买资产事项,其股票将自 2017 年 12 月 19 日开市起停牌。

2018 年 1 月 3 日,天马股份披露其股票自开市起转入重大资产重组程序继续停牌。2018 年 5 月 14 日,天马股份股票复盘,其原因是审计机构对公司 2017 年度财务报告出具无法表示意见的审计报告,且天马股份及实际控制人因涉嫌违反《证券法》等相关法律法规已被中国证监会立案调查,根据《上市公司重大资产重组管理办法》的相关规定,上市公司不得发行股份购买资产。

(二)2018 年 3 月 23 日,浙江省证监局对控股股东采取出具警示函的行政监管措施

2018 年 3 月 23 日,天马股份控股股东喀什星河收到了浙江省证监局出具的《关于对喀什星河创业投资有限公司采取出具警示函措施的决定》。喀什星河未及时将办理股票质押式回购交易延期业务的信息以及股票质押到期后仍处于质押状态的信息告知天马股份,导致天马股份于 2017 年 12 月 22 日、26 日才将上述信息进行公告,违反了《上市公司信息披露管理办法》第 46 条的规定,浙江省证监局决定对喀什星河东采取出具警示函的行政监管措施。此事项后续还引发了中国证监会的立案调查。

(三)2018 年 4 月 27 日,天马股份被曝存在资金占用事项

2018 年 4 月 27 日,普华永道中天会计师事务所(以下简称普华永道)出具《关于天马轴承集团股份有限公司控股股东及其他关联方占用资金情况专项报告》,报告显示,截至 2017 年 12 月 31 日,公司第二大股东霍尔果斯天马及其关联方非经营性占用公司资金 52,801 万元。报告同时还显示,喀什星河曾在 2017 年非经营性占用公司资金 10,000 万元。

（四）2018 年 4 月 27 日，天马股份及相关方收到中国证监会的调查通知书

2018 年 4 月 27 日，中国证监会下发调查通知书（浙证调查字 2018118 号、2018119 号）。因天马股份、控股股东、实际控制人及董事长涉嫌违反《证券法》等有关法律法规，中国证监局决定对其立案调查。

2019 年 7 月 9 日、11 月 6 日，天马股份、实际控制人、董事、高级管理人员分别收到了行政处罚及市场禁入事先告知书、行政处罚决定书。

（五）2018 年 4 月 27 日，天马股份 2017 年度财务报告被出具无法表示意见的审计报告

2018 年 4 月 27 日，普华永道对天马股份 2017 年度财务报告出具了无法表示意见的审计报告，无法表示意见的事项包括预付款项的商业实质、投资基金合并的相关审计工作、投资款的商业实质、已撤销并收回的投资款的商业实质。上述导致普华永道出具无法表示意见的事项对天马股份的资产负债表以及 2017 年度利润表中的众多事项可能产生重大影响。

（六）2018 年 5 月 3 日，天马股份股票被实施退市风险警示

因普华永道对天马股份 2017 年度财务报告出具了无法表示意见的审计报告，根据《深交所股票上市规则》第 13. 2. 1 条第 4 项的相关规定，公司股票交易自 2018 年 5 月 3 日起将被深交所实施退市风险警示。

（七）2018 年 5 月 5 日，天马股份披露控股股东股票面临平仓风险及控股股东可能发生变更

2018 年 3 月 1 日，喀什星河与天风证券进行的股票质押式回购业务到期，上述业务的质押标的为上市公司 29, 250 万股股份（占上市公司总股本的 24. 62%，占喀什星河累计被质押冻结股份总数的 82. 16%）。但截止到 2018 年 5 月 5 日，融资人喀什星河都尚未履行还款义务，根据《股票质押式回购交易业务协议》及《股票质押式回购交易业务协议至补充协议》的约定，天风证券拟对质押标的进行相关处置，而这可能导致天马股份控股股东发生变更。

截至 2018 年 5 月 5 日，喀什星河持有上市公司股份 356,000,000 股，占上市公司总股本的 29.97%，其累计被质押及冻结股份的数量占其所持上市公司股份总数的 100%。

（八）2018 年 5 月 8 日，天马股份因资金占用事项收到深交所关注函

2018 年 5 月 8 日，天马股份收到深交所关注函①，深交所对天马股份 2017 年度财务报表被出具无法表示意见的审计报告表示关注，其中涉及资金占用事项。

2018 年 5 月 17 日，天马股份对上述关注函作出回复，说明了资金占用事项发生的原因。同时，对于报告期内是否还存在其他非经营性资金往来的情况的问题，天马股份表明公司还在中国证监会的调查中，需要待调查结束回复。

（九）2018 年 8 月 29 日，天马股份补充披露公司存在未入账借款和违规担保的情况

2018 年 8 月 29 日，天马股份披露根据控股股东喀什星河及相关经办人员的情况说明及函件，天马股份存在未入账借款及违规对外担保的情况，具体如下：

1. 未入账借款信息

根据喀什星河发来的借款融资的相关资料，天马股份未入账借款合计为 4.1 亿元，上述借款未划入公司账户，未经公司管理层会议、董事会和股东大会审议，其发生时公司信披部门亦不知情。

2. 违规对外担保

在天马股份未履行相关内部审批决策程序的情况下，天马股份为实际控制人控制或曾经控制的公司提供了担保。截至 2018 年 8 月 29 日，天马股份违规对外担保金额为 32,000 万元（占最近一期经审计净资产的 7.48%）。

（十）2018 年 9 月 3 日，天马股份因存在未入账借款和违规担保的情况收到了深交所关注函

2018 年 9 月 3 日，因天马股份涉嫌向实际控制人控制或者曾经控制的企业

---

① 深交所：中小板关注函〔2018〕第 140 号。

违规提供担保3.2亿元，向多个债权人借款合计4.1亿元但由控股股东占用，天马股份收到了深交所关注函①。

2018年9月14日，天马股份对上述关注函作出回复，补充披露上述事项触发了"上市公司股票可能被实施其他风险警示"，未及时披露的原因是控股股东提出的解决措施和具体时间安排，以及存在其他疑似关联方占用资金的可能性。

（十一）2018年9月15日，天马股份因存在未入账借款事项触发了其他风险警示

因天马股份存在未入账借款41,000万元，超过公司最近一期经审计净资产的5%，且借款的实际收款方为上市公司实际控制人控制或具有重大影响力的企业，根据《深交所股票上市规则》（2018年修订）第13.3.1、13.3.2、13.3.4条之规定，天马股份触发了其他风险警示。

（十二）2018年9月29日，天马股份因主要银行账户被冻结事项触发了其他风险警示

因天马股份主要银行账户被冻结，根据《深交所股票上市规则》（2018年修订）第13.3.1条的规定，天马股份触发了其他风险警示。

（十三）2019年3月9日，天马股份控股股东、实际控制人和徐州睦德共同签署《承诺函》

天马股份董事会于2019年3月9日收到了控股股东喀什星河、实际控制人徐某栋和董事长武某飞控制的徐州睦德共同签署的《承诺函》，主要内容如下：

1. 喀什星河、徐某栋共同确认，天马股份或天马股份控制的附属机构2017年度存在的商业实质存疑、违规的关联交易、未披露及未实现的债权、未披露潜在重大合同义务导致诉讼发生等交易或事项。同时，喀什星河承诺对上述事项给天马股份造成的损失，其将于2019年4月30日前予以足额清偿。徐某栋承诺对喀什星河的清偿责任承担连带保证责任。

---

① 深交所：中小板关注函〔2018〕第316号。

2. 喀什星河、徐某栋共同确认，天马股份或天马股份控制的附属机构2018年度存在的商业实质存疑、违规的关联交易等交易或事项。同时，喀什星河承诺对上述事项给天马股份造成的损失，其将于2019年4月30日前予以足额清偿10%，于2020年4月30日前足额清偿30%，于2021年4月30日前足额清偿30%，于2022年4月30日前足额清偿30%。徐某栋承诺对喀什星河的清偿责任承担连带保证责任。

3. 喀什星河承诺，如天马股份股东大会否决收购北京云纵信息技术有限公司(以下简称北京云纵)13.2%股权这一关联交易，喀什星河将其列入天马股份2018年度损失事项，以最终天马股份股东大会确认的金额以货币资金或天马股份股东大会批准的等效方式于2019年4月30日前予以足额清偿10%及返还635万元，于2020年4月30日前予以足额清偿30%，于2021年4月30日前予以足额清偿30%，于2022年4月30日前予以足额清偿30%。徐某栋对喀什星河的清偿责任承担连带保证责任。

如天马股份股东大会批准继续进行该股权收购，喀什星河承诺其将积极协调信息及相关各方促成该交易，并在交易不能实现的时点按照天马股份股东大会批准的交易方案及交易价款返还时点按时足额向天马股份履行清偿义务。徐某栋对喀什星河的清偿责任承担连带保证责任。

4. 喀什星河承诺对未入账的4.1亿元借款，其将在人民法院生效司法裁判判决天马股份承担给付义务的时点，按照天马股份实际承担的给付义务额向天马股份履行足额清偿的义务。徐某栋承诺对喀什星河的清偿责任承担连带保证责任。

5. 喀什星河、徐某栋共同承诺对3.3亿元违规担保，其将积极协调债权人和债务人达成以债务人自身资产偿还该等债务的协议，并以达到以下目标为原则：(1)竭力促使与债务人债权人达成和解，免除天马股份的担保责任；及/或积极配合天马股份应诉，促使人民法院确认担保合同无效，解除天马股份的担保责任。(2)在人民法院判决天马股份承担担保责任的范围内，积极配合债权人执行债务人或其他担保人的资产，确保天马股份不会实际承担担保责任。(3)如天马股份因任一案件或其他未披露的违规担保实际承担了担保责任，喀什星河保证足额偿付天马股份承担的担保责任。徐某栋对喀什星河的清偿责任承担连带保证责任。

6. 或有未入账借款、违规担保事项。由于天马股份存在未入账借款、违规担保的情形,除上述已统计金额外,若有新增同样情形的未入账借款、违规担保款项,则喀什星河保证对新增部分向天马股份承担足额清偿责任。徐某栋对喀什星河的清偿责任承担连带保证责任。

对于上述喀什星河和徐某栋的承诺事项,徐州睦德在此特别承诺,对天马股份的损失和潜在损失,其将与喀什星河一起共同予以消除,且徐州睦德知悉喀什星河和徐某栋现时已实际丧失偿债能力,徐州睦德将为喀什星河提供足额的资金、资产或资源上的支持,确保喀什星河、徐某栋足额履行其在本承诺函下各事项中的全部偿债义务。

徐州睦德承诺:无论在任何协议中因本承诺函所列事项(包括或有事项)确认的喀什星河对天马股份及其控制的附属机构的应偿债务,也无论喀什星河承诺该等债务的偿还期间及于何时,喀什星河、徐某栋偿债能力不足的差额均由徐州睦德以向喀什星河提供资金、资产或资源等财务资助的方式,确保喀什星河、徐某栋对天马股份的清偿责任按时足额履行。在此前提下,天马股份得到足额清偿后,徐州睦德与喀什星河和徐某栋的债权债务关系由其自行清结,与天马股份无涉。

(十四)2019 年 3 月 18 日,天马股份控股股东、实际控制人和徐州睦德共同签署“承诺函 2”

2019 年 3 月 18 日,天马股份董事会再次收到天马股份控股股东喀什星河、天马股份实际控制人徐某栋和徐州睦德共同签署的“承诺函 2”,就前述承诺函中需要进一步明确的事项,在《承诺函》的基础上,向天马股份做出进一步承诺。

1. 喀什星河和徐某栋在此共同确认,《承诺函》中承诺补偿的天马股份(包括天马股份控制的附属机构,下同)2017 年度和 2018 年度的损失或潜在损失,包括该等损失或潜在损失对应的孳息。

2. 喀什星河和徐某栋在此共同确认,鉴于天马股份和徐某栋现处在被中国证监会立案调查的阶段且最终调查结果尚未形成,如最终中国证监会出具的立案调查结果与天马股份披露及承诺函和“承诺函 2”项下的承诺情况存在差异，就天马股份披露及承诺函和“承诺函 2”项下未涉及的情形对天马股份造成的损害或潜在损害，一如承诺函和“承诺函 2”项下的承诺，喀什星河和徐某栋将予以足额履行。

3. 喀什星河和徐某栋再次重申保证履行承诺函和“承诺函 2”项下的承诺，无论日后喀什星河是否为天马股份控股股东，亦无论日后徐某栋是否为天马股份实际控制人。

对于上述喀什星河和徐某栋在承诺函和“承诺函 2”中的承诺事项，徐州睦德在此特别承诺及重述，对天马股份的损失和潜在损失（包括“承诺函 2”中列示的孳息及差异事项），其将与喀什星河一起共同予以消除，且徐州睦德知悉喀什星河和徐某栋现时已实际丧失偿债能力，徐州睦德将为喀什星河提供足额的资金、资产或资源上的支持，确保喀什星河、徐某栋能够足额履行其在承诺函和“承诺函 2”项下的各事项中的全部偿债义务。

徐州睦德承诺：无论在任何协议中因承诺函和“承诺函 2”所列事项（包括或有事项）确认的喀什星河对天马股份及其控制的附属机构的应偿债务，也无论喀什星河承诺该等债务的偿还期间及于何时，对于喀什星河、徐某栋偿债能力不足的差额，均由徐州睦德以向喀什星河提供资金、资产或资源等财务资助的方式，确保喀什星河、徐某栋对天马股份的清偿责任按时足额履行。在此前提下，天马股份得到足额清偿后，徐州睦德与喀什星河和徐某栋的债权债务关系由其自行清结，与天马股份无涉。

徐州睦德在此补充承诺，徐州睦德将持续及切实履行承诺函和“承诺函 2”下的承诺，无论日后任何主体或人士为天马股份控股股东，亦无论日后任何人士为天马股份实际控制人。

（十五）2019 年 3 月 30 日，天马股份控股股东、实际控制人和徐州睦德共同签署“承诺函 3”

2019 年 3 月 30 日，天马股份董事会再次收到公司控股股东喀什星河、公司实际控制人徐某栋和徐州睦德共同签署的“承诺函 3”，就承诺人清偿天马股份（包括天马股份控制的附属机构，下同）2017 年度和 2018 年度的损失或潜在损失

(包括该等损失或潜在损失对应的孳息)的额度、进度、方式和程序等具体要素,三者在承诺函和“承诺函2”的基础上向天马股份及天马股份控制的附属机构进一步做出承诺。

1. 清偿金额

(1)喀什星河和徐某栋在此共同确认,依据天马股份2019年第一次临时股东大会决议,喀什星河和徐某栋确认对天马股份应偿债务总额的本金为人民币217,945万元,因违规借款导致的实际损失,即应向天马股份归还的本金及孳息金额为9623万元(孳息暂计算至2019年4月30日)。上述事项合计金额227,568万元。根据天马股份及天马股份相关附属机构与喀什星河和徐某栋及其关联方签署的《债权债务移转及抵销协议》天马股份及天马股份相关附属机构对喀什星河和徐某栋及其关联方尚存在4757万元的债务(上述债务冲抵本金金额4095万元)。扣除上述抵销债务部分后,喀什星河和徐某栋确认对天马股份应偿债务总额本金为人民币223,473万元。

(2)喀什星河和徐某栋在此共同确认,依据天马股份发现和发生的因违规借款、违规担保、卜某某案件而有可能导致给天马股份造成潜在损失的情形,喀什星河和徐某栋的应偿债务合计为80,422万元。

2. 清偿方式和程序

(1)喀什星河和徐某栋将以货币或法律、行政法规和天马股份股东大会批准的等效方式予以清偿。

(2)喀什星河和徐某栋将依据天马股份股东大会或董事会确定的还款时间,按时足额履行还款义务。

(3)就因违规借款、违规担保和卜某某案件的生效司法裁判确定的还款义务,喀什星河和徐某栋保证于该等司法裁判生效之日起120日内履行足额偿还义务。

(4)如果清偿方式系天马股份购买徐州睦德(包括徐州睦德控制的附属机构)的资产,则就该等资产之交易,于天马股份董事会和股东大会批准后即可实施,无须另行取得喀什星河和徐某栋的同意,但相关交易合同应交喀什星河备案。

就该等资产交易的购买价款,喀什星河承诺代天马股份向徐州睦德支付。

于该等资产交易合同生效时点，喀什星河的代付义务产生，并视为天马股份已足额向徐州睦德支付全部交易价款。

喀什星河代天马股份或天马股份控制的附属机构支付的交易金额计为喀什星河对徐州睦德的负债，日后该等债权债务的清偿及清偿结果与天马股份无涉。

该等承诺视为喀什星河和徐某栋对偿债期限内每次交易喀什星河代为支付价款的承诺，并视为系对作为该等交易主体的天马股份及天马股份控制的任何附属机构作出。

(5)就北京云纵13.2%的股权之交易因股权转让不能导致的还款义务及因证券监管部门最终认定的资金占用金额存在差异，以及天马股份新发现的违规借款、违规担保、对喀什星河和徐某栋及其关联方的未实现债权、喀什星河和徐某栋及其关联方的未披露债务，按照前述原则同等处理。

(6)喀什星河和徐某栋在此补充承诺，承诺函、“承诺函2”和本“承诺函3”同时视为系向天马股份及天马股份控制的附属机构一并作出。

对于上述喀什星河和徐某栋在承诺函、“承诺函2”和本“承诺函3”中的承诺事项，徐州睦德在此特别承诺及重述，对天马股份的损失和潜在损失，其将与喀什星河和徐某栋一起共同予以消除，且徐州睦德知悉喀什星河和徐某栋现时已实际丧失偿债能力，徐州睦德将为喀什星河提供足额的资金、资产或资源上的支持，确保喀什星河和徐某栋能够足额履行其在承诺函、“承诺函2”和本“承诺函3”项下的各事项中的全部偿债义务。

徐州睦德特别承诺：如果清偿方式系天马股份购买徐州睦德(包括徐州睦德控制的附属机构)的资产，则就该等资产之交易，于天马股份董事会和股东大会批准后即可实施，无须另行取得喀什星河和徐某栋的同意，但相关交易合同应交喀什星河备案。

就该等资产交易的购买价款，徐州睦德承诺接受喀什星河代天马股份(包括作为交易主体的天马股份附属机构)向徐州睦德支付且该等支付安排系远期的，于该等资产交易合同生效时点，视为天马股份(包括作为交易主体的天马股份附属机构)已足额向徐州睦德支付全部交易价款。徐州睦德承诺不再向天马股份或天马股份控制的附属机构主张任何形式的支付义务。

喀什星河代天马股份或天马股份控制的附属机构支付的交易金额计为喀什

星河对徐州睦德的负债，日后该等债权债务的清偿及清偿结果与天马股份无涉。该等承诺视为徐州睦德（包括徐州睦德控制的附属机构）对偿债期限内每次交易接受喀什星河代为支付价款的承诺，并视为系对作为该等交易主体的天马股份及天马股份控制的任何附属机构作出。

徐州睦德在此补充承诺，承诺函、“承诺函2”和“承诺函3”同时视为系向天马股份及天马股份控制的附属机构一并作出。

（十六）2019年4月2日，天马股份确认公司控股股东和实际控制人及其关联方占用的公司资金金额并确定清欠方式及程序

天马股份董事会第三十四次（临时）会议已审议批准《关于确认公司控股股东和实际控制人及其关联方占用公司资金金额并确定清欠方式及程序的议案》，具体内容如下。

1. 关于控股股东和实际控制人及其关联方占用公司资金既有金额的确认

（1）商业实质存疑的交易和违规的关联交易共8项，占用公司资金本金的合计金额为238,645万元，已经返还及清结的本金金额为20,700万元，尚未返还的本金金额为217,945万元（不含北京云纵股权转让款22,110万元）。

（2）2018年发现的违规借款共10例，合计涉及本金及利息金额9623万元（利息暂计算至2019年4月30日）。喀什星河将于2019年4月30日或之前，以货币资金或法律、行政法规和公司股东大会批准的其他等效方式履行返还义务。

2. 关于控股股东和实际控制人及其关联方占用公司资金或有金额的预估

（1）未决诉讼和未起诉的违规借款。2018年，公司发现的违规借款共10例，除上述两案件已经取得生效判决/和解结案外，其他违规借款案件均在审理之中或未有权利人主张权利，合计金额为31,182万元（不含利息）。

（2）违规担保金额。2018年发现的违规担保合计金额共计36,000万元。其中，债权人李某某借款金额3000万元已由公司控股股东之关联方归还，剩余违规担保33,000万元（不含利息）。

（3）卜某某诉讼案件。喀什诚合基石创业投资有限公司（以下简称喀什基石）之或有负债金额16,240万元因卜某某诉喀什基石股权转让纠纷案产生，截至本次公告披露日，该案件尚在审理之中。

上述三项合计 80, 422 万元为有可能造成公司控股股东和实际控制人及其关联方占用公司资金的或有金额预估。公司董事会将在生效司法裁判确定公司负有金钱给付义务日,进行公司控股股东和实际控制人及其关联方占用公司资金的确认工作,并按照生效判决确定的给付义务额本金及罚息、复利、违约金、损害赔偿金和延迟支付的利息等项目的计算标准和期间据实予以计算资金占用额。

3. 关于资金占用的占用方和偿还主体

(1)就通过商业实质存疑的交易或违规的关联交易导致的尚未清偿的资金占用而言,除北京云纵之关联交易产生的 22, 110 万元的占用方和偿还主体为霍尔果斯苍穹之下创业投资有限公司(以下简称苍穹之下)外(喀什星河提供连带责任保证担保),其余资金占用方和偿债主体均为喀什星河。

(2)就通过违规借款导致的资金占用而言(无论占用是否为既成事实,抑或将在未来时点或有确认),占用方和偿债主体均为违规借款的实际收款方。

(3)就通过违规担保有可能导致的资金占用而言,占用方和偿债主体均为违规担保的债务人。

(4)就卜某某案件有可能导致的资金占用而言,占用方和偿债主体为苍穹之下、北京星河世界集团有限公司和徐某栋。

(5)依据喀什星河、徐某栋和徐州睦德向公司出具的承诺函、"承诺函 2"和"承诺函 3",喀什星河均为上述债务的债务人或共同债务人,徐某栋承担连带责任保证担保。

(6)依据喀什星河、徐某栋和徐州睦德向公司出具的承诺函、"承诺函 2"和"承诺函 3",对于上述债务,徐州睦德均通过向控股股东和实际控制人及其关联方提供资产、资金和资源的方式协助其按时足额以货币资金或法律、行政法规和公司股东大会批准的等效方式按时足额对公司履行清偿义务,因此形成的徐州睦德与公司控股股东和实际控制人及其关联方之间的债权债务由其自行协商解决,与公司无涉。

4. 清欠方式及程序

鉴于上述公司控股股东和实际控制人及其关联方占用或可能占用公司大额资金情形的存在,公司控股股东和实际控制人及其关联方丧失偿债能力,徐州睦德承诺协助公司控股股东和实际控制人及其关联方按时足额向公司履行清偿义务,以及公司控股股东、实际控制人和徐州睦德于 2019 年 3 月 30 日向公司(包括公司的附属机构)出具的“承诺函 3”,公司董事会确定了如下清欠方式及程序:

(1)任何清偿如果系货币资金,则无须履行公司的任何决策程序,公司董事会将在收取每笔货币还款后及时履行信息披露义务。公司将等额冲减公司控股股东和实际控制人及其关联方的资金占用额度(及对应的利息)。

(2)如果清偿方式系公司购买徐州睦德(包括徐州睦德控制的附属机构,下同)的资产,喀什星河代公司支付交易价款,则无论金额大小,该等交易均须提交公司董事会和股东大会审议批准,关联董事和关联股东回避表决。

就该等资产之交易,于公司股东大会批准后即可实施,无须另行取得喀什星河的同意,但相关交易合同应交喀什星河备案。

就该等资产交易的购买价款,由喀什星河代公司向徐州睦德支付,该等资产交易的合同生效,喀什星河之代付义务即产生,并视为公司已足额向徐州睦德支付了交易价款,公司将等额冲减公司控股股东和实际控制人及其关联方的资金占用额度(及对应的利息)。

喀什星河代公司支付的交易金额计为喀什星河对徐州睦德的负债,日后,喀什星河与徐州睦德之间的债权债务的清偿及清偿结果与公司无涉。

(3)除已经取得的资金占用应按照确定的还款进度清偿外,就因违规借款、违规担保和卜某某案件的生效司法裁判确定的资金占用而言,于司法裁判生效日,公司将向喀什星河和徐州睦德发出履约告知函,要求其在 120 日内履约。

(4)上述清偿方式和程序如与届时有效的法律、行政法规、证券监管政策和公司章程存在冲突,公司董事会将即时予以调整,以确保偿债方式和程序合法有效。

(十七)2019 年 4 月 3 日,天马股份收到徐州睦德代公司控股股东及其关联方偿还的部分占用资金

2019 年 4 月 3 日,天马股份收到徐州睦德代公司控股股东喀什星河及其关联方苍穹之下偿还的部分占用资金或孳息的款项合计 91,349,971.82 元。具体情况如下:(1)徐州睦德代喀什星河向公司控制的附属机构喀什耀灼创业投资有

限公司(以下简称喀什耀灼)偿付资金占用款项80,449,493.22元;(2)徐州睦德代苍穹之下向公司控制的附属机构北京星河企服信息技术有限公司偿付资金占用款项10,900,478.60元。

(十八)2019年4月4日,天马股份确认公司控股股东和实际控制人及其关联方占用公司资金的金额及还款计划

根据天马股份2019年第一次临时股东大会决议、董事会第三十四次(临时)会议决议以及喀什星河、徐某栋和徐州睦德向天马股份出具的《承诺函》、"承诺函2"和"承诺函3",天马股份确认其因实际损失形成的对控股股东和实际控制人的债权金额为237,875万元,因潜在损失预估对控股股东和实际控制人形成的债权金额为80,422万元,合计金额318,297.00万元(后续,随着部分违规担保案件胜诉以及利息计算等原因,合计金额被调整为290,305.80万元)。

1.公司因实际损失形成的对控股股东和实际控制人的债权金额(见表2-3-1)

表2-3-1 天马股份因实际损失形成的对控股股东和实际控制人的债权金额

单位:万元

序号	类别	项目	2017年金额	2018年金额	合计金额
1	商业实质存疑交易	投资北京××科技有限公司	10,300		10,300
		支付深圳市东方××贸易有限公司采购款	56,660	10,000	66,660
		投资北京××投资管理股份有限公司	15,000		15,000
		投资杭州××科技有限公司	35,000		35,000
		投资广州星河正泽股权投资管理合伙企业(有限合伙)		74,290	74,290
		小计	116,960	84,290	201,250
2	应收款项	喀什诚合基石创业投资有限公司对喀什星河之债权	16,060		16,060
		北京星河企服信息技术有限公司对霍尔果斯苍穹之下创业投资有限公司之债权		635	635
		小计	16,060	635	16,695
3	资金占用费	小计(暂估至2019.4.30)	9481	5583	15,064
4	已生效判决/和解违规借款	借款人:胡某		3203	3203
		借款人:安徽××典当有限公司		6420	6420
		小计		9623	9623

续表

序号	类别	项目	2017 年金额	2018 年金额	合计金额
合计(2019.3.30)			142,501	100,131	242,632
其中:商业实质存疑交易及应收款项本金(1~2)			133,020	84,925	217,945
商业实质存疑交易及应收款项资金占费(3)			9481	5583	15,064
已生效判决/和解违规借款(4)				9623	9623
5	债权债务抵销	抵销商业实质存疑交易及应收款项本金(1~2)金额	-3460	-635	-4095
		抵销资金占用费(3)金额	-625	-37	-662
抵债后资金占用余额合计(2019.3.31)			138,416	99,459	237,875
其中:商业实质存疑交易及应收款项本金(1~2)减抵债本金(5)			129,560	84,290	213,850
商业实质存疑交易及应收款项资金占用费(3)减抵债资金占用费(5)			8856	5546	14,402
已生效判决/和解违规借款(4)				9623	9623

2. 公司因潜在损失预估形成的对控股股东和实际控制人的债权(见表2-3-2)

表2-3-2　天马股份因潜在损失预估形成的对控股股东和实际控制人的债权

单位:万元

序号	类别	项目	金额
1	违规借款	债权人:德清县××金融服务中心有限公司	7682
		债权人:北京××小额贷款有限责任公司	7000
		债权人:向某军	2000
		债权人:孔某海	2000
		债权人:朱某丹	4500
		债权人:蒋某	2000
		债权人:深圳××金融控股集团有限公司	2500
		债权人:孔某肃	3500
		小计	31,182
2	违规担保	债权人:北京××房地产开发集团有限公司	20,000
		债权人:杭州××投资有限公司	6000
		债权人:徽弘××保理(深圳)有限公司	3000
		债权人:深圳市××财富投资管理有限公司	4000
		小计	33,000
3	或有负债	原告:卜某某	16,240
合计			80,422

(十九)2019 年 4 月 26 日,天马股份披露控股股东和实际控制人按期清偿占用资金

2019 年 4 月 26 日,天马股份已经全额收回控股股东和实际控制人及其关联方应于 2019 年 4 月 30 日或之前偿还的占用资金额度合计 1,574,893,841.55 元。具体包括:

1. 2019 年 4 月 3 日,天马股份及天马股份控制的附属机构收到徐州睦德代公司控股股东喀什星河及其关联方苍穹之下偿还的部分占用资金或孳息的款项合计 91,349,971.82 元。偿还方式为货币资金。

2. 2019 年 4 月 24 日,天马股份及天马股份控制的附属机构收到徐州睦德代喀什星河偿还的部分占用资金及孳息的款项合计 332,459,069.73 元。偿还方式为货币资金。

3. 2019 年 3 月 31 日、4 月 19 日,天马股份董事会和临时股东大会审议批准了《关于公司及公司控制的附属机构共同收购徐州睦德信息科技有限公司控制的资产的议案》,天马股份及天马股份控制的附属机构拟收购徐州睦德全资子公司徐州慕铭信息科技有限公司(以下简称徐州慕铭)100% 股权、徐州咏冠信息科技有限公司(以下简称徐州咏冠)100% 股权和徐州长华信息服务有限公司(以下简称徐州长华)100% 股权,收购总价款为 115,108.48 万元。2019 年 4 月 23 日,上述收购涉及的工商变更登记手续已办理完毕。由于此次交易的支付方式采用的是天马股份控股股东喀什星河代天马股份及天马股份控制的附属机构向徐州睦德付款,徐州睦德接受喀什星河的远期支付安排,在此次交易实施完毕的同时,天马股份已收回控股股东和实际控制人及其关联方占用的公司资金款项 115,108.48 万元。

以上三项合计清偿资金占用的额度为 1,574,893,841.55 元,与还款计划中列示的 2019 年 4 月 30 日或之前偿还 158,003 万元相比,其出现差额的原因系相关孳息结算日期计算方式等导致的。至此,根据偿债安排和计划,公司控股股东和实际控制人应于 2019 年 4 月 30 日或之前偿还的占用资金额度已全部履行完毕。

（二十）2019 年 4 月 28 日，天马股份 2018 年度财务报告被出具带“与持续经营相关的重大不确定性和强调事项”段的无保留意见审计报告

2019 年 4 月 28 日，中兴财光华会计师事务所（特殊普通合伙）（以下简称中兴财光华）对天马股份 2018 年度财务报告出具了带“与持续经营相关的重大不确定性和强调事项”段的无保留意见审计报告，具体审计意见如下：

1. 关于与持续经营相关的重大不确定性段

天马股份 2018 年度发生亏损 63, 397. 45 万元；天马股份 2018 年度因违规借款、违规担保等事项发生多起诉讼，涉及金额较大，诉讼结果具有不确定性；浙江浙商证券资产管理有限公司要求天马股份按协议约定承担相应基金份额回购义务；恒天融泽资产管理有限公司要求天马股份按协议约定提前履行差额补足义务。天马股份存在借款逾期情况，可能发生大额现金流出及偿债风险，对天马股份营运资金造成较大影响，虽然天马股份已采取系列应对措施，但这些事项或情况表明天马股份存在可能导致对其持续经营能力产生重大疑虑的重大不确定性。

2. 强调事项段

（1）被监管部门立案调查：2018 年 4 月 27 日，天马股份和实际控制人分别收到了中国证监会的调查通知书，因涉嫌违反《证券法》等有关法律法规，天马股份和实际控制人被立案调查。截至审计报告出具日，该调查尚未结案。

（2）签署《承诺函》：天马股份控股股东喀什星河、实际控制人和徐州睦德出具了《承诺函》、“承诺函 2”及“承诺函 3”。如果上述承诺人未按约履行承诺，将会给上市公司及股东利益造成重大不利影响。

（二十一）2019 年 7 月 3 日，天马股份及相关当事人被深交所给予纪律处分

2019 年 7 月 3 日，天马股份知悉深交所发布了《关于对天马轴承集团股份有限公司及相关当事人给予纪律处分的决定》。因天马股份控股股东喀什星河、实际控制人兼董事、时任董事长及其关联方非经营性资金占用、以上市公司名义违规对外提供担保及天马股份 2017 年度财务报告被出具无法表示意见的审计报告，深交所决定：（1）对天马股份给予公开谴责的处分。（2）对天马股份控股股东

喀什星河给予公开谴责的处分。(3)对天马股份实际控制人兼董事、时任董事长,董事、时任董事长,时任董事兼总经理给予公开谴责的处分。(4)公开认定天马股份实际控制人兼董事、时任董事长,董事、时任董事长,时任董事兼总经理五年内不适合担任上市公司董事、监事、高级管理人员。

(二十二)2019 年 7 月 9 日,天马股份收到中国证监会行政处罚及市场禁入事先告知书

2019 年 7 月 9 日,天马股份收到中国证监会下发的行政处罚及市场进入事先告知书,因天马股份未按规定披露实际控制人及其控制的企业非经营性占用资金及关联交易情况、天马股份为其实际控制人徐某栋控制的企业借款担保 2.6 亿元、天马股份成立杭州天马诚合投资合伙企业(有限合伙)以收购实际控制人控制的资产、天马股份成立广州星河正泽股权投资管理合伙企业(有限合伙)以收购实际控制人控制的资产等事项,中国证监会决定对天马股份及相关人员作出如下行政处罚:

1. 对天马股份责令改正、给予警告,并处以 60 万元罚款;

2. 对实际控制人给予警告,并处以 90 万元罚款,其中作为直接负责的主管人员罚款 30 万元,作为实际控制人罚款 60 万元;

3. 对天马股份相关董事、高级管理人员给予警告、罚款的行政处罚。

同时,天马股份涉及多项信息披露违法,情节严重,中国证监会决定对其实际控制人徐某栋采取终身市场禁入措施,对傅某、陶某武采取 3 年市场禁入措施。

(二十三)2019 年 10 月 25 日,天马股份披露其实际控制人等承诺人未按期履行还款义务

2019 年 6 月 25 日,天马股份收到浙江高院送达的(2019)浙民终 298 号民事判决书。按照该民事判决书以及承诺人的承诺,天马股份控股股东、实际控制人、徐州睦德应于判决书生效之日起 120 日内即不迟于 2019 年 10 月 23 日以货币或法律、行政法规和公司股东大会批准的等效方式对相应还款金额予以清偿。

天马股份已通过书面函件方式提示承诺方及时履行义务,但徐州睦德回复

其已准备好部分资产以消除天马股份因此遭受的影响,但是受限于中介机构的审计评估工作以及项目标的公司的配合事宜,上述资产准备工作最终尚未完成。同时,徐州睦德获悉上市公司控股股东变更。对于徐州睦德拟置入上市公司的资产状况及其与上市公司未来主营业务的匹配程度等具体事宜,需待上市公司控股股东变更完毕后再与新控股股东进行协商、确认。

（二十四）2019 年 11 月 6 日,天马股份收到中国证监会的行政处罚决定书

此前,天马股份收到了中国证监会下发的行政处罚及市场禁入事先告知书。对上述行政处罚,天马股份及相关董事、高级管理人员进行了申辩,但中国证监会经复核仍维持原处罚,并于 2019 年 11 月 6 日下发了行政处罚决定书。

（二十五）2019 年 12 月 6 日,天马股份控股股东发生变更

2019 年 9 月 10 日,天马股份披露其控股股东喀什星河因与湖北天乾资产管理有限公司(以下简称湖北天乾)的股票质押式回购交易业务违约一案,将被湖北恩施中院于 2019 年 10 月 10 日 10 时起至 11 日 10 时止,公开拍卖喀什星河持有的公司 250,973,000 股股票(已质押给天风证券),占公司股份总数的 21.13%,占喀什星河持有公司股份的 70.50%。

2019 年 10 月 12 日,天马股份披露徐州乾顺承科技发展有限公司(以下简称徐州乾顺承)以 499,868,160.00 元竞得了上述股票。

2019 年 12 月 6 日,徐州乾顺承收到了湖北恩施中院发来的执行裁定书[(2019)鄂 28 执 88 号之一],该裁定书确认上述拍卖股票及孳息所有权归买受人徐州乾顺承所有。

2020 年 1 月 6 日,天马股份收到中国证券登记结算有限责任公司出具的通知,确认本次司法拍卖涉及的股票已成功办理完毕过户登记手续。

本次权益变动后,徐州乾顺承持有天马股份的股份 250,973,000 股,占天马股份总股本的 21.13% 股份,成为天马股份的控股股东,天马股份无实际控制人;喀什星河持有天马股份的股份 105,027,000 股,占天马股份总股本的 8.84%,为持有天马股份 5% 以上股份的股东。徐州乾顺承股权结构见图 2－3－1。

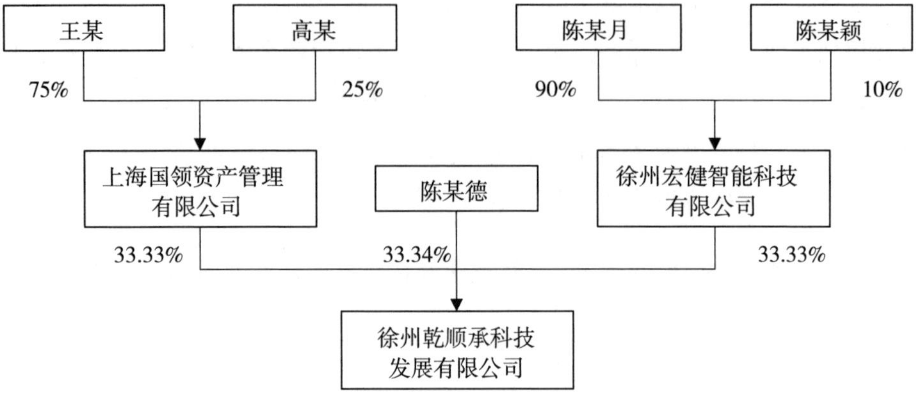

图 2-3-1　徐州乾顺承股权结构

后续，徐州乾顺承更名为四合聚力信息科技集团有限公司。

（二十六）2020 年 4 月 28 日，天马股份 2019 年度财务报告被出具带“持续经营重大不确定性”段的无保留意见的审计报告

2020 年 4 月 28 日，中兴财光华对天马股份 2019 年度财务报告出具了带“持续经营重大不确定性”段的无保留意见审计报告，其中与持续经营相关的重大不确定性段的内容如下：

其一，天马股份 2019 年度发生净亏损 165,582.53 万元；其二，天马股份因违规借款、股权转让纠纷等事项发生多起诉讼，涉及金额较大，诉讼结果具有不确定性；其三，三项违规借款诉讼案件已经终审判决或法院调解，一项收益权回购纠纷案及一项股权转让纠纷案已经裁决，以上案件均已进入执行阶段，天马股份多个银行账户被冻结；事项二和事项三可能导致大额现金流出及偿债风险，对天马股份营运资金造成较大影响。上述情况表明天马股份存在可能导致对其持续经营能力产生重大疑虑的重大不确定性。

（二十七）2020 年 4 月 29 日，天马股份股票继续被实施退市风险警示

由于天马股份 2019 年度、2018 年度经审计的净利润亦为负值，根据《深交所股票上市规则》（2018 年修订）第 13.2.1 条第 1 项有关最近两个会计年度经审计的净利润连续为负值或者因追溯重述导致最近两个会计年度净利润连续为负值

的规定,深交所决定对天马股份股票交易实行退市风险警示。此前,天马股份股票已自2018年5月3日起被实行退市风险警示。

如果天马股份2020年度经审计的净利润继续为负值,天马股份股票将自2020年年度报告公告后被暂停上市交易。如果天马股份因2020年度经审计的净利润继续为负值而被暂停上市后的首个年度报告显示公司净利润或者扣除非经常性损益后的净利润为负值,则天马股份股票将面临被终止上市交易的风险。

(二十八)2020年7月28日,天马股份收到徐州睦德出具的《承诺函4》

2020年7月28日,天马股份收到承诺人徐州睦德出具的《承诺函4》。徐州睦德对前期承诺的部分内容作出了适当调整或明确,天马股份第七届董事会第四次临时会议、第七届监事会第三次临时会议和2020年第五次临时股东大会审议通过了该事项。

在先承诺的相关承诺内容为:

就因违规借款、违规担保和卜某某案件的生效司法裁判确定的还款义务,承诺人保证于该等司法裁判生效之日起120日内履行足额偿还义务。

《承诺函4》变更后的相关承诺为:

就因违规借款、违规担保和卜某某案件的生效司法裁判确定的还款义务,承诺人保证于该等司法裁判生效日所在会计年度终了之日起4个月内履行足额代偿义务,且最后一笔(一期)代偿义务的履行不迟于2022年4月30日,除非截至2022年4月30日,某个或数个诉讼或仲裁案件的司法裁判尚未出具或尚未生效且该等案件亦未达成生效的和解协议或该等和解协议确定的分期还款进度迟于2022年4月30日。

如天马股份在司法裁判未出具或未生效之前与债权人达成和解协议,其和解金额视为徐州睦德的代偿义务额。如天马股份在司法裁判生效后与债权人达成和解协议,其和解金额视为徐州睦德的代偿义务额。

如前款约定和解协议存在后续变更、补充的情形,则始终以在后的和解协议约定的和解金额为前款约定的代偿义务额。

如天马股份达成的和解协议系分期付款,则于每个代偿日,就该分期付款的和解协议,徐州睦德的代偿义务额至少为天马股份于该代偿日应当履行该等和解协议的金额。

如徐州睦德依据生效司法裁判履行代偿义务后，天马股份与债权人达成任何和解或债务减免安排且导致天马股份应当履行的债务金额低于徐州睦德已经履行的代偿义务额的，就徐州睦德已经履行的代偿义务额与天马股份应当履行的债务金额的差额，于徐州睦德实际履行日等额扣减徐州睦德尚未履行的代偿义务额。如届时徐州睦德已足额履行完毕全部代偿义务，则与该等差额等额的资产或资金（天马股份有权选择以等额资产或资金的方式）应返还给徐州睦德。如天马股份因违反和解协议导致债权人申请执行生效司法裁判确定的偿付金额的，如此时徐州睦德已经按照和解协议足额履行代偿义务，则因天马股份违约导致债权人申请的债权高于徐州睦德的代偿义务的，徐州睦德不再承担代偿义务；如此时徐州睦德尚未按照和解协议足额履行代偿义务，则其代偿义务额从债权人申请债权的金额。

除上述变更外，徐州睦德作出的其他承诺保持不变。

（二十九）2020 年 8 月 27 日，步森股份放弃对天马股份债权的追偿权

2019 年 12 月，步森股份向德清中小企业金融公司偿还款项 30,000,000 元，并支付执行费用 86,547.86 元，依据法律规定及判决判定，步森股份就该等款项享有对天马股份的追偿权。2020 年 8 月 27 日，天马股份收到步森股份出具的《放弃追偿承诺函》，其承诺无条件、不可撤销地放弃因履行德清案项下的清偿责任而享有的对天马股份全部追偿权利或权益。

步森股份放弃对天马股份的追偿权将减少天马股份在德清案项下 30,000,000 元的偿还义务。鉴于徐州睦德已于 2020 年 4 月 27 日前按照德清案确定的给付义务足额代天马股份原控股股东和原实际控制人向天马股份偿还占用资金款项 42,346 万元，依据徐州睦德 2020 年 7 月 28 日向天马股份出具的《承诺函 4》及天马股份 2020 年第五次临时股东大会决议对该《承诺函 4》的批准，步森股份对天马股份放弃追偿的款项 30,086,547.86 元于徐州睦德实际履行日等额扣减其 30,000,000 元尚未履行的代偿义务额。

(三十)2021 年 4 月 20 日,天马股份披露原控股股东和实际控制人清偿资金占用

本次清偿金额包括:已确认为公司原控股股东喀什星河、原实际控制人及其关联方占用公司资金的金额及其孳息 599,871,319.20 元,徐州睦德主动预先就未来可能形成原控股股东、原实际控制人及其关联方占用公司资金履行代偿义务的金额及其孳息 76,744,832.88 元,合计金额 676,616,152.08 元。前述金额较预计交割日 2021 年 3 月 31 日的应偿还资金占用金额及其孳息多出约 166.81 万元,该差额为预计交割日 2021 年 3 月 31 日至实际交割日 2021 年 4 月 16 日期间的孳息。具体情况如下:

1. 关于本次应当偿还的资金占用

截至 2021 年 4 月 16 日,承诺人尚未偿还的已确认为资金占用的金额及其孳息为 599,871,319.20 元,其中归属于天马股份的占用款项及其孳息为 533,554,469.89 元,归属于喀什耀灼的占用款项及其孳息为 66,316,849.31 元。

2. 关于预先清偿的资金占用

截至 2021 年 4 月 20 日,天马股份尚有 2 起违规借款类案件未取得生效司法裁判,具体为深圳前海汇能金融控股集团有限公司与天马股份、徐某栋等民间借贷纠纷案(以下简称前海汇能案)及向某军与天马股份、徐某栋、喀什星河民间借贷纠纷案(以下简称向某军案)。天马股份在前述案件的一审判决中均已败诉,并已提起上诉。根据在先承诺的约定和法律安排,前海汇能案和向某军案一审判决书尚未生效,尚未形成喀什星河、徐某栋对天马股份的资金占用额。但鉴于二审维持一审判决的可能性极大,前海汇能案和向某军案的败诉金额很可能形成未来的资金占用额。基于此,徐州睦德愿意向天马股份预先履行可能的资金占用金额的代偿义务。

(三十一)2021 年 4 月 26 日,天马股份 2020 年度财务报告被出具无保留意见的审计报告

2021 年 4 月 26 日,中兴财光华对天马股份 2020 年度财务报告出具了无保留意见的审计报告。

(三十二)2021年5月6日,天马股份申请撤销退市风险警示

鉴于天马股份2017年度无法表示意见的审计报告所涉事项的影响业已消除,天马股份2020年度经审计的扣除非经常性损益前后的净利润均为正值,且公司不触及暂停上市情形,亦不存在其他需要实行退市风险警示的情形,2021年4月26日,天马股份董事会审议通过《关于申请撤销退市风险警示但仍存其他风险警示的议案》,同意向深交所申请撤销退市风险警示。

后续,天马股份关于撤销公司股票交易退市风险警示的申请获得深交所审核同意。天马股份股票于2021年6月16日(星期三)开市起撤销退市风险警示。

由于天马股份前期存在的主要银行账户被冻结、违规对外担保等情形尚未完全消除,根据《深交所股票上市规则》(2020年修订)中有关其他风险警示的情形的规定,天马股份股票自2021年6月16日开市起撤销退市风险警示后继续被实施"其他风险警示"。

(三十三)2022年3月23日,天马股份收到徐州睦德出具的《承诺函5》

2022年3月23日,天马股份收到承诺人徐州睦德出具的《承诺函5》。天马股份第七届董事会第二十四次临时会议、第七届监事会第十六次临时会议和2022年第二次临时股东大会审议通过了该事项。

1. 变更内容

《承诺函4》原内容:

就因违规担保案件的生效司法裁判确定的还款义务,徐州睦德保证于该等司法裁判生效日所在会计年度终了之日起4个月内履行足额代偿义务,但最后一笔(一期)代偿义务的履行不迟于2022年4月30日,除非截至2022年4月30日,某个或数个诉讼或仲裁案件的司法裁判尚未出具或尚未生效且该等案件亦未达成生效的和解协议或该等和解协议确定的分期还款进度迟于2022年4月30日。

《承诺函5》变更为:

就因违规担保案件的生效司法裁判确定的还款义务,如生效司法裁判判定

天马股份负有给付义务，则对于天马股份实际向债权人清偿（包括但不限于天马股份主动向债权人清偿或被人民法院通过执行划扣天马股份资金、拍卖天马股份资产等方式的清偿或天马股份履行人民法院出具的相关偿债裁定的清偿）的相应金额，承诺人保证于天马股份按照生效司法判决确定的条件和范围实际清偿日之后120日内履行足额代偿义务。前述清偿日包括天马股份主动清偿的清偿日，也包括人民法院执行扣划天马股份款项的扣划日或拍卖天马股份资产的拍卖成交确认日或天马股份履行人民法院出具的相关偿债裁定的履行完毕日。但最后一笔（一期）代偿义务的履行不迟于2024年12月31日，除非截至2024年12月31日，某个或数个违规担保诉讼（仲裁）案件尚未取得生效司法裁判。

前款所称最后一笔（一期）代偿义务额系指截至2024年12月31日，天马股份已决违规担保案件的最大可能偿付额扣减天马股份已经实际发生且徐州睦德已经足额代偿的天马股份实际损失额的差额。

2.《承诺函5》新增承诺的相关内容

为保证喀什星河足额履行因天马股份败诉的违规担保案件给天马股份造成的实际损失的清偿义务，徐州睦德承诺向天马股份增加提供担保，具体而言：

（1）该等担保债权人为天马股份，债务人为喀什星河，担保人为徐州睦德。

（2）该等担保的主债权合同为在先承诺、《承诺函4》和《承诺函5》，主债权金额为[天马股份现有已决违规担保败诉案件的最大偿付额及天马股份现时存在或未来新增的未决违规担保案件的假设败诉最大偿付额之和]扣减[喀什星河和徐某栋就现时或未来已决违规担保败诉案件已向天马股份履行的偿付金额、徐州睦德就现时或未来已决违规担保败诉案件导致天马股份实际损失已向天马股份履行的代偿金额和截至本承诺函出具日徐州睦德留存天马股份的预先代偿义务额及未来可能产生的预先代偿义务额之和]的差额。

（3）担保方式为股权质押担保，质押股权为徐州睦德全资持有的徐州智者山科技信息咨询有限公司（以下简称徐州智者山）的一定比例的股权。徐州睦德承诺提供担保的担保物（包括但不限于质押股权）的价值不低于主债权金额的120%。

于担保期限内的每年4月30日或之前（2022年度除外），徐州睦德将与天马股份确认剩余主债权金额，并提供质物和/或抵押物最近基准日的评估报告以确定徐州睦德提供担保的质物和/或抵押物的价值是否持续符合不低于主债权金额的120%的规定。如低于该等规定,徐州睦德将在当年6月30日前追加提供担保物,以符合该等规定。就本次提供担保的首次质押股权的评估报告,徐州睦德将不迟于2022年4月11日向天马股份提供。

(4)担保期限:担保合同生效之日起至主债务履行期限届满日后3年。

(5)在天马股份股东大会批准本承诺函后1个月内,徐州睦德将按照天马股份提供的版本与天马股份签署相关股权质押合同,配合并促使徐州智者山配合天马股份办理质权设立登记法律手续。

基于此,徐州睦德同意,天马股份后续因违规担保案件承担赔偿责任发生实际损失的,在天马股份承担赔偿责任发生实际损失的当日,天马股份可直接在徐州睦德留存在天马股份的预先代偿金额5665.447,654万元中自行扣减,无须另行取得徐州睦德的同意,且徐州睦德保证就该等扣减事宜配合天马股份签署一切必要的法律文件。

在徐州睦德留存在天马股份的预先代偿额度扣减完毕后,徐州睦德将按照《承诺函5》的约定履行天马股份因败诉违规担保案件导致的实际损失的代偿义务(除非喀什星河和徐某栋及其关联方履行了该等义务),如截至天马股份任何一次实际损失发生后的第120日(含当日),徐州睦德仍未履行该次应当代偿的义务,天马股份有权向徐州睦德追索。同时,徐州睦德每延迟一日,按照应付未付金额的3‰的标准向天马股份支付违约金。

(三十四)2022年4月6日,天马股份被债权人申请预重整

2022年4月6日,天马股份收到衢州市中级人民法院(以下简称衢州中院)送达的(2022)浙08民诉前调1号通知书,徐州允智网络科技有限公司(以下简称徐州允智)以天马股份不能清偿到期债务且已经明显缺乏清偿能力,但仍具备重整价值为由,向衢州中院提出对天马股份进行预重整的申请。

(三十五)2022年4月19日,衢州中院决定对天马股份的预重整进行登记

2022年4月19日,天马股份收到衢州中院出具的(2022)浙08民诉前调1号之一通知书,衢州中院决定对天马股份的预重整进行登记。

(三十六)2022年4月28日,天马股份2021年度财务报告被出具带“持续经营重大不确定性”段落的无保留意见的审计报告

2022年4月28日,中兴财光华对天马股份2020年度财务报告2021年度财务报告出具了带“持续经营重大不确定性”段落的无保留意见审计报告,与持续经营相关的重大不确定性的内容如下:

天马股份2021年发生净亏损70,089.86万元,且于2021年12月31日,天马股份流动负债高于流动资产153,494.96万元;天马股份因违规借款、违规担保、证券虚假陈述索赔等事项发生多起诉讼,涉及金额较大,诉讼结果具有不确定性;五项债务未按和解协议约定偿还,三项债务已终审判决但尚未偿还,截至2021年12月31日,上述八项债务余额合计为198,148.28万元,多个银行账户被冻结,可能导致大额现金流出及偿债风险,对天马股份营运资金构成较大影响。

天马股份于2022年4月6日收到法院送达的(2022)浙08民诉前调1号通知书,申请人徐州允智以天马股份不能清偿到期债务且已经明显缺乏清偿能力,但仍具备重整价值为由,向法院申请对天马股份进行预重整。2022年4月19日,天马股份收到法院送达的(2022)浙08民诉前调1号之一通知书,决定对公司预重整进行登记。天马股份后期能否进入重整程序以及重整计划能否顺利通过并执行完毕尚具有重大不确定性,存在在法院正式受理重整申请后因重整失败而被宣告破产清算和终止上市的风险。

上述情况表明天马股份存在可能导致对其持续经营能力产生重大疑虑的重大不确定性。

(三十七)2022年4月28日,会计师事务所出具的专项报告中显示原有资金占用问题已解决

2022年4月28日,中兴财光华出具《关于天马轴承集团股份有限公司2021年度非经营性资金占用及其他关联资金往来情况的专项说明》,该专项说明显示天马股份现大股东及前大股东在2021年期末资金占用余额为0。

(三十八)2022 年 6 月 22 日,天马股份被债权人申请重整

2022 年 6 月 22 日,徐州允智以天马股份不能清偿到期债务且已经明显缺乏清偿能力,但仍具备重整价值为由,向衢州中院提出对天马股份进行重整的申请。

(三十九)2022 年 9 月 3 日,天马股份公开招募投资人

2022 年 9 月 3 日,天马股份及预重整管理人向社会公开招募投资人。

在规定的报名期内,衢州智造祈爵企业管理合伙企业(有限合伙)(以下简称智造祈爵)和博厚明久(衢州)企业管理咨询合伙企业(有限合伙)(以下简称博厚明久)组成的联合体向天马股份预重整管理人足额缴纳了报名保证金人民币6000 万元并提交了重整投资方案,未有其他意向投资人提交报名材料及缴纳报名保证金。

天马股份因违规借款、违规担保尚有未决诉讼,后续不排除可能因该等诉讼败诉而需要承担一定的赔付责任,从而对天马股份造成或有损失(具体可参考已发布的上市公司公告),为解决上述事项:

1. 智造祈爵及博厚明久在报名期内共同向公司出具《承诺函》

若法院裁定受理天马股份重整且承诺人(智造祈爵及博厚明久,下同)经由招募遴选程序被确定为天马股份重整投资人,就天马股份的或有损失高于徐州睦德留存的预先代偿金额(人民币 56,194,405.64 元)的部分,其自愿无条件在重整程序中负责解决。届时,重整管理人有权按照或有损失的最大损失值预留承诺人作为重整投资人受让的天马股份转增股票并予以提存保管。若未来天马股份需承担还款责任,则由重整管理人直接将该等股票过户给债权人以清偿债权;若未来天马股份无须承担还款责任,则由重整管理人将预留的股票过户至承诺人名下。

2. 控股股东四合聚力向公司出具《承诺函》

由于违规对外担保纠纷所涉的六个案件的诉讼、执行程序尚未终结,若天马股份全部败诉且承担全部责任,徐州睦德所提供的代偿保障与天马股份可能造成的最大损失之间存在一定差额。为保障天马股份重整程序的顺利推进,四合

聚力特向天马股份承诺如下：

若天马股份因违规对外担保纠纷所涉案件对其可能造成的损失经由以下方式仍未获得足额清偿，则（1）徐州睦德以其已向天马股份预先代偿的56,194,405.64元进行清偿；（2）天马股份的重整投资人以其提供的现金及/或受让的股票负责清偿；（3）徐州睦德以其前期提供的保障负责清偿或按照系列承诺函履行代偿义务；（4）喀什星河、徐某栋按照系列承诺函履行偿还义务，对于未足额清偿部分，承诺人愿意负责补足差额。

对于上述差额补足义务，承诺人将最晚于天马股份因上述案件造成的损失金额确定后1年内履行完毕。

（四十）2022年10月14日，天马股份重整投资人确定

2022年10月14日，在衢州中院的监督和见证下，重整投资人评审委员会对意向重整投资人进行了现场评审。根据评审投票结果，智造祈爵和博厚明久组成的联合体最终被确定为重整投资人。

（四十一）2022年10月30日，法院裁定受理天马股份破产重整申请暨天马股份股票交易将被实施退市风险警示

2022年10月30日，天马股份收到衢州中院送达的（2022）浙08破申19号民事裁定书，衢州中院裁定受理徐州允智对天马股份的破产重整申请。

因衢州中院依法裁定受理天马股份重整，根据《深交所股票上市规则》（2022年修订）的相关规定，天马股份股票自2022年11月2日开市起被实施退市风险警示。

（四十二）2022年11月4日，天马股份签署重整投资协议及协议书

2022年11月4日，天马股份及其管理人与重整投资人智造祈爵和博厚明久署了重整投资协议。同时，为解决天马股份现存的未决违规事项，前述主体与天马股份控股股东四合聚力共同签署了协议书。

1. 重整投资协议主要条款

重整投资人愿意以总额419,300,000元的重整对价款有条件受让取得天马

股份资本公积转增的 419,300,000 股股票,其中智造祈爵受让 220,000,000 股股票,博厚明久受让 199,300,000 股股票。重整投资人受让股票的条件包括:

(1)重整投资人应当自本协议签订后 15 日内向管理人账户支付受让股票的重整对价款 419,300,000 元,其中智造祈爵支付 220,000,000 元,博厚明久支付 199,300,000 元。如清偿债权后仍存有余额,则用于补充天马股份流动资金。

(2)衢州中院裁定批准天马股份重整计划后,重整投资人承诺利用其自身优势为天马股份提供产业资源和金融服务等支持,并按照重整计划中经营方案的规定全面履行相应的义务,提升天马股份质量。

(3)为保证天马股份在重整完成后能够长期稳定地发展,重整投资人承诺自取得转增股票之日起 12 个月内不转让其所持有的天马股份股票。

2. 为解决天马股份现存的未决违规事项而签署的四方协议书

(1)或有损失的解决

①各方同意,就天马股份的或有损失,优先由徐州睦德以其留存的预先代偿金额(人民币 56,194,405.64 元)解决。

②就天马股份的或有损失高于徐州睦德留存的预先代偿金额(人民币 56,194,405.64 元)的部分,四合聚力自愿以其持有的 11,000,000.00 股天马股份股票负责解决。在天马股份的重整计划获得法院裁定批准后 5 个工作日内,四合聚力应配合将前述股票过户至天马股份破产企业财产处置专有账户。若未来天马股份需承担还款责任,则由管理人直接将该等股票过户给债权人以清偿债权;若未来天马股份无须承担还款责任,则由管理人将相应的股票归还过户至四合聚力名下。

③或有损失通过上述方式无法全部解决的,重整投资人自愿以其作为重整投资人受让的天马股份转增股票解决剩余的或有损失。在天马股份的重整计划获得法院裁定批准后,管理人有权按照或有损失的最大损失余值(按照或有事项的最大损失预计值扣除徐州睦德留存的预先代偿金额及四合聚力以 11,000,000.00 股天马股份股票解决的损失后的余值)预留重整投资人受让的天马股份转增股票并予以提存保管。若未来天马股份需承担还款责任,则由管理人直接将该等股票过户给债权人以清偿债权;若未来天马股份无须承担还款责任,则由管理人将预留的股票过户至重整投资人名下。重整投资人同意,如最终

发生的损失超出前述最大损失预计值，即预留重整投资人的股票不足以解决超出部分的或有损失，由重整投资人继续负责补足。

④重整投资人、四合聚力为解决违规事项对天马股份可能造成的损失而出具的《承诺函》继续有效，《承诺函》的内容与本协议的约定不一致的，以本协议为准。

(2)关于董事提名权放弃及不谋求控制权承诺

为维护天马股份控股权的稳定，保障天马股份通过重整重回良性发展轨道后的持续健康稳定发展，重整投资人承诺，于天马股份的股票登记至重整投资人名下之日起36个月内，重整投资人自愿放弃对天马股份董事会的董事提名权，且不会以谋求天马股份实际控制权为目的直接或间接增持天马股份股份，不会以所持有的天马股份股份单独或共同谋求天马股份的实际控制权，亦不会以委托、征集投票权、协议、联合其他股东以及其他任何方式单独或共同谋求天马股份的实际控制权。

同日，太平洋证券股份有限公司还对重整投资人受让资本公积转增股份价格的公允性出具了专项意见。

(四十三)2022年11月11日，天马股份披露重整计划草案之出资人权益调整方案

1. 出资人权益调整方案

(1)资本公积转增股票

天马股份现有总股本1,218,807,125股。以天马股份现有总股本为基数，按每10股转增约6.28股的比例实施资本公积转增股票，共计转增765,200,000股股票，总股本由1,218,807,125股增至1,984,007,125股。前述转增股票不向原股东分配，全部按照本重整计划的规定进行分配和处理。其中：345,900,000股分配给天马股份的债权人用于清偿债务；419,300,000股由重整投资人有条件受让。重整投资人合计支付的重整投资款为人民币419,300,000.00元。

为保护全体股东及债权人的利益，自本重整计划执行完毕之日起24个月内，天马股份将不会在公开市场进行配售新股。

(2)重整投资人受让转增股票条件

重整投资人合计受让419,300,000股转增股票，受让条件为：①提供4.193

亿元资金用于支付重整费用、清偿债务、补充公司流动资金;②承诺本次受让的转增股票自登记至其名下之日起十二(12)个月内不减持;③利用其自身优势为上市公司提供产业资源和金融服务等支持,并按照重整计划中经营方案的规定全面履行相应的义务,提升上市公司质量。

2. 违规事项解决方案

若未来天马股份未决的违规担保、违规借款案件形成债权的,将按照普通债权的受偿方案予以清偿。对于上述六起案件的败诉对天马股份可能造成的最大损失金额中的56,194,405.64元债权,由偿债资源予以清偿,相关违规事项债权人受偿当日,天马股份可直接在徐州睦德留存在天马股份的预先代偿金额的净额范围内自行扣减,无须另行解决。剩余282,404,082.17元债权则由控股股东四合聚力、重整投资人提供31,636,304股股票予以清偿,不占用天马股份的偿债资源。其中:

(1)优先由四合聚力以其持有的11,000,000股天马股份股票负责解决。四合聚力保证对前述股票享有完全的所有权,并保证前述股票未被设置任何质押、未被冻结或存在其他第三方权利。在天马股份的重整计划获得法院裁定批准后5个工作日内,四合聚力应配合将前述股票过户至天马股份破产企业财产处置专有账户。若未来天马股份需承担还款责任,则由管理人直接将该等股票过户给债权人以清偿债权;若未来天马股份无须承担还款责任,则由管理人将相应的股票归还过户至四合聚力名下。

(2)对于在先行扣减徐州睦德留存的预先代偿金额及四合聚力以11,000,000股股票解决违规事项所形成的最大损失金额后仍不足的部分,由重整投资人以其受让的20,636,304股天马股份转增股票予以清偿。在天马股份的重整计划获得法院裁定批准后,管理人预留重整投资人受让的20,636,304股天马股份转增股票并予以提存保管。若未来天马股份需承担还款责任,则由管理人直接将该等股票过户给债权人以清偿债权;若未来天马股份无须承担还款责任,则由管理人将预留的股票过户至重整投资人名下。重整投资人同意,如最终发生的损失超出前述最大债权预计值,即预留重整投资人的股票不足以解决超出部分的债权,由重整投资人继续负责补足。

在重整计划执行完毕前,天马股份原控股股东喀什星河、原实际控制人徐某栋及徐州睦德共同或单独向天马股份出具的系列承诺函均继续有效。重整计划执行完毕后，徐州睦德向天马股份出具的系列承诺函无须继续履行。

（四十四）2022 年 12 月 5 日，天马股份第一次债权人会议、出资人组会议表决通过重整计划

2022 年 12 月 5 日，天马股份第一次债权人会议表决通过了重整计划草案；同日，天马股份出资人组会议表决通过了《天马轴承集团股份有限公司重整计划草案之出资人权益调整方案》。

2022 年 12 月 6 日，天马股份收到了衢州中院送达的（2022）浙 08 破 6 号民事裁定书，该裁定批准天马股份重整计划，并终止天马股份重整程序。

（四十五）2022 年 12 月 6 日，天马股份披露中小投资者证券虚假陈述赔偿纠纷进展情况

截至本次公告披露日，天马股份面临大量中小投资者提起的证券虚假陈述索赔，涉及金额合计约 2.90 亿元。除前述案件外，在浙江证券业协会和/或中证资本市场法律服务中心浙江工作站及天马股份重整管理人的组织调解下，有共计 249 人提起证券虚假陈述索赔的中小投资者与天马股份达成了调解，天马股份应付的调解金额合计为 23,720,096.43 元。

对此，天马股份预计在 2022 年度计提营业外支出 3.90 亿元至 4.50 亿元。

（四十六）2022 年 12 月 29 日，衢州中院确认天马股份重整计划执行完毕

2022 年 12 月 29 日，天马股份收到衢州中院送达的民事裁定书［（2022）浙 08 破 6 号之二］，确认天马股份重整计划已执行完毕。

（四十七）2023 年 1 月 6 日，天马股份披露申请撤销退市风险警示暨继续实施其他风险警示

因天马股份重整计划执行完毕，2023 年 1 月 5 日，天马股份召开了第七届董事会第三十次临时会议，此次会议审议通过了《关于申请撤销退市风险警示并继续实施其他风险警示的议案》，并向深交所提交了对公司股票交易撤销退市风险

警示的申请。

2023年1月6日,深交所审核同意天马股份撤销退市风险警示的申请,撤销退市风险警示的起始日为2023年1月10日。由于天马股份仍存在主要银行账户被冻结、违规对外担保及原控股股东及关联人违规占用上市公司资金等严重情形,天马股份股票将继续被实施“其他风险警示”。

(四十八)2023年2月1日,天马股份披露资金占用及违规担保等事项已全部解决

1. 关于公司资金占用及违规担保等事项的形成情况

(1)已发生资金占用情况

根据中兴财光华审核的2017年度至2021年度非经营性资金占用及其他关联方往来情况的专项说明,以及《关于天马轴承集团股份有限公司大股东及其附属企业非经营性资金占用解决情况专项审核报告》,天马股份2017年度及2018年1~4月期间以支付投资款项、预付采购款、商业实质存疑的交易和违规的关联交易、违规借款、违规担保和资金拆借等形式形成的资金占用(包含利息)合计334,295.90万元。其中:

天马股份2019年4月召开的董事会审议认定的相关事项产生的公司原控股股东和原实际控制人及其关联方资金占用金额被称为Ⅰ类资金。当时天马股份认定的此类资金占用金额为318,297.00万元,但后续随着部分违规担保案件的胜诉以及利息计算等原因,天马股份最终确认的Ⅰ类资金占用金额为290,305.80万元。

2017~2018年,天马股份存在的由喀什星河及其关联方以支付投资款项或资金往来等方式产生的资金占用,且在天马股份2019年4月董事会审议确认原控股股东和原实际控制人资金占用之前已解决的此类资金占用涉及的金额被称为Ⅱ类资金。该类资金占用金额合计43,990.10万元,已于天马股份2019年召开董事会认定相关资金占用金额前由原占用方以现金、债权债务抵销等方式偿还完毕。

（2）或有资金占用情况（见表2－3－3）

表2－3－3　天马股份或有资金占用情况

单位：万元

占用类别	相关案件	涉案本金	预计利息和诉讼费用（截至2022.10.30）	预估最大损失额合计
尚未取得终审判决的资金占用	深圳前海汇能金融控股集团有限公司等人的借款合同纠纷案	2500.00	2743.40	5243.40
	北京祥云小额贷款有限责任公司等人的借款合同纠纷案	7000.00	8524.80	15,524.80
合计		9500.00	11,268.20	20,768.20

（3）违规担保情况

①已全部解除了公司担保责任的具体案件情况（见表2－3－4）

表2－3－4　天马股份全部担保责任已解除的案件情况

单位：万元

被担保方	主债务金额	解决情况
杭州××投资有限公司	6000	2019.11.7发布2019－151号公告，浙江省高级人民法院二审判决天马股份不承担担保责任
徽弘××保理（深圳）有限公司	3000	2020.9.29发布2020－122号公告，北京市第三中级人民法院二审判决天马股份不承担担保责任
深圳市××财富投资管理有限公司	4000	2021.4.10发布2021－026号公告，深圳中院裁定驳回深圳市信融财富投资管理有限公司申请，天马股份不承担担保责任
李某某	3000	2019.4.4天马股份发布2019－058号公告，债务已由主债务人原控股股东之关联方清偿，天马股份的担保责任已解除

②公司可能承担责任的或有违规担保案件情况（见表2－3－5）

表2－3－5　天马股份可能承担责任的或有违规担保案件情况

单位：万元

占用类别	相关案件	涉案本金	预计利息（截至2022.10.30）	预估最大损失额
暂未确认最终损失的违规担保事项	北京××房地产开发集团有限公司案	5760.00	6292.86	12,052.86
	诸某某违规对外担保纠纷案	390.00	176.73	566.73
	张某某违规对外担保纠纷案	120.00	51.66	171.66
	李某某违规对外担保纠纷案	210.00	90.40	300.40
合计		6480.00	6611.65	13,091.65

2. 关于公司资金占用及违规担保等事项的占用清偿情况

对于前述已确认金额的资金占用，天马股份已全部清偿完毕，合计清偿金额为334,295.90万元，具体情况如下：

(1)已确认金额的资金占用解决情况(见表2-3-6)

表2-3-6 天马股份已确认金额的资金占用解决情况

单位：万元

偿还时间	偿还方	偿还方式	消除资金占用额
2019年以前	喀什星河及其关联方	现金	42,515.10
	喀什星河及其关联方	债权债务抵销	1475.00
2019年	喀什星河及其关联方	债权债务抵销	4925.14
	喀什星河及其关联方	追认收购北京云纵股权交易	22,110.00
	徐州睦德	现金	42,380.90
	徐州睦德	代偿资产收购款	115,108.48
	小计		184,524.52
2020年	喀什星河及其关联方	代偿资产收购款	1500.00
	徐州睦德	现金	18,300.00
	徐州睦德	代偿资产收购款	22,546.00
	小计		42,346.00
2021年	徐州睦德	现金	34.53
	徐州睦德	代偿资产收购款	63,343.52
	小计		63,378.05
2022年	徐州睦德	代偿资产收购款	57.22
合计			334,295.90

按照偿还方式，天马股份各年度资金占用偿还情况(见表2-3-7)。

表2-3-7 天马股份各年度资金占用偿还情况

单位：万元

偿还时间	现金	债权债务抵销	代偿资产收购款	追认收购北京云纵股权交易	小计
2019年以前	42,515.10	1475.00			43,990.10
2019年度	42,380.90	4925.14	115,108.48	22,110.00	184,524.52
2020年度	18,300.00		24,046.00		42,346.00
2021年度	34.53		63,343.52		63,378.05

续表

偿还时间	现金	债权债务抵销	代偿资产收购款	追认收购北京云纵股权交易	小计
2022 年度			57.22		57.22
合计	103,230.53	6400.14	202,555.22	22,110.00	334,295.89

（2）或有资金占用和违规担保的解决方案

根据重整计划第 2 条第 4 项的规定，若天马股份未决的违规担保、违规借款案件在未来形成债权，将按照普通债权的受偿方案予以清偿，即每家债权人 5 万元以下（含 5 万元）的债权部分，在重整计划获得法院裁定批准之日起 15 个工作日内依法以现金方式一次性清偿完毕；每家债权人 5 万元以上的债权部分以股票方式清偿，每 100 元普通债权分得约 11.2024952 股天马股份股票，该部分普通债权的清偿比例为 100%。

对于上述六起案件的败诉对天马股份可能造成的最大损失金额中的 56,194,405.64 元债权，由徐州睦德偿债资源予以清偿，相关违规事项债权人受偿当日，天马股份可直接在徐州睦德留存在天马股份的预先代偿金额的净额范围内自行扣减，无须另行解决；剩余的 282,404,082.17 元债权，由控股股东四合聚力、重整投资人提供 31,636,304 股股票予以清偿，不占用天马股份的偿债资源。

截至 2022 年 12 月 21 日，天马股份控股股东四合聚力已将其持有的 11,000,000 股天马股份股票过户至管理人指定的证券账户，重整投资人受让的 20,636,304 股天马股份转增股票已足额预留并由管理人予以提存保管。衢州中院已于 2022 年 12 月 28 日裁定确认天马股份重整计划执行完毕。

根据天马股份重整计划，针对上述 6 起案件，若天马股份最终须承担责任或上述案件给其造成实际损失的，则相关责任或损失由徐州睦德、天马股份控股股东四合聚力和重整投资人承担。鉴于重整计划已被裁定执行完毕，天马股份无须再针对上述案件计提预计负债，包括北京××房地产开发集团有限公司案。

综上所述，2019 年以来，天马股份通过债权债务抵销、追认收购股权交易、由徐州睦德代偿资产收购款以及偿还现金等方式消除了前述违规事项，其重整受理前确定的违规事项已全部解决。此外，天马股份现存的或有资金占用等违规事项的解决方案切实可行且具备法律效力，天马股份不再对上述违规事项承担任何担保责任或任何赔偿责任，其或有资金占用等违规事项已被解决。对此，中兴财光华于 2023 年 1 月 5 日出具了《关于天马轴承集团股份有限公司大股东及其附属企业非经营性资金占用解决情况专项审核报告》。

(四十九)2023 年 2 月 1 日,天马股份披露申请撤销公司股票交易其他风险警示

因天马股份资金占用及违规担保、主要银行账户被冻结的情形已消除,2023 年 1 月 30 日,天马股份召开了第七届董事会第三十二次临时会议,审议通过了《关于申请撤销其他风险警示的议案》,并向深交所提交了撤销公司股票交易其他风险警示的申请。

(五十)2023 年 2 月 9 日,天马股份披露重整计划实施完成后大股东的持股情况

由于天马股份总股本的变化,实施重整计划前天马股份其他大股东所持有的上市公司股份比例在重整计划实施完成后被动稀释,具体情况见表 2-3-8。

表 2-3-8　天马股份大股东持股情况

序号	股东名称	重整计划实施完成前		重整计划实施完成后	
		持股数量(股)	持股比例(%)	持股数量(股)	持股比例(%)
1	四合聚力信息科技集团有限公司	250,973,000	20.5917	239,973,000	12.0954
2	衢州智造祈爵企业管理合伙企业(有限合伙)	0	0	209,172,462	10.5429
3	博厚明久(衢州)企业管理咨询合伙企业(有限合伙)	0	0	189,491,234	9.5509
4	恒天融泽资产管理有限公司(代表恒天融泽嘉星系列私募投资基金)	0	0	181,932,794	9.1700
5	深圳市中奇信息产业投资咨询有限公司	52,443,552	4.3000	52,443,552	2.6400
	海南奇日升企业咨询股份有限公司	45,490,201	3.7300	45,490,201	2.2900
	深圳华创金盛投资咨询有限公司	28,000,000	2.3000	28,000,000	1.4100
	隋广义	2,988,222	0.2500	2,988,222	0.1500
	小计	128,921,975	10.5800	128,921,975	6.4900
6	霍尔果斯天马创业投资集团有限公司	99,096,361	8.1300	99,096,361	4.9900

二、合规问题事实的总结

（一）合规问题相关事实及其解决情况

2017 年至 2018 年 4 月，天马股份原控股股东和原实际控制人及其关联方以支付投资款项、预付采购款、商业实质存疑的交易和违规的关联交易、违规借款、违规担保和资金拆借等形式形成了对天马股份大额的资金占用，其中已发生资金占用 334,295.90 万元、或有资金占用 20,768.20 万元（预估的最大损失，共涉及 2 起案件）、或有违规担保 13,091.65 万元（预估的最大损失，共涉及 4 起案件）。

对于上述问题，天马股份原控股股东、原实际控制人及徐州睦德承诺将共同消除天马股份遭受的损失及或有损失，原控股股东、原实际控制人承担赔偿义务，徐州睦德承担代偿义务。其中，徐州睦德为天马股份 24.62% 流通股对应的股权质押借款的债权管理人湖北天乾和天马股份董事长武某飞共同出资设立的特殊目的公司。后续，对于前述已确认金额的 334,295.90 万元资金占用，原控股股东、原实际控制人及徐州睦德在 2019 年至 2022 年通过现金、债权债务抵销、代偿资产收购款、追认股权交易等方式予以清偿完毕。

对于前述或有资金占用和违规担保，债权人将按普通债权受偿方案受偿，其偿债资源由徐州睦德、天马股份现控股股东四合聚力、重整投资人无偿提供。具体而言，对于前述已经列明的 6 起资金占用和违规担保案件的败诉对天马股份可能造成的最大损失金额中的 5619.44 万元债权，由徐州睦德偿债资源予以清偿，剩余 28,240.41 万元债权，则由现控股股东四合聚力、重整投资人提供 31,636,304 股股票予以清偿。同时，对不足以解决超出部分的债权，重整投资人继续负责补足股票。

（二）控股股东及实际控制人变动情况

截至 2017 年 12 月 31 日天马股份合规问题披露前，天马股份控股股东为喀什星河，共持有公司股份 356,000,000 股，占公司股份总数的 29.97%，实际控制人为徐某栋，具体股权控制关系见图 2－3－2。

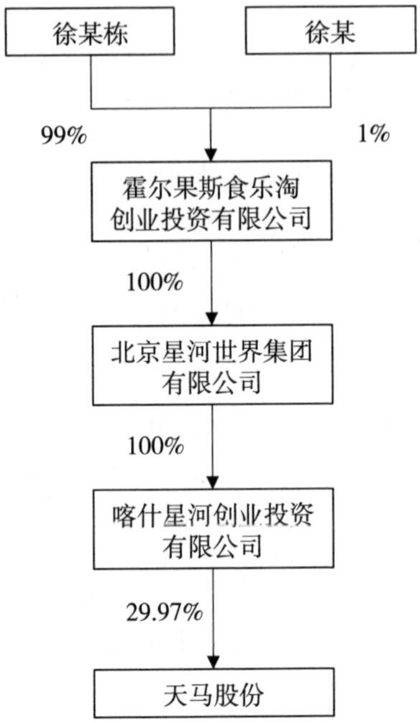

图 2－3－2　天马股份股权结构

2019 年 12 月 6 日,徐州乾顺承通过司法拍卖取得天马股份 25,097.30 万股股票,占天马股份总股本的 21.13%,成为天马股份的控股股东。2020 年 1 月 6 日,上述股票完成过户登记手续,具体持股变动情况见表 2－3－9。

表 2－3－9　天马股份控股股东及实际控制人变动情况

股东名称	本次权益变动前持股情况		本次权益变动后持股情况	
	持股数量(股)	持股比例	持股数量(股)	持股比例
喀什星河	356,000,000	29.97%	105,027,000	8.84%
徐州乾顺承	0	0	250,973,000	21.13%

后续,天马股份原控股股东喀什星河因自身债务原因发生被动减持,具体持股变动情况见表 2－3－10。

表 2－3－10　天马股份控股股东及实际控制人变动情况

股东名称	减持方式	减持期间	减持均价（元/股）	减持股数（股）	减持比例	减持原因
喀什星河	司法拍卖	2020. 10. 26	2. 2	30, 000, 000	2. 53%	股票质押式回购交易业务违约纠纷
	司法拍卖	2020. 12. 26	2. 19	11, 527, 000	0. 97%	股票质押式回购交易业务违约纠纷
	集中竞价	2021. 1. 4 ~ 7. 3	—	20, 662, 300	1. 72%	股票质押式回购交易业务违约纠纷

上述减持完成后，喀什星河持有天马股份的股份数量为 42, 837, 700 股，占天马股份总股本的比例为 3. 56%。后续，因喀什星河不再为天马股份持股 5% 以上的股东，我们无法再获悉喀什星河减持的具体情况。但我们查询到，截至 2023 年 6 月 30 日，喀什星河持有天马股份的股份数量为 31, 750, 000 股，占天马股份总股本的比例为 1. 59%。

（三）上市公司经营情况

在喀什星河控股天马股份期间，天马股份仅在收购完成的第一年，也即 2017 年实现过业绩的增长，其后天马股份业绩连续下滑，但在 2020 年为避免暂停退市而实现了盈利。天马股份具体经营情况见表 2－3－11。

表 2－3－11　天马股份经营情况

单位：万元

科目	2022 年 1 ~ 9 月	2021 年	2020 年	2019 年	2018 年	2017 年
营业收入	20, 610. 48	83, 765. 25	72, 174. 33	117, 922. 28	187, 128. 75	253, 750. 79
归属于上市公司股东的净利润	－9004. 97	－72, 749. 48	15, 996. 49	－165, 401. 55	－63, 497. 55	5209. 16
归属于上市公司股东的扣除非经常性损益的净利润	－6154. 04	4981. 75	2121. 03	－138, 773. 36	－59, 208. 94	－36, 076. 68
经营活动产生的现金流量净额	—	7450. 43	7124. 84	－1376. 23	－6736. 08	8060. 23
总资产	410, 221. 02	413, 023. 13	444, 276. 85	462, 734. 06	778, 760. 95	860, 227. 95

续表

科目	2022年1~9月	2021年	2020年	2019年	2018年	2017年
归属于上市公司股东的净资产	45,368.39	73,515.39	160,096.36	155,462.49	321,096.46	385,430.76

（四）年度审计报告意见类型（见表2-3-12）

表2-3-12　天马股份年度审计报告意见类型

时间	重大事件
2018.4.27	普华永道对天马股份2017年度财务报告出具了无法表示意见的审计报告
2019.4.28	中兴财光华对天马股份2018年度财务报告出具了带“与持续经营相关的重大不确定性和强调事项”段的无保留意见审计报告
2020.4.28	中兴财光华对天马股份2019年度财务报告出具了带“持续经营重大不确定性”段落的无保留意见审计报告
2021.4.26	中兴财光华对天马股份2020年度财务报告出具了无保留意见的审计报告
2022.4.28	天马股份2021年度财务报告被出具“带持续经营重大不确定性”段落的无保留意见审计报告

（五）监管机构关注情况

在天马股份披露其存在未入账借款和违规担保的情形后，深交所第一时间下发了关注函，要求天马股份披露上述事项未及时披露的原因，控股股东提出的解决措施和具体时间安排，以及存在其他疑似关联方占用资金的可能性。随后，在徐州睦德代偿过程中，深交所亦时刻关注承诺的履行情况。同时，如清偿资金占用过程中涉及资产收购，深交所还将关注资产收购的合理性。

（六）重整程序推进情况（见表2-3-13）

表2-3-13　天马股份重整程序推进情况

时间	重大事件
2022.4.6	债权人以天马股份不能清偿到期债务且已经明显缺乏清偿能力，但仍具备重整价值为由，向衢州中院提出对天马股份进行预重整的申请
2022.4.19	衢州中院决定对天马股份的预重整进行登记
2022.6.22	债权人以天马股份不能清偿到期债务且已经明显缺乏清偿能力，但仍具备重整价值为由，向衢州中院提出对天马股份进行重整的申请

续表

时间	重大事件
2022. 9. 3	天马股份及预重整管理人向社会公开招募投资人
2022. 10. 14	重整投资人评审委员会确定智造祈爵和博厚明久组成的联合体为重整投资人
2022. 10. 30	衢州中院裁定受理债权人对天马股份的重整申请
2022. 11. 4	天马股份及管理人与重整投资人智造祈爵和博厚明久签署重整投资协议
2022. 12. 5	天马股份第一次债权人会议表决通过了天马股份重整计划草案;出资人组会议表决通过了天马股份重整计划草案之出资人权益调整方案
2022. 12. 6	衢州中院裁定批准重整计划,并终止天马股份重整程序
2022. 12. 29	衢州中院裁定确认天马股份重整计划执行完毕

(七)法律责任承担情况

1. 自律监管责任

2019 年 7 月 3 日,因天马股份存在非经营性资金占用、违规对外提供担保、2017 年度财务报告被出具无法表示意见的审计报告等事项,天马股份、控股股东喀什星河、实际控制人兼董事时任董事长,董事时任董事长,时任董事兼总经理被深交所给予公开谴责的处分。同时,上述人员还被认定五年内不适合担任上市公司董事、监事、高级管理人员。

2. 行政责任

2018 年 4 月 27 日,因天马股份及其实际控制人涉嫌违反《证券法》等有关法律法规,中国证监局决定对其立案调查。

2019 年 11 月 6 日,因天马股份未按规定披露其与实际控制人及其控制的企业非经营性占用资金及关联交易的情况、为其实际控制人控制的企业借款担保 2 亿元等事项,天马股份及其实际控制人、董事、高级管理人员受到责令改正、警告、罚款等行政处罚。同时,因天马股份涉及多项信息披露违法行为情节严重,中国证监会决定对天马股份实际控制人采取终身市场禁入措施,对相关董事、高级管理人员采取 3 年市场禁入措施。

3. 民事责任

截至 2022 年 12 月 6 日,天马股份面临大量中小投资者提起的证券虚假陈述索赔,涉及金额合计约 2. 9 亿元。除前述案件外,还有大量中小投资者已向中国投资者网在线调解平台提交了索赔及调解申请。对此,天马股份预计在 2022 年度计提营业外支出为 3.90 亿~4.50 亿元。

除上述相关责任外,我们未查询到天马股份及其原控股股东等相关方被追究刑事责任的信息。

(八)合规问题解决时间轴

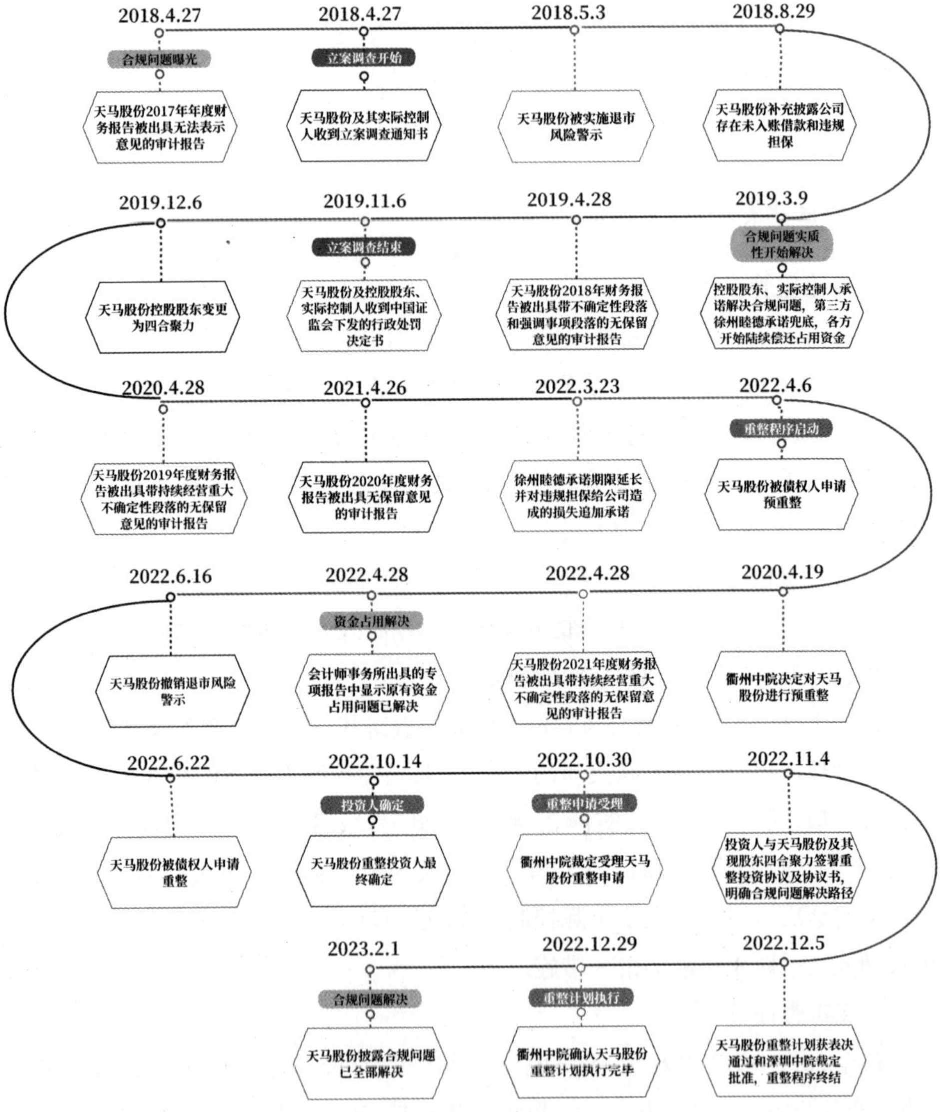

图 2-3-3 天马股份合规问题解决时间轴

三、合规问题发生的原因

天马股份原控股股东与实际控制人在2017年及2018年1～4月控制公司期间，以支付投资款项、预付采购款、商业实质存疑的交易以及违规的关联交易、违规借款、违规担保、资金拆借等形式形成了资金占用。上述资金占用的产生与原控股股东及实际控制人此前的杠杆收购和自身债务的“暴雷”息息相关。

（一）杠杆收购导致资金短缺

2016年，天马股份原实际控制人在两个月内豪掷40亿元先后收购了两家上市公司——步森股份、天马股份。但是上述资金，并非来源于原实际控制人及控股股东。在收购天马股份的29.37亿中，虽然喀什星河一开始披露其中的15.5亿元来源于母公司的借款，但其实际上来源于信托借款；剩下的13.87亿元则来自喀什星河向北京恒天财富投资管理有限公司（以下简称恒天财富）转让其所持有的星河互联集团有限公司30%股权的收益权所得。该次融资成本极高，日利率为0.15%，换算成年利率，则高达54%。在收购天马股份完成的当天，喀什星河即将其持有天马股份的82%的股份质押给天风证券，用质押款来偿还恒天财富的借款；而后，喀什星河又将剩余的18%股份质押给恒天财富。也就是说，喀什星河所持有的全部天马股份均已被质押。其结果是，原实际控制人和控股股东资金短缺，在质押到期时没有足够的资金赎回，最终于2018年5月被确认违约。

（二）实际控制人主动套现

此外，除上述杠杆收购导致的资金短缺外，该合规问题也与控股股东及实际控制人主动在上市公司进行套现相关。而套现的目的可能与实际控制人控制的其他业务有关。据公开报道，原实际控制人还控股一个P2P公司，该公司在2018年6月“暴雷”。随后，原实际控制人失联，其控制的公司也“人去楼空”。

（三）内部控制制度存在严重缺陷

天马股份原控股股东及实际控制人从上市公司套走巨额资金实际仅花费了

不到一年的时间,这与天马股份内部控制制度存在严重缺陷息息相关。例如,原实际控制人在控制天马股份期间身兼数职(董事长、财务总监、董事会秘书、审计委员会委员),天马股份内部缺乏制衡机制,为原实际控制人的行为创造了极大的便利。又如,天马股份时任董监高的长期缺位,未充分勤勉尽责,未能对原实际控制人的相关行为进行有效监管。

四、合规问题产生的影响

(一)上市公司层面

1. 法律责任的承担

(1)纪律处分

由于天马股份存在控股股东、实际控制人及关联方非经营性资金占用、以上市公司名义对关联方提供担保未履行审批程序的情形,且未及时履行信息披露义务,天马股份相关董事、高级管理人未能恪尽职守、履行诚信勤勉义务,对上述违规行为负有责任,违反《深交所股票上市规则》《深交所中小企业板上市公司规范运作指引》的相关规定,深交所决定对天马股份给予公开谴责的处分,对天马股份相关责任人员给予公开谴责和公开认定5年内不适合担任上市公司董监高的处分。

(2)行政处罚

由于天马股份未及时披露与实际控制人及其控制的企业非经营性占用资金及关联交易相关的情况,未及时披露为实际控制人控制的企业借款提供担保,且天马股份董事、高级管理人员知悉并审批了上述行为,对上述行为负有责任,违反《证券法》相关规定,中国证监会决定对天马股份采取责令改正、给予警告,并处以60万元罚款的行政处罚,对相关责任人员给予警告和罚款,并采取3年市场禁入措施。

(3)民事赔偿

根据《证券法》《虚假陈述规定(新)》等相关规定,上市公司因其虚假陈述给投资人造成损失的,承担民事赔偿责任。在本案中,天马股份作为信息披露人构成虚假陈述已经在中国证监会的行政处罚决定书中得到了确认,投资人有权提起证券虚假陈述责任之诉,在因果关系、损失等得以证明后,其诉讼请求存在得到支持的可能。天马股份因此面临大量中小投资者提起的证券虚假陈述索赔,并计提了营业外支出 3.90 亿 ~4.50 亿元。

2. 资本市场运作受限

根据《16 号文》的相关规定,上市公司存在违规占用资金行为的,自发现起 12 个月内中国证监会不受理其再融资申请。因此,天马股份将因违规占用资金行为在 12 个月内无法进行配股、公开增发、非公开发行、可转换公司债券、优先股、公司债券、企业资产证券化等一系列资本市场运作,融资能力将进一步受限。

(二)控股股东层面

1. 合规问题的限期解决

根据《关于进一步提高上市公司质量的意见》的相关规定,对已形成的合规问题,控股股东要限期予以清偿或化解。天马股份原控股股东喀什星河和原实际控制人及其关联方形成了对公司的大额资金占用,其中已发生资金占用 334,295.90 万元、或有资金占用 20,768.20 万元(预估的最大损失,共涉及 2 起案件)、或有违规担保 13,091.65 万元(预估的最大损失,共涉及 4 起案件)。对此,控股股东需要尽快予以解决。

2. 法律责任的承担

(1)纪律处分

由于天马股份控股股东、实际控制人对天马股份非经营性资金占用和违规担保未及时履行信息披露义务负有责任,违反了《深交所股票上市规则》《深交所中小企业板上市公司规范运作指引》的相关规定,深交所决定对天马股份控股股东、实际控制人给予公开谴责的处分。

(2)行政处罚

由于天马股份实际控制人指使他人实施非经营性占用天马股份资金、利用天马股份为其控制的企业担保,是对天马股份违法行为直接负责的主管人员,违反了《证券法》的相关规定,中国证监会决定对天马股份实际控制人给予警告,并处以 90 万元的罚款,其中,作为直接负责的主管人员罚款 30 万元,作为实际控制人的人员罚款 60 万元。同时,天马股份实际控制人还被采取终身市场禁入措施。

(3)民事赔偿

在本案中,天马股份控股股东因违规占用资金而面临双重赔偿责任。一是根据《虚假陈述规定(新)》的相关规定,控股股东操纵上市公司违反证券法律规定,致使投资人在证券交易中遭受损失的,投资人有权要求控股股东承担赔偿责任;二是根据《公司法》的相关规定,在上市公司履行赔偿责任后,上市公司有权要求控股股东对其给上市公司造成的损失承担赔偿责任。

五、合规问题以外的困境

考虑到天马股份原控股股东实际并未采取主动措施尝试对合规问题进行解决,且其股份早已被拍卖,原实际控制人也已失联,整个合规问题的解决主要是在徐州睦德的主导下进行的,在后文分析的重点上,我们将不以原控股股东为主。

(一)资产负债结构不合理

截至2022年6月30日天马股份被申请重整时,其合并口径资产总计为41.11亿元,合并口径负债总计为33.56亿元,合并净资产为7.56亿元,资产负债率约81.63%。上述资产中的流动资产为15.77亿元、非流动资产为25.34亿元,而流动资产中的应收账款为1.36亿元、其他应收款为1.29亿元、存货为5.78亿元;上述负债中的流动性负债为31.50亿元、非流动性负债为2.05亿元,流动负债中的短期借款为1.34亿元、应付账款为2.40亿元、合同负债为4.19亿元、其他应付款为20.60亿元(针对逾期借款计提的利息和违约金)。由此可见,天马股份流动负债规模远超流动资产规模。此外,天马股份受限资产合计约2.31亿元。该等不合理的资产负债结构导致天马股份难以通过资产的快速变现解决流动性危机。

(二)面临大量诉讼、仲裁案件

截至2022年6月30日天马股份被申请重整前,其重大诉讼仲裁案件的涉诉金额达21.55亿元,即使扣除因合规问题引发的诉讼,其涉诉金额也达17.84亿元,且其中有相当数量的因证券虚假诉讼引发的案件,涉诉金额约 2.90 亿元。自 2018 年 9 月起,天马股份的主要银行账户就已被冻结,并触发了其他风险警示,截至 2022 年 6 月 30 日,天马股份共计有 8 个银行账户(包括基本户)被冻结,合计冻结金额为 59.50 万元。此外,因诉讼事项,天马股份应收账款、子公司股权、房产等资产被查封、冻结。该等诉讼事项对天马股份日常的生产和经营造成了严重的影响。

(三)持续经营能力存在不确定性

此前,天马股份因 2018 年、2019 年净利润为负触发了退市风险警示。即使是在 2020 年短期实现扭亏为盈后,天马股份 2021 年也仍发生净亏损 7.01 亿元。同时,如前所述,天马股份流动负债远高于流动资产。天马股份因违规借款、违规担保、证券虚假陈述索赔等事项发生多起诉讼,涉及金额较大,诉讼结果具有不确定性。同时,天马股份部分债务未按和解协议或终审判决偿还。以上均可能导致天马股份大额现金流出及偿债风险,从而对天马股份营运资金构成较大影响。对此,会计师也在审计报告中表示了重大疑虑。

(四)股价闪崩并在低位徘徊

2017 年 12 月 18 日,天马股份的股价闪崩跌停。随后,天马股份以购买资产停牌至 2018 年 5 月 14 日。在复牌后,天马股份连续 30 天跌停,股价从 9.43 元/股跌至 1.88 元/股。之后,天马股份股价一直在低位徘徊,在其进入重整程序前,其股价曾一度跌至 1.18 元/股。

六、合规问题的解决方案

(一)方案的具体内容

1. 对于已确认发生的资金占用

对于资金占用和违规担保问题,原控股股东喀什星河、原实际控制人徐某栋和徐州睦德在 2019 年 3 月,承诺将共同消除天马股份遭受的损失及或有损失,原控股股东、原实际控制人承担赔偿义务,徐州睦德承担代偿义务。根据上述一系

列承诺,原控股股东、原实际控制人和徐州睦德已于 2019 ~ 2022 年按期清偿了资金占用金额,具体如下:

(1)现金清偿

对于已发生的资金占用,原控股股东喀什星河及其关联方和徐州睦德以现金方式偿还的金额约 103, 230. 54 万元, 其中: 2017 ~ 2018 年偿还金额约 42, 515. 10 万元; 2019 年偿还金额约 42, 380. 90 万元; 2020 年偿还金额 18, 300. 00 万元;2021 年偿还金额约 34. 53 万元。原控股股东喀什星河及其关联方的现金偿还发生在 2017 ~ 2018 年, 合计偿还了 42, 515. 10 万元; 剩余 60, 715. 43 万元现金全部来源于徐州睦德。之所以时间上有如此明显的区分,是因为据公开报道,2018 年 6 月,天马股份原实际控制人被曝失联,原控股股东及实际控制人实质上已丧失偿债能力。

(2)债权债务抵销

对于已发生的资金占用,原控股股东喀什星河及其关联方以债权债务抵销方式偿还的资金占用金额约 6400. 14 万元。

(3)代偿资产收购款

对于已发生的资金占用,原控股股东喀什星河及其关联方和徐州睦德以现金方式偿还的金额约 202, 555. 22 万元,其中:2019 年代偿金额约 115, 108. 48 万元;2020 年代偿金额 24, 046. 00 万元;2021 年代偿金额约 63, 343. 52 万元;2022 年代偿约 57. 22 万元。原控股股东喀什星河及其关联方代偿金额合计 1500. 00 万元,剩余 201, 055. 22 万元均为徐州睦德代偿。

(4)追认收购股权相关交易

对于已发生的资金占用,天马股份通过追认收购北京云纵股权交易消除资金占用金额 22, 110. 00 万元,偿还主体为喀什星河及其关联方。

2. 对于或有资金占用和违规担保

通过上述方式,原控股股东导致的已确认发生的非经营性关联资金占用 334, 295. 90 万元已全部得以清偿。但是除上述资金占用外,天马股份还有部分资金占用和违规担保因涉及诉讼尚无法短时间确认最终金额,预估最大损失为 33, 859. 84 万元。对于该等债权,天马股份在重整程序中将按照普通债权的受偿方案予以清偿,具体而言:每家债权人 5 万元以下(含 5 万元)的债权部分,在重整计划获得法院裁定批准之日起 15 个工作日内依法以现金方式一次性清偿完毕；每家债权人 5 万元以上的债权部分，以股票方式清偿，每 100 元普通债权分得约 11.2024952 股天马股份 A 股股票，该部分普通债权的清偿比例为 100%。此外，其清偿资源来源于徐州睦德、重整投资人和现控股股东，不占用天马股份资源。

(1)徐州睦德预留清偿资源

根据天马股份原控股股东喀什星河、原实际控制人徐某栋和徐州睦德出具的系列承诺，就资金占用和违规担保案件生效司法裁判确定的还款义务，天马股份原控股股东、原实际控制人和徐州睦德需要履行足额赔偿或代偿义务。对此，在天马股份进入重整程序时，徐州睦德留存了预先代偿金额 5619.44 万元，用于继续解决资金占用和违规担保问题。而该部分预先代偿金额形成的原因是天马股份与债权人达成和解等情形导致的天马股份应当履行的债务金额低于徐州睦德已经履行的代偿义务金额。

(2)现控股股东无偿提供股票

在扣减徐州睦德的留存资金后，天马股份还剩余 28,240.41 万元债权。对此，天马股份现控股股东四合聚力将向天马股份无偿提供其持有的 11,000,000 股天马股份股票对剩余债权予以解决。按照普通债权的清偿方案，上述股票将解决约 9819.24 万元的资金占用和违规担保。

(3)重整投资人无偿提供股票

对于在先行扣减徐州睦德留存的预先代偿金额及四合聚力以 11,000,000 股股票解决违规事项所形成的最大损失金额后仍不足的部分，重整投资人将以其受让的 20,636,304 股天马股份转增股票予以清偿，该部分股票可解决资金占用 18,421.17 万元。同时，重整投资人同意，如最终发生的损失超出前述最大债权预计值，即预留重整投资人的股票不足以解决超出部分的债权，由重整投资人继续负责补足。

(二)影响方案选择的考虑因素

1. 原控股股东丧失清偿能力

在本方案下，徐州睦德等相关方协助天马股份化解合规问题的原因是原控股股东及实际控制人已经丧失清偿能力，且其已经被动接受因此所需承担的各项不利后果,包括法律责任的承担、控制权的丧失等。同时,该等无法改变的客观事实也将会使得其他与天马股份存续利益相关的各方主动让渡利益,通过各种方式解决天马股份的合规问题。

2. 徐州睦德可能与本案存在利益关系或实际成本不高

在本案中,天马股份合规问题的解决主要依赖于徐州睦德提供的各种资源。而徐州睦德愿意提供各项资源的原因可能是其与本案利益相关。

(1)徐州睦德等相关方的背景情况

徐州睦德成立于2018年12月,注册资本为3000万元,股东为天马股份董事长武某飞和湖北天乾,实际控制人为武某飞。徐州睦德第一次出现在公众视野中是2019年3月9日其出具《承诺函》,通过为天马股份原控股股东及实际控制人提供资产、现金和资源等财务资助的方式,与天马股份原控股股东及实际控制人共同消除天马股份遭受的损失及潜在损失。

武某飞在2018年10月被提名为天马股份董事长,并一直任职至今,此前武某飞曾任天风天睿投资股份有限公司(以下简称天风天睿)董事总经理。而天风天睿为天风证券控制的公司,天风证券早在2016年6月就与喀什星河开展了股票质押式回购交易,其享有湖北天乾申请拍卖的原控股股东持有的天马股份的250,973,000股的质权。

湖北天乾系经湖北省人民政府批准设立并经中国银行业监督管理委员会核准的湖北省两大地方资产管理公司之一,其主营业务包括不良资产收购、处置业务、受托资产管理和处置等。在对湖北天乾股权结构进行穿透后,可以看到天风证券持股的痕迹,只是持股比例相对较小。此外,湖北天乾在本案中还是债权人对喀什星河之债权的管理人,该债权本金金额为213,407.98万元,受让自天风证券天泽3号集合资产管理计划,喀什星河将其持有的天马股份24.62%的流通股股份292,500,000股以质押式回购的交易方式质押给前述资管计划。2018年,前述资管计划将该债权转让于湖北天乾。随后,湖北天乾将该债权转让于武汉邦克凡医疗管理有限公司(以下简称武汉邦克凡),但湖北天乾仍为该等标的债权的管理人,并代表武汉邦克凡进行诉讼活动。最后,湖北天乾就该笔债权申请执行,并以5亿元的价款拍卖了前述292,500,000股股票,导致天马股份的控股股东由喀什星河变更为四合聚力。而实际上,该笔股票质押融资规模涉及债权本金约20亿元。在上述拍卖工作完成后,湖北天乾仍享有对天马股份的巨额债权。

(2)徐州睦德参与本案的原因分析

在后续的问询中,天马股份披露徐州睦德设立的商业动机系通过挽救天马股份的财务危机提升天马股份价值,间接实现债权人利益的最大化,最终实现天马股份、天马股份中小股东、债权人、员工及各利益相关方的共赢。然而,徐州睦德并非天马股份的中小股东或债权人,其与现控股股东四合聚力、重整投资人也并不存在关联关系或协议安排,至少在公开层面各方对此予以了否认。但是,徐州睦德投入超30亿元的现金和资产协助天马股份化解资金占用问题必然存在其背后的原因。除徐州睦德可在原控股股东或实际控制人处获得清偿外,可能其本身也可在天马股份问题化解的同时实现自身收益的最大化或避免损失的扩大。此外,在合规问题化解过程中,徐州睦德还向天马股份注入了部分资产,而该资产曾是天风证券投资的资产,为此,徐州睦德还引发了深交所的问询。因为上述资产收购均为超高溢价收购(最高资产增值超过80倍),或收购的是亏损企业,如上述资产实际价值不高,则徐州睦德为解决合规问题付出的成本也将相对降低。

3. 现控股股东存在化解天马股份合规问题的动机

作为天马股份的现控股股东,四合聚力实际是最有动力解决天马股份合规问题的。因为天马股份合规问题一日不解决,其就一日无法实现天马股份真正的重生。无论是资本市场运作还是业务经营的开展,各方均会存在顾虑,监管部门也会持续予以关注。甚至,四合聚力转让控制权,退出天马股份经营都会面临阻碍。此时,如其提供少量股票就可彻底解决天马股份合规问题,且其仍保留天马股份控制权,四合聚力当然是愿意的。而且从结果来看,在合规问题及债务问题化解后,天马股份营收开始恢复,股价逐步提升(从重整前最低的1.76元/股曾上涨至4.11元/股),四合聚力付出的成本在账面上已实现回收。

4. 重整投资人可以实现财务收益

重整投资人在重整程序中以41,930.00万元合计受让了419,300,000股转增股票,股票受让价格1元/股,锁定期为12个月。在扣除上述股票后,重整投资人在重整程序中获得了398,663,696股,股票受让价格也上升至1.0518元/股。

但即便如此，相对于天马股份在重整计划裁定批准日 3.24 元/股的收盘价，重整投资人仍可以获得巨额收益。虽然重整投资人还存在补足义务，但是我们认为该等补足义务实际履行的可能性较低，重整投资人在签署协议前应已通过尽职调查等方式对风险进行了控制。

5. 天马股份启动重整的原因分析

正如前文所述，天马股份资产负债结构不合理，负债中存在大量的利息及违约金，银行账户被冻结，引发了其他风险警示。对于该等问题，可能天马股份曾尝试与债权人达成庭外重组，但是由于庭外重组耗时较长，且较难达成合意。而进入重整程序，利息及违约金的计算将停止，可以避免天马股份持续"失血"。同时，在重整中，银行等金融机构可避免因主动进行债务减免而需履行的内部烦琐的审批程序，各方比较容易达成合意。

(三)方案的实施效果

1. 资金占用和违规担保问题得以解决

在本方案下，天马股份原控股股东和实际控制人导致的资金占用和违规担保问题得以解决，其中：已经确定的资金占用和违规担保问题通过债权债务抵销、追认收购股权交易、代偿资产收购款以及偿还现金等方式被予以消除；或有的资金占用和违规担保问题已形成切实可行且具备法律效力的解决方案，天马股份不再对其承担任何担保责任或任何赔偿责任，对此，会计师事务所也出具了专项核查报告予以确认。

2. 上市公司债务问题得以解决

重整计划规定，对于每家普通债权人 5 万元以下(含 5 万元)的债权部分，将以现金方式一次性予以清偿；每家普通债权人 5 万元以上的债权部分，以股票方式予以清偿，每 100 元普通债权可分得约 11.2024952 股天马股份；因天马股份未及时履行生效法律文书而产生的迟延履行期间加倍利息等劣后债权，不安排偿债资源。通过上述方式，天马股份解决了 23.19 亿元的债务，改善了资产负债结构，降低了财务成本，诉讼仲裁事项也因重整得以处理，主要银行账户的冻结也已被解除。

3. 上市公司可持续经营能力得到改善

在重整程序中,天马股份引入了4.19亿元的资金,重整投资人亦承诺,在成为天马股份股东后,其将持续为天马股份赋能,并从业务资源对接、产业并购、提升融资能力等方面为天马股份提供支持。同时,天马股份还将充分利用好资本市场平台,协同重整投资人的相关资源,尝试以股权投资、并购重组等方式对业务发展进行赋能,实现更高质量、更快速度的发展,为投资者创造更大价值,实现天马股份跨越式发展。同时,天马股份此前的诉讼案件可正式了结,资产被查封冻结的情况得以解除,天马股份可正常向金融机构申请融资借款,也可为子公司融资提供担保。未来,天马股份融资能力的提高也将减轻流动资金压力,进一步提升公司持续经营能力。

4. 上市公司股价得以上升

天马股份的重整对其股价的影响也较为明显。自2022年6月起,天马股份股价持续上涨,从重整前的1.76元/股曾上涨至4.11元/股,之后天马股份股价在3~4元/股波动。

5. 现控股股东分享重整红利

在重整程序中,虽然现控股股东让渡了1.10亿股的股票用于解决合规问题,但是,在重整程序结束后,其仍是天马股份的控股股东。对于天马股份债务问题的化解、重整投资人的引入等事项产生的红利,其作为控股股东将完全予以享受。

(四)利益主体的影响分析

在本方案下,天马股份的问题基本得以解决,虽在2022年前三季度仍然亏损,但是营业收入却实现了较大的涨幅,较上年同期增长42.20%,亏损金额也较去年同期减少909.36%。后续,随着市场的进一步好转,天马股份的业绩也将得以提升。

但是在本方案下,天马股份原控股股东及相关人员不仅承担了较为严重的法律责任,还丧失了对天马股份的控制权。而这和原控股股东及实际控制人持续的不作为有关,从后续分析合规问题的解决方案可以看出,天马股份问题得以化解主要依赖于徐州睦德等相关方。另外,天马股份也因原控股股东及实际控制人的违规行为面临了大量的证券虚假诉讼。对此,证监会已给予行政处罚,天马股份几乎没有抗辩空间。

整体而言,在本方案下,相较于天马股份退市风险,各方或实现了收益,或避免了损失扩大,仍不失为一种最大公约数的共识,对存在同类问题的企业具有参考意义。当然,天马股份自身问题虽多已解决,但考虑到天马股份的实际情况,例如原控股股东及实际控制人严重丧失清偿能力、股东债务问题等事项确实难以一揽子解决,尚需逐步化解。

七、本案的启示

一是上市公司应更加重视内控措施的落地与实施。根据公开信息,本案中的天马股份合规问题是在原实际控制人有意识、有预谋的控制下产生的。与其他案件不同,天马股份原实际控制人在 2016 年年末才正式入主天马股份,原实际控制人之前并无从事类似行业的经验,更擅长资本运作。此外,在入主天马股份的同时,原实际控制人还控制了另一家传统服装业上市公司步森股份。以上两项收购占用了原实际控制人的大笔资金(后续证明该资金大部分并非原实际控制人的自有资金),也为后续合规问题的发生埋下了伏笔。

天马股份之所以产生合规问题,与其内控机制的缺陷息息相关。天马股份并非没有完善的监管体系,而是履行层面出现了问题。与其他上市企业一样,天马股份为杜绝控股股东及关联方资金占用行为制定了《防范控股股东及关联方占用公司资金制度》《关联交易制度》《信息披露制度》等制度性规定,但却未能在运行层面严格执行。这最直接的体现是,天马股份原控股股东及实际控制人套取巨额资金实际仅花费了不到一年的时间。另外,原实际控制人在控制天马股份期间身兼数职(董事长、财务总监、董事会秘书、审计委员会委员)。这种身兼数职的情况在上市公司中并不多见,而这也为原实际控制人的不当行为提供了极大的便利。

二是上市公司利益攸关者应更为主动地启动或参与债务重组程序,被动应对通常效果不佳。在本案中,合规问题的解决主要依赖第三方徐州睦德提供的大量现金等重组资源。我们认为相对于徐州睦德获取重组利益的市场猜测,其无奈地降低或填补损失的可能性反而更高。徐州睦德的自然人股东在成为天马股份董事长之前曾担任天风证券旗下并购基金的高级管理人员，而天风证券曾为天马股份原控股股东及实际控制人开展股票质押式回购业务，涉及本金约21亿元（后续股票拍卖回款5亿元）。另外，由于抵偿的资产大部分为天风证券之前投资的资产，抵偿时存在较高的溢价，徐州睦德付出的成本与风险相对可控。

这种操作模式为其他案件中面临同样窘迫局面的债权人，尤其是控股股东债权人提供了有益参考。通常而言，如债权人仅为控股股东的债权人，与上市公司不具备法律连接点，其将会非常被动。若债权人无法直接参与到上市公司的重组中，则其通常只能"被动"等待上市公司重整结束，而后再行通过强制执行等手段处置控股股东股票。但此时，上市公司股票价值往往难以覆盖其债权总额，债权人只能等待股票价格上升或认损出局。如债权人躬身入局，则其可通过与控股股东在商业层面的联系，自上而下地启动重组程序，或可大幅降低债权损失。例如本案中，利益攸关者通过向天马股份提供资产解决资金占用问题来换取天马股份的稳定发展，既减少了前期的投资损失，又提高了控制资产的处置价格，在这种整体的利益平衡下，债权人的损失上限在一定程度上得以控制。

三是资金占用方更应以积极心态与实际动作解决合规问题，即使该等努力最后未能起到明显效果。在本案中，天马股份原控股股东和实际控制人未承担刑事责任可能与其前期与徐州睦德共同出具承诺函，承诺解决资金占用问题有关。尽管用于重组的资源全部来自徐州睦德且原实际控制人已前往国外，但该等动作与贡献依然是客观存在的。因此，如非迫不得已，在合规问题发生后，控股股东和实际控制人还是应以更加积极的心态，开展实际行动来努力解决合规问题，即使该等努力在客观上未起到明显效果，但对其合规责任的认定仍有非常积极的意义。

专题四　银亿股份合规问题解决方案研究

银亿股份为一家于 2000 年 6 月 22 日在深交所上市的公司。在合规问题发生前,银亿股份主营业务主要分为高端制造业和房地产业两大板块。2018 年,我国经济增长放缓,下行压力加大,汽车行业产销下滑,出现自 1990 年以来的首次负增长,房地产行业宏观调控加强,细分市场进一步分化。在金融去杠杆和资管新规等政策下,企业普遍遭遇严峻挑战,经营压力和流动性危机凸显,银亿股份及其控股股东宁波银亿控股有限公司(以下简称银亿控股)也不例外。此外,银亿控股此前激进的扩张政策也导致其资金出现缺口,持有的上市公司股票面临平仓风险。由于以上原因,银亿控股在 2018 年非经营性占用银亿股份约 22.47 亿元资金,并在 2019 年 4 月底曝光。在合规问题曝光后,银亿控股先后通过现金、以资抵债的方式偿还了约 16.81 亿元的占用资金。后续,为解决其面临的其他困境,银亿股份进入重整程序,以向重整投资人让渡资本公积金转增股票所取得的现金对价偿还了银亿控股占用的剩余资金。

一、合规问题事实的梳理

(一)2018年8月23日起,银亿股份筹划发行股份及支付现金购买资产事项,风险隐忧出现

2018年8月27日,银亿股份董事会审议通过《关于银亿股份有限公司发行股份及支付现金购买资产并募集配套资金暨关联交易预案的议案》等相关议案。

银亿股份拟以发行股份及支付现金的方式购买控股股东银亿控股及其关联方宁波五洲亿泰投资合伙企业(有限合伙)(以下简称五洲亿泰)持有的宁波艾礼富电子有限公司100%股权,其中银亿控股持股0.76%,五洲亿泰持股99.24%。本次重组交易各方初步商定交易价格为158,300.00万元,银亿股份以发行股份及现金的方式支付对价,现金支付金额占总交易价格的比例为50%,且全部现金支付给五洲亿泰。

2019年2月18日,银亿股份召开第七届董事会第三十次临时会议,并审议通过了《关于终止发行股份及支付现金购买资产并募集配套资金事项的议案》,终止原因如下:

1. 银亿股份控股股东银亿控股及公司实际控制人自公司本次重组停牌以来一直在积极寻找投资方,但"招商银行—天山基金—安境1号私募基金"持有的五洲亿泰出资份额的拟受让方一直未确定。

2. 银亿股份因短期内资金周转困难致使发行的"银亿房地产股份有限公司2015年面向合格投资者公开发行公司债券(第一期)"未能如期偿付应付回售款本金。为保障债权人的利益,根据《募集说明书》的相关约定,当公司预计不能按期偿付债券本息或者到期未能按期偿付债券本息时,银亿股份将暂缓重大对外投资、收购兼并等资本性支出项目的实施。

(二)2018年12月17日,宁波开发投资集团有限公司战略入股

2018年12月17日,银亿控股、熊某凯与宁波开发投资集团有限公司(以下简称宁波开投)签署转让协议,即银亿控股将其持有的银亿股份106,753,341股股份及熊某凯持有的银亿股份100,000,000股股份,合计206,753,341股(占银

亿股份总股本的5.13%),转让给宁波开投。

银亿控股和熊某凯拟转让的上述股份的转让款用以归还宁波开投借款本金、利息等费用,合计1,033,766,702.84元。本次交易后,宁波开投持有银亿股份的股票数量为206,753,341股,占其总股本的5.13%。

(三)2018年12月24日,银亿股份披露“15银亿01”未能如期足额兑付

截至2018年12月24日,因短期内资金周转困难,银亿股份未能按时足额支付“15银亿01”2018年已登记回售债券的本金299,733,000.00元。

(四)2019年1月10日,银亿股份披露第一大股东变更

2019年1月10日,银亿股份披露,银亿股份原第一大股东银亿控股及其一致行动人熊某凯于2018年12月17日分别与宁波开投签署转让协议,宁波开投共受让206,753,341股,占公司总股本的5.13%,过户登记手续已于2018年12月21日办理完毕。至此,银亿股份第一大股东发生变化,由银亿控股变更为宁波圣洲投资有限公司(以下简称宁波圣洲)。宁波圣洲为银亿控股的全资子公司,本次股权转让未导致银亿股份实际控制人发生变化。

(五)2019年2月14日,银亿股份控股股东银亿控股部分股份被司法冻结

因银亿控股与天弘基金管理公司存在债务纠纷(涉及债务本金3500万元),银亿控股持有的716,303,413股银亿股份股票被上海金融法院冻结,解冻时间为2022年2月13日,冻结股数占银亿股份股份总数的17.78%。

(六)2019年3月19日,银亿股份预披露股东股份拟被违约处置

2016年12月2日,银亿股份第三大股东熊某凯通过股票质押式回购业务将其持有的50,060,000股银亿股份股票质押给了华鑫证券,后又于2018年8月20日补充质押了1,019,000股,共质押了51,079,000股银亿股份股票,质押到期日为2018年10月18日。截至2019年3月18日,熊某凯未按相关协议约定履行到期购回义务,已构成违约。

截止到2019年3月18日,熊某凯持有银亿股份的股份数为711,557,036

股,占银亿股份总股本的17.67%,其中累计被质押股份数为711,546,327股。

(七)2019年4月29日,银亿股份其2018年度财务报告被出具带强调事项的保留意见的审计报告

2019年4月29日,天健所出具《银亿股份有限公司2018年度审计报告》,该审计报告为带强调事项的保留意见的审计报告。

1. 审计报告中有关保留意见的事项段内容

(1)关联方资金占用可回收性

截至2018年12月31日,银亿股份实际控制人及其关联方占用银亿股份及其子公司非经营性资金的余额为224,777.59万元(账面计提坏账准备4376.43万元),截至报告日尚未归还。由于天健所无法获取对实际控制人及其关联方的资产、负债状况进行清查估值的审计证据,无法判断上述关联方占用资金是否能够收回,无法确定银亿股份对上述应收款项坏账准备计提是否充分。

(2)应收款项的可回收性

银亿股份南京银亿建设发展有限公司向代建项目公司百胜麒麟(南京)建设发展有限公司提供财务资助的本金已经收回,应收利息余额16,726.24万元逾期未收回(按账龄计提坏账准备1672.62万元),考虑到2017年度应收利息尚未收回,子公司对2018年应收利息7955.83万元未予确认。天健所无法获取充分适当的审计证据判断该应收利息是否可收回。

(3)持续经营能力的不确定性

2018年度,受实际控制人及其关联方企业流动性问题和非经营性资金占用等事项的影响,银亿股份银行借款、应付债券逾期或即将到期,预期不能全部展期或偿还,流动负债高于流动资产145,646.79万元。这些事项或情况表明银亿股份存在可能导致对其持续经营能力产生重大疑虑的重大不确定性,但银亿股份财务报表却未对这一事项进行充分披露。

2. 审计报告中强调事项段的内容

银亿股份子公司宁波昊圣投资有限公司(以下简称宁波昊圣)及子公司宁波东方亿圣投资有限公司(以下简称东方亿圣)累计未能完成业绩承诺,根据银亿股份与宁波昊圣原股东西藏银亿投资管理有限公司(以下简称西藏银亿)及东方

亿圣原股东宁波圣洲签订的业绩承诺补偿协议,西藏银亿及宁波圣洲需以股份方式对银亿股份进行补偿,银亿股份在盈利补偿期间实施的现金分红部分应作相应返还。但是,西藏银亿及宁波圣洲所持有的股份基本已被质押冻结,因此股份补偿及分红返还的可能性存在较大的不确定性。

(八)2019 年 4 月 30 日,银亿股份披露 2018 年业绩承诺未实现

1. 宁波昊圣

2017 年 1 月,银亿股份通过非公开发行股份的方式向西藏银亿购买了宁波昊圣 100% 股权。宁波昊圣原股东西藏银亿承诺,宁波昊圣 2017 年、2018 年、2019 年扣除非经常性损益后归属于母公司的净利润均不低于 1.68 亿元、2.62 亿元、3.26 亿元。而根据中联资产评估集团有限公司出具的情况说明,截至 2018 年 12 月 31 日,宁波昊圣 2017 年、2018 年累计实现的扣除非经常性损益后归属于母公司的净利润为 2.79 亿元,两年度累计差异金额为 1.5 亿元,西藏银亿未实现业绩承诺。

2. 东方亿圣

2017 年 10 月,银亿股份通过非公开发行股份的方式向宁波圣洲购买了东方亿圣 100% 股权。东方亿圣原股东宁波圣洲承诺,东方亿圣 2017 年、2018 年、2019 年扣除非经常性损益后归属于母公司的净利润均不低于 7.52 亿元、9.17 亿元、11.18 亿元。而根据普华永道出具的审核报告,东方亿圣 2018 年度审计后亏损 7.9 亿元,未完成本年度业绩承诺。

(九)2019 年 4 月 30 日,银亿股份自查发现公司存在控股股东及其关联方资金占用的情形

银亿股份经自查发现公司存在控股股东及其关联方资金占用的情形。因此,银亿股份向深交所申请自 2019 年 5 月 6 日起对公司股票实施“其他风险警示”。

截至 2019 年 4 月 30 日,银亿股份控股股东及其关联方资金占用余额约为 22.47 亿元,占银亿股份最近一期经审计净资产的 14.91%,具体情形如下:

1. 为收购房地产项目,2018 年,银亿股份全资子公司宁波银亿房地产开发有

限公司(以下简称宁波银亿房产)在未履行相应内部审批决策程序的情况下分别与宁波卓越圣龙工业技术有限公司(以下简称宁波卓越圣龙)、宁波盈日金属制品有限公司(以下简称宁波盈日金属)签订了《不动产意向协议》,并按协议约定分别向前述两家公司支付了13.72亿元和5.87亿元的部分收购款,分别账列预付账款、其他应收款(计提坏账准备2935万元)。

2. 为收购房地产项目,2018年,宁波银亿房产在未履行相应内部审批决策程序的情况下与宁波港通凯邦智能科技有限公司(以下简称宁波港通凯邦)签订了《不动产意向协议》,并按协议约定向其支付了1.45亿元的部分收购款。2018年10月,宁波银亿房产收回了该笔收购款。

3. 为收购项目公司股权,2018年6月,宁波银亿房产在未履行相应内部审批决策程序的情况下与宁波奉化新世纪溪口大酒店有限公司(以下简称宁波奉化大酒店)签订了《股权转让意向协议》,并按协议约定向其支付了8亿元的部分收购款。2018年8月,宁波银亿房产收回了该笔收购款。

4. 银亿股份子公司宁波银亿新城置业有限公司(以下简称银亿新城置业)于2018年9月销售并于2018年12月办妥产权过户手续的售房款28,828.59万元被其实际控制人及其附属企业(宁波保税区亿旺贸易有限公司、宁波旭邦进出口贸易有限公司、宁波祥博国际贸易有限公司、宁波合恒进出口有限公司)占用。

针对上述资金占用事项,银亿股份控股股东及其关联方预计无法在1个月内解决。

(十)2019年5月21日,银亿股份收到深交所年报问询函

2019年5月21日,银亿股份收到深交所《关于对银亿股份有限公司的年报问询函》[①],该问询函对银亿股份的资金占用事项进行了问询。

2019年6月18日,银亿股份对上述问询函作出回复,其中就资金占用事项,银亿股份回复其将于2019年6月30日前补充披露,但后续未查询到相关信息。

(十一)2019年5月25日,银亿股份披露控股股东偿还部分占用资金

截至2019年4月30日,银亿股份控股股东银亿控股及其关联方资金占用共

---

① 深交所:公司部年报问询函〔2019〕第79号。

计224,777.59万元。

2019年5月23日，银亿控股及其关联方偿还14,000万元港币。截至2019年5月25日，银亿控股及其关联方已归还占用资金14,000万元港币（折合人民币12,305.86万元），资金占用余额为212,471.73万元。

（十二）2019年5月31日，银亿股份披露控股股东偿还部分占用资金

2019年5月29日，银亿控股及其关联方偿还人民币3100万元。截至2019年5月31日，银亿控股及其关联方已偿还占用资金14,000万元港币（折合人民币12,305.86万元）及3100万元人民币，资金占用余额为人民币209,371.73万元。

（十三）2019年6月10日，银亿股份及相关人员收到甘肃证监局行政监管措施决定书

2019年6月10日，银亿股份及相关人员收到甘肃证监局下发的行政监管措施决定书。

银亿股份2018年度共发生7笔大股东非经营性资金占用，资金占用发生额为34.51亿元。截至2019年4月30日，尚有22.48亿元资金占用额未归还，占最近一年银亿股份净资产的15.38%。对此，甘肃证监局决定对银亿股份采取责令改正的行政监管措施，即银亿股份应当立即采取积极措施，收回被大股东占用的资金，并在收到该决定书之日起30日内向甘肃证监局提交书面整改情况报告。

因上述事实，甘肃证监局决定对作为该披露信息的主要责任人——董事长、副董事长、董事、财务总监、时任董事会秘书等人，采取出具警示函的行政监管措施。

（十四）2019年6月13日，银亿股份披露控股股东偿还部分占用资金

2019年6月12日，银亿控股及其关联方偿还占用资金15,742.726万元。截至2019年6月13日，银亿控股及其关联方已偿还占用资金14,000万元港币（折合人民币12,305.86万元）及18,842.726万元人民币，资金占用余额为人民

币193,629万元。

（十五）2019年6月14日，银亿集团、银亿控股申请重整

2019年6月14日，银亿股份控股股东母公司银亿集团、控股股东银亿控股向宁波中院申请重整。申请重整的原因是自2019年以来，银亿集团、银亿控股持续面临流动性危机，虽竭力制订相关方案、通过多种途径化解债务风险，但仍不能彻底摆脱其流动性危机。

（十六）2019年6月15日，银亿股份披露控股股东关联方以股权为资金占用事项提供质押担保

2019年6月10日，银亿控股关联方宁波聚亿佳电子有限公司（以下简称宁波聚亿佳）以其持有的宁波普利赛思电子有限公司（以下简称普利赛思）100%股权[其直接持有宁波康强电子股份有限公司（以下简称康强电子）19.72%的股权]为上述资金占用事项提供了质押担保，对应质押协议担保金额为54,682.71万元（最终质权实现金额以实际处置或交易金额确认为准）。截至2019年6月15日，相关质押手续已全部办理完成。

截至2019年6月15日，除上述股权质押保障措施外，银亿控股及其关联方已偿还占用资金14,000万元港币（折合人民币12,305.86万元）及18,842.726万元人民币。

（十七）2019年7月31日，银亿股份披露控股股东拟以资产抵偿部分占用资金

2019年7月31日，银亿股份披露其及全资子公司浙江银保物联科技有限公司（以下简称浙江银保物联）、宁波聚亿佳、普利赛思、银亿控股和熊某强拟签署《股权转让暨以资抵债框架协议》，银亿控股拟以其全资下属子公司宁波聚亿佳持有的普利赛思100%股权抵偿对公司的部分占款，银亿股份拟以下属全资子公司浙江银保物联受让普利赛思100%股权。

2019年7月28日，银亿股份召开的第七届董事会第三十九次临时会议审议通过了上述《关于签署〈股权转让暨以资抵债框架协议〉的议案》。同时，银亿股

份及全资子公司浙江银保物联、宁波聚亿佳、普利赛思、银亿控股和熊某强拟签署附生效条件的《股权转让暨以资抵债协议书》,协议约定浙江银保物联应付的42,403.12万元股权转让价款用以抵偿银亿控股及其关联方对银亿股份及其下属公司相同数额的占款。

2019年8月26日,深交所就银亿控股拟以其全资下属子公司宁波聚亿佳持有的普利赛思100%股权抵偿对银亿股份的部分占款42,403.12万元出具关注函[①]。

2019年9月3日,银亿股份对上述关注函作出回复,并就上述以资抵债行为的风险进行了提示和说明。

2019年9月9日,银亿股份2019年第七次临时股东大会审议通过了《股权转让暨以资抵债协议书》。

2019年9月11日,普利赛思100%股权的过户手续及相关工商变更登记工作全部完成。

本次交易完成后,银亿股份控股股东及其关联方资金占用余额为149,835.28万元。

需要注意的是,银亿控股及其母公司银亿集团已向宁波中院提出司法重整申请,若重整申请被法院受理,本次交易或因构成个别清偿而被人民法院撤销。

(十八)2019年9月8日,银亿股份控股股东部分股份因违约处置发生的被动减持完成

2019年5月17日,银亿股份披露因银亿控股与天风证券、申万宏源证券有限公司(以下简称申万宏源)的股票质押式回购业务触发违约条款,天风证券、申万宏源拟自2019年6月10日起分别对银亿控股质押的公司股票进行违约处置。

截至2019年9月8日,银亿控股及其一致行动人被动减持期限届满,被动减持计划实施完成。2019年6月10日至9月8日,银亿控股被动减持银亿股份的股份合计19,321,447股,占银亿股份总股本的0.48%。

本次减持后,银亿控股共持有银亿股份747,383,347股股份(其中信用账户持有银亿股份31,079,934股股份),占银亿股份总股本的18.55%。银亿控股及

---

① 深交所:《关注函》〔2019〕第104号。

其一致行动人共持有银亿股份股份 2, 902, 840, 200 股(其中信用账户持有银亿股份股份 46, 605, 234 股),占银亿股份总股本的 72. 07%。

(十九)2019 年 9 月 12 日,银亿股份及相关人员收到中国证监会下发的调查通知书

2019 年 9 月 12 日,银亿股份收到中国证监会下发的调查通知书(甘调查字 022 号、甘调查字 023 号、甘调查字 024 号、甘调查字 025 号、甘调查字 026 号、甘调查字 027 号),因银亿股份涉嫌信息披露违法违规,中国证监会决定对银亿股份及其实际控制人兼董事长、副董事长、副董事长兼执行总裁、董事兼总裁、财务总监立案调查。

2020 年 1 月 13 日,银亿股份及相关责任人员收到了甘肃证监局的行政处罚事先告知书及行政处罚决定书。

(二十)2019 年 9 月 17 日,银亿股份披露控股股东拟以资产抵偿部分占用资金

2019 年 9 月 12 日,银亿股份与银亿控股、如升实业和熊某强签署了《以资抵债框架协议》,即熊某强控制的如升实业拟将其持有的山西凯能股权转让给银亿股份,以抵偿银亿控股及其关联方对银亿股份的占款。

2019 年 12 月 13 日,银亿股份第七届董事会第四十六次临时会议审议通过了上述《关于签署〈股权转让暨以资抵债协议书〉暨关联交易的议案》。本次交易方案包括两部分:(1)如升实业向银亿股份转让其持有的山西凯能 49% 股权,以抵偿部分占款。山西凯能 100% 股权价值扣减预计利息 18, 469. 87 万元后的数额为 189, 724. 61 万元,则山西凯能 49% 股权价值即股权转让款为 92, 965. 06 万元。银亿股份应付的该笔股权转让价款用以抵偿银亿控股及其关联方对银亿股份及下属公司相同数额的占款,银亿股份无须向如升实业实际支付。股权转让款与相应数额的占款抵偿后,即视为银亿股份已完成该笔款项的支付义务。(2)上述抵偿完成后,剩余全部占款由银亿控股在其自身重整程序中筹集现金来偿还。为确保占款问题被彻底解决,如升实业应在指定时间将其持有的剩余山西凯能 51% 的股权过户至银亿股份名下,为银亿控股剩余占款清偿义务提供担

保。若截至2020年4月15日,银亿控股未能以现金或其他措施偿还剩余占款,则银亿控股以山西凯能51%股权抵偿剩余占款。若抵偿全部占款后,如升实业应收的股权转让价款仍有剩余,则剩余部分将用于抵偿协议过渡期内山西凯能的亏损。

2019年12月19日,深交所就上述以资抵债行为出具关注函[①]。

2020年1月2日,银亿股份2020年第一次临时股东大会审议通过了上述《关于签署〈股权转让暨以资抵债协议书〉暨关联交易的议案》。

2020年1月4日,上述以资抵债暨关联交易标的山西凯能100%股权的过户手续及相关工商变更登记工作全部完成,银亿股份名义上持有山西凯能100%股权,其中:山西凯能49%的股权用以抵偿银亿控股及其关联方92,965.06万元的占款,剩余的山西凯能51%股权为银亿控股及其关联方剩余占款清偿义务提供担保。前述以资抵债完成后,银亿控股及其关联方的资金占用余额为52,279.74万元。

2020年2月8日,银亿股份对上述关注函作出回复,并就上述以资抵债行为的风险进行了提示和说明。

2020年4月16日,银亿股份与银亿控股、如升实和熊某强签署《股权转让暨以资抵债协议书之补充协议》,因新冠疫情导致银亿控股重整的各项工作无法按期及时开展,各方同意将银亿控股在重整程序中筹集现金或采取其他措施偿还剩余占款的日期由原定的2020年4月15日拟延期至2020年10月31日。

2020年11月4日,银亿股份与银亿控股、如升实业和熊某强签署《股权转让暨以资抵债协议书之补充协议(二)》,鉴于山西凯能生产经营现状以及银亿股份重整工作进度安排,各方同意将银亿控股在重整程序中筹集现金或采取其他措施偿还剩余占款的日期拟由2020年10月31日继续延期至2021年3月31日。

2021年4月17日,银亿股份与银亿控股、如升实业和熊某强签署《股权转让暨以资抵债协议书之补充协议(三)》,鉴于银亿股份重整工作推进现状,各方同意将银亿控股在重整程序中筹集现金或采取其他措施偿还剩余占款的日期由2021年3月31日继续延期至2021年9月30日。

2021年10月13日,银亿股份与银亿控股、如升实业和熊某强签署《股权转

① 深交所:《关注函》〔2019〕第145号。

让暨以资抵债协议书之补充协议(四)》,鉴于银亿股份重整计划执行进展情况,各方同意将银亿控股在重整程序中筹集现金或采取其他措施偿还剩余占款的日期由2021年9月30日继续延期至2022年3月31日。

根据重整计划安排,在出资人权益调整方案执行完毕后,银亿股份应将山西凯能100%股权整体置出并协助过户至如升实业名下。2022年3月8日,银亿股份完成山西凯能100%股权整体置出并过户至如升实业名下的工商变更登记手续。

(二十一)2019年9月26日,深交所对银亿股份及相关当事人给予纪律处分

2019年9月26日,银亿股份收到深交所出具的《关于对银亿股份有限公司及相关当事人给予纪律处分的决定》,因银亿股份及相关当事人存在业绩预告未及时修正、控股股东及其关联方非经营性资金占用的违规行为,深交所决定:

1. 对银亿股份给予公开谴责的处分;

2. 对银亿控股给予公开谴责的处分;

3. 对银亿股份董事长、副董事长、副董事长、董事兼总裁、财务总监给予公开谴责的处分;

4. 对银亿股份时任董事会秘书、董事、董事给予通报批评的处分。

(二十二)2019年9月29日,宁波盈日金属偿还部分占用资金

2019年9月29日,宁波盈日金属以现金方式偿还占款300万元,之后,银亿控股及实际控制人资金占用余额为149,535.28万元。

(二十三)2019年10月8日,银亿股份被债权人申请破产重整

2019年10月8日,银亿股份收到债权人浙江中安安装有限公司(以下简称浙江中安)的通知书。该通知书称,浙江中安以银亿股份不能清偿到期债务且明显缺乏清偿能力为由,向宁波中院申请对银亿股份进行重整。

(二十四)2019年12月2日,银亿股份披露控股股东以资产偿还部分占用资金

2019年12月2日,银亿股份第七届董事会第四十五次临时会议审议通过了

《关于控股股东以资抵债暨关联交易的议案》,银亿股份下属子公司宁波银亿房产、宁波邦奇自动变速箱有限公司(以下简称邦奇自动变速箱)及新疆银洲星国际商贸城有限公司(以下简称新疆银洲星)拟与银亿集团、宁波盈日金属签署《债务清偿协议》,即邦奇自动变速箱拟将其应付给银亿集团的新疆银洲星49%股权转让款39,574,730.07元及新疆银洲星拟将其应付给银亿集团的分利款3,330,124.03元全部转让给宁波银亿房产,以抵偿宁波盈日金属对宁波银亿房产的部分占款42,904,854.10元。

2019年12月19日,银亿股份2019年第八次临时股东大会审议通过了《关于控股股东以资抵债暨关联交易的议案》。

前述以资抵债完成后,银亿股份控股股东及其关联方资金占用余额为145,244.80万元。

(二十五)2019年12月19日,银亿股份控股股东及其母公司重整申请被受理

2019年12月19日,宁波中院裁定受理银亿集团、银亿控股的重整申请,并指定银亿系企业清算组担任临时管理人。

(二十六)2020年1月13日,银亿股份披露银亿股份及相关人员受到行政处罚

2020年1月13日,银亿股份及相关人员收到甘肃证监局下发的行政处罚事先告知书和行政处罚决定书,经查明:2018年,银亿股份与关联方发生了7笔关联交易,合计发生额为43.12亿元,每笔交易均达到信息披露标准,银亿股份未及时履行信息披露义务。因此,甘肃证监局决定:

1. 对银亿股份给予警告,并处以40万元的罚款。

2. 对公司董事长给予警告,并处以60万元的罚款,其中,处以作为直接负责的主管人员20万元的罚款,处以作为实际控制人的人员40万元的罚款。

3. 对相关董事、高级管理人员给予警告和罚款。

(二十七)2020年3月10日,银亿控股关联方以现金方式偿还部分占用资金

2020年3月10日,宁波卓越以现金方式偿还占款300万元,之后,银亿控股

及其实际控制人的资金占用余额为51,979.74万元。

(二十八)2020年6月19日,银亿股份2019年度财务报告被出具带强调事项的保留意见的审计报告

2020年6月19日,天健所出具《银亿股份有限公司2019年度审计报告》,该审计报告为带强调事项的保留意见的审计报告。

1. 审计报告中形成保留意见的基础

资产负债表日,银亿股份流动负债高于流动资产40.03亿元,逾期债务余额43.85亿元,累计未分配利润-49.24亿元,银亿股份2019年度归属于母公司的净利润-71.74亿元(其中计提商誉减值损失46.68亿元),且截至报告日,逾期债务涉及诉讼,而这说明银亿股份中短期偿债能力弱,存在较大的经营风险和财务风险。这些事项或情况表明银亿股份存在可能导致对其持续经营能力产生重大疑虑的重大不确定性。银亿股份虽已在财务报表附注中披露了可能导致对其持续经营能力产生重大疑虑的主要情况或事项,以及管理层拟通过实施重整程序(已经申请)并执行重整计划,但未能充分披露重整程序进展及具体重整计划,以及重整计划无法顺利推行带来的后果。

2. 审计报告中强调事项段的内容

银亿股份子公司宁波昊圣及东方亿圣累计未能完成业绩承诺,根据银亿股份与宁波昊圣原股东西藏银亿及东方亿圣原股东宁波圣洲签订的业绩承诺补偿协议,西藏银亿及宁波圣洲需以股份方式对银亿股份进行补偿,银亿股份在盈利补偿期间实施的现金分红部分应作相应返还。但是,西藏银亿及宁波圣洲所持有的股份基本已被质押冻结,对股份补偿及分红返还的可能性存在较大的不确定性。

(二十九)2020年6月23日,银亿股份股票被实施退市风险警示

银亿股份2018年度、2019年度连续两个会计年度经审计的净利润为负值,根据《深交所股票上市规则》的有关规定,银亿股份股票自2020年6月23日开市起复牌并实行退市风险警示。

(三十)2020年6月23日,法院裁定受理银亿股份重整暨公司股票被继续实施退市风险警示

2020年6月23日,银亿股份收到宁波中院送达的(2019)浙02破申23号民事裁定书和(2019)浙02破申23号决定书,宁波中院裁定受理浙江中安对银亿股份的重整申请,并指定银亿系企业清算组担任公司的临时管理人。

银亿股份2018年、2019年连续两个会计年度经审计的净利润为负值,根据《深交所股票上市规则》(2018年修订)第13.2.1条第1项的有关规定,银亿股份股票已被实施退市风险警示;法院裁定受理银亿股份重整后,银亿股份股票将于2020年6月29日起被继续实施退市风险警示。

(三十一)2020年7月2日,银亿股份收到深交所年报问询函

2020年7月2日,银亿股份收到深交所《关于对银亿股份有限公司的年报问询函》[①],其中对控股股东以资产抵偿占用资金的事项进行了问询。

2020年10月17日,银亿股份对上述问询函作出回复,就以资抵债能否解决资金占用问题,偿债金额是否公允、合理,资金占用费的计算等进行了说明。

(三十二)2020年7月24日,法院裁定银亿控股等十六家公司与银亿集团合并重整

2020年7月24日,宁波中院作出(2019)浙02破15号民事裁定书,裁定银亿控股、宁波银亿进出口有限公司、浙江巨雄进出口有限公司、宁波聚雄进出口有限公司、宁波雄宇进出口有限公司、宁波鑫基物产有限公司、宁波亿源国际贸易有限公司、宁波保税区银亿金属材料有限公司、宁波伟博贸易有限公司、如升实业、宁波祥博国际贸易有限公司、宁波浙宁进出口有限公司、宁波东方汇豪进出口有限公司、天津鑫涌国际贸易有限公司、宁波旭邦进出口贸易有限公司、宁波银亿物产集团有限公司与银亿集团(以下简称银亿集团等十七家公司)合并重整,并指定银亿集团管理人负责开展各项合并重整工作。

---

① 深交所:公司部年报问询函〔2020〕第194号。

(三十三)2020 年 7 月 29 日,银亿股份披露 2019 年度业绩承诺未实现之业绩补偿方案

1. 宁波昊圣

2020 年 7 月 27 日,银亿股份第七届董事会第五十四次临时会议审议通过了《关于宁波昊圣投资有限公司 2019 年度业绩承诺未实现之业绩补偿方案的议案》,子提案包括:(1)业绩补偿的股份补偿数量(186,131,574 股)及对应的现金分红(130,292,101.80 元)返还的计算过程及结果;(2)业绩补偿具体实施方案。

2020 年 8 月 13 日,银亿股份 2020 年第三次临时股东大会对上述议案进行了逐项审议,其中上述议案之子提案《业绩补偿的股份补偿数量及对应的现金分红返还的计算过程及结果》获审议通过,上述议案之子提案《业绩补偿具体实施方案》被否决。

截至 2020 年 10 月 13 日,宁波昊圣 2019 年度应补偿股份数为 186,131,574 股,考虑到 2018 年度西藏银亿应补偿的 42,433,379 股股份逾期未实施,因此西藏银亿累计应补偿股份数合计为 228,564,953 股,该部分股份应赠送给除西藏银亿之外的其他股东。同时,2019 年度股份补偿对应的现金分红返还金额为 130,292,101.80 元,考虑到 2018 年度西藏银亿应返还的 29,703,365.30 元现金分红逾期未返还,因此西藏银亿累计应返还的现金分红合计为 159,995,467.10 元。

2. 东方亿圣

2020 年 7 月 27 日,银亿股份第七届董事会第五十四次临时会议审议通过了《关于宁波东方亿圣投资有限公司 2019 年度业绩承诺未实现之业绩补偿方案的议案》,子提案包括:(1)业绩补偿的股份补偿数量(656,338,020 股)及对应的现金分红(459,436,614 元)返还的计算过程及结果;(2)业绩补偿具体实施方案。

2020 年 8 月 13 日,银亿股份 2020 年第三次临时股东大会对上述议案进行了逐项审议,其中上述议案之子提案《业绩补偿的股份补偿数量及对应的现金分红返还的计算过程及结果》获审议通过,子提案《业绩补偿具体实施方案》被否决。

截至 2020 年 10 月 13 日,东方亿圣 2019 年度应补偿股份数为 656,338,020 股,考虑到 2018 年度宁波圣洲应补偿的 238,549,237 股股份逾期未实施,因此宁波圣洲累计应补偿股份数合计为 894,887,257 股,该部分股份应赠送给除东方亿圣之外的其他股东。同时,2019 年度股份补偿对应的现金分红返还金额为

459,436,614 元,考虑到 2018 年度宁波圣洲应返还的 166,984,465.90 元现金分红逾期未返还,因此宁波圣洲累计应返还的现金分红合计为 626,421,079.90 元。

(三十四)2020 年 8 月 8 日,银亿股份临时管理人公开招募和遴选重整投资人

2020 年 8 月 8 日,银亿股份管理人开展公开招募和遴选重整投资人。

2020 年 9 月 3 日,考虑到尚有部分意向重整投资人资料在途或需要完善内部流程等因素,为确保公司招募和遴选重整投资人工作取得最优效果,同时保障参与各方的权利,管理人决定将报名截止日期从 2020 年 8 月 31 日延期至 2020 年 9 月 15 日。

2020 年 10 月 27 日,在宁波中院的监督下,重整投资人评审委员会对意向重整投资人提交的重整投资方案进行了现场评审,并对意向重整投资人提交的重整投资方案进行了评分,根据评分结果最终确定由嘉兴梓禾瑾芯股权投资合伙企业(有限合伙)(以下简称梓禾瑾芯)作为银亿股份重整投资人,其投资总报价为人民币 32 亿元。同时,重整投资人评审委员会还遴选出中泽控股集团股份有限公司与 Punch Motive International NV 利时邦志动力国际公司组成的联合投资体、宁波合奔投资合伙企业(有限合伙)作为备选的银亿股份重整投资人。

(三十五)2020 年 8 月 21 日,银亿股份第一次债权人会议召开

2020 年 8 月 21 日,银亿股份第一次债权人会议召开,本次会议表决通过了临时管理人转为管理人、确定中介机构、选任和设立债权人委员会、银亿股份对欧洲银团出具向比利时邦奇提供资金支持的承诺函四个表决事项。

2020 年 8 月 28 日,宁波中院指定当地金融办牵头的清算组为破产重整管理人。

(三十六)2020 年 9 月 4 日,法院裁定银亿集团重整计划草案提交期限延长

2020 年 9 月 4 日,宁波中院裁定银亿集团重整计划草案提交期限延长至 2020 年 11 月 18 日。

(三十七)2020 年 9 月 16 日,银亿集团等十七家公司公开招募和遴选重整投资人

（三十八）2020 年 11 月 26 日，银亿股份披露重整计划（草案）之出资人权益调整方案

2020 年 11 月 26 日，银亿股份披露重整计划（草案）之出资人权益调整方案。

2020 年 12 月 10 日，银亿股份对原有的出资人权益调整方案的部分内容进行了补充，补充后的方案内容如下：

以银亿股份现有总股本为基数，按照每 10 股转增 6.48 股的比例实施资本公积金转增股票，共计可转增 2,610,137,444 股股票。转增后，银亿股份总股本将由 4,027,989,882 股增加至 6,638,127,326 股。之后，再以 6,638,127,326 股为基数，按照每 10 股转增 5.06 股的比例实施资本公积转增，共计可转增约 3,359,343,562 股股票。转增后，银亿股份总股本将最终增加至 9,997,470,888 股（最终实际转增的股票数量以重整计划执行阶段的司法协助执行通知书载明的内容及证券登记结算有限责任公司深圳分公司实际登记确认的数量为准）。上述转增股票按照如下出资人权益调整方案进行安排：

1. 对按照每 10 股转增 6.48 股的比例实施资本公积金转增股票，共计可转增 2,610,137,444 股的股票，将按照以下方式进行安排：

（1）上述转增股票中，应向银亿控股、宁波圣洲、西藏银亿以及熊某凯（以下简称控股股东及其支配的股东）分配的 1,855,202,169 股股票将优先用于完成业绩补偿，剩余的 3,752,927 股转增股票则根据本重整计划的规定进行处置，不再向原股东进行分配。完成业绩补偿后，控股股东及其支配的股东应分配的总计 1,174,433,403 股业绩补偿股票及剩余的未向其分配的 3,752,927 股转增股票，共计 1,178,186,330 股股票，将被全部让渡，在最终转增完成后将专项用于引进重整投资人并解决银亿股份存在的历史遗留问题，具体安排如下：

①2017 完成业绩补偿——股份补偿

2017 年，银亿股份实施了发行股份购买资产的重大资产重组，宁波圣洲、西藏银亿作为交易对方，对重组标的公司宁波昊圣和东方亿圣作出了业绩承诺。经审计，上述两个重组标的公司在业绩承诺年度均未实现累计业绩承诺。根据宁波圣洲、西藏银亿与银亿股份签署的《发行股份购买资产协议》、《盈利预测补偿协议》及相应的补充协议的约定、银亿股份 2019 年第四次临时股东大会以及 2020 年第三次临时股东大会的决议，并结合本重整计划的规定，宁波圣洲、西藏

银亿因未完成 2018 年、2019 年业绩承诺，需以股票赠送的方式履行业绩补偿并返还相应的现金分红款项。按照本重整计划实施资本公积金转增股份后，宁波圣洲共计需补偿的股票数量为 1, 474, 774, 200 股（实施转增前的应补偿的股票数量为 894, 887, 257 股），需返还的现金分红金额为 626, 421, 079. 90 元；西藏银亿共计需补偿的股票数量为 376, 675, 042 股（实施转增前的应补偿的股票数量为 228, 564, 953 股），需返还的现金分红金额为 159, 995, 467. 10 元。

在本次重整过程中，应向控股股东及其支配的股东分配的转增股票中的 1, 851, 449, 242 股（实施转增后，银亿控股、宁波圣洲、西藏银亿与熊某凯分别予以补偿的股票数量为 482, 381, 866 股、597, 852, 014 股、311, 956, 787 股以及 459, 258, 575 股）股票作为应补偿股份，将在符合法律、法规及证券监管要求的前提下，补偿给业绩补偿承诺方之外的其他股东，各股东按照其在本次出资人组会议股权登记日（2020 年 12 月 4 日，若上述股东在 2020 年 12 月 4 日后至出资人权益调整方案实施完毕前因交易或非交易等导致持股情况发生变动，出资人权益调整方案的效力及于其股票的受让方及/或承继人，即本出资人权益调整方案所述权利义务将由实施本方案时确定的股权登记日的上述股东进行继受）持有银亿股份扣除业绩补偿承诺方持有的股份数后总股本的比例获赠股份，以完成对宁波圣洲与西藏银亿的业绩补偿。控股股东及其支配的股东总计可分得业绩补偿股票 1, 174, 433, 403 股，除控股股东及其支配的股东外的其他股东可分得业绩补偿股票 677, 015, 839 股。

②完成业绩补偿——现金分红返还并解决资金占用问题

宁波圣洲与西藏银亿因业绩承诺未实现而需向银亿股份返还的现金分红金额总计为 786, 416, 547. 00 元。此外，截至 2020 年 6 月 30 日，银亿股份尚存在被控股股东及其关联方非经营性占用资金 51, 979. 73 万元的情况。

依据《股权转让暨以资抵债协议书》的约定，控股股东及其关联方将山西凯能 51% 的股权过户至银亿股份名下以担保上述占用资金得以偿还，在偿还占用资金后，银亿股份应将山西凯能 51% 的股权重新过户至如升实业。此外，控股股东及其关联方可通过支付山西凯能 49% 股权对应的抵债金额赎回股权。据此，为将银亿股份名下的山西凯能 100% 股权整体置出，控股股东及其关联方所需清偿的非经营性资金占用金额为 1, 449, 447, 986. 68 元，同时还应向银亿股份支付占用期间的利息。

控股股东及其支配的股东应分配的总计 1, 174, 433, 403 股业绩补偿股票及剩余的未向其分配的转增股票 3,752,927 股,共计 1,178,186,330 股股票,将全部予以让渡,根据本重整计划的规定进行处置,专项用于解决现金分红返还与非经营性资金占用等遗留问题。处置所得现金将被全部用于向银亿股份偿还控股股东及其关联方所占用的资金,以及宁波圣洲和西藏银亿基于业绩补偿应返还的现金分红款,不再向上述主体返还。重整投资人受让前述股票的条件包括:

第一,所支付的现金对价用于向银亿股份偿还控股股东及其关联方对银亿股份及其下属公司共计 1,449,447,986.68 元及相应利息的资金占用款项,以彻底解决资金占用问题。

第二,所支付的剩余现金对价用于向银亿股份偿还宁波圣洲与西藏银亿应返还的现金分红款项共计 786,416,547.00 元,完成现金分红款的足额返还义务。

(2)转增股票每 10 股转增 6.48 股的部分中,应向除控股股东及其支配的股东以外的全体股东分配的 754,935,275 股转增股票,将向本次出资人组会议股权登记日登记在册的上述股东进行分配。

2. 以上述转增后的总股数为基数按照每 10 股转增 5.06 股的比例总计转增 3,359,343,562 股的股票不再向全体股东进行分配,其将被全部让渡并按照重整计划的规定,专项用于引进重整投资人、清偿负债,具体安排如下:

(1)管理人以 1,810,014,311 股股票有条件引进重整投资人,重整投资人则以支付现金对价、解决银亿股份遗留问题并向银亿股份提供业务发展支持为条件受让该等股票;

(2)管理人以 1,549,329,251 股股票通过以股抵债的方式清偿银亿股份的负债。

出资人权益调整方案实施完成后,控股股东及其关联方非经营性资金占用问题以及业绩补偿的履行问题得到了彻底解决。同时,山西凯能 100% 的股权也被返还并过户至如升实业。重整投资人受让控股股东及其支配的股东让渡的 1,174,433,403 股业绩补偿股票、转增剩余的未向其分配的转增股票 3,752,927 股及全体股东让渡的专项用于引进重整投资人的 1,810,014,311 股转增股票,共计受让股数为 2,988,200,641 股,占重整后总股数的比例为 29.89%。此外,银亿股份出资人所持有的股票绝对数量不会因本次重整而减少。同时,为保护中小股东的利益,银亿股份向中小股东进行了相应数量的分配,并在重整过程中引进了实力雄厚的重整投资人。银亿股份新的股本结构在出资人方案实施完毕后的具体情况见表 2-4-1。

表 2－4－1　银亿股份出资人于方案实施完毕后的股本结构

股东	重整前股权结构		每 10 股转增 6.48 股			每 10 股转增 5.06 股			重整后股权结构	
	持股数量	持股比例/%	转增股数	业绩补偿结束后的持股数量	让渡股数	转增股数	以股抵债股数	引进重整投资人股数	持股数量	持股比例/%
银亿控股	747, 383, 347	18. 55	484, 304, 409	436, 240, 248	436, 240, 248	598, 993, 979	276, 256, 023	322, 737, 956	747, 383, 347	7. 48
西藏银亿	481, 414, 795	11. 95	311, 956, 787	228, 628, 511	228, 628, 511	359, 330, 168	165, 723, 073	193, 607, 095	481, 414, 795	4. 82
宁波圣洲	922, 611, 132	22. 91	597, 852, 014	97, 988, 786	97, 988, 786	516, 492, 920	238, 206, 535	278, 286, 385	922, 611, 132	9. 23
熊某凯	711, 557, 036	17. 67	461, 088, 959	415, 328, 785	415, 328, 785	570, 280, 810	263, 013, 510	307, 267, 300	711, 557, 036	7. 12
其他股东	1, 165, 023, 572	28. 92	754, 935, 275	1, 431, 951, 114	—	1, 314, 245, 685	606, 130, 110	708, 115, 575	2, 596, 974, 686	25. 98
重整投资人	—	0. 00	—	—	—	—	—	—	2, 988, 200, 641	29. 89
债权人	—	0. 00	—	—	—	—	—	—	1, 549, 329, 251	15. 50
合计	4, 027, 989, 882	100. 00	2, 610, 137, 444	2, 610, 137, 444	1, 178, 186, 330	3, 359, 343, 562	1, 549, 329, 251	1, 810, 014, 311	9, 997, 470, 888	100. 00

(三十九)2020 年 12 月 11 日,银亿股份第二次债权人会议、出资人组会议表决通过重整计划(草案)

2020 年 12 月 11 日,银亿股份第二次债权人会议召开,会议表决通过了重整计划(草案),出资人组会议也表决通过了重整计划(草案)之出资人权益调整方案。

(四十)2020 年 12 月 11 日,银亿股份管理人与重整投资人签署重整投资协议

2020 年 12 月 11 日,银亿股份管理人与梓禾瑾芯签署了重整投资协议,协议主要内容如下:

1. 投资方案

(1)经过公开遴选程序,梓禾瑾芯成为银亿股份的重整投资人,投资额为人民币 32 亿元。

(2)投资款在重整程序中将根据银亿股份管理人制定并提交给法院的及债权人会议通过的重整计划的规定用于清偿应以现金方式偿还的债务,支付执行重整计划所需发生的各项费用,支持银亿股份做好原有主营业务的持续经营、实施产业转型升级方案,购买有盈利能力和发展前景的优质经营性资产,实施产业整合并购以及向下属公司注入流动性。

(3)梓禾瑾芯应在银亿股份重整计划经宁波中院裁定批准后,正式成为银亿股份的重整投资人。依据协议,梓禾瑾芯享有重整投资人的权利、承担重整投资人的义务。

(4)在梓禾瑾芯支付投资款及前述转增股票实际登记至其向银亿股份管理人提供或指定的证券账户之日起,梓禾瑾芯有权按照其所持有的银亿股份股票,依法独立行使股东权利。梓禾瑾芯将持有银亿股份实施资本公积金转增股票后总股本 29.89% 的股份。

2. 付款安排

梓禾瑾芯应按照协议约定以分期付款的方式向银亿股份管理人指定的银行账户支付投资款。第一期投资款为人民币 8 亿元(含履约保证金人民币 1.53 亿元),第二期投资款为人民币 24 亿元。自重整计划经宁波中院裁定批准之日起七(7)日内,梓禾瑾芯完成支付第一期投资款合计人民币 8 亿元,并确保最迟不

晚于 2020 年 12 月 31 日前支付至少人民币 15 亿元的投资款。

3. 过渡期安排

自协议生效之日至完成所有转增股票登记至梓禾瑾芯或其指定证券账户手续之日，在符合《企业破产法》等相关法律法规的前提下，管理人将对银亿股份的日常经营和重大事项履行监管职责。

4. 减持限制

梓禾瑾芯承诺本次受让的转增股票自登记至其名下之日起三十六(36)个月内不通过二级市场公开减持，但在其持有前述转增股票之后，在同一实际控制人控制的不同主体之间(含子公司)对前述转增股票进行协议转让、无偿划转、实施增资则不受前述减持限制。

2021 年 1 月 6 日，管理人就前述协议的相关内容进行了补充，补充内容如下：

5. 关于转增股票过户安排

在银亿股份重整程序中，为实现重整投资人对银亿股份的重整投资，妥善解决资金占用、现金分红返还的历史遗留问题，梓禾瑾芯将按人民币 2.07814 元/股的价格(资金占用利息计算至 2020 年 12 月 31 日)，受让控股股东及其支配的股东可分得的业绩补偿股票 1,178,186,330 股(以下简称转增股票 1)，转让所得对价将根据重整计划的规定用于向银亿股份清偿其控股股东及关联方所占用的资金以及宁波圣洲与西藏银亿应当返还的现金分红。同时，通过司法程序内公开遴选重整投资人的市场竞价方式，梓禾瑾芯以人民币 0.41522 元/股的价格受让全体银亿股份股东让渡的 1,810,014,311 股转增股票(以下简称转增股票 2，以上转增股票 1 与转增股票 2 以下简称转增股票)。梓禾瑾芯受让上述转增股票的均价不低于人民币 1.07088 元/股。转增股票的最终数量以中国证券登记结算有限责任公司深圳分公司实际登记确认的数量为准，若股票数量出现小数位，则去掉拟分配股票数量小数点右侧的数字，并在个位数上加“1”。

银亿股份重整计划经宁波中院裁定批准后，依据梓禾瑾芯分批支付的投资款，管理人将按照梓禾瑾芯实际付款金额，分批将对应价值的转增股票过户至梓禾瑾芯名下。双方同意，梓禾瑾芯支付的投资款达到人民币 15 亿元(大写：人民币壹拾伍亿元整)的，优先将转增股票 1 中的 721,798,833 股予以过户；付款金额超出人民币 15 亿元(大写：人民币壹拾伍亿元整)后，将根据超出部分款项对应的剩余转增股票予以过户。在梓禾瑾芯按照重整投资协议向管理人缴付投资款后五(5)日内,且在资本公积金转增股票完成后,管理人应根据宁波中院出具的协助执行转增股票登记的文书启动相应转增股票登记(以下简称启动日)至梓禾瑾芯或其指定的证券账户的程序,并自启动日之日起十五(15)个工作日内完成登记,梓禾瑾芯应提供及时且必要的配合(包括但不限于提供办理梓禾瑾芯转增股票登记所需的相关资料)。任何非因管理人的原因导致管理人无法按时完成转增股票登记的,管理人无须为此承担任何责任。每期过户登记产生的费用由梓禾瑾芯(如有)承担。

转增股票完成过户后直至梓禾瑾芯付清全部投资款之日止,梓禾瑾芯承诺不会对其受让的转增股票及其项下的股东权利与第三方达成任何协议或意向、办理任何质押登记手续或以融资为目的设置任何权利限制。双方同意,在依据该协议约定将股票登记至梓禾瑾芯或其指定的证券账户后,管理人有权申请宁波中院对该等股票进行查封保全,梓禾瑾芯应配合完成该等查封保全措施,包括但不限于根据宁波中院的要求出具相关文件。在梓禾瑾芯付清全部投资款后五(5)日内,管理人向宁波中院申请解除对该等转增股票的查封保全。

6. 关于重要事项的处理

(1)关于非房地产资产的处理,包括普利赛思100%股权及康强电子股票在内的非房地产资产将被剥离出银亿房产并被转至银亿股份名下。山西凯能100%股权及山西凯能持有的下属公司股权及资产将根据重整计划的安排置出银亿股份并过户返还至如升实业名下。

(2)关于房地产资产的处理,根据重整计划的安排,后续将对银亿股份持有的银亿房产100%股权及银亿股份对银亿房产的全部应收账款进行处置。

(3)关于银亿股份与相关子公司之间存在担保关系的债权的处理,银亿股份作为担保人在清偿上述债权后将保留对相应子公司的追偿权;承担担保责任的公司在清偿上述债权后对银亿股份及其他子公司所形成的追偿权(应收款)将与银亿股份及其他子公司对上述公司的债权做抵销处理,无法抵销的部分将全部予以免除并不再向银亿股份及其他子公司进行追偿。

(4)关于预计债权的处理,已向管理人申报,对于尚未经管理人审查确定的债权以及未申报债权,待债权金额确认后再按照重整计划的规定受领偿债资金及股票。

7. 投资款项支付承诺

梓禾瑾芯应最迟不晚于2020年12月31日前支付第二期投资款人民币24亿元。同时,梓禾瑾芯应确保不晚于2020年12月31日前至少累计支付人民币15亿元。在履行完毕前述付款义务后,梓禾瑾芯可提出书面申请(以下简称书面申请),明确后续投资款的支付时间和具体金额(以下简称剩余投资款),所有剩余投资款的支付时间最迟不晚于2021年3月31日。自2021年1月1日起至每笔剩余投资款实际支付日期间,梓禾瑾芯应就其未支付的剩余投资款按照中国人民银行届时公布的有效的一年期贷款市场报价利率(LPR)按日计息,以进行合理补偿。基于该书面申请未按照重整投资协议相关约定支付投资款的,梓禾瑾芯无须承担重整投资协议第11条约定的违约责任。

8. 违约责任条款

(1)重整投资协议签署后,除不可抗力因素外,任何一方未能履行其在重整投资协议项下之义务或承诺,或其所作出的陈述、保证或承诺失实或严重有误的,该方应被视作违约(以下简称违约方)。

(2)违约方应当根据守约方的要求继续履行义务、采取补救措施或向守约方支付全面和足额的违约金,上述违约金包括直接损失和间接损失的赔偿。在相关违约行为因构成实质性违约导致重整投资协议项下合同目的不能实现时,守约方有权以书面形式通知违约方终止重整投资协议并按照该协议约定主张赔偿责任。本条款对于违约金数额另行约定的,按照相应约定计算违约金。

(3)除重整投资协议另有约定外,如因梓禾瑾芯的原因逾期履行重整投资协议项下现金支付义务(包括但不限于履约保证金支付义务、投资款支付义务等)的,每逾期一日梓禾瑾芯应按照其未按时履行的现金支付义务金额的0.05%向管理人支付违约金,前述违约金不足以弥补管理人、银亿股份因梓禾瑾芯违约行为所遭受的损失的,管理人有权继续向梓禾瑾芯进行追偿。

(4)出现以下任一情形,视为梓禾瑾芯严重违约,管理人有权立即单方终止重整投资协议而不视为管理人违约:①梓禾瑾芯单方面终止本次投资;②梓禾瑾芯逾期履行重整投资协议项下支付投资款义务超过三十(30)日;③因可归责于梓禾瑾芯的原因,本次银亿股份重整或本次投资未能实施;④梓禾瑾芯严重违反法律法规、重整投资协议约定、重整投资人招募规则规定,导致重整投资协议目的无法实现。

管理人因本款约定的上述情形单方终止重整投资协议时，根据需要，管理人有权履行相应程序决定重新更换投资人，新重整投资人（含备选投资人）的投资款与梓禾瑾芯投资款之间的差额由梓禾瑾芯负责补足，管理人有权根据梓禾瑾芯应补足金额的约定没收梓禾瑾芯已支付的履约保证金或投资款，其余款项返还梓禾瑾芯。前述经没收的履约保证金或投资款不足以弥补管理人及银亿股份由此遭受的全部损失的，管理人有权向梓禾瑾芯继续追偿（包括但不限于要求返还已登记至梓禾瑾芯或其指定的证券账户的转增股票）。

9. 协议解除条款

根据重整投资协议，经协议双方书面协商一致同意，可以解除该协议。同时，如出现以下情况，管理人有权单方解除该协议而不视为管理人违约：

（1）重整计划未获得宁波中院裁定批准；

（2）本次重整或本次投资已经确定非因可归责于梓禾瑾芯的原因无法继续实施（若因梓禾瑾芯的原因导致本次银亿股份重整或本次投资未能实施的，管理人有权依据重整投资协议第 11 条第 4 款的规定终止该协议并要求梓禾瑾芯承担相应违约责任）；

（3）本次投资未能通过国家市场监督管理总局或相关主管部门的反垄断（包括但不限于经营者集中）审查（如本次投资依法需要通过国家市场监督管理总局或相关主管部门的反垄断审查）。

如出现如下情形之一，梓禾瑾芯有权单方解除该协议而不视为其违约：

（1）重整计划未获得宁波中院裁定批准；

（2）非因梓禾瑾芯的原因，银亿股份重整计划出现执行不能的情形，进而导致宁波中院裁定终止重整程序并宣告银亿股份破产的；

（3）非因梓禾瑾芯的原因，在股票交割日之前，银亿股份被暂停或终止上市；

（4）非因梓禾瑾芯的原因，梓禾瑾芯未能按照重整投资协议的约定取得公司股份。

协议解除后，尚未履行的义务终止履行；已经履行的义务，签署方本着尽量恢复原状，权利与义务、义务与责任相匹配的原则，采取补救措施。此外，为了保护上市公司的利益，若有涉及退还梓禾瑾芯履约保证金和/或投资款的情形，该等款项均不计息。

(四十一)2020年12月15日,宁波中院裁定批准重整计划

2020年12月15日,宁波中院作出(2020)浙02破4号之一民事裁定书,裁定批准银亿股份重整计划,并终止银亿股份重整程序。

(四十二)2020年12月17日,银亿股份收到深交所关注函

2020年12月17日,银亿股份收到深交所关注函[①],对银亿股份披露的《重整计划(草案)》、重整投资协议相关事项表示关注。

2021年1月5日,银亿股份对上述关注函作出回复,就重整投资人的履约能力、重整投资协议的协议内容、资金占用偿还等相关事项作出说明。

(四十三)2021年12月25日,银亿股份重整投资人梓禾瑾芯未按期支付投资款,构成违约

2020年12月25日,第一期投资款仍逾期2.57亿元未支付,梓禾瑾芯构成违约。

直至2022年1月24日,银亿股份重整投资人梓禾瑾芯方支付完毕全部投资款32亿元人民币(含履约保证金1.53亿元人民币)。

(四十四)2021年1月29日,银亿集团等十七家公司合并重整案召开了第四次债权人会议

2021年1月29日,银亿集团等十七家公司合并重整案召开了第四次债权人会议,由债权人对重整计划(草案)进行分组表决,由银亿集团等十七家公司的出资人对重整计划(草案)之出资人权益调整方案进行了表决。2021年2月8日中午12时,表决期限届满。经统计,会议表决结果如下:

税款债权组表决通过了重整计划(草案),有财产担保债权组、普通债权组未表决通过重整计划(草案),出资人组未表决通过重整计划(草案)之出资人权益调整方案。由于部分表决组未通过重整计划(草案),银亿集团等十七家公司合并重整案第四次债权人会议对重整计划(草案)的表决未获通过。

根据《企业破产法》第87条的规定,管理人将同未通过重整计划(草案)的表

---

① 深交所:公司部关注函〔2020〕第131号。

决组协商，并在协商后再对重整计划(草案)表决一次。

(四十五)2021年4月29日，银亿股份2020年年度财务报告被出具带强调事项的保留意见的审计报告

2021年4月29日，天健所向银亿股份提交了《银亿股份有限公司2020年度审计报告》，该审计报告为带强调事项的保留意见的审计报告。

1. 审计报告中形成保留意见的基础

资产负债表日，银亿股份流动负债高于流动资产57.66亿元，逾期债务余额44.40亿元，累计未分配利润-60.14亿元，2020年度归属于母公司的净利润为-10.87亿元(其中计提商誉减值损失6.86亿元)，银亿股份中短期偿债能力弱，存在较大的经营风险和财务风险。这些事项或情况表明银亿股份存在可能导致对其持续经营能力产生重大疑虑的重大不确定性。银亿股份虽已在财务报表附注中披露了可能导致对其持续经营能力产生重大疑虑的主要情况或事项，并说明公司处于重整计划执行过程中，但其重整计划已于2020年12月14日经宁波中院裁定批准，其已进入重整计划执行阶段，但重整计划后续执行存在重大不确定性，而管理层未能充分披露消除重大不确定性的切实措施。

2. 审计报告中强调事项段的内容

根据银亿股份重整计划，为将银亿股份名下的山西凯能100%股权整体置出，控股股东及其关联方需以现金方式偿还资金占用款项共计144,944.80万元(含以山西凯能49%股权抵偿的92,965.06万元)，同时还应向银亿股份支付占用期间的利息共计21,460.89万元(含49%股权部分利息4457.64万元)。但重整投资人仍剩余17亿元投资款尚未支付，其存在无法按照重整投资协议的约定履行投资义务的风险，控股股东资金占用的偿还方式及山西凯能100%股权能否置出仍具有不确定性。

银亿股份子公司宁波昊圣及东方亿圣累计未能完成业绩承诺，根据银亿股份与宁波昊圣原股东西藏银亿及东方亿圣原股东宁波圣洲签订的业绩承诺补偿协议及银亿股份2019年第四次临时股东大会以及2020年第三次临时股东大会的决议，宁波圣洲、西藏银亿因未完成2018年、2019年业绩承诺，需将应补偿的股份赠送给其他股东，同时还需向银亿股份返还现金分红，其金额总计为

78,641.65万元。对于现金分红款,重整投资人仍有17亿元的投资款尚未支付,其存在无法按照重整投资协议的约定履行投资义务的风险,该部分现金分红返还金额能否收回具有不确定性。对于需赠送给其他股东的股份,西藏银亿及宁波圣洲所持有的股份基本已被质押冻结,且银亿股份股票转增申请尚未获得通过,故尚未能赠送给其他股东。

(四十六)2021年4月30日,银亿股份股票被叠加实施其他风险警示

2021年4月30日,因银亿股份2018年度、2019年度、2020年度连续三个会计年度扣除非经常性损益前后净利润均为负值,根据《深交所股票上市规则(2020年修订)》第13.3条第6项规定,“上市公司出现下列情形之一的,本所对其股票交易实施其他风险警示:(六)公司最近三个会计年度扣除非经常性损益前后净利润孰低者均为负值,且最近一年审计报告显示公司持续经营能力存在不确定性”,银亿股份股票应被叠加实施其他风险警示。

此前,银亿股份因2018年度、2019年度连续两个会计年度经审计的净利润为负值而被实施了退市风险警示。如银亿股份2020年度净利润继续为负值,其股票将被暂停上市。但是根据深交所《关于发布〈深圳证券交易所股票上市规则(2020年修订)〉的通知》第4条的规定,“新规施行前股票已被实施退市风险警示以及已被实施其他风险警示的公司,在2020年年度报告披露前,其股票继续实施退市风险警示或其他风险警示;在2020年年度报告披露后,执行以下安排:……(2)未触及新规退市风险警示但触及原规则暂停上市标准的,对其股票实施其他风险警示”,银亿股份股票应被叠加实施其他风险警示。

(四十七)2021年7月15日,银亿股份收到债权人委员会决议

2021年7月15日,银亿股份债权人委员会通过电子邮件发来《银亿股份有限公司债权人委员会会议决议》,经银亿股份债权人委员会集体审议,债权人委员会会议表决通过了下列两项议案:

议案一:拟同意将重整投资人在重整投资协议项下的履行期限延长至2021年9月30日并提交债权人会议进行表决。若至2021年9月30日投资人仍未全额支付32亿元人民币重整投资款,其与管理人签订的重整投资协议及补充协议

(待签)立即自动终止,并须立即按照上述协议约定足额承担全部违约责任;管理人应当不晚于2021年8月31日前与投资人签订具有法律约束力的补充协议,投资人提交的《关于〈重整投资协议之补充协议〉条款细节的报告》应纳入补充协议具体违约责任约定中。

议案二:债权人委员会关注到银亿股份现任董事会任期已于2020年11月届满,且个别现任董事已不符合《公司法》《银亿股份有限公司章程》等规定的任职资格,债权人委员会提请银亿股份有权提案股东、董事立即依照法定程序对银亿股份不符合任职资格的现任董事进行改选。

(四十八)2021年9月7日,银亿股份第三次债权人会议召开

2021年9月7日,银亿股份第三次债权人会议表决通过议案"关于是否同意将嘉兴梓禾瑾芯股权投资合伙企业(有限合伙)基于《银亿股份有限公司重整投资协议》应支付剩余重整投资款的义务延期至2021年9月30日"的议案。

(四十九)2021年11月3日,银亿股份第四次债权人会议召开

2021年11月4号,银亿股份第四次债权人会议表决通过议案一"关于将嘉兴梓禾瑾芯股权投资合伙企业(有限合伙)基于《银亿股份有限公司重整投资协议》应支付剩余重整投资款的义务延期至2021年11月11日,如期限届满梓禾瑾芯仍未全额支付剩余13亿元重整投资款,则管理人应根据《银亿股份有限公司重整投资协议》的规定履行协议终止程序"和议案二"关于采用非在线视频通讯群组等其他非现场方式召开银亿股份有限公司后续债权人会议"。

(五十)2021年12月25日,银亿股份第五次债权人会议召开

2021年12月25日,银亿股份第五次债权人会议表决通过议案"关于银亿股份有限公司管理人继续履行与嘉兴梓禾瑾芯股权投资合伙企业(有限合伙)签署的《银亿股份有限公司重整投资协议》"。

(五十一)2022年2月28日,银亿股份披露控股股东、实际控制人发生变更

因执行重整计划、重整投资协议的相关安排,银亿股份控股股东由银亿控股

变为梓禾瑾芯，实际控制人由熊某强变为叶某，具体变更情况见表2－4－2。

表2－4－2　银亿股份控股股东、实际控制人变更情况

股东	本次权益变动前		本次权益变动后	
	持股数量/股	持股比例/%	持股数量/股	持股比例/%
梓禾瑾芯	0	0.00	2,988,200,641	29.89
银亿控股	747,383,347	18.55	747,383,347	7.48
宁波圣洲	922,611,132	22.91	922,611,132	9.23
熊某凯	711,557,036	17.67	711,557,036	7.12
西藏银亿	481,414,795	11.95	481,414,795	4.82
宁波开投	206,753,341	5.13	460,877,536	4.61
其他股东	958,270,231	23.79	3,685,426,401	36.85
合计	4,027,989,882	100.00	9,997,470,888	100.00

根据重整投资协议，梓禾瑾芯承诺自转增股票登记至其名下之日起36个月内，其不会通过二级市场公开减持转增股票。

(五十二)2022年3月9日，银亿股份披露非经营性资金占用、业绩补偿和现金分红返还事项得到全部解决

1. 资金占用解决过程

2019年5月25日，银亿控股及其关联方归还占用资金14,000万元港币，资金占用余额为212,471.73万元。

截至2019年5月31日，银亿控股及其关联方已累计偿还占用资金14,000万元港币及3100万元人民币，资金占用余额为人民币209,371.73万元。

截至2019年6月13日，银亿控股及其关联方已累计偿还占用资金14,000万元港币及18,842.726万元人民币，资金占用余额为人民币193,629万元。

2019年9月16日，银亿控股以其下属全资子公司普利赛思100%股权抵偿占款43,403.12万元。前述以资抵债完成后，资金占用余额为人民币149,835.28万元。

2019年9月29日，宁波盈日金属以现金方式偿还占款300万元后，资金占用余额为人民币149,535.28万元。

2019年12月4日，银亿股份下属子公司宁波银亿房产、邦奇自动变速箱及新疆银洲星与银亿集团、宁波盈日金属签署债务清偿协议，即邦奇自动变速箱拟

将其应付给银亿集团的新疆银洲星 49% 股权转让款 39, 574, 730. 07 元及新疆银洲星拟将其应付给银亿集团的分利款 3, 330, 124. 03 元,全部转让给宁波银亿房产,用以抵偿宁波盈日金属对宁波银亿房产的部分占款 42, 904, 854. 10 元。前述以资抵债完成后,资金占用余额为人民币 145, 244. 80 万元。

2020 年 1 月 4 日,银亿股份原控股股东银亿控股实际控制人熊某强以其控制的如升实业持有的山西凯能 49% 的股权来抵偿银亿控股及其关联方占款 92, 965. 06 万元,同时以山西凯能 51% 的股权为银亿控股及其关联方的剩余占款清偿义务提供担保。前述以资抵债完成后,银亿股份名义上持有山西凯能 100% 股权,资金占用余额为人民币 52, 279. 74 万元。

2020 年 3 月 10 日,宁波卓越圣龙以现金方式偿还占款 300 万元后,资金占用余额为人民币 51, 979. 74 万元。

2020 年 12 月 14 日,宁波中院裁定批准重整计划,并终止银亿股份重整程序。根据重整计划,控股股东及其支配的股东应分配的总计 1, 174, 433, 403 股业绩补偿股票及剩余的未向其分配的 3, 752, 927 股转增股票,共计 1, 178, 186, 330 股股票将被全部予以让渡,以专项解决现金分红返还与非经营性资金占用等遗留问题。其中,用于向银亿股份偿还原控股股东及其关联方对银亿股份及其下属公司的资金占用款项共计 1, 449, 447, 986. 68 元及相应利息。

重整投资人受让上述股票的条件是:所支付的现金对价被用于向银亿股份偿还原控股股东及其关联方对银亿股份及其下属公司资金的占用款项共计 1, 449, 447, 986. 68 元及相应利息,以彻底解决资金占用问题。

2022 年 2 月 28 日,银亿股份重整计划中的资本公积转增股本方案实施完毕。同时,自 2021 年 1 月 13 日起至本次公告披露日止,管理人已向债权人及银亿股份支付款项累计 2, 606, 033, 380. 59 元,此金额已经可以覆盖重整投资人受让专项用于解决现金分红返还与非经营性资金占用等遗留问题的转增股票的对价总额 2, 450, 473, 414. 05 元(其中用于向银亿股份偿还资金占用款项 1, 449, 447, 986. 68 元及其利息 214, 608, 880. 37 元的现金对价共计 1, 664, 056, 867. 05 元)。

2022 年 3 月 4 日,银亿股份已按重整计划的安排完成了山西凯能 100% 股权置出上市公司的工商变更手续,山西凯能 100% 股权已被整体置出并过户至如升实业名下,银亿股份不再持有山西凯能股权。

2022 年 3 月 9 日,上海上正恒泰律师事务所出具法律意见书,确认银亿股份原控股股东及关联方非经营性资金占用事项已全部解决。

2022 年 3 月 14 日,天健所出具专项核查报告,确认银亿控股及其关联方非经营性资金占用已全部偿还。

2022 年 3 月 15 日,独立董事出具独立意见,确认银亿控股及其关联方非经营性资金占用已全部偿还。

2. 业绩补偿及现金分红事项

根据重整计划的安排,应向原控股股东及其支配的股东分配的转增股票中的 1,851,449,242 股股票作为应补偿股份,应被补偿给业绩补偿承诺方之外的其他股东,用于完成宁波圣洲和西藏银亿的业绩补偿(根据本重整计划实施资本公积金转增股份后,宁波圣洲需补偿 1,474,774,200 股,西藏银亿需补偿 376,675,042 股,合计补偿 1,851,449,242 股)。

根据重整计划的安排,原控股股东及其支配的股东应分配的总计 1,174,433,403 股业绩补偿股票及剩余的未向其分配的 3,752,927 股转增股票,共计 1,178,186,330 股股票将被全部予以让渡,以专项解决现金分红返还与非经营性资金占用等遗留问题。其中,用于向银亿股份偿还西藏银亿与宁波圣洲应返还的现金分红款项共计 786,416,547.00 元。

重整投资人受让上述股票的条件是:所支付的剩余现金对价,用于向银亿股份偿还宁波圣洲与西藏银亿应返还的现金分红款项共计 786,416,547.00 元,完成现金分红款的足额返还义务。

2022 年 2 月 28 日,重整计划中的资本公积转增股本方案全部实施完毕,银亿股份已根据重整计划的安排将宁波圣洲和西藏银亿应补偿的股份过户登记至除业绩补偿承诺方之外的其他股东的股东账户名下。

同时,如前所述,自 2021 年 1 月 13 日起至本次公告披露日止,管理人已向债权人及银亿股份支付款项累计 2,606,033,380.59 元,此金额已经可以覆盖重整投资人受让专项用于解决现金分红返还与非经营性资金占用等遗留问题的转增股票的对价总额 2,450,473,414.05 元(其中,用于向银亿股份偿还宁波圣洲与西藏银亿应返还的现金分红款项的现金对价共计 786,416,547.00 元)。

综上,西藏银亿和宁波圣洲的业绩补偿和现金分红返还问题已全部解决。

2022年3月9日,上海上正恒泰律师事务所出具法律意见书,确认西藏银亿和宁波圣洲的业绩补偿和现金分红返还问题已全部解决。

2022年3月14日,天健所出具专项核查报告,确认西藏银亿和宁波圣洲的业绩补偿和现金分红返还问题已全部解决。

(五十三)2022年3月10日,银亿股份申请撤销其他风险警示

2022年3月10日,因原控股股东及其关联方非经营性资金占用情形而被实施其他风险警示的事项已被彻底消除,银亿股份向深交所申请撤销对公司股票交易实施的其他风险警示。

2022年3月17日,深交所同意撤销对银亿股份股票因资金占用而实施的其他风险警示。鉴于银亿股份仍存在触发退市风险警示及其他风险警示的其他适用情形,其股票交易将继续被叠加实施退市风险警示和其他风险警示。

(五十四)2022年4月24日,法院裁定受理银亿股份原控股股东一致行动人的破产清算申请

2022年4月24日,宁波中院向宁波圣洲送达了(2022)浙02破申12号民事裁定书,裁定受理申请人中国工商银行股份有限公司宁波市分行对被申请人宁波圣洲的破产清算申请。

2022年4月24日,宁波中院向西藏银亿送达了(2022)浙02破申13号民事裁定书,裁定受理西藏银亿破产清算申请。

(五十五)2022年4月29日,银亿股份2021年度财务报被出具带强调事项段的无保留意见的审计报告

2022年4月29日,天健所向银亿股份提交了《银亿股份有限公司2021年度审计报告》,该审计报告为带强调事项段的无保留意见。审计报告中“强调事项段——重整计划执行情况”的内容如下:

重整投资人根据重整计划已支付了32亿元投资款。银亿股份已根据重整计划完成了股票转增。通过破产重整,银亿股份非经营性资金占用、业绩补偿及现金分红返还事项已全部解决,申报债权也根据重整计划约定正在清偿中。截

至本书出具日，银亿股份重整计划正在执行中。

（五十六）2022年5月10日，银亿股份申请撤销其他风险警示

虽然银亿股份最近三个会计年度扣除非经常性损益前后净利润孰低者均为负值，但其最近一年（2021年度）审计报告未显示其持续经营能力存在不确定性，其股票不存在《深交所股票上市规则（2022年修订）》第9.8.1条规定的被实施其他风险警示的情形。因此，银亿股份向深交所申请撤销股票交易其他风险警示。

2022年6月23日，深交所同意撤销对银亿股份股票因最近三个会计年度扣除非经常性损益前后净利润孰低者均为负值且最近一年持续经营能力存在不确定性而实施的其他风险警示情形。

鉴于银亿股份重整计划尚未执行完毕，银亿股份股票交易将继续被叠加实施退市风险警示。

（五十七）2022年10月25日，银亿股份第六次债权人会议召开

2022年10月25日，银亿股份第六次债权人会议表决通过议案"关于重整投资协议第十一条第（三）项调整为，'因乙方逾期履行协议项下现金支付义务的，自逾期之日起至每笔剩余投资款实际支付日期间，乙方尚未支付的剩余投资款按照逾期之日中国人民银行公布的一年期贷款市场报价利率（LPR3.85%）按日计息向甲方支付违约金'。在梓禾瑾芯支付完上述违约金后，由银亿股份向宁波中院申请重整计划提前执行完毕"。

2022年10月26日，银亿股份重整投资人梓禾瑾芯已将按照上述议案计算的63,450,352.78元违约金全额支付至管理人账户，违约责任已得妥善解决。

（五十八）2022年11月1日，法院裁定确认银亿股份重整计划执行完毕

2022年10月28日，银亿股份管理人向宁波中院提交了《关于〈银亿股份有限公司重整计划〉执行情况的监督报告》和《关于终结银亿股份有限公司重整程序的申请》，向宁波中院申请裁定确认重整计划提前执行完毕并终结银亿股份重整程序。

2022年11月1日，宁波中院作出（2020）浙02破4号之三民事裁定书，裁定确认银亿股份重整计划执行完毕，终结银亿股份破产重整程序。

（五十九）2022 年 11 月 4 日，银亿股份重整计划执行完毕申请撤销退市风险警示

2022 年 11 月 4 日，因宁波中院裁定银亿股份破产重整程序终结，银亿股份向深交所提交撤销对公司股票交易实施退市风险警示的申请。

2022 年 11 月 8 日，深交所同意撤销对银亿股份股票实施的退市风险警示。

二、合规问题事实的总结

（一）资金占用问题相关事实及其解决情况

截至 2019 年 4 月 30 日，控股股东及其关联方资金占用余额约为 22.47 亿元，占银亿股份最近一期经审计净资产的 14.91%。

对上述资金占用，银亿控股及其关联方通过现金清偿、以资抵债等方式偿还了部分占用资金。后续，银亿股份进入重整程序，银亿控股以向重整投资人让渡资本公积金转增股票所取得的现金对价偿还了剩余占用的资金，具体事实及其解决情况见表 2－4－3。

表 2－4－3　银亿股份资金占用问题相关事实及其解决情况

单位：万元

偿还日期	偿还公司	偿还金额	资金占用余额	偿还方式
2019. 4. 30	—	—	224, 777. 59	—
2019. 5. 25	银亿控股及其关联方	12, 305. 86	212, 471. 73	现金清偿
2019. 5. 31	银亿控股及其关联方	3100	209, 371. 73	现金清偿
2019. 6. 12	银亿控股及其关联方	15, 742. 726	193, 629	现金清偿
2019. 9. 11	银亿控股	43, 403. 12	149, 835. 28	以资抵债
2019. 9. 29	宁波盈日金属	300	149, 535. 28	现金清偿
2019. 12. 4	银亿集团	4290. 49	145, 244. 80	以资抵债
2020. 1. 2	银亿控股及其关联方	92, 965. 06	52, 279. 74	以资抵债
2020. 3. 10	宁波卓越圣龙	300	51, 979. 74	现金清偿
2021. 1. 13 ~ 2022. 3. 7	银亿控股	144, 944. 80	0	以转增股票现金对价清偿（含控股股东赎回山西凯能 49% 股权的资金）

(二)控股股东及实际控制人变动情况

截至 2018 年 12 月 31 日银亿股份资金占用问题披露前,银亿股份控股股东为银亿控股,实际控制人为熊某强。银亿控股共持有银亿股份股票 810,016,915 股,占其总股本的 20.11%。同时,银亿控股的一致行动人宁波圣洲持有银亿股份股票 922,611,132 股,占银亿股份总股本的 22.91%;熊某凯持有银亿股份股票 711,557,036 股,占银亿股份总股本的 17.67%;西藏银亿持有银亿股份股票 481,414,795 股,占银亿股份总股本的 11.95%。银亿控股及上述一致行动人共持有银亿股份股票 2,941,125,178 股,占银亿股份总股本的 73.03%,具体股权控制关系见图 2-4-1。

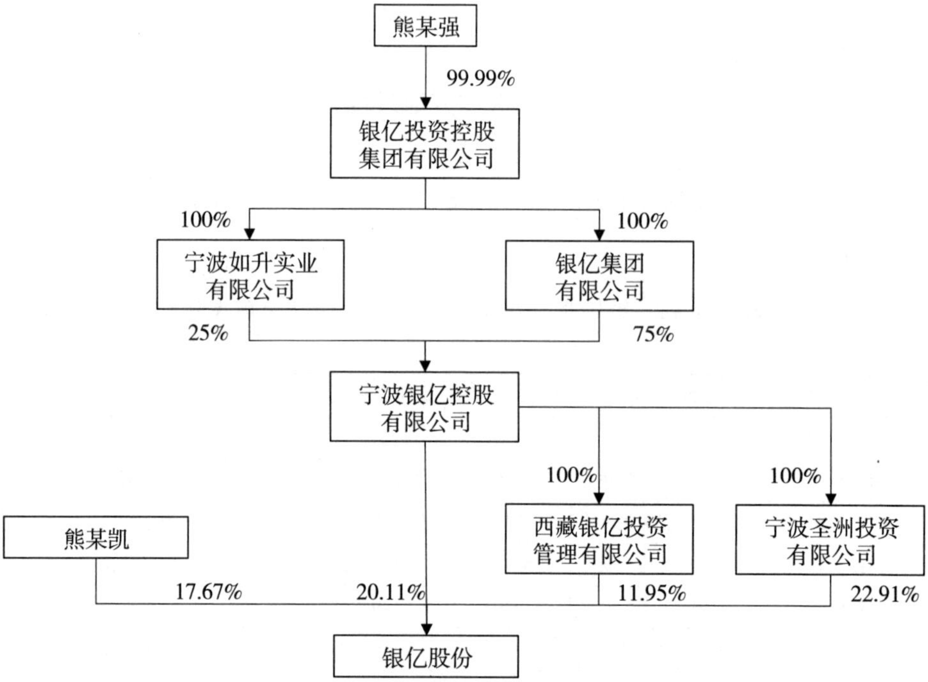

图 2-4-1　银亿股份股权结构

但实际上自 2018 年年底,银亿控股除对外转让了部分银亿股份股权外,其持有的银亿股份股票还在一直发生被动减持,具体变动情况见表 2-4-4。

表 2－4－4　银亿股份控股股东及实际控制人变动情况(重整前)

股东名称	减持方式	减持期间	减持均价(元/股)	减持股数(股)	减持比例	减持原因
银亿控股	集中竞价	2018. 11. 30 ~ 2019. 1. 2	3. 7280	37, 499, 998	0. 93%	信用账户发生被动减持,原因未披露
	集中竞价	2019. 1. 3 ~ 2019. 3. 5	3. 3399	4, 684, 659	0. 12%	信用账户发生被动减持,原因未披露
	集中竞价	2019. 3. 5 ~ 2019. 5. 31	4. 2215	36, 846, 000	0. 92%	信用账户发生被动减持,原因未披露
	集中竞价	2019. 6. 3 ~ 2019. 6. 6	1. 7480	1, 583, 562	0. 04%	信用账户发生被动减持,原因未披露
	集中竞价	2019. 6. 10 ~ 2019. 7. 25	1. 7927	19, 321, 447	0. 48%	因股票质押式回购业务触发违约条款而被质权人处置

上述减持完成后,银亿控股共持有银亿股份股票 747, 383, 347 股(其中信用账户持有银亿股份股票 31, 079, 934 股),占银亿股份总股本的 18. 55%。银亿控股及其一致行动人共持有银亿股份股票 2, 902, 840, 200 股(其中,信用账户持有银亿股份股票 46, 605, 234 股),占银亿股份总股本的 72. 07%。

截至 2019 年 12 月 19 日法院裁定受理银亿集团及银亿控股的重整申请时,银亿控股持有的银亿股份股票被被动减持至 747, 383, 347 股,占银亿股份总股本的 18. 55%。银亿控股及上述一致行动人共持有银亿股份 2, 862, 966, 310 股股份,占银亿股份总股本的 71. 08%。其后,直至法院裁定受理银亿股份重整申请,银亿控股及上述一致行动人持有的公司股份都未发生变化。

在银亿股份重整期间,银亿控股及上述一致行动人持有银亿股份的股份虽未发生变化,但其持股比例却因执行银亿股份重整计划而被被动稀释,具体情况见表 2－4－5。

表 2－4－5　银亿股份控股股东及实际控制人变动情况(重整后)

股东名称	本次权益变动前持有的股份		本次权益变动后持有的股份	
	股数(股)	占总股本的比例	股数(股)	占总股本的比例
宁波圣洲	922, 611, 132	22. 91%	922, 611, 132	9. 23%
银亿控股	747, 383, 347	18. 55%	747, 383, 347	7. 48%
熊某凯	711, 557, 036	17. 67%	711, 557, 036	7. 12%

续表

股东名称	本次权益变动前持有的股份		本次权益变动后持有的股份	
	股数(股)	占总股本的比例	股数(股)	占总股本的比例
西藏银亿	481,414,795	11.95%	481,414,795	4.82%
合计	2,862,966,310	71.08%	2,862,966,310	28.65%

鉴于银亿控股、宁波圣洲、西藏银亿尚处于破产程序,截至2022年12月31日,银亿控股及上述一致行动人持有银亿股份的股份未发生变化。

(三)控股股东一致行动人的业绩承诺

2017年1月、10月,银亿股份分别通过非公开发行股份的方式向西藏银亿、宁波圣洲购买了宁波昊圣100%股权、东方亿圣100%股权。因西藏银亿、宁波圣洲就宁波昊圣和东方亿圣2017年、2018年、2019年业绩作出的承诺未能实现,西藏银亿、宁波圣洲需要进行股份补偿和现金分红返还。但是,由于西藏银亿、宁波圣洲持有的银亿股份的股份存在股份质押,西藏银亿、宁波圣洲无法履行业绩承诺补偿义务,直至在银亿股份重整程序中,管理人将资本公积金转增的股票补偿给承诺方之外的其他股东后,该业绩承诺问题方被予以解决。

(四)上市公司经营情况

自2011年银亿股份控股股东变为银亿控股后,其营业收入大幅飙升,其中,2012年至2016年,其营业收入分别为35亿元、46亿元、63亿元、84亿元、98亿元,2017年,其营业收入达127亿元,其所属的银亿集团更是跻身当年中国民营企业500强第61位。但是自此之后,银亿股份开始不断陷入债务旋涡,屡次爆发债券违约问题的同时,其营业收入也开始大幅下滑,具体经营情况见表2-4-6。

表2-4-6 银亿股份经营情况

单位:万元

科目	2022年 1~9月	2021年	2020年	2019年	2018年
营业收入	96,625.41	397,628.53	795,966.42	704,844.73	896,975.89
归属于上市公司股东的净利润	-22,217.12	-261,419.75	-108,749.26	-717,376.57	-109,862.64

续表

科目	2022 年 1~9 月	2021 年	2020 年	2019 年	2018 年
归属于上市公司股东的扣除非经常性损益的净利润	-25,379.38	-291,614.30	-129,759.27	-717,491.20	-151,627.63
经营活动产生的现金流量净额	—	-25,784.83	51,424.90	109,838.91	11,947.07
总资产	1,775,750.74	2,151,619.90	2,214,474.00	2,563,255.11	3,694,445.76
归属于上市公司股东的净资产	96,625.41	397,628.53	795,966.42	704,844.73	896,975.89

(五)年度审计报告意见类型

2019 年 4 月 29 日,天健所出具的《银亿股份有限公司 2018 年度审计报告》为带强调事项的保留意见的审计报告。

2020 年 6 月 19 日,天健所出具的《银亿股份有限公司 2019 年度审计报告》为带强调事项的保留意见的审计报告。

2021 年 4 月 29 日,天健所出具的《银亿股份有限公司 2020 年度审计报告》为带强调事项的保留意见的审计报告。

2022 年 4 月 29 日,天健所出具的《银亿股份有限公司 2021 年度审计报告》为带强调事项段的无保留意见的审计报告。

(六)监管机构关注情况

在银亿股份资金占用问题被曝光后,深交所并未对此事项单独发出关注函,而是在年报问询函中予以问询。后续,深交所对此事项的关注也多是聚焦在资金占用问题解决出现重大进展的节点上,如公布以资抵债方案。

(七)重整程序推进情况

1. 上市公司

2019 年 10 月 8 日,银亿股份收到债权人的通知书,该通知书称,债权人以银亿股份不能清偿到期债务且明显缺乏清偿能力为由,向宁波中院申请对银亿股份进行重整。

2020 年 6 月 23 日,宁波中院裁定受理债权人对银亿股份的重整申请,并指定由有关政府部门和有关中介机构组成的银亿系企业清算组担任银亿股份的临时管理人,银亿股份正式进入重整程序。

2020 年 8 月 8 日,银亿股份管理人开展公开招募和遴选重整投资人工作。

2020 年 8 月 21 日,银亿股份第一次债权人会议召开,本次会议表决通过了临时管理人转为管理人、确定中介机构、选任和设立债权人委员会、银亿股份对欧洲银团出具向比利时邦奇提供资金支持的承诺函四个表决事项。

2020 年 10 月 27 日,重整投资人评审委员会确定梓禾瑾芯为银亿股份重整投资人,其投资总报价为人民币 32 亿元。

2020 年 12 月 11 日,银亿股份第二次债权人会议及出资人组会议分别表决通过了重整计划(草案)、重整计划(草案)之出资人权益调整方案。

2020 年 12 月 11 日,银亿股份管理人与重整投资人梓禾瑾芯签署了重整投资协议。

2020 年 12 月 15 日,宁波中院裁定批准银亿股份重整计划,并终止银亿股份重整程序。

2021 年 9 月 7 日,银亿股份第三次债权人会议表决通过议案“关于是否同意将嘉兴梓禾瑾芯股权投资合伙企业(有限合伙)基于《银亿股份有限公司重整投资协议》应支付剩余重整投资款的义务延期至 2021 年 9 月 30 日”。

2021 年 11 月 4 号,银亿股份第四次债权人会议表决通过议案一“关于将嘉兴梓禾瑾芯股权投资合伙企业(有限合伙)基于重整投资协议应支付剩余重整投资款的义务延期至 2021 年 11 月 11 日,如期限届满梓禾瑾芯仍未全额支付剩余 13 亿元重整投资款,则管理人应根据《银亿股份有限公司重整投资协议》的规定履行协议终止程序”和议案二“关于采用非在线视频通讯群组等其他非现场方式召开银亿股份有限公司后续债权人会议”。

2021 年 12 月 25 日,银亿股份第五次债权人会议表决通过议案“关于银亿股份有限公司管理人继续履行与嘉兴梓禾瑾芯股权投资合伙企业(有限合伙)签署的《银亿股份有限公司重整投资协议》”。

2022 年 10 月 25 日,银亿股份第六次债权人会议表决通过议案“关于重整投资协议第十一条第(三)项调整为,‘因乙方逾期履行协议项下现金支付义务的,自逾期之日起至每笔剩余投资款实际支付日期间,乙方尚未支付的剩余投资款按照逾期之日中国人民银行公布的一年期贷款市场报价利率(LPR3.85%)按日计息向甲方支付违约金'。在梓禾瑾芯支付完上述违约金后,由银亿股份向宁波中院申请重整计划提前执行完毕"。

2022年10月28日,银亿股份管理人向宁波中院提交了《关于〈银亿股份有限公司重整计划〉执行情况的监督报告》和《关于终结银亿股份有限公司重整程序的申请》,向宁波中院申请裁定确认重整计划提前执行完毕并终结银亿股份重整程序。

2022年11月1日,宁波中院裁定确认银亿股份重整计划已执行完毕,终结银亿股份破产重整程序。

2. 控股股东及其关联方

2019年6月14日,银亿集团、银亿控股向宁波中院申请重整。

2019年12月19日,宁波中院裁定受理银亿集团、银亿控股重整申请。

2020年4月29日,银亿控股案召开第一次债权人会议(因疫情原因,自2020年3月4日延期至4月29日)。

2020年6月1日,宁波中院决定由银亿系企业清算组正式履行管理人职责。

2020年7月24日,宁波中院裁定银亿控股等十六家公司与银亿集团合并重整。

2020年9月11日,银亿集团等十七家公司合并重整案召开第一次债权人会议。

2020年9月16日,银亿集团等十七家公司公开招募和遴选重整投资人。

2020年12月18日,银亿集团等十七家公司合并重整案召开第三次债权人会议。

2021年1月29日,银亿集团等十七家公司合并重整案召开第四次债权人会议,重整计划(草案)的表决未获通过。

截至2022年年底,银亿集团等十七家公司合并重整案仍在进行中。

需要说明的是,由于控股股东及其关联方并非上市公司,关于其重整程序的相关信息可能存在不完整的情况。

（八）法律责任承担情况

1. 自律监管责任

2019 年 9 月 26 日，因银亿股份及相关当事人存在业绩预告未及时修正、控股股东及其关联方非经营性资金占用的违规行为，深交所决定对银亿股份、银亿控股和银亿股份董事长、副董事长、副董事长、董事兼总裁、财务总监给予公开谴责的处分，对银亿股份时任董事会秘书、董事、董事给予通报批评的处分。

2. 行政监管措施

2019 年 6 月 10 日，因银亿股份非经营性资金占用未及时履行信息披露义务，甘肃证监局决定对银亿股份采取责令改正的行政监管措施，对董事长、副董事长、董事、财务总监、时任董事会秘书等主要责任人员采取出具警示函的行政监管措施。

3. 行政处罚

2019 年 9 月 12 日，因银亿股份涉嫌信息披露违法违规，中国证监会决定对银亿股份及其实际控制人兼董事长、副董事长、副董事长兼执行总裁、董事兼总裁、财务总监立案调查。

2020 年 1 月 13 日，因银亿股份非经营性资金占用未及时履行信息披露义务，银亿股份及上述人员受到警告、罚款的行政处罚。

4. 民事责任

针对虚假陈述责任纠纷案件事项，银亿股份预提股民诉讼索赔 2739.62 万元（截至 2022 年 6 月 30 日）。

除上述法律责任外，我们未查询到银亿股份及银亿控股等相关方被追究刑事责任的信息。

(九)合规问题解决时间轴(见图2-4-2)

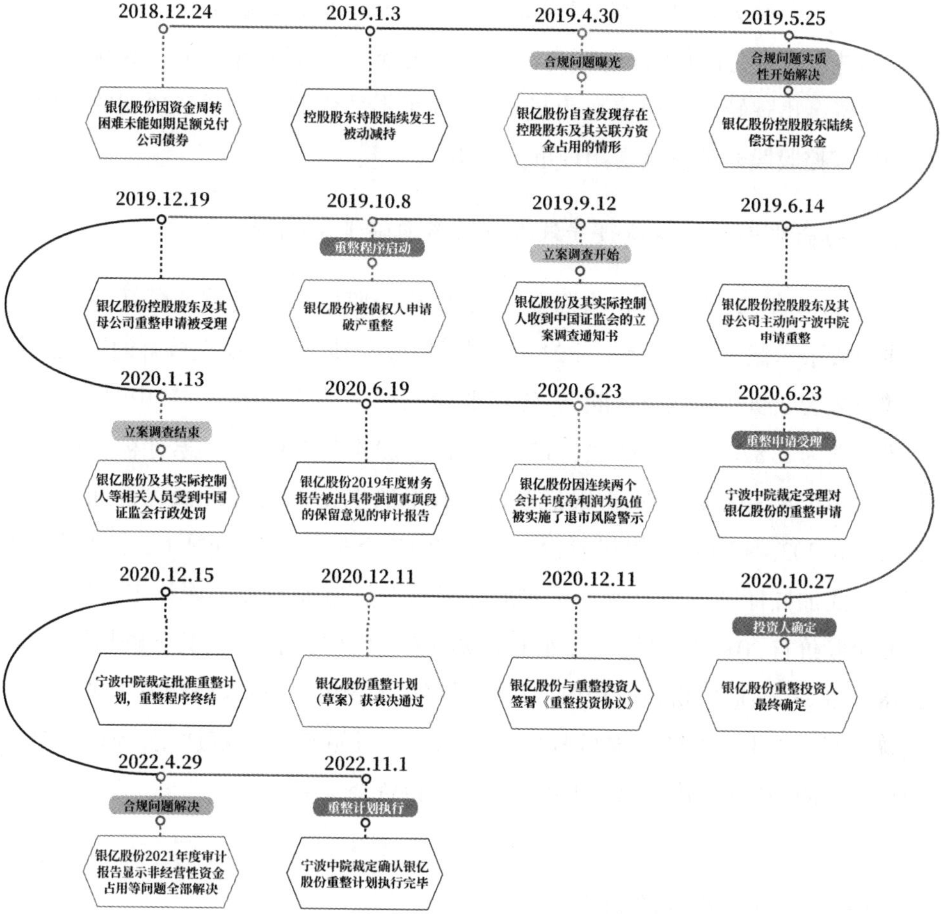

图2-4-2　银亿股份合规问题解决时间轴

三、合规问题发生的原因

(一)激进的扩张政策导致控股股东资金出现缺口

2014~2016年,“银亿系”共完成14笔收购,获得宁波昊圣、恒瑞置业、济州悦海堂、南京润升咨询、富田置业、慈溪恒康投、绍兴盛创投资、添泰置业、康强电子、河池化工等多家公司控股权。为避免上市公司直接收购烦琐的程序,上述资产收购的模式为控股股东先行出资收购,后续再由上市公司通过发行股份等方式购买,实现资产的注入。2016 年,为将银亿股份转型为“房地产 + 高端制造”双主业的综合性公司,“银亿系”先后收购了美国 ARC、日本艾礼富和比利时邦奇等制造业企业,兼并重组金额高达 123.25 亿元。规模如此之大的收购导致控股股东资金出现缺口。而汽车市场下滑,汽车零部件制造未带来预期的高收益也为后续控股股东的资金占用埋下了伏笔。

(二)高比例的股权质押导致控股股东面临平仓风险

自 2014 年起,为筹集收购资金,银亿股份控股股东陆续质押了其持有的上市公司股票。截至 2019 年 8 月 21 日,银亿控股及其一致行动人持有的银亿股份的股份数为 2,902,840,200 股,占银亿股份总股本的 72.07%。其中,累计被质押股份数为 2,826,453,399 股,占银亿股份总股本的 70.17%;累计被司法冻结股份数为 716,303,413 股,占银亿股份总股本的 17.78%;累计被轮候冻结股份数为 716,303,413 股,占银亿股份总股本的 17.78%。通常情况下,通过股权质押等方式加杠杆进行快速资本扩张的前提是二级市场股价表现稳定。但是,银亿股份股价自 2016 年起就一直处于下跌趋势,且 2018 年 5 月,其下跌趋势明显。2018 年 5 月,银亿股份披露控股股东股票存在平仓风险,将因违约发生被动强制减持。而二级市场的波动导致控股股东的流动性危机进一步加剧,为保证其对银亿股份的控制权,其有动力去占用银亿股份资金。

四、合规问题产生的影响

(一)上市公司层面

1. 进一步加剧了资金压力

2018 年,汽车行业产销下滑,地产行业宏观调控加强,在金融去杠杆和资管新规等政策的影响下,银亿股份面临较为严重的经营压力和流动性危机。而且,由于银亿股份此前较为激进的扩张政策,其对资金的需求一直较高。而此时控股股东及其关联方非经营性资金占用超过 20 亿元进一步加重了银亿股份的流动性压力。

2. 法律责任的承担

(1)纪律处分

由于银亿股份存在控股股东及其关联方非经营性占用资金的情形,且未及时履行信息披露义务,银亿股份相关董事、高级管理人未能恪尽职守、履行诚信勤勉义务,对银亿股份上述违规行为负有责任,违反了《深交所股票上市规则》《深交所主板上市公司规范运作指引》的相关规定,深交所决定对银亿股份给予公开谴责的处分,对银亿股份相关责任人员给予公开谴责或通报批评的处分。

(2)行政监管措施

由于银亿股份对控股股东及其关联方非经营性资金占用未及时履行信息披露义务,银亿股份董事长、副董事长、董事、财务总监、时任董事会秘书未能忠实、勤勉地履行职责,对上述违规行为负有责任,违反了《上市公司信息披露管理办法》的相关规定,甘肃证监局决定对银亿股份采取责令改正的行政监管措施,对银亿股份相关责任人员采取出具警示函的行政监管措施。

(3)行政处罚

由于银亿股份对关联交易(形成了非经营性资金占用)未及时履行信息披露义务,银亿股份董事长及相关董事、高级管理人员知悉上述事项,对银亿股份违法行为负有责任,违反了《证券法》的相关规定,甘肃证监局决定对银亿股份给予警告,并处以 40 万元罚款,对银亿股份相关责任人员给予警告、罚款的行政处罚。

(4)民事赔偿

根据《证券法》《虚假陈述规定(新)》等相关规定,上市公司因其虚假陈述给投资人造成损失的,承担民事赔偿责任。在本案中,银亿股份未及时履行信息披露义务已经在中国证监会的行政处罚决定书中得到了确认,因此投资人有权提起证券虚假陈述责任之诉,在因果关系、损失等得以证明后,其诉讼请求存在得到支持的可能。为此,银亿股份预提股民诉讼索赔 2739.62 万元(截至 2022 年 6 月 30 日)。

3. 资本市场运作受限

根据《16 号文》的相关规定,上市公司存在违规占用资金行为的,自发现起 12 个月内,中国证监会不受理其再融资申请。因此,银亿股份将因违规占用资金行为而在12个月内无法进行配股、公开增发、非公开发行、可转换公司债券、优先股、公司债券、企业资产证券化等一系列资本市场运作，融资能力将进一步受限。

（二）控股股东层面

1. 合规问题的限期解决

《关于进一步提高上市公司质量的意见》规定，对已形成的合规问题，控股股东要限期予以清偿或化解。银亿股份控股股东及其关联方占用银亿股份的资金约为22.47亿元，对此，其需尽快予以解决。

2. 法律责任的承担

（1）纪律处分

由于银亿股份控股股东对银亿股份非经营性资金占用且未及时履行信息披露义务等违规行为负有责任，违反了《深交所股票上市规则》《深交所主板上市公司规范运作指引》的相关规定，深交所决定对银亿控股给予公开谴责的处分。

（2）行政处罚

由于银亿股份董事长知悉银亿股份未及时履行关联交易，对银亿股份临时报告的真实性、准确性、完整性承担主要责任，且其作为银亿股份实际控制人，知悉却不告知银亿股份应当披露的关联交易信息，违反了《证券法》的相关规定，甘肃证监局决定对银亿股份董事长给予警告，并处以60万元的罚款，其中，作为直接负责的主管人员被处以20万元的罚款，作为实际控制人的人员则被处以40万元的罚款。

（3）民事赔偿

在本案中，银亿股份控股股东因违规占用资金而面临双重赔偿责任。一是根据《虚假陈述规定（新）》的相关规定，控股股东操纵上市公司违反证券法律规定，致使投资人在证券交易中遭受损失的，投资人有权要求控股股东承担赔偿责任；二是根据《公司法》的相关规定，上市公司在履行完赔偿责任后，有权要求控股股东对其给上市公司造成的损失承担赔偿责任。

五、合规问题以外的困境

（一）银亿股份层面

1. 收购公司业绩未达预期导致严重亏损

2017 年，银亿股份以 33 亿元、79. 81 亿元的价格，通过发行股份的方式分别收购了控股股东及其关联方持有的宁波昊圣和东方亿圣股权。在收购时，宁波昊圣和东方亿圣均作出了业绩承诺，但根据银亿股份 2018 年年报，宁波昊圣实际只实现了 692. 46 万元的净利，东方亿圣更是亏损了 7. 92 亿元，两家公司均未完成业绩承诺。受此影响，银亿股份 2018 年、2019 年分别计提商誉减值约 10. 3 亿元、46. 69 亿元，这对银亿股份 2018 年、2019 年净利润产生了同等额度的影响，最终导致银亿股份自 2011 年被银亿控股收购以来首次出现亏损，其中 2018 年亏损 4. 74 亿元、2019 年亏损 71. 50 亿元。

2. 资产负债结构不合理

截至 2019 年 9 月 30 日银亿股份被申请重整前，其合并口径资产为 343. 98 亿元，合并口径负债为 208. 58 亿元，合并净资产为 135. 40 亿元，资产负债率约 60. 64%。虽然资产负债率不高，但是上述资产中的流动资产为 152. 23 亿元、非流动资产为 191. 75 亿元，而流动资产中的应收账款为 10. 27 亿元、预付款项为 20. 33 亿元、存货为 86. 10 亿元（主要是在建房产）；上述负债中的流动性负债为 180. 66 亿元、非流动性负债为 27. 92 亿元，流动负债中的短期借款为 23. 75 亿元、应付账款和预收款项为 55. 59 亿元、其他应付款为 27. 39 亿元、一年内到期的非流动负债为 61. 00 亿元。此外，银亿股份因抵押等原因受限的资产合计约 53. 10 亿元。该等不合理的资产负债结构导致银亿股份难以通过资产的快速变现解决流动性危机。

3. 债务逾期严重

2018 年 12 月 24 日，银亿股份首次爆发债券违约。因短期内资金周转困难，银亿股份发行的“15 银亿 01”未能如期偿付应付回售款本金，从而发生了实质性违约。此后，银亿股份深陷流动性危机。2018 年年底到 2019 年上半年，银亿股份“16 银亿 04”“16 银亿 05”“H6 银亿 07”等债券亦被陆续宣布到期无法兑付。

截至2019年6月30日,银亿股份到期未归还且未展期的债务合计42.57亿元人民币。

4.面临大额诉讼、仲裁案件

截至2019年6月30日银亿股份被申请重整前,银亿股份重大诉讼仲裁案件的涉诉金额达已28.44亿元,其中多为未清偿到期债务导致的;被申请冻结银行账户共16个,实际被冻结金额为7803.43万元。此外,因诉讼事项,银亿股份部分资产被查封、冻结。该等诉讼事项对银亿股份日常的生产和经营造成了一定的影响。

5.持续经营能力具有不确定性

2018年,受实际控制人及其关联方企业流动性问题和非经营性资金占用等事项的影响,银亿股份银行借款、应付债券或逾期,或即将到期,预期不能全部展期或偿还,流动负债高于流动资产145,646.79万元。这些事项或情况表明,银亿股份持续经营能力存在重大不确定性。对此,会计师也在审计报告中表示了重大疑虑。

6.经营业绩持续下滑

受行业调控、经济下行等方面的大环境因素的影响,银亿股份汽车零部件销售持续下降,房地产业务缩水严重。2018年,银亿股份营收同比下降近30%,其中汽车零部件收入同比下降近37%。此外,银亿股份房地产业务也连续四年下滑,2019年,其房地产业务营收仅为14.03亿元,同比下降50.74%。

7.股价在低位徘徊

受业绩亏损及资金占用等多方面因素的影响,2019年第二季度以来,银亿股份股价直线下跌,且自2019年5月21日银亿股份加入A股"1元俱乐部"起,其股价一直在低位徘徊。在2020年6月进入重整前,银亿股份股价最低曾跌至1.18元/股。

8.面临终止上市的风险

由于银亿股份2018年度、2019年度连续两个会计年度经审计的净利润为负值,其股票交易自2020年6月23日起被实行退市风险警示特别处理。如果银亿股份2020年度经审计的净利润仍为负值,则其股票将自2020年年度报告公告之日起被暂停上市。如果银亿股份股票被暂停上市后又出现《深交所股票上市规则》规定的强制终止上市情形,则其股票将面临被终止上市的风险。

(二)控股股东层面

1. 业绩补偿方案无法履行

如前所述,西藏银亿、宁波圣洲因业绩承诺未实现需要进行股份补偿和现金分红返还,其中:西藏银亿累计应补偿股份数合计为228,564,953股,累计应返还的现金分红合计为159,995,467.10元;宁波圣洲累计应补偿股份数合计为894,887,257股,累计应返还的现金分红合计为626,421,079.90元。但是,截至2020年10月13日,西藏银亿持有的银亿股份481,414,795股股份或被质押,或被冻结,质押股份数为479,635,868股(占其持股数的99.63%),冻结股份数为312,450,868股,剩余未受限股份数为1,778,927股;宁波圣洲持有的银亿股份922,611,132股股份亦是如此,质押股份数为899,569,207股(占其持股数的97.50%),冻结股份数为922,611,132股,剩余未受限股份数为0股。这导致西藏银亿、宁波圣洲无法履行业绩补偿方案,在承担民事法律责任的同时,二者还可能被采取监管措施或涉嫌刑事犯罪。

2. 为银亿股份债务提供担保

截至2019年6月30日,银亿股份控股股东母公司银亿集团及实际控制人为银亿股份提供的担保余额为43.33亿元。在银亿股份债务问题得不到有效解决时,控股股东也将受到牵连,加重自身的流动性危机。

六、合规问题的解决方案

(一)方案的具体内容

1. 通过现金偿还方式偿还占用资金3.17亿元

2019年4月,银亿股份资金占用问题被曝光后,银亿控股及其关联方陆续通过现金清偿的方式,偿还占用资金31,748.59万元,以现金方式偿还的资金占资金占用本金总额的14.12%。

2. 通过以资抵债的方式偿还占用资金13.64亿元

在以现金偿还占用资金的同时,银亿控股及其关联方还以其子公司的股权和对银亿股份的应收账款抵偿占用资金 136,368.18 万元,以以资抵债方式偿还的资金占资金占用本金总额的 60.67%。同时,对于剩余的 51,979.74 万元占用资金,控股股东将在其自身重整程序中筹集现金进行清偿,并以其子公司股权为该剩余占用资金的清偿义务提供了股权让与担保。

3. 以重整投资人受让转增股票的对价偿还剩余占用资金

在银亿股份重整程序中,银亿股份共实施了两次资本公积金转增股票。对于资金占用事项,银亿股份原控股股东及其支配的股东将让渡其在第一次资本公积转增中应取得的 1,174,433,403 股业绩补偿股票及剩余的未向其分配的 3,752,927 股转增股票,共计 1,178,186,330 股股票,用于引入重整投资人。重整投资人受让上述股票的条件包括:(1)所支付的现金对价用于向银亿股份偿还原控股股东及其关联方对银亿股份及其下属公司的资金占用款项共计 1,449,447,986.68 元及相应利息 2214,608,880.37 元,合计 1,664,056,867.05 元,以彻底解决资金占用问题;(2)所支付的剩余现金对价用于向银亿股份偿还宁波圣洲与西藏银亿应返还的现金分红款项共计 786,416,547.00 元,以完成现金分红款的足额返还义务。

(二)影响方案选择的考虑因素

现金清偿和以资抵债作为常规的解决方案,在控股股东持有现金和资产可用于抵偿占用资金时,为实现资金占用问题的尽快解决,避免被追究法律责任,控股股东多会采取该等方案。但是,在本案中,我们发现控股股东未选择该等方案,对此,需要特别分析。此外,银亿股份在选择该类方案时的考虑因素可参考华英农业重整案,此处不再赘述。综上,我们主要分析银亿股份最终选择通过重整解决剩余资金占用问题的因素,具体如下。

1. 解决银亿股份问题的现实需要

与其他重整案件相同,银亿股份在合规问题以外还面临债务逾期、退市等诸多问题,而重整程序中存在的各项工具是其解决上述问题最为简单、高效和低成本的方式。银亿股份希望在短期内化解债务问题,改善资产负债结构,恢复流动性,稳定经营,相对而言,重整确实是相对合适的方案。

2. 控股股东继续偿还占用资金面临障碍

在银亿股份被申请重整前,其控股股东银亿控股及其母公司银亿集团已被申请重整。虽然控股股东及其关联方需要履行偿还占用资金的义务,但在控股股东本身面临债务问题时,该等偿还可能会被其自身债权人所阻碍。随着偿还资金的增多,其控股股东面临的阻碍越大,银亿股份回收资金的难度也会进一步加大。但若控股股东不偿还占用资金,除了需要承担法律责任外,还将损害银亿股份债权人利益。因此,为平衡上下两层债权人的利益,在整体方案设计上,银亿股份重整将与银亿控股、银亿集团的重整配套实施。如此便可以为控股股东保留偿债资源(这可能也是山西凯能股权置出的原因之一)。

3. 重整程序的特殊设计可以实现问题的快速解决

银亿股份通过实施两次资本公积金转增股本,使得资金占用和业绩补偿问题的解决具有了法律上的合理性,这在常规程序下可能难以操作。假如银亿股份未进入重整程序,则其进行类似操作时,即银亿股份转增股票并向股东送股分红,控股股东再转让银亿股份控制权引入投资人筹集资金,可能面临时间、法律上的限制。

4. 方案设计可以降低各方损失,实现共赢

资金占用问题的解决,离不开股东、重整投资人、债权人等利益相关方的支持,本案中的最终的解决方案,可以实现各方的共赢。

(1)资金占用问题解决方案未损害中小股东利益

在本案中,银亿股份第一次转增股票时,并未剥夺除控股股东及其关联方之外的其他股东应获得的转增股票。用于解决资金占用和业绩补偿问题的股票,全部来源于应向控股股东及其关联方转增的股票。因此,从资金占用和业绩补偿问题的解决路径来看,中小股东并未提供任何股票。我们认为,这是银亿股份实施两次资金公积金转增股票的主要原因,即确保资金占用和业绩补偿的股票来源于控股股东及其关联方,确保中小股东没有损失。而在第二次转增股票中,用于引入重整投资人和解决债务问题的股票,来源于应向全体股东分配的股票,这与常规破产重整案件相同,中小股东同意该等让渡是为了确保银亿股份的重整成功。因此,从挽救银亿股份的角度来看,该方案并未过分损害中小股东的权益,中小股东存在同意的基础。

(2)重整投资人取得银亿股份控制权的对价较低

在本案中,重整投资人虽然分两次取得银亿股份的股票且价格不一,但综合来看,重整投资人取得银亿股份控制权的对价仍相对较低。具体而言,在第一次转增中,重整投资人按 2. 07814 元/股的价格受让股票 1, 178, 186, 330 股;在第二次转增中,重整投资人按 0. 41522 元/股的价格受让股票 1, 810, 014, 311 股。上述股票合计 2, 988, 200, 641 股,重整投资人受让上述转增股票的均价为 1. 07088 元/股,既低于股票抵债价格 3. 96 元/股,又低于除权参考价 2. 10 元/股,还低于截至 2022 年 12 月 30 日银亿股份的收盘价 1. 85 元/股。

(3)债权人的抵债价格并未过分高于市价

在本案中,银亿股份共计转增了 5, 969, 481, 006 股股票,其中用于清偿债务的股票数量为 1, 549, 329, 251 股,占转增股票总数量的 25. 95%;用于解决资金占用和业绩补偿现金分红问题(重整投资人取得)的股票数量为 1, 178, 186, 330 股,占转增股票总数量的 19. 74%;除控股股东及其关联方之外的中小股东应获得的业绩补偿股票数量为 677, 015, 839 股,占转增股票总数量的 11. 34%;除控股股东及其关联方之外的中小股东应获得的转增股票数量为 754, 935, 275 股,占转增股票总数量的 12. 65%;单纯用于引进重整投资人的股票数量为 1, 810, 014, 311 股,占转增股票总数量的 30. 42%。在上述股票中,如用于解决资金占用和业绩补偿问题的股票被用于抵偿债务,债权人的抵债价格将大大降低。但是,在控股股东并无其他资源解决上述问题的情况下,如此操作将导致银亿股份在重整程序结束后仍面临合规问题,影响银亿股份的资本运作和后续发展。而且,各债权人取得股票的抵债价格为 3. 96 元/股,相对于重整计划裁定批准时的股票收盘价 2. 40 元/股,以及股价除权参考价 2. 10 元/股而言,未出现溢价过高的作价安排。因此,为确保银亿股份重整成功,债权人不得不做出让步。

(4)原控股股东在本方案中受益

关于银亿股份在重整程序中将前期用于抵债的山西凯能股权置出的具体原因,银亿股份未予披露。但相较于原抵债方式,后续方案在一定程度上有利于原控股股东,即原控股股东在保有银亿股份股权的同时,还增厚了自身偿债资源,为进一步解决股东层面的业绩补偿和资金占用问题预留了空间。

(三)方案的实施效果

1. 控股股东层面

(1)资金占用及业绩补偿问题得到解决

在本方案下,控股股东及其关联方占用银亿股份的资金全部得以偿还,应完成的业绩补偿承诺也得以履行。对此,审计机构与法律机构分别出具了专项核查报告和法律意见书,对上述问题的解决进行了确认。

(2)原控股股东持有的银亿股份股票的数量未被调整

股东持有银亿股份股票因债务问题发生的被动减持在控股股东及银亿股份进入重整程序后得以暂停,为控股股东化解债务问题争取了时间。同时,银亿股份重整计划未对控股股东及一致行动人持有的银亿股份股票的绝对数量进行调整,控股股东及其一致行动人的持股数仅因银亿股份实施资本公积金转增股本被稀释,控股股东仍保有银亿股份的股票,以解决自身问题。

(3)原控股股东的偿债压力得到一定程度的缓解

因债权人接受现金、股票等偿债资源的该部分债权被视为100%清偿,故债权人无权再要求作为主债务人或连带责任人的控股股东继续清偿债务,这可在一定程度上缓解控股股东的偿债压力。同时,山西凯能100%股权的返还也为控股股东及其关联方解决自身债务问题释放了更多的资源。

2. 上市公司层面

(1)银亿股份债务问题得以解决

重整计划规定,有财产担保债权在特定财产评估值范围内,以留债方式分3年受偿;普通债权120万元以下(含本数)的债权部分,以现金方式清偿,超过120万元的债权部分,按照3.96元/股的抵债价格获得相应数量的转增股票。该部分债权的清偿比例为100%。通过上述方式,银亿股份合计解决了72.25亿元的债务,改善了资产负债结构,降低了财务成本,诉讼仲裁事项也因重整得以处理,避免了公司资产被瓜分。

(2)银亿股份可持续经营能力得到改善

通过司法重整,银亿股份获得了重整投资人7.52亿元的资金注入(扣除解决资金占用和业绩补偿所需现金后),并剥离了房地产业务,实现了资产结构的优化。同时,以重整为契机,在重整完成后,银亿股份将继续实施汽车零部件板块市场化改革,继续推动全球化产业布局和产品升级工作,进一步做优、做强自动变速箱及其衍生的混合动力和纯电动产品、汽车安全气囊气体发生器等主营业务。此外,银亿股份还将加大研发投入,寻求新的业务增长点。以上这些措施均会改善银亿股份的可持续经营能力。而且,重整投资人还将根据企业经营需求和实际条件,择机实施资产注入方案,进一步增强和提高银亿股份的持续经营及盈利能力。

(3)银亿股份避免了被终止上市的风险

虽然银亿股份2020年经审计的净利润仍为负值,但由于深交所2020年12月31日发布的《深交所股票上市规则(2020年修订)》对上市公司的退市规则进行了修订,其并未被暂停上市,而是叠加了其他风险警示,避免了被终止上市的风险。

(四)方案的影响

1. 原控股股东层面

(1)原控股股东丧失对银亿股份的控制权

虽然控股股东持有银亿股份股票的绝对数量未发生变化,但在重整程序中,控股股东及其关联方的持股比例大幅下降,由71.08%下降至28.65%。同时,因为实施资本公积金转增股本,控股股东及其关联方持有的银亿股份股票发生除权,银亿股份的股票价格由资本公积转增股本股权登记日(2022年2月21日)的3.50元/股调整为2.10元/股,控股股东及其关联方持有的银亿股份股票的绝对价值也因此降低,由100.20亿元降至60.12亿元。

(2)原控股股东、银亿股份仍承担因资金占用问题导致的法律责任

在本案中,虽然原控股股东、银亿股份及相关人员因资金占用问题得以解决而并未承担刑事责任,但银亿股份及原实际控制人、董事、高管等责任人员仍因资金占用问题导致的信息披露违法行为而被甘肃证监局处以了警告、罚款的行政处罚。

(3)原控股股东债务问题未得到解决

在本案中,虽然原控股股东及其关联方与银亿股份相关的部分债务得到了

解决，且原控股股东及其关联方已经进入了破产程序，但原控股股东及其关联方重整程序推进两年有余仍无具体进展，原控股股东及其关联方持有的银亿股份的股票仍处于高比例质押状态。虽然这和银亿股份的重整安排有一定的关系，也从侧面反映出原控股股东的债务问题仍缺乏有效的解决路径。当然，理论上，银亿股份股票价格在重整后因债务问题得到解决存在上涨的空间，会为控股股东债务解决带来机会，但股价上涨需要时间，不确定性也较高。

2. 上市公司层面

（1）银亿股份仍然面临亏损

银亿股份 2021 年、2022 年 1 月至 9 月的营业收入为 39.76 亿元、9.66 亿元，归属于银亿股份股东的扣除非经常性损益的净利润为 -29.16 亿元、-2.54 亿元。以上数据表明，在 2020 年 12 月底经法院裁定批准重整计划后，银亿股份盈利能力有待进一步恢复。

（2）银亿股份股价未得到有效提升

虽然在重整计划被裁定批准后，银亿股份的股价一度上涨至 4.04 元/股，但在 2022 年 2 月 5 日，资本公积金转增股票完成并除权后，银亿股份的股价又跌落至 2 元以下（截至 2022 年 12 月 30 日，银亿股份收盘价为 1.85 元/股），其股价尚未恢复至合规问题被曝光前的水平，也未达到重整计划规定的 3.96 元/股的抵债价格。

（五）方案效果的评价

在本方案项下，银亿股份的迫切问题基本得以解决，业绩、股价等与银亿股份未来发展相关的事项即使短期内无法取得明显提升，但也情有可原。当然，股价不佳与银亿股份的股本急速扩张有关，通过两次资本公积金转增股本，银亿股份股本由 40.29 亿股增加至 99.97 亿股，如无配套的资产重组安排，该等大规模的股本扩张会导致其很难在短期内实现股价提升。但是，我们相信，随着银亿股份合规问题的解决、融资能力的提升，在新控股股东的支持下，银亿股份的业绩会有所改变并为股价提供支撑。

与其他方案类似，银亿股份原控股股东自身债务等问题仍无合适的解决路径，丧失了对银亿股份的控制权。在本案中，控股股东虽主动偿还了大量占用资金,但仍被予以了行政处罚且处罚时间较早——在问题曝光后的6个月内,即被送达行政处罚通知书。这可能与控股股东资金占用对二级市场产生的重大影响有关。

七、本案的启示

财经媒体谈及银亿股份破产的原因时均有提及控股股东的“盲目转型激进扩张”,但转型扩张是否盲目应结合彼时市场环境进行综合评价,不应简单地以胜者为王的思维去做“事后诸葛亮”。但是,以资金占用的方式进行业务扩张或化解债务必然是饮鸩止渴,不仅导致银亿股份陷入更深层次的债务危局,还导致银亿股份信用破产,失去采取其他债务化解工具的机会,例如引入战略投资人。银亿股份在引入外部投资时被重点尽调的事项之一就是资金占用等合规隐患。

合规问题还会导致实际控制人受制于监管压力,尤其是在叠加债务风险和退市风险时,其控制权可能旁落。最初,部分企业的想法是“短期占用资金,会迅速偿还”,盲目相信很多企业闯关成功的经验之谈。但这是在钢丝上跳舞,除违反法律规定,损害中小股东利益外,合规问题还如前述所分析的那样,会导致企业面临的问题越来越多且处置越来越难。这一问题必将在某一时刻被出人意料的事件引爆。在风险处置中,企业易主风险倍增,实际控制人多年的心血付诸流水。

在本案中,很大一部分的占用资金在司法程序外通过现金清偿和以资抵债等方式被予以解决基本已是控股股东的能力极限,剩余部分只能在破产重整中解决。但可惜的是,银亿股份还面临业绩承诺等衍生问题,常规资本公积金转增股本的方案无法满足资金要求。因此,管理人通过两次资本公积金转增股本的方式解决了上述问题。这一企业优质资产未能明显增加,但股本却大幅提升的方式虽然可作为其他案件的参考,但我们不认为这种模式值得市场广泛采用,主要原因之一就是,在这种模式下,上市公司业务必须较之前发生明显提升,给市场更多的信心和预期,否则,上市公司就要花费较长时间恢复业绩,股价难以在短期内显著提高,这显然对中小股东以及以股抵债的债权人不利。另外,长期低迷的股价对于控股股东同样意义重大,即使其持有的股票未被无偿让渡,但其希望通过处置股票解决自身债务问题的目标注定短期无法成行,进而导致的潜在风险是,基于上市公司股本的急剧扩大而业绩未能有效提升并支持股价,控股股东股票因质押等问题可能被强制平仓,短期内股价承压较重,上市公司有着面临再次触发退市指标或二次破产的现实问题。

专题五　华英农业合规问题解决方案研究

华英农业为一家于2009年12月16日在深交所上市的公司。华英农业自1991年成立之后，逐步建立了从鸭苗、养殖、屠宰到熟食和鸭绒的全产业链，鸭肉产品一度出口到40多个国家和地区。

2020年5月30日，华英农业披露公司控股股东华英禽业总公司因自身融资需要，在2019年度以华英农业名义开展融资行为，非经营性占用华英农业资金4.66亿元。对于该资金占用问题，控股股东通过以固定资产抵债、承接华英农业债务的方式，解决了3.77亿元。对于剩余的0.89亿元占用资金，重整投资人在重整程序中提供现金予以清偿。此外，华英农业还通过重整程序化解了债务危机，避免了退市风险。

一、合规问题事实的梳理

（一）2018年12月27日，华英农业披露控股股东国有股权无偿划转暨实际控制人拟发生变更

2018年12月26日，华英农业收到公司控股股东华英禽业总公司转来的潢川县人民政府文件——《潢川县人民政府关于对潢川县发展投资有限责任公司将县财政局持有的河南省潢川

华英禽业总公司100%股权无偿转让给发投公司的批复》,潢川县人民政府原则同意将潢川县财政局持有的华英禽业总公司100%股权无偿转让给潢川县发展投资有限责任公司(以下简称潢川发投)。

潢川发投股东为中原豫资投资控股集团有限公司(以下简称豫资控股集团)持股51%,潢川县财政局持股44%、国开发展基金有限公司持股5%。本次控股股东国有股权无偿划转完成后,公司控股股东仍为华英禽业总公司。但由于潢川发投第一大股东豫资控股集团实际控制人为河南省财政厅,华英农业实际控制人将由潢川县财政局变更为河南省财政厅。

但是,本次无偿划转可能因未取得国有监管机构的批准,未实际进行。

需要注意的是,虽然无偿划转未实际进行,但在华英农业后续的重整程序中,潢川发投持股100%的河南光州辰悦实业有限公司(以下简称光州辰悦)作为财务投资人参与了华英农业重整,并取得了华英农业资本公积转增股本后总股本的16.01%的股票。

(二)2019年9月3日,华英农业披露河南省财政厅旗下公司成立合伙企业向华英农业提供流动性支持

华英农业获得河南省财政厅旗下公司成立的合伙企业——潢川县农投新动能企业管理中心(有限合伙)(以下简称农投新动能)提供的第一期3.24亿元流动性支持。农投新动能由3个合伙人组成,其设立的主要目的在于对华英农业进行流动性支持。其中,河南联创华凯创业投资基金管理有限公司为普通合伙人,河南农投金控新动能企业管理中心(有限合伙)和潢川发投为有限合伙人。

需要注意的是,在华英农业后续的重整程序中,农投新动能作为财务投资人参与了华英农业重整,并取得了华英农业资本公积转增股本后总股本的2.09%的股票。

(三)2020年5月28日,华英农业2019年年度财务报告被出具保留意见的审计报告

2020年5月28日,中兴华会计师事务所(特殊普通合伙)(以下简称中兴华)对华英农业2019年年度财务报告进行了审计,出具了保留意见的审计报告,

其中形成保留意见的基础如下。

1. 处置子公司事项

华英农业 2019 年处置全资子公司河南陈州华英禽业有限公司股权,账面记录处置损失为 6298 万元,形成应收交易对手往来款项 15,567.23 万元,并计提坏账准备 778.36 万元。中兴华未能获取充分适当的审计证据判断上述账务处理的正确性。

2. 涉诉及资金占用事项

在审计中发现,华英农业存在融资贷款及担保涉诉事项,与华英农业管理层沟通后,华英农业经过清理对关联方资金占用、融资贷款、担保事项进行了账务处理或披露,但中兴华未能获取充分适当的审计证据判断关联方资金往来、贷款、预计负债及或有事项披露的完整性。

需要注意的是,此前华英农业 2019 年度财务报表审计机构和内部控制审计机构为瑞华会计师事务所(特殊普通合伙)。2020 年 1 月 16 日变更为中兴华。

(四)2020 年 5 月 30 日,华英农业披露关于公司控股股东非经营性资金占用的具体情况

2020 年 5 月 30 日,华英农业披露公司控股股东华英禽业总公司因自身经营发展需要,以华英农业名义开展融资行为,华英农业未履行审批程序及信息披露义务。截至 2019 年 12 月 31 日,控股股东非经营性资金占用余额为 46,643.37 万元。截至 2020 年 5 月 28 日,控股股东以实物资产 30,560 万元及其他方式 7100 万元,金额共计 37,660 万元冲减关联方往来款项,截至本次公告披露日实物资产已完成产权变更手续,其他方式已经与债权人签订了还款协议。

对于剩余 8983.37 万元资金,华英农业控股股东承诺将在 2020 年 6 月 29 日前无条件足额归还。

(五)2020 年 6 月 3 日,华英农业收到深交所关注函

2020 年 6 月 3 日,华英农业收到深交所关注函①。

2020 年 6 月 16 日,华英农业对上述关注函作出回复,与控股股东非经营性

① 深交所:中小板关注函〔2020〕第 342 号。

资金占用相关的内容如下。

1. 控股股东华英禽业总公司非经营性资金占用的具体情况(见表2－5－1)。

表2－5－1　华英农业资金占用情况

单位:万元

资金占用方	占用时间	占用金额	占用方式	归还金额	归还日期	占用余额	归还方式
华英禽业总公司	2019.3.9	1497.22	货币资金			1497.22	
	2019.3.16	19,382.27	货币资金			20,879.49	
	2019.3.18	4527.57	货币资金			25,407.06	
	2019.3.30	2348.09	货币资金			27,755.15	
	2019.3.31	8828.81	货币资金			36,583.96	
	2019.6.21	392.86	货币资金			36,976.82	
				480.00	2019.7.19	36,496.82	货币资金
	2019.7.30	2832.75	货币资金	210.00	2019.7.30	39,119.57	货币资金
				840.00	2019.7.30	38,279.57	货币资金
	2019.7.30	1246.62	货币资金	2222.00	2019.7.30	37,304.18	货币资金
	2019.8.6	1639.19	货币资金			38,943.37	
	2019.8.6	3400.00	货币资金			42,343.37	
	2019.8.16	4300.00	货币资金			46,643.37	
				30,560.00	2020.5.27	16,083.37	实物资产
				7100.00	2020.5.27	8983.37	债务转移
合计		50,395.37		41,412.00		8983.37	

2. 结合控股股东资金占用原因及资产情况,说明其是否已丧失偿债能力,未以现金清偿的具体原因,是否损害上市公司及中小投资者的合法权益。

根据《深交所股票上市规则》、《深交所上市公司规范运作指引》(2020年修订)等关于控股股东非经营性占用上市公司资金的相关规定,公司多次督促控股股东以现金方式偿还上市公司资金。公司控股股东华英禽业总公司为投资平台,因其自身经营发展需要,2019年以来以公司的名义开展融资行为,实质上出现了占用公司资金的行为。控股股东持有的主要资产为上市公司股权、河南华英房地产开发有限责任公司(以下简称华英房地产公司)股权、河南红特投资担保有限公司(以下简称河南红特投资)股权、河南潢川农村商业银行股份有限公司(以下简称潢川农村商业银行)股权、商业办公楼等,主要现金流来源为股权分红和租金收入等,无其他生产经营活动可以产生足够的现金流,并且这些资产变现能力不强,很难在短时间内筹措足够的现金归还占用的上市公司资金。为确保上市公司股东利益,公司采取紧急避险措施以加快消除资金占用风险,督促以控股股东资产对其占用的上市公司资金进行偿还。截至2020年5月28日,控股股东以实物资产30,560万元及其他方式7100万元,金额共计37,660万元冲减关联方往来款项,实物资产即商业办公楼已完成产权变更手续,取得不动产权证[豫(2020)潢川县不动产权第0001332号],其他方式为控股股东与相关债权人、公司签订《债务转移协议》。公司聘请了房地产估价事务所对商业办公楼进行了评估,并于2020年5月25日出具了《房地产交易估价报告》,以市场比较法和收益法对商业办公楼进行了评估,估价总额为3.056亿元,从评估程序、评估方法、评估假设、评估参数等方面分析,估值合理公允,不存在损害上市公司及中小投资者的合法权益的情况。

3. 说明冲抵30,560万元非经营性占用资金的实物资产的具体内容、使用情况、定价依据、是否存在权属瑕疵,以及是否聘请有资质的中介机构对符合以资抵债条件的资产进行评估或审计,并逐条说明是否符合《16号文》中关联方用非现金资产清偿占用的上市公司资金的有关规定。

控股股东使用位于潢川县华英大道与潢光路交叉口的商业办公楼归还其占用的上市公司资金,该办公楼总层数18层,处于正常使用状态,为钢筋混凝土结构,供水、排水、供电、通信、卫生、照明等系统和设备配置齐全,维护保养状况较好。公司聘请了潢川县开成房地产估价事务所有限公司对商业办公楼进行了评估,根据事务所对该房产的评估值,冲抵了对控股股东的应收款项。

根据《16号文》的规定,关联方拟用非现金资产清偿占用的上市公司资金,应当遵守相关规定。

(1)用于抵偿的资产必须属于上市公司同一业务体系,并有利于增强上市公司独立性和核心竞争力,减少关联交易,不得是尚未投入使用的资产或没有客观明确账面净值的资产。

本次用于抵偿的资产权属清晰,设备配置齐全,维护保养状况较好,是公司的主要办公场所和技术研发中心所在地,之前以租赁的方式使用。本次交易后,该资产归公司所有,减少了以后的关联交易,增强了公司的独立性,后期对技术研发中心的投入也能提高公司的核心竞争力。

(2)上市公司应当聘请有证券期货相关业务资格的中介机构对符合以资抵债条件的资产进行评估,以资产评估值或经审计的账面净值作为以资抵债的定价基础,但最终定价不得损害上市公司利益,并充分考虑所占用资金的现值予以折扣。

为了维护公司和公司股东利益,公司聘请房地产估价事务所对抵偿资产进行了评估,根据事务所对该资产的评估值,冲抵了对控股股东的应收款项3.056亿元。律师意见:公司控股股东以公司长期租赁且作为办公场所之实物资产对非经营性占用资金进行冲抵,有利于公司未来减少关联交易及增强公司的独立性。公司已委托潢川县开成房地产估价事务所有限公司对本次用于冲抵非经营性占用资金的实物资产进行评估,并以资产评估值作为以资抵债的定价依据。公司独立董事已就公司关联方以资抵债方案发表了独立意见。华英农业已召开董事会审议通过了以资抵债方案,公司最终是否接受控股股东提出的以实物资产对非经营性占用资金进行冲抵,尚需公司股东大会审议,如果该方案未能获得华英农业股东大会通过,则该方案将不会对华英农业产生法律约束力,公司仍然有权依法采取相关措施要求控股股东解决该等非经营性资金占用问题。

4.补充披露华英农业控股股东为冲抵非经营性占用资金7100万元而与债权人签订的还款协议的全部内容,并说明债权人是否仍有向华英农业追偿的权利,华英农业是否就相关债务提供担保,以及控股股东以该协议冲抵资金占用金额的依据与合理性。

因控股股东以华英农业名义融资实质构成关联方资金占用,为妥善解决控股股东与公司的债权债务问题,根据《合同法》(现为《民法典》合同编)、《公司法》及其他有关法律法规的规定,本着平等互利的原则,债务受让人华英禽业总公司、债权人河南省农业融资租赁股份有限公司(以下简称河南农业融资租赁)和债务转移人华英农业于2020年5月26日签订《债务转移协议》,将河南农业融资租赁对华英农业的7100万元债务转移给华英禽业总公司承担。

《债务转移协议》对协议双方的权利和义务进行了约定,明确约定由上市公司控股股东受让人民币7100万元的债务,协议中不存在债权人仍有向公司追偿的权利的条款设置,亦不存在公司就相关债务提供担保的约定。同时公司承诺,公司未为控股股东受让的人民币7100万元债务提供任何形式的担保。律师意见:就控股股东受让的人民币7100万元债务,《债务转移协议》中并不存在债权人仍有向公司追偿的权利的条款设置,亦不存在公司就相关债务提供担保的约定。同时,公司书面确认,公司未为控股股东受让的上述人民币7100万元债务提供担保。根据《债务转移协议》,原《融资租赁合同》项下河南农业融资租赁名下租赁物(承租方为公司)仍归河南农业融资租赁所有,其不注销在中登网上相关登记,直至依《债务转移协议》如期得到清偿后按《融资租赁合同》相关约定处理。

5.说明以实物抵债、签署还款协议等关联交易进展的具体时间并提供证明文件,华英农业是否就上述关联交易履行审议程序和信息披露义务,是否符合《深交所股票上市规则》(2018年11月修订)第十章的相关规定。

公司于2020年5月26日与华英房地产公司签署了《存量房(二手房)买卖合同》,于2020年5月26日与控股股东、河南农业融资租赁三方共同签署了《债务转移协议》,控股股东针对占用上市公司资金事宜,以实物资产(商业办公楼)30,560万元及签署7100万元债务承接协议,金额共计37,660万元冲减关联方往来款项,截至本次公告披露日商业办公楼已于2020年5月26日完成过户,公司已经收到产权证书。对于控股股东以实物抵债、签署还款协议涉及的关联交易,公司未严格按照《深交所股票上市规则》(2018年11月修订)第十章的相关规定及时履行审议和相关信息披露义务。2020年6月10日公司召开了第六届董事会第四十一次会议,经独立董事事前认可,董事会审议通过了《关于控股股东以实物资产和其他方式偿还非经营性占用上市公司资金并签署相关协议暨关联交易的议案》。律师意见:经核查,公司就上述实物抵债、签署还款协议等关联交易事宜并未严格按照《深交所股票上市规则》(2018年11月修订)第十章的相关规定履行审议程序和信息披露义务,公司已召开董事会审议通过该事宜且独立董事发表了独立意见,尚待公司股东大会审议。

(六)2020年6月11日,华英农业披露关于控股股东以实物资产和其他方式偿还非经营性占用上市公司资金并签署相关协议暨关联交易的公告

1.控股股东以实物资产和其他方式偿还概述

华英农业控股股东华英禽业总公司因自身融资需要,在2019年度以公司名

义开展融资行为，实质上构成对上市公司非经营性资金的占用。为保护上市公司股东合法权益，加快解决控股股东资金占用问题，结合华英禽业总公司实际资产现状，其以实物资产（商业办公楼）30,560万元及其他方式（公司债务承接）7100万元，金额共计37,660万元冲减关联方往来款项。

截至本次公告披露日华英禽业总公司持有公司股份84,053,334股，占公司总股本的15.73%，为公司控股股东。华英禽业总公司为公司关联方，其以实物资产和其他方式偿还非经营性占用的公司资金并签署相关协议事宜构成关联交易。

2020年6月10日，公司第六届董事会第四十一次会议审议通过了《关于控股股东以实物资产和其他方式偿还非经营性占用上市公司资金并签署相关协议暨关联交易的议案》。

2020年6月19日，公司第六届董事会第四十二次会议审议通过了《关于取消2019年度股东大会部分议案的议案》，取消将议案9《关于控股股东以实物资产和其他方式偿还非经营性占用上市公司资金并签署相关协议暨关联交易的议案》提交2019年度股东大会审议。

后续，该议案再未提交股东大会审议。根据华英农业聘请的律师事务所律师的意见，该方案需要经过股东大会审议，如果该方案未能获得华英农业股东大会通过，则该方案将不会对华英农业产生法律约束力。但后续监管机构认可了该方案，并未要求华英农业履行股东大会的审议程序。

2. 关于控股股东资金占用的具体情况

截至2019年年底，控股股东非经营性资金占用余额为46,643.37万元。截至2020年5月28日，控股股东非经营性资金占用余额为8983.37万元。

3. 控股股东非经营性资金占用解决方案

（1）控股股东以实物资产偿还部分占用的资金

2017年1月16日，华英禽业总公司与华英房地产公司、浩华集团、华合英科技中心四方签署了补充合作协议。上述实物资产即商业办公楼为华英研发中心大楼，根据补充合作协议，华英研发中心大楼建成于2014年7月，该研发中心大楼由华英禽业总公司出资建设，因当时国家政策因素，于2014年10月20日将产权证办理在华英房地产公司名下，华英研发中心大楼实际所有权及使用权均为华英禽业总公司所有。且前述补充合作协议签署四方均确认华英研发中心大楼权属为华英禽业总公司所有，四方同意可以随时将华英研发中心大楼权属变更到华英禽业总公司或其指定第三方公司名下。

潢川县开成房地产估价事务所有限公司采用比较法结合收益法对华英研发中心大楼及土地 2020 年 5 月 22 日的市场价值进行评估，其中房屋总价 201,455,714 元，土地总价 104,144,286 元，评估总价为 305,600,000 元。华英禽业总公司以华英研发中心大楼来清偿占用上市公司的资金，要求华英房地产公司将华英研发中心大楼无偿过户给上市公司，为了完成华英研发中心大楼过户手续，根据潢川县房产管理中心要求，公司于 2020 年 5 月 26 日与华英房地产公司签署了《存量房(二手房)买卖合同》。

(2)控股股东以其他形式偿还部分占用的资金

公司于 2020 年 5 月 26 日与控股股东、河南农业融资租赁三方共同签署了《债务转移协议》，控股股东同意承担华英农业的 7100 万元债务。

(七)2020 年 6 月 19 日，华英农业收到深交所关注函

2020 年 6 月 19 日，华英农业收到深交所关注函[①]。2020 年 6 月 24 日，华英农业对上述关注函作出回复，关于资金占用问题的主要内容如下：

1. 请华英农业及其董监高明确说明其知悉控股股东非经营性占用公司资金的具体时点，未及时披露与报告资金占用事项的具体原因。

华英禽业总公司因其自身经营发展需要，于 2019 年开始以公司的名义开展融资，实质上出现了非经营性占用公司资金的行为。公司董事长、副董事长、董事兼总经理、财务总监于第一笔资金被占用之时即 2019 年 3 月 9 日便已知晓。随着占用余额的增加，其间，上述公司人员也多次督促控股股东尽快偿还占用上市公司的资金，但未按照公司《重大信息内部报告制度》、《信息披露管理办法》及相关规定的要求及时向公司董事会或监事会报告，公司也未及时履行相应信息的披露义务。

2. 华英农业董事、监事、高级管理人员是否按照相关规则履行了勤勉尽责义务，如是，请提出客观、充分的证据；如否，请说明主要责任人。请律师核查并发

① 深交所：中小板关注函〔2020〕第 355 号。

表明确意见。

除上述4名人员外的公司其他董监高在2020年5月公司进行年报审计之时,才得知控股股东非经营性资金占用的情况,在知悉相关事项后,前述人员要求公司督促控股股东拿出实际解决方案并进行信息披露,尽快消除非经营性资金占用问题。其间,在公司的督促下,控股股东以实物资产(商业用房)30,560万元及承担公司7100万元债务的形式,共计冲减关联方往来款项37,660万元;对于剩余占用资金余额8983.37万元,控股股东于2020年5月28日出具了《承诺函》,承诺将在2020年6月29日前无条件足额归还剩余占用资金。就公司控股股东非经营性资金占用及偿还事项,公司于2020年5月30日在指定信息披露媒体刊登了《关于公司控股股东非经营性资金占用情况的提示性公告》(公告编号:2020-049)予以公告。

(八)2020年6月30日,华英农业披露收到控股股东偿还的非经营性占用资金

2020年6月30日,华英农业披露为解决非经营性资金占用问题,控股股东与潢川县祥盛养殖专业合作社(以下简称祥盛合作社)、华英农业三方共同签署了《委托付款协议》,控股股东委托祥盛合作社代其向公司支付8983.37万元,华英农业已收到上述款项。

2020年7月3日,中兴华出具核查意见,截至2020年6月23日,公司控股股东非经营性资金占用466,433,661.86元已全部还清,其中,公司控股股东以评估总价为30,560万元的实物资产及承担公司债务7100万元偿还资金37,660万元,祥盛合作社代公司控股股东偿还89,833,661.86元。

但是后续华英农业自查披露上述8983.37万元资金占用问题未实质解决。

(九)2021年1月14日,华英农业签订《战略合作框架协议》

2021年1月14日,华英农业与上海新增鼎资产管理有限公司(以下简称上海新增鼎)签订了《战略合作框架协议》,协议主要内容如下。

1. 合作目标

上海新增鼎拟依托综合产业优势,在过往成功实践与经验的基础上,充分整

合双方优势资源，引进先进资产运营管理模式，在主业不变、注册地不变的前提下，帮助华英农业走出困境并转型升级，实现高质量快速发展。

2. 合作方式

(1)产业合作

上海新增鼎控股股东是一家大型的综合性现代企业，旗下产业类型丰富，可与华英农业展开多样化的产业合作。

(2)资本合作

上海新增鼎在债务重组、资产重组、资产托管方面已有成功的实践经验，关于本项目，上海新增鼎拟通过组织专业资源对华英农业现状进行充分尽职调查，制定切实可行的资本运作方案，有效解决华英农业债务问题，为华英农业输入新鲜“血液”。

(3)经营管理合作

上海新增鼎将依托其丰富的经营管理经验和农牧行业强大的产业链资源优势，为华英农业输送先进的经营管理理念，组织行业先进企业帮助华英农业更新经营模式、建立管理体系，实现企业管理模式的升级换代。

(十)2021年3月31日，控股股东、华英农业及相关责任人员收到警示函

2021年3月31日，华英农业收到河南证监局下发的行政监管措施决定书——《关于对河南华英农业发展股份有限公司和相关责任人员采取出具警示函措施的决定》和《关于对河南省潢川华英禽业总公司采取出具警示函措施的决定》。

因重大诉讼未及时披露，未在规定期限内披露年度业绩预告，业绩快报、主要经营业绩与实际净利润差异巨大且盈亏性质发生变化，控股股东关联交易(资金占用)未及时履行审议程序和信息披露义务，河南证监局决定对华英农业及公司董事长兼董事会秘书、副董事长兼常务副总经理、总经理、财务总监采取出具警示函的监管措施，并记入证券期货市场诚信档案。

因非经营性占用华英农业资金且未按照相关规定履行信息披露义务，河南证监局决定对华英禽业总公司采取出具警示函的监管措施，并记入证券期货市场诚信档案。

（十一）2021 年 4 月 27 日，华英农业 2020 年年度财务报告被出具无法表示意见的审计报告

2021 年 4 月 27 日，亚太（集团）会计师事务所（特殊普通合伙）（以下简称亚太事务所）对华英农业 2020 年年度财务报告进行审计，出具了无法表示意见的审计报告，其中无法表示意见涉及的事项包括可持续性经营，其他应收款的款项性质、真实性及可收回性，重大存货处置事项，诉讼及预计负债事项。

（十二）2021 年 4 月 30 日，华英农业股票交易被实行退市风险警示且实行其他风险警示

华英农业 2020 年年度财务会计报告被亚太事务所出具了无法表示意见的审计报告，2020 年内部控制审计报告被亚太事务所出具了无法表示意见的审计报告，根据《深交所股票上市规则》（2020 年修订）第 13.3 条、第 14.3.1 条等的规定，深交所将对公司股票交易自 2021 年 4 月 30 日起实行“退市风险警示”及“其他风险警示”。

（十三）2021 年 5 月 12 日，华英农业被债权人申请重整

2021 年 5 月 12 日，华英农业收到债权人潢川瑞华供应链管理有限责任公司（以下简称潢川瑞华公司）的通知书，潢川瑞华公司以公司不能清偿到期债务并且明显缺乏清偿能力为由，向河南省信阳市中级人民法院（以下简称信阳中院）申请对公司进行重整。

（十四）2021 年 5 月 26 日，潢川瑞华公司提出对华英农业的预重整申请

2021 年 5 月 26 日，潢川瑞华公司向信阳中院提出对华英农业的预重整申请。

（十五）2021 年 5 月 27 日，华英农业收到深交所年报问询函

2021 年 5 月 27 日，华英农业收到深交所 2020 年年报的问询函①。

---

① 深交所：公司部年报问询函〔2021〕第 212 号。

2021年8月6日，华英农业对上述问询函作出回复，其中涉及资金占用事项的内容如下：

1. 如会计师出具的2020年年度审计报告所述，由于2020年年度审计报告形成无法表示意见的基础，以及其他应收款的款项性质、真实性及可收回性事项的影响，会计师无法对华英农业是否存在其他应披露而未披露的非经营性资金占用情形、是否存在新增非经营性资金占用情形发表明确意见。

2. 基于实施的审计程序，会计师无法对相关诉讼或仲裁案件是否涉及控股股东、实际控制人及其关联方非经营性占用华英农业资金或违规担保发表意见。

（十六）2021年6月5日，法院裁定华英农业进入预重整

2021年6月5日，信阳中院主持召开听证会，就潢川瑞华公司于2021年5月26日向其申请对公司进行预重整征询债务人、债权人、出资人、意向投资人、政府主管部门或行业专家等的意见，参会单位对债权人潢川瑞华公司提出的预重整申请均无异议。同日，信阳中院作出(2021)豫15破申4-1号、(2021)豫15破申4-2号决定书，决定对华英农业进行预重整。

（十七）2021年6月16日，华英农业签订《重整投资意向协议》

2021年6月16日，华英农业与上海新增鼎签署了《重整投资意向协议》，协议的主要内容如下：

1. 上海新增鼎有意向作为华英农业重整投资人，参与华英农业的重整投资。

2. 上海新增鼎将以恢复上市公司盈利能力、减轻上市公司债务负担为出发点，在有关法律法规及相关政策的框架下，采取多种措施支持华英农业预重整及重整工作。

3. 双方应相互配合，全力推进上述华英农业预重整及重整工作。各方将根据合作事宜推进情况，以有利于稳定上市公司平台、有利于上市公司正常经营、有利于员工队伍的稳定为原则，协商开展后续相关工作。

4. 协议签署后，双方成立专项工作组，负责推进各项具体合作事宜。

5. 在依法确定重整投资人时，在同等条件下，上海新增鼎有优先投资权。

此前华英农业与上海新增鼎签署了《战略合作框架协议》，上海新增鼎投入

了大量的人力和资源,已完成对公司及子公司的全面尽调工作。

后续,上海新增鼎指定其投资设立的信阳市鼎新兴华产业投资合伙企业(有限合伙)(以下简称鼎新兴华)作为产业投资人参与华英农业重整。值得关注的是,上海新增鼎在重整计划执行期间退出了鼎新兴华,最终鼎新兴华的实际控制人也由新希望变更为许某均。

(十八)2021 年 10 月 30 日,华英农业披露控股股东非经营性资金占用解决方案及《重整意向财务投资协议》签署情况

2020 年 6 月 11 日、6 月 30 日,华英农业披露控股股东以 30,560 万元固定资产(商业办公楼)抵债,7100 万元债务承接(公司对河南农业融资租赁的债务),8983.37 万元委托付款的方式清偿了全部 46,643.37 万元的非经营性资金占用。

2021 年 10 月 30 日,华英农业自查发现上述 8983.37 万元资金占用问题未实质解决,控股股东非经营性资金占用余额为 8983.37 万元。

为保护公司全体股东利益,尽快解决控股股东非经营性资金占用问题,潢川发投与华英农业签署《重整意向财务投资协议》,协议基本内容如下:

1. 潢川发投有意向作为财务投资人参与公司的重整投资。

2. 华英禽业总公司对上市公司非经营性资金占用 8983.37 万元。

3. 潢川发投作为公司破产重整意向投资人承诺:如公司重整获得法院裁定受理,针对占用资金 8983.37 万元事宜,在重整计划执行完毕前,潢川发投愿意以等额的现金归还公司,依法解决资金占用问题。

4. 公司重整获得法院裁定受理后,本协议约定事宜不可撤销。

重整程序中,潢川发投持股 100% 的光州辰悦及潢川发投任有限合伙人的农投新动能作为财务投资人参与了华英农业重整,并分别取得了华英农业资本公积转增股本后总股本的 16.01% 和 2.09% 的股票。

(十九)2021 年 11 月 1 日,华英农业股票被叠加实施其他风险警示的公告

截至 2021 年 10 月 20 日,控股股东存在非经营性资金占用余额为 8983.37 万元,占公司最近一期经审计净资产的 4.48%。根据《深交所股票上市规则》(2020 年修订)第 13.3 条及第 13.4 条规定,华英农业股票将于 2021 年 11 月 1

日起被深交所叠加实施其他风险警示。此前，华英农业股票已被实施退市风险警示及其他风险警示。

（二十）2021 年 11 月 20 日，法院裁定受理华英农业重整

2021 年 11 月 20 日，华英农业收到信阳中院送达的（2021）豫 15 破申 4 号民事裁定书及（2021）豫 15 破 6－1 号决定书，裁定受理债权人潢川瑞华公司对华英农业的重整申请。

因信阳中院裁定受理华英农业重整，华英农业股票将于 2021 年 11 月 22 日被叠加实施退市风险警示。

（二十一）2021 年 11 月 24 日，华英农业公开招募和遴选重整投资人

2021 年 11 月 24 日，华英农业管理人发布《河南华英农业发展股份有限公司关于公开招募和遴选重整投资人的通知》，公开招募和遴选重整投资人，其中要求投资人在重整投资方案中就公司存在的前述资金占用问题出具切实可行、符合监管机构要求的解决方案。

公开招募期间，共有 3 家主体向管理人报名参与华英农业重整。经综合比对报名者提交的材料并经与报名者充分沟通，最终选定上海新增鼎或其指定的主体与财务投资人联合作为华英农业重整投资人。

（二十二）2021 年 12 月 7 日，华英农业披露重整计划（草案）之出资人权益调整方案

2021 年 12 月 7 日，华英农业披露重整计划（草案）之出资人权益调整方案，其中出资人权益调整的内容如下：

以华英农业现有总股本为基数，按照每 10 股转增约 29.92 股的比例实施资本公积转增股票，共计可转增 1,598,598,971 股股票，转增后，华英农业总股本将增至 2,132,890,071 股。上述转增股票不向原股东分配，按照如下出资人权益调整方案进行安排：

1. 为筹集偿债资源、解决控股股东资金占用问题及恢复华英农业可持续盈利能力，公司将在重整计划执行期间引入重整投资人。经遴选，上海新增鼎或其

指定主体作为产业投资人与财务投资人联合作为重整投资人。转增的股票中，约1,066,635,013股股票由重整投资人分别有条件受让。

2. 为整体化解华英农业债务危机，转增的股票中，约531,963,958股股票将用于按照重整计划规定的债权受偿方案清偿债权。

（二十三）2021年12月22日，华英农业第一次债权人会议、出资人组会议表决通过重整计划（草案）

2021年12月22日，华英农业重整案第一次债权人会议召开，会议表决通过了《河南华英农业发展股份有限公司重整计划（草案）》，出资人组会议也表决通过了《河南华英农业发展股份有限公司重整计划（草案）之出资人权益调整方案》。同日，信阳中院裁定批准《河南华英农业发展股份有限公司重整计划》，并终止河南华英农业发展股份有限公司重整程序。重整计划的主要内容如下。

1. 债权审查及确认情况

截至2021年12月1日，共有354家债权人向管理人申报债权，申报债权总额为6,578,852,422.34元。经管理人依法审查，初步审查确定的债权共325笔，确定债权总额5,368,820,016.25元。

2. 债权调整和受偿方案

（1）有财产担保债权

关于有财产担保债权，在特定财产评估值范围内，以留债方式延期受偿或以该财产处置变现款受偿，未受偿部分按照普通债权受偿方案受偿。其中留债延期受偿方式具体如下：

①留债期限：7年，自法院裁定批准本重整计划执行完毕之日（不含当日）起计算。

②留债本息：留债余额为利息计算的本金，留债利率以法院裁定批准本重整计划之日前最近一期全国银行间同业拆借中心公布的5年期以上贷款市场报价利率（LPR）确定，利息自法院裁定批准本重整计划之日（不含当日）起算。

③还款方式：按季付息，以每个季度的最后一日为结息日（如遇法定节假日或公休日可顺延至下一个工作日），前4年不偿还留债本金，第5年年末偿还留债本金的30%，第6年年末偿还留债本金的30%，留债期间届满前1个月内清偿

留债本金的剩余40%。

④担保措施:留债期间就原特定财产享有优先权的法律关系不变,在华英农业履行完毕上述清偿义务后,债权人与华英农业债权债务关系消灭,相关抵押权人或质权人应及时配合华英农业办理解除抵质押手续。

(2)税款债权

税款债权不作调整,将由华英农业在本重整计划执行期间以现金方式全额清偿。

(3)职工债权

职工债权不作调整,经管理人调查并经公示确认的职工债权,将由华英农业在本重整计划执行期间以现金方式全额清偿。

(4)普通债权

①每家普通债权人50万元以下(含50万元)的债权部分,将由华英农业在本重整计划执行期间以现金方式清偿。

②每家普通债权人超过50万元的债权部分,按照7.55元/股的抵债价格获得相应数量的转增股票,即每100元普通债权分得约13.2450股的华英农业股票,该部分债权视为100%清偿。

3. 重整投资人

重整期间,管理人通过公开招募和遴选,确定了上海新增鼎或其指定主体与财务投资人联合作为华英农业的重整投资人。重整投资人内部根据各自的产业背景、资金实力的不同划分为产业投资人、财务投资人。重整投资人受让转增股票的条件如下:

(1)合计向华英农业提供不低于6.2亿元偿债资金。

(2)向华英农业提供约0.9亿元用于解决华英农业存在的控股股东资金占用问题。

(3)根据华英农业经营发展需要,协助为重整后的华英农业提供不高于15亿元的融资支持。

(4)利用产业投资人的资源、管理、市场等优势与华英农业形成互补,并根据情况适时注入优质资产,实现华英农业"好起来、飞起来";利用财务投资人的优势,为华英农业协调政策、税收及融资等支持,恢复和增强华英农业的持续经营和盈利能力。

（二十四）2021 年 12 月 23 日，华英农业签署重整投资协议

2021 年 12 月 23 日，华英农业与鼎新兴华、光州辰悦、信阳华信投资集团有限责任公司（以下简称信阳华信）、农投新动能、信阳市广兴股权投资管理中心（有限合伙）（以下简称广兴股权）签署《河南华英农业发展股份有限公司重整投资协议》，协议的主要内容如下：

1. 上海新增鼎指定其投资设立的鼎新兴华作为产业投资人，联合光州辰悦、信阳华信、农投新动能、广兴股权作为财务投资人参与华英农业重整，并在华英农业的重整计划执行期间受让部分转增股票，具体转增及受让情况如下：

（1）鼎新兴华将投资人民币约 36, 248. 45 万元用于有条件受让华英农业转增股票约 51, 189. 36 万股及解决 4311. 25 万元控股股东非经营性资金占用问题；

（2）光州辰悦将投资人民币约 24, 183. 86 万元用于有条件受让华英农业转增股票约 34, 151. 99 万股及解决 2876. 33 万元控股股东非经营性资金占用问题；

（3）信阳华信将投资人民币约 7409. 52 万元用于有条件受让华英农业转增股票约 10, 463. 58 万股及解决 881. 26 万元控股股东非经营性资金占用问题；

（4）农投新动能将投资人民币约 3158. 17 万元用于有条件受让华英农业转增股票约 4459. 91 万股及解决 375. 62 万元控股股东非经营性资金占用问题；

（5）广兴股权将投资人民币约 4531. 06 万元用于有条件受让华英农业转增股票约 6398. 67 万股及解决 538. 91 万元控股股东非经营性资金占用问题；

（6）转增股票数量以中国证券登记结算有限责任公司深圳分公司最终转增股票数量为准。

2. 鼎新兴华、光州辰悦、信阳华信、农投新动能、广兴股权应在 2021 年 12 月 29 日前将投资款一次性支付至管理人指定的银行账户。

3. 鼎新兴华、光州辰悦、信阳华信、农投新动能、广兴股权承诺本次受让的转增股票登记至其指定证券账户之日起 36 个月内不通过任何形式减持（包括集合竞价、大宗交易以及协议转让等各种方式）。

4. 根据华英农业经营发展需要，为重整后的华英农业提供不高于 15 亿元的融资支持。

5. 重整完成后，利用产业投资人的资源、管理、市场等优势与华英农业形成互补，并根据情况适时注入优质资产，实现华英农业“好起来、飞起来”；利用财务投资人的优势，为华英农业协调政策、税收及融资等支持，恢复和增强华英农业的持续经营和盈利能力。

2021 年 12 月 28 日，华英农业就重整投资人相关事宜补充披露如下。

1. 重整投资人受让股权情况

上海新增鼎指定其投资设立的鼎新兴华作为产业投资人，联合光州辰悦、信阳华信、农投新动能、广兴股权作为财务投资人参与华英农业重整，并在华英农业的重整计划执行期间受让部分转增股票。根据重整投资协议，重整完成后各重整投资人的持股数量和比例情况见表 2－5－2。

表 2－5－2　华英农业重整投资人受让股权情况

序号	投资人名称	持股数量/万股	持股比例/%
1	鼎新兴华	51, 189. 36	24. 00
2	光州辰悦	34, 151. 99	16. 01
3	信阳华信	10, 463. 58	4. 91
4	农投新动能	4459. 91	2. 09
5	广兴股权	6398. 67	3. 00
合计		106, 663. 51	50. 01

重整投资人共计投入 75, 531. 06 万元，其中 8983. 37 万元系用于解决控股股东非经营性资金占用问题，剩余 66, 547. 69 万元在按照重整计划的规定支付重整费用、清偿各类负债（含预留部分）后，剩余部分用于补充公司流动资金。

2. 重整投资人的关联关系

鼎新兴华的有限合伙人信阳市产业投资集团有限公司（以下简称信阳产投）的实际控制人系信阳市财政局，信阳华信的实际控制人系地区行署，鼎新兴华与信阳华信存在关联关系。

光州辰悦的控股股东系潢川发投，农投新动能的有限合伙人系潢川发投，光州辰悦与农投新动能存在关联关系。

2022 年 2 月 18 日，华英农业与鼎新兴华、广兴股权及四川兴华鼎企业管理有限公司（以下简称四川兴华鼎）签署重整投资协议的补充协议，对重整投资人内部结构作出调整。广兴股权同意将其拟受让的华英农业3%股票中的1%以1510.35万元转由四川兴华鼎受让。

（二十五）2021年12月28日，华英农业披露上市公司及相关责任人员收到河南证监局行政监管措施决定书

2021年12月28日，华英农业披露收到河南证监局下发的《关于对曹某富、汪某江、杨某山采取出具警示函措施的决定》和《关于对河南华英农业发展股份有限公司采取责令改正措施的决定》。

2020年6月30日，华英农业发布《关于收到控股股东偿还非经营性占用资金的提示性公告》，披露控股股东华英禽业总公司偿还了前期非经营性占用资金8983.37万元。2021年10月30日，华英农业发布《关于控股股东非经营性资金占用解决方案暨公司签署〈重整意向财务投资协议〉的公告》，披露前期华英禽业总公司未实际归还上述占用资金。截至本次公告披露日，华英禽业总公司仍非经营性占用上市公司资金8983.37万元，提示性公告存在虚假记载，违反《上市公司信息披露管理办法》（2007年）第2条第1款规定。华英农业董事长兼时任董事会秘书、总经理、财务总监未忠实、勤勉地履行职责，违反《上市公司信息披露管理办法》第3条规定。

因上述事项，河南证监局决定对华英农业董事长兼时任董事会秘书、总经理、财务总监采取出具警示函的监管措施，并记入证券期货市场诚信档案；决定对华英农业采取责令改正的行政监管措施，并记入证券期货市场诚信档案。

（二十六）2021年12月31日，管理人收到全部重整投资款

2021年12月31日，管理人收到重整投资人应支付的全部重整投资款755,310,561.96元。

（二十七）2022年1月4日，华英农业披露控股股东非经营性资金占用归还完毕

1. 非经营性资金占用及偿还概述

2020年6月11日、30日，华英农业披露控股股东以30,560万元固定资产

(商业办公楼)抵债,7100 万元债务承接(公司对河南农业融资租赁的债务),合计清偿资金占用 37,660 万元。

2021 年 10 月 30 日,经公司自查,控股股东非经营性资金占用余额为 8983.37 万元。

2. 控股股东非经营性资金占用归还情况

经管理人及公司与重整投资人协商,华英农业于 2021 年 12 月 23 日与鼎新兴华、光州辰悦、信阳华信、农投新动能、广兴股权签署重整投资协议,协议约定重整投资人将负责解决控股股东非经营性资金占用问题。

截至本次公告披露日,重整投资人已经将投资款支付至管理人指定的银行账户,其中用于解决控股股东非经营性资金占用问题的 8983.37 万元已经由管理人支付给公司。截至 2022 年 1 月 4 日,控股股东非经营性占用资金已全部偿还完毕。后续,华英农业聘请的审计机构也确认了该事实。

(二十八)2022 年 1 月 30 日,华英农业收到深交所关注函

2022 年 1 月 30 日,华英农业收到深交所关注函[①],其中要求华英农业说明是否存在通过利润调节、不当会计处理等方式规避股票终止上市风险的情形。

对此,华英农业在 2022 年 2 月 19 日回复,公司不存在通过利润调节、不当会计处理等方式规避股票终止上市风险的情形。重整计划执行完毕后将有利于改善公司资产负债结构,提高公司的盈利能力,使公司得到健康发展。

(二十九)2022 年 3 月 4 日,华英农业披露控股股东、实际控制人发生变更

因执行华英农业重整计划、重整投资协议及其补充协议,华英农业控股股东由华英禽业总公司变更为鼎新兴华,实际控制人由潢川县财政局变更为许某均,具体变动情况见表 2-5-3。

---

① 深交所:公司部关注函〔2022〕第 107 号。

表2－5－3　华英农业控股股东、实际控制人变动情况

股东名称	本次权益变动前		本次权益变动后	
	持股数量/股	持股比例/%	持股数量/股	持股比例/%
华英禽业总公司	51,996,435	9.73	51,996,435	2.44
河南农投金控股份有限公司	29,604,882	5.54	29,604,882	1.39
深圳盛合汇富二期股权投资合伙企业(有限合伙)	29,261,317	5.48	29,261,317	1.37
鼎新兴华	0	0	511,893,617	24.00
光州辰悦	0	0	341,519,859	16.01
信阳华信	0	0	104,635,762	4.91
农投新动能	0	0	44,599,073	2.09
广兴股权	0	0	42,657,801	2.00
四川兴华鼎	0	0	21,328,901	1.00
其他股东	423,428,466	79.25	955,392,424	44.79
合计	534,291,100	100	2,132,890,071	100

2022年2月28日,鼎新兴华与广兴股权签署《一致行动协议》,鼎新兴华与广兴股权构成一致行动关系。

同时,鼎新兴华、光州辰悦、信阳华信、农投新动能、广兴股权、四川兴华鼎承诺受让的转增股票登记至其指定证券账户之日起36个月内不通过任何形式减持(包括集合竞价、大宗交易以及协议转让等各种方式)。

(三十)2022年4月14日,华英农业重整计划执行完毕

2022年4月14日,信阳中院作出(2021)豫15破6－4号民事裁定书,裁定确认华英农业重整计划已经执行完毕,终结华英农业重整程序。

(三十一)2022年4月15日,华英农业申请撤销因触及规范类强制退市之情形而被实施的退市风险警示

2022年4月15日,因信阳中院裁定华英农业重整计划执行完毕,并终结华英农业重整程序,华英农业向深交所申请撤销因触及规范类强制退市之情形而被实施的退市风险警示。2022年4月27日,深交所同意撤销因被法院裁定受理

重整而对公司股票实施的退市风险警示。

但是,华英农业仍存在《深交所股票上市规则》规定的因触及财务类强制退市之情形而被实施的退市风险警示及其他风险警示的情形。

(三十二)2022 年 4 月 28 日,会计师事务所确认原控股股东非经营性资金占用事项已全部解决

2022 年 4 月 28 日,亚太事务所出具了《关于河南华英农业发展股份有限公司非经营性资金占用涉及相关事项的专项核查说明》,截至 2022 年 1 月 4 日,控股股东非经营性占用资金 8983. 37 万元已全部清偿。

(三十三)2022 年 4 月 28 日,华英农业 2021 年年度财务报告被出具带强调事项段的无保留意见审计报告

2022 年 4 月 28 日,亚太事务所对华英农业 2021 年年度财务报告进行了审计,并出具了带强调事项段的无保留意见审计报告,强调事项如下:

根据信阳中院裁定的重整计划的规定,经华英农业申请并经管理人向信阳中院报告,华英农业将部分低效资产在京东拍卖破产强清平台上进行了公开拍卖,拍卖成交价较资产包账面价值发生大幅减值,2021 年度华英农业对相关资产计提信用减值损失 118, 136. 83 万元、计提资产减值损失 164, 423. 60 万元。

(三十四)2022 年 4 月 28 日,华英农业申请撤销退市风险警示及因大股东占用资金引起的其他风险警示

2022 年 4 月 28 日,因亚太事务所出具的公司 2021 年年度审计报告为带强调事项段的无保留意见审计报告,华英农业向深交所申请对公司股票交易撤销退市风险警示;原控股股东华英禽业总公司非经营性占用资金已全部偿还完毕,华英农业资金占用情形已消除,华英农业向深交所申请对公司股票交易撤销其他风险警示。

2022 年 6 月 23 日,深交所同意撤销相应的退市风险警示及因大股东占用资金引起的其他风险警示。

因华英农业 2021 年内部控制未经会计师事务所审计,华英农业暂不满足申

请撤销因华英农业2020年内部控制被亚太事务所出具了无法表示意见的内部控制审计报告而引起的其他风险警示情形的条件,华英农业在2022年4月28日也未向深交所申请撤销该项其他风险警示,因此华英农业股票继续被实施其他风险警示。

(三十五)2022年11月23日,华英农业收到中国证监会立案告知书

2022年11月23日,华英农业收到中国证监会下发的立案告知书,因华英农业涉嫌信息披露违法违规,中国证监会决定对华英农业立案。

2022年12月27日,华英农业收到河南证监局出具的行政处罚事先告知书。

2022年12月29日,华英农业收到河南证监局出具的行政处罚决定书,认定华英农业存在以下违法事实:2020年,华英农业通过少记管理费用、财务费用及营业外支出等方式,虚增利润总额16,775.3万元,导致华英农业2020年年度报告存在虚假记载。

河南证监局认为华英农业上述行为违反了《证券法》第78条第2款的规定,构成了《证券法》第197条第2款所述"信息披露义务人报送的报告或者披露的信息有虚假记载、误导性陈述或者重大遗漏"的违法行为,决定对华英农业处以责令改正,给予警告,并处以150万元罚款的行政处罚。

二、合规问题事实的总结

(一)资金占用问题的事实及其解决情况

2020年5月30日,华英农业披露公司控股股东华英禽业总公司非经营性占用上市公司资金。截至2019年年底,控股股东非经营性资金占用余额为4.66亿元,资金占用原因为,控股股东因自身融资需要,在2019年度以华英农业名义开展融资行为。截至2020年5月30日,控股股东以实物资产30,560万元及其他方式7100万元冲减关联方往来款项方式归还占用资金37,660万元。

对于剩余占用的8983.37万元资金,2020年6月30日,华英农业控股股东华英禽业总公司委托祥盛合作社代其向公司支付。但在2021年10月30日华英农业自查时披露该部分非经营性占用资金未实际解决。为保护公司全体股东利

益，尽快解决控股股东非经营性资金占用问题，在该问题披露的同时，潢川发投与华英农业签署《重整意向财务投资协议》，潢川发投作为公司破产重整意向投资人承诺：如华英农业重整获得法院裁定受理，针对占用资金 8983.37 万元事宜，在重整计划执行完毕前，潢川发投愿意以等额的现金归还公司，依法解决资金占用问题。

在华英农业进入重整程序后，华英农业通过公开招募确定了重整投资人。根据华英农业与重整投资人签署的重整投资协议，重整投资人将负责解决控股股东非经营性资金占用问题。2021 年 12 月 31 日，重整投资人将投资款支付至管理人指定的银行账户，控股股东非经营性资金占用款 8983.37 万元由重整投资人代为偿还完毕。

（二）控股股东及实际控制人变动情况

截至 2019 年 12 月 31 日，在华英农业合规问题披露前，华英农业控股股东为华英禽业总公司，其持有公司股份 84,053,334 股，占公司股份比例为 15.73%。华英禽业总公司为潢川县财政局全资控制的地方国有企业，华英农业实际控制人为潢川县财政局，具体股权结构见图 2－5－1。

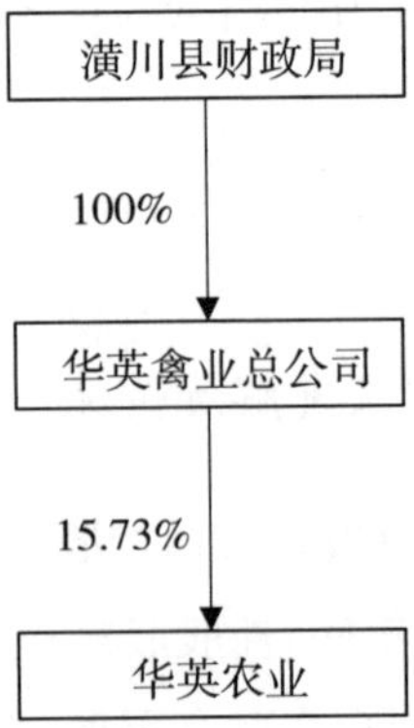

图 2－5－1　华英农业股权结构

后续因控股股东自身债务问题，华英禽业总公司持有的公司股票发生被动减持，具体变动情况见表 2－5－4。

表 2-5-4　华英农业控股股东及实际控制人变动情况

股东名称	减持方式	减持时间	减持均价/（元/股）	减持股数/股	减持比例/%	减持原因
华英禽业总公司	集中竞价	2020.6.29/6.30/7.1/7.2/7.3	—	5,342,800	1.00	股票融资融券业务发生违约
	司法拍卖	2020.9.17	4.56	8,670,000	1.62	因融资租赁合同纠纷，被债权人申请执行
	集中竞价	2020.9.28/9.29/9.30	—	5,342,300	1.00	股票融资融券业务发生违约
	集中竞价	2020.12.28/12.29	—	5,342,400	1.00	股票融资融券业务发生违约
	集中竞价	2021.4.13	—	26,714,000	0.38	股票融资融券业务发生违约
合计				51,411,500	5.00	

截至2021年11月20日，法院裁定受理上市公司重整日，华英禽业总公司持有上市公司股份为57,339,334股，占公司总股本的10.73%。重整期间，华英禽业总公司仍因融资融券业务违约被动减持5,342,899股，减持后，华英禽业总公司持有上市公司股份51,996,435股，占公司总股本的9.73%。但重整程序并未调整华英禽业总公司的持股数量，重整完成后，华英禽业总公司持有上述公司股份仍为51,996,435股，但持股比例因资本公积金转增股本稀释至2.44%。

截至2022年9月30日，华英禽业总公司持有上市公司股份30,667,535股，占公司总股本的1.44%。

（三）上市公司经营情况

2014年、2015年，华英农业营业收入在18亿元左右。2016~2019年，华英农业营业收入经历了一轮狂飙式的增长：历年分别实现营业收入25.15亿元、41.22亿元、53.49亿元、55.18亿元。但是2020年，华英农业营业收入急转直下，同比减少达到43.35%，营业收入为31.26亿元，具体经营情况见表2-5-5。

表 2-5-5　华英农业经营情况

单位：万元

科目	2022年1~9月	2021年	2020年	2019年
营业收入	105,116.25	319,245.78	312,555.62	551,768.61
归属于上市公司股东的净利润	-35,014.78	-253,805.18	-114,385.45	-5230.38

续表

科目	2022 年 1～9 月	2021 年	2020 年	2019 年
归属于上市公司股东的扣除非经常性损益的净利润	-1628.01	-104,964.49	-106,736.13	-7984.66
经营活动产生的现金流量净额	—	-28,435.43	-27,824.43	65,826.21
总资产	384,359.39	434,632.06	717,449.17	834,471.36
归属于上市公司股东的净资产	113,937.52	111,704.16	136,658.58	251,172.93

（四）监管机构关注情况

资金占用问题暴露后，华英农业第一时间收到深交所的关注函，要求披露资金占用的具体情况及解决方案的合法合规性和合理性。后续，华英农业在承诺期内明面上解决了资金占用问题，深交所并未再就资金占用问题进行关注，直至华英农业 2021 年 10 月 30 日自查前期部分资金占用问题未实质性得到解决。

（五）重整程序推进情况

2021 年 5 月 12 日，华英农业收到债权人的通知书，债权人以公司不能清偿到期债务并且明显缺乏清偿能力为由，向信阳中院申请对公司进行重整。

2021 年 5 月 26 日，债权人向信阳中院申请对华英农业进行预重整。

2021 年 6 月 5 日，信阳中院主持召开听证会，就债权人于 2021 年 5 月 26 日向其申请对公司进行预重整征询债务人、债权人、出资人、意向投资人、政府主管部门或行业专家等的意见，参会单位对债权人提出的预重整申请均无异议。同日，信阳中院决定对华英农业进行预重整。

2021 年 6 月 16 日，华英农业与上海新增鼎签署《重整投资意向协议》。

2021 年 10 月 30 日，华英农业与潢川发投签署《重整意向财务投资协议》。

2021 年 11 月 20 日，信阳中院裁定受理债权人对华英农业的重整申请。

2021 年 11 月 24 日，华英农业管理人公开招募和遴选重整投资人，并最终选定上海新增鼎或其指定的主体与财务投资人联合作为华英农业重整投资人。

2021 年 12 月 22 日，华英农业重整案第一次债权人会议召开，会议表决通过了重整计划（草案），出资人组会议也表决通过了重整计划（草案）之出资人权益调整方案。

2021 年 12 月 22 日,信阳中院裁定批准华英农业重整计划,并终止华英农业重整程序。

2021 年 12 月 23 日,华英农业与上海新增鼎指定主体签署重整投资协议,上海新增鼎投资设立的鼎新兴华作为产业投资人,光州辰悦、信阳华信、农投新动能、广兴股权、四川兴华鼎作为财务投资人参与华英农业重整。

2022 年 4 月 14 日,信阳中院裁定确认华英农业重整计划已经执行完毕,终结华英农业重整程序。

(六)法律责任承担情况

在华英农业资金占用问题发生后,可能由于该问题在明面上迅速被解决,华英农业并未被中国证监会立案调查。但是,在 2021 年 3 月 31 日,因控股股东非经营性资金占用及偿还未及时履行审议程序和信息披露义务,河南证监局决定对华英禽业总公司、华英农业及相关责任人员采取出具警示函的监管措施,并记入证券期货市场诚信档案。

2021 年 12 月 28 日,因对非经营性占用上市公司资金 8983. 37 万元是否偿还,华英农业公告存在虚假记载(未偿还披露为已偿还),河南证监局决定对华英农业董事长兼时任董事会秘书、总经理、财务总监采取出具警示函的监管措施,并记入证券期货市场诚信档案;决定对华英农业采取责令改正的行政监管措施,并记入证券期货市场诚信档案。

除此之外,2022 年 11 月 23 日,因涉嫌信息披露违法违规,中国证监会决定对华英农业立案。2022 年 12 月 29 日,因华英农业虚增利润导致 2020 年年度报告存在虚假记载,河南证监局决定对华英农业作出责令改正,给予警告,并处以 150 万元罚款的行政处罚。

除上述外,未查询到华英农业及其控股股东等相关方被追究民事责任、刑事责任的信息。

（七）合规问题解决时间轴（见图 2-5-2）

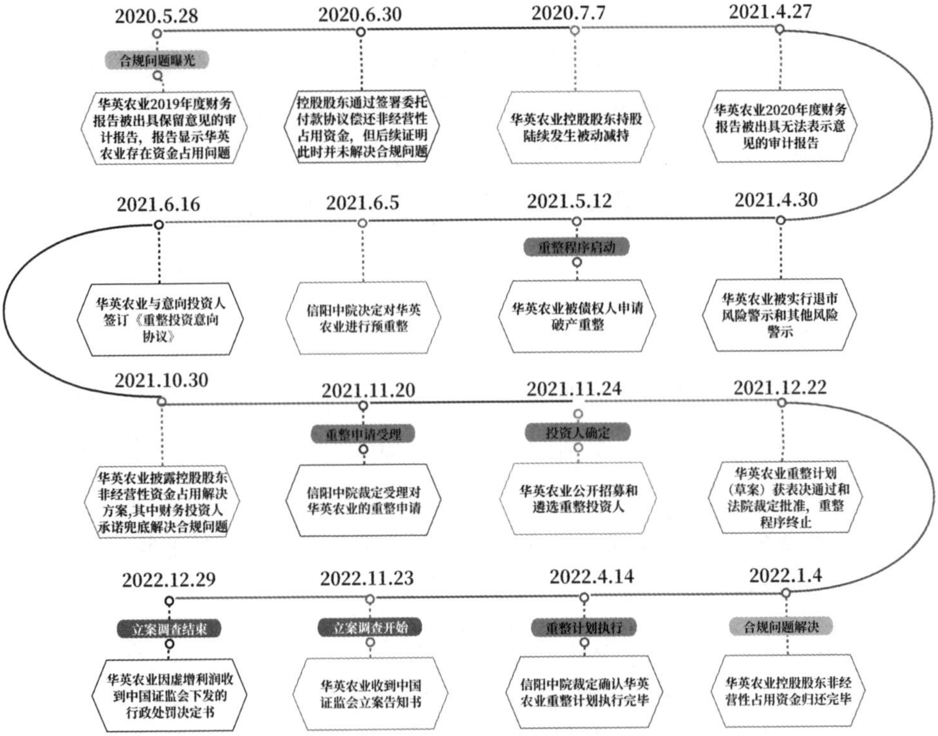

图 2-5-2　华英农业合规问题解决时间轴

三、合规问题发生的原因

（一）控股股东面临流动性危机

随着 2019 年金融机构及非银行金融机构信贷的收紧，控股股东出现了资金周转不畅、债务难以如期偿还的问题，在自身涉及多起经济纠纷诉讼的同时，以上市公司名义进行的多笔融资出现违约，控股股东及上市公司被多个债权方起诉，并进而导致资金占用问题曝光。

（二）控股股东资产变现能力弱

华英禽业总公司作为投资平台，其资产主要是上市公司股权、河南红特投资股权、潢川农村商业银行股权、商业办公楼等，主要现金流来源为股权分红和租金收入等，无其他生产经营活动可以产生足够的现金流，并且这些资产变现能力不强。在华英禽业总公司面临急迫的资金需求时，难以迅速变现帮助其渡过难关。而且上述资产是华英禽业总公司现金流的主要来源，仓促处置也将导致华英禽业总公司后续的业务经营难以维系，尤其是在上述资产可以带来较为良好的现金流时，处置资产无异于杀鸡取卵。此外，华英禽业总公司作为地方国企，资产处置需要履行审批手续，操作上也存在一定困难。

（三）控股股东持有的股票存在高比例质押

华英禽业总公司的资金占用开始于 2019 年 3 月，而此时华英禽业总公司持有的上市公司股票已经全部质押。华英禽业总公司作为投资平台，上市公司的股票是其重要的资产，该等股权质押情况导致其难以再通过股权转让、股权质押等方式进行融资。此时，如华英禽业总公司无其他可用财产为其融资提供增信，在其自身面临资金需求时，以上市公司名义进行融资也将顺理成章。

（四）市场因素导致控股股东质押股票面临平仓风险

自 2019 年 3 月起，华英农业股票价格连续下跌，这导致华英禽业总公司质押的股票面临平仓风险。在华英禽业总公司无其他融资渠道的前提下，为保证其对上市公司的控制权，华英禽业总公司是有动机以上市公司名义进行融资来解决自身债务问题的。

（五）上市公司内部控制制度失效

虽然华英农业披露资金占用问题的产生原因是华英禽业总公司自 2019 年以来，以华英农业的名义开展融资行为，但是正常而言，控股股东是无法以子公司名义开展融资行为的。虽然华英农业未披露华英禽业总公司是如何以华英农业名义开展融资的，但是我们猜测债权人愿意提供资金是因为债权人获取了可以认定华英禽业总公司取得了授权的证据。无论这种授权是如何取得的，华英农业均未履行审议程序，这说明华英农业的内部控制是失效的，为华英禽业总公司占用上市公司资金创造了机会。

四、合规问题产生的影响

（一）上市公司层面

1. 法律责任的承担

（1）行政监管措施

①2021 年 3 月 31 日

由于华英农业对关联交易（非经营性资金占用和偿还行为）未及时履行信息披露义务，华英农业相关董事及高级管理人员对上述违规行为负有责任，违反《上市公司信息披露管理办法》（2007 年）相关规定，河南证监局决定对华英农业及相关董事及高级管理人员采取出具警示函的监管措施，并记入证券期货市场诚信档案。

②2021 年 12 月 23 日

由于华英农业提示性公告存在虚假记载，违反《上市公司信息披露管理办法》相关规定，河南证监局决定对华英农业采取责令改正的行政监管措施，并记入证券期货市场诚信档案。

（2）行政处罚

在本案中，华英农业并未因资金占用问题受到行政处罚。但是华英农业存在虚增利润的行为（虚增利润总额为 16，775.3 万元），并导致华英农业 2020 年年度报告存在虚假记载，违反《证券法》[①]相关规定，河南证监局决定对华英农业责令改正，给予警告，并处以 150 万元罚款。

2. 资本市场运作受限

根据《16 号文》相关规定，上市公司存在违规占用资金行为的，自发现起 12

① 《证券法》（2019 年修订）第 78 条第 2 款规定："信息披露义务人披露的信息，应当真实、准确、完整，简明清晰，通俗易懂，不得有虚假记载、误导性陈述或者重大遗漏。"

个月内中国证监会不受理其再融资申请。因此,华英农业将因违规占用资金行为,在12个月内无法进行配股、公开增发、非公开发行、可转换公司债券、优先股、公司债券、企业资产证券化等一系列资本市场运作,融资能力将进一步受限。

(二)控股股东层面:被采取行政监管措施

由于华英禽业总公司非经营性占用华英农业资金,且对其未按照相关规定履行信息披露义务的违规行为负有责任,违反《上市公司信息披露管理办法》相关规定,河南证监局决定对华英禽业总公司采取出具警示函的监管措施,并记入证券期货市场诚信档案。

五、合规问题以外的困境

(一)上市公司层面

1. 债务负担严重,且亟须解决

截至2020年12月31日,华英农业合并口径资产71.74亿元,合并口径负债51.68亿元,合并净资产20.06亿元,资产负债率已接近72.04%,且流动负债规模远高于流动资产规模。在上述负债中,华英农业逾期有息负债金额约14.91亿元,应付票据已到期未兑付金额约1948.85万元。此外,华英农业报告期末实际担保余额为4.58亿元,占公司净资产的比例为29.35%。该等资产负债结构表明,华英农业债务负担严重,且无法在短期内通过资产变现予以解决。同时,因大量债务逾期,华英农业还将承担巨额利息和违约金,造成华英农业持续失血。

2. 持续经营能力具有不确定性

华英农业2019年、2020年连续两年归属于母公司的净利润为负数,公司财务状况恶化。此外,华英农业还涉及较多诉讼事项,多个银行账户被冻结,大额资产被法院强制执行拍卖,无法支付到期债务及职工工资。以上表明华英农业的持续经营能力存在重大不确定性。对此,会计师在审计报告中亦表示疑虑。

3. 股价持续下跌

自2019年3月起,华英农业股价连续下跌,自最高的10.54元/股跌至最低的2.18元/股。虽然股价下跌可能受多方面因素影响,但这也可从一定程度上看出市场并不看好华英农业。

4. 面临终止上市的风险

华英农业2020年度财务会计报告被亚太事务所出具了无法表示意见的审计报告,深交所对公司股票交易实行了“退市风险警示”。根据《深交所股票上市规则》(2020年修订)第14.3.11条规定,如果华英农业2021年度财务会计报告继续被出具保留意见、无法表示意见或者否定意见的审计报告,深交所将决定终止华英农业股票上市交易。

5. 财务造假

2020年,华英农业通过少记管理费用、财务费用及营业外支出等方式,虚增利润总额16,775.3万元,导致华英农业2020年年度报告存在虚假记载。

(二)控股股东层面

控股股东占用上市公司资金的原因也是其面临的主要困境。此外,控股股东为上市公司的诸多债务提供了担保。截至2020年12月31日,该等担保余额合计约8.41亿元,如上市公司债务问题无法解决,控股股东亦将面临债权人的追偿,自身债务问题将进一步恶化。

六、合规问题的解决方案

(一)方案的具体内容

在资金占用问题曝光的同时,控股股东就已经以30,560万元固定资产(商业办公楼)抵债、7100万元债务承接(公司对河南农业融资租赁的债务)的方式冲抵了37,660万元的资金占用。剩余8983.37万元占用资金,控股股东也在资金占用问题曝光后1个月内,拟通过委托付款的方式予以解决。虽然委托付款在前期取得监管部门、审计机构的认可,但后续华英农业主动披露,该笔资金为上市公司筹措,并未实质解决资金占用问题。最终,剩余8983.37万元资金占用问题,由重整投资人无偿提供现金予以解决。

1. 控股股东以固定资产抵债解决 30, 560 万元资金占用问题

为解决资金占用问题，华英禽业总公司将登记在华英房地产公司名下的自有固定资产华英研发中心大楼及土地无偿过户给华英农业。可以随时将华英研发中心大楼权属变更到华英禽业总公司或其指定第三方公司名下。

潢川县开成房地产估价事务所有限公司采用比较法结合收益法对华英研发中心大楼及土地 2020 年 5 月 22 日的市场价值进行了评估，华英研发中心大楼及土地评估价值为 305, 600, 000 元，其中房屋评估价值 201, 455, 714 元，土地评估价值 104, 144, 286 元，评估总价为 305, 600, 000 元。2020 年 5 月 26 日，华英农业与华英房地产公司签署了《存量房(二手房)买卖合同》，并办理完成产权变更手续。

《16 号文》第 3 条规定："……(四)上市公司被关联方占用的资金，原则上应当以现金清偿。在符合现行法律法规的条件下，可以探索金融创新的方式进行清偿，但需按法定程序报有关部门批准。(五)严格控制关联方以非现金资产清偿占用的上市公司资金。关联方拟用非现金资产清偿占用的上市公司资金，应当遵守以下规定：1. 用于抵偿的资产必须属于上市公司同一业务体系，并有利于增强上市公司独立性和核心竞争力，减少关联交易，不得是尚未投入使用的资产或没有客观明确账面净值的资产。2. 上市公司应当聘请有证券期货相关业务资格的中介机构对符合以资抵债条件的资产进行评估，以资产评估值或经审计的账面净值作为以资抵债的定价基础，但最终定价不得损害上市公司利益，并充分考虑所占用资金的现值予以折扣。审计报告和评估报告应当向社会公告。3. 独立董事应当就上市公司关联方以资抵债方案发表独立意见，或者聘请有证券期货相关业务资格的中介机构出具独立财务顾问报告。4. 上市公司关联方以资抵债方案须经股东大会审议批准，关联方股东应当回避投票。"

根据上述规定，控股股东对于占用的上市公司资金原则上应以现金清偿，以非现金资产清偿占用的上市公司资金应满足一定条件。

(1)控股股东持有价值资产，并可以迅速完成资产抵债

在本案中，资金占用问题之所以可以这么轻松地予以解决，是因为控股股东虽然面临资金紧张的局面，但其仍持有符合上述规定的价值资产，且该资产没有任何权属负担，可以迅速完成资产抵债。在大部分案例中，控股股东作为持股平

台,除上市公司股权外,一般不持有其他资产,或持有资产并非商业办公楼等价值容易获得认可的固定资产;或者即使控股股东持有价值资产,其也因自身债务问题对外提供了担保或被查封冻结,导致控股股东难以在短期内完成资产抵债。

(2)抵债资产为上市公司所需,较容易取得监管部门认可

本案中,用于抵债的固定资产(商业办公楼)是华英农业正在使用的主要办公场所和技术研发中心,之前一直由控股股东以租赁的方式交由华英农业使用。该资产是华英农业同一业务体系内所需的资产,用其抵债还将减少控股股东与上市公司之间因租赁而产生的关联交易,增强上市公司独立性。

需要注意的是,本案中,控股股东以资产抵债的方案最终并未提交股东大会审议,具体原因华英农业并未披露,但从后续披露的相关公告来看,监管部门并未就该问题再行要求华英农业作出说明,默认了控股股东的资产抵债行为。我们理解,该种默认与上述原因息息相关,监管部门认可了上述行为并不会损害上市公司股东权益。

2. 控股股东以债务承接方式解决 7100 万元资金占用问题

2020 年 5 月 26 日,华英农业与控股股东、债权人河南农业融资租赁三方共同签署了《债务转移协议》,由控股股东承接豫农租赁 L[2019]第 027、028、029 号《融资租赁合同》项下的河南农业融资租赁对华英农业的 7100 万元债务。协议中不存在债权人仍有向华英农业追偿的权利的条款设置,亦不存在华英农业就相关债务提供担保的约定。同时华英农业承诺,华英农业未为控股股东受让的人民币 7100 万元债务提供任何形式的担保。

在本案中,债权人同意将其对上市公司的债权转移给控股股东,一方面可能是因为债务金额不高,且华英禽业总公司为潢川县财政局全额出资设立的公司,信用背景较好,债权人自己判断债权受损的可能性较小。另一方面可能是因为债权人河南农业融资租赁也是河南省当地国有企业,控股股东协调难度不大。

3. 重整投资人无偿提供资源解决 8983. 37 万元资金占用问题

控股股东通过上述方式清偿了 37, 660 万元后,对华英农业仍存在 8983. 37 万元资金占用,对此控股股东承诺在 1 个月内,也即 2020 年 6 月 29 日前无条件足额归还。为此,控股股东与祥盛合作社、华英农业三方共同签署了《委托付款协议》,控股股东委托祥盛合作社代其向上市公司支付 8983. 37 万元。但是,在

2021 年 10 月 30 日,华英农业主动披露,上述 8983. 37 万元资金占用问题未实质解决,控股股东非经营性资金占用余额仍为 8983. 37 万元。

2020 年 6 月,华英农业担心控股股东无法如期履行承诺,进而导致华英农业触发其他风险警示,所以代控股股东筹措了该笔资金,并将筹措的资金通过潢川县晨旭生态农业有限公司转给了潢川县赵卫种植养殖专业合作社,再由潢川县赵卫种植养殖专业合作社转给祥盛合作社,最后经控股股东委托祥盛合作社代其支付给了上市公司。

华英农业主动披露资金占用问题仍然存在的原因可能是其希望通过重整解决财务造假问题,也可能是重整投资人要求如此。但华英农业在 2021 年 10 月 30 日同时披露,潢川发投与上市公司签署《重整意向财务投资协议》,潢川发投作为华英农业破产重整意向投资人向华英农业作出不可撤销承诺:潢川发投有意向作为财务投资人参与公司的重整投资;如公司重整获得法院裁定受理,针对占用资金 8983. 37 万元事宜,在重整计划执行完毕前,潢川发投愿意以等额的现金归还公司,依法解决资金占用问题。

最终,各投资人在重整程序中按照取得股票数量的比例,分摊了需要解决的占用资金,共向华英农业提供了 66, 547. 69 万元偿债资金和 8983. 37 万元资金占用问题解决款。但即便如此,重整投资人仍可获得巨额收益。在本案中,投资人取得股票的价格约为 0. 62 元/股,即使考虑提供的用于解决资金占用问题的现金,投资人取得股票的价格也仅为 0. 71 元/股,不提 7. 55 元/股的股票抵债价格,投资人取得股票的对价也远低于重整计划批准日股票收盘价 3. 78 元/股,该对价甚至低于股票票面价格 1 元/股。也就是说,重整投资人参与华英农业重整是稳赚不赔的,虽然股票锁定期为 3 年,但只要华英农业未退市,重整投资人就可以获得收益。

(二)影响方案选择的考虑因素

实际上,对比其他控股股东资金占用案例,该 8983. 37 万元的资金占用金额较小,对于作为地方国企的华英禽业总公司来说,并非完全无法解决。但是,华英农业还是启动了司法重整程序,诚然司法重整是解决华英农业债务问题、恢复华英农业可持续经营能力、避免华英农业退市的最简单方案,但结合整体的重整安排,我们也可以看出该方案可能是在政府和重整投资人主导下进行的。

早在2021年1月,华英农业就与重整程序中确定的投资人上海新增鼎签署了《战略合作框架协议》。5月12日,债权人向信阳中院申请对华英农业进行重整。6月5日,华英农业进入预重整阶段。6月16日,华英农业与上海新增鼎签署《重整投资意向协议》。11月20日,华英农业重整申请被正式受理。11月29日,管理人确定上海新增鼎为重整投资人。

此外,重整程序中的诸多安排也证明上海新增鼎对整体程序具有影响。例如,2021年11月24日,华英农业在招募重整投资人的公告中明确:"有意向报名者应在本次公告发布之日起至2021年11月29日15:00前将报名材料纸质版提交至管理人指定地点。"

按照上述公告内容,有意向的重整投资人只有5天的准备时间。通常情况下,重整投资人在确定参与重整之前,需要对公司进行尽调考察,耗时较长。对此,华英农业和管理人都给出了相应解释。华英农业方面回应称,"此前因为疫情等原因耽搁了些时间",所以这次时间相对较快。法院指定的管理人回应称,"此次节奏较快是为了提高重整效率"。

同时,根据招募公告,重整投资人应当对华英农业提供融资支持,并出具切实可行的退市风险化解方案。重整投资人报名截止日期为2021年11月29日。重整投资人的招募不限行业,但重整投资人或其出资方从事家禽养殖或其上下游行业,与华英农业具有产业协同性的,在同等条件下优先考虑。

公开招募期间,共有3家主体向管理人报名参与华英农业重整。经综合比对报名者提交的材料并经与报名者充分沟通,最终选定上海新增鼎或其指定的主体与财务投资人联合作为华英农业重整投资人。

上海新增鼎注册资本为1.7亿元,是新希望集团旗下专业从事资产管理、债务重组、重大资产重组等业务的公司,具有丰富的股权投资、企业管理/托管、财务顾问、重整、重大资产重组、投融资等经验,广泛的产业资源及雄厚的金融资源,致力于通过产业、金融和管理方面的提升,帮助企业摆脱困境并转型升级,实现高质量发展。但是值得注意的是,最终上海新增鼎指定鼎新兴华作为重整投资协议的签署方。而鼎新兴华的有限合伙人之一信阳产投的实际控制人系信阳市财政局,另一有限合伙人广汉东兴羽绒制品有限公司实际控制人为许某均,而上海新增鼎控制的普通合伙人则在2022年2月18日退出了鼎新兴华。

(三)方案的实施效果

1. 控股股东层面

(1)资金占用问题得以解决

在重整程序结束后,华英农业资金占用问题全部得以解决。对此,2022年4月28日,会计师事务所出具了《关于河南华英农业发展股份有限公司非经营性资金占用涉及相关事项的专项核查说明》,确认控股股东非经营性占用资金已全部清偿。

(2)控股股东持有的股票未被调整

控股股东持有的公司股票因债务问题发生的被动减持,在上市公司进入重整程序后,得以暂停,为控股股东化解债务问题争取了时间。同时,重整程序也未剥夺控股股东持有的上市公司股票,只是因资本公积金转增股票导致其持股比例被稀释,控股股东保有的上市公司股票可用于解决自身债务问题。

(3)控股股东避免承担更为严重的法律责任

虽然上市公司和控股股东因资金占用问题,被河南证监局采取出具警示函、责令改正、记入证券期货市场诚信档案的监管措施。但由于资金问题最终得以解决,上市公司和控股股东并未因此受到行政处罚,也未因此承担刑事责任。

(4)控股股东的偿债压力得到一定程度缓解

虽然重整计划未规定债权人未按照重整计划的规定领受偿债资源的后果,但如债权人接受现金、股票等偿债资源,该部分债权视为100%清偿,即使股票抵债价格7.55元/股远高于市价。此时,债权人无权再要求作为主债务人或连带责任人的控股股东继续清偿债务,这可在一定程度上缓解控股股东的偿债压力。

2. 上市公司层面

(1)自身债务问题得以解决

重整计划规定,有财产担保债权在特定财产评估值范围内,以留债方式延期受偿或以该财产处置变现款受偿;职工债权、税款债权以现金方式全额清偿;普通债权50万元以下(含50万元)部分以现金方式清偿,超过50万元部分,按照7.55元/股的抵债价格获得相应数量的转增股票。通过上述方式,华英农业合计解决了53.69亿元债务,改善了资产负债结构,财务成本亦大幅降低。

(2)可持续经营能力得到改善

华英农业通过司法重整,获得了重整投资人6.65亿元的资金注入,并对大部分债务实施了债务重组,诉讼事项也因重整得以处理,前期被冻结的银行账户被解除。重整投资人还将根据华英农业经营发展需要,为重整后的华英农业提供不高于15亿元的融资支持。产业投资人将利用自身资源、管理、市场等优势与华英农业形成互补,并根据情况适时注入优质资产,实现华英农业"好起来、飞起来"。财务投资人将利用自身优势,为华英农业协调政策、税收及融资等支持,恢复和增强华英农业的持续经营和盈利能力。在重整投资人全面管理、全面投入的前提下,华英农业将逐步实现产业升级和浴火重生。在经营方案有效实施的前提下,2022年至2026年,华英农业预计可实现净利润分别为0.34亿元、1.29亿元、2.06亿元、2.98亿元、3.75亿元。

(3)避免了终止上市的风险

重整完成后,随着债务危机的化解以及重整投资人对华英农业业务发展的支持,华英农业将逐步恢复盈利能力,重回良性、稳健发展轨道。2020年度非标准审计意见涉及事项影响因此得以消除,会计师事务所对华英农业2021年年度财务报告出具带强调事项段的无保留意见审计报告。2021年度,华英农业也未出现其他终止上市的情形,避免了被深交所决定终止上市的风险。

3. 其他层面

根据前期华英农业与上海新增鼎签署的《战略合作框架协议》,上海新增鼎需要在主业不变、注册地不变的前提下,帮助华英农业走出困境并转型升级,实现高质量快速发展。

以上不难看出,重整过程中"主业不变、注册地不变"是华英农业对投资人的核心诉求,原因主要在于,华英农业原实际控制人是潢川县财政局,华英农业也是当地为数不多的上市公司之一。因此,当地政府希望公司重整能够保证主业不变、注册地不变。而本次重整,使当地政府的诉求得以满足。

(四)方案的衍生问题

1. 上市公司控制权易主

在本案中,虽然控股股东的股票未被剥夺,但持股比例仍因资本公积金转增股本被稀释，原控股股东丧失了对上市公司的控制权。

2. 原控股股东自身债务问题未得到解决

在本案中，控股股东自身债务问题仍无具体的解决路径，控股股东持有的上市公司股票仍处于高比例质押状态。理论上，上市公司股票价格在重整后因债务问题得到解决存在上涨空间，但上涨需要时间，而且不确定性也较高。

3. 原控股股东仍可能面临上市公司债权人的追偿

在本案中，虽然控股股东为上市公司提供的信用担保部分得以解决，但是由于债权人在重整程序中的受偿并未完全覆盖债权人的损失，债权人仍可以向作为保证人的控股股东追偿。

4. 上市公司财务造假问题未得到解决

华英农业仍因财务造假被河南证监局采取责令改正，给予警告，并处以 150 万元罚款的行政处罚。

整体而言，与其他案例不同的是，除原控股股东控制权被剥夺、债务问题无法解决外，本案中财务造假问题也未得到解决。但财务造假问题本身也无法通过重整等方式解决，这是因为上市公司即使处于重整程序中，其各项账务处理也应满足会计准则的规定。本案中的财务造假问题主要是通过少记管理费用、财务费用及营业外支出等方式而虚增利润，重整本身并无处置该类问题的空间。

七、本案的启示

华英农业案再次说明上市公司建设与贯彻内控机制的重要性。华英农业的债务危机和经营困局是在新冠疫情、市场环境等多种因素影响下产生的，控股股东的资金占用仅是诸多因素之一。在本案中，我们需要关注的是，为何当地财政局全资控股的企业会出现流动性危机，只能以房产“高溢价”抵偿。相较于民营企业，国资控股的华英农业的监管体系本应更为严格，但是其内部控制制度却未充分发挥作用。上市公司如何保护国有资产不受损失？第一道“防火墙”就是健全且认真履行自己的内部控制制度，否则，当危机出现时，“小问题”也会演变成致命问题，“可以轻松解决”也会变得“难以解决”。

在解决合规问题时，应重视政府部门在问题解决过程中的引领作用。在本案中,资金占用问题的解决相对简单顺利,大部分占用资金通过资产抵偿的方式予以解决。但是,这种顺利是基于政府背书。整体回顾华英农业合规问题的爆发与解决过程可以发现,各方对部分问题并未深究。例如,控股股东是如何以上市公司名义融资的;非现金方式清偿资金占用未经股东大会审议,相关过户手续为何办理完毕;一个地处县城的商业楼,评估公司为何给出 1.14 万元/m^2 的房产估值与 9200 余元/m^2 的地价估值,且不经任何折价即冲减相应价值的占用资金。此外,华英农业及其控股股东也并未因资金占用问题受到行政处罚。

华英农业案在当时非常新颖地采用了预重整这一法律工具。这也是河南预重整转重整成功的第一案。华英农业采取预重整的原因在于,鉴于合规问题解决在时间和结果上的重大不确定性,故先启动预重整程序试水。在华英农业进入预重整程序后正式披露合规问题解决方案,如各方接受再启动重整程序,确保破产重整一旦启动则可成功结束。目前,预重整模式已为诸多重整上市公司采用。当然,上市公司的重整程序中还有很多其他事项需要解决,同样可在预重整期间同步开展,以降低司法成本,增加重整成功概率,实现公司的涅槃重生。

专题六　德威新材合规问题解决方案研究

德威新材为一家于 2012 年 6 月 1 日在深交所创业板上市的公司。德威新材专注于线缆用高分子材料的研制、生产、销售，是国内线缆用高分子材料行业响应需求型技术创新能力较强的企业之一，是国内少数达到引导需求型技术创新层次的企业之一。

2020 年年底，德威新材违规担保问题曝光，涉及金额约 2.44 亿元，后续在 2020 年年度财务报告披露时，年审会计师确认除控股股东德威投资集团有限公司（以下简称德威投资）已经支付和资产被司法拍卖后划扣的金额外，德威新材合计可能需承担的担保责任金额为 1.23 亿元。但是德威新材的问题远不止这些，德威新材在 2020 年 7 月就收到中国证监会的调查通知书。2021 年 9 月，中国证监会认定德威投资关联方占用上市公司资金余额为 9.78 亿元，为掩盖资金占用问题，德威新材 2018 年年报、2019 年年报和 2020 年半年报信息披露存在虚假记载和重大遗漏。但是，德威投资自身也面临严重债务问题，并无资金解决上述问题，其最终于 2021 年 2 月申请预重整，但因德威新材还面临严重债务问题、退市风险，最终德威新材被深交所决定终止上市。

一、合规问题事实的梳理

(一)2020 年 7 月 8 日,德威新材收到中国证监会调查通知书

2020 年 7 月 8 日,德威新材收到中国证监会调查通知书。因公司涉嫌信息披露违法违规,中国证监会决定对公司立案调查。后续于 2021 年 9 月 12 日中国证监会公布调查结果,并下发了行政处罚及市场禁入事先告知书。

(二)2020 年 8 月 14 日,德威新材披露控股股东所持公司部分股份被司法拍卖

德威投资于 2017 年 12 月通过股票质押业务将其持有的部分德威新材股票质押给南京银行股份有限公司苏州分行(以下简称南京银行苏州分行),合计质押给南京银行苏州分行的股份为 5000 万股,其中 3820 万股质押到期日为 2018 年 11 月 30 日,1180 万股质押到期日为 2020 年 1 月 17 日。质押到期后,德威投资无力履行购回义务,构成债务违约。债权人就此债权向江苏省苏州市中级人民法院(以下简称苏州中院)提起诉讼,后强制执行 5000 万股。

上述股票过户完成后,德威投资持有公司股份 167, 256, 367 股,占公司总股本的 16. 63%。

(三)2020 年 10 月 29 日,德威新材披露控股股东所持公司部分股份被司法拍卖

德威投资于 2017 年 12 月通过股票质押业务将其持有的部分德威新材股票质押给首创证券有限责任公司(以下简称首创证券),合计质押给首创证券的股份为 25, 814, 477 股,质押到期日为 2019 年 6 月 14 日。质押到期后,德威投资无力履行购回义务,构成债务违约。债权人就此债权向苏州中院提起诉讼。经审理,苏州中院裁定将相关股票予以司法拍卖并完成过户登记手续。

上述股票过户完成后,德威投资持有公司股份 141, 441, 890 股,占公司总股本的 14. 06%。

(四)2020 年 12 月 29 日,德威新材违规担保问题曝光

2020 年 12 月 15 日,德威新材收到深交所关注函,原因为近期有媒体报道称,德威新材多个应收票据出票方与德威新材控股股东、实际控制人疑似存在关联关系。而德威新材 2020 年 11 月 16 日披露的 2020 年半年报问询函回复显示,截至 10 月 31 日,德威新材应收票据逾期未兑付金额为 47,164.39 万元。

2020 年 12 月 29 日,德威新材对上述关注函进行回复,回复中确认公司存在违规担保事项,具体如下。

1. 控股股东德威投资、实际控制人逾期未能清偿债务情况

因借款纠纷、股票质押违约,控股股东、实际控制人逾期未清偿债务合计 95,569 万元。

2. 非经营性占用上市公司资金的情形

德威新材不存在控股股东、实际控制人及其关联方非经营性占用上市公司资金的情形。

3. 违规担保事项

公司询问了控股股东德威投资并通过德威投资获得苏州中院的(2020)苏 05 民初 140 号等 4 份民事调解书。德威新材分别于 2017 年 11 月、12 月就公司控股股东与南京银行苏州分行的股票质押业务及苏州乾威电气实业有限公司(以下简称苏州乾威)与南京银行苏州分行的授信业务违规提供担保。具体情况如下:

(1)2017 年 12 月,公司控股股东与南京银行苏州分行洽谈股票质押业务,融资主体为德威投资,股票质押股数为 1180 万股。南京银行苏州分行向控股股东提出,需要德威新材对上述股票质押业务提供担保。控股股东相关意识不足,答应了南京银行苏州分行的要求,并取走德威新材公章,在相应的担保合同上盖章形成违规担保。

(2)2017 年 12 月,公司控股股东与南京银行苏州分行洽谈股票质押业务,融资主体为苏州德超制冷配件有限公司(以下简称德超制冷),股票质押股数为 1910 万股。南京银行苏州分行向公司控股股东提出,需要德威新材对上述股票质押业务提供担保,担保额度为 7000 万元。公司控股股东相关意识不足,答应

了南京银行苏州分行的要求,并取走德威新材公章,在相应的担保合同上盖章形成违规担保。

(3)2017 年 12 月,公司控股股东与南京银行苏州分行洽谈股票质押业务,融资主体为苏州伊泰诺科技服务有限公司(以下简称伊泰诺),股票质押股数为 1910 万股。南京银行苏州分行向公司控股股东提出,需要德威新材对上述股票质押业务提供担保,担保额度为 7000 万元。公司控股股东相关意识不足,答应了南京银行苏州分行的要求,并取走德威新材公章,在相应的担保合同上盖章形成违规担保。

2019 年 11 月,由于公司控股股东股票质押及银行授信违约,南京银行苏州分行将上述股票质押债权及授信不良债权一并转让给上海睿银盛嘉资产管理有限公司(以下简称上海睿银),并于 2019 年 12 月发布债权转让公告。随后,上海睿银将上述债权转让给苏州资产管理有限公司(以下简称苏州资管),苏州资管于 2020 年 8 月对控股股东持有的德威新材 5000 万股股票进行司法拍卖,拍卖合计成交金额为 13,867 万元,同时于 2020 年 11 ~ 12 月对控股股东持有的商品房进行了拍卖,拍卖合计成交金额为 5135.05 万元,合计清偿债务 19,002.05 万元。

(4)2016 年公司控股股东因对外投资需要资金,故找到苏州乾威的相关负责人,请苏州乾威作为借款主体,同时控股股东将其拥有的太仓的相关商品房作为抵押担保品,经对方同意后,公司控股股东通过苏州乾威向南京银行苏州分行申请 1 亿元的综合授信,南京银行苏州分行向公司控股股东提出,需要德威新材对上述银行授信业务提供担保,公司控股股东相关意识不足,答应了南京银行苏州分行的要求,并取走德威新材公章,在相应的担保合同上盖章形成了违规担保。

2019 年 11 月,由于上述主体授信业务违约,南京银行苏州分行将上述债权转让给上海睿银,并于 2019 年 12 月发布债权转让公告。随后,上海睿银将上述债权转让给苏州资管,苏州资管于 2020 年 10 ~ 12 月对控股股东持有的商品房进行司法拍卖,拍卖合计成交金额为 10,516 万元。

后续苏州资管就上述债权提起诉讼,经法院调解,各方当事人于 2020 年 3 月 6 日达成和解,德威新材需要对上述 4 笔担保承担连带清偿责任,因为公司控股股东相关意识不足，取走公司公章并在相应笔录上盖章。上述违规担保事项均未经公司董事会、股东大会审议。

上述担保未经德威新材董事会、股东大会及内部任何审批程序。德威新材合计可能需承担的担保责任金额为24,417.06万元，占2019年经审计的归属于上市公司股东的净资产的30.82%。公司控股股东正在以司法拍卖有关资产的形式对债权人进行偿付。当时，公司与债权人就免除公司的担保责任进行协商，公司预计在1个月内解决。如若公司不能在2021年1月29日前（含1月29日）解决上述违规担保事项，公司股票交易可能被实施其他风险警示。

4.未及时披露的诉讼情况

经与公司实际控制人确认，在上述事项发生时，法院相关文件由实际控制人收取，实际控制人认为上述事项有足额担保物，不会对德威新材造成不良影响，故未将上述事项告知公司董事会，从而导致公司未对上述事项及时披露。

（五）2021年2月2日，德威新材股票被实施其他风险警示

因德威新材存在违规为控股股东的债务提供担保的情形，除控股股东德威投资已经支付和资产被司法拍卖后划扣的金额外，德威新材合计可能需承担的担保责任金额为24,417.06万元，占2019年经审计的归属于上市公司股东的净资产的30.82%。如若德威新材不能在2021年1月29日前（含1月29日）解决上述违规担保事项，德威新材股票交易可能被实施其他风险警示。鉴于德威新材截至2021年2月1日尚未解决上述违规担保事项，德威新材股票将自2021年2月2日开市起被实施其他风险警示。

（六）2021年2月5日，德威新材控股股东申请预重整

2021年2月5日，因资金链紧张，德威投资生产经营受到严重影响，并已无法清偿到期债务。德威投资以“不能清偿到期债务，并且资产不足以清偿全部债务且明显缺乏清偿能力”，但“具有重整价值及可能性”为由，向江苏省太仓市人民法院（以下简称太仓法院）申请预重整。

（七）2021年2月10日，德威新材收到深交所关注函

2021年2月10日，因德威新材披露控股股东德威投资因无法清偿到期债务

向法院申请预重整,德威新材在金融机构的贷款本金逾期金额为 6.08 亿元,涉及诉讼共 11 笔,德威新材收到深交所关注函①。

2021 年 2 月 25 日,德威新材对上述关注函作出回复,就德威投资及实际控制人的资产负债情况、预重整对德威投资债务清偿和解除违规担保的影响、德威投资是否利用预重整逃废债、预重整的重整方案、德威新材债务逾期风险、累计诉讼明细等事项进行说明。

(八)2021 年 3 月 5 日,德威新材披露收到江苏证监局警示函

德威新材于 2021 年 3 月 5 日披露收到江苏证监局《关于对周某明、德威投资集团有限公司、江苏德威新材料股份有限公司采取出具警示函措施的决定》,因德威投资未及时、主动告知德威新材其持有的股份分别在 2019 年 4 月 18 日、19 日和 26 日被冻结的事项,德威新材未及时查询控股股东股份冻结事项,迟至 2019 年 6 月 6 日才披露该重大事件,江苏证监局决定对周某明、德威投资、德威新材采取出具警示函的行政监管措施,并记入证券期货市场诚信档案。

(九)2021 年 4 月 26 日,德威新材 2020 年年度财务报告被出具无法表示意见的审计报告

2021 年 4 月 26 日,立信会计师事务所(特殊普通合伙)(以下简称立信所)为德威新材 2020 年年度财务报告出具了无法表示意见的审计报告,形成无法表示意见的基础如下。

1. 应收票据

截至 2020 年 12 月 31 日,德威新材合并资产负债表的应收票据期末余额为人民币 138,011.77 万元,其中包括逾期未兑付的票据余额人民币 98,011.77 万元,均为商业承兑汇票。逾期票据的出票方为苏州菲尔普斯国际贸易有限公司(以下简称菲尔普斯)、苏州德都实业有限公司、上海舟惟实业有限公司、上海巨科化工有限公司和苏州乾威。德威新材管理层对上述应收商业承兑汇票按 50% 的预期信用损失率计提坏账准备人民币 49,005.89 万元。

德威新材管理层未提供有关上述逾期应收票据的商业理由的合理解释和支

---

① 深交所:创业板关注函〔2021〕第 99 号。

持性证据,也未提供催款计划和计提预期信用损失的依据。因此,立信所无法就上述应收票据的商业实质及预期信用损失的合理性获取充分、适当的审计证据,无法确定是否有必要对财务报表相关金额及披露作出调整。

2. 预付账款

截至 2020 年 12 月 31 日,德威新材合并资产负债表的预付账款余额为人民币 9281.15 万元,包括预付扬州安顺利化工有限公司(以下简称安顺利)余额人民币 5381.05 万元,预付菲尔普斯余额人民币 805.70 万元。

安顺利系德威新材本年度新增供应商;菲尔普斯为德威新材常年供应商,上年末无预付款项余额,其作为出票方的商业承兑汇票于 2020 年末已逾期。截至本书披露日,德威新材及其下属子公司未收到与上述预付款项相关的货物。德威新材管理层未就上述预付款项的商业合理性提供合理解释和支持性证据,因此,立信所无法就上述预付账款的商业实质及其可收回性获取充分、适当的审计证据,无法确定是否有必要对财务报表相关金额及披露作出调整。

3. 对外担保相关事项

截至 2020 年 12 月 31 日,德威新材合并资产负债表的预计负债余额为人民币 8540.87 万元,其中包括与对外担保相关的预计负债人民币 5667.01 万元。截至 2020 年 12 月 31 日,德威新材未履行董事会和股东大会审批程序对外提供的违规担保余额为人民币 12,274.93 万元,已确认相关预计负债为人民币 5667.01 万元。

由于德威新材与对外担保审批和公章使用相关的内部控制存在重大缺陷,立信所无法确认德威新材管理层提供的对外担保清单的完整性,因此,立信所无法就相关预计负债的完整性获取充分、适当的审计证据,无法确定是否有必要对财务报表相关金额及披露作出调整。

4. 中国证监会立案调查事项

德威新材于 2020 年 7 月 8 日收到中国证监会的调查通知书。调查通知书提出:“因公司涉嫌信息披露违法违规,根据《证券法》的有关规定,决定对公司立案调查。”

截至本书披露日,上述调查尚未形成最终结论,因此,立信所无法判断立案调查事项对德威新材财务报表可能产生的影响。

5. 持续经营

德威新材连续 3 年亏损,2020 年 12 月 31 日的未受限货币资金余额为人民币 45, 856, 850. 64 元,已逾期借款余额为人民币 568, 034, 173. 90 元。这些事项和情况连同财务报表附注所述的其他事项,表明存在可能导致对德威新材持续经营能力产生重大疑虑的重大不确定性。由于德威新材管理层未就偿债计划的可行性提供充分证据,因此,立信所无法判断德威新材管理层运用持续经营假设编制 2020 年年度财务报表是否适当。

(十)2021 年 4 月 28 日,德威新材披露独立董事无法保证 2020 年年度报告和 2021 年第一季度报告内容真实、准确、完整的声明

独立董事无法保证德威新材 2020 年年度报告和 2021 年第一季度报告所披露的信息真实、准确、完整,主要原因为:

1. 截至 2020 年 12 月 31 日,德威新材合并资产负债表逾期未兑付的票据(商业承兑汇票)余额为 98, 011. 77 万元、预付账款余额为 9281. 15 万元,逾期应收票据可能存在商业实质问题以及预期信用损失的合理性问题,预付账款可能存在商业实质问题及其可收回性问题,独立董事无法获得相关信息来判断关联交易的存在性和实质性;

2. 截至 2020 年 12 月 31 日,德威新材未履行董事会和股东大会审批程序对外提供的违规担保余额为 12, 274. 93 万元,已确认相关预计负债为 5667. 01 万元。这说明公司存在内部管理问题,督促还款的前期效果不佳,可能导致公司以及股东特别是中小股东的利益受损。

(十一)2021 年 4 月 29 日,德威新材股票被实施退市风险警示

因 2020 年度的财务会计报告被出具无法表示意见的审计报告,德威新材股票将自 2021 年 4 月 29 日开市起被实施退市风险警示。

同时,2020 年度公司审计报告显示:“德威新材连续三年亏损,2020 年 12 月 31 日的未受限货币资金余额为人民币 45, 856, 850. 64 元,已逾期借款余额为人民币 568, 034, 173. 90 元。这些事项和情况,连同财务报表附注所述的其他事项,表明存在可能导致对德威新材持续经营能力产生重大疑虑的重大不确定性。”德

威新材出现了《深交所创业板股票上市规则》(2020 年 12 月修订)第 9.4 条第 6 项规定的对股票交易实施其他风险警示的情形。

此前,因德威新材存在违规提供担保的情形,公司股票已自 2021 年 2 月 2 日开市起被实施其他风险警示。

(十二)2021 年 5 月 12 日,债权人向法院申请对德威新材预重整

2021 年 5 月 12 日,德威新材债权人太仓市影星塑料制品有限公司(以下简称影星塑料)向苏州中院申请对公司预重整。

(十三)2021 年 5 月 12 日,法院决定对控股股东启动预重整

2021 年 5 月 12 日,德威投资收到太仓法院的(2021)苏 0585 破申 2 号、(2021)苏 0585 破申 2 号之一决定书,太仓法院决定对德威投资启动预重整。

(十四)2021 年 6 月 8 日,债权人申请控股股东重整

2021 年 6 月 8 日,太仓市弇盈供应链有限公司以德威投资不能清偿生效法律文书确定的到期债务,且资产不足以清偿全部债务,但具备重整价值为由,向苏州中院申请对德威投资进行重整。

(十五)2021 年 6 月 10 日,法院决定对德威新材启动预重整

2021 年 6 月 10 日,德威新材收到苏州中院下发的(2021)苏 05 破申 11 号决定书,苏州中院决定对德威新材启动预重整,并指定德威新材清算组担任公司预重整期间的临时管理人。

(十六)2021 年 6 月 25 日,德威新材招募重整投资人

2021 年 6 月 25 日,德威新材临时管理人发布《江苏德威新材料股份有限公司重整投资人招募公告》,其中要求意向投资人围绕逾期应收票据可能存在商业实质问题以及预期信用减值问题对上市公司造成的影响、违规担保的解决、偿债方案和经营方案制作重整投资方案。同时,意向投资人还应承诺德威新材的住所地不迁出太仓市。

（十七）2021 年 7 月 2 日，法院裁定德威新材控股股东进入重整程序

2021 年 7 月 2 日，苏州中院下发（2021）苏 05 破申 9 号民事裁定书，裁定受理债权人对德威投资的重整申请。

（十八）2021 年 7 月 30 日，德威新材确定重整投资人

2021 年 7 月 30 日，德威新材收到德威新材临时管理人发来的《江苏德威新材料股份有限公司重整投资人确认函》，经遴选评审后，临时管理人确认中海外城市开发有限公司（以下简称中海外城开）为德威新材的重整投资人。

（十九）2021 年 9 月 12 日，德威新材及相关人员收到中国证监会行政处罚及市场禁入事先告知书

此前，中国证监会决定对德威新材进行立案调查。关于本次立案调查，德威新材于 2021 年 9 月 12 日收到中国证监会下发的行政处罚及市场禁入事先告知书。经查明，德威新材涉嫌违法的事实如下。

1. 关联关系情况

涉案期间，德威投资是德威新材控股股东，周某明为实际控制人。菲尔普斯人员和财务受德威投资及周某明控制，周某明自认菲尔普斯是其控制的资金平台。苏州乾威是德威投资控制的资金平台。德超制冷、伊泰诺为德威投资 100% 控股子公司。

2. 2018 年年报、2019 年年报和 2020 年半年报信息披露存在虚假记载

为掩盖关联方资金占用，德威新材在《2018 年年度报告》中虚增 651,524,191.19 元银行承兑汇票，占当期总资产的 15.33%，未如实披露 3.92 亿元银行存款受限情况，占当期总资产的 9.22%。德威新材在《2019 年年度报告》中虚增 1,103,940,148.67 元商业承兑汇票，占当期总资产的 33.10%。德威新材在《2020 年半年度报告》中虚增 1,104,132,680.69 元应收票据，占当期总资产的 33.37%。

3. 2018 年年报、2019 年年报和 2020 年半年报存在重大遗漏

（1）关联采购事项信息披露存在重大遗漏

2018 年，德威新材与供应商菲尔普斯的关联交易金额为 238,340,499.94

元,该交易金额占当期经审计净资产165,261.49万元的14.42%。

根据《公开发行证券的公司信息披露内容与格式准则第2号——年度报告的内容与格式》(2017年修订)第40条等的规定,德威新材应当在相关定期报告中披露该关联交易情况。德威新材在《2018年年度报告》中未披露该事项,相关报告存在重大遗漏。

(2)关联方资金占用事项信息披露存在重大遗漏

2018年12月31日,关联方菲尔普斯资金占用余额为7.95亿元。2019年12月31日,关联方菲尔普斯资金占用余额为9.69亿元。截至2020年7月8日(调查日),关联方菲尔普斯资金占用余额为9.78亿元。

根据《公开发行证券的公司信息披露内容与格式准则第2号——年度报告的内容与格式》(2017年修订)第31条等的规定,德威新材应当在相关定期报告中披露该关联交易情况。德威新材在《2018年年度报告》《2019年年度报告》《2020年半年度报告》中未披露该事项,相关报告存在重大遗漏。

(3)为关联方提供担保事项信息披露存在重大遗漏

2017年11月至12月,德威新材向南京银行苏州分行为关联人苏州乾威、德威投资、德超制冷、伊泰诺合计2.83亿元的贷款提供担保,占2017年经审计的归属于上市公司股东的净资产的16.22%。2018年末、2019年末上述对外担保的余额均为2.83亿元,占当年净资产的比例分别为17.12%、27.30%。2020年12月29日,德威新材首次披露相关担保事项。

根据《证券法》(2014年修正)第67条第2款第12项等的规定,德威新材应及时披露该事项。根据《公开发行证券的公司信息披露内容与格式准则第2号——年度报告的内容与格式》(2017年修订)第40条等的规定,德威新材应当在相关定期报告中披露该关联交易情况。德威新材在《2018年年度报告》《2019年年度报告》《2020年半年度报告》中未披露该事项,相关报告存在重大遗漏。

(4)重大诉讼事项信息披露存在重大遗漏

2019年11月21日,由德威新材担保的相关债权被南京银行苏州分行转让给上海睿银。随后,再次被转让给苏州资管。2020年2月4日,苏州资管就上述债权提起诉讼,涉案本金为31,003.98万元。2020年3月6日,经法院调解,相关当事人和解结案,德威新材须承担连带清偿责任。调解确定的担保责任金额为34,331.74万元,占德威新材2019年末经审计净资产的33.11%。

2020年9月,江苏太仓农村商业银行股份有限公司沙溪支行(以下简称太仓农商行)对由德威新材提供担保的相关债权提起诉讼,涉案本金6177.68万元,占德威新材2019年末经审计净资产的5.96%。

2020年10月9日,法院受理德威新材与自然人龚某的诉讼纠纷,传票时间为2020年11月2日,涉案本金为1250万元。

2020年12月29日,德威新材首次披露苏州资管诉讼事项;2021年4月23日,德威新材首次披露太仓农商行、龚某诉讼事项。

中国证监会认为,德威新材未按规定披露对外担保、重大诉讼信息,《2018年年度报告》《2019年年度报告》《2020年半年度报告》存在虚假记载、重大遗漏,涉嫌违反《证券法》(2014年修正)第63条、《证券法》(2019年修订)第78条第2款的规定,构成《证券法》(2014年修正)第193条第1款、《证券法》(2019年修订)第197条第2款所述违法行为。

德威新材董事长、总经理、法定代表人和实际控制人,组织实施了前述违法行为,是直接负责的主管人员。德威新材实际控制人行为已构成《证券法》(2019年修订)第197条第2款所述"发行人的控股股东、实际控制人组织、指使从事上述违法行为"的情形。

时任德威新材财务总监,知悉德威新材通过菲尔普斯转出资金,具体下达在不同账户之间转账的指令,对相关问题票据未有异议,并签字确认《2018年年度报告》,其涉嫌违法行为在《证券法》(2019年修订)施行前已终了,适用《证券法》(2014年修正)。根据《上市公司信息披露管理办法》(2007年)第58条第1款、《证券法》(2014年修正)第68条第3款等的规定,对德威新材《2018年年度报告》存在的虚假记载、重大遗漏行为,时任德威新材财务总监是直接负责的主管人员。

根据当事人违法行为的事实、性质、情节与社会危害程度,依据《证券法》(2014年修正)第193条第1款、《证券法》(2019年修订)第197条第2款的规定,中国证监会拟决定:一是对德威新材责令改正,给予警告并处以200万元罚款;二是对德威新材实际控制人给予警告并处以450万元罚款,其中对直接负责的主管人员处以150万元罚款,对实际控制人处以300万元罚款,并对其采取5

年证券市场禁入措施；三是对时任财务总监给予警告并处以 30 万元罚款，以及采取 3 年证券市场禁入措施。

（二十）2021 年 11 月 4 日，德威新材收到中国证监会行政处罚和市场禁入决定书

2021 年 11 月 4 日，德威新材及相关人员收到了中国证监会下发的行政处罚决定书、市场禁入决定书，内容与其在 2021 年 9 月 12 日收到的行政处罚及市场禁入事先告知书相同。

（二十一）2021 年 12 月 31 日，德威新材重整投资人、债权人豁免对德威新材的大额债务

2021 年 12 月 31 日，德威新材收到重整投资人中海外城开、中国华融资产管理股份有限公司江苏省分公司（以下简称华融资产江苏分公司）和中国信达资产管理股份有限公司江苏省分公司（以下简称信达资产江苏分公司）《重整投资通知函》《债务代偿通知函》《关于债务豁免的函》，具体内容如下。

1. 债权转让情况

2021 年 12 月 24 日，信达资产江苏分公司与恒丰银行股份有限公司苏州分行（以下简称恒丰银行苏州分行）、中国农业银行股份有限公司苏州分行（以下简称农业银行苏州分行）签署了《债权转让协议》，恒丰银行苏州分行及农业银行苏州分行将对德威新材持有的债权人民币 18,448.88 万元及相关的全部主从权利（包含债权本金、利息及相关资产文件项下的其他权利）转让给了信达资产江苏分公司。

德威新材于 2021 年 12 月 27 日收到信达资产江苏分公司和恒丰银行苏州分行、农业银行苏州分行签署的《债权转让通知书》，根据该通知，德威新材将不再向原债权人恒丰银行苏州分行、农业银行苏州分行承担债务，而改向信达资产江苏分公司承担债务，信达资产江苏分公司成为公司的债权人。截至 2021 年 12 月 24 日，信达资产江苏分公司对公司享有 18,603.05 万元的债权。

2021 年 12 月 31 日，德威新材收到了中海外城开向公司出具的《债务代偿通知函》，经中海外城开与信达资产江苏分公司确认，德威新材对信达资产江苏分

公司的债务中的5400万元由中海外城开代公司支付。基于上述情况,中海外城开对公司享有5400万元的债权,信达资产江苏分公司对公司享有13,203.05万元的债权。

2021年6月11日,华融资产江苏分公司与交通银行股份有限公司苏州分行(以下简称交通银行)签署了《单户债权转让协议》,交通银行将对公司持有的债权人民币13,369.05万元及相关的全部主从权利(包含债权本金、利息、罚息、复利及费用等)转让给了华融资产江苏分公司,转让基准日后的利息等以原借款合同约定方式或生效法律文书为准。

德威新材于2021年12月收到交通银行签署的《债权转让确认函》,根据该函,德威新材将不再向原债权人交通银行承担债务,而改向华融资产江苏分公司承担债务,华融资产江苏分公司成为公司的债权人。截至2021年12月30日,华融资产江苏分公司对公司享有14,319万元的债权。

2021年12月31日,德威新材收到了中海外城开向公司出具的《债务代偿通知函》,经中海外城开与华融资产江苏分公司确认,德威新材对华融资产江苏分公司的债务中的5622万元由中海外城开代公司支付。基于上述情况,中海外城开对公司享有5622万元的债权,华融资产江苏分公司对公司享有8697万元的债权。

2. 债务豁免情况

德威新材于2021年12月31日收到中海外城开、华融资产江苏分公司、信达资产江苏分公司关于豁免公司债务的函。其中,中海外城开豁免公司11,022万元的债务,华融资产江苏分公司豁免公司8697万元的债务、信达资产江苏分公司豁免公司13,203.05万元的债务,合计豁免公司债务人民币32,922.05万元的偿还义务,自通知函出具之日起生效,本次债务豁免对公司无任何条件。

3. 本次债务豁免对公司的影响

中海外城开、华融资产江苏分公司、信达资产江苏分公司为公司的潜在股东,根据企业会计准则的相关规定,本次债务豁免作为权益性交易,会将豁免的债务金额计入公司资本公积,这将影响公司2021年度财务报表——增加2021年度公司净资产。

（二十二）2022 年 1 月 2 日，德威新材就债务豁免事项收到深交所关注函

2022 年 1 月 2 日，因德威新材披露重整投资人、债权人拟豁免德威新材所承担债务合计 32, 922.05 万元的偿还义务，德威新材收到深交所关注函①，其中主要关注“债权转让及债务代偿是否已生效，是否不附带任何条件、不可撤销、不可变更，原债权人是否仍具有债权追索权力，相关方是否存在其他协议安排”“会计处理”“终止上市风险”。

随后，德威新材在 2022 年 1 月 18 日、26 日，3 月 6 日就债务豁免事项连续收到关注函。

（二十三）2022 年 3 月 10 日，德威新材签署债务重组合同

1. 本次债务重组概述

2022 年 3 月 10 日，德威新材与信达资产江苏分公司和中海外城开签署《债务重组合同》，就公司债务重组事项达成书面协议。

2022 年 3 月 10 日，德威新材与华融资产江苏分公司和中海外城开签署《债务重组合同》，就公司债务重组事项达成书面协议。

2022 年 3 月 10 日，德威新材召开的第七届董事会第十次临时会议表决通过了相关议案。

2. 本次债务重组方案

（1）债务的形成

信达资产江苏分公司通过受让恒丰银行苏州分行、农业银行苏州分行对公司的债权对公司享有 18, 603.05 万元债权，华融资产江苏分公司通过受让交通银行对公司的债权对公司享有 14, 319 万元的债权。

中海外城开为公司向信达资产江苏分公司承担代偿责任，金额为 5400 万元；中海外城开为公司向华融资产江苏分公司承担代偿责任，金额为 5622 万元，基于该代偿责任的承担，中海外城开共计形成对公司 11, 022 万元的债权。

基于上述事实，信达资产江苏分公司对公司的债权对应等额缩减 5400 万元，对公司享有剩余债权 13, 203.05 万元；华融资产江苏分公司对公司的债权对

① 深交所：创业板关注函〔2022〕第 2 号。

应等额缩减5622万元,对公司享有剩余债权8697万元。

(2)债务豁免

中海外城开就对公司享有的11,022万元债权于2021年12月31日向公司发函进行了豁免,该豁免于2021年12月31日送达公司时已生效,且不可撤销、不可变更、不附条件。

信达资产江苏分公司就对公司剩余的13,203.05万元债权,已向公司发函进行了豁免,该豁免于2021年12月31日送达公司时生效且附解除条件。截至2022年3月10日,依据信达资产江苏分公司出具的书面说明,以及信达资产江苏分公司与中海外城开、公司签署的《债务重组合同》,已确认所附解除条件未成就,信达资产江苏分公司对公司的前述债务豁免继续有效,豁免后的解除风险已消除,该豁免不可撤销、不可变更。

华融资产江苏分公司就对公司剩余的8697万元债权,已向公司发函进行了豁免,该豁免于2021年12月31日送达公司时生效。尽管该豁免附解除条件,但截至2022年3月10日,依据华融资产江苏分公司出具的书面说明,以及华融资产江苏分公司与中海外城开、公司签署的《债务重组合同》,已确认所附解除条件未成就,华融资产江苏分公司对公司的前述债务豁免继续有效,豁免解除风险已消除,该豁免不可撤销、不可变更。

(3)债务重组的目的

各方在《债务重组合同》中确认,本次豁免系为支持公司解决因资金占用追索不能带来的损失、帮助企业纾困。

3.债务重组目的和对公司的影响

相关方进行本次债务重组旨在支持公司填补部分因资金占用追索不能带来的损失,帮助公司纾困,有效地解决公司存在的负债纠纷,减轻公司经营负担,缓解公司现金流压力,有利于公司的长远发展。中海外城开、华融资产江苏分公司、信达资产江苏分公司为公司的潜在股东,根据企业会计准则的相关规定,本次债务豁免作为权益性交易,会将豁免的债务金额计入公司资本公积,这将影响公司2021年度财务报表——增加2021年度公司净资产,最终会计处理将以年审注册会计师审计确认后的结果为准。

但是,后续年审会计师结合企业会计准则中的谨慎原则,对相关豁免事项在不确定性尚未消除的情况下不予确认，导致公司2021年度归属于母公司所有者的权益减少3.29亿元。

（二十四）2022年4月7日，德威新材披露控股股东所持公司部分股份被司法拍卖

2022年4月6日，德威投资管理人收到了光大证券股份有限公司（以下简称光大证券）、东吴证券股份有限公司（以下简称东吴证券）的书面函，光大证券与东吴证券要求管理人通过淘宝司法拍卖平台对德威投资持有的全部141,432,140股德威新材股票进行公开拍卖。

根据《企业破产法》第75条第1款关于“在重整期间，对债务人的特定财产享有的担保权暂停行使。但是，担保物有损坏或者价值明显减少的可能，足以危害担保权人权利的，担保权人可以向人民法院请求恢复行使担保权”之规定，管理人将依法于2022年4月14日10时起至15日10时止对上述股票进行拍卖。

管理人通过淘宝司法拍卖平台公开拍卖公司控股股东德威投资所持有的公司股份141,432,140股（占德威投资所持公司股份的99.99%，占公司股份总数的14.06%）。

截至德威新材退市，上述拍卖进行了7次。在第6次拍卖中，拍卖标的成交2件，德威投资所持有的公司股份变为135,000,000股（占德威投资所持公司股份的95.45%，占公司股份总数的13.42%）。

（二十五）2022年4月28日，德威新材2021年年度财务报告被出具无法表示意见的审计报告

2022年4月28日，立信所对德威新材2021年年度财务报告出具了无法表示意见的审计报告，形成无法表示意见的基础如下。

1. 其他应收款

截至2021年12月31日，德威新材合并资产负债表的其他应收款账面余额中包括应收关联法人菲尔普斯金额人民币97,856.61万元，相关坏账准备金额人民币48,928.30万元。

德威新材管理层未提供有关上述其他应收款形成过程的支持性证据，也未提供相关坏账准备的计提依据。因此，立信所无法就上述其他应收款的商业实质及坏账准备的合理性获取充分、适当的审计证据，无法确定是否有必要对财务报表相关金额及披露作出调整。

2. 对外担保相关事项

截至2021年12月31日，德威新材合并资产负债表的预计负债余额中包括与对外担保相关的预计负债人民币12,809.94万元。截至2021年12月31日，德威新材未履行董事会和股东大会审批程序对外提供的违规担保余额为人民币17,333.76万元，已计提相关预计负债人民币12,809.94万元。

由于德威新材与对外担保审批和公章使用相关的内部控制存在重大缺陷，立信所无法确认德威新材管理层提供的对外担保清单的完整性，因此，立信所无法就相关预计负债的完整性获取充分、适当的审计证据，无法确定是否有必要对财务报表相关金额及披露作出调整。

3. 应收票据

截至2021年12月31日，德威新材合并资产负债表的应收票据期末余额为人民币40,155.16万元，其中包括逾期未兑付的票据余额人民币40,155.16万元，均为商业承兑汇票。德威新材管理层对上述应收商业承兑汇票按50%的预期信用损失率计提坏账准备人民币20,077.58万元。

德威新材管理层未提供有关上述逾期应收票据的商业理由的合理解释和支持性证据，也未提供催款计划和计提预期信用损失的依据。因此，立信所无法就上述应收票据的商业实质及预期信用损失的合理性获取充分、适当的审计证据，无法确定是否有必要对财务报表相关金额及披露作出调整。

4. 持续经营

德威新材连续4年亏损，2021年12月31日，德威新材合并资产负债表中未受限的货币资金余额为人民币117,693,746.42元，已逾期的借款本金及利息余额为人民币1,213,849,844.16元。这些事项和情况连同财务报表附注所述的其他事项，表明存在可能导致对德威新材持续经营能力产生重大疑虑的重大不确定性。由于德威新材管理层未就偿债计划的可行性提供充分证据，因此，立信所无法判断德威新材管理层运用持续经营假设编制2021年度财务报表是否适当。

5. 重要子公司审计

香港德威新材料国际贸易有限公司(以下简称香港德威)是德威新材的重要子公司。由于负责审计香港德威部分的注册会计师未能按时完成审计工作,立信所无法就纳入德威新材合并范围的香港德威 2021 年度的财务数据获取充分、适当的审计证据,无法确定是否有必要对财务报表相关金额及披露作出调整。

6. 预付账款

截至 2021 年 12 月 31 日,德威新材合并资产负债表的预付账款余额为人民币 10,494.64 万元,包括预付安顺利余额人民币 5381.05 万元,预付菲尔普斯余额人民币 705.70 万元。

截至本书披露日,德威新材及其下属子公司未收到与上述预付款项相关的货物。德威新材管理层未就上述预付款项的商业合理性提供合理解释和支持性证据,因此,立信所无法对上述预付账款的商业实质及其可收回性获取充分、适当的审计证据,无法确定是否有必要对财务报表相关金额及披露作出调整。

(二十六)2022 年 5 月 5 日,德威新材披露深交所拟决定终止德威新材股票上市交易

2022 年 5 月 5 日,德威新材收到深交所下发的《事先告知书》[①],因德威新材 2020 年年度财务会计报告被审计机构出具无法表示意见的审计报告,德威新材股票交易自 2021 年 4 月 29 日起被实施退市风险警示。2022 年 4 月 30 日,德威新材披露经审计的 2021 年年度财务会计报告,其中德威新材 2021 年度经审计净资产为 -48,997.26 万元,且被审计机构出具无法表示意见的审计报告。德威新材触及《深交所创业板股票上市规则》(2020 年 12 月修订)第 10.3.10 条第 1 款第 2 项、第 3 项规定的股票终止上市情形,深交所拟决定终止德威新材股票上市交易。

2022 年 5 月 27 日,德威新材收到深交所下发的《关于江苏德威新材料股份有限公司股票终止上市的决定》,深交所决定终止公司股票上市。公司股票将于 2022 年 6 月 7 日进入退市整理期,退市整理期为 15 个交易日,最后交易日期为 2022 年 6 月 27 日。

2022 年 6 月 28 日,德威新材正式被摘牌。

---

① 深交所:创业板函〔2022〕第 46 号。

（二十七）2022 年 10 月 27 日，德威新材临时管理人与重整投资人签署重整投资协议

为顺利推进德威新材的重整程序，中海外城开向德威新材临时管理人提出联合共青城胜帮凯米投资合伙企业（有限合伙）（以下简称凯米投资）共同作为重整投资人参与德威新材的重整程序。2022 年 10 月 27 日，德威新材临时管理人与中海外城开及凯米投资签署了《重整投资协议》，具体内容如下：

1. 中海外城开、凯米投资双方确认为顺利推动德威新材进入破产重整程序，双方联合作为重整投资人参与德威新材的非上市公司重整程序。

2. 重整投资人凯米投资要求其在重整后的公司中占有股份不得低于 51%，重整投资人中海外城开要求按其已投金额在重整后的公司中享有其投资额对应比例的股份。

3. 重整投资人凯米投资承诺其所提交的重整方案中确定将提供不少于 3.5 亿元的重整资金，用于重整程序中的债务偿还、破产费用、共益债务及补充流动资金。

4. 各方确认，本次重整的范围为德威新材及其主要子公司，核心资产包括德威新材及其子公司安徽滁州德威新材料有限公司、南通正盛化工科技有限公司的土地、厂房、设备等，以及对江苏和时利新材料股份有限公司持股享有的股东权益。本次重整的债务清偿方案包括安徽滁州德威新材料有限公司、南通正盛化工科技有限公司的资产抵押所产生的对外负债的清偿或重组。德威新材的其他对外投资及子公司，各方根据重整过程中的谈判予以妥善处理或剥离。

子公司安徽滁州德威新材料有限公司和南通正盛化工科技有限公司将通过合并重整或协同重整的方式，参与德威新材重整。如采用协同重整方式进行，则管理人将参照《企业破产法》的规定对安徽滁州德威新材料有限公司和南通正盛化工科技有限公司的债权进行通知申报并审查；子公司债权将纳入德威新材重整计划草案进行清偿；如经债权审查而出现子公司的未知债权，该部分债权将按照其他相同性质债权的清偿方案进行清偿，或按照企业破产法规定按共益债务处理。

5. 本协议签订后 7 日内，重整投资人按前述第 2 条、第 3 条的承诺和要求，根

据德威新材的资产、债权债务结构等向临时管理人提交初步重整方案;临时管理人有权根据与包括债权人在内的预重整程序利益相关方协商、谈判后调整重整方案,并据此形成重整投资人最终认可确定(以重整投资人盖章确认为准)的重整计划草案,提交人民法院审查及债权人会议和出资人组会议审议表决。

6. 重整投资人就重整方案的偿债方案,有义务与各债权人协商、谈判;就重整方案的权益调整方案,有义务配合临时管理人与公司股东协商、谈判;就重整方案的后期经营方案,有义务向临时管理人提交切实可行的具体方案。

7. 各方确认,若在2022年12月31日前各方仍无法就重整方案或重整计划达成一致意见,未能形成本协议第5条所约定的向法院提交的经重整投资人认可确定的"重整计划草案",或仍未进入重整程序,凯米投资有权选择退出参与本次重整投资,且不承担任何责任。德威新材临时管理人应自收到凯米投资书面退出通知之日起3日内向凯米投资全额返还已支付的保证金。

(二十八)2022年11月24日,法院决定对德威新材继续进行预重整

2022年11月23日,因德威新材于2022年6月28日在深交所终止上市,苏州中院决定终结德威新材预重整程序。2022年11月23日,债权人影星塑料向太仓法院提出对债务人德威新材继续进行预重整的请求。

2022年11月24日,太仓法院经审查认为,债务人德威新材仍具有重整价值和重整可行性,下发(2022)苏0585破申50号决定书对德威新材进行预重整,继续已经实施的预重整工作。

(二十九)2023年5月24日,德威新材临时管理人公开补充招募重整投资人

2023年5月24日,德威新材收到公司临时管理人发来的《关于公开补充招募重整投资人的通知书》,由于德威新材退市前后的重整背景发生了重大变化,为了最大可能依法保障债权人及投资人权益,公司临时管理人公开补充招募重整投资人。

(三十)2023年6月9日,法院裁定受理德威新材的重整申请

2023年3月23日,德威新材临时管理人向太仓法院提出重整申请。

2023年6月9日,太仓法院认为根据德威新材公开的年度报告并结合临时管理人提交的工作报告,该公司不能清偿到期债务,并且资产不足以清偿全部债务,具备破产原因。预重整期间经临时管理人协助,德威新材开展重整准备工作,仍具备重整价值,且其重整获得部分债权人、出资人和重整投资人的支持,具备一定的可行性,因此法院裁定受理德威新材的重整申请。

(三十一)2023年7月25日,德威新材控股股东被法院裁定终止重整程序并宣告破产

因没有投资人对德威投资有明确投资意向、提出重整方案并交纳保证金,管理人未能在法定期限内向苏州中院提交重整计划草案,苏州中院裁定终止德威投资重整程序,宣告德威投资破产。

二、合规问题事实的总结

(一)合规问题相关事实及其解决情况

1. 违规担保

2020年12月29日,德威新材在对深交所关注函的回复中确认公司存在违规担保事项,德威新材预计合计可能需承担的担保责任金额为24,417.06万元,占2019年经审计的归属于上市公司股东的净资产的30.82%。

在2020年年度财务报告披露时,年审会计师确认除控股股东德威投资已经支付和资产被司法拍卖后划扣的金额外,德威新材合计可能需承担的担保责任金额为12,274.93万元,占2020年经审计的归属于上市公司股东的净资产的155.15%。在2021年年度财务报告披露时,年审会计师确认截至2021年12月31日,德威新材未履行董事会和股东大会审批程序对外提供的违规担保余额为人民币17,333.76万元。

其后,上述违规担保问题直至德威投资退市仍未解决。

2. 资金占用

根据中国证监会2021年11月4日下发的行政处罚决定书,截至2020年7月8日(调查日),控股股东关联方菲尔普斯非经营性占用上市公司资金余额为

9.78 亿元。直至德威投资退市，上述资金占用问题仍未得到解决。

(二)控股股东及实际控制人变动情况

在德威新材收到中国证监会调查通知书前，德威新材控股股东为德威投资，实际控制人为周某明。德威投资持有公司股份217,256,367 股，占公司股份总数的21.6%，具体股权控制关系见图2-6-1。

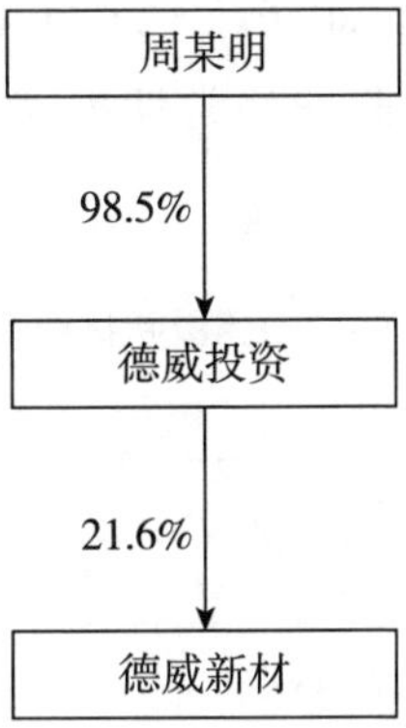

图2-6-1　德威新材股权结构

后续因债务违约，德威投资持有的上市公司股票陆续被拍卖，具体情况见表2-6-1。

表2-6-1　德威新材控股股东及实际控制人变动情况

股东名称	减持方式	减持时间	减持均价(元/股)	减持股数(股)	减持比例	减持原因
德威投资	司法拍卖	2020.8.14	2.60	50,000,000	4.97%	债务违约，被质押权人申请司法拍卖
	司法拍卖	2020.10.29	3.49	25,814,477	2.57%	债务违约，被质押权人申请司法拍卖

截至2021 年2 月5 日德威投资申请预重整，德威投资持有公司股份的数量被动减少至141,441,890 股，占公司总股份数的14.06%。

后续因德威投资进入重整程序，其持有的公司股份数量一直未发生变化。直至2022 年4 月6 日，德威新材面临终止上市风险，光大证券、东吴证券以“担保物有损坏或者价值明显减少的可能，足以危害担保权人权利”为由申请恢复行使担保物权。经过7 轮拍卖，德威投资持有公司股份减少至135,000,000 股，占公司股份总数的13.42%。

（三）上市公司经营情况

自2012年上市起一直到2016年，德威新材归属于上市公司股东的扣除非经常性损益的净利润均为正值且呈现稳定增长的趋势。直到2017年——堪称德威新材上市后发展进程中的转折点，其归属于上市公司股东的扣除非经常性损益的净利润较2016年减少约2/3，由6.7亿元降至2.1亿元；而在此后3年，德威新材归属于上市公司股东的扣除非经常性损益的净利润巨幅下滑，一度亏损7.69亿元，具体经营情况见表2-6-2。

表2-6-2　德威新材经营情况

单位：万元

科目	2021年	2020年	2019年	2018年	2017年
营业收入	105,719.46	89,474.27	115,082.50	219,399.21	1,787,441.62
归属于上市公司股东的净利润	-52,843.73	-70,483.86	-58,820.40	-10,071.87	25,081.62
归属于上市公司股东的扣除非经常性损益的净利润	-27,250.24	-76,936.16	-64,731.14	-12,786.46	21,479.31
经营活动产生的现金流量净额	6985.69	637.54	-67,162.11	2197.92	-244,480.29
总资产	251,561.48	264,530.59	333,532.63	425,052.86	4,508,623.00
归属于上市公司股东的净资产	-48,997.26	8204.90	79,236.25	136,899.77	1,474,540.36

（四）年度审计报告意见类型

2021年4月26日，立信所出具的2020年年度审计报告为无法表示意见的审计报告。

2022年4月28日，立信所出具的2021年年度审计报告为无法表示意见的审计报告。

（五）监管机构关注情况

在德威新材违规担保问题曝光后，德威新材并未收到深交所对此事项单独发出的关注函,而是在公司发生的其他重大事项中一起予以问询。后续深交所对此事项的关注,也多是在合规问题解决出现重大进展时发生,如控股股东进入重整程序等。

(六)重整程序推进情况

1. 上市公司德威新材重整程序推进情况(见表2-6-3)

表2-6-3　德威新材重整程序推进情况

时间	重大事件
2021.5.12	债权人向苏州中院申请对德威新材预重整
2021.6.10	苏州中院决定对德威新材启动预重整,并指定德威新材清算组担任公司预重整期间的临时管理人
2021.6.25	德威新材临时管理人发布公告,招募重整投资人
2021.7.30	德威新材确定中海外城开为德威新材的重整投资人
2022.10.27	德威新材临时管理人与中海外城开及凯米投资签署《重整投资协议》,其中凯米投资要求其在重整后的公司中占有股份不得低于51%,重整投资人中海外城开要求按其已投金额在重整后的公司中享有其投资额对应比例的股份
2022.11.23	因德威新材于2022年6月28日在深交所终止上市,苏州中院决定终结德威新材预重整程序
2022.11.24	太仓法院经审查认为,债务人德威新材仍具有重整价值和重整可行性,决定对德威新材进行预重整,继续已经实施的预重整工作
2023.5.24	德威新材临时管理人公开补充招募重整投资人
2023.6.9	太仓法院裁定德威新材转入重整程序

2. 控股股东德威投资重整程序推进情况(见表2-6-4)

表2-6-4　德威投资重整程序推进情况

时间	重大事件
2021.2.5	公司控股股东德威投资向太仓法院申请预重整
2021.5.12	太仓法院决定对德威投资启动预重整
2021.6.8	债权人向苏州中院申请对德威投资进行重整
2021.7.2	苏州中院决定对德威投资进行重整
2023.7.25	苏州中院裁定终止德威投资重整程序,并宣告破产

后续因德威新材退市,德威新材及其控股股东德威投资重整进展未再披露。

（七）法律责任承担情况

1. 自律监管责任

2022 年 1 月 18 日，因存在违规对外提供担保、财务报告被出具无法表示意见的审计报告等行为，深交所对德威新材给予公开谴责的处分；对德威新材实际控制人、时任董事长兼总经理，控股股东德威投资给予公开谴责的处分；对德威新材时任总经理、时任财务总监、时任董事给予公开谴责的处分。

2022 年 3 月 18 日，因存在非经营性资金占用、重大诉讼披露不及时等行为，德威新材被深交所给予公开谴责的处分；德威新材控股股东德威投资，实际控制人、时任董事长兼总经理及其关联方菲尔普斯被给予公开谴责的处分；德威新材时任财务总监被给予公开谴责的处分；董事会秘书被给予通报批评的处分；德威新材实际控制人、时任董事长兼总经理被给予公开认定 5 年内不适合担任上市公司董监高的处分；德威新材时任财务总监被给予公开认定 3 年内不适合担任上市公司董监高的处分。

2. 行政责任

2020 年 7 月 8 日，德威新材涉嫌信息披露违法违规，中国证监会决定对其立案调查。

2021 年 11 月 4 日，德威新材、董事长、总经理、法定代表人和实际控制人、财务总监分别收到行政处罚决定书、市场禁入决定书，因 2018 年年报、2019 年年报和 2020 年半年报信息披露存在虚假记载和重大遗漏，中国证监会决定对德威新材、董事长、总经理、法定代表人和实际控制人、财务总监处以责令改正、警告、罚款的行政处罚。同时，董事长、总经理、法定代表人和实际控制人、财务总监还被采取证券市场禁入措施。

除上述外，在德威新材退市前，未查询到德威新材及其控股股东等相关方承担民事或刑事责任的相关信息。

（八）合规问题解决时间轴（见图2－6－2）

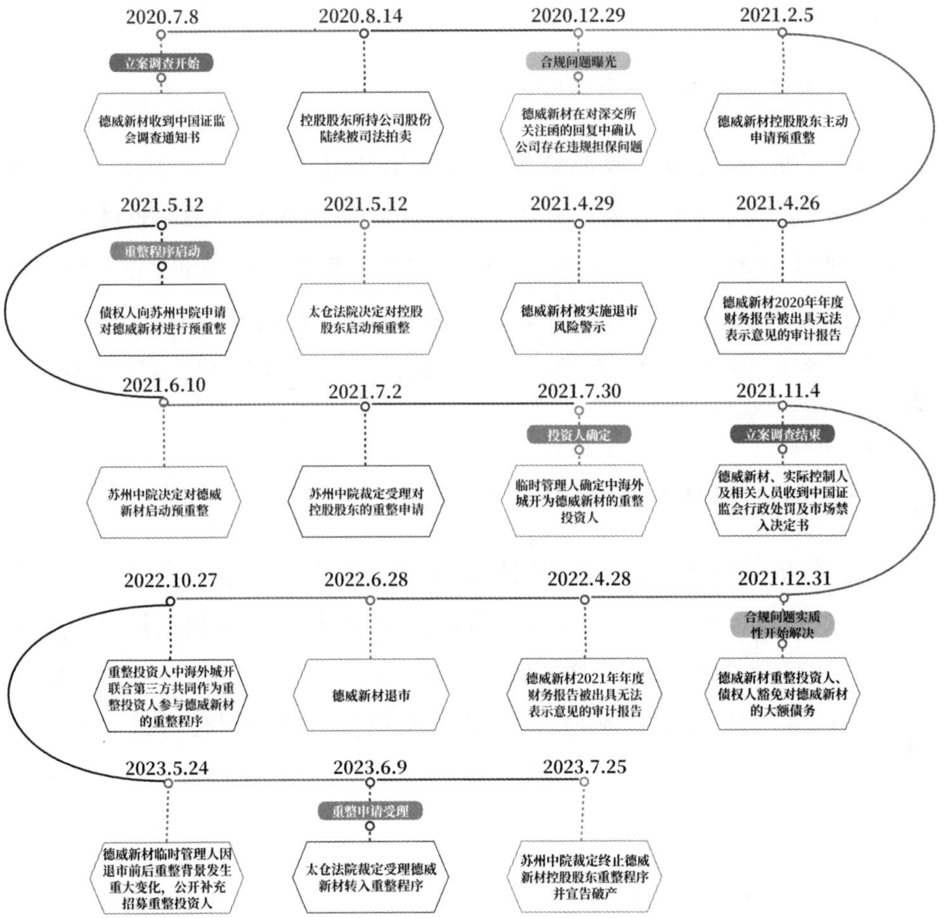

图2－6－2　德威新材合规问题解决时间轴

三、合规问题发生的原因

（一）控股股东信用不足

结合上市公司披露的信息，上市公司违规担保事项发生的原因主要是在控股股东及其关联方进行融资时，金融机构认为控股股东提供的股票质押难以有效覆盖其风险,需要上市公司同时提供担保。这与融资时控股股东股票高比例质押有关,但同时也表明在当时控股股东已经面临流动性危机,自身信用已经较难取得债权人的信任。

(二)控股股东面临平仓风险

多年以来,控股股东股票质押率均高于 90%,甚至接近 100%。而在 2018 年年初,德威新材筹划重大资产重组停牌前,德威新材股票连续多日大跌,控股股东存在质押平仓风险。该问题甚至引发深交所问询"公司是否存在为规避质押平仓风险而拖延停牌时间的情况"。在此背景下,控股股东为避免股票平仓,存在占用上市公司资金或促使上市公司为自身融资提供担保的动机。

(三)高比例股权质押导致融资手段受限

控股股东股票质押率较高的问题除了在二级市场波动时容易触发平仓风险外,也使得控股股东丧失了最主要的融资手段,甚至无法通过转让股权获取流动性。再加上 2018 年国家金融去杠杆,银行对民营企业贷款政策收紧,企业融资困难、融资成本增加,控股股东单凭自身信用进行融资几乎已无可能。

四、合规问题产生的影响

(一)上市公司层面

1. 影响了公司的融资能力

公司银行贷款大部分为控股股东信用担保,因控股股东担保能力不足,公司授信银行不断压缩公司信用额度,并要求公司提前归还贷款。同时,2019 年,受经济形势影响电缆行业普遍不景气,公司电缆料业务受冲击较大,公司生产经营持续萎缩。在此基础上,控股股东占用上市公司资金加剧了公司的资金压力。在问题曝光后,公司债务问题更为严重,进一步削弱了公司的融资能力。

2. 引发财务造假

为掩盖关联方资金占用，德威新材在《2018年年度报告》中虚增651,524,191.19元银行承兑汇票，占当期总资产的15.33%，未如实披露3.92亿元银行存款受限情况，占当期总资产的9.22%。德威新材在《2019年年度报告》中虚增1,103,940,148.67元商业承兑汇票，占当期总资产的33.10%。德威新材在《2020年半年度报告》中虚增1,104,132,680.69元应收票据，占当期总资产的33.37%。但前述财务造假行为并未触及《深圳证券交易所上市公司重大违法强制退市实施办法》(已失效)规定的重大违法强制退市情形。

3. 被深交所决定终止上市

因德威新材2020年年度财务会计报告被审计机构出具无法表示意见的审计报告，德威新材股票交易自2021年4月29日起被实施退市风险警示，审计报告中披露的形成无法表示意见的基础就包括违规担保问题。同时，审计报告披露公司应收票据、预付账款、持续经营能力等方面亦存在问题。但是，由于德威新材面临合规问题，迟迟无法进入重整程序，缺乏短期内解决问题的最有利手段。最终，德威新材2021年度经审计净资产为-48,997.26万元，且被审计机构出具无法表示意见的审计报告，深交所决定终止德威新材股票上市交易。

4. 资本市场运作受限

根据《16号文》规定，上市公司存在合规问题的，自发现起12个月内中国证监会不受理其再融资申请。因此，德威新材将因违规担保和资金占用问题，在12个月内无法进行配股、公开增发、非公开发行、可转换公司债券、优先股、公司债券、企业资产证券化等一系列资本市场运作，融资能力将进一步受限。

5. 法律责任的承担

(1)纪律处分

①2022年1月18日

由于德威新材未经审议程序对外提供担保且未履行信息披露义务，德威新材董事、高级管理人员未能恪尽职守、履行诚信勤勉义务，对上述违规行为负有责任，违反《深交所创业板股票上市规则》①、《深交所创业板上市公司规范运作指引》②的相关规定,深交所决定对德威新材及相关责任人员给予公开谴责的处分。

②2022 年 3 月 18 日

由于德威新材存在非经营性资金占用的情形,且为掩盖资金占用虚增利润,德威新材董事、高级管理人员未能恪尽职守、履行诚信勤勉义务,对上述违规行为负有责任,违反《深交所创业板股票上市规则》《深交所创业板上市公司规范运作指引》的相关规定,深交所决定对德威新材给予公开谴责的处分;对德威新材相关责任人员给予公开谴责、通报批评或公开认定 3 年内不适合担任上市公司董监高的处分。

(2)行政处罚

由于德威新材对对外担保、重大诉讼信息未履行信息披露义务,且在《2018 年年度报告》《2019 年年度报告》《2020 年半年度报告》中对此存在虚假记载、重大遗漏,对上述违法行为负有责任,违反《证券法》的相关规定,中国证监会决定

---

① 《深交所创业板股票上市规则》(2014 年修订)第 1.4 条:"创业板上市公司(以下简称"上市公司")及其董事、监事、高级管理人员、股东、实际控制人、收购人等自然人、机构及其相关人员,以及保荐机构及其保荐代表人、证券服务机构及其相关人员应当遵守法律、行政法规、部门规章、规范性文件、本规则和本所发布的细则、指引、通知、办法、备忘录等相关规定(以下简称"本所其他相关规定"),诚实守信,勤勉尽责。"第 2.1 条:"上市公司及相关信息披露义务人应当根据法律、行政法规、部门规章、规范性文件、本规则以及本所其他相关规定,及时、公平地披露所有对公司股票及其衍生品种交易价格可能产生较大影响的信息(以下简称"重大信息"),并保证所披露的信息真实、准确、完整,不得有虚假记载、误导性陈述或者重大遗漏。"第 9.11 条:"上市公司发生本规则 9.1 条规定的'提供担保'事项时,应当经董事会审议后及时对外披露。"提供担保"事项属于下列情形之一的,还应当在董事会审议通过后提交股东大会审议:(一)单笔担保额超过公司最近一期经审计净资产 10% 的担保;(二)公司及其控股子公司的对外担保总额,超过公司最近一期经审计净资产 50% 以后提供的任何担保;(三)为资产负债率超过 70% 的担保对象提供的担保;(四)连续十二个月内担保金额超过公司最近一期经审计总资产的 30%;(五)连续十二个月内担保金额超过公司最近一期经审计净资产的 50% 且绝对金额超过 3000 万元;(六)对股东、实际控制人及其关联人提供的担保;(七)本所或者公司章程规定的其他担保情形。董事会审议担保事项时,必须经出席董事会会议的三分之二以上董事审议同意。股东大会审议前款第(四)项担保事项时,必须经出席会议的股东所持表决权的三分之二以上通过。股东大会在审议为股东、实际控制人及其关联人提供的担保议案时,该股东或者受该实际控制人支配的股东,不得参与该项表决,该项表决由出席股东大会的其他股东所持表决权的半数以上通过。"第 10.2.7 条:"上市公司为关联人提供担保的,不论数额大小,均应当在董事会审议通过后提交股东大会审议。"

② 《深交所创业板上市公司规范运作指引》(2020 年修订)第 7.2.3 条规定:"上市公司应当依法明确对外担保的审批权限,严格执行对外担保审议程序。未经董事会或者股东大会审议通过,公司不得对外提供担保。公司应当在公司章程中规定,对外担保提交董事会审议时,应当取得出席董事会会议的三分之二以上董事同意。"

对德威新材责令改正，给予警告，并处以200万元罚款。

（二）控股股东层面

1. 合规问题的限期解决

根据《国务院关于进一步提高上市公司质量的意见》第10条规定，对已形成的合规问题，控股股东要限期予以清偿或化解。德威新材预计合计可能需承担的担保责任金额为24,417.06万元，控股股东需要协调债权人解除，如德威新材承担了担保责任，德威新材还有权向控股股东追偿。

2. 法律责任的承担

（1）纪律处分

①2022年1月18日

由于德威新材控股股东、实际控制人对德威新材未经审议程序对外提供担保且未履行信息披露义务负有责任，违反《深交所创业板股票上市规则》《深交所创业板上市公司规范运作指引》[①]的相关规定，深交所决定对德威新材实际控制人、控股股东给予公开谴责的处分。

②2022年3月18日

德威新材控股股东未能保证上市公司独立性，滥用对公司的控制地位，违规占用公司巨额资金，严重损害上市公司和其他股东的合法权益，违反诚信义务，德威新材实际控制人、时任董事长兼总经理未能保证上市公司独立性，滥用其对公司的控制地位，违规占用公司巨额资金，严重损害上市公司和其他股东的合法权益，违反诚信义务；同时，其作为公司日常经营管理事项的主要负责人，未能保

① 《深交所创业板上市公司规范运作指引》（2015年修订）第4.1.1条："上市公司股东和实际控制人应当遵守法律、行政法规、部门规章、规范性文件、《创业板上市规则》、本指引、本所其他相关规定和公司章程，依法行使股东权利，不得滥用股东权利损害公司和其他股东的利益。"第4.2.3条："控股股东、实际控制人及其控制的其他企业不得利用关联交易、资产重组、垫付费用、对外投资、担保、利润分配和其他方式直接或者间接侵占上市公司资金、资产，损害上市公司及其他股东的合法权益。"第4.2.8条："控股股东、实际控制人应当保证上市公司财务独立，不得通过下列任何方式影响上市公司财务独立：（一）与公司共用银行账户；（二）将公司资金以任何方式存入控股股东、实际控制人及其关联人控制的账户；（三）占用公司资金；（四）要求公司违法违规提供担保；（五）将公司财务核算体系纳入控股股东、实际控制人管理系统之内，如共用财务会计核算系统或者控股股东、实际控制人可以通过财务会计核算系统直接查询公司经营情况、财务状况等信息；（六）有关法律、行政法规、部门规章和规范性文件的规定及本所认定的其他情形。"

证公司依法规范运作、及时履行信息披露义务，未能勤勉尽责。德威新材控股股东及实际控制人控制的关联方菲尔普斯为实际资金占用方。因此，德威新材控股股东、实际控制人及其关联方对德威新材存在非经营性资金占用的情形，且为掩盖资金占用虚增利润的违规行为负有责任，违反《深交所创业板股票上市规则》《深交所创业板上市公司规范运作指引》的相关规定，深交所决定对德威新材控股股东德威投资，实际控制人、时任董事长兼总经理及其关联方给予公开谴责的处分，对德威新材实际控制人、时任董事长兼总经理给予公开认定 5 年内不适合担任上市公司董监高的处分。

(2)行政处罚

德威新材未按规定披露对外担保、重大诉讼信息，《2018 年年度报告》《2019 年年度报告》《2020 半年度报告》存在虚假记载、重大遗漏，德威新材董事长、总经理、法定代表人和实际控制人组织实施了前述违法行为，是直接负责的主管人员，德威新材财务总监执行了签署违法行为，违反《证券法》等相关规定，中国证监会决定对德威新材实际控制人给予警告，并处以 450 万元罚款，其中对直接负责的主管人员处以 150 万元罚款，对实际控制人处以 300 万元罚款；对财务总监给予警告，并处以 30 万元罚款。同时，德威新材实际控制人与财务总监分别被处以 5 年与 3 年的证券市场禁入措施。

五、合规问题以外的困境

(一)上市公司层面

1. 资产负债结构不合理

截至 2020 年 12 月 31 日，德威新材在被申请重整前共合并口径资产 26.45 亿元，合并口径负债 23.76 亿元，合并净资产 2.68 亿元，资产负债率约 89.83%，资产负债率已接近 100%。上述资产中流动资产 14.41 亿元、非流动资产 12.04 亿元，但流动资产主要资产为应收票据 6.90 亿元、应收账款 1.72 亿元、存货 1.44 亿元；上述负债中流动性负债 21.84 亿元、非流动性负债 1.92 亿元，而流动性负债主要为短期借款 15.12 亿元、应付账款 1.19 亿元、其他应付款 1.47 亿元、1 年内到期的非流动性负债 2.32 亿元。此外，德威新材因抵押等原因受限资产合计约4.91亿元。该等不合理的资产负债结构,导致德威新材难以通过资产的快速变现解决流动性危机。

2. 债务逾期严重

受资金流动性不足等因素影响,德威新材陆续出现债务逾期、涉及诉讼等事项,日常生产经营受到较大不利影响,偿债能力及盈利能力受到削弱。截至2021年4月28日,德威新材贷款本金逾期金额及涉诉本金金额为15.18亿元,上述事项对德威新材的现金流造成不利影响。

3. 面临大额诉讼、仲裁案件

截至2021年5月12日,德威新材被申请预重整时涉及诉讼仲裁案件累计34起,涉诉金额达22.07亿元,基本为金融借款纠纷导致。同时,德威新材部分银行账户、资产因此被法院冻结/查封。上述事项如无法妥善处理,可能会进一步导致德威新材资产被冻结或强制执行,加剧德威新材资金紧张的局面,对德威新材的日常生产经营造成不利影响。

4. 持续经营能力具有不确定性

德威新材连续4年亏损,2020年12月31日的未受限货币资金余额为人民币45,856,850.64元,已逾期借款余额为人民币568,034,173.90元。这些事项和情况连同财务报表附注所述的其他事项,表明存在可能导致对德威新材持续经营能力产生重大疑虑的重大不确定性。对此,会计师也在审计报告中表示无法判断德威新材管理层运用持续经营假设编制2020年度财务报表是否适当。

5. 经营业绩持续下滑

因控股股东股票质押违约,德威新材的融资能力受到影响,为保障公司业务的持续性,德威新材调整销售方案,在有限的流动资金的前提下,优先选择毛利率高、回款情况好的产品进行生产和销售,从而不得不放弃部分订单。同时因2020年初暴发了新冠疫情,德威新材下游客户信用呈恶化趋势,存在部分客户申请破产重整、部分客户拖欠货款等情况。2020年,德威新材营业收入继续下滑,实际营业收入为8.95亿元,较上年下降22.25%,归属于上市公司股东的净利润为-7.05亿元,较上年同期下降19.83%。

(二)控股股东层面

除前文已披露的问题外,控股股东还为上市公司债务提供了大量担保。截至2020年12月31日,控股股东德威投资及实际控制人为上市公司提供的担保余额为17.05亿元。在上市公司债务问题得不到有效解决时,控股股东也将受到牵连,加重自身的流动性危机。

六、合规问题的解决方案

(一)司法重整

在违规担保问题正式曝光后的1个月,控股股东德威投资就主动申请预重整,但直至2021年5月,法院方才正式决定对德威投资进行预重整,此时距离德威投资提出申请已经接近3个月。在此期间,德威新材和德威投资的债务问题受到监管关注,德威新材2020年年度财务报告还被出具了无法表示意见的审计报告。随后在2021年6月初,德威新材的预重整程序也正式启动;7月初,德威投资正式进入重整程序;7月底,德威新材正式确定重整投资人。但是,上述程序推进工作在2021年9月初德威新材收到中国证监会调查结果并公布后戛然而止。虽然德威新材一直披露各方正在临时管理人的指导下推进工作,但直至2021年年底再无实质性进展传出。

2021年最后一天,德威新材披露重整投资人拟联合资产管理公司,共同参与德威新材重整并拟在未来作为公司股东。同时,重整投资人还拟联合资产管理公司收购债权人对公司享有的债权并进行豁免,旨在增加公司净资产。但是,该公告披露后,连续接到深交所4次问询函,问询核心是上述豁免是否可能被撤销,以及要求德威新材说明"是否存在通过本次债务豁免规避退市的情形"。最终,该豁免因存在理论上的解除情形,并未取得年审会计师的认可,无法在2021年度进行确认,减少公司2021年度归属于母公司所有者的权益3.29亿元,最终德威新材2021年度经审计的净资产为-4.90亿元。

(二)影响方案选择的考虑因素

1.问题解决的时间因素

对德威新材而言,最终退市主要是缺乏时间,如德威新材在2021年完成司法重整,则可通过债务重组收益实现净资产扭负为正。但是,上市公司进入重整程序的前提是不存在合规问题或提出切实可行的解决方案。在德威新材案中，重整投资人的确定是在 2021 年 7 月底，此时要求重整投资人在 5 个月内形成方案，并在取得监管部门同意后完成重整程序，从实践操作角度而言已基本不具有可行性，更何况中海外城开仅为预重整程序确定的重整投资人，并未签署重整投资协议，尴尬的身份也是导致其失败的重要因素。最终，德威新材也因时间不足而退市。

尽管重整投资人中海外城开为避免德威新材退市付出了巨大努力，但是德威新材最终还是被深交所决定退市。退市前，德威新材及其控股股东面临的各项问题均未得到解决，甚至未形成有效的解决方案。退市后，德威新材的预重整程序还在持续推进中，但中海外城开实质上已经退出。

2. 问题解决的资源因素

在本案中，原控股股东已无资源解决违规担保和资金占用问题，此时只能依赖第三方提供资源。虽然德威新材最终在 2021 年 7 月底确定了重整投资人，但单凭重整投资人自身提供资源确实面临较大的困难，一方面可能是资源原因，另一方面也与重整投资人拟进行的债务豁免有关。2021 年 10 月，中海外城开作为重整投资人拟定了收购银行债权并予以豁免的解决上市公司违规事项方案，但限于银行债权只能转让给国有资产管理公司的金融监管要求，中海外城开引入了华融和信达两大资产管理公司，并确定由华融资产江苏分公司及信达资产江苏分公司收购银行债权，三方共同实施债务重组，参与德威新材的重整投资。这说明，德威新材在当时是存在投资价值的，但是最终重整投资人的方案还是失败了，虽然重整投资人的本意可能是想通过债务豁免调整德威新材净资产，避免其退市，为后续问题解决争取时间。

七、本案的启示

（一）财务造假作为监管红线，将给上市公司带来非常恶劣的负面影响

德威新材控股股东的债务问题由来已久，早在 2018 年其持有的上市公司股票就曾遭遇过强制平仓。无独有偶，德威新材在 2018 年第一次出现净亏损。上市公司将此归结于“国家去杠杆而导致的融资难、融资贵”“经济增速放缓，市场

环境不良”等因素。但是,控股股东之后一直资金短缺且出售公司未果。在此背景下,控股股东产生了占用上市公司资金的想法。如果说资金占用等合规问题尚能补正,那么为掩盖合规问题而采取的财务造假行为,则将上市公司推入了退市的深渊。在本案中,上市公司之所以无法顺利启动司法重整,就是因为各方对于合规问题如何化解迟迟无法达成一致。对比其他案例,解决方案的达成有赖于投资人、债权人与全体股东等主体让渡部分利益,但财务造假使得各方严重怀疑上市公司是否能通过重整解决问题。各方的精力全部放在上市公司是否会因财务造假触及重大违法退市上,致使德威新材错过了启动重整的最佳时机。

当然,对于财务造假的上市公司是不是应当从重处罚,意见并不统一,利益不同、立场不同都会导致意见的不同。甚至市场中不乏一些极端的声音,即对于涉及财务造假的上市公司应当即刻予以包含直接退市乃至刑事责任的严格处罚,以儆效尤,杀一儆百。对此,我们以为,市场虽允许自由且充分的表达,但更要理性分析和引导,即市场需要谨慎与理性的声音。对财务造假的上市公司,不妨多一些鼓励和宽容,尤其在其临近退市红线时,不妨允许其自由地进入破产重整程序,赋予其在司法程序中解决合规问题和债务问题的最后机会。如监管部门和破产法院仅从重整成功性和确定性角度出发,以在重整前提供确实可行的解决方案为裁定重整的门槛,忽视中小投资者承担着该等非正常商业风险导致的极端后果,这种监管和裁判倾向亦不公平合理。

(二)合规问题的化解应当提前拟订方案,司法重整是手段而非目的

2021 年 6 月,德威新材启动预重整,但可惜的是程序启动后再无较大进展。究其原因:一是控股股东对合规问题一直未能提出有效方案。其时,控股股东深陷破产泥淖而无能为力。二是本案的重整投资人、债权人以及当地政府并未及时伸出援手。这一现象的原因是多方面的,最主要的原因是缺乏统筹各方利益的系统性方案。在当时缺乏统一方案的情况下,谁先作出让步,谁的损失就大。这充分说明,统筹方案不是启动破产重整后的程序性工作,而是重整前就应形成的实质性条件。在上市公司合规问题处置过程中,上市公司重整程序更多的是对既有方案的落地执行,而非通过重整程序倒逼方案的出现。总而言之,合规问题的化解应当提前予以周全准备,司法重整是手段而非目的。

另外，本案充分说明时间周期和成本是解决方案的重大变量，是各方筹划方案时必须要提前测算的重点。即使重整这种效率较高的司法程序，也应提前谋划、推演各个环节的时间，而不能直接进入程序，“走一步看一步”。否则，一旦方案未获监管认可而面临变数，各方的一切努力将付诸东流。当然从现实因素考虑，本案中留给上市公司的时间确实不多。如在2020年中国证监会调查之初，各方即评估企业实际情况并力推上市公司重整，结果可能大不一样。

（三）债务豁免的合理性和可撤销性是监管部门的关切重点

在本案中，上市公司退市的直接原因并非存在重大违法行为，而是触发了2021年净资产为负值的退市指标。而德威新材触发财务退市指标的直接原因是债权人的豁免承诺并非不可撤销。对照其他案例，其他案例中的债务豁免主要是为了抵偿控股股东的资金占用，而本案中的债务豁免是为了保壳。但是，根据监管部门的问询，债务豁免是否合理、是否可撤销是评价该行为的重要因素。就合理性而言，上市公司披露债务豁免有利于展示两家资产管理公司参与重整的意愿，具有一定的商业合理性与说服力。但是就可撤销性而言，两家资产管理公司基于央企身份以及仓促参与重整的现实状况，根据内部风控原则，很难做出不可撤销的书面承诺。也有市场投资者猜测，上市公司是主动创造条件退市，企图通过退市避开监管，重新自由发展。对此，上市公司重整程序仍在继续，后续只能待重整计划披露后再做分析。

（四）中介机构应当严格履行资本市场“看门人”职责

本案是少有的中介机构同时被行政处罚的案例，在中国证监会的行政处罚决定书中，中国证监会认为会计师事务所在对德威新材2018年、2019年财务报表的审计中未勤勉尽责，出具的审计报告存在虚假记载。但是，市场议论的是，同一家会计师事务所，为何对2018年和2019年的年报出具的是标准无保留意见，而对2020年和2021年的年报出具的是无法表示意见。在上市公司财务造假过程中，会计师事务所是真的如行政处罚决定书中所说的那样未勤勉尽责，还是存在其他影响因素。不过可以肯定的是，会计师事务所并未很好地履行“看门人”职责，给控股股东占用上市公司资金提供了可乘之机。

专题七　天翔环境合规问题解决方案研究

天翔环境成立于 2001 年 12 月 21 日，于 2014 年在创业板上市，是一家从事环保设备制造等相关产业的公司。公司注册资本 155,146.6951 万元，控股股东/实际控制人为邓某华①。

2016 年至 2018 年间，控股股东负债配合公司扩张，开展重大资产重组活动，引发控股股东债务问题。控股股东为避免自身债务问题引发上市公司债务交叉违约，选择占用上市公司 24.31 亿元资金以及由上市公司为其融资行为违规提供担保的方式解决自身债务问题。因资金占用、违规担保问题，公司经营状况持续下滑，爆发债务问题，2018 年 12 月 26 日被债权人申请破产重整。

为解决上述资金占用、违规担保及自身债务问题，天翔环境自问题爆发之时起，便规划通过司法重整的方式解决上述问题。在进入重整程序前，公司率先与债权人协商签订《债务抵偿协议》及相关补充协议，由债权人通过债务豁免的方式代控股股东偿还资金占用款，解决资金占用问题。在进入重整程序后，公司一方面协调债权人将债务豁免用途由代控股股东偿还资金占用款项变更为单纯豁免上市公司债务，以达到公司净资产由负转正，保留天翔环境的上市地位的目的；另一方面，管理人将天

① 根据 2019 年年报列示的股东情况，邓某华持股比例为 30.43%。

翔环境因资金占用问题对控股股东享有的应收账款抵偿给债权人，以达到控股股东代天翔环境偿债，解决资金占用问题的目的。因违规担保问题涉及金额较小①，最终将违规担保余额纳入资金占用余额中统一解决。

虽然天翔环境通过司法重整成功化解了自身债务问题，解决了控股股东对于资金占用的回填问题和违规担保的赔偿责任，但因公司在完成重整后未及时提交保荐机构出具的恢复上市保荐书，未能保住其上市地位。另外，控股股东涉及的资金占用回填问题和违规担保赔偿责任虽然已通过重整程序解决，但与此相关的信息披露违规问题依然受到了中国证监会的行政处罚，公安机关对于信息披露违法行为进行了立案侦查并移送检察院审查起诉，实际控制人或将面临刑事责任。

一、合规问题事实的梳理

（一）2016 年 1 月 11 日起，天翔环境开始筹划重大资产重组事宜

因筹划欧胜腾集团有限公司（以下简称 AS 公司）重大资产重组事宜，公司股票于 2016 年 1 月 11 日开市时起停牌。

2016 年 2 月 6 日，天翔环境、TGP 公司与德国贝尔芬格水处理技术有限公司三方签署了《股权收购协议》，同意 TGP 公司收购 AS 公司 100% 股权（以下简称 AS 项目），并确认天翔环境为最终买方。

2018 年 6 月 22 日公司收到中国证监会出具的证监许可〔2018〕1004 号《关于核准成都天翔环境股份有限公司向成都亲华科技有限公司等发行股份购买资产并募集配套资金的批复》（以下简称《1004 号批文》）。

（二）2018 年 6 月 8 日，天翔环境公开披露其重大资产重组安排

公司拟收购 GAT – Gesellschaftfür Antriebstechnik GmbH 的 75% 股权和 Viscotherm AG 的 100% 股权，于 2018 年 6 月 8 日因筹划重大资产重组事项停牌。同时，为优化公司产业布局，公司重大资产重组拟新增收购标的，公司拟发

① 违规担保余额因主债务余额的变化而一直变动，但一直在 3000 万元至 5000 万元这个区间内变化。

行股份购买成都中德西拉子环保科技有限公司100%股权和德阳中德阿维斯环保科技有限公司100%股权，从而实现间接持有欧绿保服务控股有限公司60%股权及欧绿保Re－life控股有限公司49%股权和欧绿保国际资源再生有限公司60%股权（以下简称欧绿保项目）。

（三）2018年7月11日起，控股股东及其一致行动人持有的天翔环境股份被冻结（见表2－7－1）

表2－7－1　天翔环境控股股权及其一致行动人股权冻结情况

序号	股东	冻结股数	执行法院	冻结期限	冻结占其所持股份比例
1	邓某华	132,988,051	北京市第三中级人民法院	2018.7.11～2021.7.10	100%
2	邓某	8,006,618	北京市第三中级人民法院	2018.7.11～2021.7.10	100%

此后，截至2020年7月17日，邓某华名下股权被各法院轮候查封20余次，邓某名下股权被各法院轮候查封16余次。

（四）2018年7月30日，天翔环境与成都环境投资集团有限公司签署《战略合作框架协议》

天翔环境与成都环境投资集团有限公司（以下简称成都环投）①签订了《战略合作框架协议》，协议的主要内容如下：

双方拟在环保领域展开广泛和深入的合作。双方将采取包括但不限于战略股权投资方式，共同开发国内、国际环保市场，打造中国环保产业龙头。若天翔环境能签署正式合同并顺利实施，成都环投通过战略股权投资成为公司战略股东，共同开发国内、国际环保市场，将有力推动公司在环保领域发展战略的实施，有效利用各方优势资源，有利于公司进一步增强资源整合能力，增强天翔环境的业务拓展能力，增强上市公司的盈利能力和抗风险能力，进一步提升天翔环境的核心竞争力和可持续发展能力。

① 成都环投为国有独资企业，控股股东为成都市国有资产监督管理委员会。

（五）2018年8月1日，成都市政府就天翔环境问题召开专题会

2018年8月1日，由四川省成都市人民政府组织市政府各主管部门及金融机构等召开研究解决天翔环境发展有关工作的专题会，协商对公司脱困的支持方案，成都农村商业银行股份有限公司（以下简称成都农商银行）负责牵头组织召开公司银行类债权人会议。

（六）2018年8月3日，天翔环境银行业金融机构债权人委员会组建

2018年8月3日，在成都市地方金融监督管理局（以下简称成都金融局）、中国银行业监督管理委员会四川监管局（现为国家金融监督管理总局四川监管局，以下简称四川银监局）的指导下，成都农商银行在其总行19楼多媒体会议室召开了天翔环境银行业金融机构债权人会议，中信银行股份有限公司成都分行、中国民生银行股份有限公司成都分行、兴业银行股份有限公司成都分行、贵阳银行股份有限公司成都分行（以下简称贵阳银行成都分行）、重庆银行股份有限公司成都分行（以下简称重庆银行成都分行）等银行机构相关负责人参加会议，全体参会银行机构一致同意组建天翔环境银行业金融机构债权人委员会（以下简称债委会），会议审议讨论并通过了《天翔环境公司银行机构债权人委员会工作规程》，同意由成都农商银行作为债委会主任单位，并选举贵阳银行成都分行作为副主任委员单位。

（七）2018年8月22日，天翔环境披露AS项目重大资产重组股权过户存在困难

天翔环境拟发行股份购买成都中德天翔投资有限公司（以下简称中德天翔）100%的股权，从而间接获取AS公司100%股权。同时，天翔环境拟向不超过5名符合条件的其他特定投资者募集配套资金。天翔环境已于2018年6月22日收到中国证监会的核准批复。天翔环境与中德天翔股东签署的《附条件生效的发行股份购买资产协议》中约定，在公司发行股份购买资产获得中国证监会核准后的30个工作日内，中德天翔股东应办理股权转让过户手续并变更中德天翔的股东名册，相应完成中德天翔工商变更登记。

但截至2018年8月22日，因天翔环境实际控制人及一致行动人债务纠纷，

成都亲华科技有限公司(以下简称亲华科技)持有的中德天翔20.59%股份被冻结①,现阶段AS公司股权无法完成过户。

(八)2018年8月30日,天翔环境披露2018年半年度报告

1.资金占用

货币资金、其他应收款在2018年6月30日的余额中可能存在大股东资金占用情况,具体情况包括涉及的部分民间借贷的实际使用主体及定性,公司已聘请专业机构进行梳理,同时公司正在积极配合四川证监局现场检查,待梳理及检查完毕后,将进行专项披露。

2.逾期债务

截至本书披露日,公司及子公司累计逾期债务合计金额约13,655.95万元,占公司最近一期经审计的净资产的7.55%。

(九)2018年9月18日,天翔环境收到深交所2018年半年报问询函,就控股股东资金占用等事项进行问询

2018年9月18日,天翔环境收到深交所半年报问询函②,就控股股东资金占用形成原因、内控失效原因等事项进行问询。

天翔环境回复称,控股股东非经营性资金占用的形成原因以及相关内控失效的原因主要是,控股股东负债参与收购与上市公司产业相关的AS公司和欧绿保项目,而相关资产长期不能注入上市公司,导致公司在二级市场的估值水平不断下移,同时控股股东长期背负较高利息的资金成本,再加之受市场环境等因素的影响大股东融资能力下降,负债负担不断恶化。

自2017年以来,国内金融环境发生较大变化,控股股东资金链紧张。上市公司大多数融资均由控股股东担保,如果控股股东的个人征信出现问题,上市公司也将面临提前还贷、债务违约、融资受限等问题。在此背景下,控股股东占用上市公司资金用于归还上述部分负债本息,控股股东及相关人员没有严格按照

① 根据2018年8月31日的公开披露,亲华科技持有的数额为35,000万元人民币的中德天翔股权,被成都中院、北京市第三中级人民法院、成都市双流区人民法院、四川省高级人民法院冻结。

② 深交所:创业板半年报问询函〔2018〕第88号。

内控制度的相关规定履行程序审核审批，致使货币资金管理会计系统控制和内部监督失效，导致非经营性资金占用及相关内控失效。

半年报报告期末其他应收款往来款 135,029 万元可能存在占用，半年报报告披露后，公司连同专业机构对占用资金进行了专项清理，截至本次公告披露日初步清理出占用金额约为 23.55 亿元，日最高占用额约 23.55 亿元，其中经营性占用 0.71 亿元（主要是终止购买大股东土地、办公楼和剥离节能业务形成），非经营性占用 22.84 亿元。

（十）2018 年 10 月 12 日，天翔环境及其实际控制人与四川省铁路产业投资集团有限责任公司签署《战略合作框架协议》

2018 年 10 月 12 日，天翔环境、天翔环境实际控制人与四川省铁路产业投资集团有限责任公司（以下简称铁投集团）[①]签订了《战略合作框架协议》，协议主要内容如下：

甲方（铁投集团）将组建专业团队梳理乙方（天翔环境）及丙方（天翔环境实际控制人）控制的所有在手项目，并视情况决定接手或放弃项目。甲、乙双方拟在水务、固废处理等环保业务领域展开广泛和深入的合作。

鉴于天翔环境债务负担沉重，乙方未来不排除采取包括但不限于债务重组、重整等方式解决企业的债务负担，尽快恢复正常生产经营，实现扭亏为盈。甲方拟作为乙方战略投资人，将以恢复上市公司盈利能力、减轻上市公司债务负担为出发点，支持乙方债务重组、重整等工作，包括但不限于与乙方各债权人沟通、提供资金支持、股权收购等方式。

丙方承诺通过包括但不限于协议转让、表决权委托等合法方式向甲方转让其持有的乙方股份及对乙方的控制权。

（十一）2018 年 12 月 13 日，天翔环境与部分债权人签署《债务风险化解谅解备忘录》

2018 年 12 月 13 日，天翔环境与长城国融投资管理有限公司（以下简称长城

---

① 铁投集团是四川省委、省政府批准出资设立的国有特大型投资集团，控股股东为四川发展（控股）有限责任公司，实际控制人为四川省国有资产监督管理委员会。

国融)签署《债务风险化解谅解备忘录》,备忘录的主要内容为:公司将采取包括但不限于司法重整、债务重组等方式解决公司沉重的债务负担,实现扭亏为盈。长城国融作为公司主要债权人,将支持公司司法重整、债务重组等工作。

2018 年 12 月 14 日,天翔环境与成都农商银行签署《债务风险化解谅解备忘录》,备忘录的主要内容为:公司将采取包括但不限于司法重整、债务重组等方式解决公司沉重的债务负担,恢复公司造血能力,实现扭亏为盈。成都农商银行作为公司主要债权人,对公司的债务危机化解方式表示理解。

(十二)2018 年 12 月 21 日,天翔环境与四川能投水务投资有限公司签署《战略合作框架协议》

2018 年 12 月 21 日,天翔环境与四川能投水务投资有限公司(以下简称能投水务)[①]签订了《战略合作框架协议》,协议主要内容如下:

能投水务与天翔环境在公司发展理念和业务范围上有极强的互补性和契合性,能投水务和天翔环境愿意在水务环保项目及环保专业设备上开展深入合作。双方拟在该协议正式签署后组建专业团队,对所涉及的合作项目进行梳理,形成专项合作方案。合作形式包括但不限于收购、托管等,以达到支持天翔环境保持持续稳定生产经营的目的。

(十三)2018 年 12 月 26 日,天翔环境被债权人申请重整

2018 年 12 月 26 日,天翔环境收到债权人成都市嘉豪物资贸易中心(以下简称嘉豪物资)的《重整申请通知书》,嘉豪物资以公司不能清偿到期债务并且明显缺乏清偿能力为由,向成都中院申请对公司进行重整。

(十四)2019 年 1 月 2 日,天翔环境披露担保事项自查说明

天翔环境未履行审批程序及信息披露义务的担保本金余额为 4629.40 万元,其中,为公司控股股东及一致行动人向杭州天礼银投资合伙企业(有限合伙)

---

① 能投水务由四川省能源投资集团有限责任公司与中国电建集团成都勘测设计研究院有限公司共同出资组建,注册资本金为 10 亿元人民币,主要从事污水处理、水环境治理、供排水、水资源和水环境投资,水利工程、环境工程、供排水工程、市政工程、水景观工程的设计、建设施工、运营管理,水环境治理技术、供排水及净水技术开发和综合利用等相关业务。

(以下简称天礼银)借款提供担保金额1500万元,被担保人已偿还部分本金,天礼银起诉的担保本金余额为1129.4万元;为公司控股股东向许某杰借款提供担保金额5000万元,被担保人已归还本金1500万元,故担保本金余额为3500万元。

(十五)2019年1月24日,天翔环境及公司董事被中国证监会立案调查

2019年1月24日,天翔环境披露,因涉嫌信息披露违法违规,中国证监会决定对公司立案调查。2019年3月8日、2019年3月21日,天翔环境披露,因涉嫌信息披露违法违规,中国证监会对公司控股股东、实际控制人及其一致行动人、董事、高级管理人员立案调查。

(十六)2019年1月31日,天翔环境收到深交所问询函

2019年1月31日,天翔环境收到深交所问询函①,要求公司就业绩预告中控股股东非经营性占用资金计提的坏账准备及2018年净资产情况等事项进行说明。

天翔环境答复称,其正努力推进控股股东非经营性占用资金的回收工作,与控股股东积极进行磋商,要求其制订切实可行的还款计划。大股东名下主要资产包括持有的公司30.43%的股票、4.15万千瓦水电站、成都天府新区20亩商业用地、间接持有AS公司及欧绿保项目的股权等已被司法查封冻结。大股东正在全力配合公司制定还款方案,控股股东及其一致行动人承诺"将采取必要的方式,积极筹措资金并制定方案来尽快解决对天翔环境资金占用的问题"。此外2018年12月26日,公司债权人向成都中院提交了重整申请。公司与控股股东正积极推进重整相关工作,充分考虑在重整计划中"一揽子"解决控股股东资金占用及公司债务危机问题。因此业绩预告中暂未对控股股东非经营性占用资金计提坏账准备。

(十七)2019年2月1日,天翔环境披露债权人豁免其担保责任

天礼银出具《债务豁免承诺函》,自愿豁免天翔环境基于《抵押合同》对其应当承担的担保责任,即自该承诺作出之日起,天翔环境不再就邓某对其所负本金

① 深交所:创业板问询函〔2019〕第48号。

为1500万元的债务承担任何担保责任。

（十八）2019年4月29日，审计机构出具无法表示意见的审计报告

2019年4月29日，信永中和会计师事务所（以下简称信永中和）出具《成都天翔环境股份有限公司2018年度审计报告》，由于“形成无法表示意见的基础”部分所述多个相互影响的不确定事项的重要性，审计机构无法获取充分、适当的审计证据以作为对财务报表发表审计意见的基础，不对天翔环境财务报表发表审计意见。形成无法表示意见的基础具体如下：

1. 受天翔环境控股股东非经营性占用公司资金的影响，天翔环境陷入债务困境。截至2018年12月31日，天翔环境逾期债务175,814.92万元，由于到期债务不能偿还，天翔环境涉及多起诉讼，甚至被债权人申请破产重整，其正常生产经营受到重大影响。天翔环境管理层难以对公司重整成功的可能性做出合理的判断，且除重整外，管理层亦未能提供其他改善持续经营能力的具体计划和措施，天翔环境的持续经营存在重大不确定性。

2. 截至2018年12月31日，天翔环境控股股东非经营性占用天翔环境资金24.31亿元，天翔环境正积极推进司法重整，通过“一揽子”方案解决控股股东资金占用问题，未对其计提坏账准备。

3. 截至审计报告日，审计机构独立发送的询证函部分未能收到回函，涉及应收账款30,076.07万元、应付账款26,584.59万元。

4. 天翔环境2018年度涉及大量债务诉讼，这些诉讼的不确定性可能会对财务报表产生重大影响。

（十九）2019年5月13日，天翔环境收到深交所年报问询函，就控股股东资金占用、对外担保等事项进行问询

2019年5月13日，天翔环境收到深交所年报问询函[①]，就控股股东资金占用、对外担保等事项进行问询。

1. 关于资金占用款项的可收回性问题

公司正努力推进大股东非经营性占用资金的回收工作，要求大股东制订切

---

① 深交所：创业板年报问询函〔2019〕第184号。

实可行的还款计划。大股东正在全力配合公司制定还款方案,邓某华、邓某承诺“将采取必要的方式,积极筹措资金并制定方案来尽快解决对天翔环境资金占用的问题”。

2018 年 12 月 26 日,债权人向成都中院提出重整申请,得到了省市区各级人民政府的支持,其正积极推进司法重整,引入产业战略投资者完成控股权转让,化解公司的债务风险,加快推进 AS 公司及欧绿保项目资产注入,通过“一揽子”方案解决控股股东资金占用问题。

2. 关于违规担保的具体形成过程

许某杰与邓某华于 2018 年 1 月 15 日签订了《贷款合同》,合同约定:贷款金额 5000 万元、贷款期限 3 个月(自 2018 年 1 月 15 日起至 2018 年 4 月 15 日止),月息 2%;同日,公司、邓某签署了《担保函》,为该笔贷款提供了连带责任担保。截至 2018 年 8 月 31 日,邓某华欠许某杰贷款本金 3500 万元,利息及罚息若干。该笔担保为邓某华利用自身在公司的影响力和控制力私自用印形成的担保。

2018 年 3 月 5 日,邓某向天礼银借款 1500 万元,双方签署《借款合同》后,邓某出具《指定第三方收款函》,请求天礼银将借款本金打入亲华科技账户。天礼银、邓某、天翔环境签署《抵押合同》,天翔环境以产权证编号为川(2016)青白江区不动产权第 0000961 号的土地使用权为借款设定抵押,但未办理抵押登记。2018 年 6 月 20 日,天礼银与邓某签署《借款合同之补充协议》,经天礼银多次催促,邓某仍未依约归还借款及逾期利息,故天礼银将邓某起诉至法院。后经各方协商,天礼银于 2018 年 12 月 5 日向法院申请撤诉,并豁免了天翔环境的担保责任。该笔担保为邓某利用职务之便私自用印形成的担保。

2018 年 6 月 20 日,公司为了偿还 2018 年 6 月 21 日各银行和金融机构的利息,从正鑫阳借款 500 万元,由于正鑫阳提出单户最高借款为 250 万元,故只能以公司名义签订借款合同 250 万元,另外 250 万元以公司内部 4 名员工的名义合计借款,公司为其签订担保合同。借款员工收到正鑫阳 250 万元款项后,立即将款项转给了公司。该担保事项是员工以个人名义为公司借款,实际款项也进入上市公司没有损害上市公司利益。

2018 年 1 月,公司实际控制人邓某华为了归还部分占用资金,通过公司供应商成都正其与厦门国际银行签订《综合授信额度合同》,额度总金额不超过 3 亿元,同时期公司控股子公司天圣环保与厦门国际银行签订《存单质押合同》,为成都正其上述综合授信额度提供质押担保。经公司核查,天圣环保自身并无该笔资金进行存单质押,该资金是由公司实际控制人邓某华及其一致行动人邓某安排:由成都正其向厦门国际银行贷款,银行放款给成都正其,成都正其将此笔款项转入公司以归还占用。公司再将该笔资金转入天圣环保,天圣环保将此笔资金形成定期存单并质押给厦门国际银行。该笔资金在流转上形成了一个"厦门国际银行—成都正其—天圣环保—厦门国际银行存单质押"的闭环。2018 年 7 月 24 日该笔质押存单已经解除,资金已经归还给厦门国际银行,担保事项已经解除。

(二十)2019 年 5 月 14 日,天翔环境收到 AS 公司重组标的公司中德天翔部分股东出具的《关于解除〈发行股份购买资产协议〉的告知函》

中德天翔除亲华科技外的 5 位股东认为,交易双方履行《发行股份购买资产协议》的基础已经发生了根本性变化,《发行股份购买资产协议》的合同目的已经无法实现,且如果继续履行会对中德天翔 5 位股东造成巨大的利益损害,显失公平,因此五位股东特此通知天翔环境解除《发行股份购买资产协议》。

(二十一)2019 年 5 月 22 日,天翔环境及公司董事收到四川证监局出具的行政处罚决定书

2019 年 5 月 22 日,天翔环境收到四川证监局出具的行政处罚决定书,因天翔环境未及时披露实际控制人非经营性占用资金及相关关联交易情况,且未在 2018 年半年报中披露为关联方提供担保的情况,天翔环境及相关责任人员受到如下行政处罚:(1)对天翔环境责令改正,给予警告,并处以 60 万元罚款;(2)对控股股东、实际控制人及其一致行动人、董事、高级管理人员给予警告和罚款。

(二十二)2019 年 6 月 10 日,天翔环境披露公司股票存在被暂停上市及终止上市的风险

信永中和就公司 2018 年年度财务报告向公司出具了无法表示意见的审计意见;同时,截至 2019 年 3 月 31 日,公司未经审计归属于上市公司股东的净资产

为－22,046,831.62 元。若公司在年末无法改变净资产为负或继续被注册会计师出具否定或无法表示意见的审计意见,公司将存在被深交所暂停上市的风险。另外,如果公司无法进入司法重整程序,公司将因大股东无法偿还占用资金而计提减值准备,导致公司净资产为负而触发暂停上市的风险。

2018 年 12 月 26 日,公司债权人向成都中院提交了重整申请。公司正在积极推进司法重整程序,公司能否进入司法重整程序存在重大不确定性,即便公司进入司法重整程序,也存在因重整失败而被宣告破产的风险。如果公司被宣告破产,公司股票将面临被终止上市的风险。

(二十三)2019 年 6 月 18 日,终止欧绿保项目和 AS 公司重大资产重组

2019 年 6 月 18 日,天翔环境发布《关于终止欧绿保项目重大资产重组的公告》,终止原因:公司存在对外违规担保、控股股东非经营性资金占用、公司及董事因涉嫌信息披露违规受到中国证监会的行政处罚及 2018 年财务报告被出具无法发表意见的审计意见。结合公司正陷入债务困境,各方对公司困境局面仍处于观望状态,现阶段很难继续推进本次重大资产重组。

2019 年 6 月 18 日,天翔环境发布《关于终止 AS 公司重大资产重组的公告》,终止原因:(1)中国证监会《1004 号批文》将于 2019 年 6 月 20 日到期;(2)因公司实际控制人及一致行动人债务纠纷,亲华科技持有的中德天翔 20.59%股份被冻结,现阶段 AS 公司重大资产重组项目股权无法过户给天翔环境;(3)中德天翔的股东向公司分别发出了《关于解除〈发行股份购买资产协议〉的告知函》,要求解除《发行股份购买资产协议》;(4)公司存在对外违规担保、控股股东非经营性资金占用、公司及董事因涉嫌信息披露违规受到中国证监会的行政处罚,继续实施本重组存在障碍。

(二十四)2019 年 10 月 22 日,天翔环境董事会、监事会审议通过了《关于公司与债权人签订〈债务抵偿协议〉以解决公司控股股东资金占用暨关联交易的议案》

公司因到期债务不能偿还,2018 年陷入债务危机,正常生产经营受到重大影响,可持续性经营存在重大不确定性。截至 2019 年 9 月 30 日,公司及子公司累

计逾期债务合计金额约249,067.37万元，占公司最近一期经审计的净资产的1889.21%。经审计机构核查，公司控股股东及其关联方对公司存在243,101.71万元非经营性资金占用。

自公司陷入债务危机以来，管理层积极推进司法重整，引入产业战略投资者完成控股权转让、化解债务风险，通过“一揽子”方案解决资金占用问题。为推进公司司法重整进程，满足对于切实可行解决控股股东及其关联方对公司的资金占用问题的要求，公司债权人同意，在上市公司重整获得人民法院裁定受理的条件下，豁免或减免上市公司部分债权用于代替大股东偿还其对上市公司的资金占用，债权人代替大股东偿还的债权比例为1∶1，金额合计不超过14亿元（以实际与各债权人签订协议偿还的金额为准）。各方（甲方：债权人；乙方：债务人天翔环境；丙方：亲华科技；丁方：邓某华、邓某）签署的协议主要内容如下。

1. 债务抵偿

为推进天翔环境司法重整进程，满足对于切实可行解决丙方对天翔环境的资金占用问题的要求，甲方债权人同意，在人民法院裁定受理天翔环境司法重整之日，甲方债权人将豁免或减免对上市公司部分债权，豁免或减免金额相应抵偿丙方对上市公司的资金占用。

2. 丙方保证和承诺

丙方通过对其关联公司资金流向的梳理，发现可能存在部分相对方不当得利的情况，丁方邓某华、邓某承诺将通过各种途径对上述不当得利资金予以追回，如最终追回部分资金，丙方将以该等资金作为全体签署债务抵偿协议债权人之本金部分的补偿，可按各自豁免债权金额占合计豁免代偿大股东占用总金额的比例进行补偿。

丁方邓某华、邓某承诺，将与上市公司持股5%以上股东协商，争取上市公司持股5%以上股东除按重整方案无偿让渡的转增股份外，额外无偿让渡部分转增股份用于补偿全体签署债务抵偿或债权豁免协议之债权人本金部分。

3. 豁免或减免债权的指定用途

甲方豁免或减免乙方本协议项下的债权将用于专项抵偿丙方对天翔环境的资金占用，丙方与丁方不得擅自挪作他用，否则将依法承担相应法律责任。

(二十五)2019年10月22日起,天翔环境与债权人陆续签署债权抵偿协议

截至2020年11月30日,天翔环境共收到债权人签订的《债务抵偿协议》《债权债务重组协议》《债务抵偿协议之补充协议》34份,在公司重整获得人民法院裁定受理的条件下,债权人豁免或减免对公司的债权累计120,060.74万元,具体情况见表2-7-2。

表2-7-2　天翔环境债权人豁免情况

单位:万元

序号	债权人	债权金额	第一次豁免	第二次豁免	债权豁免总额	约定重整债权确认金额	豁免比例
1	北京××企业管理有限公司	71,548.48	20,388.41	—	20,388.41	—	28.50%
2	××国际融资租赁有限公司	14,454.27	14,454.27	—	14,454.27	—	100.00%
3	××金融租赁有限公司	23,904.73	9409.86	1460.69	10,870.55	13,455.88	45.47%
4	债权人29	5196.90	1245.19	—	1245.19	—	23.96%
5	××信托有限责任公司	55,840.19	23,586.32	—	23,586.32	—	42.24%
6	××农村商业银行股份有限公司	260.74	260.74	—	260.74	—	100.00%
7	××商业银行股份有限公司	10,874.79	3274.79	—	3274.79	—	30.11%
8	××资本管理有限公司	19,427.28	7027.28	3573.00	10,600.28	12,400.00	54.56%
9	债权人27	6873.84	2022.18	—	2022.18	—	29.42%
10	债权人19	3995.03	1595.03	924.15	2519.18	2501.12	63.06%
11	××国际信托有限公司	4957.02	1437.02	816.89	2253.91	—	45.47%
12	××实业发展有限公司	5438.65	1442.65	762.83	2205.48	4995.00	40.55%
13	深圳市××保理有限公司	1065.81	120.13	—	120.13	—	11.27%
14	债权人15	857.25	217.25	—	217.25	—	25.34%
15	蔡某某	8684.00	2684.00	1588.00	4272.00	6000.00	49.19%
16	芜湖××投资基金(有限合伙)	22,638.84	5993.82	—	5993.82	—	26.48%
17	赵某	5555.81	1455.81	976.62	2432.43	4100.00	43.78%

续表

序号	债权人	债权金额	第一次豁免	第二次豁免	债权豁免总额	约定重整债权确认金额	豁免比例
18	赵某某	6094.55	1594.55	1071.90	2666.45	4500.00	43.75%
19	胡某某	5958.95	1558.95	1048.08	2607.03	4400.00	43.75%
20	浙江××生态农业有限公司	3512.91	512.91	—	512.91	—	14.60%
21	安徽×融资租赁股份有限公司	7120.22	1400.00	622.51	2022.51	—	28.41%
22	×国际商业保理有限责任公司	7250.50	1768.25	—	1768.25	—	24.39%
23	广东×融资租赁有限公司	6160.50	1380.49	—	1380.49	—	22.41%
24	×资产管理股份有限公司	12,058.06	2386.16	—	2386.16	—	19.79%

（二十六）2020年1月21日，公司控股股东及一致行动人因公司涉嫌违规披露、不披露重要信息案收到成都市公安局立案通知

在立案后，邓某华与邓某申请并办理了取保候审手续，并于2020年8月3日收到了取保候审通知书。邓某华取保候审期限从2020年1月21日起算、邓某取保候审期限从2020年2月20日起算。

（二十七）2020年4月29日，审计机构继续出具无法表示意见的审计报告

2020年4月29日，信永中和出具《成都天翔环境股份有限公司2019年度审计报告》，由于“形成无法表示意见的基础”部分所述多个相互影响的不确定事项的重要性，审计机构无法获取充分、适当的审计证据以作为对财务报表发表审计意见的基础，不对后附的天翔环境财务报表发表审计意见。

（二十八）2020年5月5日，天翔环境收到深交所年报问询函，就控股股东资金占用、对外担保等事项进行问询

2020年5月5日，天翔环境收到年报问询函①，就控股股东资金占用、对外担

① 深交所：创业板年报问询函〔2020〕第123号。

保等事项进行问询。对此,天翔环境回复如下。

1. 关于违规担保问题

公司2019年3月收到的深圳仲裁委员会就公司违规为实际控制人邓某华提供担保向许某杰借款逾期未偿还事宜作出的裁决书[(2018)深仲裁字第2408号],裁决被申请人邓某华偿还借款本息等合计34,434,429.00元,公司承担无限连带偿还责任。公司在2019年3月1日披露的《关于诉讼事项的进展公告》(公告编码:2019-043号)及自2019年3月7日起至今每月前5个交易日披露的《关于公司银行账户被冻结的风险提示公告》中做了如实披露。

控股股东邓某华非经营性资金占用里包含其违规担保余额,公司正努力推进控股股东非经营性占用资金的回收工作,与其积极进行磋商,要求其制定切实可行的还款计划。控股股东名下主要资产包括持有公司30.43%的股票、4.15万千瓦水电站、成都天府新区20亩商业用地、间接持有AS公司及欧绿保项目的股权等(上述资产已被司法查封冻结)。控股股东正在全力配合公司制定还款方案,控股股东邓某华及其一致行动人邓某承诺:"在符合法律法规规定及规章制度的前提下,本人将采取必要的方式,积极筹措资金并制定方案来尽快解决对天翔环境资金占用的问题。"

控股股东及其一致行动人正在采取的措施有:公司债权人、公司、公司大股东实际控制企业签订附条件生效的债务抵偿协议,公司债权人同意在公司重整获得人民法院裁定受理的条件下,豁免或减免上市公司部分债权用于代替大股东偿还其对上市公司的资金占用,债权人代替大股东偿还的债权比例为1:1,金额合计不超过14亿元(以实际与各债权人签订协议偿还的金额为准)。

截至本函回复日,公司收到债权人签订的《债务抵偿协议》《债权债务重组协议》共15份,在公司重整获得人民法院裁定受理的条件下,债权人豁免或减免对公司的债权累计89,165.12万元用于代替大股东偿还其对上市公司的资金占用。

2. 关于24.31亿元资金占用款项计提坏账准备的问题

公司及大股东正在积极推进占用资金回收工作,公司将尽全力保障全额收回占用资金,减少公司损失。由于编制2019年年报时,公司尚未收到法院批准进入司法重整的相关文件,出于谨慎性考虑,在2019年度根据公司相关会计政策,结合占用资金的账龄,2019 年度非经营性占用资金计提比例为 10%。在编制 2019 年年报时,由于重组工作正积极推进,和债权人协商的工作也在积极开展,故 2019 年年报依据账龄对控股股东占用资金计提坏账准备,已充分反映其信用风险,若公司不能进入重整程序,公司会重新评估其信用风险,根据预期可回收情况改变坏账计提比例。

(二十九)2020 年 5 月 8 日,天翔环境收到深交所关于公司股票自 2020 年 5 月 13 日起暂停上市的决定

因天翔环境 2019 年末归属于上市公司股东的净资产为 -1,732,513,534.92 元,同时,公司 2018 年、2019 年财务会计报告均被注册会计师出具无法表示意见的审计报告,天翔环境收到深交所关于公司股票自 2020 年 5 月 13 日起暂停上市的决定。

(三十)2020 年 7 月 31 日,天翔环境债委会召开第五次债委会会议

2020 年 7 月 31 日,成都农商银行组织召开天翔环境第五次债委会会议。会议还邀请了四川银保监局(现为国家金融监督管理总局四川监管局)、成都金融局、青白江区国有资产监督管理和金融工作局、青白江区经科信局相关领导参会指导。

天翔环境第五次债委会会议就“天翔环境进入司法重整程序后金融机构债权人愿意与战略投资人共同解决股东资金占用问题”议题进行了讨论,并以会后书面表决方式投票进行表决。

根据《天翔环境第五次金融机构债权人会议纪要》,天翔环境债委会会议表决通过了上述议题并形成决议如下:

天翔环境 2018 年年度财务报告已经信永中和审计,天翔环境控股股东对天翔环境合计存在人民币 243,101.71 万元非经营性资金占用情形。2018 年 12 月 26 日,天翔环境债权人向成都中院提出了重整申请。截至本次公告披露日债权人已与天翔环境签署协议,以债务抵减大股东资金占用 95,158.94 万元,鉴于时间紧迫,为实质性推进天翔环境进入司法重整进程,满足对于切实可行解决控股股东对天翔环境的资金占用问题的要求,天翔环境债委会会议决议通过:在公司

进入司法重整程序后,在管理人主导下,在战略投资人以市场化原则参与公司重整的情况下,债权人承诺与战略投资人共同解决大股东资金占用问题,以确保在重整程序中完全解决大股东资金占用问题。

(三十一)2020 年 8 月 13 日,天翔环境收到战略投资人支持函

天翔环境披露收到四川省商业投资集团有限责任公司(以下简称四川商投)[①]与四川嘉道博文生态科技有限公司(以下简称嘉道博文)[②]分别出具的《关于参与成都天翔环境股份有限公司司法重整的函》(以下简称《支持函》),《支持函》的主要内容如下:

鉴于天翔环境深陷债务危机、经营困难,拟通过司法重整恢复上市公司正常运营和可持续发展,四川商投、嘉道博文拟以战略投资人身份参与天翔环境的司法重整工作。若天翔环境于 2020 年 10 月 31 日前进入司法重整程序,四川商投与嘉道博文愿意联合以 7 亿 ~ 13 亿元"现金及/或资产"注入天翔环境,与天翔环境债权人共同协助天翔环境在司法重整程序中彻底解决关联方资金占用问题。

(三十二)2020 年 8 月 19 日,天翔环境申请司法重整的材料已呈报至四川省人民政府

截至本次公告披露日,公司已根据监管部门相关要求完成了申请破产重整全套材料的呈报,并积极跟进审批进程。成都市人民政府和四川省人民政府已收到公司申请破产重整的相关材料。为推动公司尽快进入破产重整程序,公司正同步采取如下积极自救措施:(1)继续与各债权人积极沟通债务豁免事宜,以满足切实可行解决关联方占用资金问题的监管要求。(2)全力配合进入破产重整的前置审批流程,根据监管要求及时补充资料。(3)努力维持生产经营稳定,维持公司管理层及核心管理团队稳定,保持与主要客户的沟通与交流。(4)公司积极采取有效措施尽快消除会计师出具无法表示意见审计报告中涉及的相关事项。(5)加强应收账款催收工作。

---

① 四川商投的股东及实际控制人为四川省政府国有资产监督管理委员会。

② 嘉道博文的大股东为深圳嘉道功程股权投资基金(有限合伙),实际控制人为龚某嘉、陈某梅夫妇。

（三十三）2020 年 9 月 23 日，天翔环境收到深交所半年报问询函，就重整投资人等相关事项进行问询

2020 年 9 月 23 日，天翔环境收到半年报问询函[①]，就重整投资人等相关事项进行问询。

1. 关于嘉道博文作为战略投资人的背景和原因

公司于 2016 年 6 月与北京嘉博文生物科技有限公司（以下简称北京嘉博文）签订战略合作框架协议，就以有机废弃物资源化产品为核心的土壤修复有机废弃物领域、水土共治环保工程等方面结成长期、全面的战略合作伙伴关系。协议签订后，公司与北京嘉博文就餐厨垃圾处理项目展开了合作。公司于 2018 年因资金紧张陷入债务危机，北京嘉博文与嘉道博文属于同一实际控制人，基于前期与公司的合作基础，嘉道博文有意通过公司在环保领域拓展业务实现协同发展，故拟以战略投资人身份参与公司司法重整。

截至回函日，天翔环境尚未与嘉道博文签署正式的投资协议。

2. 关于公司重整程序的推进情况

2020 年 8 月 19 日，公司申请司法重整的前述材料均已呈报至四川省人民政府，截至本回函日，四川省人民政府已将公司重整申请材料报送中国证监会，并向其致函商请支持。如公司无法于 10 月 31 日前进入司法重整程序，公司将面临破产清算和退市的风险，详细情况请关注公司每月前 5 个交易日披露的《关于暂停上市期间工作进展情况暨股票存在终止上市风险提示公告》。

（三十四）2020 年 9 月 30 日，四川省人民政府已将公司重整申请材料报送中国证监会，并向其致函商请支持

截至公告披露日，公司已根据监管部门相关要求完成了包括关联方资金占用清欠方案的申请破产重整全套材料的呈报，四川省人民政府已完成申报材料的审批，并向中国证监会致《关于商请支持成都天翔环境股份有限公司实施破产重整的函》。

---

① 深交所：创业板半年报问询函〔2020〕第 65 号。

（三十五）2020 年 10 月 14 日，政府部门组织召开专题会议，研究天翔环境破产重整相关事项

2020 年 10 月 14 日，四川省地方金融监督管理局组织四川证监局、青白江区人民政府、天翔环境、四川商投、嘉道博文、天翔环境债权人代表等相关方召开专题会议，研究公司破产重整相关事项。会议听取了天翔环境破产重整最新进展情况，并就中国证监会上市部审核天翔环境破产重整预案反馈的相关意见进行了研究：

针对中国证监会上市部相关意见，战投方（四川商投及嘉道博文）表示，《支持函》中提及的“10 月 31 日”表述是根据破产法规定及客观情况预测的天翔环境 2020 年内能够完成司法重整的时间节点，并非《支持函》的生效条件或时间限制，以上时间并不作为战投方参与公司重整的前提条件。对此，战投方表示只要天翔环境能够于 2020 年内完成司法重整，则战投方仍将继续参与天翔环境司法重整工作，协助天翔环境在司法重整程序中彻底解决关联方占用资金问题。

天翔环境债权人代表表示，为推进公司破产重整程序，其将继续支持天翔环境解决关联方资金占用问题。

会上，天翔环境重整参与方进一步达成了共识，将继续大力推动天翔环境破产重整和解决资金占用问题。参会部门（单位）表示将加强协调，继续支持天翔环境加快推进破产重整，尽早脱困。

（三十六）2020 年 11 月 18 日，政府部门再次组织召开专题会议，研究天翔环境破产重整相关事项

2020 年 11 月 18 日，四川省地方金融监督管理局组织四川证监局、青白江区人民政府、成都市金融局、青白江区经科信局、天翔环境、四川商投、嘉道博文、天翔环境债权人代表等相关方召开专题会议，研究公司破产重整相关事项。会议听取了天翔环境破产重整最新进展情况，并就重整预案相关问题进行了研究。会上，天翔环境、债权人、战投联合体（四川商投、嘉道博文）等相关各方明确“切实可行解决关联方资金占用问题”的具体实施路径如下：

截至 2020 年 10 月 10 日，24 家债权人已与天翔环境签订了《债务抵偿协

议》、《债权债务重组协议》或《债务抵偿协议之补充协议》。公司已完成债权人豁免或减免债务抵偿大股东资金占用累计金额12亿元。(公司已公告10.72亿元,对于其他已签订的《债务抵偿协议》公司将按照信息披露要求陆续公告。)

天翔环境共欠中植企业集团有限公司(以下简称中植集团)本息9.26亿元。截至2020年10月31日,扣除此前已签抵免协议的3.48亿元本息,天翔环境尚欠中植集团本息合计5.78亿元。中植集团承诺:在天翔环境进入司法重整程序后,中植集团同意以持有的天翔环境5.78亿元债权协助天翔环境解决关联方资金占用问题。

天翔环境债委会代表2/3以上债权金额(约28亿元)的金融机构承诺兜底解决资金占用问题。债委会成员单位承诺在战投联合体以市场化原则参与司法重整的情况下兜底减免债务用以抵偿资金占用,确保彻底解决大股东资金占用问题。

战投联合体出资7亿元现金参与司法重整,并在此进一步明确表示:在成都市和青白江区人民政府的大力支持下,若天翔环境能在年内进入破产重整程序,战投联合体将按照法院裁定的重整计划出资7亿元现金参与天翔环境重整,协助天翔环境在司法重整程序中彻底解决关联方资金占用问题。

会上,天翔环境重整参与方进一步达成了共识,将继续大力推动天翔环境破产重整和解决资金占用问题。参会部门(单位)表示将加强协调,继续支持天翔环境加快推进破产重整,尽早脱困。

(三十七)2020年12月14日,成都中院裁定受理债权人对天翔环境提起的重整申请

2020年12月14日和2020年12月25日,公司分别收到法院送达的(2020)川01破申105号民事裁定书和(2020)川01破25号决定书,法院根据嘉豪物资的申请,裁定受理天翔环境破产重整一案,并指定北京德恒律师事务所、信永中和为天翔环境管理人。

(三十八)2020年12月15日,天翔环境披露拟与债权人继续签订《债务抵偿协议》

为彻底解决大股东资金占用问题,在天翔环境进入司法重整程序后,公司将

与债权人继续签订《债务抵偿协议》,将豁免或减免对上市公司部分债权用于代替大股东偿还其对天翔环境的资金占用,债权人代替大股东偿还的债权比例为1:1,金额合计不超过243,101.71万元(以实际与各债权人签订协议偿还的金额为准)。

(三十九)2021年3月9日,天翔环境收到深交所关注函,就重整相关事项进行问询

2021年3月9日,天翔环境收到关注函①,就重整相关事项进行问询。

1.关于重整程序战略投资协议的签订情况

截至本函回复日,公司尚未与四川商投、嘉道博文就其参与重整的具体方式、投入金额、后续经营计划等签署明确协议。公司及管理人将继续跟进相关事宜的进展情况,并根据相关要求予以披露。除此之外,公司不存在其他拟引入的重整投资人计划。

2.关于转增股票的用途

重整计划将以总股本436,999,190股为基数,按照每10股转增25.5027420302541股的比例实施资本公积转增股本,共计转增1,114,467,761股,转增完成后,公司的总股本将增至1,551,466,951股。

转增的股票不向出资人分配,全部按照重整计划进行分配和处置,其中约6.51亿股用于清偿债务,剩余约4.64亿股由管理人在重整计划执行期间拟以不低于1.49元/股的价格引入重整投资人,股票转让价款优先用于支付重整费用和清偿债务,剩余部分用于补充公司流动资金。

由于《重整计划(草案)》处于分组表决阶段,清偿债务的具体金额尚不能确定,重整工作也还未实际发生完毕,重整费用的具体金额暂时无法确定。如公司顺利实施重整并执行完毕该重整计划,将有助于改善公司财务结构化解债务危机,恢复公司持续经营能力,主营业务也将重回正轨,上述资金安排将有利于维护债权人、上市公司及中小投资者合法权益。

3.关于引战股票价格的合理性

公司股票于2020年4月30日起至暂停上市前日处于停牌期间,停牌前一交

---

① 深交所:创业板关注函〔2021〕第125号。

易日股票收盘价为1.49元/股。若以不低于公司股票停牌前日的二级市场价格引进重整投资人，则约4.64亿股资本公积转增的股票将由管理人在重整计划执行期间以不低于1.49元/股的价格引入重整投资人（具体金额以实际签订的重整投资协议为准），已超过公司停牌时公司市值，该作价依据是综合考虑公司停牌前股价、公司的核心装备专业研发、制造能力，以及战投对于公司未来发展的价值作出的判断，符合一定的市场规律，也有利于公司顺利实现重整投资人的引进，促进公司恢复持续经营能力和盈利能力，同时也不违反法律法规的相关规定，不存在损害重整投资人或债权人、投资者权益的情形。

4. 关于出资人权益调整问题

（1）出资人权益调整的必要性

天翔环境已经不能清偿到期债务，且根据资产评估和债权申报核查情况，其资产不足以清偿全部债务。如果天翔环境进行破产清算，现有资产在清偿各类债权后已无任何剩余财产向出资人分配，出资人权益为零。为挽救天翔环境，避免其破产清算，出资人和债权人需共同做出努力，共同分担实现公司重生的成本。因此，本重整计划将对天翔环境出资人的权益进行调整。

（2）出资人权益调整的范围

根据《企业破产法》第85条第2款的规定，重整计划草案涉及出资人权益调整事项的，应当设出资人组，对该事项进行表决。出资人组由截至股权登记日2021年3月16日在中证登深圳分公司登记在册的天翔环境股东组成。上述股东在股权登记日之后至本重整计划规定的出资人权益调整方案实施完毕前，由于交易或非交易等原因持股情况发生变动的，本重整计划规定的出资人权益调整方案的效力及于其股份的受让方及/或承继方。

（3）出资人权益调整的内容

天翔环境现有总股本436,999,190股，重整计划将以总股本为基数，按照每10股转增25.5027420302541股的比例实施资本公积转增股本，共计转增1,114,467,761股。转增完成后，天翔环境的总股本将增至1,551,466,951股。转增股票不向出资人分配，全部按照重整计划进行分配和处置，其中约6.51亿股用于清偿债务，剩余约4.64亿股由管理人在重整计划执行期间拟以不低于1.49元/股的价格引入重整投资人（具体金额以实际签订的重整投资协议为准)，股票转让价款优先用于支付重整费用和清偿债务，剩余部分用于补充公司流动资金。

天翔环境重整计划对出资人权益调整内容做了详细安排，公司已对相关信息进行了完整披露。同时，公司计划于2021年3月22日召开出资人组会议审议表决上述出资人权益调整方案。

(四十)2021年3月19日，天翔环境第一次债权人会议表决通过了重整计划(草案)(见图2－7－1)

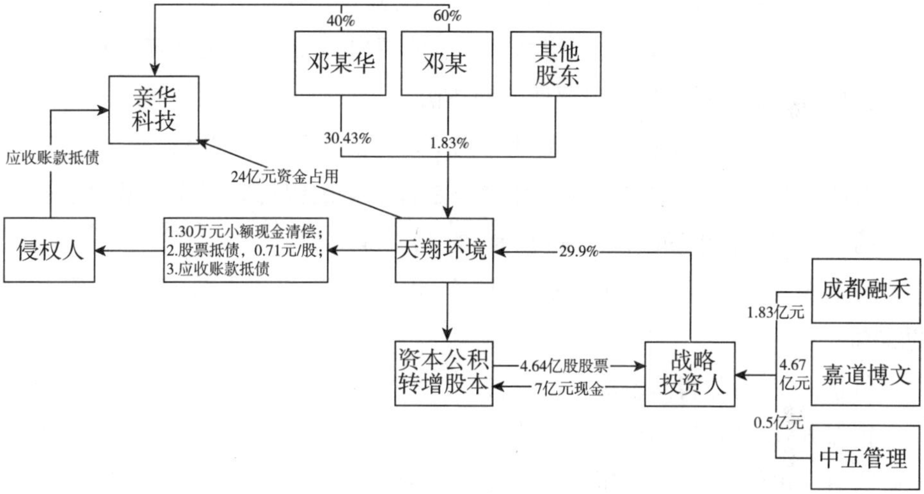

图2－7－1　天翔环境重整方案

1. 出资人权益调整方案

天翔环境现有总股本为436, 999, 190股，以总股本为基数，按照每10股转增25. 5027420302541股的比例实施资本公积转增股本，共计转增1, 114, 467, 761股。转增完成后，天翔环境的总股本将增至1, 551, 466, 951股。前述转增股票不向出资人分配，全部由管理人按照重整计划进行分配和处置；其中约6. 51亿股用于清偿债务，剩余约4. 64亿股在重整计划执行期间拟以不低于1. 49元/股①的价格引入重整投资人(具体金额以实际签订的重整投资协议为准)，股票转让

① 2020年4月29日至2021年7月19日期间停牌，其中，2020年4月29日股票收盘价为1. 49元/股，2021年7月19日股票收盘价为1. 19元/股。

价款优先用于支付重整费用和清偿债务,剩余部分用于提高天翔环境的经营能力。

2. 债权调整方案

(1)职工债权及税款债权

职工债权及税款债权不作调整,由天翔环境在重整计划执行期间内以现金方式全额清偿。

(2)财产担保债权

财产担保债权在担保财产清算评估值或者处置变现所得范围内优先受偿,未能受偿的部分转为普通债权,按照普通债权调整及受偿方案进行清偿。担保财产不处置变现的,就担保财产清算评估值范围内的债权,由天翔环境在本重整计划获得法院裁定批准后予以留债分期清偿:

留债期限:5 年,自本重整计划执行完毕之日的次月 1 日起算;

留债利率:按照本重整计划执行完毕之日前全国银行间同业拆借中心最新公布的 5 年期贷款市场报价利率(LPR)的 40% 确定;

还本方式:前 3 年只付息不还本,第 4 年和第 5 年分别清偿留债总额的 50%;

付息方式:每年付息一次;

担保方式:留债期间保留原财产担保关系,本息清偿完毕后,债权人应当主动解除对应担保财产的抵/质押担保状态和/或登记。

(3)普通债权

每家普通债权人 30 万元以下(含 30 万元)的债权部分,由天翔环境在本重整计划获得法院裁定批准之日起在重整计划执行期间内依法以现金方式全额清偿。每家普通债权人 30 万元以上的债权部分,一部分以转增股票清偿,剩余部分用天翔环境的应收款项清偿。以转增股票清偿的部分,按每 100 元普通债权分得 141 股转增股票的方式获得清偿[①]。以应收款项清偿的部分,按每 100 元普通债权分得 100 元应收款项,应收款项为公司应收的亲华科技资金占用款和/或对其他主体的应收款项。以天翔环境对亲华科技应收款项清偿的债权额即为债权人代替亲华科技向天翔环境偿还的资金占用额,债权人有权向亲华科技自行

---

① 股票抵债价格为 0.71 元/股。

清收。每家普通债权人30万元以上的债权部分用股票及应收款项清偿的债权额的计算方式如下：

股票清偿的债权额[①]＝(每家普通债权人30万元以上的普通债权额＋贡献值[②]×1.03)×9%

应收款项清偿的债权额＝每家普通债权人30万元以上的普通债权额－股票清偿的债权额

同时,为了实现债权人有序退出,维护全体债权人利益,受让本次转增股票数量达1200万股以上(含本数)的债权人,自公司恢复上市之日起24个月内不减持其所持有的本次转增股票,自公司恢复上市之日起24个月后每个季度减持其所持有的本次转增股票的比例不超过1/6;受让本次转增股票数量低于1200万股(不含本数)的债权人,自公司恢复上市之日起12个月内不减持其所持有的本次转增股票,自公司恢复上市之日起12个月后每个季度减持其所持有的本次转增股票的比例不超过1/6。

(4)劣后债权

劣后债权不直接占用本次重整偿债资源。在本重整计划执行完毕之日起满3年后,若为预计债权预留的偿债资源经分配后仍有剩余,则劣后债权可参照普通债权的受偿方案进行清偿;但若预留的偿债资源不足以清偿所有劣后债权,则按各劣后债权金额的比例进行分配。

重整完成后,战略投资人将持有天翔环境29.91%的股权,债权人通过股票抵债获得天翔环境41.96%的股权,邓某华、邓某及其他股东的持股比例被稀释。另外,通过应收账款抵债的安排,债权人获得对亲华科技的24亿元债权。(见图2－7－2)

---

① 若股票清偿的债权额计算金额大于该普通债权人30万元以上的普通债权额,则其股票清偿的债权额以其30万元以上的普通债权额为准。

② “贡献值”指部分债权人为支持天翔环境重整,自2019年1月1日起,与天翔环境签署债务豁免协议对天翔环境作出的债务豁免额。

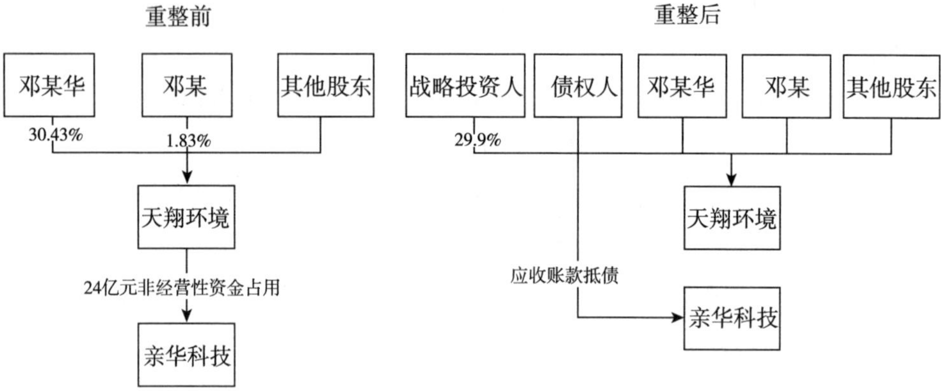

图 2-7-2 天翔环境股权变动情况

（四十一）2021 年 3 月 31 日，天翔环境披露控股股东部分质押股份被抵偿债务

四川省自贡市中级人民法院出具（2021）川 03 执恢 2 号执行裁定书，因邓某华逾期未偿还融资借款，其被质押的 2940 万股天翔环境股票被法院裁定抵偿债务 50,288,700 元，上述股票所有权（或其他权利）自该裁定送达申请执行人湖北省资产管理有限公司时起转移。

（四十二）2021 年 4 月 16 日，成都中院作出了（2020）川 01 破 25 号民事裁定书，裁定批准公司重整计划、终止公司重整程序，公司重整计划进入执行阶段

成都中院于 2021 年 4 月 16 日作出了（2020）川 01 破 25 号民事裁定书。成都中院认为，重整计划不违反法律强制性规定，根据债权人在第一次债权人会议上对重整计划（草案）的表决结果以及出资人组对出资人权益调整方案的表决结果，有财产担保债权组、普通债权组表决通过了重整计划（草案），出资人组会议表决通过了出资人权益调整方案，天翔环境及管理人申请批准重整计划符合法律规定，应予准许。依照《企业破产法》第 86 条第 2 款的规定，批准天翔环境重整计划，终止天翔环境重整程序。

(四十三)2021 年 4 月 29 日,天翔环境披露重整投资协议已签署

2021 年 4 月 29 日,天翔环境披露重整投资协议已签署,协议主要内容如下。

1. 协议的签约主体

重整投资协议涉及的各方当事人——甲方:天翔环境管理人;乙方:成都市融禾环境发展有限公司(以下简称成都融禾)①;丙方:嘉道博文;丁方:北京中五管理咨询有限公司(以下简称中五管理);戊方:天翔环境。乙方、丙方(及/或其指定第三方)、丁方以下合称"重整投资方";丙方(及/或其指定第三方)合称"丙方";甲方、乙方、丙方(及/或其指定第三方)、丁方、戊方统称"各方"。

2. 投资的基本原则和条件

天翔环境债务负担沉重,将通过司法重整方式化解债务负担,恢复持续经营能力。重整投资方愿意作为天翔环境重整投资人,以减轻天翔环境债务负担、恢复天翔环境盈利能力为出发点,在相关法律、法规、规范性文件、上市公司监管政策的框架下,支持天翔环境重整工作,包括但不限于提供偿债资金、受让公司资本公积转增的部分股票等。

重整投资方拟联合参与天翔环境司法重整,乙方、丙方和丁方拟按 1.49 元/股合计以不超过 7 亿元现金认购公司资本公积转增股票中的约 4.64 亿股(最终转增的准确股票数量以中证登深圳公司实际登记确认的数量为准),占公司转增后总股本的 29.9%,其中乙方拟出资不超过 1.83 亿元,丙方拟出资不超过 4.67 亿元,丁方拟出资不超过 0.5 亿元,该等对价将用于偿还公司债务及后续运营。

重整计划经甲方协助公司制定并满足重整投资方如下要求后提交至法院及债权人会议,重整投资方同意该重整计划经法院批准后,对涉及重整投资方的内容予以履行:(1)公司 24.29 亿元大股东资金占用问题全部解决;(2)公司留债金额不高于 3 亿元,贷款期限不低于 3 年;(3)重整投资方出资不超过 7 亿元,购股价格不高于 1.49 元/股,占公司实施资本公积金转增后总股本的比例不低于 29.9%;(4)重整投资方支付的投资款中,用于公司重整需支付的现金不超过 3 亿元,公司重整完成后留存现金不低于 4 亿元,用于公司后续发展;(5)除留债金额对应担保外,公司其他资产解除查封、冻结、质押、抵押等权利限制或负担。

---

① 向上穿透两层,实际控制人为成都市青白江区国有资产监督管理和金融工作局。

重整投资方对天翔环境的要求:(1)2020年度经审计的扣非净利润、期末净资产均为正值;(2)2020年度审计机构出具无保留意见的审计报告;(3)公司具备申请恢复上市条件且能获批。

在合法合规的前提下,丙方拟在未来3年通过市场化方式为上市公司导入可持续运营的环保类资产,优化公司高端装备制作业务和环保产业技术服务能力。

3. 投资的实施方式

(1)天翔环境出资人权益调整

天翔环境现有总股本为436,999,190股,重整计划将以总股本为基数,按照每10股转增25.5027420302541股的比例实施资本公积转增股本,共计转增1,114,467,761股。转增完成后,天翔环境的总股本将增至1,551,466,951股。前述转增的股票不向出资人分配,全部按照重整计划进行分配和处置,其中约6.51亿股用于清偿债务,剩余约4.64亿股由重整投资方以不超过7亿元的价格认购,股票处置所得中不超过3亿元优先用于支付重整费用和清偿债务,剩余部分用于提高天翔环境的经营能力。

转增和回购的股票将全部转入管理人的股票账户,由管理人按照重整计划的规定进行分配和处置。其中:(1)由乙方受让天翔环境约1.23亿股的转增股票;(2)由丙方受让天翔环境约3.10亿股的转增股票;(3)由丁方受让天翔环境约0.31亿股的转增股票;(4)除上述需支付给重整投资方的约4.64亿股外,剩余转增股本(共计约6.51亿股)全部用于向天翔环境债权人实施以股抵债。

(2)关于重整投资方受让转增股票的约定

各方同意,重整投资方将按如下条件受让天翔环境合计约4.64亿股转增股票:(1)乙方、丙方和丁方拟向天翔环境分别支付转增股票受让价款不超过1.83亿元、不超过4.67亿元和不超过0.5亿元,该价款最终以重整投资方各自实际取得之转增股份计算的实际支付款项为准,该价款将主要用于支付重整费用、共益债务、职工债权、欠付税款、清偿债务以及支持上市公司经营等。(2)重整投资方将充分利用其资源优势,支持上市公司发展。(3)重整投资方分别承诺本次受让的公司转增股份自登记至其名下之日起36个月内不减持。(4)重整投资方均应当符合监管机构要求的其他相关条件。

重整投资方按1.49元/股受让转增股票的对价分两期支付:(1)第一期:自

本协议签订且取得满足本协议第1.4条第1款的2020年度无保留意见审计报告内核版之日起1日内,重整投资方应在公司股票实施转增前合计支付转让价款人民币3亿元,其中乙方、丙方分别向甲方支付人民币1亿元、2亿元。甲方在收到该等转增价款后,应在最短时间内将对应的转增股票分别过户至乙方和丙方的证券账户,乙方、丙方应根据监管要求及时提供相关资料与配合。(2)第二期:自天翔环境股票恢复上市交易之日起5日内,重整投资方应合计支付剩余转让价款人民币不超过4亿元,其中乙方、丙方和丁方分别向甲方支付人民币不超过0.83亿元、2.67亿元和0.5亿元。甲方在收到该等转增价款后,应在最短时间内将对应的转增股票分别过户至重整投资方的证券账户,重整投资方应根据监管要求及时提供相关资料与配合。

4. 管理权移交

重整投资人在支付第一期出资3亿元后,有权监督天翔环境的日常管理和运营,包括但不限于:(1)有权提名董事、监事候选人;(2)有权监督天翔环境重大合同签订和履行、重大资产处置和购买等。

截至协议签订日,管理人已收到战略投资人的第一期重整投资款3亿元。

(四十四)2021年4月29日,天翔环境披露关于变更债权人用于代替大股东偿还资金占用的债权用途的公告

截至2020年12月16日,天翔环境共收到债权人签订的《债务抵偿协议》《债权债务重组协议》《债务抵偿协议之补充协议》34份,在公司重整获得人民法院裁定受理的条件下,债权人豁免或减免对公司的债权累计120,060.74万元。

根据公司部分债权人签订的《债务抵偿协议之补充协议》,公司部分已签订豁免协议的债权人同意将用于代替大股东及其关联方偿还资金占用的豁免的债权变更为优先用于天翔环境的债务豁免或减免,在已经满足天翔环境净资产为正的情况下,剩余部分金额限于抵偿大股东及其关联方对天翔环境的资金占用。

（四十五）2021 年 4 月 29 日，天翔环境披露关于部分债权人停止计息、新增债权豁免的公告

根据公司部分债权人签订的《用途变更同意函》《债务抵偿协议之补充协议》《停止计息确认函》，为切实可行地实现公司全面脱困，顺利进入司法重整程序，满足公司 2020 年末合并报表净资产为正、扣除非经常性损益后的净利润和净利润为正等条件，公司部分债权人同意自 2020 年 1 月 1 日起停止计息，停止计算利息的范围包括但不限于本金或应付款项之外的依据合同或生效判决、仲裁裁决等事项产生的自 2020 年 1 月 1 日起产生的利息、罚息、迟延履行利息、按期限计算的违约金、滞纳金等影响天翔环境扣除非经常性损益的净利润的事项。

同时，部分债权人同意追加债权豁免，新增直接对公司豁免的债权共计 76，981.27 万元。截至 2020 年 12 月 31 日，债权人豁免公司债权累计 185，327.31 万元。

（四十六）2021 年 4 月 30 日，审计机构出具带强调事项段的无保留意见审计报告

四川华信作为公司财务报告的审计机构，为公司 2020 年年度财务报告出具了带强调事项段的无保留意见的审计报告。带强调事项段的无保留审计意见涉及的主要内容如下。

1. 与持续经营相关的重大不确定性

天翔环境 2018 年和 2019 年连续两年财务会计报告均被注册会计师出具无法表示意见的审计报告，且最近一年归属于上市公司股东的净资产为负，公司股票交易于 2020 年 5 月 13 日起被暂停上市。因天翔环境不能清偿到期债务，公司被债权人提出破产重整申请。这些事项或情况表明，天翔环境存在可能导致对公司持续经营能力产生重大疑虑的重大不确定性。天翔环境已在财务报表附注中充分披露该不确定性以及应对措施。

2. 重整计划尚未执行完毕

2021 年 4 月 29 日，管理人、成都融禾、嘉道博文、中五管理、天翔环境签署《关于成都天翔环境股份有限公司重整投资协议》。嘉道博文委托广州南雅房地

产开发有限公司(以下简称南雅房地产)向管理人支付重整投资款2亿元,南雅房地产已于当日向管理人开设的临时存款账户代为支付上述投资款。同时,成都融禾也向管理人的上述临时存款账户支付投资款1亿元。

因天翔环境重整计划于2021年4月16日才获得法院批准,重整计划的执行工作任务量巨大,截至财务报表披露报出日,重整计划尚未执行完毕。

(四十七)2021年4月30日,天翔环境披露2019年度审计报告无法表示意见涉及事项影响已消除

四川华信出具《关于成都天翔环境股份有限公司2019年度审计报告无法表示意见涉及事项影响已消除的审核报告》,经过审计,四川华信认为天翔环境2019年度审计报告无法表示意见涉及的持续经营问题、应收控股股东款项信用减值损失计提问题、圣骑士资本及其子公司审计受限问题、未回函金额较大问题的影响均已消除。

(四十八)2021年4月30日,天翔环境披露公司关联方非经营性资金占用问题及违规担保责任问题已得到彻底解决

2021年4月30日,根据天翔环境披露的四川华信出具的《关于成都天翔环境股份有限公司2020年度非经营性资金占用及其他关联资金往来情况专项说明》等相关文件,天翔环境控股股东、实际控制人及其关联方非经营性占用的公司资金2,431,017,060.95元(包含公司违规为实际控制人及其关联方担保余额3200万元)在由债权人豁免债权代替控股股东偿还金额2,172,491.61元后,余额2,428,844,569.34元已按照《重整计划》方案执行清偿完毕,公司关联方非经营性资金占用问题及违规担保责任问题已得到彻底解决。

(四十九)2021年5月6日,天翔环境收到深交所年报问询函

2021年5月6日,天翔环境收到年报问询函①,就债务豁免、重整计划清偿安排等相关事项进行问询。

---

① 深交所:创业板年报问询函〔2021〕第158号。

1. 关于185,327.31万元债务豁免情况(见表2-7-3)

表2-7-3 天翔环境债务豁免情况

单位:万元

序号	债权人	债务抵偿协议(抵偿大股东资金占用)签署日期	变更用途协议/用途变更同意函		新增减免协议	
			变更用途后直接对公司的豁免债权	签署日期	金额	签署日期
1	××金融租赁有限公司	2019.10.24 2020.9.23	10,870.55	2020.12.31	—	
2	安徽××融资租赁股份有限公司	2020.4.14 2020.9.30	1138.47	2020.12.31	—	
3	深圳××融资租赁有限公司	2020.3.19 2020.10.22	2176.94	2020.12.30	—	
4	广东××融资租赁有限公司	2020.3.31	1114.94	2020.12.31	—	
5	××金融租赁股份有限公司	2019.11.22 2020.10.15	1347.17	2020.12.31	—	
6	××农村商业银行股份有限公司	2020.1 2020.11	25,508.97	2020.12.25	—	
7	××信托有限公司	2020.3 2020.9	1829.40	2020.12.30	—	
8	××投资基金(有限合伙)	2020.7.27 2020.11.4	7016.50	2020.12.31	—	
9	××创盈企业管理有限公司	2019.10.21	20,388.41	2020.12.31	47,506.04	2020.12.31
10	××资本管理有限公司	2020.3.18 2020.9.19	7947.28	2020.12.26	3000.00	2020.12.31
11	××实业发展有限公司	2020.4.1 2020.9.24	1619.43	2020.12.24	3000.00	2020.12.31
12	××商业银行股份有限公司	2020.2.25	3274.79	2020.12.31	354.80	2020.12.31
13	××商业保理有限责任公司	2020.3.31	1768.25		—	
14	××小额贷款有限公司	2020.3.19 2020.9.21	1808.29	2020.12.28	2471.12	2020.12.28
15	××国际融资租赁有限公司	2019.10.21	14,454.27	2020.12.31	1707.99	2020.12.31
16	上海蔡某某	2020.4.27 2020.11.30	3052.00	2020.12.13	5100.00	2020.12.28
17	××生态农业有限公司	2019	512.91	2020.12.25	—	

续表

序号	债权人	债务抵偿协议(抵偿大股东资金占用)签署日期	变更用途协议/用途变更同意函		新增减免协议	
			变更用途后直接对公司的豁免债权	签署日期	金额	签署日期
18	赵某某	2020.8.17 2020.11.30	1848.00	2020.12.20	3800.00	2020.12.24
19	胡某某	2020.8.17 2020.11.30	1806.93	2020.12.26	3700.00	2020.12.24
20	赵某	2020.8.17 2020.11.30	1683.73	2020.12.20	3400.00	2020.12.24
21	××保理有限公司(上海博仁实业有限公司)	2020.4.14	120.13		—	
合计			111,287.36		74,039.94	

上述协议安排实质为债权人作出的债务减免，是债权人为挽救公司而作出的自治行为。根据律师意见，债权人对上市公司豁免债权的行为属于单方、单务法律行为，上市公司获益且不需支付任何对价，不是债权人与上市公司间的交易行为，债权人向上市公司出具豁免债权的文件不属于公司章程第40条、第110条等规定的需履行股东大会、董事会审议程序的范畴。

2. 关于豁免债权在重整程序中的清偿安排

签署185,327.31万元债务豁免协议的债权人，豁免后的剩余债权均通过重整计划获得清偿。前述21家债权人豁免后的剩余债权均已依法申报并经管理人审核，按照重整计划清偿。21家债权人可获得的清偿资源如下：现金清偿部分共计可获得6,300,000元，股票清偿部分共计可获得股票408,911,438股，应收款清偿部分共计可获得应收款1,102,862,202元。

根据前述21家债权人债权申报及管理人审核情况，前述相关债权人并未全额豁免其对公司享有的债权，其债权在扣减豁免金额后仍有剩余债权可依法参与清偿。管理人已完成对豁免后剩余部分债权的审查工作且依法予以确认并报法院裁定。因此，前述相关债权人在豁免部分债务后，就剩余部分债权仍可按照重整计划的相关规定获得清偿。公司在债权人豁免债务后在重整计划中对其作出偿债安排体现了公平正义原则。

上述债务豁免最初是为了解决大股东资金占用问题，后续变更用途及新增豁免是债权人为了支持公司恢复上市，同时减少自身损失，系债权人的自救行为，相关债务豁免真实、有效，已豁免部分并未参与清偿。

重整计划中所载明的贡献值是指“部分债权人为支持天翔环境重整，自2019年1月1日起，与天翔环境签署债务豁免协议对天翔环境作出的债务豁免额”，而实际清偿的债权额指债权人申报且经管理人审查确认并经债权人会议核查及法院裁定为无争议的债权额，不包括前述贡献值。所以，贡献值的产生与债权额确认是互相独立的，债权人作出的债务豁免是其为挽救公司而作出的意思自治行为，与公司按破产法进行的破产重整程序是两个不同的事项。债务豁免与清偿安排不构成“一揽子”安排。

3. 关于股票抵债计算公式中的债权豁免贡献值的安排

部分债权人第一次签署债务抵偿协议对上市公司豁免债务，其目的是满足上市公司进入司法重整程序前有切实可行解决关联方资金占用问题的方案的条件；第二次签署变更用途补充协议、进一步豁免协议，其目的是上市公司保壳、确保恢复公司净资产为正。重整计划的偿债安排需依法体现公平受偿原则，需考虑公司多次处于生死存亡之际，前述债权人为了公司、全体债权人、全体股东利益多次牺牲单方利益来挽救上市公司。因此，决定对豁免债权人的贡献作出差异化补偿安排，并以债务豁免金额作为计算贡献值的基数。

2021年2月22日债权申报期满，公司开始细化重整计划并决定对豁免债权人作出差异化补偿安排（以豁免金额作为贡献值基数1）后，根据管理人审核债权的初步结果测算出预计用于清偿债务的股票在完成清偿及预留后仍有剩余，剩余部分将由公司自行处置，故公司根据相关数据测算出额外可分配股票数为贡献值的0.03倍，为7,055,410股，作为公司对前述已做贡献债权人的补偿。

2021年2月22日债权申报期满，公司开始细化重整计划草案，此时才引入贡献值的概念，而当时相关豁免协议早已签署生效（最早的债务豁免协议签署于2019年10月），所以公司不可能在前期通过口头或其他方式给予债权人承诺以换取债务豁免协议的签署、构成债务豁免协议签署的前置条件。

4. 关于应收账款抵债的实施情况

2021年4月28日，管理人向杨某蓉等67家债权人寄送债权转让通知书，合计转让应收款10,589.85万元。2021年4月29日，管理人向长城国兴金融租赁有限公司等103家债权人寄送债权转让通知书，合计转让应收款232,294.61万元。

根据《重整计划》第8项“其他重要事项”中第2点“偿债资源的分配与执行”的规定，对于每家债权人以天翔环境对亲华科技和/或其他主体的应收款项受偿的债权部分，天翔环境将在法院裁定批准重整计划后出具债权转让通知，债权人可以自行清收、处置。截至2020年年报披露日，相关债权转让通知已寄送，金额为242,884.46万元，加上报告期内重庆银行成都分行代亲华科技偿还的217.25万元，总计243,101.71万元，控股股东资金占用问题已完整、及时解决。

5. 关于重整投资人发生变化的情况

基于战略投资人的《支持函》，四川商投与嘉道博文作为战投联合体磋商投资协议细节，2021年3月初嘉道博文作为牵头方经过评估后认为原投资合作方四川商投与嘉道博文愿意在重整管理人的主导下，联合以7亿~13亿元“现金及/或资产”注入天翔环境，双方就本项目的风险评估有差异，后由青白江区人民政府邀请嘉道博文协调，成都市青白江区国有资产监督管理和金融工作局持有100%股份的成都市融禾现代农业发展有限公司全资子公司成都融禾愿意与嘉道博文按新的投资方案继续参与天翔环境投资成为战略投资者。4月中旬，公司主要债权人之一北京中泰创盈企业管理有限公司推荐中五管理①作为重整投资人之一，中五管理主要资金来源为借款，借款期限为5年，利息4%。未来通过公司持有的写字楼物业租金收入和新增股东1000万元注册资本偿还利息。中五管理出具承诺函，承诺投资款(不超过人民币5000万元)不晚于2021年6月30日或因监管要求更早之日(以孰早为准)，根据天翔环境业务发展的实际需求分批或一次性支付。

(五十)2021年5月12日，天翔环境向深交所提交了恢复上市的书面申请，但不包括恢复上市保荐书

根据《深交所创业板股票上市规则》(2018年11月修订)第13.2.1条、第

① 中五管理2020年末资产总额689万元、所有者权益-88万元，2020年营业收入19万元、净利润-26万元。北京中泰创盈企业管理有限公司与中五管理不存在关联关系。

13.2.2条等有关规定,公司董事会认为公司已符合提出恢复上市申请的条件,并于2021年4月29日召开第四届董事会第五十五次会议,审议通过了《关于公司符合恢复上市条件并向深圳证券交易所申请公司股票恢复上市的议案》。2021年5月12日,公司已向深交所提交了恢复上市的书面申请,但不包括恢复上市保荐书。

(五十一)2021年5月14日,天翔环境披露收到重整投资人分别出具的承诺函

公司收到前述重整投资人分别出具的承诺函,重整投资人就重整投资协议中关于第二期投资款支付事宜做出承诺,承诺函具体内容如下:

嘉道博文、成都融禾:"我司的第二期投资款(嘉道博文不超过人民币2.67亿元、成都融禾不超过人民币0.83亿元)不晚于2021年6月30日或因监管要求更早之日(以孰早为准)、根据天翔环境业务发展的实际需求分批或一次性支付,并在合法合规的前提下尽早为天翔环境导入符合其主营业务方向的市场化业务。"

中五管理:"我司的投资款(不超过人民币0.5亿元)不晚于2021年6月30日或因监管要求更早之日(以孰早为准)一次性支付,并在合法合规的前提下协助天翔环境开展符合其主营业务方向的市场化业务。"

(五十二)2021年5月14日,天翔环境收到深交所不予受理公司恢复上市申请的函及终止上市事先告知书

2021年5月14日,天翔环境收到深交所出具的《关于不予受理成都天翔环境股份有限公司恢复上市申请的函》和《事先告知书》,因公司未能提交保荐机构出具的恢复上市保荐书,深交所决定不予受理公司股票恢复上市申请,同时拟决定终止公司股票上市交易。

(五十三)2021年5月24日,公司披露股东权益变动公告

本次权益变动后嘉道博文将持有公司股份3.1亿股,占公司转增后总股本的19.98%,成为公司转增后第一大股东;成都融禾将持有公司股份1.23亿股,

占公司转增后总股本的7.93%。

截至2021年5月24日，嘉道博文、成都融禾已分别向公司管理人支付了2.33亿元、1.17亿元，合计3.5亿元投资款。根据重整投资协议，第二期投资款自公司股票恢复上市交易之日起5日内支付，前述重整投资人向公司出具了就第二期投资款合计不超过3亿元不晚于2021年6月30日或因监管要求更早之日（以孰早为准），根据天翔环境业务发展的实际需求分批或一次性支付的承诺函。由于公司收到了深交所不予受理公司恢复上市申请的函及可能被终止上市的事先告知书，公司股票恢复上市存在不确定性，所以权益变动存在不确定性。

（五十四）2021年6月2日，天翔环境收到深交所终止股票上市的决定

天翔环境2021年6月2日收到深交所《关于成都天翔环境股份有限公司股票终止上市的决定》，深交所决定终止公司股票上市。

（五十五）2021年6月7日，公司、实际控制人及一致行动人被公安部门移送检察院审查起诉

2021年6月7日，天翔环境收到管理人、公司实际控制人及一致行动人提供的成都市人民检察院出具的川成检诉委辩/申援〔2021〕33、34及35号《审查起诉阶段委托辩护人/申请法律援助告知书》。2021年1月19日，公司、邓某华、邓某被移送成都市人民检察院审查起诉。

2022年1月19日，邓某华、邓某以违规不披露重要信息罪被成都中院立案，案号为（2022）川01刑初27号。但截至2022年12月31日，暂未通过公开检索查询到该案的一审刑事判决书。

（五十六）2021年6月29日，天翔环境收到重整投资人告知函

重整投资人成都融禾、嘉道博文共同向公司出具了告知函：重整投资协议中第二期转让价款的剩余款项支付事宜暂缓实施，由各方根据深交所复核情况另行协商并签署相关法律文件予以明确。

重整投资人中五管理向公司出具了告知函：重整投资协议中关于投资款的

支付事宜暂缓实施,由各方根据深交所复核情况另行协商并签署相关法律文件予以明确。

(五十七)2021 年 7 月 6 日,重整计划执行完毕,天翔环境破产程序终结

2021 年 6 月 29 日,公司向成都中院提交了申请“确认重整计划执行完毕”的申请书及《成都天翔环境股份有限公司关于重整计划执行情况的报告》。同日,管理人向成都中院提交了《成都天翔环境股份有限公司管理人关于重整计划执行情况的监督报告》以及申请“确认重整计划执行完毕”的申请书。根据管理人监督报告所述,公司《重整计划》的执行情况符合《重整计划》规定的执行完毕标准,鉴于尚有遗留事项待处理,在成都中院确认《重整计划》执行完毕后,管理人将依法继续履职,公司将依法进行债务清偿。成都中院依照《企业破产法》第 89 条第 1 款、第 90 条,《民事诉讼法》(2017 年修正)第 154 条第 1 款第 11 项规定,裁定确认公司重整计划执行完毕,终结公司破产程序。

(五十八)2021 年 7 月 16 日,深交所上诉复核委员会维持终止上市决定

公司于 2021 年 7 月 16 日收到深交所的股票终止上市复核决定书,根据《深圳证券交易所上诉复核委员会工作细则》(已失效,2020 年修订)第 4 条的规定,深交所作出以下复核决定:维持《关于成都天翔环境股份有限公司股票终止上市的决定》对天翔环境作出的股票终止上市决定。根据《深交所创业板股票上市规则》(2018 年 11 月修订)第 13. 4. 23 条、第 13. 4. 26 条,公司股票将于 2021 年 7 月 19 日进入退市整理期。退市整理期交易期限为 30 个交易日。退市整理期届满的次一交易日(2021 年 8 月 30 日)深交所对公司股票予以摘牌。

(五十九)2021 年 8 月 30 日,天翔环境被深交所摘牌

公司股票于 2021 年 7 月 19 日复牌并进入退市整理期交易,2021 年 8 月 27 日退市整理期届满,2021 年 8 月 30 日被深交所摘牌。

二、合规问题事实的总结

2016 年至 2018 年，天翔环境一直在筹划重大重组事宜，即通过发行股票购买资产，实现扩张。为协助天翔环境顺利完成重大资产重组，控股股东利用其实际控制的亲华科技负债先行购买标的资产，然后注入上市公司。但因控股股东自身债务问题导致重大资产重组标的资产被冻结，无法完成资产注入，重大资产重组计划也最终宣告失败。控股股东无法通过资产注入获取的对价解决自身债务问题，为避免控股股东自身债务问题引发上市公司债务的交叉违约风险，控股股东通过占用上市公司 24.31 亿元资金以及由上市公司为其融资活动违规提供担保的方式偿还自身债务。控股股东大规模占用上市公司流动资金，造成上市公司现金流枯竭，加之经济下行压力，最终引发债务危机。

2018 年 8 月 1 日，在天翔环境资金占用、违规担保问题开始逐渐浮出水面，其自身债务问题还未爆发之际，成都市人民政府便组织召开了关于天翔环境的专题会议，并在成都金融局和四川银监局的指导下，由金融机构成立了债委会，推动天翔环境困境解决工作。

此后，天翔环境于 2018 年 7 月与成都环投签署《战略合作框架协议》，拟通过战略股权投资共同发展；10 月与铁投集团签署《战略合作框架协议》，拟通过债务重组或重整化解公司债务问题；12 月与能投水务签署《战略合作框架协议》，拟通过收购、托管形式持续稳定生产经营。令人遗憾的是，上述协议签订后各方并未开展进一步的合作。

自 2018 年 10 月 8 日起，天翔环境陆续披露不能清偿债务的情况，不能清偿的到期债务从 2018 年 10 月 8 日的 3.8 亿元逐步上涨至 2020 年 12 月 31 日的 36.79 亿元。因不能清偿到期债务，债权人于 2018 年 12 月 26 日向成都中院申请对公司进行重整。此后，天翔环境多次公开披露，拟通过重整“一揽子”解决资金占用、违规担保和自身债务问题。

2019 年 1 月至 3 月，因资金占用和违规担保涉及的信息披露违规问题，中国证监会分别对天翔环境、控股股东及其一致行动人、其他高管开展了调查，并于 5 月作出相应的行政处罚决定。2020 年 1 月，成都市公安局因违规披露、不披露重要信息问题对邓某华、邓某立案侦查，并于2021年6月移送成都市人民检察院审查起诉。后成都市人民检察院对邓某华、邓某提起公诉，但案件最终结果目前尚无法获悉。

2019年第一季度末，经过审计机构的调查，天翔环境2018年年报被审计机构出具无法表示意见的审计报告的同时，最终确定了资金占用余额为24.31亿元。违规担保余额因主债务余额变动原因，在3000万元至5000万元变动（后期披露纳入资金占用余额解决的违规担保余额是3200万元）。

2019年10月22日起，天翔环境陆续与多位债权人签订《债务抵偿协议》，约定由债权人通过债务豁免代替控股股东还款，解决控股股东的资金占用问题，以实质性推动公司尽快进入重整程序。截至2020年11月30日，天翔环境与多位债权人签署34份《债务抵偿协议》《债权债务重组协议》《债务抵偿协议之补充协议》，豁免或减免对公司的债权累计120,060.74万元。

2020年8月天翔环境成功寻得战略投资人，并向成都市政府和四川省政府提交重整申请资料，10月，四川省政府将重整申请资料报送中国证监会，在重整获得中国证监会批准后，成都中院于12月裁定天翔环境重整。

在重整程序中，天翔环境通过资本公积转增股票，引入战略投资人，并将剩余股票分配给债权人偿债。通过应收账款抵债将上市公司对控股股东的24亿元应收账款分配给债权人，一方面解决了资金占用和违规担保问题，另一方面解决了自身债务问题。在重整计划执行期间，天翔环境与债权人协商，将豁免债务的用途由代控股股东还款变更为单纯豁免或减免上市公司债务。通过此操作，天翔环境的净资产由负转正，达到恢复上市的财务指标。

2021年5月，天翔环境向深交所提交了恢复上市的书面申请，因公司未提交保荐机构出具的恢复上市保荐书，深交所审理后作出不予受理及终止上市的决定。再经过公司上诉并经深交所上诉复核委员会审理后，最终维持天翔环境终止上市的决定，公司于8月30日被深交所正式摘牌。（见图2-7-3）

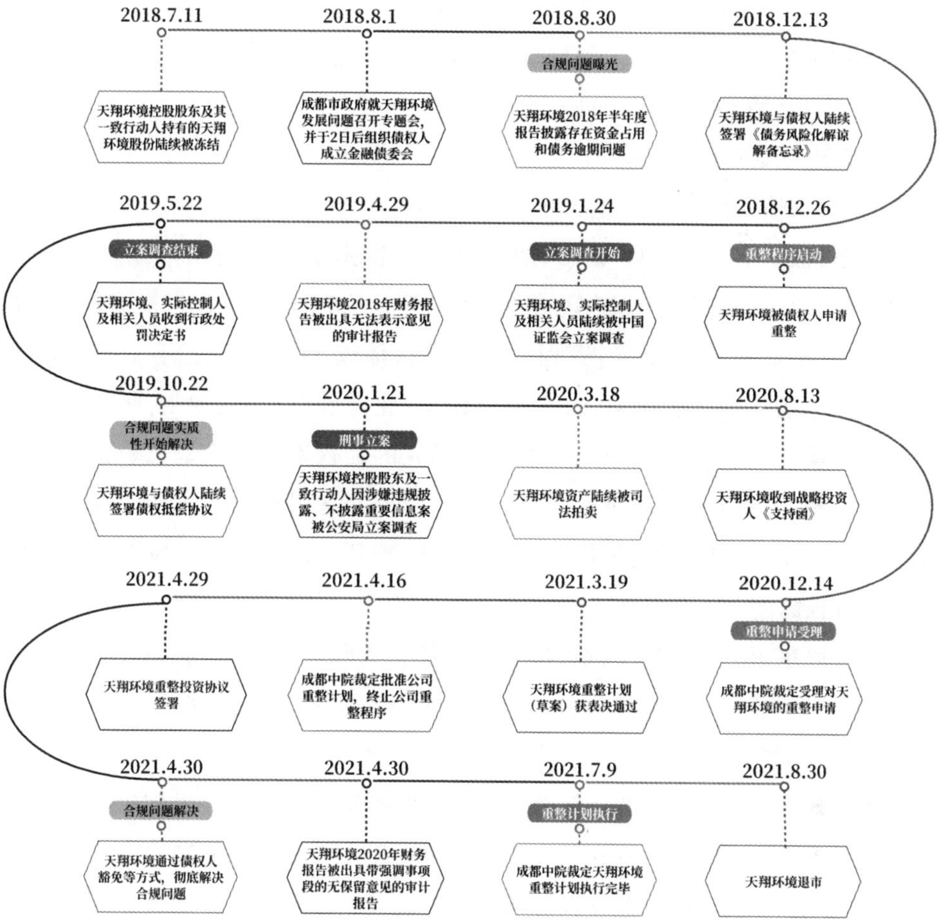

图 2-7-3 天翔环境合规问题解决时间轴

三、合规问题事实的分析

（一）天翔环境及其控股股东面临的困境

天翔环境在控股股东的控制下通过重大资产重组扩张的行为过于激进，而控股股东更是通过负债方式先行购买资产，然后注入上市公司。但重大资产重组的推进并不顺利，控股股东激进的扩张方式使自身债务压力过大。控股股东为避免自身债务问题引发上市公司债务交叉违约，为重大资产重组争取更多时间，最终选择通过占用上市公司资金的方式缓解自身债务压力。而控股股东的资金占用行为进而引发了上市公司的债务问题,引来中国证监会的监管调查和处罚,最终导致重大资产重组失败,使资金占用、违规担保和上市公司债务问题成为无法解决的死循环,导致天翔环境和控股股东面临严重的民事、行政和刑事责任。

1. 天翔环境面临的困境

(1)自身债务问题

截至2020年12月31日,天翔环境公开披露的未能清偿的到期债务达36.79亿元之多。在重整程序中,截至2021年3月7日,债权人申报债权82.16亿元,未申报债权5.94亿元;管理人审查确认债权12.77亿元,不予确认债权27.73亿元,暂缓确认债权41.64亿元。依据《企业破产法》的规定,所有债务在公司进入重整程序后加速到期。另外,管理人的债权审查结论是在剔除债权人豁免的12亿元债务的情况下作出的,结合天翔环境公开披露的未能清偿的到期债务金额以及重整程序中的债权申报金额,天翔环境的总债务规模极有可能超过其公开披露的36.79亿元。

控股股东对天翔环境大规模的资金占用使天翔环境现金流枯竭,已严重影响公司的正常经营,失去"造血"能力,无力承担超过36.79亿元的债务。

(2)退市风险

天翔环境2018年和2019年两个会计年度的年报均被审计机构出具无法表示意见的审计报告,且其2019年经审计的净资产为负。公司在2020年4月底停牌后,若2020年度的财务数据没有任何改善或继续被审计机构出具非标准意见的审计报告,则公司将面临退市风险。天翔环境披露称,"若公司无法进入司法重整程序或进入司法重整程序后因重整失败而被宣告破产,公司股票将面临被终止上市的风险"。

(3)纪律处分

因天翔环境控股股东、实际控制人非经营性占用公司资金,天翔环境对外担保未履行审议程序,也未及时履行信息披露义务,天翔环境董事、高级管理人员未能恪尽职守、履行诚信勤勉义务,对上述违规行为负有责任,违反《深交所创业板股票上市规则》(2014年修订,2018年11月修订)、《深交所创业板上市公司规范运作指引》(2015年修订)相关规定,深交所决定对天翔环境给予公开谴责的处分,对天翔环境相关责任人员给予公开谴责、通报批评或公开认定5年内不适合担任上市公司董监高的处分。

(4)行政处罚

由于天翔环境未及时披露实际控制人非经营性占用资金及相关关联交易情况,2018 年半年度报告对此也存在重大遗漏,天翔环境相关董事、高级管理人员知悉或应该知悉该事项,未勤勉尽责,对天翔环境违法行为负有责任,违反《上市公司信息披露管理办法》(2007 年)、《证券法》(2014 年修正)相关规定,四川证监局决定对天翔环境责令改正,给予警告,并处以 60 万元罚款;对相关责任人员给予警告和罚款。

(5)民事赔偿

根据《证券法》《虚假陈述规定(新)》等相关规定,上市公司虚假陈述给投资人造成损失的,承担民事赔偿责任。在本案中,天翔环境未及时履行信息披露义务一事,已经在行政处罚决定书中得以确认,投资人有权提起证券虚假陈述责任之诉,在因果关系、损失等得以证明后,其诉讼请求存在得到支持的可能。因此,天翔环境预估公司将承担损失,并在 2019 年年度财务报告中已计提负债 5153. 825 万元,公司已收到部分投资者的诉讼或判决书,并于报告期内完成了对部分投资者的赔偿。

2. 控股股东面临的困境

(1)合规问题的限期解决

根据《国务院关于进一步提高上市公司质量的意见》相关规定,对已形成的合规问题,控股股东要限期予以清偿或化解。天翔环境控股股东占用上市公司 24. 31 亿元资金,天翔环境将该部分资金计入其他应收款,在中国证监会和其他股东等利益相关方的巨大压力下,天翔环境与控股股东一致尝试通过资金回填、资产抵债的方式解决资金占用问题,但是因控股股东名下资产均被查封、冻结,天翔环境的资金回收计划一直未能有实质性进展,控股股东一直未偿还 24. 31 亿元占用资金。

(2)纪律处分

因控股股东、实际控制人未能恪尽职守、履行诚信勤勉义务,对天翔环境非经营性占用公司资金,对外担保未履行审议程序,也未及时履行信息披露义务等违规行为负有责任,违反《深交所创业板股票上市规则》《深交所创业板上市公司规范运作指引》相关规定，深交所决定对天翔环境控股股东、实际控制人、董事长给予公开谴责的处分，并公开认定其5年内不适合担任上市公司董监高。

(3)行政处罚

由于天翔环境实际控制人、董事长直接决策了天翔环境向实际控制人提供资金和担保，且未及时履行信息披露义务，同时签署确认了天翔环境2018年半年度报告，是对天翔环境未按照规定及时披露信息和2018年半年度报告存在重大遗漏直接负责的主管人员，违反《上市公司信息披露管理办法》《证券法》等相关规定，四川证监局决定对天翔环境实际控制人给予警告，并处90万元罚款，其中作为实际控制人罚款60万元，作为直接负责的主管人员罚款30万元。

(4)民事赔偿

在本案中，天翔环境控股股东违规占用资金，面临双重赔偿责任：一是根据《虚假陈述规定(新)》的相关规定，控股股东操纵上市公司违反证券法律规定，致使投资人在证券交易中遭受损失，投资人有权要求控股股东承担赔偿责任；二是根据《公司法》的相关规定，在上市公司履行赔偿责任后，上市公司有权要求控股股东对其给上市公司造成的损失承担赔偿责任。

(5)刑事责任

根据《刑法》(2017年修正)第161条①的规定，上市公司对依法应当披露的其他重要信息不按照规定披露，严重损害股东或者其他人利益，或者有其他严重情节的，其直接负责的主管人员和其他直接责任人员需要承担刑事责任。在本案中，天翔环境控股股东及一致行动人作为天翔环境信披违规的主要责任人员，被成都中院以违规不披露重要信息罪立案。

(二)解决方案的选择

1. 曾经面临的选择以及最终选择的结果

自天翔环境2018年8月30日披露半年报时陈述可能存在资金占用及违规

---

① 《刑法》(2017年修正)第161条“违规披露、不披露重要信息罪”规定：“依法负有信息披露义务的公司、企业向股东和社会公众提供虚假的或者隐瞒重要事实的财务会计报告，或者对依法应当披露的其他重要信息不按照规定披露，严重损害股东或者其他人利益，或者有其他严重情节的，对其直接负责的主管人员和其他直接责任人员，处三年以下有期徒刑或者拘役，并处或者单处二万元以上二十万元以下罚金。”

担保问题之日起，天翔环境及控股股东一方面继续努力推进 AS 项目和欧绿保项目重大资产重组，试图将项目标的股权注入上市公司，以获取相应对价解决自身债务问题，进而解决资金占用和违规担保问题；另一方面，天翔环境分别与成都环投、铁投集团和能投水务签署了《战略合作框架协议》，希望通过改变经营模式、重整或重组摆脱困境。但重大资产重组因控股股东自身债务违约导致项目标的股权被冻结以及上市公司资金占用、违规担保及信息披露违规问题而最终失败，《战略合作框架协议》在签署后也没有任何实质性进展。

2018 年 12 月，在天翔环境与铁投集团签署《战略合作框架协议》，与债权人签署《债务风险化解谅解备忘录》，债务人申请天翔环境重整后，天翔环境最终确定通过重整化解自身债务问题、资金占用问题和违规担保问题。

2. 影响风险化解方案选择的因素

(1)重大资产重组计划无法继续推动

天翔环境存在资金占用、违规担保问题，且公司及相关董监高因信息披露违规受到行政处罚，2018 年年报被出具无法表示意见的审计报告，无法继续推进 AS 项目和欧绿保项目。AS 项目批文到期，且因控股股东债务问题导致亲华科技持有的中德天翔 20.59% 的股份被冻结，无法注入上市公司。

AS 项目无法继续推进更深层次的原因在于，天翔环境与中德天翔 5 位股东约定的发行股份购买资产的股票价格为 13.54 元/股①，而天翔环境因资金占用、违规担保及自身债务问题缠身，二级市场股票价格持续低迷，实际股价距 13.54 元/股的价格差距较大。中德天翔 5 位股东认为继续推进重大资产重组，自身利益将会受到巨大损害，解除协议。

(2)战略合作协议未能实际开展且无法解决困境的原因

关于战略合作协议签署后未实际履行的原因，初步猜测：一是协议相对方经过尽调后认为天翔环境自身债务问题、资金占用问题和违规担保问题过于严重；二是经过尽调后对天翔环境未来的持续经营能力和盈利能力产生怀疑；三是各方就投资对价和投资模式未能达成一致意见。

关于战略合作协议无法解决公司及控股股东面临的困境问题的原因，一是

① 最初约定的股票发行价格为 40.01 元/股，因天翔环境后续将安排派息、送股、资本公积金转增股本等除权除息事项，故将发行价格调整为 13.54 元/股。

天翔环境负债规模过大，常规情况下至少需要 36.79 亿元的资金才能解决公司债务问题，激活公司流动性；二是控股股东资金占用规模过大，协议相对方难以解决或无意解决；三是常规战略合作模式难以通过重整程序中的债务调节方式有效化解公司债务，减轻公司财务负担，难以帮助公司恢复正常的运营状态；四是天翔环境 2018 年度和 2019 年度连续两年被出具非标准意见审计报告，2019 年度经审计的净资产为负，仅通过战略合作无法避免公司退市。

(3)选择重整方案的原因

①天翔环境债务问题已经无法通过常规的自力救济解决

在总体的资产负债方面，根据天翔环境披露的公告，截至 2020 年 12 月 31 日，公司及子公司金融机构借款累计将逾期约 36.79 亿元。同时，天翔环境 2019 年的年报显示，其经审计调整后的净资产已是负数，其他应收账款科目名下的对控股股东因资金占用形成的债权占总资产的比重达 54.94%，总体资产情况无法支持天翔环境通过司法重整之外的方式解决债务问题。

在持续经营情况方面，天翔环境自 2018 年以后一直巨额亏损，2018 年公司净利润为 -17.44 亿元、2019 年净利润为 -18.57 亿元。同时，天翔环境的主要资产、账户均被查封冻结，无法单纯依靠持续经营产生的净利润清偿债务，甚至已经无力偿还借款利息。

②重整程序可综合利用各种方式对债务进行合理调整

天翔环境 2019 年年报披露的总股本为 4.37 亿股，若按照其停牌前的股票价格 1.49 元/股计算，天翔环境的总市值不超过 7 亿元，公司资产账面价值虽然是 42 亿元左右，但其并不能反映真实价值(参考重整程序 6.58 亿元的评估价值)。因此，基于天翔环境的市值情况和资产状况，无论是协议重组还是破产重整，引入的投资款规模都不可能覆盖超过 36.79 亿元的债务缺口，以及 24.31 亿元的资金占用缺口。但是，重整程序可以综合使用股票抵债、资产抵债或打折清偿等多种方式对债务进行调整，以最少的资源化解更多的债务。

③天翔环境退市将导致损失的进一步扩大

2020 年 5 月 13 日，天翔环境已经因 2019 年末经审计净资产为负，且 2018 年、2019 年年度财务会计报告均被出具无法表示意见的审计报告而被暂停上市。如 2020 年天翔环境出现净利润为负、资不抵债或继续被出具非标准意见审计报告等情形,天翔环境将退市。天翔环境近年来的经营状况本就不断恶化,且还未真正探底,若退市,则将彻底失去融资能力。无论是有财产担保债权人,还是普通债权人,最终都会面临债权无法获偿的结局。

在天翔环境无力自救的情况下,广大债权人迫不得已展开自救,签订《债务抵偿协议》,以豁免债权的形式代控股股东偿还非经营性资金占用款,使天翔环境顺利获得中国证监会关于重整的批文,尽快进入破产重整程序。债权人的努力一方面是希望通过重整程序引入投资人和流动资金,保住天翔环境的上市地位;另一方面是希望通过重整程序中股票抵债的方式获取部分股票,在天翔环境经营状况好转之后在二级市场退出,避免损失进一步扩大。

④股东非经营性资金占用问题无法通过常规方式解决

控股股东的非经营性资金占用金额达 24.31 亿元,资金占用规模远超控股股东资产总额,且控股股东名下资产大都存在抵押、质押和查扣冻等限制措施,已经不可能通过资金回填或股票抵偿等常规方式解决资金占用问题,只能通过重整程序进行化解。

⑤政府的大力支持是天翔环境问题解决的重要因素

自 2018 年起,政府部门便就天翔环境存在的问题召开了多次专题会议,并协调建立了债委会。在后续重整工作的推进中,政府部门在协调大额债权人豁免债务,斡旋当地国企及同行业民营企业作为重整投资人,协助天翔环境与中国证监会等监管部门进行沟通等各个方面进行全方位的扶持。

(三)具体的解决方案分析

1. 通过债务豁免和抵偿解决资金占用问题,推动天翔环境快速进入重整程序

《国务院关于进一步提高上市公司质量的意见》第 10 条规定,上市公司实施破产重整的,应当提出解决资金占用、违规担保问题的切实可行方案。根据该规定,天翔环境获得中国证监会同意重整批文的前提条件是提出解决资金占用、违规担保问题的切实可行方案。

为推动天翔环境迅速进入重整程序,在政府部门的协调下,诸多大额债权人与天翔环境签署了《债务抵偿协议》,协议约定债权人豁免或减免天翔环境的部

分债务,用于代替控股股东偿还其对上市公司的资金占用。根据天翔环境公开披露的《债务抵偿协议》关键条款,债权人豁免的部分债权多为主债权产生的利息或罚息,豁免的本金部分较少,部分债权人甚至与天翔环境约定了进入重整程序后的债权审查金额。

2. 通过引入战略投资人为公司注入流动性

在天翔环境进入重整程序前,通过政府部门的协调,四川商投和嘉道博文便表明愿意以战略投资人的身份参与重整程序。虽然在后续重整程序中,战略投资人的具体主体有了变动,但依旧成功引入重整投资款,用于清偿债务和后续生产经营。

3. 通过"现金清偿 + 股票抵债 + 应收账款抵债"方式化解全部债务

职工债权、税款债权全额清偿,有财产担保债权在担保物估值范围内全额留债清偿,与其他重整案件的清偿方式无异。

普通债权除现金清偿外,还安排了股票抵债和应收账款抵债。关于股票抵债安排,股票抵债的债权额为总债权额的9%,每100元债权可获取141股股票,抵债价格为0.71元,远低于重整前股票停牌时1.49元的收盘价格以及战略投资人1.49元的收购价格。关于应收账款抵债,应收账款主要来源于亲华科技对天翔环境资金占用形成的2,428,844,569.34元[①]。

4. 关于抵债股票价格的分析

根据《重整计划》的规定,每100元债权可获得141股转增股票,股票抵债的价格为0.71元。该价格远低于重整前的收盘价格以及战略投资人的收购价格,与常规上市公司重整案件中的引战价格高于抵债价格的安排存在明显差异。以A、B债权人各对天翔环境享有1000万元债权为例,根据是否豁免债权以及《重整计划》中规定的股票抵债计算方法,我们得出了债权人获取的抵债股票的数量。在假设被分配用来抵债的应收账款均不能实现的情况下,得出的实际抵债价格是7.8元左右,具体计算过程见表2-7-4。

---

① 2021年4月26日,天翔环境向天翔环境管理人出具《债权转让通知书》,将对亲华科技的全部债权2,428,844,569.34元转让给天翔环境管理人。

表 2－7－4　抵债股票价格计算过程

序号	明细	债权人 A	债权人 B
1	债权总额/元	10,000,000.00	10,000,000.00
2	豁免金额/元	2,500,000.00	0.00
3	债权确认金额/元	7,500,000.00	10,000,000.00
4	小额现金清偿金额/元	300,000.00	300,000.00
5	股票抵债金额/元	879,750.00	873,000.00
6	股票抵债价格/(元/股)	0.71	0.71
7	获取股票数量/股	1,240,447.50	1,230,930.00
8	获取股票价值/元（假设 1.49 元/股）	1,848,266.78	1,834,085.70
9	获取应收账款金额/元	6,320,250.00	8,827,000.00
10	实际股票抵债价格/(元/股)	7.82	7.88

若仅通过转增股票抵债，则股票抵债的价格定在 7.82～7.88 元的区间范围内，是可以解决全部债务问题的，且股票抵债的价格是引战价格的 5 倍稍多，也不是一个不合理的安排。而《重整计划》以 0.71 元的抵债价格向债权人分配股票，初步猜测是为了解决资金占用问题的特殊安排。

天翔环境虽然在政府部门的帮助下获得了诸多债权人的支持，但债权豁免金额始终不足 24.31 亿元，仅通过债权豁免始终难以彻底解决资金占用问题。因此管理人一方面筹划调整豁免债权的用途，另一方面筹划直接在重整程序中将对亲华科技的 24.31 亿元应收账款分配给债权人抵偿债务，即原计划用于偿债的转增股票总量不变，将 24.31 亿元的债务规模调整为通过应收账款抵债。根据亲华科技的实际资产情况，该部分应收账款实现的可能性极低，忽略应收账款的价值，债权人获取的股票的实际价值应为 7.8 元左右。

在债权豁免金额不足的情况下，管理人通过这种做法，将对控股股东的 24.31 亿元债权转移给债权人，完美解决了天翔环境的资金占用问题。

5. 将违规担保余额纳入资金占用余额中予以解决

将以前年度发生的违规担保余额纳入大股东资金占用金额中，并且根据《重整计划》中的债权清偿方案，公司将占用资金债权提存至管理人，违规担保事项彻底解决。

6. 通过变更债务豁免用途将净资产调整为正

由于天翔环境2018年、2019年已连续两年被出具无法表示意见的审计报告,并已于2020年5月13日被暂停上市,所以2020年对于天翔环境来说是关键的一年。天翔环境如果2020年或继续亏损,或资不抵债,或被出具非标准意见审计报告,则都有可能被退市。

为增加公司净资产,确保恢复公司净资产为正,在政府组织下,债权人分别与公司及大股东亲华科技签署改变债权豁免用途补充协议,将已生效的豁免协议的用途变更为直接对上市公司豁免或减免以增加净资产。截至2021年4月30日,天翔环境公告10.83亿元债务抵偿将变为债权豁免,同时新增债权豁免7.7亿元,合计债权豁免18.53亿元,该部分债权人以金融机构为主。天翔环境将债务减免形成的得利18.53亿元计入资本公积。经过此番操作,2020年年底,天翔环境的净资产成功由负转正。

(四)重整实施效果

1. 通过重整程序成功化解的问题

(1)通过重整程序的债务调节手段成功解决上市公司债务问题

根据《重整计划》的安排,有财产担保债权在担保物估值范围内留债清偿,担保物估值范围之外的部分转为普通债权清偿;职工债权、税款债权不作调整,以现金方式全额清偿;普通债权30万元以下的部分一次性现金清偿,30万元以上的部分9%通过股票抵债方式清偿,剩余部分通过应收账款抵债方式清偿。

通过重整前后与债权人签订《债务抵偿协议》化解18.53亿元债务,重整程序预留的6.51亿股股票用于清偿债务,可化解9.18亿元普通债权,预留的24.29亿元应收账款可化解24.29亿元债权,通过留债清偿化解2.58亿元有财产担保债权,再加上现金清偿化解的0.64亿元职工债权和0.44亿元税款债权,天翔环境的债务问题在重整程序中得到妥善解决。

(2)通过应收账款抵债安排成功化解了资金占用和违规担保问题

天翔环境将违规担保余额纳入资金占用余额中统一解决,公司将其对亲华科技享有的2,428,844,569.34元应收账款转让至管理人名下,管理人按照《重整计划》的清偿方案,以公司应收的亲华科技2,428,844,569.34元债权陆续向公司债权人全部分配用于清偿公司债务。另外,债权人豁免债权代替控股股东及其关联方偿还金额 2,172,491.61 元,两项合计完成清偿 2,431,017,060.95 元。公司控股股东资金占用和违规担保责任问题已得到彻底解决,避免了控股股东面临的资金回填责任。

(3)通过重整程序使上市公司具备恢复上市的各项财务指标

2021 年 4 月 30 日,经天翔环境与债权人协商,部分债权人同意将用于代替大股东及其关联方偿还资金占用的豁免的债权变更为优先用于天翔环境的债务豁免或减免,在已经满足天翔环境净资产为正的情况下,剩余部分金额限于抵偿大股东及其关联方对天翔环境的资金占用。

通过重整程序的债务调整和债务豁免,2020 年度天翔环境归属于上市公司股东的扣除非经常性损益的净利润为 1568.41 万元,归属于上市公司股东的净资产为 4096.90 万元,营业收入为 4.13 亿元,2019 年年度审计报告中涉及的无法表示意见的事项已消除,2020 年年度财务会计报告不涉及任何非标准意见事项,其财务指标已经具备恢复上市的条件。

2. 重整未能解决的问题

(1)未能避免天翔环境和控股股东因信息披露违规而承担行政责任

2019 年第一季度,天翔环境、控股股东及其一致行动人、公司部分高管因信息披露违法违规陆续被中国证监会立案调查。2019 年 5 月,中国证监会对上述立案调查对象作出责令改正/警告,并处罚款的行政处罚。

在天翔环境资金占用和违规担保问题初现端倪之际,中国证监会便密切关注,多次询问之后,决定立案调查,并迅速作出行政处罚决定。而天翔环境及其控股股东在此期间虽然已经决定通过破产重整解决资金占用、违规担保和自身债务问题,但却迟迟未能积极主动地通过实际行动快速推进重整工作。这是天翔环境及其控股股东被处以行政处罚的重要原因。

(2)未能避免控股股东因信息披露违规而承担刑事责任

2020 年 1 月,控股股东及其一致行动人因涉嫌违规披露、不披露重要信息被成都市公安局立案调查,并于 2021 年 6 月被移送检察院审查起诉,成都中院于 2022 年 1 月对邓某华和邓某违规披露、不披露重要信息案正式立案。

根据《刑法》对于违规披露、不披露重要信息罪的规定,控股股东承担刑事责任确实无可厚非。但是,并非所有涉及信息披露违规的重整案例都是以控股股东承担刑事责任收场,如银亿股份重整案、众泰汽车重整案。初步推断天翔环境控股股东之所以被提起公诉从而可能承担刑事责任,一是因为资金占用规模较大,严重损害了上市公司利益;二是因为控股股东未能积极主动推动资金占用和违规担保问题的解决。

(3)未能解决信息披露违规引发的虚假陈述赔偿责任

在中国证监会因信息披露违法违规对天翔环境作出行政处罚决定后,部分投资者以证券虚假陈述为由起诉,要求天翔环境及其控股股东承担赔偿责任。案件受理法院经审理最终判决天翔环境因信息披露违规承担赔偿责任,邓某华、邓某及其他高管承担连带赔偿责任。

(4)未能实际解决天翔环境上市地位保留问题

虽然天翔环境通过重整将净资产转正,净利润扭亏为盈,且债务问题、资金占用问题和违规担保问题得到解决,并取得无保留意见的审计报告,但因为未能按时提交恢复上市保荐书,不满足恢复上市的条件,最终退市。

天翔环境经过重整程序中对天翔环境资产负债结构的有效调整,公司的各项财务指标其实已经满足了恢复上市的条件,其未能如期恢复上市的重要原因在于未能及时聘请保荐机构出具保荐书。天翔环境曾在互动平台上表示,公司于2021年4月29日与具有保荐承销业务资格的太平洋证券签署了《关于推荐恢复上市、委托代办股份转让协议书》,但因为核查工作量大、时间紧,保荐书未能在2020年年报披露后的5个交易日内及时出具。

四、本案的启示

(一)合规问题将大幅提升债务处置的成本和难度

控股股东盲目推进天翔环境的外部并购,不惜负债协助公司完成重大资产重组,充分展示了其对公司未来前景的看好。控股股东带领天翔环境做大做强的初衷虽没有错,但是控股股东在不考虑偿债能力的基础之上疯狂举债,在自身债务问题引爆之际,又冒险选择占用上市公司资金偿付债务,进而引发了上市公司的债务问题。而上市公司和控股股东的资金占用、违规担保和债务问题相互叠加,导致重大资产重组难度倍增,最终形成了一个无法靠自身资源解决的死循环,只能通过外部力量介入解决。

（二）重整时机的选择十分关键

天翔环境和控股股东在合规风险和债务问题爆发后,便迅速决定进行破产重整,是一个非常好的开端。这是因为天翔环境的债务和资金占用规模已经远超上市公司当时的市值,此时通过破产重整程序,引入战略投资人,注入流动性,以股票抵债、资产抵债或打折清偿等方式解决上述问题是非常好的尝试。但是上市公司能够进入重整程序的前提条件是提出处置合规问题的切实可行方案。为此,天翔环境在政府部门的协助下,与债权人积极沟通并签订《债务抵偿协议》,债权人豁免债务代替控股股东还款。虽然天翔环境及控股股东的努力换取了非常不错的债务豁免成果,但天翔环境将过多精力放在重整前的债务豁免问题上,延误了进入重整程序的时机,导致尽管最后天翔环境重整成功,但却因为未能按时提交恢复上市保荐书,不满足恢复上市的条件而最终退市。

（三）通过债务豁免避免退市,需要满足严格的前提条件

通过债务豁免将上市公司净资产由负转正并计入营业收入是天翔环境为避免退市的重要尝试,可以为其他公司所借鉴。通过梳理天翔环境的资产负债表,我们理解该方案的适用需要满足严格的前提条件。在本案中,天翔环境债务结构以融资性债权为主,债权人结构并不复杂,便于集中沟通协调;当地政府部门多次召开专门会议,掌握平衡尺度,斡旋于各方之间;重整计划对债权人的豁免给予了一定补偿。上述一系列因素是天翔环境债务得以豁免的关键。

（四）控股股东避免承担刑事责任的前提是更为积极主动地化解合规问题

对于涉嫌信息披露违法违规被追究刑事责任的问题,虽然多数重整企业和控股股东因信息披露违规被中国证监会处罚,但并未受到刑事追究,如赫美集团重整案、银亿股份重整案、众泰汽车重整案等。我们认为,天翔环境控股股东因信息披露违法违规行为被刑事立案侦查的主要原因是控股股东资金占用金额过大,且其解决并非通过控股股东提供资源,而是由债权人承担。

（五）破产重整对于非优质上市公司的工具价值更大

如上市公司债务负担沉重，资金占用与违规担保问题突出，所涉债务与归还金额甚至超出股票市值或资产价值，则破产重整是行之有效的解决路径。一是重整程序可以通过转增股票抵债、资产抵债、打折清偿等方式合理调减债务规模；二是战略投资人作为重整投资人参与重整的风险更小，成本更低，投资意愿更强，能吸引更多的战略投资人竞价，为上市公司注入流动性；三是重整程序化解资金占用、违规担保问题的方式更加灵活，如转移债务清偿责任、与债权人协商豁免、战略投资人"无偿"提供支持等方式；四是重整程序通过债务化解、引进战略投资人等安排，可以有效改善上市公司财务指标，能够有效消除退市风险或增加恢复上市的概率。

专题八　众泰汽车合规问题解决方案研究

众泰汽车成立于1998年8月31日,注册地位于浙江省金华市永康市经济开发区北湖路1号,主营汽车及其零配件相关产业。公司重整前的控股股东为铁牛集团,实际控制人为应某仁。

2020年,众泰汽车受宏观经济下行压力及自身经营问题、业绩承诺问题、资金占用问题影响逐步进入困境。后通过上市公司及其核心子公司的重整程序,众泰汽车成功解决了自身债务问题;通过债权人债务豁免代偿资金占用款成功化解了控股股东非经营性资金占用问题;通过控股股东的破产清算程序,公司成功化解了业绩承诺问题。重整后,公司资产负债结构和财务指标得到优化,顺利摘星。

一、合规问题事实的梳理

(一)2017年4月,公司与铁牛集团签署《盈利预测补偿协议》及其补充协议

2017年4月,公司以向铁牛集团等股东发行股份的方式购买永康众泰汽车有限公司(以下简称永康众泰)100%股权。根据公司与铁牛集团签署的《盈利预测补偿协议》及其补充协议

(以下简称《补偿协议》),铁牛集团承诺标的公司 2016 年、2017 年、2018 年、2019 年经审计的扣除非经常性损益后归属于母公司股东的净利润分别不低于人民币 121,000 万元、141,000 万元、161,000 万元、161,000 万元。在《补偿协议》所述盈利补偿期间内任一年度,如标的公司截至当期期末累计实际净利润小于按照《补偿协议》约定计算的截至当期期末累计承诺净利润,铁牛集团将予以补偿,在确定应补偿的股份数量后,由公司以人民币 1 元总价回购并予以注销。如铁牛集团在本次交易中获得的公司股份不足以完成股份补偿,则不足部分由铁牛集团以现金方式向公司补偿。

(二)2020 年 1 月 20 日,众泰汽车发布 2019 年度业绩预亏公告

2020 年 1 月 20 日,众泰汽车披露《2019 年度业绩预告》,预计 2019 年度将发生大额亏损,具体情况见表 2 -8 -1。

表 2 -8 -1　众泰汽车 2019 年度业绩预告本报告期

财务指标	本报告期	上年同期
归属于上市公司股东的净利润	亏损:约 600,000 万 ~900,000 万元	盈利:79,988.68 万元
	比上年同期下降:850% ~1225%	
基本每股收益	亏损:2.96 ~4.44 元/股	盈利:约 0.39 元/股

业绩变动原因为:(1)本报告期受宏观经济形势的影响,汽车行业整体景气度不高,公司汽车销量大幅下降,没有达到预期,根据谨慎性原则,拟计提大额商誉减值准备,预计计提商誉减值准备约为 60 亿元,具体金额尚待相关机构进行评估后确定。(2)本报告期由于销量大幅下降,公司营业收入大幅下降,经营成本相对上升,造成经营亏损较大。

(三)2020 年 1 月 22 日,众泰汽车收到深交所下发的关注函,对商誉减值、业绩亏损、业绩承诺等事项进行询问

2020 年 1 月 22 日,众泰汽车收到深交所发出的关注函①。深交所对公司业绩承诺等事项进行询问。

---

① 深交所:公司部关注函〔2020〕第 16 号。

截至本次公告披露日,铁牛集团持有公司股份总数为786,250,375股,占公司总股本的38.78%,累计被质押的股份数量为647,849,058股,占公司总股本的31.95%;累计被司法冻结的股份数量为786,250,375股,占公司总股本的38.78%。所持股份100%处于受限状态。

根据公司与铁牛集团签署的《补偿协议》的约定:补偿义务人应当优先选择股份补偿,现金补偿为备选方案。虽然铁牛集团短期内解除所持公司100%股份限制存在一定难度,且不确定性因素较多,但铁牛集团仍在积极与公司股份司法冻结申请人、贷款银行协商,解除所持公司股份限制。以解除限制的股份补偿2018年度的业绩承诺时,如释放的股份不足以覆盖需补偿股份,差额部分铁牛集团再以现金方式补偿。

公司于2019年8月26日披露《关于回购并注销业绩补偿股份的债权人通知暨减资公告》,为完成重组中的业绩补偿承诺,公司拟以1元回购铁牛集团所持公司468,469,734股股份。由于铁牛集团未能在此次公告之后将所持公司股份解除质押,因此,股份回购注销未能按期实施。

鉴于铁牛集团所持公司股份受限现状,铁牛集团拟以解除受限股份和现金补偿相结合的方式对2018年度业绩进行补偿,并正在与股份司法冻结申请人、贷款银行积极沟通协商,同时也在筹措资金。

2019年度,永康众泰净利润预计亏损额约20亿元(未经审计)。综合判断,2019年度铁牛集团最大业绩补偿预计需要7.92亿股以上。铁牛集团在履行完毕2018年度业绩补偿义务后,将根据其所持公司股份情况,按照《补偿协议》约定,优先选择以股份方式补偿2019年度的业绩承诺。如所持股份不足以补偿2019年度业绩承诺,铁牛集团将以现金方式履行业绩承诺。

(四)2020年4月25日,众泰汽车披露2019年主要经营业绩(见表2-8-2)

表2-8-2　众泰汽车2019年主要经营业绩

单位:元

财务指标	本报告期	上年同期	本报告期比上年同期增减
营业收入	3,203,548,192.56	14,764,439,521.67	-78.30%
归属于上市公司股东的净利润	-9,294,369,621.85	799,886,806.59	-1261.96%

续表

财务指标	本报告期	上年同期	本报告期比上年同期增减
归属于上市公司股东的扣除非经常性损益的净利润	-9,300,562,732.08	-1,240,604,026.91	
经营活动产生的现金流量净额	-1,016,621,668.08	-2,313,504,406.38	
基本每股收益	-4.58	0.39	-1274.36%
稀释每股收益	-4.58	0.39	-1274.36%
加权平均净资产收益率	-71.87%	4.63%	-76.50%
财务指标	本报告期末	上年度末	本报告期末比上年度末增减
总资产	20,977,720,437.68	32,479,109,181.81	-35.41%
归属于上市公司股东的净资产	8,281,049,824.48	17,568,780,043.14	52.86%

另外,众泰汽车未发现公司在报告期内存在违规对外提供担保、非经营性资金占用、违规使用募集资金等重大违规行为。

(五)2020年4月30日,众泰汽车就控股股东未履行业绩补偿义务收到监管关注函

2020年4月30日,众泰汽车披露收到浙江证监局监管关注函①。

根据《补偿协议》的约定,铁牛集团承诺永康众泰2018年经审计的扣除非经常性损益后归属于母公司股东的净利润不低于161,000万元,并对永康众泰100%的承诺净利润承担补偿义务。2018年,永康众泰经审计的扣除非经常性损益及配套募集资金所产生的损益后的净利润为亏损49,142.60万元,未完成业绩承诺,铁牛集团应向公司补偿股份468,469,734股。截至发函日,铁牛集团仍未向公司履行上述业绩补偿义务。

浙江证监局提请众泰汽车积极采取措施,督促铁牛集团尽快履行业绩补偿义务,切实保障公司与投资者合法权益。

---

① 浙江证监局:浙证监公司字〔2020〕32号。

（六）2020 年 4 月 30 日，众泰汽车披露浙江证监局对铁牛集团采取责令改正的监督管理措施

因铁牛集团未按照《补偿协议》的约定履行对众泰汽车的补偿义务，浙江证监局作出《关于对铁牛集团有限公司采取责令改正措施的决定》。

根据《上市公司重大资产重组管理办法》（2020 年修正）第 59 条的规定，浙江证监局决定对铁牛集团采取责令改正的监督管理措施，并将相关情况记入证券期货市场诚信档案。同时要求铁牛集团于 2020 年 5 月 14 日前向浙江证监局提交书面整改报告，整改报告应包含明确的业绩补偿计划和时间。

（七）2020 年 5 月 14 日，众泰汽车披露其对于浙江证监局关注函的回复情况

众泰汽车披露针对控股股东铁牛集团未履行业绩补偿义务问题，已采取以下措施：

1. 2019 年 8 月 26 日，公司披露《关于回购并注销业绩补偿股份的债权人通知暨减资公告》，债权人自公告之日起 45 日内，有权要求公司清偿债务或者提供相应的担保。2019 年 10 月 11 日，债权人通知公告已满 45 天，之后公司多次口头通知铁牛集团相关负责人，催促其尽快履行业绩承诺补偿事宜。同时公司于 2019 年 12 月 16 日和 2020 年 2 月 28 日相继向铁牛集团发出了《关于尽快履行业绩补偿义务的函》及第二份《关于尽快履行业绩补偿义务的函》。

2. 2020 年 4 月 27 日，公司已通过上海仁盈律师事务所就业绩补偿事宜向铁牛集团发出律师函。若截至 2020 年 8 月 25 日铁牛集团仍无法完成业绩承诺补偿事宜，公司将着手诉诸法律，通过向铁牛集团起诉来维护公司及全体股东的利益。

（八）2020 年 5 月 14 日，众泰汽车披露铁牛集团的整改报告

截至本次公告披露日，铁牛集团持有众泰汽车股份数为 786, 250, 375 股，全部股份处于司法冻结状态，经与债权人多次沟通，解除司法冻结存在很大困难，优先选择以股份方式补偿 2018 年度的业绩承诺近期无法实现。铁牛集团拟以注销股票或偿还现金的方式进行业绩补偿，现金来源于企业的资产盘活与处置。

虽然履行业绩补偿承诺存在较多不确定性，但铁牛集团仍将全力推进各项风险化解措施，并与众泰汽车保持密切的沟通与交流，最大限度降低业绩补偿事项对上市公司的影响。同时，力争在2020年8月25日前完成对众泰汽车2018年度的业绩补偿。铁牛集团也将及时向浙江证监局汇报业绩补偿实施相关进展。

（九）2020年6月18日，众泰汽车收到深交所的关注函

2020年6月18日，众泰汽车收到深交所发出的关注函①。深交所根据公司《2019年度业绩预告修正公告》的相关内容，就公司资产减值、资产负债情况，持续经营能力等方面进行了询问。

众泰汽车根据深交所的询问，对资产减值的合理性、公司面临的流动性危机及应对措施、持续经营能力和持续经营假设方面做了回复。其中，对于公司面临的流动性危机，众泰汽车表示：截至2020年第一季度末，公司确实存在流动性风险。公司拟采取如下措施缓解其面临的困境：(1)加大应收账款催收力度；(2)主动与现有贷款的金融机构沟通，保持现有贷款额度，确保利息正常支付，通过当地"转贷通"或借新还旧等方式避免贷款进入不良状况；(3)主动与供应商沟通联系，说明公司现状，取得供应商的理解；(4)争取政府支持；(5)引入外部战略投资者，从根本上解决公司流动性问题。

（十）2020年6月22日，年审会计师出具无法表示意见的审计报告

2020年6月22日，天职国际会计师事务所（特殊普通合伙）（以下简称天职国际）对众泰汽车2019年度财务报表进行了审计，出具了无法表示意见的审计报告。形成无法表示意见的基础如下。

1. 与持续经营能力相关的重大不确定性

受宏观经济影响，2019年度众泰汽车经营业绩下滑严重，营业收入较上年下降117.79亿元，净利润亏损111.91亿元，主要系子公司永康众泰经营资金短缺导致车型停产、工资逾期未支付、供应商货款逾期起诉、银行账户冻结。以上事项和情况表明存在可能导致对众泰汽车持续经营能力存在重大疑虑的重大不确

① 深交所：公司部关注函〔2020〕第86号。

定性。

2. 业绩补偿的可收回性

2017 年公司完成发行股份购买资产并募集配套资金，收购永康众泰，根据公司与控股股东铁牛集团签订的《补偿协议》，铁牛集团需对业绩承诺期内永康众泰未完成的业绩进行补偿。截至审计报告日，众泰汽车尚未收到铁牛集团对永康众泰 2018 年未完成业绩承诺的补偿，审计机构也未能就上述业绩补偿的可收回性获取充分、适当的审计证据。

3. 与重大预付款项相关的不确定性

截至报告期末，众泰汽车向供应商预付资产、技术转让、材料款等约 19.8 亿元；由于审计范围及审计程序受到限制，审计机构未能就以上预付款项的性质及可收回性获取充分、适当的审计证据。

4. 递延所得税资产的确认

众泰汽车已确认递延所得税资产余额为 4.51 亿元，由于众泰汽车可持续经营能力存在重大不确定性，在将来是否能够产生足额的应纳税所得额存在重大疑虑，审计机构无法判断众泰汽车未来是否能够产生足够的应纳税所得额用来抵扣上述可抵扣暂时性差异。

5. 或有事项

截至审计报告日，众泰汽车存在众多诉讼及担保事项，审计机构无法获取充分适当的审计证据对或有事项可能给公司造成损失的金额进行合理估计。

（十一）2020 年 6 月 24 日，众泰汽车被实行退市风险警示

因公司 2019 年度的财务会计报告被天职国际出具了无法表示意见的审计报告，深交所将对公司股票交易实行“退市风险警示”处理。公司股票将于 2020 年 6 月 23 日停牌一天，自 2020 年 6 月 24 日开始，公司股票简称由“众泰汽车”变更为“*ST 众泰”，股票代码仍为“000980”。

（十二）2020 年 6 月 29 日，众泰汽车收到深交所年报问询函

2020 年 6 月 29 日，众泰汽车收到深交所年报问询函[1]。深交所针对公司实

[1] 深交所：公司部年报问询函〔2020〕第 186 号。

际经营情况、债务情况、资产减值计提问题、对外担保情况、控股股东资金占用情况等方面进行询问。

1. 关于公司债务问题

截至本次公告披露日，公司流动负债133.43亿元，较期初下降3.07亿元，其中逾期债务51.37亿元，占流动负债比率为38.50%。公司有息负债金额62.34亿元，其中到期逾期金额10.07亿元。公司货币资金余额6.82亿元，不受限的资金0.62亿元。第三季度预计经营现金流入11.40亿元，其中新能源国补资金8.62亿元。公司应对流动性风险，提高偿债能力的具体措施：(1)加大应收账款催收力度，保证日常经营支出；(2)出售闲置及非主业资产，力保主业整车经营；(3)争取各级政府更多的支持，多渠道获得资金支持；(4)引入外部战略投资者。

2. 关于违规担保问题

2019年12月10日，公司三级子公司湖南江南汽车制造有限公司之分公司湖南江南汽车制造有限公司重庆分公司(以下简称江南重庆分)的供应商重庆众泰汽车工业有限公司(以下简称重庆工业)与重庆银行股份有限公司(以下简称重庆银行)签订编号为“2019年重银璧山支质字第1617号”的最高额质押合同。合同约定在2019年12月10日至2020年12月9日，将重庆工业对江南重庆分销售产生的应收账款5000万元质押给重庆银行，江南重庆分在签收回执中承诺在合同约定时间履行付款责任。因江南重庆分未与重庆银行签订担保协议，江南重庆分负责人在签收回执上盖章时，没有认识到此笔业务是担保行为，故未向公司上报，公司在不知情的情况下也未履行审议与披露程序。本次担保被担保方未提供反担保，不属于关联担保，截至本问询函公告日，重庆银行已将该笔债权转移至重庆市璧山区国有资产经营管理有限公司。

2019年4月2日，公司二级子公司浙江众泰汽车制造有限公司(以下简称众泰制造)与招商银行股份有限公司杭州分行(以下简称招商银行杭州分行)签订编号为571XY201900717603号付款代理合伙协议。双方共同约定，招商银行杭州分行作为众泰制造保理商，为众泰制造在其授信额度内提供信用支持，针对供应商办理的买方保理的应收账款；众泰制造陈述和保证，众泰制造授权招商银行杭州分行根据付款明细在付款日直接扣划其账户内资金完成支付；若众泰制造未根据《代理付款明细表》按期对外支付，则招商银行杭州分行占用众泰制造的买方保理授信额度,履行核准付款/担保付款责任。此项业务为反向保理业务,未签订担保协议,公司没有认识到此项业务有担保行为,故而未履行审议与披露程序。本次担保不属于关联担保,被担保方未提供反担保,截至 2020 年 3 月,公司已履行完付款责任,该笔买方保理业务转为流动资金贷款业务,对外担保 1.4 亿元已解除。

3. 关于控股股东资金占用情况

公司自查了控股股东及一致行动人非经营性资金占用情况,发现不存在资金占用。

(十三)2020 年 6 月 29 日,众泰汽车收到浙江证监局监管问询函

2020 年 6 月 29 日,众泰汽车因财务报告审计意见为无法表示意见,内部控制审计意见为否定意见,收到浙江证监局监管问询函①。浙江证监局针对公司的持续经营能力、业绩承诺补偿情况、经营与财务数据、与捷孚传动科技有限公司(以下简称捷孚传动)之间购买资产等事项进行了询问。

1. 关于业绩承诺补偿情况

公司认为,铁牛集团有可能在 2020 年 8 月 25 日前无法完成对公司 2018 年度的业绩补偿。为保障公司及全体中小股东权益,公司正在准备相关材料,如铁牛集团在上述时点无法完成业绩补偿,将第一时间向法院提起诉讼,并申请查封其有效资产,若法院判决后仍不能履行则申请强制执行,确保业绩补偿得到偿付。

2. 关于与捷孚传动之间购买资产的情况

2019 年 9 月,众泰汽车第七届董事会通过以总价 14.8 亿元购买捷孚传动持有的资产的决议,标的资产涉及房屋建筑物、构筑物、土地使用权、机器设备和整套双离合变速箱生产技术等。

捷孚传动的股东分别是金华市金义绿色汽车传动产业股权投资基金合伙企业(有限合伙)(以下简称绿色汽车基金)、任某和陈某,与公司不存在控制、共同控制或对另一方施加重大影响的情形,其历史股东、现股东、董监高及管理层均与公司无任何关联关系,是完全独立的企业。

标的资产中厂房、办公楼、宿舍等建筑房产尚处于验收阶段,尚不具备过户

---

① 浙江证监局:浙证监公司字〔2020〕62 号。

条件。资产出售方正在积极办理各项产权登记行政审批手续,但资产过户不存在实质性的障碍。该交易形成预付长期资产购置款 14.05 亿元。

鉴于自《资产转让协议》生效日至问询函回复日,标的资产中涉及的房产相关验收、产权登记事项在公司的催促下仍未取得明显进展,经公司审慎考虑,拟终止本次资产收购,并在年内与资产出售方商谈终止协议具体条款。商谈将以预付款的回收为重点,要求其拟定具体还款计划。如终止协议签订后 6 个月内捷孚传动不能归还上述款项,公司将对其提起诉讼,以确保及时收回资金。

(十四)2020 年 7 月 20 日,众泰汽车披露收到控股股东预重整申请受理的通知

众泰汽车获悉控股股东铁牛集团收到永康法院通知,对铁牛集团的预重整申请受理登记。截至本次公告日,铁牛集团持有公司股份 786,250,375 股,占公司总股本的 38.78%,如果铁牛集团进入重整程序,将可能对公司股权结构等产生影响。

(十五)2020 年 7 月 28 日,众泰汽车披露公司相关人员收到浙江证监局警示函

因众泰汽车《2019 年度业绩预告》、《2019 年度业绩预告修正公告》与《2019 年年度报告》中披露的实际业绩存在较大差异,以及在编制 2019 年一季报、半年报和三季报过程中出现会计差错,导致营业收入、营业成本同时虚增,信息披露不准确,违反了《上市公司信息披露管理办法》(2007 年)第 2 条、第 3 条的规定,浙江证监局对众泰汽车、公司董事长兼总裁、董事会秘书、财务总监、时任财务总监采取出具警示函的监督管理措施,并计入证券期货市场诚信档案。

(十六)2020 年 9 月 1 日,众泰汽车收到控股股东重整被受理的告知函

2020 年 9 月 1 日,众泰汽车收到公司控股股东铁牛集团的告知函,获悉铁牛集团收到永康法院下发的(2020)浙 0784 破 11 号民事裁定书。因申请人铁牛集团已不能清偿到期债务,且账面资产数额小于负债数额,应认定资产不足以清偿全部债务,但是铁牛集团资产多元化且具有核心价值,通过预重整阶段工作,申请人也已具备一定的重整基础。综上所述,申请人具备破产原因,同时具有重整

价值,且有可能通过重整使企业恢复经营,故申请人的重整申请符合受理条件。法院裁定受理铁牛集团的重整,并指定浙江京衡律师事务所(以下简称京衡律所)担任管理人。

截至本次公告披露日,铁牛集团共持有公司786,250,375股,占公司总股本的38.78%,其持有的公司股份被质押的股份为647,849,058股,占其持股总数的82.40%,被司法冻结及轮候冻结的股份为786,250,375股,占其持股总数的100%。

(十七)2020年9月14日,众泰汽车收到深交所半年报问询函

2020年9月14日,众泰汽车收到深交所半年报问询函①,深交所针对公司实际经营情况、预付款情况进行问询。

公司报告期末的预付款余额为22.56亿元,较期初增长189.49%。公司预付货款是具有商业实质的,符合行业惯例的。经核实,预付款对象和公司控股股东、董监高无关联关系,主要预付款对象情况见表2-8-3。

表2-8-3　众泰汽车主要预付款情况

单位:元

序号	时间	预付款对象	余额	款项性质	是否关联
1	2019年	重庆××汽车工业有限公司	462,921,071.25	材料款	否
2	2019年	湖北××汽车工业有限公司	49,931,844.05	材料款	未披露
3	2019年	浙江××科技有限公司	36,967,077.08	材料款	未披露
4	2019年	浙江××汽车配件有限公司	32,682,110.63	材料款	否
5	2019年	××科技有限公司	31,179,938.36	材料款	否
6	2020年	重庆××汽车工业有限公司	400,000,000.00	材料款	否
7	2020年	××科技有限公司	200,000,000.00	材料款	否
8	2020年	××汽车工业有限公司	204,533,802.36	材料款	否
9	2020年	××实业有限公司	174,032,858.44	材料款	否
10	2020年	杭州××汽车工业有限公司	165,863,494.68	材料款	否
11	2020年	浙江××汽车零部件有限公司	45,000,000.00	材料款	否
12	2020年	浙江××汽车配件有限公司	19,945,000.00	材料款	否

① 深交所:公司部半年报问询函〔2020〕第7号。

预付款对象与公司不存在关联关系，无法核查预付款项的最终流向。由于控股股东及其附属企业已经进入重整程序，无法调取其资金流水，经向实际控制人及控股股东核实，公司预付款项未流入实际控制人、控股股东及其附属企业账户。

（十八）2020年9月16日，债权人向法院申请众泰汽车预重整

2020年9月16日，众泰汽车收到浙江永康农村商业银行股份有限公司（以下简称浙江永康农商行）向永康法院提交的预重整申请书。浙江永康农商行以公司不能清偿到期债务，并且已明显缺乏清偿能力，但仍具有较高的重整价值为由，向永康法院提出对公司进行预重整的申请。

9月21日，公司收到（2020）浙0784民诉前调2422号通知书，永康法院经审查后对该预重整申请受理登记，并根据相关规定，由政府、法院、债权人、债务人代表共同组成评审小组，选任京衡律所为预重整管理人，进行企业预重整工作。

（十九）2020年9月23日，众泰汽车及预重整管理人向社会公开招募投资人

为实现对众泰汽车未来发展的持续支持，重整投资人招募的基本条件如下：（1）具有较高的社会责任感和良好的商业信誉，同时未被人民法院列入失信名单或被采取限制高消费措施；（2）拥有足够的资金实力进行投资，并能出具不低于其拟投资总额度的资信证明或其他履约能力证明；（3）本次投资人的招募不限行业，但从事整车制造行业或上下游行业、与众泰汽车具有产业协同性的，在同等条件下优先考虑；（4）两个或两个以上的投资人可联合参与投资，但至少一个投资人需符合上述条件；（5）投资人应当符合监管机构要求的其他相关条件。

（二十）2020年9月23日，众泰汽车收到深交所关注函

2020年9月23日，公司收到深交所关注函[①]。深交所主要针对公司与捷孚传动之间的资产购买协议相关问题进行询问。

公司购买的标的资产所属公司为捷孚传动，其成立于2015年8月4日，法定

---

① 深交所：公司部关注函〔2020〕第114号。

代表人为任某；统一社会信用代码为91330703MA28D0YQ88，经营范围为传动部件、汽车零部件研发、生产、销售及技术服务，国家法律法规允许的，无须前置审批的货物与技术进出口。2016年5月5日，绿色汽车基金出资45,000万元入股捷孚传动，捷孚传动的股权结构见表2-8-4。

表2-8-4　捷孚传动股权结构

单位：万元

序号	名称	出资金额	持股比例	备注
1	绿色汽车基金	45,000	81.82%	
2	任某	9500	17.27%	公司经理，执行董事
3	陈某	500	0.91%	公司监事

根据众泰汽车与捷孚传动的约定，收购标的资产包括房屋建筑物、构筑物、土地使用权、机器设备类资产、软件使用权和整套DCT变速箱生产技术。公司就本次资产收购聘请了评估机构对标的资产进行了评估，标的资产评估价格为1,480,710,472元。经双方参考评估报告并协商一致，捷孚传动以148,000万元将标的资产出售给公司的子公司众泰传动科技有限公司（以下简称众泰传动）。

截至本次公告披露日公司共支付13.8亿元的购买款项，剩余1亿元尾款尚未支付。后因捷孚传动的股东对公司收购捷孚传动资产事项提出了异议，所以无法顺利办理过户手续。

（二十一）2020年10月10日，债权人向法院申请众泰汽车重整

2020年10月10日，公司收到浙江永康农商行向浙江省金华市中级人民法院（以下简称金华中院）提交的申请金华中院对公司进行重整的申请书。浙江永康农商行以公司不能清偿到期债务，并且已明显缺乏清偿能力，但仍具有较高的重整价值为由，向金华中院申请对公司进行重整。

（二十二）2020年10月23日，铁牛集团管理人确认铁牛集团存在对众泰汽车的资金占用情况

2020年9月23日，众泰汽车收到深交所的关注函①。深交所对众泰汽车资

① 深交所：公司部关注函〔2020〕第114号。

金占用问题进行问询。

2020年10月23日，铁牛集团在对关注函进行回复时，其管理人承认铁牛集团存在对众泰汽车的资金占用情况，资金占用余额为3.1亿元，具体情况如下：

捷孚传动成立时的股东任某、陈某均在公司任过职，但仅为一般员工，未曾担任过董监高职务。2019年6月20日，任某与铁牛集团签订了《股权代持协议》，确认任某持有的捷孚传动的股份是为铁牛集团代持。

铁牛集团曾与绿色汽车基金[1]签订过《捷孚传动科技有限公司股权转让协议》，约定公司及实际控制人自2018年12月15日起分期受让金华市金义绿色汽车传动产业股权投资基金合伙企业持有的捷孚传动的股份。

众泰汽车收购捷孚传动资产的交易中，交易初始资金共1.003亿元，其中刘某某提供30万元、五福同创实业发展有限公司(以下简称五福同创)提供1亿元。上述款项一起支付至五福同创浙江分公司后，其中五福同创提供的1亿元循环往复使用，通过浙江德昱汽车零部件有限公司、重庆众泰汽车工业有限公司、金华华科汽车工业有限公司、锐展(铜陵)科技有限公司和杭州易辰汽车工业有限公司(以下简称五家公司)以退预付款方式转给众泰汽车下属二级子公司浙江众泰制造，然后转到众泰汽车、众泰传动，再支付给捷孚传动，2019年9月25日、26日，捷孚传动共计收到款项发生额13亿元，后将初始资金又通过五家公司转回到五福同创和刘某某。2019年11月25日，众泰制造以自有资金支付给捷孚传动0.8亿元。

截至本次公告披露日，铁牛集团核查上述五家公司占用众泰汽车资金余额为3.1亿元，铁牛集团管理人拟在相关重整方案里一并解决。

(二十三)2020年10月23日，众泰汽车披露其全资三级子公司被法院裁定受理破产重整

2020年10月10日，众泰汽车收到通知，债权人伟巴斯特车顶供暖系统(上海)有限公司向湖南省长沙市中级人民法院(以下简称长沙中院)申请湖南江南汽车制造有限公司(以下简称江南制造)破产清算。江南制造以自身资产具有重整价值为由向永康法院申请破产重整。永康法院经审理后，裁定江南制造重整，指定京衡律所担任江南制造临时管理人。

---

① 该公司为捷孚传动的控股股东，持股比例为81.82%。

（二十四）2020 年 11 月 9 日，众泰汽车披露上市公司及相关人员收到浙江证监局警示函

2020 年 11 月 9 日，众泰汽车及相关人员收到浙江证监局出具的《关于对众泰汽车股份有限公司及相关人员采取出具警示函措施的决定》。

浙江证监局决定对众泰汽车及相关人员采取出具警示函的监督管理措施，并计入证券期货市场诚信档案，具体原因如下：(1)截至 2020 年 10 月末，控股股东铁牛集团非经营性占用公司资金余额逾 3 亿元，公司未按规定履行该事项的审议程序和信息披露义务。(2)2020 年 6 月 23 日，公司 2019 年年报披露收购捷孚传动资产事项，累计支付资金 13.8 亿元。捷孚传动系铁牛集团关联方，该收购事项构成关联交易，公司未披露与捷孚传动的关联关系，且未按规定对关联交易履行审议程序和信息披露义务。(3)经查，上述 13.8 亿元收购款中，13 亿元系从第三方拆入资金并多次循环支付累计产生，公司未真实披露资金支付情况。

（二十五）2020 年 11 月 10 日，众泰汽车披露控股股东收到浙江证监局警示函

2020 年 11 月 10 日，众泰汽车披露控股股东收到浙江证监局《关于对铁牛集团有限公司采取出具警示函措施的决定》。

浙江证监局因铁牛集团作为众泰汽车的控股股东，非经营性占用公司资金逾 3 亿元，且未按相关规定履行信息披露义务，决定对铁牛集团采取出具警示函的监督管理措施，并计入证券期货市场诚信档案。

2020 年 11 月 18 日，铁牛集团提交整改报告，其已向众泰汽车承诺将通过争取第三方代为现金偿还、有价值的资产处置及资产抵偿等各种形式积极解决占用资金问题。因铁牛集团处于破产程序中，众泰汽车处于预重整程序中，资金占用问题拟在相关重整方案里一并解决。

（二十六）2020 年 11 月 19 日，众泰汽车披露向控股股东申报债权

依据《补偿协议》的约定，铁牛集团应将其合计持有的 1,565,665,896 股股份移交公司并予以注销，若未予股份补偿，则铁牛集团需履行现金补偿义务，应

补偿现金总额为1,395,008.31万元。2020年11月19日,众泰汽车以债权申报的方式向铁牛集团申报债权,追索业绩承诺补偿债务。

(二十七)2020年11月30日,控股股东第一次债权人会议召开

铁牛集团第一次债权人会议于2020年11月30日通过全国企业破产重整案件信息网采取网络视频会议形式召开,表决截止时间为2020年12月10日。债权人在会议上核查了债权表,表决通过了管理人提交的《财产管理和变价方案》《财产分配方案》《债权人委员会组织方案》《债权人会议非现场表决方案》,并选举债权人委员会成员。

(二十八)2020年12月2日,众泰汽车披露全资二级子公司被法院裁定受理破产清算

众泰汽车收到永康法院下发的(2020)浙0784破20号民事裁定书,杭州铁城信息科技有限公司和锦湖(中国)轮胎销售有限公司以公司全资二级子公司众泰新能源汽车有限公司(以下简称众泰新能源)不能清偿到期债权,资产不足以清偿全部债务为由,申请对众泰新能源进行破产清算。

(二十九)2020年12月8日,众泰汽车披露全资二级子公司被法院裁定受理重整

众泰汽车收到永康法院下发的(2020)浙0784破47号民事裁定书,锦丰科技(深圳)有限公司以公司全资二级子公司众泰制造不能清偿到期债务且资产不足以清偿全部债务为由向永康法院申请对众泰制造进行破产清算。众泰制造以自身具有重整价值为由向永康法院提出异议。永康法院经审理裁定众泰制造重整,指定京衡律所担任管理人。

(三十)2020年12月18日,众泰汽车披露控股股东被宣告破产

众泰汽车收到永康法院下发的(2020)浙0784破11号之一民事裁定书,经管理人调查,铁牛集团已经严重资不抵债,且无继续经营的能力,缺乏挽救可能性,永康法院裁定终止铁牛集团重整程序,宣告铁牛集团破产。

(三十一)2021年1月11日,众泰汽车披露投资人招募进展

2020年9月23日,众泰汽车及预重整管理人发布公开招募投资人的公告,报名截止日期为2020年10月30日。在报名期间,未有意向投资人正式提交报名材料。但在报名期满后,有多家意向投资人前来就参与预重整/重整事宜进行沟通。

2020年12月25日、28日,分别有一家意向投资人与预重整管理人签署了《保密协议书》,另一家意向投资人签署《保密协议书》《意向协议书》。两家意向投资人已缴纳相应的保密保证金和意向保证金,着手开展具体的尽调工作。

(三十二)2021年2月3日,众泰汽车收到深交所关注函

2021年2月3日,公司收到深交所关注函[①]。除主要经营和常规财务情况外,深交所还询问了资金占用的相关问题。

众泰汽车回复称,截至本次公告披露日,铁牛集团3.1亿元非经营性资金占用仍未归还公司。据了解,铁牛集团已初步达成了一个偿还方案,正在与相关方面商讨其可行性及细节问题,公司董事会将会督促铁牛集团尽快确定方案并予以实施,早日解决资金占用问题。

(三十三)2021年3月3日,众泰汽车收到深交所关注函

2021年3月3日,众泰汽车收到深交所关注函[②]。深交所主要针对3.1亿元非经营性资金占用和业绩承诺补偿相关问题进行询问。

众泰汽车回复称,经向铁牛集团问询,3.1亿元非经营性资金占用是铁牛集团对公司全部占用金额,截至本函回复日未发现新增的资金占用情形,未发现公司为其违规担保的情形。

对于非经营性资金占用,铁牛集团已初步形成方案,但铁牛集团已被永康法院裁定进入破产程序,本身已经严重资不抵债,已没有能力来归还非经营性资金占用及巨额的业绩补偿款。公司就业绩补偿款已向铁牛集团申报债权,而非经

---

① 深交所:公司部关注函〔2021〕第22号。

② 深交所:公司部关注函〔2021〕第40号。

营性资金占用性的解决将依托于公司的重整，铁牛集团也承诺会全力配合公司的重整工作，但公司重整能否受理以及最终能否重整成功仍具有不确定性。

由于铁牛集团已进入破产阶段，公司按《补偿协议》的约定已向铁牛集团申报债权，即铁牛集团应将其合计持有的1,565,665,896股股份移交公司并予以注销，若股份未予补偿，则铁牛集团需履行现金补偿义务，应补偿现金总额为1,395,008.31万元。后续公司受偿情况将根据铁牛集团破产处置方案、业绩补偿债权的确认情况确定。

（三十四）2021年4月13日，众泰汽车收到深交所关注函

2021年4月13日，众泰汽车收到深交所关注函①，深交所主要针对预重整期间战略投资人的招募情况进行询问。

众泰汽车回复称，上海智阳投资有限公司（以下简称上海智阳）于2020年12月25日与预重整管理人签订了《意向协议书》，主要条款是向预重整管理人支付意向保证金，以及对众泰汽车开展尽调等。湖南致博股权投资基金管理有限公司（以下简称致博投资）2020年12月28日与公司预重整管理人签署《保密协议书》，并按照协议约定缴纳保密保证金。

上海智阳与致博投资的股权结构中不存在股份代持的情形，也未就参与公司预重整事项与其他方存在相关安排或签署具体协议。两家意向投资人与公司及董监高、公司的控股股东及其董监高、主要债权人之间不存在关联关系或其他利益安排。两家意向投资人分别向其相关人员确认，在最近3个月内均未买卖过公司股票，不存在涉嫌内幕交易的情形。

（三十五）2021年4月20日，众泰汽车股票交易被实施退市风险警示暨叠加实施其他风险警示

众泰汽车因存在生产经营活动受到严重影响且预计在3个月内不能恢复正常的情形，存在公司主要银行账号被冻结的情形，存在公司控股股东非经营性占用公司资金的情形，根据《深交所股票上市规则》（2020年修订）第13.3、13.4、13.5条的相关规定，公司股票将于2021年4月20日开市起被叠加实施其他风

① 深交所：公司部关注函〔2021〕第170号。

险警示。

（三十六）2021 年 4 月 23 日，众泰汽车披露控股股东非经营性资金占用解决方案

针对控股股东铁牛集团 3.1 亿元非经营性资金占用问题，众泰汽车制定了如下资金占用解决方案：

铁牛集团对众泰汽车下属全资子公司众泰传动存在非经营性占用资金，并且，因铁牛集团作为担保人在 2019 年替众泰汽车下属子公司江南制造代偿 7085.29 万元贷款而形成债权，相关债务已转由众泰传动承接，众泰传动与铁牛集团由此互负债权债务关系。后众泰传动向铁牛集团发函行使抵销权，即众泰传动将其承接的对铁牛集团 7085.29 万元的债务与铁牛集团非经营性占用众泰传动资金 7085.29 万元进行了抵销。抵销后，铁牛集团非经营性资金占用余额为 23,914.71 万元。

为推动公司进入司法重整进程，解决控股股东及其关联方对公司的资金占用事宜，众泰汽车债权人永康市总部中心开发建设有限公司（以下简称总部中心）与众泰汽车、铁牛集团签署《债务抵偿协议》，债权人同意，在人民法院裁定受理众泰汽车重整之日豁免对公司的 23,914.71 万元债权，该等豁免金额相应抵偿铁牛集团对上市公司的资金占用。若签订上述《债务抵偿协议》后，法院裁定终止众泰汽车的重整程序，并宣告众泰汽车破产，则协议约定的债务豁免失效，各方债权债务恢复原状。

（三十七）2021 年 4 月 28 日，审计机构出具带有保留意见的审计报告

2021 年 4 月 28 日，审计机构出具带有保留意见的审计报告，其中形成保留意见的基础为或有事项：

众泰汽车存在大量诉讼事项，报告期众泰汽车作为被告/被申请人发生的诉讼较多，其中未决诉讼 211 起，未决诉讼总标的金额约为 22.64 亿元，审计机构无法获取充分适当的审计证据判断该事项对财务报表的具体影响金额。

审计机构无法获取充分、适当的审计证据，无法确定保留意见涉及的事项对众泰汽车报告期内财务状况、经营成果和现金流量可能的影响金额。

众泰汽车2020年度净亏损108.04亿元，且2020年12月31日，归属于母公司股东的权益为-44.23亿元，公司截至本次公告披露日已处于停工停产状态，资金短缺，大量银行账户被冻结。2020年9月21日，公司被永康法院裁定预重整。2020年10月10日，公司被债权人申请重整。截至审计报告日，重整报批程序正在进行中，重整结果具有不确定性。这些事项或情况表明存在可能导致对众泰汽车持续经营能力产生重大疑虑的重大不确定性。

众泰汽车2019年9月购买捷孚传动价值14.8亿元资产。截至2021年3月10日，众泰汽车并未实际支付上述合同约定价款，捷孚传动也未办理相关资产的过户和移交手续，相关资产处于司法查封状态，该笔交易缺乏交易基础条件。2021年3月10日，众泰汽车向捷孚传动送达了《合同解除通知函》，截至审计报告日，尚未得到捷孚传动方面的正式回复。

（三十八）2021年4月28日，众泰汽车披露关于控股股东非经营性资金占用解决方案暨关联交易的公告

公司于2021年4月28日召开第七届董事会第九次会议审议通过了《关于控股股东非经营性资金占用解决方案暨关联交易的议案》。公司与债权人签订《债务抵偿协议》，债权人同意在人民法院裁定受理众泰汽车司法重整之日，将豁免或减免对上市公司部分债权合计共23,914.71万元，该等豁免金额相应抵偿铁牛集团对众泰汽车的资金占用。

（三十九）2021年4月29日，众泰汽车公布2020年年度报告

根据众泰汽车披露的2020年年度报告，其主要会计数据和财务指标见表2-8-5。

表2-8-5　众泰汽车2020年主要会计数据和财务指标

单位：万元

财务指标	2020年	2019年	本年比上年增减	2018年
营业收入	133,817.00	298,584.71	-55.18%	1,476,443.95
归属于上市公司股东的净利润	-1,080,145.58	-1,119,022.38	3.47%	79,988.68
归属于上市公司股东的扣除非经常性损益的净利润	-1,064,848.59	-1,113,105.78	4.34%	-124,060.40

续表

财务指标	2020 年	2019 年	本年比上年增减	2018 年
经营活动产生的现金流量净额	-140,750.35	-579,097.99	75.69%	-231,350.44
财务指标	2020 年末	2019 年末	本年末比上年末增减	2018 年末
总资产	958,453.18	2,043,657.98	-53.10%	3,247,910.92
归属于上市公司股东的净资产	-442,289.96	637,855.62	-169.34%	1,756,878.00

(四十)2021 年 5 月 12 日,众泰汽车收到意向投资人上海智阳暂缓投资的函

上海智阳表示,“基于公司对众泰汽车尽职调查结果的评估,以及近期众泰汽车股价异动、严重偏离其基本面,出于投资谨慎性考虑,公司决定暂缓推进对众泰汽车的投资事宜”。

(四十一)2021 年 5 月 17 日,众泰汽车披露全资一级子公司被法院裁定受理重整

众泰汽车收到永康法院下发的(2021)浙 0784 破 11 号民事裁定书,公司全资一级子公司浙江铁牛汽车车身有限公司(以下简称铁牛车身)以不能清偿到期债务并且明显缺乏清偿能力,但具有重整可能为由,自行向永康法院申请重整。永康法院裁定铁牛车身重整,指定京衡律所担任管理人。

(四十二)2021 年 5 月 19 日,众泰汽车收到深交所年报问询函

2021 年 5 月 19 日,众泰汽车收到深交所的年报问询函①。深交所主要针对业绩承诺等相关问题进行了询问。

关于业绩补偿,若以股份方式补偿,铁牛集团 2018 ~ 2019 年度补偿股份合计为 2018 年度补偿股份 + 2019 年度补偿股份 = 46,846.9734(万股)+ 109,719.6162(万股)=156,566.5896(万股)。

若以现金方式补偿,铁牛集团 2018 ~ 2019 年度补偿金额合计为 2018 年度补偿金额 + 2019 年度补偿金额 = 417,406.53(万元)+ 977,601.78(万元)=

① 深交所:公司部年报问询函〔2021〕第 144 号。

1,395,008.31(万元)。

公司已依据《企业破产法》《补偿协议》的相关规定,在铁牛集团破产债权申报期内,以债权申报的方式向铁牛集团追索业绩承诺补偿债务。公司按《补偿协议》的约定向铁牛集团申报债权,即铁牛集团应将1,565,665,896股股份移交公司并予以注销,若股份未予补偿,则铁牛集团需履行现金补偿义务,应补偿现金总额为1,395,008.31万元。

(四十三)2021年6月9日,众泰汽车被法院裁定受理公司重整,公司股票被叠加实施退市风险警示

2021年6月9日,众泰汽车收到金华中院送达的(2020)浙07破申7号民事裁定书,金华中院裁定受理众泰汽车重整申请。2021年6月29日,金华中院作出(2021)浙07破13号决定书,指定京衡律所担任管理人。

公司2020年末净资产为-44.23亿元,公司股票于2021年4月29日继续被实施“退市风险警示”处理。公司股票将于2021年6月10日被叠加实施退市风险警示特别处理,股票简称仍为“*ST众泰”,股票代码仍为“000980”。

(四十四)2021年6月10日,众泰汽车收到深交所关注函

2021年6月10日,众泰汽车收到深交所关注函①,深交所主要针对公司重整事宜进行询问。众泰汽车回复称,公司已收到永康法院通知书,认为众泰汽车公司破产重整申请已被受理,预重整程序终结。预重整期间的相关工作,将一并衔接至正式的重整程序中予以推进。

(四十五)2021年6月24日,意向投资人致博投资终止对众泰汽车的投资计划

2021年6月24日,公司收到致博投资的函件,致博投资称,“由于我方正在筹划实施汽车产业相关的重大非上市公司股权投资行动,为避免投资者误解,防止对证券市场造成不必要的干扰,根据双方2020年12月签署的《保密协议书》的相关约定,我方决定自即日起终止该《保密协议书》。我方已按照《保密协议

① 深交所:公司部关注函〔2021〕第234号。

书》的约定对从贵方接收所有保密资料进行了必需的处理。上述《保密协议书》终止后,我方将继续按照约定履行相关保密义务”。

(四十六)2021年6月24日,众泰汽车收到深交所关注函

2021年6月24日,众泰汽车收到深交所关注函①。深交所针对公司的退市风险、持续经营能力、资金占用解决方案、业绩补偿等问题进行了询问。

1. 退市风险

若公司2021年年报披露后,首个会计年度出现以下情形之一,将会面临退市风险:(1)经审计的净利润为负值且营业收入低于1亿元,或追溯重述后最近一个会计年度净利润为负值且营业收入低于1亿元;(2)经审计的期末净资产为负值,或追溯重述后最近一个会计年度期末净资产为负值;(3)财务会计报告被出具保留意见、无法表示意见或者否定意见的审计报告;(4)未在法定期限内披露过半数董事保证真实、准确、完整的年度报告。

2. 持续经营能力

公司整车业务基本处于停产状态,鉴于公司已经进入重整阶段,预计公司整车业务3个月内仍不能恢复正常经营,整车的生产经营活动受到严重影响。

3. 资金占用解决方案

针对控股股东铁牛集团非经营性资金占用问题的解决方案,公司积极展开资金占用整改工作,经沟通协商,公司债权人总部中心、公司、控股股东签订附条件生效的《债务抵偿协议》,总部中心同意,在人民法院裁定受理众泰汽车重整之日豁免对公司的23,914.71万元债权,该等豁免金额相应抵偿铁牛集团对上市公司的资金占用。若签订上述《债务抵偿协议》后,法院裁定终止众泰汽车的重整程序,并宣告众泰汽车破产,则协议约定的债务豁免失效,各方债权债务恢复原状。

4. 业绩补偿

截至本次公告披露日,铁牛集团尚未履行上述业绩补偿义务,其因无继续经营的能力,缺乏挽救可能性而被法院宣告破产,后续公司获得清偿的金额需遵循《企业破产法》等的相关规定和铁牛集团破产程序相关情况而定。

---

① 深交所:公司部关注函〔2021〕第253号。

(四十七)2021 年 6 月 29 日,众泰汽车披露全资一级子公司被法院裁定受理破产清算

众泰汽车于 2021 年 6 月 29 日收到管理人转交的永康法院下发的(2021)浙 0784 破 21 号民事裁定书,深圳市比克动力电池有限公司以公司全资一级子公司永康众泰不能清偿到期债务,资产不足以清偿全部债务或者明显缺乏清偿能力为由,申请对永康众泰进行破产清算。永康法院经审理后裁定永康众泰破产清算,指定京衡律所担任管理人。

(四十八)2021 年 7 月 1 日,众泰汽车公开招募重整投资人

重整投资人招募的基本条件如下:(1)具有较高的社会责任感和良好的商业信誉,同时未被人民法院列入失信名单或被采取限制高消费措施;(2)拥有足够的资金实力进行投资,并能出具不低于 10 亿元的资信证明或其他履约能力证明;(3)具备清晰的内外部决策流程,能够高效完成相应的谈判和决策工作,能够在合理的时间内完成本次交易,确定性高;(4)本次投资人的招募不限行业,但从事整车制造行业或上下游行业、与众泰汽车具有产业协同性的,在同等条件下优先考虑;(5)两个或两个以上的投资人可联合参与投资,但至少一个投资人需符合上述条件;(6)投资人应当符合监管机构要求的其他相关条件;(7)管理人根据重整工作需要认为需要符合的其他条件。

承诺条件:(1)以不低于 20 亿元的重整对价参与重整,并在意向报名书中明确重整对价;(2)取得重整投资人资格、成为控股股东之后,继续注入资金、资源,带领众泰汽车在整车制造领域发展壮大。

(四十九)2021 年 8 月 5 日,众泰汽车召开第一次债权人会议

2021 年 8 月 5 日,金华中院召集召开了众泰汽车重整案第一次债权人会议。会议共分为以下 8 项议程:(1)法院指定债权人会议主席;(2)管理人作《管理人执行职务工作报告》;(3)管理人通报债权申报和审查情况,债权人会议核查债权;(4)管理人介绍《债务人财产状况报告》;(5)审议《财产管理与变价方案》;(6)审议《管理人继续执行职务议案》;(7)管理人作《管理人报酬及中介机构费

用报告》;(8)表决程序。会议表决通过了《财产管理与变价方案》[①]和《管理人继续执行职务议案》。

(五十)2021年8月12日,众泰汽车披露重整投资人的招募情况

在管理人规定的报名期内,有上海钛启汽车科技合伙企业(有限合伙)(以下简称钛启汽车科技)、江苏深商控股集团有限公司(以下简称江苏深商)、湖南致博智车股权投资合伙企业(有限合伙)(以下简称致博智车)3家意向投资人向管理人提交了报名材料;管理人正在对意向重整投资人提交的资料进行审查。后续公司、管理人将组织通过商业谈判或竞争性遴选的方式,确定最终的重整投资人。在意向重整投资人确定后,公司、管理人将结合重整工作进展,加快与意向重整投资人、债权人等各利益相关方的协商沟通工作。

(五十一)2021年9月8日,众泰汽车及相关当事人受到深交所纪律处分

2021年9月8日,众泰汽车收到深交所送达的《关于对众泰汽车股份有限公司及相关当事人给予纪律处分的决定》。因控股股东非经营性资金占用,关联交易未履行审议程序和信息披露义务,重大诉讼未能及时披露,深交所作出如下处分决定:(1)对众泰汽车给予公开谴责的处分;(2)对控股股东铁牛集团、实际控制人给予公开谴责的处分;(3)对公司时任董事长兼总裁、时任财务总监给予公开谴责的处分;(4)对公司时任财务总监、董事会秘书给予通报批评的处分。

(五十二)2021年9月28日,众泰汽车召开重整投资人现场评审会

2021年9月28日,在金华中院和永康法院的监督和见证下,重整投资人评审委员会对意向重整投资人进行了现场评审。2021年9月30日,根据评审投票结果最终确定由江苏深商作为公司重整投资人,钛启汽车科技、致博智车作为公司的后顺位备选重整投资人。

当日,公司及管理人与江苏深商签署了《众泰汽车股份有限公司重整投资协议》,重整投资款为20亿元,江苏深商同日向指定账户打款5.5亿元作为履行保

---

① 《财产管理与变价方案》主要内容为财产管理和未纳入重整范围财产变价的基本原则和规则,不涉及债务清偿安排。

证金(前期支付的5000万元报名保证金自动转入)。剩余14.5亿元重整投资款根据协议应于2021年10月25日前支付。该20亿元的足额到账,将作为众泰汽车及管理人向法院和债权人会议提交以江苏深商为重整投资人的重整计划草案的前提。

(五十三)2021年10月23日,众泰汽车披露出资人权益调整方案

1.资本公积转增股票

以众泰汽车现有总股本2,027,671,288股为基数,按每10股转增15股的比例实施资本公积转增股本共计3,041,506,932股。转增完成后,众泰汽车的总股本由2,027,671,288股增至5,069,178,220股。转增股票不向原股东分配,全部按照重整计划草案的规定进行分配和处理。其中,1,013,835,644股用于抵偿众泰汽车及其下属8家破产子公司[永康众泰、铁牛车身、众泰制造、众泰新能源、江南制造、浙江众泰汽车销售有限公司(以下简称众泰汽车销售)、杭州益维汽车工业有限公司(以下简称益维汽车)、杭州杰能动力有限公司(以下简称杰能动力),以下简称八家子公司]的债务;2,027,671,288股由重整投资人江苏深商及/或其指定的关联方和财务投资人有条件受让,且重整投资人或财务投资人任一方持有众泰汽车的股权比例均不超过29.99%,江苏深商及/或其指定的关联方和财务投资人合计支付的重整投资款为人民币20亿元。

2.重整投资人受让转增股票条件

江苏深商合计受让1,227,671,288股转增股票,受让条件为:(1)提供8亿元资金用于支付重整费用、清偿债务、补充公司流动资金;(2)维护好一定时期停工停产后的整车生产资质和相关市场准入,协助众泰汽车恢复整车制造产业;(3)利用产业协同优势,帮助众泰汽车尽快恢复全国性的销售网络;(4)向众泰汽车提供优质产业资源,引进高端技术开发团队,在全球范围内遴选车型;为众泰汽车导入纯电新能源汽车生产、产业技术支撑等;(5)发挥自身优势,尽可能最大限度保全众泰汽车全国范围内的各个基地;(6)通过综合方式推动众泰汽车下属指定平台履行原售各类汽车车型涉及的售后维保责任;(7)另行以资产评估值承接部分低效资产;(8)承诺本次受让的转增股票自登记至其名下之日起36个月内不减持,但其持有前述转增股票之后在同一实际控制人控制的不同主体之间

(含子公司)进行协议转让、无偿划转、实施增资不受前述持股锁定期限制;(9)江苏深商仍应当符合包括但不限于国家和地方证监、交易所、工业和信息化、发改、自然资源等监管部门和机构的其他相关条件。国家法律、规章、政策变化,不影响重整投资人的投资决策,重整投资人仍应全面履行重整投资人的义务。

3. 财务投资人受让转增股票条件

财务投资人合计受让8亿股转增股票,受让条件为:(1)按照1.5元/股价格受让转增股票,相应款项用于支付重整费用、清偿债务、补充公司流动资金;(2)充分利用其自身优势,支持众泰汽车发展;(3)承诺其与江苏深商不存在《证券法》《上市公司收购管理办法》等规定的一致行动情形,不是江苏深商的一致行动人;(4)承诺本次受让的转增股票自登记至其名下之日起12个月内不减持,但其持有前述转增股票之后在同一实际控制人控制的不同主体之间(含子公司)进行协议转让、无偿划转、实施增资不受前述持股锁定期限制;(5)应当符合包括但不限于国家和地方证监、证券交易所等监管机构的其他相关条件。国家法律、规章、政策变化,不影响财务投资人的投资决策,财务投资人仍应全面履行财务投资人的义务。

4. 转增股票中的1,013,835,644股用于清偿债务

八家子公司作为众泰汽车体系内的全资子公司,是众泰汽车整车板块业务中主要的经营实体,是众泰汽车原来主要的营业收入和利润来源,重整投资人参与众泰汽车重整的主要目标是使众泰汽车业务与资产具备持续经营能力,八家子公司现已进入破产程序且处于资不抵债境地,根据《企业破产法》的相关规定,众泰汽车对八家子公司享有的出资人权益将被调整为零。为使八家子公司继续保留在众泰汽车体系内,最大限度维护众泰汽车的营运价值,以实现众泰汽车资产价值最大化,并降低重整成本,从兼顾公平与效率角度出发,在重整计划草案获得各表决组表决通过并经法院裁定批准的基础上,众泰汽车出资人应向八家子公司提供部分转增股票以清偿其债务,化解八家子公司的债务风险,以使众泰汽车在相关子公司的最终股东权益不被调整。

基于以上原因,转增股票中的1,013,835,644股将分配给众泰汽车及八家子公司的债权人用于清偿债务,其中,约248,809,747股将分配给众泰汽车债权人用于清偿债务;为彻底化解八家子公司的债务风险,保全经营性资产,大幅度降

低资产负债率并彻底恢复持续盈利能力,约765,025,897股将提供给八家子公司用于向其债权人分配以清偿债务。债权人自受让转增股票之日起6个月内不得转让其所持有的众泰汽车股票。

如八家子公司中任意一家公司重整计划草案未获得债权人会议、出资人组会议通过且未能获得法院裁定批准,则该家公司单独进行破产,即视为该家公司的债权人会议否决了其参与统筹重整并获得股票、现金等偿债资源的方案。该家公司具体的清偿方案在其单独破产程序中另行确定,为其提供的用于偿债的股票资源将通过公开方式予以处置,处置所得款项视情况需要,与提供的用于偿债的现金资源一起用于在该家公司后续清算程序中购买部分资产,或补充作为为未申报债权预留的偿债资金,或补充众泰汽车现金流。

5. 业绩补偿的处理方案

2017年,众泰汽车实施了发行股份购买资产的重大资产重组,向铁牛集团等22名股东以发行股份的方式购买永康众泰100%股权,铁牛集团对重组标的公司永康众泰作出业绩承诺。鉴于重组标的公司在业绩承诺年度未实现业绩承诺,根据众泰汽车与铁牛集团签署的《补偿协议》载明的业绩补偿计算公式,铁牛集团作为业绩补偿义务人,应当补偿股份数量或金额分别为:(1)若以股份方式补偿,则2018~2019年度补偿股份合计为2018年度补偿股份+2019年度补偿股份=46,846.9734(万股)+109,719.6162(万股)=156,566.5896(万股)。(2)若以现金方式补偿,2018~2019年度补偿金额合计为2018年度补偿金额+2019年度补偿金额=417,406.53(万元)+977,601.78(万元)=1,395,008.31(万元)。(3)若以现金和股份相结合方式补偿,则2018~2019年度应补偿股份数为其持有的全部公司股份数量,即为78,625.0375万股,应补偿现金=1,395,008.31(万元)-78,625.0375(万股)×8.91(元/股)=694,459.23(万元)。

由于业绩补偿义务人铁牛集团持有众泰汽车股份仅为786,250,375股,其中累计已质押股份647,849,058股,铁牛集团客观上无法以股份方式履行补偿义务。因此,对于众泰汽车依法向铁牛集团申报的业绩补偿债权,铁牛集团管理人经审查,按照现金方式计算依法确认了业绩补偿债权共计1,395,008.31万元。同时,铁牛集团已于2020年8月31日由法院受理破产,2020年11月30日铁牛集团第一次债权人会议表决通过了破产财产变价方案,2020 年 12 月 18 日铁牛集团被法院宣告破产,后续铁牛集团所持众泰汽车股票权益依法须通过铁牛集团破产财产变价方案的执行由铁牛集团债权人享有。在铁牛集团按照破产财产分配方案向众泰汽车履行清偿责任后,视为铁牛集团依法向众泰汽车完成了业绩补偿义务。

(五十四)2021 年 11 月 5 日,众泰汽车披露控股股东一致行动人所持部分股票将被司法拍卖

众泰汽车通过查询获悉,金华中院将于 2021 年 11 月 29 日 10 时至 12 月 7 日 10 时在淘宝网司法拍卖网络平台上公开拍卖公司控股股东的一致行动人黄山金马集团有限公司持有的公司 80,000,000 股股份,占其所持公司全部股份的 75.78%,占公司总股本的 3.95%。

2021 年 11 月 29 日,本次拍卖已按期进行,网络拍卖成交价格为 551,884,850.00 元。截至 2021 年 12 月 10 日,上述拍卖的 80,000,000 股股份已成功完成过户。

(五十五)2021 年 11 月 9 日,众泰汽车召开债权人会议与出资人会议

1. 债权人会议召开情况

公司及八家子公司债权人会议以网络会议方式于 2021 年 11 月 9 日 9 时召开。会议主要为管理人作《管理人执行职务工作报告》,债权人会议核查债权,债权人会议审议重整计划草案等。会议审议并表决通过了重整计划(草案)。

根据众泰汽车重整计划(草案)的债权调整和受偿方案,有财产担保债权在评估价值范围内的部分优先受偿,分 5 年留债清偿;评估价值范围之外的部分按照普通债权清偿。

普通债权 10 万元以下的部分一次性现金清偿,10 万元以上的部分通过股票抵债清偿,即每 100 元普通债权分得约 7.70416025 股众泰汽车 A 股股票,股票抵债价格为 12.78 元/股。

因众泰汽车未披露其八家子公司的重整计划(草案),故无法得知八家子公司具体的清偿安排。但是,根据众泰汽车的出资人权益调整方案,转增股票除用

于众泰汽车引进重整投资人外，剩余的1,013,835,644股股票用于抵偿众泰汽车及其八家子公司的债务，故可以推测，八家子公司的重整计划（草案）亦是小额现金清偿加股票抵债。

2. 出资人会议召开情况

公司出资人会议于2021年11月9日14时30分召开，会议审议并表决通过了《众泰汽车股份有限公司重整计划草案之出资人权益调整方案》。

（五十六）2021年11月30日，众泰汽车重整计划被裁定批准

2021年11月30日，众泰汽车收到了金华中院送达的（2021）浙07破13号民事裁定书，裁定批准众泰汽车重整计划，并终止众泰汽车重整程序。

前期为解决上市公司资金占用问题，加快众泰汽车重整进程，2021年4月众泰汽车债权人总部中心与上市公司、铁牛集团签署《债务抵偿协议》，总部中心同意，在人民法院裁定受理众泰汽车重整之日豁免对上市公司的23,914.71万元债权，该等豁免金额相应抵偿铁牛集团对上市公司的资金占用。根据该重整计划，将资金占用解决方案调整为：众泰汽车下属子公司众泰新能源、众泰汽车销售、永康众泰、铁牛车身、益维汽车和杰能动力的普通债权人按照其重整计划的债权调整和受偿方案豁免债权中的23,914.71万元部分相应抵偿铁牛集团对上市公司的资金占用。豁免债权中的剩余部分相应抵偿上市公司的或有风险。若上述众泰汽车下属子公司中的一家或多家重整计划草案未表决通过且未取得法院批准，导致豁免债权不足23,914.71万元，则总部中心仍豁免缺口部分的债权。

（五十七）2021年12月1日，众泰汽车子公司重整计划被裁定批准

2021年12月1日，众泰汽车下属七家子公司收到了永康法院送达的民事裁定书，永康法院分别裁定批准众泰汽车下属七家子公司重整计划，并终止众泰汽车下属七家子公司重整程序。

2021年12月27日，众泰汽车下属子公司江南制造收到了长沙中院送达的民事裁定书，长沙中院裁定批准江南制造重整计划，并终止江南制造重整程序。

(五十八)2021年12月29日,众泰汽车披露实际控制人发生变更的公告

2021年12月29日,黄某宏与江苏深商、深圳市万驰投资合伙企业(有限合伙)(以下简称万驰投资)、吉林众富同人投资中心(有限合伙)(以下简称众富同人)、深圳市力驰投资合伙企业(有限合伙)(以下简称力驰投资)、深圳市国民数字信息技术有限公司(以下简称国民数字)、叶某青、金某淑签署了《委托协议书》,约定自签署之日起36个月内,江苏深商、万驰投资、众富同人、力驰投资、国民数字、叶某青、金某淑将其持有的合计24.22%的众泰汽车的股份对应的表决权委托给黄某宏行使,因此公司的实际控制人变更为黄某宏。

(五十九)2022年1月5日,众泰汽车披露下属八家子公司重整计划执行完毕

2021年12月28日,众泰汽车下属七家子公司分别收到永康法院送达的民事裁定书,确认众泰汽车下属七家子公司重整计划已执行完毕。

2021年12月31日,江南制造收到长沙中院送达的民事裁定书,确认江南制造重整计划已执行完毕。

(六十)2022年2月17日,众泰汽车资金占用问题得到解决

2021年12月1日,公司公告了经过金华中院批准的《众泰汽车股份有限公司重整计划》,根据该重整计划,资金占用解决方案为:众泰汽车下属子公司众泰新能源、众泰汽车销售、永康众泰、铁牛车身、益维汽车和杰能动力的普通债权人按照其重整计划的债权调整和受偿方案豁免债权中的23,914.71万元部分相应抵偿铁牛集团对上市公司的资金占用。

2022年1月25日,公司召开的第七届董事会第十次会议审议通过上述资金占用解决方案的调整。2022年2月17日,公司2022年度第一次临时股东大会审议通过上述资金占用解决方案的调整。至此,资金占用问题完全得到解决。

(六十一)2022 年 5 月 20 日,众泰汽车撤销退市风险警示并继续实施其他风险警示

公司关于撤销公司股票交易退市风险警示及部分其他风险警示的申请已获得深交所审核同意,截至本次公告披露日公司仅存在一项《深交所股票上市规则》(2022 年修订)第 9.8.1 条第 5 项规定的“公司生产经营活动受到严重影响且预计在三个月内不能恢复正常”的情形未消除。

公司股票于 2022 年 5 月 19 日停牌 1 天,2022 年 5 月 20 日开市起撤销退市风险警示并继续实施其他风险警示。撤销退市风险警示并继续实施其他风险警示后,公司股票简称已由“*ST 众泰”变更为“ST 众泰”,股票代码仍为 000980,股票交易的日涨跌幅限制为 5%。

(六十二)2022 年 8 月 24 日,众泰汽车披露铁牛集团破产进展

2022 年 8 月 23 日,铁牛集团债权人委员会表决通过《关于铁牛集团有限公司持有的众泰汽车股份有限公司股票的变价方案》《关于铁牛集团有限公司持有的众泰汽车股份有限公司未质押股票的实物分配方案》。2022 年 8 月 24 日,众泰汽车收到铁牛集团的告知函,主要内容如下:根据铁牛集团第一次债权人会议表决通过的财产管理和变价方案,对于铁牛集团所持众泰汽车股票,由管理人公开处置,具体方案经债权人委员会讨论通过或经永康法院同意后执行。

2022 年 10 月 21 日,铁牛集团收到永康法院下发的(2020)浙 0784 破 11 号之六十三民事裁定书,裁定对《铁牛集团有限公司财产分配方案》予以认可。

(六十三)2022 年 11 月 3 日,众泰汽车被撤销全部风险警示

公司于 2022 年 10 月 31 日召开第八届董事会 2022 年度第三次临时会议,审议通过了《公司关于申请撤销对公司股票交易实施其他风险警示的议案》,并于 2022 年 10 月 31 日向深交所提交了撤销对股票交易实施其他风险警示的申请。

2022 年 11 月 1 日,深交所同意撤销对公司股票交易实施的其他风险警示。

公司股票自2022年11月3日开市起撤销其他风险警示,股票简称将由"ST众泰"变更为"众泰汽车",股票代码仍为"000980"。撤销其他风险警示后,股票交易的日涨跌幅限制由5%变更为10%。

二、合规问题事实的总结

(一)上市公司暴露的问题

1. 关于业绩承诺问题

2017年,公司向铁牛集团等股东以发行股份的方式购买永康众泰100%股权,铁牛集团对永康众泰2016~2019年业绩作出承诺。2019年度永康众泰业绩未达到承诺标准,铁牛集团面临履行相应业绩承诺的压力。2020年7月,控股股东因面临业绩承诺压力及自身债务问题,进入预重整程序,后因其不具备重整价值,被受理法院宣告破产。

因铁牛集团自身不具备履行能力,对于业绩补偿问题,上市公司在向其申报债权,并获得清偿后,无论是否足额受偿,均视为该事项得到解决。

2. 关于资金占用问题

在铁牛集团进入重整程序后,2020年10月,经管理人调查确认,铁牛集团存在对众泰汽车3.1亿元的资金占用,众泰汽车的资金占用问题首次被揭开。

铁牛集团通过股权代持实现对捷孚传动的控制。2019年9月,众泰汽车与捷孚传动达成购买资产的协议,并陆续向其支付13.8亿元作为预付款,该项目后因相应资产不能及时过户而终止。铁牛集团通过对捷孚传动的控制,在该交易中实现了对众泰汽车3.1亿元的资金占用。

2021年4月,众泰汽车经与多方沟通协商后确定了资金占用问题的解决方案。具体解决方案为:(1)因铁牛集团作为担保人在2019年替众泰汽车下属子公司江南制造代偿7085.29万元贷款而形成债权,相关债务已转由众泰传动承接,众泰传动与铁牛集团由此互负债权债务关系,由众泰传动与铁牛集团进行债权债务抵销;(2)剩余23,914.71万元由众泰汽车债权人进行豁免,用于抵偿铁牛集团对上市公司的资金占用。

3. 自身债务风险的爆发与化解

受行业下行压力、资金占用及自身债务问题等因素的影响，众泰汽车 2019 年度至 2020 年度持续出现巨额亏损，2019 年归属于上市公司股东的扣除非经常性损益的净利润为 -1,113,105.78 万元，2020 年为 -1,064,848.59 万元，净资产为 -442,289.96 万元。另外，众泰汽车该两个年度财务报告均被审计机构出具非标准意见的审计报告。

因公司财务状况不佳，众泰汽车在 2020 年 9 月 16 日被债权人申请预重整后，9 月 21 日便进入了预重整程序。2020 年 10 月 10 日，同一债权人在申请众泰汽车预重整后，再度申请公司重整。与此同时，众泰汽车旗下八家子公司则自 2020 年 10 月起陆续进入重整程序。2021 年 6 月，众泰汽车被法院裁定重整，重整程序中通过现金清偿和股票抵债的方式成功化解众泰汽车及其八家子公司财务问题。

4. 上市公司及其相关责任人面临的监管责任

在众泰汽车资金占用问题爆发后，2020 年 11 月，控股股东铁牛集团便因资金占用涉及的信息披露违规问题被浙江证监局采取出具警示函的监督管理措施，但并未对公司实际控制人采取监管或行政处罚措施。另外，对于资金占用问题，除浙江证监局出具警示函外，中国证监会并未对涉事主体进行行政处罚，公安部门也并未开展刑事立案与侦查追究相关主体刑事责任。

（二）上市公司选择的解决方案

根据众泰汽车公开披露的相关信息，上市公司对于其面临的业绩承诺补偿问题、资金占用问题以及自身债务问题，自始至终均坚持通过破产重整统一解决。最终，通过上市公司、八家子公司、控股股东的破产或重整程序，众泰汽车成功解决了自身债务问题、资金占用问题和业绩承诺问题，其财务指标得到优化，成功摘星。

(三)合规问题解决时间轴(见图2－8－1)

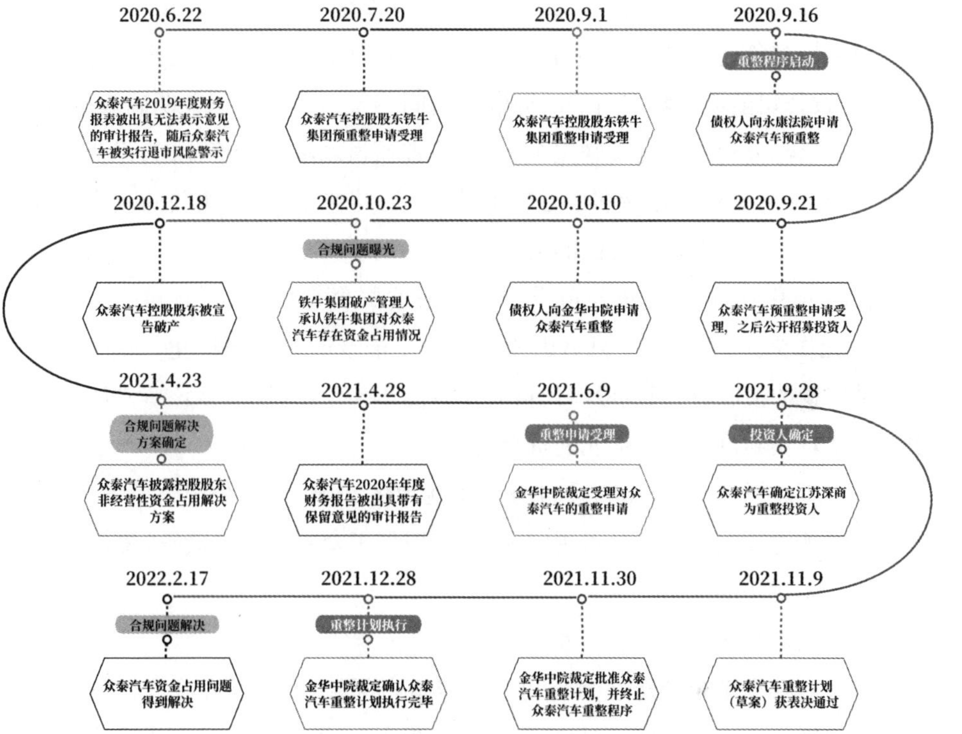

图2－8－1　众泰汽车合规问题解决时间轴

三、合规问题事实的分析

(一)众泰汽车面临的困境

1. 自身债务问题

受宏观经济形势的影响,加之环保标准切换、新能源补贴退坡、国六排放标准升级等不利因素,汽车行业整体景气度不高,行业竞争日趋激烈。2018 年我国汽车市场产销量首次下滑,2019 年至 2020 年产销量持续负增长颓势。受全行业下行压力,以及自身研发能力薄弱及新车推出缓慢等因素的影响,众泰汽车 2019 年起经营状况持续走低,2019 年汽车销量累计仅 11.66 万辆,同比大幅下滑50%。

公司内部控制失序,财务管理混乱。根据众泰汽车2020年9月24日公开披露的信息,众泰汽车的预付款账面金额高达20多亿元。在2021年4月,公司以相关预付款对象进入破产重整程序或经营困难为由,对28.14亿元预付款计提减值,导致公司前期实际支付的巨额资金瞬间蒸发。虽然公司曾明确表示,由于预付款对象与公司不存在关联关系,无法核查预付款项的最终流向,但仍有媒体披露,一些预付款对象在诸多的法院判决书、工商登记信息、相关的政府公开信息中被列为控股股东铁牛集团的关联方。①

2019年9月,众泰汽车与捷孚传动达成购买资产的协议,并陆续向其支付13.8亿元作为预付款,该项目后因相应资产不能及时过户而终止。铁牛集团作为捷孚传动的关联方,通过股权代持实现对捷孚传动的控制,在该资产收购交易中实现了对众泰汽车3.1亿元的资金占用。

综上所述,行业下行压力及自身研发能力的影响,以及公司财务管理混乱,暴露出的预付款问题和资金占用问题,最终引爆了众泰汽车的债务问题。

2.法律责任的承担

(1)纪律处分

由于众泰汽车未能建立健全和有效实施内部控制制度,存在大额资金被控股股东非经营性占用、关联交易未履行审议程序和信息披露义务、重大诉讼未能及时披露等多项违规行为,涉及金额巨大,市场影响恶劣,且众泰汽车相关董事、高级管理人员未能勤勉尽责,对上述违规行为负有责任,严重违反《深交所股票上市规则》(2018年11月修订)、《深交所主板上市公司规范运作指引》(2015年修订)等相关规定,深交所决定对众泰汽车给予公开谴责的处分,对众泰汽车相关责任人员给予公开谴责或通报批评的处分。

(2)行政监管措施

由于众泰汽车控股股东铁牛集团非经营性占用公司资金余额逾3亿元,众泰汽车未按规定履行该事项的审议程序和信息披露义务,众泰汽车未披露与交易方的关联关系,且未按规定对关联交易履行审议程序和信息披露义务,以及众

---

① 参见周淼:《*ST众泰破产迷局:谁吞掉了超20亿预付款》,载界面新闻2021年6月23日,https://www.jiemian.com/article/6184405.html。

泰汽车未真实披露前述关联交易的资金支付情况，并且众泰汽车董事长兼总裁、董事会秘书、财务总监未能勤勉尽责，对上述违规行为负有责任，违反《上市公司信息披露管理办法》(2017年，现已失效)、《16号文》的相关规定，浙江证监局决定对众泰汽车及相关责任人员采取出具警示函的监督管理措施，并计入证券期货市场诚信档案。

3. 退市风险

众泰汽车2019年度至2020年度持续出现巨额亏损，2019年归属于上市公司股东的扣除非经常性损益的净利润为-1,113,105.78万元，2020年为-1,064,848.59万元，净资产为-442,289.96万元。公司上述两个年度财务报告均被审计机构出具非标准意见的审计报告。若2021年度的财务数据没有任何改善或继续被审计机构出具非标准意见的审计报告，则公司将面临退市风险。

(二)控股股东面临的困境

1. 业绩承诺补偿责任

根据《补偿协议》的约定，铁牛集团作为业绩补偿义务人，应当补偿股份数量或金额分别为：(1)若以股份方式补偿，则应补偿156,566.5896万股股票。(2)若以现金方式补偿，则应补偿1,395,008.31万元现金。(3)若以现金和股份相结合方式补偿，则应补偿78,625.0375万股股票和694,459.23万元现金。

由于业绩补偿义务人铁牛集团持有众泰汽车股份仅为786,250,375股，其中累计已质押股份647,849,058股，铁牛集团客观上无法以股票方式履行补偿义务，只能以现金形式履行补偿义务。

2. 合规问题的限期解决

根据国务院《关于进一步提高上市公司质量的意见》相关规定，对已形成的合规问题，控股股东要限期予以清偿或化解。铁牛集团通过对捷孚传动的控制形成了对众泰汽车3.1亿元的资金占用。虽然众泰汽车与铁牛集团在问题被揭开后尝试解决该问题，但因铁牛集团自身债务问题严重，已无力靠自身承担资金占用的回填义务。

3. 法律责任的承担

(1)纪律处分

由于众泰汽车控股股东铁牛集团、实际控制人未能保证上市公司独立性,滥用其控制地位,通过违规占用巨额资金,直接侵占上市公司资金和资产,损害上市公司和其他股东的合法权益,违反其诚信义务,对众泰汽车非经营性资金占用及未及时履行信息披露义务负有责任,严重违反《深交所股票上市规则》《深交所主板上市公司规范运作指引》相关规定,深交所决定对众泰汽车控股股东和实际控制人给予公开谴责的处分。

(2)行政监管措施

由于众泰汽车控股股东铁牛集团对众泰汽车非经营性资金占用及未履行信息披露义务负有责任,违反《上市公司信息披露管理办法》(2007 年,现已失效)、《16 号文》的规定,浙江证监局决定对铁牛集团采取出具警示函的监督管理措施,并计入证券期货市场诚信档案。

(三)解决方案的选择

众泰汽车 2020 年披露其 2019 年年报,且其财务会计报告被审计机构出具非标准意见审计报告后,在众泰汽车还未来得及采取自救措施之际,债权人即于 2020 年 9 月申请公司预重整,永康法院同月便批准众泰汽车预重整。2020 年 10 月,同一债权人又向金华中院申请公司重整,与此同时,上市公司八家子公司也于 10 月起陆续进入破产程序。上市公司在就资金占用问题提出妥善解决方案,并获得中国证监会重整批文后,于 2021 年 6 月顺利进入重整程序,并最终通过上市公司及其子公司、控股股东的破产清算或重整程序解决了自身债务问题、资金占用问题和业绩承诺问题。

复盘众泰汽车风险化解的整体脉络后不难发现,上市公司及其子公司、控股股东的风险化解工作基本是由债权人主动推进的,上市公司及其子公司、控股股东均是被以“赶鸭子上架”的形式被动选择破产清算或重整。初步猜测,形成这一局面的主要原因在于以下几点。

1. 资产负债结构失衡,无法通过常规自力救济解决

在资产方面,根据众泰汽车进入重整前公开披露的信息,其 2020 年度经审

计的合并报表范围内净资产为-44.16 亿元,上市公司单体账面资产为 184.11 亿元,其中主要包括 140.41 亿元的长期股权投资和 42.30 亿元的其他应收款。根据众泰汽车重整程序的资产评估结果,上市公司名下资产的快速变现价值为 3.1 亿元。在负债方面,众泰汽车在进入重整程序前披露,其未清偿的到期债务高达 50 亿元左右。根据上市公司重整计划列示的债权申报与审查情况,债权人申报 81.81 亿元债权,管理人确认 53.57 亿元,不予确认 17.32 亿元,暂缓确认 8.4 亿元。上市公司资产变现能力差,负债规模较大。受行业下行影响,加之预付款问题和资金占用问题对上市公司流动资产的消耗,公司实际已经失去持续经营能力,难以通过协议重组等方式解决其面临的困境。

2. 重整程序可综合利用各种方式对债务进行合理调整

根据重整程序的债权审查结果,众泰汽车自身偿债压力可能超过 53.57 亿元。协议重组等债务化解方案难以通过股票抵债或打折清偿等方式对债务进行调整,而重整程序可以充分利用股票抵债或打折清偿等方式对债务进行调整。

众泰汽车已失去持续经营能力,因此,无论是协议重组还是破产重整均需要引入投资人,注入流动性才能最大限度解决公司的债务问题。与常规投资方式相比,通过重整程序进行股权收购的成本往往更低,即通过重整程序招募战略投资人更具有吸引力,根据市场化、法治化原则更容易招募到优质的战略投资人,为上市公司注入充分的流动性。

3. 重整程序对于优化财务指标效果明显,可达到保壳效果

众泰汽车 2019 年度和 2020 年度财务报告被出具非标准意见的审计报告,2020 年度经审计后的净资产为负,如果其财务指标不能得到改善,将面临退市的风险。

通过重整程序引入战略投资人,为上市公司注入流动性,为上市公司“开源”,可提高上市公司流动资产的占比,改善上市公司资产结构。通过重整程序的股票抵债、打折清偿等非现金清偿方式,可大规模化解上市公司债务问题,为上市公司“节流”。重整程序将引进战略投资人和债务调整相结合,可有效调节上市公司资产负债结构,优化财务指标,避免上市公司因净资产为负等财务问题退市。

4. 控股股东先行破产,无法通过常规手段解决资金占用和业绩承诺问题

控股股东铁牛集团先于上市公司进入重整程序,后因不具备重整价值而被

受理法院宣告破产，进入破产清算程序。控股股东实际已经不具有通过常规方式偿还资金占用款，履行业绩承诺义务的能力。

对于业绩承诺问题，众泰汽车通过向铁牛集团申报债权，等待破产清算程序清偿债权即可。对于资金占用问题，若仅通过铁牛集团的破产清算程序获偿，则必然导致大部分资金占用款不能收回，给上市公司利益造成重大损失，控股股东、实际控制人及其他责任人可能会面临《刑法》第169条之一规定的刑事责任。对于3.1亿元资金占用无法解决的窘境，通过重整程序的债务豁免予以解决，也许是最好的选择。

（四）具体的解决方案分析

1. 上市公司自身债务问题的解决

（1）众泰汽车重整方案

众泰汽车通过资本公积转增股票，以现有股本为基础，共计转增3,041,506,932股股票。转增股票中的1,013,835,644股分配给众泰汽车及其八家子公司的债权人用于清偿债务，剩余2,027,671,288股引入了江苏深商20亿元的重整投资。

有财产担保债权在对应担保财产的评估价值范围内全额留债清偿，留债期限为5年，评估价值范围之外的部分按照普通债权清偿。普通债权10万元以下部分以现金方式一次性全额清偿，10万元以上部分通过股票抵债清偿，100元普通债权分得约7.70416025股众泰汽车股票。

（2）众泰汽车八家子公司重整方案

众泰汽车未公开披露其八家子公司的债权清偿方案，因此我们无法获知八家子公司债务清偿方案的细节。但根据众泰汽车重整计划的安排，可以大致推断出八家子公司重整计划的总体安排。

为确保八家子公司继续保留在众泰汽车体系内，众泰汽车将向八家子公司提供部分转增股票和现金以清偿其债务。因此可以初步推断，在债务清偿方面，八家子公司大概率采取现金清偿加股票抵债的安排；在出资人权益调整方面，因众泰汽车提供了部分偿债资源，重整计划将不再安排出资人权益调整。

对于股票抵债安排，众泰汽车向八家子公司提供约765,025,897股股票用于向其债权人分配以清偿债务，上市公司仅保留248,809,747股股票用于清偿债务。对于这一安排,初步判断,可能存在以下原因:(1)八家子公司负债规模较大,需要更多股票用于清偿债务;(2)八家子公司承载了上市公司较多的实体业务,为了避免八家子公司在重整程序中将出资人权益调整为零,需要调用更多资源进行平衡;(3)债务人为了协助公司解决资金占用问题,豁免了上市公司23,914.71万元债务,为了补偿债权人的部分牺牲,在抵债价格方面可能会比上市公司的股票抵债价格要低,需要更多的抵债股票。

2. 业绩承诺问题的解决

因业绩承诺属于正常的商业交易行为,相关业绩补偿是基于一方违反合同约定产生的合同之债,该债务的产生与资金占用等相关问题相比,并未对上市公司造成实质性的损害,所以根据债的相对性,考虑到《补偿协议》仅在相对人之间产生法律约束力,在铁牛集团按照破产财产分配方案向众泰汽车履行清偿责任后,视为铁牛集团依法向众泰汽车完成了业绩补偿义务。

3. 资金占用问题的解决

(1)控股股东与众泰汽车相互抵销债务

铁牛集团对众泰汽车下属全资子公司众泰传动存在非经营性资金占用,并且因铁牛集团作为担保人在2019年替众泰汽车下属子公司江南制造代偿7085.29万元贷款而形成债权,而相关债务已转由众泰传动承接,众泰传动与铁牛集团之间互负债权债务关系。后众泰传动向铁牛集团发函行使抵销权,即众泰传动将其承接的对铁牛集团7085.29万元的债务与铁牛集团非经营性占用的众泰传动资金7085.29万元进行了抵销。抵销后,铁牛集团非经营性资金占用余额为23,914.71万元。

(2)债权人豁免债权抵偿铁牛集团的资金占用

为推动公司进入司法重整进程,解决控股股东及其关联方对公司的资金占用事宜,众泰汽车债权人总部中心与众泰汽车、铁牛集团签署《债务抵偿协议》,债权人同意,在人民法院裁定受理众泰汽车重整之日豁免对公司的23,914.71万元债权,该等豁免金额相应抵偿铁牛集团对上市公司的资金占用。

2021年11月30日,众泰汽车重整计划被法院裁定批准。根据该重整计划,将资金占用解决方案调整为:众泰汽车下属子公司众泰新能源、众泰汽车销售、永康众泰、铁牛车身、益维汽车和杰能动力的普通债权人按照其重整计划的债权调整和受偿方案豁免债权中的23,914.71万元部分相应抵偿铁牛集团对上市公司的资金占用,豁免债权中的剩余部分相应抵偿上市公司的或有风险。

若上述众泰汽车下属子公司中的一家或多家重整计划草案未表决通过且未取得法院批准,导致豁免债权不足23,914.71万元,则总部中心仍豁免缺口部分的债权。

该安排与天翔环境控股股东资金占用问题的解决类似,为了尽快获得中国证监会的重整批文,尽快推进上市公司的重整程序,公司首先与八家子公司的一位大债权人达成债权豁免代控股股东偿债的一致意见。在上市公司进入重整程序后,变更债务豁免安排,将债权豁免的适用对象扩展至八家子公司的全部债权人。若仅有一位债权人通过债权豁免协助公司解决资金占用问题,则上市公司、八家子公司难以对其牺牲作出补偿,相关债权人将会面临巨大损失。

(五)方案实施效果

关于上述方案的实施效果,其一,通过对有财产担保债权的留债清偿和普通债权现金清偿加股票抵债的清偿安排,以及对八家子公司注入偿债资源的安排,众泰汽车及其八家子公司成功化解了自身面临的债务问题;其二,通过重整程序外的债权债务抵销以及重整程序中由债权人豁免债权代控股股东偿还资金占用款的方式,众泰汽车成功化解了资金占用问题;其三,通过参与控股股东的破产清算程序获偿,业绩承诺问题得以化解;其四,通过引入战略投资人为公司注入流动性,改善了公司的资产状况和资产分布结构;其五,通过股票抵债等方式大规模化解了外部负债,有效改善财务指标。2021年度财务报告显示,公司经重整后的净资产已经由负转正,并成功撤销退市风险警示。

针对上市公司因资金占用问题导致的信息披露违规,浙江证监局对包括上市公司及控股股东在内的责任主体出具了警示函。中国证监会未对涉事主体予以行政处罚,公安部门也未开展刑事立案与侦查追究相关主体刑事责任。另外,未有投资者提起证券虚假陈述诉讼并要求公司及其他责任主体承担赔偿责任。对此,初步判断,一是因为资金占用规模相对不大,未触及监管部门的红线上①;

① 天翔环境的资金占用规模达到24.31亿元之多,公司及相关责任人被中国证监会给予相应行政处罚,公司实际控制人及其一致行动人也因资金占用问题涉及的信息披露违规被公安部门立案侦查,检察院也已对其提起公诉。

二是因为资金占用问题并非导致上市公司爆发债务问题的关键因素,故未被认定为严重损害上市公司利益;三是因为资金占用问题引发的信息披露违规并未严重影响投资者的投资判断和决策;四是因为公司在相关问题爆发后能够迅速开展风险化解工作,使违规问题得到有效控制,并通过重整程序得到化解。

(六)其他衍生影响

一是根据众泰汽车的公开披露信息,众泰汽车在重整程序结束后成功化解了自身债务问题、资金占用问题和业绩承诺问题,除控股股东持股因资本公积转增被稀释以及被全面计提坏账的20多亿元预付款外,无其他未解决的重大遗留问题。

二是控股股东股权被稀释,失去控制权。这几乎是上市公司重整案件的常见结果,只要上市公司引进战略投资人,并通过股票抵债的方式化解债务,如无其他配套重组和交易安排,控股股东的股份比例必然被稀释。

三是2021年,众泰汽车披露了对28.14亿元预付款计提减值准备的公告,虽然通过计提减值准备将该上市公司预付款的问题处理干净,但上市公司对预付款对象享有的债权并未消失,上市公司损失该部分货币资金的事实依然存在。后续公司未再披露向相关预付款对象追缴的信息,该问题最终不了了之。

四、本案的启示

在本案中,相较于资产体量,控股股东的资金占用问题本不应对众泰汽车造成太大影响,但叠加行业下行压力及运营盈利能力弱等因素,资金占用刺激债务爆雷。而此时,控股股东早已因自身债务问题被债权人申请破产。如前文分析,资金占用问题除导致上市公司资金紧张外,还将导致上市公司丧失采取其他风险化解手段之可能。考虑到以上种种因素,众泰汽车并未过多纠结而是迅速启动了重整程序,通过债务抵销、债权豁免扫清了进入重整程序的障碍。本案值得关注的是众泰汽车在重整过程中的投资人选任和重整后的发展。

在重整程序中,众泰汽车的造车资质、整车产能和销售渠道等优质资源吸引了多家车企报名,竞争战略投资者资格。众泰汽车管理人经公开竞标,最终选定江苏深商作为战略投资者。其时,江苏深商刚刚完成了对另一家上市公司庞大集团的收购。江苏深商对众泰汽车的产业布局,在重整计划中亦有体现——众泰汽车短期内将整合“众泰”“君马”品牌,合并集团内部不同品牌下的同质化车型,重整销售网络,集中优势资源以提振销量;长期则计划通过收购、合资等方式,构建品牌矩阵,布局中高端新能源汽车。但是,江苏深商通过两家上市公司的破产重整进行的资产收购与重组安排,均未产生良好的化学反应。如今庞大集团在重整成功之后仍因经营问题退居新三板,而众泰汽车寄予厚望的新款车型销量欠佳,未能成功打开微型电动车市场。另外,众泰汽车在 2023 年上半年预亏 2 亿 ~3 亿元,业绩未出现实质性改善。简言之,众泰汽车的重整程序虽然顺利结束但未对股价产生非常明显的拉动效应。

众泰汽车股价萎靡不振的后果之一是原控股股东铁牛集团拟通过“在重整程序中保留一定份额的上市公司股票,再以股票变现资金清偿债务”的预想难以实现。更进一步,如铁牛集团的债权人面临损失,则其很可能通过原实际控制人的个人保证等法律连接点,进一步要求原实际控制人承担个人偿付责任。就原实际控制人的角度而言,重整程序是成功的,但个人债务的风险处置是失败的,只要债务不能通盘化解,个人仍将背负巨额债务,乃至被债权人不断诉讼并身背法院限高、“黑名单”等失信措施,上市公司的重整成功并未将其从债务泥淖中解救出来。

一般而言,原实际控制人的亲身利益,一是与重整程序的成败息息相关,二是与上市公司重整后的前景和股价息息相关。上市公司的实际控制人应自始便以积极的心态和行动,主动地参与重整程序。例如,原实际控制人可以利用行业经验与资源引荐合适的战略投资者,又或对意向投资者的投资方案发表意见,剔除执行性不强的不成熟或不完善方案。原实际控制人的积极参与,将有效避免上述情况的发生,即重整企业未能获得真正的涅槃重生,且包含原实际控制人在内的利益相关方亦未能分享重整成功所带来的资本收益。

总之,如同本案所展现的结果一样,在很多实践案例中,实际控制人在企业进入重整程序后的避嫌心理或隐退状态副作用非常明显,使得原本可以妥善解决的自身债务未能解决,浪费了来之不易的重整机会。因此,本案带给市场的重要启示是,实际控制人有必要以更加积极无畏的心态“躬身入局”,建言献策。这不仅有利于自身利益的维护,也有利于重整企业的未来发展。

专题九　安通控股合规问题解决方案研究

安通控股成立于1998年10月30日,注册地位于黑龙江省齐齐哈尔市富拉尔基区向阳大街2号,主营货物运输及物流配送相关业务。公司重整前的控股股东/实际控制人为郭某泽及郭某圣①。

受控股股东资金占用、违规担保问题的影响,公司财务指标自2018年度开始显现偏离迹象,审计机构因资金占用和未决诉讼问题出具带强调事项的无保留意见。2019年公司年度财务报告被审计机构出具无法表示意见,此时的控股股东资金占用余额高达130,872.47万元,违规担保余额高达356,879.95万元。

在公司上述问题爆发初期,公司曾通过对外借款、引入专项资金、控股股东表决权委托等方式尝试解决公司困境,但最终因资金占用、违规担保以及公司自身债务规模过大,上述尝试失败。此后,在各方推动下,安通控股选择以司法重整的方式化解风险,通过“一揽子”方案解决资金占用、违规担保和自身债务问题,并获成功。

---

① 郭某泽及郭某圣分别直接持有安通控股股份531,804,174股(占安通控股总股本的比例为35.76%)和276,022,551股(占安通控股总股本的比例为18.56%),二人合计持有安通控股807,826,725股股份,合计持股比例为54.32%。

一、合规问题事实的梳理

（一）2019 年 4 月 26 日，安通控股签订重大合作框架协议

2019 年 4 月 26 日，安通控股与泉州市金融控股集团有限公司（以下简称泉州金控）、泉州交通发展集团有限责任公司（以下简称泉州交发）及泉州丰泽国有投资集团有限公司（以下简称丰泽国投）签订了《关于共同推进现代物流产业发展的合作框架协议》。协议具体情况如下：

各方共同设立总规模 20 亿元的现代物流业发展专项资金开展战略合作。专项资金将依托甲方的物流产业平台，投入集装箱物流、供应链管理、物流园区建设、物流信息化及港口发展等多个领域，共同推进地方物流产业做大做强。专项资金首期规模 7 亿元，将于协议签订后不久到位。合作各方将从该协议签订之日起尽快推动后续工作进程。合作各方后续将加强沟通，协调解决合作过程中涉及的有关问题。后续的合作方式将包括但不限于对公司子公司进行股权投资、流动资金贷款等方式。

（二）2019 年 4 月 30 日，安通控股首次披露违规担保和资金占用情况

安通控股披露《控股股东及其他关联方资金占用情况专项审核报告》，对 2018 年度非经营性资金占用情况进行汇总。该报告显示，资金占用方名称为泉州仁建安通集装箱有限公司（以下简称仁建安通），为实际控制人控制的公司，2018 年末占用资金余额为 1,130,775,538.30 元，占用形成原因为，为避免上市公司控股股东股票质押爆仓导致公司实际控制权变更，进而影响公司的经营稳定性，故产生了控股股东对上市公司的非经营性资金占用，占用性质为非经营性资金占用。

（三）2019 年 4 月 30 日，安通控股披露华普天健会计师事务所对 2018 年年度报告出具带强调事项的无保留意见

1. 关联方资金占用

安通控股实际控制人及其控制的其他企业将安通控股下属的泉州安通物流

有限公司(以下简称安通物流)、泉州安盛船务有限公司(以下简称安盛船务)等子公司资金通过其他单位借出并实际使用了上述资金,形成对安通控股的非经营性资金占用。截至2018年12月31日,上述占用资金本金及利息合计113,077.55万元;截至审计报告出具日,安通控股已收到了全部占用资金及利息,包含期后占用资金本金及期后利息40,513.15万元。

2. 未决诉讼

2019年4月11日,河南省高级人民法院开庭审理原告安某与被告郭某泽、安通控股和第三人仁建贸易营业信托纠纷一案,安通控股涉诉的对外担保总额为本金20,000.00万元及相应的利息、违约金,相关案件法院尚未判决。安通控股实际控制人、原董事长、原法定代表人郭某泽未经公司董事会、股东大会审议同意,以安通控股名义与安某签署了《保证合同》,为其个人的债务提供连带担保。安通控股经综合判断认为该事项不会对公司造成经济损失,审计机构认为该事项具有不确定性且金额较大。

(四)2019年5月9日,安通控股控股股东及实际控制人股份被冻结

2019年5月9日,两位控股股东、实际控制人持有的相应股份已经全部被司法冻结,此后,两位实际控制人的上述股份被多次轮候冻结。

(五)2019年5月16日,安通控股收到《关于对安通控股股份有限公司采取出具警示函措施的决定》

2019年5月16日,安通控股收到黑龙江证监局下发的《关于对安通控股股份有限公司采取出具警示函措施的决定》。因公司资金占用和违规担保事宜未履行法定的审议程序,也未及时履行信息披露义务,黑龙江证监局决定对公司采取出具警示函的行政监管措施,并记入资本市场诚信数据库。

(六)2019年5月18日,安通控股披露涉及违规对外担保及诉讼等相关事项

经核查,在安通控股未履行相关内部审批决策程序的情况下,存在的违规对外担保的金额合计2,073,415,959.74元(不包含利息及其他),占安通控股最近一期经审计净资产的61.27%。上述违规担保事项并未履行安通控股董事会或

者股东大会审议程序，也未履行用章审批程序，系安通控股实际控制人、原董事长、原法定代表人在未经安通控股董事会、股东大会审议同意，越权以安通控股名义签署的，该行为违反《公司法》及安通控股章程的相关规定，属于郭某泽利用其实际控制人、时任法定代表人和董事长的地位作出的越权代理行为。

经初步核查，涉诉案件涉及诉讼金额合计人民币 46，321.18 万元，占安通控股最近一期经审计净资产的 13.69%。

控股股东承诺，将在未来 1 个月内解除自身违规行为导致安通控股涉及金额合计 2，073，415，959.74 元的违规担保事项，以及解决因该事项带来的相关诉讼、资产冻结等问题，以消除对公司的不良影响。如因上述违规担保导致安通控股遭受经济损失，承诺赔偿相应损失。

（七）2019 年 6 月 19 日，安通控股股票被实施其他风险警示暨公司股票停牌

安通控股股票自 2019 年 6 月 19 日起被实施其他风险警示，A 股股票简称由“安通控股”变更为“ST 安通”，股票代码仍为“600179”。

被实施其他风险警示的原因为，公司控股股东、实际控制人未在承诺期限，即自 2019 年 5 月 18 日起 1 个月内解决上述违规担保问题。安通控股根据《上交所股票上市规则》（2018 年 11 月修订）第 13.4.1 条和第 13.4.2 条的规定，向上交所申请对公司股票实施其他风险警示。安通控股股票自 2019 年 6 月 18 日起停牌 1 天，于 2019 年 6 月 19 日复牌恢复交易。

（八）2019 年 7 月 27 日，安通控股披露控股股东委托股票表决权暨公司控制权发生变动的事宜

安通控股于 2019 年 7 月 26 日接到控股股东、实际控制人的通知，郭某泽与诚通湖岸投资管理有限公司（以下简称诚通湖岸）签署了《关于安通控股股份有限公司 29.99% 股份之表决权委托协议》（以下简称《表决权委托协议》），实际控制人将持有的安通控股股份中的 445，945，276 股股份（占安通控股总股本的 29.99%）所对应的表决权委托诚通湖岸行使。

委托股份表决权的委托期限自本协议生效之日起至下列情形孰早发生者届满之日止：（1）如诚通湖岸向安通控股及其子公司提供借款，则止于诚通湖岸提

供的借款本息清偿完毕之日;(2)如诚通湖岸通过债转股的方式,将对安通控股子公司的债权转为对其的股权,则止于诚通湖岸转让安通控股子公司全部股权之日(如诚通湖岸提供的借款部分/全部转为安通控股子公司的股权);(3)双方一致同意终止表决权委托事宜之日;(4)委托股份被司法机关强制执行,不再登记在实际控制人名下之日;(5)实际控制人对授权股份进行依法处分且该等股份不再登记于其名下之日;(6)自本协议生效之日起满12个月。

表决权委托完成后,原实际控制人在安通控股拥有可支配表决权股份占安通控股总股本的25.19%,不再拥有对安通控股的控制权。表决权委托完成后,诚通湖岸在安通控股拥有可支配表决权股份占安通控股总股本的29.99%,诚通湖岸的实际控制人为张某琳,安通控股的控股股东将由郭某泽和郭某圣变更为诚通湖岸,实际控制人将由郭某泽变更为张某琳。

2019年7月28日,安通控股接到原实际控制人的通知:郭某泽与诚通湖岸签署了《关于安通控股股份有限公司29.99%股份之表决权委托协议之补充协议》(以下简称补充协议),进一步明确了双方关于本次表决权委托事项的权利和义务,郭某泽和郭某圣对安通控股董事会成员任免、安通控股业务经营重大事项仍拥有控制权。补充协议签署后,安通控股控制权未发生变更,安通控股控股股东仍为郭某泽和郭某圣、实际控制人仍为郭某泽。

(九)2019年7月27日、30日,上交所对安通控股股东委托表决权暨控制权变更事项进行问询

安通控股于2019年7月27日收到上交所《关于对安通控股股份有限公司股东委托表决权暨控制权变更事项问询函》[①],2019年7月30日收到上交所《关于对安通控股股份有限公司股东签署表决权委托协议的补充协议暨控制权未发生变动事项的问询函》[②]。上交所针对表决权委托和安通控股控制权变动的相关事宜进行了询问,安通控股于2019年8月3日就相关询问做出了回复。

1. 关于表决权委托的原因

表决权委托基于受托人诚通湖岸在投资管理、资产管理等方面具有丰富的

---

① 上交所:上证公函[2019]1067号。
② 上交所:上证公函[2019]1085号。

专业经验,在引入战略投资者方面具有一定的背景资源,希望受托人在后续引入战略投资者等方面发挥较大作用,不存在其他安排。

诚通湖岸的主业是投资管理、资产管理和企业纾困,与郭某泽签署《表决权委托协议》的初衷是因为近两年接触了很多需要纾困的上市公司,认为未来有很多的业务机会,想把帮助安通控股成功走出困境做成一个典型案例,借此为诚通湖岸后续赢得更多相关业务机会。诚通湖岸与安通控股实际控制人一直洽谈的是表决权委托事宜,希望能帮助安通控股走出困境,并无意获取安通控股控制权。对于安通控股的违规担保和债权债务情况,诚通湖岸仅针对安通控股的公开信息进行了初步了解,对相关问题的解决暂未制订详细计划或安排。

2. 关于安通控股实际控制人的变动

表决权委托中的受托方并非以持有上市公司股份、控制上市公司为最终目的,表决权委托是公司股东希望受托人在后续引入战略投资者等方面发挥较大作用的阶段性安排。诚通湖岸并不谋求上市公司控制权,为此,诚通湖岸与郭某泽在 2019 年 7 月 28 日签署《补充协议》对此做了进一步明确。因此,安通控股实际控制人未发生变更。诚通湖岸不因表决权委托事项与原实际控制人郭某泽、郭某圣构成一致行动人,表决权委托未触发要约收购义务。

3. 关于实际控制人的债务问题

截至该次公告日,安通控股实际控制人债务主要由股权质押融资债务、其他融资或担保形成的债务构成。其中,股权质押融资债务合计约 53. 89 亿元,其他融资或担保形成的债务合计约 27. 28 亿元,总计约 81. 17 亿元。以上债务基本都已到期或触发提前到期条件。

在该次表决权委托事项公告日前,安通控股实际控制人一直在与债权人积极沟通,希望通过表决权委托等方式引进战略投资者,从而解决安通控股违规担保问题及实际控制人自身债务问题,前述已沟通过的债权人涉及的债务金额超过实际控制人整体债务规模的 65% 。《补充协议》明确了在委托期限内,诚通湖岸就提名、选举以及罢免董事的事项以及安通控股引进股权投资方、资产重组、发行股份购买资产等事项行使委托股份的表决权,须事先取得郭某泽的书面同意,郭某泽和郭某圣作为一致行动人对安通控股董事会成员任免、安通控股业务经营重大事项等仍拥有控制权。因此,该次表决权委托不涉及控制权变更。该次表决权委托未违反实际控制人与相关债权人之间的协议约定，不存在潜在法律风险。

4. 关于签订前述《补充协议》的原因

在关于控制权变更的相关公告披露以后，协议签订双方发现这不是他们的真实意愿表示，考虑到此事项为安通控股股价敏感事项，为避免误导投资者，双方紧急磋商，签订了《补充协议》，对表决权委托事项做了进一步的明确，不涉及控制权变更，并及时进行了公告。

（十）2019 年 8 月 29 日，安通控股与招商局港口集团股份有限公司（以下简称招商港口）、中航信托股份有限公司（以下简称中航信托）签订《战略合作框架协议》

2019 年 8 月 29 日，安通控股与招商港口、中航信托签订了《战略合作框架协议》。该协议旨在解决安通控股存在的流动性紧张问题，涉及三方合资设立平台公司，招商港口、中航信托或其指定方通过合作平台公司为安通控股注入一定的流动性，总金额不超过 55, 000 万元，首期金额不超过 25, 000 万元。具体合作方式及步骤为：

由安通控股或其指定的控股子公司、招商港口或其指定的控股子公司、中航信托指定的第三方共同出资设立招商安通物流管理有限公司（以下简称招商安通），注册资本为人民币 5000 万元，由安通控股并表；在符合相关法律法规并履行相关内部审批程序的前提下，安通控股或其指定的控股子公司、招商港口或其指定的控股子公司可分别将其届时持有的合作平台公司的部分股权进行管理层持股安排。

合作平台公司成立后，由招商港口（或其指定的控股子公司）和中航信托指定的第三方在履行各自相应审批程序后分别向合作平台公司提供金额不超过人民币 5000 万元和人民币 50, 000 万元的股东借款。其中招商港口（或其指定的控股子公司）提供的股东借款金额为人民币 5000 万元，中航信托指定的第三方提供的第一期股东借款金额为人民币 20, 000 万元。

合作平台公司作为委托人，以不超过人民币 55, 000 万元的金额委托中航信托设立单一资金信托，其中第一期信托单位资金规模为人民币 25, 000 万元，具体以届时签署的协议为准。

单一信托设立后,中航信托以自己的名义,根据单一信托文件的约定向安通控股及其下属子公司提供供应链金融服务,为该等公司的主营业务提供现金流支持。

为促进安通控股与招商港口及其关联方开展深度的业务合作,安通控股将全力推动其航线挂靠招商港口旗下港口,并且推动与招商港口旗下港口进一步签署战略合作协议。

(十一)2019 年 9 月 4 日,合作平台公司招商安通成立

按前述《战略合作框架协议》,安通控股的间接全资子公司泉州安通物联网有限责任公司(以下简称泉州安通)与招商港口、中航信托的指定方山东省鑫诚恒业集团有限公司(以下简称鑫诚恒业)共同出资设立招商安通。招商港口持有招商安通 40% 股份,认缴出资额为 2000 万元人民币;泉州安通持有 40% 股份,认缴出资额为 2000 万元人民币;鑫诚恒业持有 20% 股份,认缴出资额为 1000 万元人民币。

鑫诚恒业是由中航信托指定的第三方,青岛市即墨区国有资产运营服务中心 100% 持有其股份,其主营业务为在市政府授权范围内行使国有资产所有者权能、管理经营政府资产项目和蓝色新区范围内基础设施配套及公共事业项目、土地开发整理及征用。

成立招商安通的主要目的是通过此合作平台公司获取来自招商港口、鑫诚恒业的股东借款,进而通过设立信托等方式缓解流动性问题,从而提升公司业务并重振市场信誉。

(十二)2019 年 9 月 7 日,安通控股披露招商安通获取大额股东借款情况

招商港口和鑫诚恒业拟分别向招商安通提供股东借款(金额合计不超过人民币 55,000 万元),同时泉州安通拟将其持有的招商安通 8% 的股权以及 32% 的股权分别质押给招商港口以及鑫诚恒业,作为对股东借款的担保。具体而言,招商港口拟以其自身或其控股子公司为主体向招商安通提供合计不超过人民币 5000 万元的借款,借款期限不超过 2 年(含);鑫诚恒业拟向招商安通提供合计人

民币 50,000 万元的借款,借款期限不超过 2 年(含)。

安通控股于 2019 年 9 月 5 日召开第六届董事会 2019 年第四次临时会议,以 7 票赞成、0 票反对、0 票弃权审议通过了《关于以子公司股权质押作为担保进行贷款的议案》,同意公司间接全资子公司泉州安通将其持有的招商安通 8% 的股权以及 32% 的股权分别质押给招商港口以及鑫诚恒业。

(十三)2019 年 10 月 12 日,安通控股签订《全面战略合作框架协议》

由于安通控股存在流动性紧张的情况,该次框架协议的内容主要涉及:泉州金控、泉州交发、丰泽国投拟向招商安通或招商安通指定主体提供总金额不超过人民币 3 亿元的借款或其他形式的资金支持;由中航信托和招商安通共同指定的主体与泉州金控、泉州交发、丰泽国投按照 2∶1 的出资比例,在泉州成立总规模人民币 6 亿元的物流产业基金。截至本次公告披露日,正式的借款协议及设立物流产业基金的协议尚未签署,仍存在不确定性。具体合作方式及步骤如下:

泉州金控、泉州交发、丰泽国投经市政府或其国资监管机构同意,在履行各自相应审批程序后,原则上不晚于 2019 年 11 月 15 日向招商安通或招商安通指定主体提供金额不超过人民币 3 亿元的借款或其他形式的资金支持(以下简称借款),借款到位具体时间以相关方届时签署的协议为准。

借款期限为 2 年,借款年利率为 6.6%,按年付息,到期还本,招商安通有权提前偿还该笔借款,安通控股在履行上市公司相应程序后为借款提供担保。上述借款及担保的安排和具体内容以相关方届时签署的协议为准。

借款在按照借款协议约定支付至招商安通或招商安通指定主体后,专项为安通控股提供现金流支持,泉州金控、泉州交发、丰泽国投可协商确定向招商安通派驻一名财务人员对借款的使用情况进行监管,安通控股及招商安通应每月向泉州金控、泉州交发、丰泽国投提交借款的使用明细。

在履行相应的审批程序后,由中航信托、招商安通共同指定的主体与泉州金控、泉州交发、丰泽国投按照 2∶1 的出资比例,在泉州成立总规模人民币 6 亿元的物流产业基金。该基金将用于购置船舶、集装箱等资产,增大安通控股的船舶运力规模,补充可调配的集装箱资源。上述各方原则上在 2019 年 12 月 31 日前,启动物流产业基金的成立工作。

(十四)2019 年 10 月 31 日,安通控股披露公司部分银行账户被冻结

因不能履行生效判决,安通控股及下属五家子公司的银行账户被冻结。此后,更多债权人申请法院对安通控股及其下属子公司的相关银行账户进行冻结。

(十五)2019 年 12 月 16 日,安通控股两家全资子公司安通物流、安盛船务被申请重整

2019 年 12 月 16 日,安通控股收到安通物流通知,安通物流于 2019 年 12 月 16 日收到福建省泉州市中级人民法院(以下简称泉州中院)的通知书[(2019)闽 05 破申 87 号],该通知称,广州东湾运输有限公司(以下简称东湾运输)以安通物流不能清偿到期债务且有明显丧失清偿能力的可能为由,向泉州中院申请对安通物流进行重整。

2019 年 12 月 16 日,安通控股收到全资子公司安盛船务通知,安盛船务于 2019 年 12 月 16 日收到泉州中院的通知书[(2019)闽 05 破申 91 号],该通知称,福建世纪昆仑商贸有限公司(以下简称世纪昆仑)以安盛船务不能清偿到期债务且明显缺乏清偿能力为由,向泉州中院申请对安盛船务进行重整。

(十六)2019 年 12 月 19 日,上交所决定对安通控股、实际控制人暨时任董事长及有关责任人予以纪律处分的决定

安通控股多次违规与实际控制人及其关联方发生巨额非经营性资金往来,多次违规为实际控制人及其控制的企业提供巨额担保,内部控制存在重大缺陷,筹划控制权转让事项不审慎、前后信息披露不一致,严重违反了《16 号文》、《上交所股票上市规则》和《上交所上市公司内部控制指引》等相关规定。

鉴于上述违规事实和情节,根据《上交所股票上市规则》《上交所纪律处分和监管措施实施办法》的有关规定,上交所作出如下纪律处分决定:对安通控股,实际控制人暨时任董事长,实际控制人暨时任董事长兼总经理(代行董事会秘书),时任财务总监予以公开谴责,并公开认定郭某泽、郭某圣 10 年内不适合担任上市公司董事、监事和高级管理人员;对安通控股时任董事会秘书兼副总经理,时任董事兼副总经理,时任董事,时任独立董事予以通报批评。

（十七）2019 年 12 月 19 日，泉州中院裁定受理两家子公司重整

2019 年 12 月 19 日，安通控股收到安通物流转来的泉州中院送达的(2019)闽 05 破申 87 号民事裁定书，泉州中院裁定受理东湾运输对安通物流提出的重整申请。2019 年 12 月 19 日，安通控股收到安盛船务转来的泉州中院送达的(2019)闽 05 破申 91 号民事裁定书，泉州中院裁定受理世纪昆仑对安盛船务提出的重整申请。

根据泉州中院(2019)闽 05 破申 87 号决定书和(2019)闽 05 破申 91 号决定书，泉州中院指定泉州市丰泽区人民政府牵头成立的清算组为安通物流以及安盛船务的管理人。

（十八）2020 年 1 月 23 日，安通控股披露 2019 年年度业绩预亏公告

安通控股 2019 年度实现归属于上市公司股东的净利润预计为亏损 29.89 亿元至 44.77 亿元；预计 2019 年度非经常性损益对净利润的影响金额约为 -20.92 亿 ~ -10.04 亿元。

其中，安通控股存在为大股东及其关联方提供违规担保的情况，部分违规担保的债权人已向公司提起诉讼。公司根据已经核实并披露的情况初步判断该等违规担保可能需确认 10.89 亿 ~ 21.77 亿元的预计负债，对 2019 年度净利润影响预计为 -21.77 亿 ~ -10.89 亿元。

（十九）2020 年 3 月 18 日，安通控股被中航信托申请重整

2020 年 3 月 25 日，安通控股收到债权人中航信托的通知书。通知书显示，2020 年 3 月 18 日，中航信托以公司不能清偿到期债务且明显缺乏清偿能力为由，向泉州中院申请对公司进行重整。

截至公告日，公司涉及在未履行相关内部审批决策程序的情况下，存在的控股股东违规对外担保的金额合计人民币 244,214.15 万元，占公司最近一期经审计净资产的 72.16%；因控股股东的违规担保公司涉及诉讼金额合计人民币 218,638.36 万元，占公司最近一期经审计净资产的 64.60%。

(二十)2020 年 4 月 15 日,安通控股全资子公司召开第一次债权人会议

安通控股全资子公司安盛船务重整案和安通物流重整案第一次债权人会议分别于 2020 年 4 月 15 日上午 10 时整、下午 14 时 30 分以网络会议方式召开。

1. 安盛船务第一次债权人会议召开情况

安盛船务第一次债权人会议主要议程包括管理人介绍阶段性工作报告,债务人作生产经营情况报告,管理人作财产状况调查报告、债权审查工作报告,管理人介绍财产管理方案并提交债权人会议表决等。债权人会议顺利完成既定会议议程,并表决通过了财产管理方案。

2. 安通控股第一次债权人会议召开情况

安通控股第一次债权人会议主要议程包括管理人介绍阶段性工作报告,债务人作生产经营情况报告,管理人作财产状况调查报告、债权审查工作报告,管理人介绍财产管理方案(草案)并提交债权人会议表决等。债权人会议顺利完成既定会议议程,并表决通过了财产管理方案(草案)。

(二十一)2020 年 4 月 28 日,安通控股收到中国证监会调查通知书

安通控股于 2020 年 4 月 28 日收到中国证监会调查通知书,因公司涉嫌信息披露违法违规,中国证监会决定对公司进行立案调查。

(二十二)2020 年 4 月 29 日,安通控股收到上交所监管工作函

安通控股于 2020 年 4 月 29 日收到上交所出具的《关于安通控股股份有限公司 2019 年年报有关非经营性资金占用及违规担保事项的监管工作函》①。上交所要求公司进一步披露资金占用和违规担保的相关情况。

(二十三)2020 年 4 月 30 日,安通控股披露资金占用和违规对外担保情况

截至 2020 年 4 月 30 日,安通控股存在控股股东违规对外担保的金额合计人民币 356,879.95 万元,因控股股东的违规担保,公司涉及诉讼金额合计人民币 218,638.36 万元。

---

① 上交所:上证公函[2020]0428 号。

在自查中发现存在控股股东占用非经营性资金的情况，截至2019年12月31日，资金占用余额合计为130，872.47万元。

（二十四）2020年4月28日，会计师事务所为安通控股2019年财务报告出具无法表示意见的审计报告

1.以持续经营为假设编制财务报表的合理性

安通控股2019年度亏损严重，面临大量诉讼及对外担保事项，主要银行账户被冻结，大额债务逾期未偿还，且重要子公司安通物流、安盛船务于2019年12月经法院批准进入破产重整程序，母公司于2020年3月被债权人向法院申请破产重整。虽然安通控股管理层已经采取措施改善经营状况和财务状况，但持续经营能力仍存在重大不确定性。

2.违规担保及诉讼事项

安通控股未履行适当的审批程序，以安通控股公司及子公司名义作为担保人对外提供融资担保，并且多项担保已涉及诉讼。截至2019年12月31日，安通控股已发现的违规担保金额合计人民币207，341.60万元。本书期对违规担保事项计提2019年年度报告预计负债67，858.79万元。截至审计报告日，安通控股发现的违规担保金额合计为人民币356，879.95万元。

3.资产减值损失和信用减值损失

安通控股2019年度计提的资产减值损失和信用减值损失金额为193，805.20万元，其中对于大股东资金占用形成的余额130，872.47万元全额计提损失。由于资产减值损失和信用减值损失金额的确定依赖公司管理层的判断，因此，虽然审计机构执行了相应的程序对资产减值事项进行查验，但无法判断2019年度的减值情况是否公允反映。

4.收购广西长荣海运有限公司（以下简称广西长荣）股权事项

安通控股董事会审议通过了《关于子公司安盛船务收购广西长荣100%股权的议案》，收购价格为4.05亿元。2019年度，广西长荣收入为7680.03万元，净利润为－24，333.77万元，影响广西长荣2019年度利润的主要因素为各类资产的减值，金额为－21，784.87万元，占收购时点净资产的比例为55.51%。由于广西长荣的资产减值金额较大，减值时点与收购时点间隔较短，审计机构无法判断

安通控股对广西长荣收购价格的公允性。

5. 比较信息延续至报告期的认定

安通控股2019年度的部分财务指标与可比期间存在较大的偏差，且未能得到合理的解释。同时，根据公司向审计机构提供的关联方及公司交易清单，审计机构将该清单的信息与公司披露的其他信息进行对比，无法判断该清单编制的一致性和完整性。上述事项的影响可能非常广泛，审计机构无法判断其对2019年度及可比期间财务数据的影响程度。

（二十五）2020年5月6日，安通控股被实施退市风险警告

安通控股2019年度经审计的期末净资产为负值（-981,629,265.93元），被审计机构出具无法表示意见的审计报告，导致安通控股被实施退市风险警示。安通控股自2020年5月6日起，由“ST安通”变成“*ST安通”。

（二十六）2020年5月22日，上交所对安通控股2019年年度报告的信息披露进行问询

安通控股于2020年5月22日收到上交所《2019年年度报告的信息披露监管问询函》①。上交所主要针对违规担保、资金占用及经营业绩等事项进行了询问。安通控股在延期2个月之后，于7月14日正式回复上交所的询问。

1. 关于违规担保问题

2018年8月至10月，安通控股新增14笔违规担保，涉及金额14.95亿元。针对因控股股东违规担保引发的诉讼，个别诉讼已经由案件受理法院下发终审判决，安通控股根据相应判决结果，并结合律师事务所出具的专项法律意见，对2019年度违规担保事项计提预计负债6.79亿元。

2. 关于资金占用问题

截至2020年7月，控股股东非经营性资金占用余额为13.09亿元。非经营性资金被占用的原因主要是：自2018年以来金融强去杠杆，资本市场表现低迷超预期，导致公司股价跌幅巨大，从而导致了控股股东股票质押跌破预警线、平仓线，急需资金补充股票质押，按期支付股票质押利息等。实际控制人为了避免

---

① 上交所：上证公函[2020]0559号问询函。

发生逾期导致个人出现征信风险给上市公司带来重大负面影响,故形成了较大额度的资金占用事项。

(二十七)2020 年 7 月 8 日,安通控股收到黑龙江证监局行政处罚及市场禁入决定书

2020 年 4 月 28 日,黑龙江证监局针对安通控股资金占用和违规担保涉及的信息披露违规问题立案调查。2020 年 7 月 8 日,安通控股收到黑龙江证监局行政处罚决定书及市场禁入决定书。

经查,2017 年 2 月 ~2019 年 3 月,安通控股及其子公司对外提供担保(不含对子公司的担保)共计 30 笔,金额累计达 633,356.09 万元,截至调查日,担保余额 399,947.93 万元。上述对外担保情况未及时披露,亦未在 2017 年年度报告、2018 年半年度报告和 2018 年年度报告中完整披露。

2018 年 1 月 ~2019 年 8 月,安通控股 8 家并表公司的资金通过广西易通物流有限公司(以下简称易通物流)等 26 家公司和 2 个自然人转给公司控股股东实际使用,上述控股股东及其关联方涉及非经营性占用资金的关联交易累计 418,454.43 万元,截至调查日占用余额为 130,872.47 万元。上述关联交易情况未及时披露,亦未在 2018 年半年度报告、2018 年年度报告、2019 年半年度报告中披露,上述控股股东及其关联方非经营性占用资金情况未在 2018 年年度报告中完整披露。

2018 年 5 月 ~2020 年 5 月,安通控股共计发生 147 件诉讼和仲裁事项,累计涉案金额 378,922.72 万元,其中部分重大诉讼和仲裁情况未及时披露,亦未在 2019 年半年度报告中完整披露。

根据相关责任人违法行为的事实、性质、情节与社会危害程度,依据《证券法》(2005 年修订)第 193 条第 1 款、第 3 款的规定,黑龙江证监局决定:(1)对安通控股责令改正,给予警告,并处以 60 万元罚款;(2)对郭某泽给予警告,并处以 90 万元罚款,其中作为直接负责的主管人员罚款 30 万元,作为控股股东罚款 60 万元;(3)对郭某圣给予警告,并处以 90 万元罚款,其中作为直接负责的主管人员罚款 30 万元,作为控股股东罚款 60 万元;(4)对李某海给予警告,并处以 20 万元罚款;(5)对王某文给予警告,并处以 10 万元罚款。

此外,根据相关责任主体违法行为的事实、性质、情节与社会危害程度,根据《证券法》(2005 年修订)第 233 条和《证券市场禁入规定》(2006 年 7 月 10 日施行,证监会令第 115 号)第 3 条、第 5 条的规定,黑龙江证监局决定对有关责任人员采取市场禁入措施:(1)对郭某泽采取终身证券市场禁入措施;(2)对郭某圣采取终身证券市场禁入措施;(3)对李某海采取 5 年证券市场禁入措施。

(二十八)2020 年 7 月 24 日,中航信托参与重整,兜底解决剩余占用资金及违规担保问题

为推动安通控股尽快进入重整程序,安通控股与中航信托及郭某泽、郭某圣于 2020 年 7 月 24 日签订《协议书》,主要内容如下:

中航信托看好其与安通控股的产业协同效应及安通控股未来的发展潜力,若安通控股后续顺利被人民法院裁定进入破产重整程序,在履行完相应内外部审批程序后,中航信托愿意在合理条件下以包括但不限于受让安通控股资本公积转增的股票等方式,参与安通控股的破产重整程序,以实现中航信托对安通控股的战略投资。安通控股与郭某泽、郭某圣同意为中航信托参与安通控股的重整工作提供必要的支持。

根据 2020 年 7 月 8 日行政处罚决定书中的立案调查结果,安通控股及其子公司被控股股东违规非经营性占用资金约 13.09 亿元。在中航信托依法被确定成为安通控股重整投资人的先决条件下,中航信托承诺解决资金占用问题,以使安通控股能够全额收回被占用的资金。

根据行政处罚决定书中的立案调查结果,安通控股及其子公司存在违规为控股股东等关联方以及其他方提供担保的情形,担保余额约 39.99 亿元。该 39.99 亿元违规担保债权由控股股东合法财产负责偿还,不足部分,在中航信托依法被确定成为安通控股重整投资人的先决条件下,中航信托承诺予以解决。若破产重整程序中的前述经生效法律文书确认的违规担保债权已由控股股东合法财产作了清偿安排,则视为安通控股及其子公司的清偿责任履行完毕,中航信托无须再解决。

(二十九)2020 年 7 月 27 日,招商港口向安通控股出具支持函

招商港口在支持函中称,若能通过破产重整程序化解安通控股 3 家公司的

债务危机,招商港口将为安通控股提供如下支持:

在安通控股现有股东和债权人能通力协作,通过合法方式全面解决其控股股东违规占用资金,为控股股东等关联方违规提供担保等问题,有效化解 3 家公司的债务危机后,若安通控股后续顺利被法院裁定进入重整程序,在与管理人及/或安通控股等相关各方就具体投资方案协商一致的基础上,且在符合相关法律法规并履行相应国资审批及公司作为上市公司应履行的相关内部批准等程序的前提下,招商港口或其指定的第三方有意向通过包括但不限于对安通控股进行战略投资等方式支持安通控股的破产重整事项。

在安通控股顺利实施破产重整且招商港口或其指定的第三方成功对安通控股进行战略投资后,招商港口或其指定的第三方将积极履行股东义务,通过协助安通控股进行主营业务整合优化等方式,促进其依法合规经营,帮助其提升整体业务实力和盈利水平,支持其业务规模和发展质量的提升。

上述招商港口对安通控股的投资意向建立在安通控股顺利进入重整程序的基础上。

(三十)2020 年 7 月 31 日,安通控股启动预重整程序

在就安通控股重整工作向最高人民法院及中国证监会层报审查期间,泉州中院对安通控股启动了预重整程序,先行开展债权申报审查、审计评估、招募重整投资人等工作,为安通控股重整争取宝贵时间。

安通控股收到泉州中院发来的通知,决定自 2020 年 7 月 31 日起对安通控股启动预重整程序,预重整期间 6 个月。同时泉州中院指定安通控股清算组(清算组成员主要由泉州市政府、丰泽区政府、中介机构等组成)担任安通控股临时管理人。

(三十一)2020 年 8 月 4 日,安通控股披露终止《表决权委托协议》及《补充协议》

安通控股收到控股股东的通知,郭某泽与诚通湖岸于 2020 年 7 月 31 日签署了《〈表决权委托协议及补充协议〉之终止协议》(以下简称《终止协议》)。

《终止协议》约定,自双方确认《表决权委托协议》生效之日起至今已满 12 个月,且该情形属于最早满足《表决权委托协议》所约定的委托期限届满的情形,双

方协议终止《表决权委托协议》。

(三十二)2020 年 9 月 4 日,招航物流成立

福建省招航物流管理合伙企业(有限合伙)(以下简称招航物流)于 2020 年 9 月 4 日成立,注册地址为福建省泉州市丰泽区通港西街 156 号安通控股大厦 502 室。招航物流的普通合伙人为深圳赤湾国际货运代理有限公司,有限合伙人为招商港口、中航信托、泉州交发、辽宁港口集团有限公司、泉州市产业投资发展有限公司。此合伙企业的成立目的是在法院受理安通控股重整后成为安通控股重整投资人。

(三十三)2020 年 9 月 7 日,安通控股发布《关于公开招募和遴选候任重整投资人的通知的公告》

本次招募候任重整投资人的目的在于协调推进和统筹完成安通控股及其两家子公司的重整工作,由投资人提供资金支持,全面优化债务人的资产结构、债务结构和股本结构;有效整合产业资源,实现产业转型升级;最终打造股权结构合理,治理结构完善,资产质量优良,具备持续经营能力和盈利能力的公司。为实现对安通控股未来发展的持续支持,安通控股候任重整投资人基本条件如下:(1)候任重整投资人应当是依法设立并有效存续的企业法人或非法人组织,同时未被列入失信被执行人名单;(2)本次候任重整投资人的招募不限行业,但候任重整投资人或其出资方从事集装箱多式联运物流服务业或上下游行业,与安通控股具有产业协同性的,在同等条件下优先考虑;(3)候任重整投资人或其出资方应拥有足够的资金实力进行重整投资,并能出具不低于其拟投资总额度的资信证明或其他履约能力证明;(4)若公司存在被控股股东违规占用资金以及违规对外担保的情况,候任重整投资人需要就公司所存在的资金占用及违规担保等历史遗留问题提出切实可行的解决方案,并就解决方案的可行性提供相应的证明文件;(5)候任重整投资人应当符合监管机构要求的其他相关条件。

(三十四)2020 年 9 月 11 日,法院裁定受理安通控股重整

2020 年 9 月 11 日,安通控股收到泉州中院送达的(2020)闽 05 破申 13 号民事裁定书及(2020)闽 05 破 21 号决定书,裁定受理债权人中航信托对安通控股的重整申请。决定书指定由安通控股股份有限公司清算组(清算组成员主要由

泉州市、丰泽区两级政府、中介机构组成)担任管理人。

(三十五)2020 年 10 月 13 日,安通控股与候任重整投资人招航物流签署重整投资协议

进入重整程序后,管理人于 2020 年 9 月 15 日向报名期间内唯一报名者招航物流送达《关于候任重整投资人资格确认通知书》,并于 2020 年 9 月 17 日公开确定招航物流为安通控股本次重整的候任重整投资人。

(三十六)2020 年 10 月 14 日,管理人披露出资人权益调整方案

以安通控股现有总股本 1,486,979,915 股为基数,按照每 10 股转增约 19.35 股的比例实施资本公积金转增股票,共计可转增 2,877,306,136 股股票,上述转增股票按照如下出资人权益调整方案进行安排。

1. 对控股股东的权益调整

在转增股票中,对于应向控股股东及其一致行动人上海仁建企业发展集团有限公司分配的 1,571,342,554 股股票,按照如下方式调整:

(1)其中 1,187,796,441 股专项用于引进重整投资人,通过以股抵债的方式清偿公司负债。

(2)剩余的 383,546,113 股专项用于解决安通控股存在的历史遗留问题,具体安排如下:

①完成业绩补偿

2016 年度,安通控股实施了发行股份、购买资产的重大资产重组,根据公司控股股东与安通控股签署的《盈利补偿协议》及相应的补充协议的约定,并结合重整计划的规定,控股股东因未完成业绩承诺需要向安通控股补偿的股票数量为 79,954,695 股。

在重整的过程中,应向控股股东分配的股票中的 79,954,695 股股票,由安通控股以 1 元的总价格进行回购,用于完成控股股东存在的业绩补偿义务,前述股票在回购之后不再注销,安通控股将该等股票用于清偿自身负债。

②解决资金占用问题

安通控股存在被控股股东非经营性占用资金约 13.09 亿元的情况,为解决

资金占用问题，应向控股股东分配的股票中的230,004,336股股票，根据重整计划的规定进行处置，将按照安通控股重整受理之日(2020年9月11日)公司股票的收盘价，即5.69元/股，向安通控股的重整投资人转让，所得现金13.09亿元用于向安通控股偿还所占用的资金。

③解决违规担保问题

截至出资人权益调整方案出具之日，在安通控股、安盛船务及安通物流的重整程序中，经违规担保债权人申报并经管理人依法确认的违规担保债权合计7.01亿元。在此次资本公积转增股票中，应向控股股东分配的股票中的73,587,082股股票，将按照重整计划中关于普通债权清偿的规定予以清偿。

2. 对其他出资人的权益调整

(1)其中97,495,711股股票，将向在重整计划生效后的执行过程中，在届时选定的股权登记日收盘后对公司登记在册的前100名股东之外的全体股东进行分配，前100名之外的公司股东将按照股权登记日当天收盘后各自持有公司股票数量的相对比例分配该等股票。

(2)剩余的1,208,467,871股将按照重整计划的规定专项用于引进重整投资人，通过以股抵债的方式清偿负债。

3. 经过前述出资人权益调整，合计2,396,264,312股股票，将按照重整计划的规定专项用于引进重整投资人、清偿负债，具体安排如下：

(1)管理人以1,310,976,485股股票有条件引进重整投资人，重整投资人将以支付现金对价并向安通控股提供业务发展支持为条件受让该等股票；其中产业投资人拟受让410,178,985股股票，财务投资人拟受让900,797,500股股票。

(2)管理人以1,085,287,827股股票通过以股抵债的方式，清偿安通控股及其两家核心子公司安盛船务、安通物流的负债。安通控股作为持股平台，主要通过两家核心子公司安盛船务、安通物流开展经营业务，为彻底化解安通控股的退市风险，需要同步化解安通控股两家核心子公司安盛船务、安通物流的债务危机。因此，在依法依规且不损害债权人利益的前提下，在重整过程中，安通控股将通过债务清偿、资本性投入、提供财务资助等方式向安盛船务、安通物流提供股票用于清偿安盛船务、安通物流的债务。

(三十七)2020年10月13日,上交所就安通控股对外担保情况,生产经营与引进重整投资人,清偿债务等事项进行问询

上交所出具《关于对*ST安通重整计划出资人权益调整方案有关事项的问询函》[1],针对出资人权益调整的相关安排进行询问。

1. 关于资金占用问题的认定和解决进展情况

在该次资本公积转增完成后,将按照安通控股重整受理之日(2020年9月11日)公司股票的收盘价,即5.69元/股,向安通控股的重整投资人转让该等股票,其中产业投资人招航物流受让71,963,873股,财务投资人合计受让158,040,463股,所得现金13.09亿元用于向安通控股偿还所占用的资金,以使安通控股可以足额收到被占用的资金。前述资金占用解决方案在《重整投资协议》中均已明确约定。

2. 关于违规担保问题的认定和解决进展情况

安通控股及其下属子公司安盛船务、安通物流存在违规为安通控股的控股股东等关联方提供担保的情形,违规担保余额约39.99亿元。截至该次公告披露日,在安通控股及安盛船务、安通物流的债权申报期内,根据违规担保债权人申报,经管理人依法审查并已确认的违规担保债权合计7.01亿元。

在清偿被管理人依法确认的违规担保债权时,使用的系资本公积转增股票中应向控股股东分配的股票,通过以股抵债的方式解决,未占用上市公司的偿债资产,进而维护了上市公司及全体股东的利益。

3. 重整投资人受让股票的整体对价、支付方式及使用安排,相关对价等安排是否有利于维护安通控股及全体股东利益

在重整投资人支持安通控股资金占用问题解决的前提下,产业投资人招航物流将按照约2.292964元/股的价格受让410,178,985股转增股票,财务投资人将按照约2.528053元/股的价格受让900,797,500股转增股票。重整投资人均将以现金形式向管理人支付受让该等转增股份的对价,合计支付现金对价约45.27亿元(含支持占用问题解决支付的约13.09亿元)。

---

① 上交所:上证公函[2020]2579号。

前述重整投资人为受让转增股票所支付的约 45.27 亿元现金对价，部分用于清偿安通控股及安盛船务、安通物流重整程序中的破产费用、共益债务、有财产担保债权、职工债权、税款债权以及 50 万元以下的小额债权；剩余部分用于安通控股重整完成后的经营发展，为安通控股将来壮大经营规模，提升整体盈利能力提供了有力的资金支持，进而维护了全体股东的利益。

（三十八）2020 年 10 月 24 日，管理人与候任重整财务投资人签署《重整投资协议》

在重整过程中，财务投资人将按照法院裁定受理安通控股正式进入重整程序之日安通控股的股票收盘价（5.69 元/股），合计受让应分给大股东的 158,040,463 股股票，支付现金对价合计 9.00 亿元用于解决资金占用问题。在财务投资人支持安通控股资金占用问题解决的前提下，财务投资人将按照 2.528053 元/股的价格受让合计受让 900,797,500 股转增股票，支付现金对价合计 22.77 亿元。

（三十九）2020 年 10 月 29 日，公司召开债权人会议、出资人组会议

1. 债权人会议召开情况

债权人会议于 2020 年 10 月 29 日上午 9 时 30 分采取网络会议的方式在全国企业破产重整案件信息网召开。经各债权组债权人表决，重整计划（草案）最终获得债权人会议表决通过。

2. 出资人组会议召开情况

出资人组会议于 2020 年 10 月 29 日下午 14 时 30 分采取现场与网络相结合的方式召开。出资人组会议以现场投票与网络投票相结合的方式对《出资人权益调整方案》进行了表决，表决情况为：出席出资人组会议的有效表决权股份总数为 1,168,244,635 股，占安通控股总股本的 78.5649%，其中同意 1,155,393,764 股，占出席会议所有出资人所持股份的 98.8999%。根据《公司法》与《企业破产法》的相关规定，安通控股重整案出资人组会议表决通过出资人权益调整方案。

（四十）2020 年 10 月 30 日，安通控股两家子公司召开第二次债权人会议

全资子公司安盛船务重整案和安通物流重整案第二次债权人会议分别于

2020 年 10 月 30 日 9 时 30 分、14 时 30 分以网络会议的方式召开，两家子公司的债权人均表决通过了重整计划（草案）。

（四十一）2020 年 11 月 4 日，泉州中院裁定批准安通控股重整计划

泉州中院于 2020 年 11 月 4 日裁定批准《安通控股股份有限公司重整计划》，并终止安通控股重整程序。在泉州中院裁定批准重整计划后，安通控股进入重整计划执行阶段，安通控股负责执行重整计划，管理人负责监督重整计划的执行。

（四十二）2020 年 11 月 4 日，丰泽法院裁定批准安通物流、安盛船务重整计划

2020 年 11 月 4 日，安通控股收到安通物流转来的丰泽法院送达的（2019）闽 0503 破 2 号之四民事裁定书，裁定批准安通物流重整计划，并终止安通物流重整程序。

2020 年 11 月 4 日，安通控股收到安盛船务转来的丰泽法院送达的（2019）闽 0503 破 1 号之四民事裁定书，裁定批准安盛船务重整计划，并终止安盛船务重整程序。

（四十三）2020 年 11 月 20 日，全部重整投资款均已支付完毕

2020 年 11 月 23 日，安通控股收到管理人的通知，根据《重整投资协议》的约定及重整进展情况，重整投资人已于 11 月 20 日支付完毕全部重整投资款，共计 45.27 亿元。

（四十四）2020 年 11 月 30 日，郭某泽、郭某圣签署《关于不谋求上市公司控制权的承诺函》

郭某泽、郭某圣承诺无条件且不可撤销地放弃其直接及间接持有的安通控股全部股份对应的股东大会召集权、提名权、提案权及表决权等股权权利（以下简称弃权权利），亦不会委托第三方行使前述弃权权利，仅保留该等股份对应的

分红权、收益权与最终处置权。

郭某泽、郭某圣确保其关联方和一致行动人：(1)不会以所持有的安通控股股份单独或共同谋求安通控股的实际控制权；(2)不会以委托、征集股票权、协议、联合其他股东以及其他任何方式单独或共同谋求安通控股的实际控制权。

(四十五)2020年12月1日，安通控股披露股东权益变动

根据招航物流与管理人、安通控股签署的《重整投资协议》，招航物流投资总额为13.50亿元，其中4.09亿元按照5.69元/股的价格受让应分给大股东及其一致行动人的0.72亿股转增股票用于解决资金占用问题，同时，9.41亿元以2.29元/股的价格受让4.10亿股转增股票。在该次权益变动后，招航物流将直接持有安通控股482,142,858股股票，占上市公司总股本的11.05%。在该次权益变动完成后，安通控股总股本将变为4,364,286,051股。郭某泽、郭某圣直接和间接通过上海仁建企业发展集团有限公司合计持有公司812,063,335股股票，占安通控股总股本的18.61%。考虑到上述表决权放弃后，有表决权的总股本为3,552,222,716股，其中招航物流的有表决权股票股数为482,142,858股，占有表决权股票总数的13.57%，招航物流成为安通控股的第一大有表决权股东，成为安通控股的控股股东。

(四十六)2020年12月19日，安通控股披露安通物流、安盛船务重整计划执行完毕

2020年12月19日，安通控股发布《关于子公司重整计划执行完毕的公告》，对安通控股全资子公司安通物流、安盛船务的重整情况和民事裁定书主要内容进行披露。安通控股进入重整程序后，在重整程序中通过债务清偿、资本性投入、提供财务资助等方式同步整体化解了两家核心子公司安通物流和安盛船务的债务危机，极大地改善了两家核心子公司资产负债结构，将对安通控股合并口径下2020年度的净资产和净利润产生积极影响，具体数据以经审计的财务报表数据为准。

（四十七）2020 年 12 月 19 日，安通控股披露重整计划执行完毕

2020 年 12 月 19 日，安通控股发布公告称，已收到泉州中院（2020）闽 05 破 21 号之三民事裁定书，确认安通控股重整计划已执行完毕。

（四十八）2021 年 4 月 20 日，安通控股披露关于 2019 年年度审计报告无法表示意见涉及事项影响已消除的专项说明

大华会计师事务所（特殊普通合伙）出具专项说明：经过安通控股一系列的努力，2019 年年度审计报告无法表示意见涉及的相关事项已经消除。

（四十九）2021 年 5 月 10 日，安通控股股票撤销退市风险警示

安通控股关于撤销股票退市风险警示暨停牌的申请已获得上交所审核同意。根据《上交所股票上市规则》（2020 年 12 月修订）第 13. 3. 10 条等相关规定，公司股票应于 2021 年 5 月 7 日停牌 1 天，自 2021 年 5 月 10 日开市起恢复交易并撤销退市风险警示。

（五十）2021 年 9 月 27 日，安通控股收到检察机关审查起诉阶段委托辩护人/申请法律援助告知书

2021 年 9 月 27 日，安通控股收到泉州市人民检察院出具的审查起诉阶段委托辩护人/申请法律援助告知书，主要内容如下：

泉州市人民检察院对于安通控股、郭某泽、郭某圣、李某海涉嫌违规披露、不披露重要信息案一案已收到泉州市公安局移送起诉的材料。

2022 年 1 月 18 日，安通控股收到了泉州市公安局出具的终止侦查决定书，主要内容如下：泉州市公安局办理的安通控股涉嫌违规披露、不披露重要信息案，经查明不需要对安通控股追究刑事责任，根据《公安机关办理刑事案件程序规定》第 184 条的规定，现决定终止对安通控股涉嫌违规披露、不披露重要信息案的侦查。

二、合规问题事实的总结

（一）安通控股债务危机的爆发

1.资金占用问题

因实际控制人名下公司经营状况不佳，债务负担沉重，截至2019年8月，控股股东自身债务规模达81.17亿元。为避免安通控股的控股股东股票质押爆仓导致的安通控股实际控制权变更，进而影响安通控股的经营稳定性，控股股东占用安通控股资金偿还自身债务。二人未经安通控股内部相关审核程序，直接要求相关财务人员将安通控股下属的安通物流、安盛船务等子公司资金通过其控制的易通物流等17家公司以借款形式借出并实际使用，形成对安通控股的非经营性资金占用。

审计机构在对安通控股2018年年度财务报告进行审计时发现，实际控制人在2018年度累计占用安通控股资金24.76亿元，占安通控股年度经审计净资产的82.56%。截至2018年度末，资金占用余额为11.31亿元，占安通控股年度经审计净资产的37.71%。控股股东对2018年度占用的安通控股资金最终于2019年4月30日全部归还。但是，2019年度，控股股东依然存在占用安通控股资金的情况，经审计机构调查，截至2019年年末，资金占用余额为13.09亿元。

2.违规担保问题

为解决自身债务问题，偿还占用安通控股的资金，控股股东持续举债。在此过程中，控股股东凭借自身对于安通控股的控制，违规签署相应担保合同为其融资行为提供担保。

审计机构在对安通控股2018年年度财务报告进行审计时发现，安通控股存在因违规担保而引发的未决诉讼，安通控股在此时仅披露了两笔违规担保。2019年5月18日，经自查，安通控股存在违规担保的金额合计207,341.96万元，占安通控股最近一期经审计净资产的61.27%。此后，安通控股持续因控股股东的违规担保事宜被相应债权人起诉。2019年度，安通控股依然存在被控股股东控制进行的违规担保行为，经审计机构调查，截至2019年度末，已发现的违规担保金额高达356,879.95万元。后经黑龙江证监局2020年4～7月期间的调查发现,2017年2月～2019年3月期间,安通控股发生的违规担保共计30笔,金额累计达633,356.09万元,担保余额399,947.93万元。

3. 自身债务问题

受控股股东资金占用影响,安通控股流动性日渐收窄,能够投入主营业务的资源有限,导致安通控股自2018年起业绩不断下滑;受违规担保影响,安通控股持续被债权人起诉要求承担保证责任,导致安通控股短期借款和长期借款飙升,加之安通控股巨额资金被占用,流动性收紧,最终引爆债务风险。

根据安通控股重整期间的债权申报与审查情况,债权人申报8,917,591,595.67元债权,管理人审查确认3,533,797,777.93元,不予确认298,260,389.25元,暂缓确认4,971,414,104.64元。安通控股未披露两家子公司的负债情况,两家子公司作为安通控股的实际经营主体,是安通控股最主要的收入来源,从安通控股为两家子公司分配大量偿债资源等各种情况推断,两家子公司的负债规模可能不会低于安通控股。

4. 业绩承诺问题

2016年,安通控股发行股份购买郭某泽、郭某圣、王某、纪某贤、卢某赠收购其持有的安通物流100%股权及安盛船务100%股权。在收购完成后,郭某泽、郭某圣作为一致行动人合计持有安通控股50.18%的股权。

在重大资产重组的过程中,交易对方郭某泽、郭某圣、王某、纪某贤等人签署了《盈利预测补偿协议》,承诺安通控股在2016年、2017年和2018年实现的备考合并净利润分别不低于32,820万元、40,690万元、47,370万元。而安通控股在2018年实现的净利润未达到业绩承诺标准,控股股东需要向安通控股补偿79,954,695股股票。

(二)风险化解方案的选择

1. 获得泉州金控、泉州交发、丰泽国投大额借款

2019年4月,安通控股与泉州金控、泉州交发、丰泽国投签订《关于共同推进现代物流产业发展的合作框架协议》,随后丰泽国投提供给安通控股7000万元的借款,借款资金陆续到位,该借款用于安通控股及/或其下属公司支付码头费、

燃油费等经营性支出。

2019年10月12日,安通控股与泉州金控、泉州交发、丰泽国投3家泉州地方国有企业签订《全面战略合作框架协议》,合作平台公司招商安通向安通控股提供不超过3亿元借款,借款将全部用于补充安通控股的流动性需求。

2. 尝试通过表决权委托方式解决债务危机

为帮助安通控股走出困境,协助安通控股顺利引入战略投资人,实际控制人于2019年7月下旬与诚通湖岸签订《表决权委托协议》。后根据安通控股的披露,在《表决权委托协议》签订后,安通控股实际控制人未发生变化,《表决权委托协议》不构成要约收购。

《表决权委托协议》于2020年7月31日终止,安通控股在此期间未披露诚通湖岸在表决权委托期间对于公司脱困起到的关键作用。

3. 争取到两大央企援手

2019年8月,招商港口、中航信托伸出援手,与安通控股签订《战略合作框架协议》,希望通过合资建立平台公司,招商港口、中航信托或其指定方能够通过平台公司向安通控股提供资金以缓解部分流动性问题。随后,三方合资设立招商安通,招商港口和鑫诚恒业(中航信托指定方)成为招商安通股东,进而向招商安通提供金额合计不超过人民币55,000万元的股东借款。

此次财务自主的全部或部分资金将由招商安通作为委托人用于委托中航信托设立单一信托,安通控股为单一信托资金的收付承担责任。按照《战略合作框架协议》约定,中航信托将在单一信托设立后以自己的名义,根据单一信托文件的约定向安通控股及其下属子公司提供供应链金融服务,为安通控股主营业务提供现金流支持。

4. 通过司法重整走出困境

上述自救措施,始终没能帮助安通控股走出困境,2019年12月,安通控股两家核心子公司被债权人申请重整,泉州中院于当月迅速裁定两家子公司进入重整程序。自此,安通控股调转方向,全力推进司法重整以化解公司困境。

2020年3月,中航信托申请安通控股重整,并于安通控股资金占用和违规担保问题彻查完成后,承诺愿意作为重整投资人,兜底解决资金占用和违规担保问题。招商港口则在2月出具支持函,称愿意以战略投资人的身份参与重整,协助安通控股化解危机。经过此番操作,安通控股资金占用和违规担保问题已经有了切实可行的解决方案,具备了进入重整程序的现实条件。

2020 年 7 月 31 日,安通控股进入预重整程序,9 月 11 日,安通控股进入重整程序。招商港口、中航信托、泉州交发等主体成立招航物流作为重整投资人参与安通控股重整。

根据重整计划的安排,安通控股以资本公积转增 2,877,306,136 股股票用于引进战略投资人,解决资金占用、违规担保、业绩承诺补偿问题以及清偿债务;另外,安通控股向两家子公司分配部分转增股票和现金用于子公司清偿债务,避免安通控股因子公司重整失去对子公司的控制。

经过重整,安通控股成功解决了前期暴露的资金占用、违规担保和债务问题,相关财务指标得到明显改善,资产负债结构得到优化,并成功撤销了退市风险警示。

(三)监管部门的关注及监管措施

自安通控股上述问题爆发后,黑龙江证监局及上交所一直持续关注安通控股风险情况及风险化解方案。

2019 年第一季度,在安通控股资金占用和违规担保问题初步揭开后,上交所于 5 月 10 日便发函询问相关情况,5 月 16 日安通控股便因资金占用和违规担保问题收到了黑龙江证监局的警示函。6 月 19 日,因控股股东未在其承诺的 1 个月内解决违规担保问题,安通控股被实施“其他风险警示”。

2019 年 7 月下旬,控股股东尝试通过表决权委托引入战略投资人协助安通控股纾困,但表决权委托导致安通控股控制权的变化存在前后不一致的披露,上交所发函询问相关情况。

2020 年第一季度,安通控股持续披露 2019 年度财务情况,包括资金占用和违规担保情况。4 月 28 日,安通控股收到了中国证监会的调查通知书,安通控股因资金占用和违规担保问题开始接受调查。7 月 8 日,中国证监会在完成调查后,作出行政处罚决定书,对安通控股、控股股东及其他高级管理人员处以责令改正、警告、罚款等行政处罚。

(四)合规问题解决时间轴(见图2-9-1)

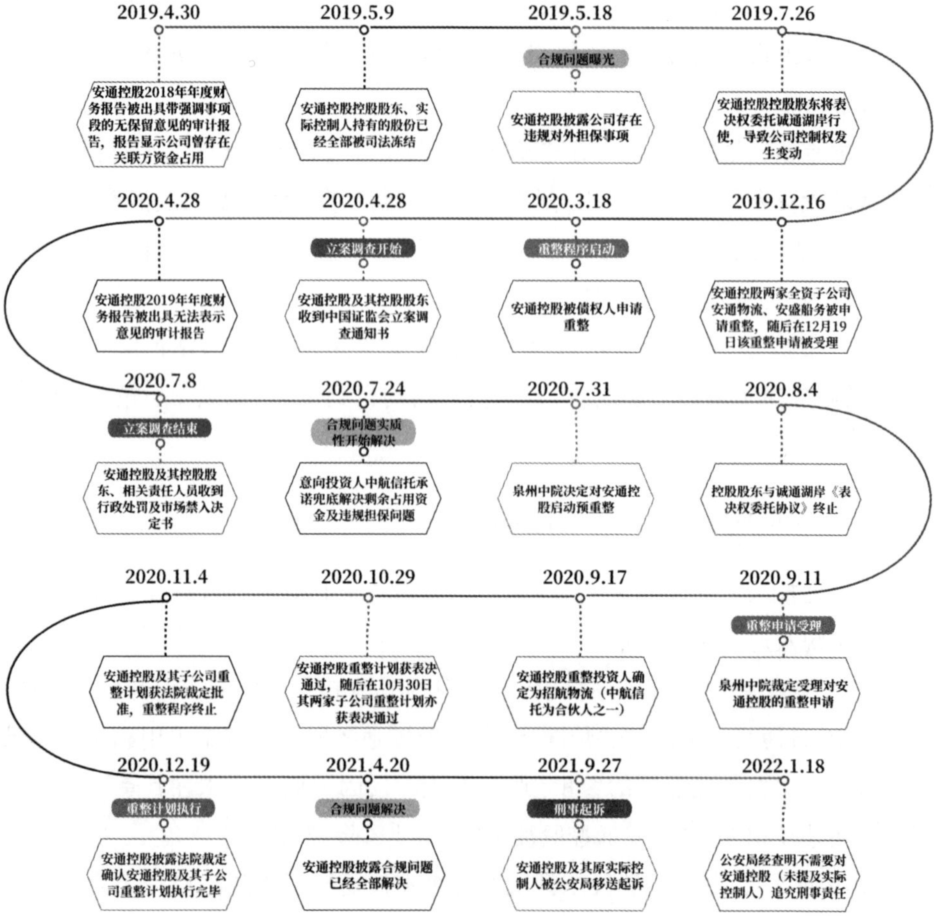

图2-9-1　安通控股合规问题解决时间轴

三、合规问题事实的分析

(一)安通控股面临的困境

1.自身债务问题

在控股股东业绩承诺期满后，安通控股业绩迅速下跌，2019年度的营业收入出现断崖式下滑,与 2018 年相比下降 49. 79%。安通控股表示,公司业绩变化是受宏观经济周期和上游行业经济周期波动的影响。但据了解,2019 年全国快递服务企业营业收入累计完成 7497. 8 亿元,同比增长 24. 2%,行业内多数企业的营业收入与 2018 年相比均有不错的增长。安通控股的营业状况与全行业营业势头背道而驰,经初步分析,主要是受资金占用和违规担保问题的影响。

(1)资金占用挤占安通控股经营资源

根据中国证监会的调查,2018 年 1 月 ~2019 年 8 月,控股股东对安通控股的非经营性资金占用规模累计达 41. 85 亿元,虽在监管压力之下偿还了部分占用资金,但最终仍有 13. 09 亿元资金无法偿还。

运营资金的频繁给付,资金周转密集,资金周转循环次数快,物流压款,长账期等是物流公司的特点。这些特点要求物流公司要有与自身业务量相匹配的充沛的资金储备,并做好现金流管理。安通控股巨额资金被控股股东占用,显然已经打破了安通控股原有的运营环境,本应用于正常经营的资源被挤占,必然导致安通控股业务萎缩,营业收入下滑。

另外,安通控股 2019 年度将大股东资金占用形成的余额 13. 09 亿元全额计提损失,使安通控股被占用的巨额资金瞬间化为乌有,更是对安通控股净利润造成重大影响。

(2)违规担保增加上市公司或有负债

根据中国证监会的调查,2017 年 2 月 ~2019 年 3 月,安通控股及其子公司违规担保金额累计达 63. 33 亿元,尚未解决的余额 39. 99 亿元。自 2019 年 6 月起,安通控股陆续披露因违规担保涉及的诉讼事宜,截至安通控股重整前,控股股东的违规担保导致安通控股涉诉的金额高达 21. 11 亿元。

控股股东的违规担保导致安通控股债务或有大幅提升,安通控股在 2020 年第一季度披露 2019 年度业绩预告时,预测因违规担保可能需确认 10. 89 亿 ~ 21. 77 亿元的预计负债,对 2019 年度净利润影响预计为 -21. 77 亿 ~ -10. 89 亿元。

受控股股东资金占用的影响,安通控股现金流明显收窄,资产总额亦是减值 13. 09 亿元;受控股股东违规担保的影响,安通控股负债规模出现大幅增加;另外,资金占用导致安通控股无法在正常状态下运营,营业收入下滑。在三方因素的共同作用下，最终导致安通控股债务问题的爆发。

2. 合规问题引发的法律责任

(1)纪律处分

由于安通控股多次违规与实际控制人及其关联方发生巨额非经营性资金往来，多次违规为实际控制人及其控制的企业提供巨额担保，内部控制存在重大缺陷，筹划控制权转让事项不审慎，前后信息披露不一致，安通控股时任董事、高级管理人员未勤勉尽责，对上述违规行为负有责任且违反其在《董事（监事、高级管理人员）声明及承诺书》中作出的承诺，严重违反《16 号文》《上交所股票上市规则》[①]《上交所上市公司内部控制指引》[②]相关规定，上交所决定对安通控股予以公开谴责，对相关责任人员予以通报批评，并记入安通控股诚信档案。

(2)行政监管措施

由于安通控股将资金提供给实际控制人使用，为实际控制人提供连带责任

---

① 《上交所股票上市规则》(2018 年 11 月修订)第 1.4 条："发行人、上市公司及其董事、监事、高级管理人员、股东、实际控制人、收购人、重大资产重组交易对方等机构及其相关人员，以及保荐人及其保荐代表人、证券服务机构及其相关人员应当遵守法律、行政法规、部门规章、其他规范性文件、本规则及本所其他规定。"第 2.1 条："上市公司和相关信息披露义务人应当根据法律、行政法规、部门规章、其他规范性文件、本规则以及本所其他规定，及时、公平地披露信息，并保证所披露信息的真实、准确、完整。"第 2.3 条："上市公司和相关信息披露义务人应当在本规则规定的期限内披露所有对上市公司股票及其衍生品种交易价格可能产生较大影响的重大事件。"第 2.6 条："上市公司和相关信息披露义务人披露信息，应当客观，不得夸大其词，不得有误导性陈述。披露预测性信息及其他涉及公司未来经营和财务状况等信息，应当合理、谨慎、客观。"第 9.11 条："上市公司发生'提供担保'交易事项，应当提交董事会或者股东大会进行审议，并及时披露。下述担保事项应当在董事会审议通过后提交股东大会审议：(一)单笔担保额超过公司最近一期经审计净资产 10% 的担保；(二)公司及其控股子公司的对外担保总额，超过公司最近一期经审计净资产 50% 以后提供的任何担保；(三)为资产负债率超过 70% 的担保对象提供的担保；(四)按照担保金额连续 12 个月内累计计算原则，超过公司最近一期经审计总资产 30% 的担保；(五)按照担保金额连续 12 个月内累计计算原则，超过公司最近一期经审计净资产的 50%，且绝对金额超过 5000 万元以上；(六)本所或者公司章程规定的其他担保。对于董事会权限范围内的担保事项，除应当经全体董事的过半数通过外，还应当经出席董事会会议的三分之二以上董事同意；前款第(四)项担保，应当经出席会议的股东所持表决权的三分之二以上通过。"第 10.2.3 条："上市公司与关联自然人发生的交易金额在 30 万元以上的关联交易(上市公司提供担保除外)，应当及时披露。公司不得直接或者间接向董事、监事、高级管理人员提供借款。"第 10.2.6 条："上市公司为关联人提供担保的，不论数额大小，均应当在董事会审议通过后及时披露，并提交股东大会审议。公司为持股 5% 以下的股东提供担保的，参照前款规定执行，有关股东应当在股东大会上回避表决。"

② 《上交所上市公司内部控制指引》第 3 条："在本所上市的公司应当按照法律、行政法规、部门规章以及本所股票上市规则的规定建立健全内部控制制度，保证内控制度的完整性、合理性及实施的有效性，以提高公司经营的效果与效率，增强公司信息披露的可靠性，确保公司行为合法合规。"

担保的行为,未履行法定的审议程序,也未及时履行信息披露义务,违反《上市公司信息披露管理办法》相关规定,黑龙江证监局决定对安通控股采取出具警示函的行政监管措施,并记入资本市场诚信数据库。

(3)行政处罚

由于安通控股未及时披露及未在定期报告中披露对外担保情况,未及时披露及未在定期报告中披露控股股东及其关联方非经营性占用资金的关联交易情况,未及时披露及未在定期报告中披露重大诉讼和仲裁事项,违反《证券法》《上市公司信息披露管理办法》相关规定,黑龙江证监局决定对安通控股责令改正,给予警告,并处以60万元罚款。

3. 退市风险

安通控股2019年归属于公司股东的扣除非经常性损益的净利润为-98,162.93元,且安通控股2019年年度财务报告被审计机构出具无法表示意见的审计报告,安通控股股票被实施退市风险警示。若安通控股2020年度经审计的期末净资产继续为负值,或者安通控股2020年度的财务会计报告被审计机构出具无法表示意见或者否定意见,安通控股股票将面临暂停上市的风险。

(二)控股股东面临的困境

1. 业绩承诺补偿责任

根据《盈利预测补偿协议》的约定,安通控股在2018年实现的净利润未达到业绩承诺标准,控股股东需要向安通控股补偿79,954,695股股票。

2. 到期债务的清偿责任

根据安通控股的公开披露,截至2019年8月3日控股股东因融资或担保形成的债务合计约81.17亿元,控股股东面临巨大的到期债务清偿压力。

3. 合规问题的限期解决

根据《国务院关于进一步提高上市公司质量的意见》相关规定,对已形成的合规问题,控股股东要限期予以清偿或化解。控股股东对安通控股造成了13.09亿元的资金占用,需要承担回填责任。但是,控股股东自身债务负担沉重,已无力以一己之力通过常规方式回填13.09亿元资金占用款。

4. 合规问题引发的法律责任

(1)纪律处分

由于郭某泽、郭某圣及其控制的公司违规占用公司资金,并违规越权以安通控股或下属子公司名义为其及其控制的公司提供担保,涉及金额巨大,安通控股合法利益受到严重损害。同时,上述2人作为安通控股主要负责人和信息披露第一责任人,负责安通控股经营管理和重大事项决策,却未能确保安通控股依法合规运营,也未能保证安通控股信息披露真实、准确、完整,对安通控股的上述违规行为负有责任。此外,郭某泽违反公开作出的承诺。郭某泽、郭某圣的上述行为严重违反了《16号文》《上交所股票上市规则》相关规定,上交所决定对郭某泽、郭某圣予以公开谴责,并公开认定上述人员10年内不适合担任上市公司董事、监事和高级管理人员。

(2)行政处罚

安通控股控股股东、时任董事长郭某泽指使、实施了安通控股对外担保合同或协议的签署,在载有安通控股及其并表公司为保证人的保证合同上签字;指使、实施了安通控股向控股股东及其关联方的资金划转,划转资金为控股股东实际使用,构成控股股东及其关联方非经营性占用安通控股资金,且其作为安通控股信息披露的主要责任人,其未组织安通控股真实、完整、及时进行信息披露,是对安通控股信息披露违法行为直接负责的主管人员。同时,作为安通控股控股股东,其隐瞒应当披露的信息,不履行重大事项报告义务,导致安通控股未及时披露相关信息,导致安通控股相关定期报告内容存在虚假记载和重大遗漏。安通控股控股股东暨时任董事长郭某泽的行为构成《证券法》所述违法行为。

安通控股控股股东、时任董事长、董事、总经理、董事会秘书郭某圣指使、实施了安通控股对外担保合同或协议的签署,在载有安通控股及其并表公司为保证人的保证合同上签字;指使、实施了安通控股向控股股东及其关联方的资金划转,划转资金为控股股东实际使用,构成控股股东及其关联方非经营性占用安通控股资金;负责管理安通控股及并表公司法律事务工作,决定了不披露重大诉讼和仲裁,且其作为安通控股信息披露的主要责任人,其未组织安通控股真实、完整、及时地进行信息披露,导致安通控股相关定期报告存在虚假记载和重大遗漏,是对安通控股信息披露违法行为直接负责的主管人员。同时,作为安通控股控股股东,其隐瞒应当披露的信息,不履行重大事项报告义务,导致安通控股未及时披露相关信息,导致安通控股相关定期报告内容存在虚假记载和重大遗漏。安通控股控股股东、时任董事长、董事、总经理、董事会秘书郭某圣的行为构成《证券法》(2005 年修订)第 193 条第 3 款所述违法行为。

安通控股时任财务总监李某海全面负责安通控股财务管理工作,安通控股发生的控股股东及其关联方非经营性占用资金的关联交易均发生在其任财务总监期间,其在知悉上述事项后,没有告知安通控股,公司董事会和公司其他董事、监事与高级管理人员,未要求安通控股真实、准确、及时进行信息披露,导致安通控股相关定期报告内容存在虚假记载和重大遗漏,是对安通控股信息披露违法行为直接负责的主管人员。

安通物流与安通控股一起,对多份对外担保合同提供连带责任担保,时任安通控股董事、安通控股主要子公司安通物流主要负责人,全面负责安通物流的经营管理工作,对安通物流的对外担保事项应当知悉,其对于上述信息披露违法违规行为应承担其他直接责任人员的法律责任。

综上所述,黑龙江证监局决定对安通控股控股股东、时任董事长郭某泽给予警告,并处以 90 万元罚款,其中作为直接负责的主管人员罚款 30 万元,作为控股股东罚款 60 万元,并采取终身证券市场禁入措施;对安通控股控股股东、时任董事长、董事、总经理、董事会秘书郭某圣给予警告,并处以 90 万元罚款,其中作为直接负责的主管人员罚款 30 万元,作为控股股东罚款 60 万元,并采取终身证券市场禁入措施;对安通控股其他责任人员亦处以警告和罚款,或采取 5 年证券市场禁入措施。

(3)民事责任

在该案中,安通控股控股股东违规占用资金,面临双重赔偿责任。一是根据《虚假陈述规定(新)》的相关规定,控股股东操纵安通控股违反证券法律规定,致使投资人在证券交易中遭受损失,投资人有权要求控股股东承担赔偿责任;二是根据《公司法》的相关规定,在安通控股履行赔偿责任后,安通控股有权要求控股股东对其给安通控股自身造成的损失承担赔偿责任。

(4)刑事责任

根据《刑法》(2017 年修正)第 161 条的规定,公司对依法应当披露的其他重要信息不按照规定披露，严重损害股东或者其他人利益，或者有其他严重情节的，对其直接负责的主管人员和其他直接责任人员需要承担刑事责任。在该案中，2021 年 9 月 27 日，泉州市公安局向泉州市人民检察院移送了对安通控股、郭某泽、郭某圣、李某海涉嫌违规披露、不披露重要信息案一案的起诉材料。2022 年 1 月 18 日，泉州市公安局查明不需要对安通控股追究刑事责任，决定终止对安通控股涉嫌违规披露、不披露重要信息案的侦查。

（三）风险化解方案的选择

安通控股在资金占用、违规担保和自身债务问题爆发，面临退市风险之际，率先采取对外融资的方式尝试解决问题。在进行对外融资的同时，控股股东将自身表决权委托给中介机构，希望借此引入战略投资人。最终，在对外融资无法填补亏空，表决权委托终止后，安通控股选择了通过司法重整化解危机。

1. 对外融资

2019 年 5 月，安通控股与丰泽国投签订借款合同，融资 7000 万元用于日常经营。2019 年 8 月，安通控股与招商港口、中航信托签订《战略合作框架协议》，融资 55，000 万元，为公司的主营业务提供现金流支持。2019 年 10 月，安通控股与泉州金控、泉州交发、丰泽国投签订框架协议，融资不超过 3 亿元用于主营业务。同时，中航信托、招商安通、泉州金控、泉州交发、丰泽国投拟成立 6 亿元物流产业基金，用于购置船舶、集装箱等资产，扩大安通控股的船舶运力规模，补充可调配的集装箱资源。

安通控股的上述尝试以及相应投资人的援助虽然能在一定程度上缓解安通控股的危机，但与其庞大的资金占用规模、违规担保规模和自身债务规模相比，仍显得杯水车薪，无法从根本上解决公司的问题。

2. 表决权委托

基于诚通湖岸在投资管理、资产管理等方面具有丰富的专业经验，在引入战略投资者方面具有一定的背景资源，2019 年 7 月下旬，控股股东与诚通湖岸签订《表决权委托协议》，将 29.9% 的表决权委托给诚通湖岸。

在控股股东签订《表决权委托协议》之后，安通控股并未进一步披露诚通湖岸对公司纾困起到的相关作用，该协议也于 1 年后终止。

3. 司法重整

2019 年 12 月,安通控股子公司进入重整程序,2020 年 9 月,安通控股进入重整程序。在重整程序中,通过资本公积转增股票的安排,解决了战略投资人引进问题,资金占用、违规担保、业绩承诺补偿以及债务问题随着战略投资人的到来也迎刃而解。

4. 影响风险化解方案选择的因素

(1)小规模融资无法解决安通控股面临的现实困境

首先,根据安通控股在重整计划中披露的负债规模,仅安通控股的负债规模便超过 35.37 亿元。安通控股未披露两家子公司的负债规模。根据安通控股的披露,两家子公司作为安通控股经营实体和最重要的收入来源,安通控股在重整程序中为两家子公司注入大量现金和转增股票。由此可以推断,两家子公司的负债规模可能不低于安通控股。安通控股的融资规模远不及其负债规模,相应融资仅能缓解公司困境,不能解决实际问题。

其次,仅通过对外融资无法解决资金占用和违规担保问题。资金提供方明确约定相应资金只能用于安通控股经营,未约定相应款项可以用来解决控股股东的资金占用问题。对于控股股东而言,资金占用和违规担保问题的解决可能要优于安通控股债务问题的化解,因此,控股股东必然无法接受资金提供方仅解决安通控股债务问题的方案。另外,即便是有资金提供方愿意协助控股股东解决资金占用和违规担保问题,所需的资金规模也是一般融资所难以企及的,故单纯融资无法"一揽子"解决安通控股存在的问题。

最后,仅通过对外融资不能全面化解安通控股面临的风险。对外融资只能在一定程度上起到"开源"的作用,即增加安通控股的流动性,但不能起到"节流"的作用。即便融资款可以用来清偿部分债务,但也只能用现金足额清偿,无法通过股票抵债、资产抵债、打折清偿等综合方式对相应债务进行调节。根据安通控股及其子公司的负债、资金占用和违规担保的规模,若仅通过对外融资解决,则需要付出极为沉重的代价,与收益可能不成正比。

(2)表决权委托对于解决安通控股实际问题的作用有限

控股股东与诚通湖岸签署《表决权委托协议》的初衷只是希望诚通湖岸协助安通控股寻找战略投资人,并无其他更为深入的要求。安通控股面临的问题需要投入一定的资源才能解决，仅通过委托表决权不能解决实际问题。

(3)司法重整是解决安通控股困境的现实选择

A. 资产负债结构失衡，无法通过常规自力救济走出困境

在资产方面，根据安通控股在进入重整前公开披露的信息，其2019年年度财务报表显示，安通控股资产合计8亿元，其中，主要包括3.17亿元的长期股权投资和4.78亿元的其他应收款。根据安通控股重整程序的资产评估结果，安通控股名下资产的快速变现价值为4.4亿元。在负债方面，安通控股2019年年度财务报表显示，其负债规模是13.2亿元。根据安通控股重整计划列示的债权申报与审查情况，债权人申报89.18亿元债权，管理人确认35.34亿元，不予确认2.98亿元，暂缓确认49.71亿元。另外，安通控股并未披露两家子公司的负债情况，但根据在重整程序中安通控股为两家子公司倾注的大量现金和股票来推断，两家子公司的负债规模可能不低于安通控股。

安通控股资产快速变现能力有限，负债规模大，控股股东资金占用和违规担保对公司流动性造成了巨大消耗，安通控股实际已经失去持续经营能力，难以通过对外融资、协议重组等方式解决其面临的困境。

B. 司法重整可综合利用各种方式对债务进行合理调整

受控股股东资金占用和违规担保的影响，安通控股流动性收窄，债务规模飙升。初步推断，两家子公司承担的债务压力也比较大，单纯的对外融资或协议重组难以通过股票抵债或打折清偿等方式对债务进行调整，而重整程序可以充分利用股票抵债或打折清偿等方式对债务进行调整。

安通控股因现金流枯竭已失去持续经营能力，需要引入投资人，只有注入大量流动性才能最大限度地解决公司的债务问题。与常规投资方式相比，通过重整程序进行股权收购的成本往往更低，即通过重整程序招募对战略投资人更具有吸引力，根据市场化、法制化原则更容易招募到优质的战略投资人，为安通控股注入充分的流动性。

C. 重整程序对于优化财务指标效果明显，可达到保壳效果

安通控股的2019年年度财务报告被出具非标准意见，该年度经审计后的净资产为负，如果其财务指标不能得到改善，将面临退市的风险。

通过重整程序引入战略投资人，为安通控股注入流动性，为安通控股“开

源”，可提高安通控股流动资产的占比，改善安通控股资产结构。通过重整程序的股票抵债、打折清偿等非现金清偿的方式，可大规模化解安通控股债务，为安通控股“节流”。重整程序将引进战略投资人和债务调整相结合，可有效调节安通控股资产负债结构，优化财务指标，避免安通控股因净资产为负等财务问题退市。

D. 司法重整能够更有效地解决资金占用和违规担保问题

控股股东的自身债务已有81.17亿元，其中包含应偿还安通控股的13.09亿元的资金占用款。控股股东无力偿还自身债务，导致安通控股因违规为控股股东的上述负债提供担保而面临连带责任。此时，控股股东实际已经不具有通过常规方式偿还资金占用款，解决安通控股的违规担保问题的能力。

司法重整对于资金占用和违规担保则有较为灵活的处理方式。对于资金占用，既可以通过与债权人协商豁免债权代控股股东偿还资金占用款，也可以与战略投资人协商购买控股股东股票，以股票价款偿还资金占用款。对于违规担保，可以由管理人在重整程序中与债权人就违规担保的合规情况进行诉讼，争取避免安通控股承担担保责任；若不可避免地承担担保责任，也可以通过股票抵债、资产抵债等方式化解担保债务，并于重整程序结束后向主债务人追偿。

E. 有国资背景的资金方支持

自2019年起，招商港口、中航信托便向安通控股伸出了援手，愿意通过借款帮助安通控股纾困，但因公司自身债务问题、资金占用问题和违规担保问题过于严重，相应的融资安排无法帮助公司彻底走出困境。

为帮助安通控股化解风险，招商港口、中航信托最终同意以战略投资人的身份参与安通控股重整，帮助安通控股化解风险。中航信托更是承诺兜底解决剩余占用资金及担保问题，这对安通控股最终选择通过重整化解风险，以及最终重整方案能够顺利落地具有决定性的影响。也正是因为在进入重整程序前两家央企作出的承诺，财务重整投资人对重整成功产生了信心，进而安通控股获得了大笔重整投资款。在“不差钱”的情况下，三家公司对债权人的清偿率也得以升高，有央企撑腰，债权人对重整计划成功实施的信心也得到了增强。

(四)重整方案分析

1. 安通控股自身债务问题的解决

(1)安通控股重整方案

安通控股通过资本公积转增股票,以现有股本为基础,转增了2,877,306,136股股票。转增股票中的1,187,796,441股专项用于引进重整投资人,383,546,113股专项用于解决控股股东业绩承诺补偿、资金占用和违规担保问题。

重整投资人以现金形式向管理人支付受让该等转增股份的对价,合计支付现金对价约45.27亿元。

职工债权以现金方式全额清偿,普通债权按照9.5元/股的价格全部通过股票抵债的方式清偿(安通控股不存在有财产担保债权和税款债权)。

(2)两家子公司重整方案

安通控股未公开披露两家子公司的重整计划,因此我们无法获知两家子公司债务清偿方案的细节。但根据安通控股重整计划的安排,以及安通控股回复中国证监会的询问内容可以大致推断出两家子公司重整计划的总体安排。

根据安通控股的重整计划,安通控股向安盛船务提供456,348,076.68元现金、346,997,394股股票,向安通物流提供826,226,477.99元现金、292,201,769股股票用于清偿债务。安通控股在回复中国证监会的询问时称,"重整投资人为受让转增股票所支付的约45.27亿元现金对价,部分用于清偿安通控股及安盛船务、安通物流重整程序中的破产费用、共益债务、有财产担保债权、职工债权、税款债权以及50万元以下的小额债权"。

根据上述两条线索推断,两家子公司的债务清偿安排大致是:①有财产担保债权在担保物估值范围内留债清偿,在担保物估价值范围之外转为普通债权清偿;②职工债权和税款债权以现金方式全额清偿;③普通债权50万元以下的部分全额现金清偿,50万元以上的部分通过股票抵债清偿。

对于安通控股向两家子公司提供现金和股票清偿债务这一安排,初步判断,可能存在以下两个原因:①两家子公司负债规模较大,需要更多偿债资源;②两家子公司承载了安通控股较多的实体业务,为了避免两家子公司重整程序将出资人权益调整为零,需要调用相应资源作为对价保证两家子公司继续保留在安通控股体系内。

2. 控股股东资金占用问题的解决

在出资人权益调整中本应向控股股东分配的230,004,336股股票,按照安通控股重整受理日(2020年9月11日)股票的收盘价,即5.69元/股转让给安通控股的重整投资人,所得现金13.09亿元用于向安通控股偿还所占用的资金。

3. 控股股东违规担保问题的解决

截至重整计划表决之日,经管理人依法审查并已确认的违规担保债权合计7.01亿元。解决方式为,将资本公积转增股票中本应向控股股东分配的73,587,082股股票,通过以股抵债的方式,对违规担保产生的债权进行清偿,股票的抵债价格为9.50元/股,即按《重整计划(草案)》中的普通债权清偿方式进行清偿。

4. 控股股东业绩承诺补偿问题的解决

出资人权益调整中本应向控股股东分配的79,954,695股股票,由安通控股以1元的总价格进行回购,用于完成控股股东存在的业绩补偿义务,该部分股票在回购之后不再注销,将由安通控股用于清偿自身债务。

(五)方案实施效果

通过股票抵债的清偿安排,以及向两家子公司注入偿债资源,安通控股及其两家子公司成功化解了自身面临的债务问题。

通过将本应分配给控股股东的部分股票转卖给重整投资人,以其对价成功回填了控股股东资金占用的亏空;通过将本应分配给控股股东的部分股票转移给管理人,由管理人用于违规担保债权的抵债清偿,成功解决了控股股东引发的违规担保问题;通过将本应分配给控股股东的部分股票由安通控股以1元价格赎回用于清偿债务,成功解决了控股股东的业绩承诺补偿责任。

通过引入重整投资人为安通控股注入流动性,改善了安通控股的资产状况和资产分布结构;通过股票抵债等方式大规模化解了安通控股对外负债,使得公司财务指标得到有效改善。2020年年度财务报告显示,安通控股经重整后的净资产已经由负转正,并成功撤销退市风险警示,恢复正常。

虽然安通控股通过重整程序及时解决了资金占用和违规担保问题,但这并不影响公安部门对控股股东及其他责任主体的追责,只不过可能为了避免恶劣的社会影响,进而影响重整进程,一直引而不发。同时,对于控股股东引发的安通控股资金占用和违规担保问题导致的信息披露违规,黑龙江证监局对安通控股及相应责任主体进行了行政处罚。另外,虽然有少部分投资者提起证券虚假陈述诉讼要求安通控股及其他责任主体承担赔偿责任,但相关诉讼最终以撤诉收场。

在安通控股重整完成后,郭某泽、郭某圣直接和间接通过上海仁建企业发展集团有限公司,合计持有安通控股 812,063,335 股股票,占安通控股总股本的 18.61%。招航物流通过重整获得安通控股 482,142,858 股股票,占安通控股总股本的 11.05%。虽然控股股东后续签署承诺函,表示放弃与其持股份额相关的部分权力,仅保留分红权、收益权与最终处置权,但其仍是安通控股的第一大股东。产生这一情况的原因在于,控股股东在重整前的持股比例高达 54.32%,除非控股股东将所持股份转让给重整投资人,否则仅靠出资人权益调整和股份稀释,重整投资人获得的股份比例很难超越控股股东。

(六)安通控股遗留问题

根据安通控股的公开披露信息,安通控股通过重整程序成功解决了自身债务问题、资金占用问题、违规担保问题和业绩承诺问题,且其财务指标得到优化,顺利解除了退市风险警示,但是实际控制人的刑事追责问题,仍有待进一步解决。

另一问题是安通控股未来的治理结构隐患——原实际控制人和新重整投资人的关系问题,二者和谐共生的基础是否牢固。对于重整投资人而言,其投入巨额资金协助安通控股解决上述问题,却未成为安通控股第一大股东,仅通过原控股股东放弃部分权利的方式实现对安通控股的控制,这在一定程度上对重整投资人未来管控企业形成掣肘,在安通控股未来运营与治理层面会形成新的隐患和挑战。

四、安通控股案的启示

解决合规问题的关键是筹钱与偿债,即控股股东将占用资金还给上市公司,或将违规担保的责任转移或免除。如控股股东无力解决,则引进新的投资者并以新增资源解决。但资金占用等合规问题之所以出现或败露,原因在于控股股东与上市公司除合规债务外,其他债务负担亦很沉重,对整个事件失去控制,无法悄无声息地完成归还动作。此时,通过破产重整削减债务规模,增强上市公司对资本市场的吸引力就显得尤为重要。不过,随着近年来上市公司重整市场的发展,风险隐患也越来越多,这种操作的门槛也随之提升。

近年来的上市公司重整热潮,导致重整工作精细化缺失,流水线作业的现象增多。长期来看,上市公司出现重整失败的案例不可避免。因此,在上市公司启动重整审查方面,从严审查将成为未来的主趋势,首当其冲的是上市公司重整审批环节的“路条控制机制”。上市公司拟启动破产重整程序,仅提供合规解决方案而不具备实质性进展的,将越来越难取得证券监管路条和法院批准裁定。

在该案中,安通控股受控股股东巨额资金占用和违规担保问题的影响,最终陷入经营困境,爆发债务危机。起初,安通控股试图通过对外融资化解风险,但公司的债务问题、资金占用问题和违规担保问题引起的亏空过大,外部融资显得杯水车薪。最终,在投资人的支持下,安通控股选择通过司法重整化解前述问题。但是,上市公司启动司法重整的前提是取得证监会的同意,而证监会又以合规解决方案为重点审查内容。在此情况下,意向投资者承诺如最终被确定为重整投资人,将在重整程序中负责解决相关问题,但未明确具体的解决方式。从后来的重整计划可知,重整投资人购买资本公积金转增的股票,以股票对价解决资金占用问题;而违规担保则统一按照普通债权的清偿方案清偿。实际上,这种通过承诺推进上市公司进入重整程序的方式,近年来随着监管的日趋严格,越来越难获得监管部门的承认。目前,监管部门倾向于上市公司在进入重整程序前,即解决合规问题,仅仅提供解决方案是不具备说服力的。这也是目前越来越多的上市公司尽管已经启动了预重整程序,但迟迟未能获得法院受理并逐步退市的原因。

按照该案的解决方案,资金占用的资金成本实质上系由安通控股债权人共同分担。持这一观点的原因在于,自安通控股债务层面观之,资本公积金转增股票如不用来解决资金占用问题,应向全体债权人分配。此外,实际控制人在重整完成后,依然持有安通控股 18.61% 的股份份额。虽然实际控制人承诺放弃了相应的管理权,但保留了相应的财产权利。如此安排,可能是因为在整体方案和利益博弈中,实际控制人必须争取到一定的安通控股股票,以便用来清偿自身债权,否则,重整成败和安通控股生死对其而言并无实质利害关系。

专题十　康美药业合规问题解决方案研究

康美药业成立于1997年，由马某田创办，位于广东省普宁市，是集药品、中药饮片、中药材和医疗器械等供销一体化的大型医药民营企业，于2001年3月19日在上交所挂牌上市，股票代码600518。

受控股股东资金占用的影响，康美药业现金流收窄；因经营不善，内部控制缺失，康美药业经营业绩自2016年起逐步下滑。为掩饰诸多财务问题，康美药业选择了财务造假。根据审计机构对康美药业2018年年度财务报告的审计结果，康美药业2017年年度财务报表出现重大偏失，货币资金多计29,944,309,821.45元，关联方资金占用高达80多亿元。根据2018年年度财务报告，康美药业年度末的债务规模高达375.9亿元。康美药业的财务造假和资金占用问题最终引发了我国第一起证券虚假陈述集体诉讼案件，康美药业最终被判承担24.59亿元的赔偿责任。

在上述问题爆发之际，康美药业和控股股东曾尝试通过对外借款、托管经营、表决权委托等方式化解公司债务问题；控股股东则一直希望通过处置变现自身资产以及债权债务抵销的方式填补资金占用的亏空。但最终因资金占用规模和公司自身债务规模过大，上述尝试失败，控股股东也因操纵证券市场罪，违规披露、不披露重要信息罪以及单位行贿罪被判入狱。此后，在各方推动下，康美药业选择以司法重整的方式化解风险，通过“一揽子”方案解决资金占用和自身债务问题，并获成功。

一、合规问题事实的梳理

（一）2018 年 10 月 16 日，付某某、林某某发文质疑康美药业财务造假

2018 年 10 月 16 日，付某某、林某某通过互联网发布《康美药业盘中跌停，疑似财务问题自爆：现金可疑，人参更可疑》，文章称，康美药业货币现金高、存贷双高、大股东股票质押比例高和中药材贸易毛利率高，质疑康美药业存在财务造假。

该文章在网上公开发表后，康美药业股票在 3 个交易日内日收盘价格跌幅偏离值累计超过 20%。10 月 16 日当天晚上，中国证监会紧急成立康美药业核查小组，并于第二天迅速进入康美药业，调取相关的财务凭证，就此展开对康美药业的财务调查。①

（二）2018 年 10 月 23 日，康美药业和马某田回复中国证监会对于股票异常波动的询问

康美药业和马某田回复称，不存在应披露而未披露的重大事项，不存在对股票交易价格可能产生影响或影响投资者合理预期的应披露而未披露的重大信息，包括但不限于康美药业并购重组、股份发行、债务重组、业务重组、资产剥离和资产注入等重大事项。康美药业和马某田在该次股票异常波动期间未买卖康美药业股票。

此后，康美药业和马某田多次公开表示其不存在信息披露违法违规情况。

（三）2018 年 10 月 26 日，康美药业发布《关于媒体报道的澄清说明》

康美药业表示关注到了相关媒体的文章，文章报道了因涉嫌操纵股价、内幕

---

① 中国证监会成立紧急小组进驻康美药业的讯息来自网络，并非康美药业或有关部门的公开披露信息，信息来源：https://weibo.com/2318265821/L21u4CLA1。

交易,康美药业关联方深圳市博益投资发展有限公司(以下简称博益投资)法定代表人王某君,已于大约两周之前被公安经侦部门采取强制措施,操纵标的可能涉及康美药业等相关内容。

康美药业称,博益投资自设立以来不存在买卖康美药业股票的情况,王某君虽然曾在康美药业任职,但早在2010年就已经离开公司。王某君自己也表示,其被采取强制措施系因涉嫌内幕交易广州普邦园林股份有限公司股份。

(四)2018年12月28日,康美药业收到中国证监会调查通知书

2018年12月28日,康美药业收到中国证监会调查通知书。因涉嫌信息披露违法违规,中国证监会决定对康美药业立案调查。

(五)2019年4月30日,康美药业披露《关于前期会计差错更正的公告》

康美药业通过自查,对2017年年度财务报表进行重述,结果如下:

公司采购付款、工程款支付以及确认业务款项时的会计处理存在错误,造成公司应收账款少计641,073,222.34元,存货少计19,546,349,940.99元,在建工程少计631,600,108.35元;公司在核算账户资金时存在错误,造成货币资金多计29,944,309,821.45元。

公司在确认营业收入和营业成本时存在错误,造成公司营业收入多计8,898,352,337.51元,营业成本多计7,662,129,445.53元;公司在核算销售费用和财务费用时存在错误,造成公司销售费用少计497,164,407.18元,财务费用少计228,239,962.83元。

公司采购付款、工程款支付以及确认业务款项时的会计处理存在错误,造成公司合并现金流量表销售商品,提供劳务收到的现金项目多计10,299,860,158.51元,收到其他与经营活动有关的现金项目少计137,667,804.27元;购买商品,接受劳务支付的现金项目多计7,301,340,657.76元,支付其他与经营活动有关的现金项目少计3,821,995,147.82元;购建固定资产、无形资产和其他长期资产支付的现金项目少计352,392,491.73元,收到其他与筹资活动有关的现金项目多计360,457,000.00元。

（六）2019 年 4 月 30 日，康美药业披露 2018 年年度财务报告被出具非标准审计意见

审计机构对康美药业 2018 年年度财务报告出具了保留意见的审计报告。审计报告中的涉及保留意见段说明如下。

1. 中国证监会立案调查事项

2018 年 12 月 28 日，因康美药业涉嫌信息披露违法违规，中国证监会决定对康美药业立案调查。由于该立案调查尚未有结论性意见或决定，审计机构无法确定立案调查结果对康美药业 2018 年年度财务报表整体的影响程度。

2. 关联方资金往来

康美药业 2018 年 12 月 31 日其他应收款余额中包括公司自查的向关联方提供资金余额 887，904.76 万元，坏账准备为 0 元。审计机构虽然实施了分析、检查、函证等审计程序，仍未能获取充分、适当的审计证据，无法确定康美药业在财务报表中对关联方提供资金发生额及余额的准确性，以及无法对关联方资金往来的可回收性作出合理估计。

3. 康美药业下属子公司部分在建工程项目存在财务资料不完整

康美药业下属子公司部分在建工程项目在建设实施过程中，存在部分工程项目财务管理不规范，财务资料不齐全等情况，截至 2018 年 12 月 31 日，通过自查已补计入上述工程款金额 360，540.68 万元（其中：固定资产 118，880.78 万元；投资性房地产 201，547.48 万元；在建工程 40，112.42 万元）。由于工程项目相关财务资料收集不充分，审计机构无法实施恰当的审计程序来获取充分、有效的审计证据，证明该等交易的完整性和准确性及对财务报表列报的影响。

（七）2019 年 4 月 30 日，康美药业披露 2018 年关联方资金占用专项报告

根据康美药业的资金占用专项报告，普宁市康淳药业有限公司（以下简称康淳药业）、普宁康都药业有限公司（以下简称康都药业）两家公司截至报告期末对康美药业的非经营性资金占用余额分别是 32.50 亿元、56.29 亿元，合计 88.79 亿元。

（八）2019 年 4 月 30 日，康美药业收到上交所监管工作函

2019 年 4 月 30 日，康美药业收到上交所下发的《关于对康美药业股份有限公司前期会计差错更正等有关事项的监管工作函》①。

上交所因康美药业 2017 年度财务报表重大差错更正和 88.79 亿元的关联方非经营性资金占用问题认为康美药业在财务管理、信息披露、内部控制等方面可能存在重大疑问，要求康美药业认真自查和核实有关情况，充分披露相关信息，明确投资者预期。

（九）2019 年 5 月 5 日，康美药业收到上交所《关于对康美药业股份有限公司媒体报道有关事项的问询函》

2019 年 5 月 5 日，康美药业收到上交所《关于对康美药业股份有限公司媒体报道有关事项的问询函》。上交所主要围绕前期差错更正和非经营性资金占用等相关问题进行询问。5 月 29 日，康美药业对相关问题进行了回复。

1. 关于差错更正（见表 2－10－1）

表 2－10－1　康美药业差错更正情况

单位：万元

调整科目	调整金额	对应调整科目	对应调整金额	调整原因
应收账款	64,107.32	货币资金	－64,107.32	调整业务还原真实应收账款余额
存货－中药材	1,834,307.70	货币资金	－1,834,307.70	采购中药材支出
其他应收款	571,382.10	货币资金	－571,382.10	支付其他方资金往来
存货－开发成本	180,400.09	货币资金	－180,400.09	支付工程支出
在建工程	63,160.01	货币资金	－63,160.01	支付工程支出
未分配利润	－281,073.76	货币资金	－281,073.76	调整业务还原项目
合计			－2,994,430.98	
2017 年调整科目	调整金额	对应调整科目	对应调整金额	调整原因
营业收入	－889,835.23	货币资金	－889,835.23	核减不实业务凭证入账收入
营业成本	－766,212.94	货币资金	766,212.94	核减不实业务凭证入账成本

① 上交所：上证公函[2019]0571 号。

续表

2017年调整科目	调整金额	对应调整科目	对应调整金额	调整原因
销售费用	49,716.44	货币资金、其他应付款	-49,716.44	调增业务相关销售费用
财务费用	22,824.00	货币资金、应收利息	-22,824.00	核减多计货币资金计提利息
资产减值损失	-1239.69	应收账款坏账准备	1239.69	调整业务还原真实应收账款余额，重新追溯业务应收账款账龄分析，对应调整资产减值损失-坏账准备、递延所得税资产及所得税费用-递延所得税资产
所得税费用	185.95	递延所得税资产	-185.95	
合计			-195,108.99	
以前年度调整科目	调整金额	对应调整科目	对应调整金额	调整原因
营业收入	-694,835.87	货币资金	-694,835.87	核减不实业务凭证入账收入
营业成本	-613,552.36	货币资金	613,552.36	核减不实业务凭证入账成本
销售费用	52,630.23	货币资金、其他应付款	-52,630.23	调增业务相关销售费用
财务费用	15,119.30	货币资金、应收利息	-15,119.30	核减多计货币资金计提利息
资产减值损失	20,964.12	应收账款坏账准备	-20,964.12	调整业务还原真实应收账款余额，重新追溯业务应收账款账龄分析，对应调整资产减值损失-坏账准备、递延所得税资产及所得税费用-递延所得税资产
所得税费用	-3144.62	递延所得税资产	3144.62	
合计			-166,852.54	

2. 关于非经营性资金占用

截至2018年12月31日，康美药业关联方往来明细见表2-10-2。

表2-10-2　康美药业关联方往来明细

单位：万元

公司名称	交易事由	期末余额	是否为关联方
普宁康都药业有限公司	关联方往来	562,904.76	是
普宁市康淳药业有限公司	关联方往来	325,000.00	是

（十）2019年5月21日，康美药业股票被实施风险警示

康美药业与关联公司存在88.79亿元的资金往来，该等资金被相关关联公司用于购买康美药业股票，上述行为触及《上交所股票上市规则》（2020年12月

修订)第13.1.1条规定中“投资者难以判断公司前景,投资者权益可能受到损害”的情形。康美药业向上交所申请对公司股票实施“其他风险警示”。康美药业自2019年5月21日起被实施风险警示,A股股票简称由“康美药业”变更为“ST康美”,股票代码仍为“600518”。

(十一)2019年8月16日,康美药业收到证监会行政处罚及市场禁入事先告知书

2018年12月28日,康美药业因信息披露违法违规收到中国证监会调查通知书,2019年8月16日,康美药业及相关当事人收到证监会行政处罚及市场禁入事先告知书,具体内容如下:

康美药业涉嫌存在的违法事实:(1)在《2016年年度报告》《2017年年度报告》《2018年半年度报告》《2018年年度报告》中存在虚假记载,虚增营业收入、利息收入及营业利润;(2)在《2016年年度报告》《2017年年度报告》《2018年半年度报告》中存在虚假记载,虚增货币资金;(3)在《2018年年度报告》中存在虚假记载,虚增固定资产、在建工程、投资性房地产;(4)在《2016年年度报告》《2017年年度报告》《2018年年度报告》中存在重大遗漏,未按规定披露控股股东及其关联方非经营性占用资金的关联交易情况。

根据相关当事人违法行为的事实、性质、情节与社会危害程度与《证券法》(2014年修正)第193条第1款、第3款的规定,中国证监会拟决定:(1)对康美药业责令改正,给予警告,并处以60万元的罚款;(2)对相关董事、监事、高级管理人员给予警告、罚款、采取终身证券市场禁入措施或10年证券市场禁入措施。

(十二)2019年9月16日,康美药业与广州医药集团有限公司(以下简称广药集团)签订《战略合作协议》

2019年9月16日,康美药业与广药集团在广州市签订了《战略合作协议》,双方拟在中药材供应管理服务、产品渠道服务等领域开展合作。该协议为双方开展项目合作的基础性框架文件,具体合作事项由双方另行签署协议约定。

(十三)2019年10月19日,控股股东的一致行动人终止实施增持计划

2018年10月19日,康美药业控股股东的一致行动人许某瑾宣布计划增持

公司股份,累计增持金额为5亿~10亿元。自增持计划实施以来,许某瑾积极筹措资金,鉴于外部市场环境等情况已发生较大变化,经审慎研究,许某瑾决定终止实施该次增持计划。

(十四)2020年1月18日,康美药业披露与银团签订存量贷款合同

为有效获得流动资金贷款支持,降低康美药业财务费用,为原有存量贷款的展期,康美药业与13家银行签订了《康美药业股份有限公司存量贷款银团合同》,此次存量银团贷款金额为100.48亿元,期限为3年。

(十五)2020年1月23日,康美药业披露全资子公司出售资产暨关联交易

2020年1月23日,康美药业披露其全资子公司康美健康产业投资有限公司(以下简称健康产业公司)拟向广发基金管理有限公司(以下简称广发基金)出售位于广州市海珠区琶洲的项目地块,出售价格为不高于113,000万元。

(十六)2020年4月29日,康美药业收到上交所监管工作函

康美药业于2020年4月29日收到上交所下发的《关于ST康美2019年主要经营业绩有关事项的监管工作函》①。

因康美药业2019年主要经营业绩与前期业绩预告差异较大,且未及时更正业绩预告,以及前期被中国证监会调查并拟出具行政处罚等相关事宜,上交所要求康美药业审慎核查在报告期内是否存在资金占用、违规担保等重大违规行为,并就有关情况发表明确意见,充分提示风险,及时履行信息披露义务。

而后,康美药业及高管又收到广东证监局《关于对康美药业股份有限公司、马某田、庄某清、唐某采取出具警示函措施的决定》。因康美药业披露的2019年度净利润经修正后出现大幅变动,此前披露的业绩预告相关信息披露不准确,康美药业未及时披露业绩预告修正公告,违反了《上市公司信息披露管理办法》(2007年版)第2条、第25条的相关规定,广东证监局对相关责任主体出具了警示函。

---

① 上交所:上证公函[2020]0426号。

(十七)2020 年 5 月 14 日,康美药业披露收到中国证监会行政处罚决定书及市场禁入决定书

2020 年 5 月 14 日,康美药业收到中国证监会行政处罚决定书及市场禁入决定书,相关违法事实与处罚决定与 2019 年 8 月 16 日收到的行政处罚及市场禁入事先告知书一致。

(十八)2020 年 5 月 15 日,康美药业收到上交所监管工作函

2020 年 5 月 15 日,康美药业收到上交所下发的《关于 ST 康美行政处罚有关事项的监管工作函》[①]。因康美药业及相关责任主体受到中国证监会行政处罚和市场禁入决定,上交所要求康美药业进行整改。

(十九)2020 年 6 月 5 日,康美药业收到广东证监局的行政监管措施决定书

康美药业于 2020 年 6 月 5 日收到广东证监局下发的《关于对康美药业股份有限公司采取责令公开说明措施的决定》。

2020 年 1 月 23 日,康美药业发布 2019 年度业绩预亏公告,预计 2019 年度净利润为 -16.5 亿~ -13.5 亿元。4 月 30 日,康美药业发布 2019 年度主要经营业绩报告,披露 2019 年度净利润修正为 -36.48 亿元。6 月 4 日,康美药业发布业绩预告更正公告,披露 2019 年度净利润修正为 -46.15 亿元。因康美药业披露的 2019 年度经营业绩多次出现大幅变动,相关信息披露不及时,不准确,违反了《上市公司信息披露管理办法》第 2 条、第 25 条的相关规定,广东证监局决定对康美药业采取责令公开说明的行政监管措施,要求公司在自收到决定书之日起 15 个工作日内,公开说明导致经营业绩发生多次大幅变动的原因、具体项目和金额,以及针对该问题拟采取的整改措施等,并对相关责任人进行内部问责。

---

① 上交所:上证公函[2020]0508 号。

（二十）2020 年 6 月 18 日，康美药业披露立信所出具《关于对康美药业股份有限公司控股股东及其他关联方占用资金情况的专项审计说明》

根据立信所出具的《关于对康美药业股份有限公司控股股东及其他关联方占用资金情况的专项审计说明》，截至 2019 年 12 月 31 日，马某田实际控制的康淳药业、康都药业非经营性占用康美药业资金余额合计 9,481,126,200.69 元（本金），具体情况见表 2 – 10 – 3。

表 2 – 10 – 3　康美药业资金占用金额

单位：万元

关联方名称	2018 年年报数	追溯调整	调整后数据	2019 年占用发生额	2019 年偿还发生额	2019 年 12 月 31 日余额
康都药业	562,904.76	84,929.86	647,834.62	43,050.00	68,803.00	622,081.62
康淳药业	325,000.00		325,000.00	17,430.00	16,399.00	326,031.00

（二十一）2020 年 6 月 18 日，康美药业披露关于实际控制人承诺偿还关联方非经营性资金占用

康美药业实际控制人马某田向公司出具《债务偿还承诺书》，拟以现金分期偿还资金占用方非经营性占用的全部公司资金。

1. 偿债安排

（1）于 2020 年 12 月 31 日前，马某田以现金向康美药业累计偿还的款项不低于占用资金总额的 10%；

（2）于 2021 年 12 月 31 日前，马某田以现金向康美药业累计偿还的款项不低于占用资金总额的 40%；

（3）于 2022 年 12 月 31 日前，马某田以现金向康美药业累计偿还全部占用资金以及按照同期银行贷款基准利率计算的全部资金占用期间利息。

2. 为了确保《债务偿还计划承诺书》的实施以及规范与康美药业之间的关联交易，马某田特别作出如下保证：

（1）将以马某田享有完全的、排他的所有权的资产作为担保物，并履行所要求相应的担保手续。如不能如期以现金偿还，马某田同意变卖担保物以现金方式偿还占用资金。

(2)如未能按照承诺书履行,则马某田将承担由此产生的责任,赔偿可能给康美药业造成的任何损失。

(3)承诺未来规范与康美药业之间的关联交易行为,不利用自身的决策和控制优势,通过任何方式违规占用康美药业的资金,不从事损害康美药业及其他公司股东的合法权益的行为。

(二十二)2020 年 6 月 18 日,康美药业披露 2019 年年度财务报告被出具了保留意见的审计报告

2019 年 12 月 31 日,康美药业实际控制人控制的关联公司康淳药业和康都药业非经营性占用资金的款项余额合计为 948, 112. 62 万元。实际控制人承诺拟在 2020 ~ 2022 年以现金分期代偿还资金占用方非经营性占用的全部资金及相应利息。截至审计报告日,审计机构无法就该代偿方案的可执行性获取充分、适当的审计证据。另外,审计机构结合康美药业在建工程与医疗器械存货账面余额等方面缺乏充分、适当的审计证据的情况,出具了保留意见的审计报告。

(二十三)2020 年 7 月 10 日,康美药业披露实际控制人被采取强制措施

康美药业收到公司实际控制人家属的通知,马某田因涉嫌违规披露、不披露重要信息罪被公安机关采取强制措施。

(二十四)2020 年 9 月 2 日,康美药业签署《合作协议》《生产经营托管协议》《资产负债托管及处置协议》

康美药业、控股股东康美实业投资控股有限公司(以下简称康美实业)、实际控制人及其配偶与揭阳易林药业投资有限公司①(以下简称易林投资)签署附条件生效的《合作协议》《生产经营托管协议》《资产负债托管及处置协议》;与之同步,康美实业、马某田、许某瑾及其一致行动人与易林投资已签署附条件生效的《表决权让渡协议》。

① 公开信息显示,易林投资的股东为:揭阳市城市投资建设集团有限公司,持股比例 40%;广东省金服股权托管中心有限公司,持股比例 30%;广州神农氏中医药发展有限责任公司,持股比例 30%。另外,公开信息显示,广州神农氏中医药发展有限责任公司的股东为广药集团。

根据上述协议,为妥善、有序化解康美药业面临的债务风险及生产经营不稳定等问题,易林投资拟作为托管实施主体,通过股份表决权委托/让渡、生产经营及资产负债处置托管等方式具体落实和推进化解康美药业资产债务风险,维持其生产经营稳定等各项工作,该次托管期限为协议生效后24个月。

另外,康美药业披露其现有货币资金为3.61亿元,合并报表口径有息负债为333.35亿元,存量债务规模大,流动性紧张,且康美药业因信息披露违法违规被中国证监会行政处罚,面临较大的诉讼风险。

(二十五)2020年9月2日,康美药业收到上交所询问函

2020年9月2日,康美药业收到上交所下发的《关于对ST康美控制权变更和经营托管等事项的问询函》。上交所主要询问了控制权变更和经营托管问题,康美药业于9月10日作出回复。

根据《合作协议》及相关协议,在该次托管期间内,易林投资将妥善、有序化解康美药业面临的债务风险及生产经营不稳定等问题,助力康美药业纾困,并根据《合作协议》及相关协议的约定行使该次托管相关权利。

根据《生产经营托管协议》,在该次生产经营托管项下,生产经营托管期间内,易林投资有权根据康美药业的具体情况围绕中药饮片及智慧药房主营业务制定或调整康美药业的业务发展规划,限缩、拓宽、调整或重整康美药业的各项业务;有权基于康美药业生产经营管理需要,向康美药业选派、推荐具备行业经验的适格人员等。

根据易林投资的说明,为实现该次托管目的,在表决权让渡期间内,易林投资不会主动缩短该次表决权让渡期间,但该次托管目的已经实现的除外。若易林投资及康美药业届时拟对康美药业的生产经营及高级管理人员作出重大调整,易林投资将督促康美药业根据中国证监会及上交所有关规定及时履行相应的决策程序及信息披露义务,切实保护康美药业及中小投资者的合法利益。

(二十六)2020年12月31日,康美药业披露非经营性资金占用还款进度暨关联交易

2019年,渤海国际信托股份有限公司(以下简称渤海信托)向康美药业发放

了信托贷款 13.90 亿元，广东民营投资股份有限公司（以下简称粤民投）向康美药业提供了委托贷款 20 亿元。

根据康美药业 2020 年 6 月 18 日披露的《康美药业关于实际控制人承诺偿还关联方非经营性资金占用的公告》，马某田向康美药业出具《债务偿还承诺书》，其须于 2020 年 12 月 31 日前偿还康美药业 9.48 亿元资金占用款。鉴于资金占用方无力清偿占用资金，马某田已被采取强制措施，现阶段无能力按原计划偿还资金占用款。为控制风险，充分保护康美药业及中小股东的利益，确保康美药业于 2020 年 12 月 31 日前收回相应资金占用款，康美药业与相关方进行债务抵偿暨关联交易，以债权债务抵偿的方式冲抵关联方资金占用款。

除上述债权债务冲抵交易，截至 2020 年 12 月 31 日，康美药业收到博益投资代偿资金占用款 0.4 亿元。

康美药业与粤民投、康美实业、粤民投（广州）金融投资有限公司（以下简称粤民投金融投资）签订《股份转让及偿债协议》，与渤海信托、广州赛米商务服务有限公司（以下简称赛米商务）、广州赛丽商务服务有限公司、康美实业签订《债务抵偿协议》，康美实业拟将其所持有的粤民投 20 亿股股份分别以债务抵偿的方式出让给赛米商务和粤民投金融投资，其中：赛米商务受让 15 亿股股份，用以抵偿赛米商务对康美实业、康美药业享有的 16.5 亿元债权（其中康美药业抵偿 1.53 亿元）；粤民投金融投资受让 5 亿股股份，用以抵偿康美药业所欠粤民投的委托贷款 5.5 亿元本金。

康美药业与康美实业、康都药业签订《债权债务冲抵协议书》，康美实业 2019 年度粤民投股权分红款 1.2 亿元为康美药业冲抵粤民投委托贷款，合并上述康美实业为康美药业偿还的 7.03 亿元债务，康美实业累计为康美药业偿还 8.23 亿元债务，用于抵偿康都药业对康美药业的非经营性资金占用款 8.23 亿元。

康美药业与康美大健康产业投资（吉林）有限公司、康淳药业、张某某签订《债权债务冲抵协议书》，张某某享有的对康美药业的 1.37 亿元债权用于抵偿康淳药业对康美药业的资金占用款。

1. 康美实业持有粤民投 20 亿股股份的抵偿安排

康美药业与粤民投、康美实业、粤民投金融投资签订《股份转让及偿债协议》；康美药业与渤海信托、赛米商务、广州赛丽商务服务有限公司、康美实业签订《债务抵偿协议》。康美实业将其所持有的粤民投 20 亿股股份分别以债务抵偿的方式出让给赛米商务和粤民投金融投资,其中:赛米商务受让 15 亿股股份,粤民投金融投资受让 5 亿股股份,具体如下:

(1)渤海信托与康美实业、赛米商务签署《债务转让协议》,康美实业将信托贷款中的债务本金 14.97 亿元转让给赛米商务。康美药业与渤海信托、赛米商务签署《债务转让协议》,康美药业将信托贷款中的债务本金 1.53 亿元转让给赛米商务。赛米商务通过债务受让对康美实业、康美药业享有债权 16.5 亿元。康美药业与渤海信托、赛米商务、康美实业签订《债务抵偿协议》,康美实业将其持有的粤民投 15 亿股股份作价 16.5 亿元转让给赛米商务,用以抵偿赛米商务对康美实业、康美药业享有的 16.5 亿元债权。在完成交割后,康美药业对渤海信托信托贷款债务本金减少 1.53 亿元。

(2)粤民投金融投资受让 5 亿股股份,受让对价为 5.5 亿元,粤民投将其持有的对康美药业委托贷款债券中的 5.5 亿元债券本金让渡于粤民投金融投资。粤民投金融投资不以现金支付标的股份的受让对价,而是以 5.5 亿元债券本金作为受让对价予以支付。在完成交割后,康美药业对粤民投委托贷款债务本金减少 5.5 亿元。

2. 关联方资金占用款抵偿安排

(1)康美药业与康美实业、康都药业签订《债权债务冲抵协议书》,康美药业与康美大健康产业投资(吉林)有限公司、康淳药业、张某某签订《债权债务冲抵协议书》。

(2)抵偿方式:康美实业对康美药业享有 7.03 亿元债权,另外,康美实业 2019 年度粤民投股份分红款 1.2 亿元为康美药业冲抵粤民投委托贷款相应本金及利息,合计抵偿 8.23 亿元,该部分债权转让予康都药业以冲抵康都药业应偿还给康美药业的资金占用款。在交割完成后,康都药业应偿还给康美药业的资金占用款项相应调减 8.23 亿元。张某某享有对公司的 1.37 亿元债权,张某某将其享有的相应债权转让给康淳药业以冲抵其应偿还公司的资金占用款。在交割完成后,康淳药业应偿还给康美药业的资金占用款相应调减 1.37 亿元。

（二十七）2021 年 1 月 13 日，康美药业披露关于上交所《关于 ST 康美关联方非经营性资金占用还款进度的问询函》的回复

2021 年 1 月 3 日，康美药业收到上交所下发的《关于 ST 康美关联方非经营性资金占用还款进度的问询函》。2021 年 1 月 13 日，康美药业进行了回复。

2020 年 6 月 17 日，马某田向康美药业出具《债务偿还承诺书》，马某田拟以现金分期偿还康都药业和康淳药业非经营性占用的全部康美药业资金。此后，马某田通过债务抵偿的方式偿付合计 9.6 亿元占用款，虽未以现金方式偿还资金占用款，但基于资金占用方无力清偿占用资金，马某田已被采取强制措施，现阶段无能力以现金方式偿还资金占用款的情况，通过债务抵偿的方式偿还占用款能有效控制资金偿还风险，最大限度减少康美药业的损失。

康美药业董事会将进一步督促马某田按照相关监管和《债务偿还承诺书》的要求，按期偿还后续非经营性资金占用款，维护康美药业利益，具体措施包括：处置马某田根据《债务偿还承诺书》提供的担保物；要求关联方及马某田重新制订还款计划。

康美药业通过该次债权债务抵偿的关联交易抵偿关联方 2020 年度应归还资金占用款项，有效控制资金偿还风险，有利于收回关联方资金占用款。同时，在该次交易完成后，康美药业应付金融机构债务减少 8.23 亿元，其他应付款减少 1.37 亿元，有利于降低康美药业整体负债，减轻康美药业债务压力，改善康美药业的财务状况。

（二十八）2021 年 3 月 26 日，康美药业收到中证中小投资者服务中心（以下简称投服中心）《关于发布接受康美药业虚假陈述民事赔偿案投资者委托说明的通知》

2021 年 3 月 26 日，广东省广州市中级人民法院（以下简称广州中院）已发布（2020）粤 01 民初 2171 号案普通代表人诉讼权利登记公告。投服中心依据《证券法》（2014 年修正）、《最高人民法院关于证券纠纷代表人诉讼若干问题的规定》等，将于同日在中国投资者网发布《投服中心接受康美药业虚假陈述民事赔偿案投资者委托的说明》。

（二十九）2021年4月23日，康美药业披露债权人向法院申请公司破产重整

2021年4月22日，康美药业收到广东省揭阳市中级人民法院（以下简称揭阳中院）送达的（2021）粤52破申1号通知书，广东揭东农村商业银行股份有限公司（以下简称揭东农商行）以康美药业不能清偿到期债务为由，向法院提出破产重整。

（三十）2021年4月28日，康美药业披露关于康美药业2020年度关联方非经营性资金占用清偿情况的专项报告

根据审计机构出具的《关于康美药业2020年度关联方非经营性资金占用清偿情况的专项报告》，截至2020年12月31日，康美药业原实际控制人马某田控制的关联公司康淳药业、康都药业非经营性占用资金的款项余额合计为8,481,126,200.69元（2019年12月31日余额为9,481,126,200.69元）。

（三十一）2021年4月28日，康美药业披露其年度报告被出具无法表示意见的报告

1. 内部控制重大缺陷

康美药业存在多项财务报告内部控制重大缺陷，审计机构无法获取充分、适当的审计证据以作为对财务报表整体发表审计意见的基础。

2. 持续经营的重大不确定性

康美药业2020年度归属于母公司的净利润总额为-2,773,594.34万元，2020年12月31日归属于母公司所有者的权益总额为-718,580.95万元，带息债务总额为3,302,999.20万元，其中逾期债务453,894.31万元。存在可能导致对康美药业持续经营能力产生重大疑虑的多个重大不确定性因素。

3. 关联方非经营性资金占用事项

2020年12月31日，康美药业原实际控制人控制的关联公司康淳药业和康都药业非经营性占用资金的款项余额合计为848,112.62万元（2019年12月31日余额为948,112.62万元）。由于原实际控制人被执行强制措施及已转出康美药业控制权，审计机构无法就上述资金占用款的可收回性获取充分、适当的审计

证据。

康美药业2020年度主要财务会计数据如表2－10－4所示。

表2－10－4　康美药业2020年度主要财务会计数据

单位：万元

主要会计数据	2020年	2019年	2020年比上年同期增减	2018年
营业收入	541,200.80	1,144,554.58	－52.72%	1,706,507.91
扣除与主营业务无关的业务收入和不具备商业实质的收入后的营业收入	459,789.63	1,071,433.09	－57.09%	1,617,686.15
归属于康美药业股东的净利润	－2,773,594.34	－466,067.50	－495.11%	37,449.23
归属于康美药业股东的扣除非经常性损益的净利润	－2,723,702.79	－486,488.93	－459.87%	33,669.55
经营活动产生的现金流量净额	103,139.21	288,204.50	－64.21%	30,561.67
主要会计数据	2020年末	2019年末	2020年末比上年同期末增减	2018年末
归属于康美药业股东的净资产	－718,580.95	2,051,527.40	－135.03%	2,598,549.45
总资产	3,621,298.00	6,458,622.88	－43.93%	7,314,448.45

（三十二）2021年4月29日，康美药业股票被实施退市风险警示

康美药业2020年度经审计的期末净资产为负值，且2020年年度财务会计报告被出具无法表示意见，根据《上交所股票上市规则》（2020年12月修订）第13.3.2条的规定，康美药业股票将被实施退市风险警示。

（三十三）2021年5月11日，康美药业披露关联方拟变更非经营性资金占用偿还安排承诺

根据立信所的专项审计结果，截至2019年12月31日，马某田实际控制的康淳药业和康都药业非经营性资金占用余额合计9,481,126,200.69元（本金）。

截至2021年5月11日，马某田通过博益投资现金清偿40,000,000元。此外，如果康美药业股东大会表决通过以债权债务冲抵方式还款960,000,000元的《关于关联方非经营性资金占用还款进度暨关联交易的议案》，在债权债务冲抵完成后，康美药业关联方资金占用款将累计减少1,000,000,000元，剩余占用金额合计8,481,126,200.69元（本金）。

马某田和许某瑾承诺,除继续根据2020年6月17日出具的《债务偿还承诺书》积极筹措资金解决占款以外,还会将其持有的或者实际控制的包括但不限于土地、房产、公司股权、应收账款等合法、足值的非现金资产抵债用于偿还对康美药业的占款。为确保抵债资产按照前述承诺专项用于解决资金占用问题,采取措施如下:

为保证上述资产能顺利抵偿占款,可先由控股股东、关联方、所有权人、康美药业通过签订抵(质)押合同并办理抵(质)押登记的方式,将控股股东及其关联方的资产抵(质)押给康美药业,如控股股东及其关联方不能在约定的期限内优先用等额现金解决该部分占款,则康美药业可将该类资产进行处置或以合法合规方式过户至康美药业名下。在此过程中,将请求相关单位协助采取积极有效的措施,防止抵债资产被查封、冻结,依法保护抵债资产的安全,以确保抵债资产按照前述安排专项用于解决资金占用问题。

(三十四)2021年6月5日,康美药业披露法院裁定受理康美药业重整

康美药业于2021年6月4日收到揭阳中院送达的(2021)粤52破申1号民事裁定书,裁定受理债权人揭东农商行对康美药业的重整申请。

(三十五)2021年7月7日,康美药业发布关联方非经营性资金占用事项的进展公告

康美药业聘请资产评估机构开展评估工作,同时督促关联方加快处置资产,偿还占款。截至该次公告披露日,马某田已通过现金和债权债务冲抵的形式偿还1,000,000,000元,剩余占用金额合计8,481,126,200.69元(本金)。

(三十六)2021年8月10日,康美药业召开第一次债权人会议

康美药业第一次债权人会议已于2021年8月10日上午10时通过网络方式召开。会议主要议程包括:(1)法院介绍债权人参会情况;(2)法院宣读受理裁定书、指定管理人决定书;(3)法院宣读债权人会议职权;(4)法院宣读指定债权人会议主席决定书;(5)管理人作阶段性重整工作报告;(6)管理人作财产状况调查报告;(7)管理人作管理人报酬收取方案报告;(8)管理人报告

债权申报和审查情况，提请债权人会议核查“债权表”；(9)管理人作设立债权人委员会和债权人委员会成员人选的建议和说明，并对选任和设立债权人委员会事项进行表决。

截至2021年7月25日，共计57,330家债权人向管理人申报债权，申报金额总计43,523,680,718.06元。

(三十七)2021年9月30日，康美药业发布关于公开招募和遴选重整投资人的公告

重整投资人条件：(1)重整投资人应当是依照中华人民共和国法律设立并有效存续的企业法人或非法人组织，具有良好的商业信誉和社会责任感，同时未被列入失信被执行人名单。(2)招募重整投资人不限行业，但重整投资人或其实际控制人从事中医药及相关行业，与康美药业具有产业协同性，属于行业龙头企业的，在同等条件下优先考虑。(3)重整投资人或其出资方应拥有足够的资金实力进行重整投资，并能出具不低于其拟投资总额度的资信证明或其他履约能力证明。(4)如法律法规、行业监管政策对重整投资人的主体资格有相关规定，重整投资人应确保符合该等要求。两个或两个以上的意向投资人联合参与投资的，至少有一个意向投资人应符合上述资格条件。(5)重整投资人需要就解决控股股东及关联方的资金占用问题出具承诺函，承诺遵守并执行重整程序中确定的资金占用解决方案。

(三十八)2021年10月30日，康美药业发布关联方非经营性资金占用事项的进展公告

2021年10月28日，揭阳中院将经其强制执行，处置普宁市信宏实业投资有限公司(以下简称信宏实业)资产所得款项共计1,641,212,789.45元支付至康美药业管理人账户。根据康美药业与信宏实业签订的《清偿债务协议书》，上述款项将代偿占款本金。截至2021年10月30日，康美药业关联方非经营性占用资金余额合计6,809,913,411.24元。

（三十九）2021 年 11 月 2 日，康美药业披露收到广东省佛山市中级人民法院（以下简称佛山中院）并案审理决定书

根据佛山中院并案审理决定书，马某田因涉嫌违规披露、不披露重要信息罪被公安机关采取强制措施。广东省佛山市人民检察院于 2021 年 10 月 27 日，向佛山中院提起公诉，指控马某田犯违规披露、不披露重要信息罪，挪用资金罪，操纵证券市场罪；另外，佛山市人民检察院以佛检诉发刑诉（2016）62 号起诉书、佛检刑追诉（2017）3 号起诉书指控康美药业及马某田犯单位行贿罪①，案号分别为（2021）粤 06 刑初 113 号、（2021）粤 06 刑初 114 号。佛山中院在审查后认为，上述两案中的被告人马某田为同一个人，决定将（2021）粤 06 刑初 114 号案件并入（2021）粤 06 刑初 113 号案件审理。

（四十）2021 年 11 月 2 日，康美药业披露关于重整投资人招募进展的公告

2021 年 10 月 20 日，意向重整投资人报名时间截止。截至 2021 年 10 月 31 日，广药集团代表广东神农氏企业管理合伙企业（有限合伙）（以下简称神农氏）向康美药业重整管理人提交了《重整投资方案》，拟向康美药业投入的资金总额不超过 65 亿元，后续将与投资人谈判签订《重整投资协议》。

（四十一）2021 年 11 月 13 日，康美药业发布关联方非经营性资金占用事项的进展公告

2021 年 11 月 10 日，揭阳中院将处置信宏实业资产所得款项共计 243,904,923.00 元支付至康美药业管理人账户。该款项为揭阳中院强制执行信宏实业资产所得款项中尚未分配完毕的款项。根据康美药业与信宏实业签订的《清偿债务协议书》，上述款项将代偿占款本金。

2021 年 11 月 5 日，康美实业将其名下普宁市福临门的 11 套房产过户给康美药业，通过以物抵债抵偿非经营性资金占用，抵债金额按照评估价值减去相关

---

① 据佛山市人民检察院 2016 年 6 月 6 日签发的佛检诉发刑诉（2016）62 号起诉书、2017 年 3 月 24 日签发的佛检刑追诉（2017）3 号起诉书，被告人马某田等为谋求不正当利益，分别于 2005 ~ 2009 年、2007 ~ 2012年向陈某、钟某、万某行贿。

税费后,预计为16,313,793.98元。

2021年11月10日,许某瑾将其名下普宁市广汕公路北侧新光路东侧商铺过户给康美药业,通过以物抵债抵偿非经营性资金占用,抵债金额按照评估价值减去相关税费后,预计为8,439,870.08元。

截至该次公告日,康美药业关联方非经营性占用资金余额合计预估6,541,254,824.18元。

(四十二)2021年11月13日,康美药业披露证券虚假陈述民事赔偿案件判决书

2021年11月12日,广州中院作出(2020)粤01民初2171号民事判决书,判决结果如下:(1)被告康美药业,向原告顾某某、黄某某等52,037名投资者赔偿投资损失2,458,928,544元;(2)被告马某田等人对上述债务承担连带清偿责任;(3)被告马某耀等人在上述债务的20%范围内承担连带清偿责任;(4)被告江某平等人在上述债务的10%范围内承担连带清偿责任;(5)被告郭某慧等人在上述债务的5%范围内承担连带清偿责任;(6)被告会计师事务所、杨某蔚对上述债务承担连带清偿责任。

对于案件判决涉及的康美药业需承担的投资者损失,康美药业将根据破产重整工作推进情况,依据届时经揭阳中院裁定批准的《康美药业股份有限公司重整计划》中的债权受偿方案,通过现金、抵债股票等方式统一实施清偿,充分考虑、保护中小投资者的利益。康美药业将根据判决,向马某田等21名承担连带清偿责任的被告依法主张相关权利。

(四十三)2021年11月15日,康美药业召开第二次债权人会议和出资人会议

1. 第二次债权人会议召开情况

第二次债权人会议于2021年11月15日10时采取线上和线下方式召开,有财产担保债权组、普通债权组均表决通过了重整计划草案。

2. 出资人组会议召开与出席情况

康美药业出资人组会议于2021年11月15日14时采取现场投票与网络投

票相结合的方式召开,表决通过了出资人权益调整方案。

(四十四)2021 年 11 月 26 日,法院裁定批准康美药业重整计划

揭阳中院于 2021 年 11 月 26 日作出(2021)粤 52 破 1 号之一民事裁定书,裁定批准重整计划并终止重整程序。

(四十五)2021 年 12 月 15 日,康美药业发布关于与重整投资人签署重整投资协议的公告

1. 康美药业、管理人与神农氏签署的《关于参与康美药业股份有限公司重整程序之投资协议书》

(1)经过公开招募和遴选程序,神农氏成为康美药业的重整投资人,神农氏及财务投资人拟共同支付不超过 6,500,000,000 元的投资资金,获得康美药业 4,145,296,141 股的转增股票,占康美药业实施资本公积金转增股票后总股本 13,863,866,690 股的 29.90%。

其中,神农氏拟以不超过 5,419,000,000 元的投资资金对康美药业进行投资,获得康美药业 3,509,413,788 股的转增股票,占康美药业实施资本公积金转增股票后总股本 13,863,866,690 股的 25.3134%;财务投资人拟以 1,081,000,000 元的投资资金对康美药业进行投资,获得康美药业 635,882,353 股的转增股票,占康美药业实施资本公积金转增股票后总股本 13,863,866,690 股的 4.5866%。

(2)各方确认并同意,投资资金将用于解决康美药业原实际控制人马某田控制的关联方康淳药业和康都药业非经营性资金占用问题,支付执行重整计划所需要的各项破产费用以及清偿重整计划规定的应当以现金方式清偿的债务,剩余部分留存在康美药业,用于支持康美药业做好原有主营业务的持续经营,实施产业转型升级方案以及向下属公司注入流动性。

(3)各方确认,截至重整投资协议签署日,康美药业指定账户已收到神农氏支付的报名保证金 100,000,000 元,该等保证金自重整投资协议签署之日起转为该次投资的投资资金。

在重整投资协议生效后,最迟不晚于 2021 年 12 月 15 日(含当日),重整投资人及财务投资人应向康美药业指定的账户支付投资款 5,596,000,000 元。

2. 康美药业、管理人、神农氏与财务投资人签署的《关于参与康美药业股份有限公司重整投资相关事项之确认书》

(1)财务投资人广发证券股份有限公司,以货币资金 481,000,000 元受让康美药业实施资本公积金转增的 282,941,177 股股票。

(2)财务投资人芜湖鑫同瑞企业管理中心(有限合伙),以货币资金 300,000,000 元受让康美药业实施资本公积金转增的 176,470,588 股股票。

(3)财务投资人深圳市招平领航投资中心(有限合伙),以货币资金 200,000,000 元受让康美药业实施资本公积金转增的 117,647,059 股股票。

(4)财务投资人华润深国投信托有限公司,以货币资金 100,000,000 元受让康美药业实施资本公积金转增的 58,823,529 股股票。

(5)神农氏承诺,自转增股票过户登记至其名下之日起 36 个月内,不通过任何形式减持。但神农氏在持有前述转增股票之后在同一实际控制人控制的不同主体之间(含子公司)进行协议转让、无偿划转、实施增资不受前述减持限制。神农氏在前述 36 个月的期限届满后减持其持有的康美药业股票的,应符合届时有效的法律法规、交易所规则的规定。

(6)财务投资人承诺,自转增股票过户登记至其名下之日起 12 个月内,不通过任何形式减持。但财务投资人持有前述转增股票之后在同一实际控制人控制的不同主体之间(含子公司)进行协议转让、无偿划转、实施增资的不受前述减持限制。财务投资人在前述 12 个月的期限届满后减持其持有的康美药业股票的,应符合届时有效的法律法规、交易所规则的规定。

(四十六)2021 年 12 月 23 日,康美药业披露关于重整投资协议进展情况

1. 重整投资协议履行进展

根据重整投资协议的约定及重整进展情况,重整投资人神农氏与财务投资人已于 2021 年 12 月 17 日支付完毕全部重整投资资金,共计 6,500,000,000 元。具体如下:

重整投资人:神农氏,支付完毕货币资金 4,515,000,000 元,且已将评估作价 904,000,000 元的康美(普宁)医院投资管理有限公司(以下简称康美医管)100% 股权过户至康美药业名下,前述金额合计 5,419,000,000 元。根据深圳中

洲资产评估有限公司出具的《资产评估报告》,康美医管评估值为 90,463.49 万元。

财务投资人 1:广发证券股份有限公司,支付完毕货币资金 481,000,000 元;财务投资人 2:芜湖鑫同瑞企业管理中心(有限合伙),支付完毕货币资金 300,000,000 元;财务投资人 3:深圳市招平领航投资中心(有限合伙),支付完毕货币资金 200,000,000 元;财务投资人 4:华润深国投信托有限公司,支付完毕货币资金 100,000,000 元。

2. 该次权益变动的基本情况概述

根据重整计划及重整投资协议的相关安排,重整投资人神农氏认购康美药业资本公积金转增的 3,509,413,788 股股票,可能成为康美药业控股股东。

财务投资人广发证券股份有限公司认购康美药业资本公积金转增的 282,941,177 股股票;财务投资人芜湖鑫同瑞企业管理中心(有限合伙)认购康美药业资本公积金转增的 176,470,588 股股票;财务投资人深圳市招平领航投资中心(有限合伙)认购康美药业资本公积金转增的 117,647,059 股股票;财务投资人华润深国投信托有限公司认购康美药业资本公积金转增的 58,823,529 股股票。

(四十七)2021 年 12 月 24 日,康美药业发布关联方非经营性资金占用事项的进展公告

2021 年 11 月 26 日,揭阳中院裁定批准重整计划。根据重整计划,重整投资人受让原控股股东、原实际控制人及关联股东的转增股票解决 6,000,000,000 元关联方非经营性占款。2021 年 12 月 17 日,重整投资人已向康美药业管理人支付全部投资款。前述股票于 2021 年 12 月 22 日过户至重整投资人名下。过户完成后,共计解决 6,000,000,000 元关联方非经营性占款。

2021 年 12 月 20 日,因康美药业原实际控制人关联方未履行生效法律文书确定的义务,康美药业向揭阳中院申请强制执行,由揭阳中院作出协助执行通知书,将马某田名下位于深圳市银湖公馆的 1 套房产过户至康美药业,以物抵债解决关联方非经营性占款。抵债房产已于 2021 年 12 月 20 日过户至康美药业名下,抵债金额按照评估值减去康美药业支付的过户税费等费用计算,预计为

176,613,301.22 元。

截至本次公告日，康美药业关联方非经营性占用资金余额合计预估 364,641,522.96 元。

(四十八)2021 年 12 月 24 日，康美药业披露股东权益变动暨控股股东发生变更

根据重整计划、重整投资协议，如上述安排实施完毕，神农氏持有康美药业 3,509,413,788 股股票，持股比例 25.3134%，为康美药业第一大股东，且可实际支配的康美药业股份表决权足以对康美药业股东大会的决议产生重大影响，神农氏成为康美药业控股股东。

因康美药业根据重整计划实施公积金转增股票，康美药业原控股股东易林投资持有的公司 29.90% 股份对应的表决权及提案和提名权比例被动稀释至 10.73%。

(四十九)2021 年 12 月 31 日，康美药业发布关于重整计划执行完毕的公告

在重整计划执行期间，管理人和康美药业积极推进重整计划的执行工作，具体如下：(1)应分配给债权人的现金清偿款项已经分配，因债权人账户异常或未提供账户等原因未分配的现金已经提存至管理人银行账户，股票已转增完成并已划转给中小股东、投资人、债权人，因债权人账户异常或未提供账户等原因未划转的股票也已经提存至管理人证券账户。(2)康美药业于 2021 年 12 月 6 日成立普宁市康天商贸有限公司(以下简称康天商贸)作为信托平台公司，开展信托底层资产置入工作，注册资本 18.2 亿元。康美药业与建信信托有限责任公司(以下简称建信信托)签署了信托合同、关于普宁市康天商贸有限公司之股权转让协议，将康天商贸 100% 股权过户至建信信托名下。(3)对于发生的破产费用，已根据实际情况随时支付。

2021 年 12 月 27 日，康美药业向法院提交了关于重整计划执行情况的报告。同日，康美药业管理人向法院提交了关于重整计划执行情况的监督报告，报告了康美药业管理人执行监督工作的相关情况，并提请法院裁定重整计划执行完毕。

2021年12月29日,揭阳中院作出(2021)粤52破1号之四民事裁定书,裁定确认重整计划已执行完毕。

(五十)2022年1月1日,康美药业发布关联方非经营性资金占用事项的进展公告

2021年12月24日,康美药业原实际控制人控制的普宁市锐通实业投资有限公司通过现金形式代偿关联方非经营性占款15,000,000元。该款项已于12月24日支付至康美药业管理人账户。

2020年1月29日康美药业与广东揭阳农村商业银行股份有限公司榕东支行(以下简称揭阳农商行)签订了《委托资金借款合同》,揭阳市水务集团有限公司(以下简称揭阳水务)委托揭阳农商行向康美药业提供借款,借款本金为190,000,000元,康美实业以其名下普宁福临门44套房产为该笔借款提供了抵押。2020年8月17日康美药业与揭阳水务签订了《借款合同》,借款本金为100,000,000元,博益投资以其名下现代商务大厦办公室3套,马某田与许某瑾以其名下2套深圳房产为该笔借款提供抵押。后康美药业与康美实业、博益投资、马某田及许某瑾等签订《抵押物偿债协议》,协议约定由马某田、许某瑾、博益投资用前述抵押物抵偿康美药业所欠借款,同时视为关联方归还康美药业非经营性资金占款。

2021年12月27日,博益投资、马某田与许某瑾通过处置前述抵押物代偿康美药业借款金额合计136,932,427.48元,其中康美实业名下普宁福临门44套房产按照评估值减去过户税费净额预计代偿66,693,260.81元,博益投资名下现代商务大厦办公室3套按照评估值减去过户税费净额预计代偿35,822,940.36元,马某田与许某瑾名下深圳房产2套按照评估值减去过户税费净额预计代偿34,416,226.31元。代偿后康美药业关于前述借款本息剩余139,671,439.19元,该笔债务根据法院裁定批准的重整计划执行。

综上所述,关联方合计代偿康美药业债务为136,932,427.48元,抵偿关联方非经营性占款合计136,932,427.48元。康美药业关于前述债务的评估报告等相关文件将不晚于2022年3月31日披露。

2021年12月28日,康美药业原实际控制人许某瑾将其名下位于广州市恒

福路的房产过户给康美药业，通过以物抵债抵偿非经营性资金占用，抵债金额按照评估价值减去康美药业支付的过户税费等费用计算，预计为5,940,449.69元。

2021年12月30日，因康美药业原实际控制人马某田控制的深圳市恒泰创富资产管理有限公司未履行生效法律文书确定的义务，经康美药业向揭阳中院申请强制执行，由揭阳中院作出协助执行通知书，将深圳市恒泰创富资产管理有限公司名下位于福建省龙岩市连城县、长汀县的227处林地过户至康美药业，以物抵债解决关联方非经营性占款。康美药业已于2021年12月30日取得前述全部227处林地的不动产权证书，抵债金额按照评估价值计算预计为146,903,866元。

截至2022年1月1日，康美药业关联方非经营性占用资金已全部清偿完毕。

（五十一）2022年1月10日，康美药业原董事长二审维持原判

2022年1月10日，广东省高级人民法院对康美药业原董事长马某田操纵证券市场案依法作出终审裁定，驳回上诉，维持原判，即马某田因犯操纵证券市场罪，违规披露、不披露重要信息罪，单位行贿罪，被佛山中院判处有期徒刑12年，并处罚金120万元。

（五十二）2022年1月29日，康美药业披露管理人关于康美药业重整计划执行情况的监督报告

康美医药提交的《关于〈康美药业股份有限公司重整计划〉执行情况的报告》中提及的情况属实。

应分配给债权人的50万元以下部分现金清偿款项已经分配，因债权人账户原因未分配的现金已经提存至管理人银行账户；股票已转增完成并已划转给中小股东、投资人、债权人，因债权人账户原因未划转的股票也已经提存至管理人证券账户。

康美药业于2021年12月6日成立康天商贸作为信托平台公司，开展信托底层资产置入工作。康美药业与建信信托签署信托合同、关于康天商贸之股权转让协议。

（五十三）2022年4月29日，康美药业披露关于康美药业2021年度关联方非经营性资金占用清偿情况的专项报告

根据天职国际出具的关于康美药业2021年度关联方非经营性资金占用清偿情况表，康都药业、康淳药业占用资金已全部清偿，清偿金额合计848,112.62万元人民币。

（五十四）2022年4月29日，康美药业披露2021年年度财务报告被出具带强调事项段的无保留意见审计报告

因前期会计差错更正所述事项对上期财务报表的财务状况和经营成果具有重大影响，审计机构对康美药业2021年年度财务报告出具带强调事项段的无保留意见审计报告。

康美药业2021年度主要财务会计数据如表2－10－5所示。

表2－10－5　康美药业2021年度主要财务会计数据

单位：万元

主要会计数据	2021年	2020年	2021年比上年同期增减	2019年
营业收入	415,252.11	541,200.80	－23.27%	1,144,554.58
扣除与主营业务无关的业务收入和不具备商业实质的收入后的营业收入	405,142.31	459,789.63	－11.89%	1,071,433.09
归属于康美药业股东的净利润	791,790.06	－3,108,483.24	不适用	－466,067.50
归属于康美药业股东的扣除非经常性损益的净利润	－796,823.33	－3,058,591.69	不适用	－486,488.93
经营活动产生的现金流量净额	21,420.51	103,139.21	－79.23%	288,204.50
主要会计数据	2021年末	2020年末	2021年末比上年同期末增减	2019年年末
归属于康美药业股东的净资产	992,655.50	－1,053,609.70	不适用	2,051,527.40
总资产	1,605,425.93	3,332,613.10	－51.83%	6,458,622.88

二、合规问题事实的总结

（一）康美药业债务问题的爆发

1. 财务造假问题

2018年9月16日，一篇名为《康美药业盘中跌停，疑似财务问题自爆：现金可疑，人参更可疑》的文章揭开了康美药业财务造假的问题。随后，在监管压力之下，经康美药业自查和审计机构核查，2019年4月30日，康美药业在披露2018年年度财务报告时承认，公司2016～2017年的财务数据在各个方面均存在造假的情况。其中，2017年度虚增收入、货币资金问题最为严重，虚增货币资金近300亿元，虚增营业收入88.98亿元。

2. 资金占用问题

控股股东非经营性资金占用问题与财务造假问题一同被揭开，康美药业在2018年年度财务报告中披露，该年度末的资金占用余额为88.79亿元。2020年6月18日，康美药业在2019年年度财务报告中披露，该年度末的资金占用余额为94.81亿元。2021年4月28日，康美药业在2020年年度财务报告中披露，该年度末的资金占用余额为84.81亿元。

根据康美药业自查及中国证监会的调查，康美药业资金占用问题主要发生于2016～2018年间，实际控制人占用康美药业资金主要用于购买股票，偿还自身融资本息，垫付解质押款或支付收购溢价款等。

3. 自身债务问题

根据康美药业2019年6月5日回复上交所的相关信息，截至2018年12月31日，康美药业总体债务规模为375.9亿元。2020年年度财务报告显示，截至2020年12月31日，康美药业带息债务总额为330.30亿元。与此同时，康美药业2020年度末资产总计362.13亿元，负债总计432.72亿元，归属于康美药业股东的净资产为－718,580.95万元，康美药业已经资不抵债。

在康美药业进入重整程序后，根据管理人披露的债权申报与审查情况，截至《重整计划》表决之日，债权人申报496.82亿元债权，揭阳中院裁定确认232.71亿元，管理人初步确认待法院裁定确认105.33亿元，暂缓确认133.44亿元，不予确认 160.49 亿元。

(二)康美药业的自救措施

1. 签署《战略合作协议》

2019 年 6 月 16 日,康美药业在财务造假、资金占用和自身债务问题爆发后,便与广药集团签署了《战略合作协议》,计划在中药材领域开展合作。令人遗憾的是,二者在协议签订后便未再有进一步的合作。

2. 对外融资

2020 年 1 月,为了补充康美药业流动性,降低康美药业财务费用,为原有存量贷款的展期,康美药业与 13 家银行签订了《康美药业股份有限公司存量贷款银团合同》,获得了 100.48 亿元贷款。

3. 移交控制权

因康美药业实际控制人被公安机关立案调查并采取强制措施,为了维护康美药业稳定经营,化解债务风险,康美药业、控股股东、实际控制人及其配偶许某瑾与易林投资签署了《合作协议》《生产经营托管协议》《资产负债托管及处置协议》。与之同步,康美实业、马某田、许某瑾及其一致行动人与易林投资已签署附条件生效的《表决权让渡协议》。易林投资拟作为托管实施主体,通过股份表决权委托/让渡、生产经营及资产负债处置托管等方式具体落实和推进化解康美药业资产债务风险,维持其生产经营稳定等各项工作。

4. 以债务抵偿和现金方式解决资金占用回填

对于资金占用问题,实际控制人最早于 2020 年 6 月出具《债务偿还承诺书》表示愿意以现金分期偿还资金占用款,但该计划最终因实际控制人实际不具备清偿能力宣告失败。其后,通过债权债务抵偿的方式,康都药业和康淳药业偿还了 9.6 亿元资金占用款。2020 年 12 月,博益投资通过转账形式代实际控制人向康美药业偿还了 0.4 亿元占用款。

5. 通过司法重整化解康美药业债务问题和资金占用问题

2021 年 6 月,康美药业被揭阳中院裁定重整,而后,康美药业通过重整程序的债务调整解决了康美药业自身债务问题,通过重整程序的资本公积转增以及实际控制人夫妇自有资产解决了资金占用问题。具体为,在重整程序中通过现金清偿、股票抵债、信托份额抵债方式完成了债务清偿工作。在重整程序中资本公积转增本应分配给实际控制人夫妇的部分股票以市场价出售给战略投资人，获取的股票价款用于偿还部分资金占用款；实际控制人夫妇通过资产变现筹集资金，用于偿还剩余部分的资金占用款。

（三）监管部门的关注及监管措施

1. 行政责任

根据网络信息，在2018年10月16日质疑康美药业财务造假的文章发布后，中国证监会当天便立刻成立了核查小组，并于第二天迅速进驻康美药业进行调查。

2018年12月，中国证监会正式作出调查通知书，对康美药业的信息披露违规行为进行立案调查。与此同时，上交所对康美药业的经营状况也格外关注，多次对康美药业的相关事项进行询问，在康美药业经营状况异常，财务数据偏失或信息披露不合规之际，第一时间进行问询，并快速实施相应的监管措施。

2019年8月，中国证监会完成了对康美药业的调查，作出了行政处罚及市场禁入事先告知书，拟对康美药业、实际控制人及其一致行动人等相关责任主体进行警告、罚款、市场禁入等相关行政处罚。

2. 刑事责任

2020年7月，康美药业收到马某田家属的通知，其因信息披露违法违规被公安部门立案侦查并采取强制措施。2021年11月，康美药业收到佛山中院通知，马某田因操纵证券市场罪，违规披露、不披露重要信息罪以及单位行贿罪被数罪并罚，判处有期徒刑12年，并处罚金人民币120万元。

3. 民事责任

2020年的最后一天，11名投资者就康美药业虚假陈述案向广州中院提起普通代表人诉讼。2021年4月16日，广州中院发布案件转为特别代表人诉讼的公告。康美药业案成为中国证券集体诉讼首案，该案涉案投资者人数超过5万人。2021年11月2日，广州中院作出一审判决，责令康美药业赔偿证券投资者损失24.59亿元，马某田及5名上市公司直接责任人员，正中所及其直接责任人员承担全部连带赔偿责任，13名相关责任人员按过错程度承担部分连带赔偿责任。

（四）合规问题解决时间轴（见图2－10－1）

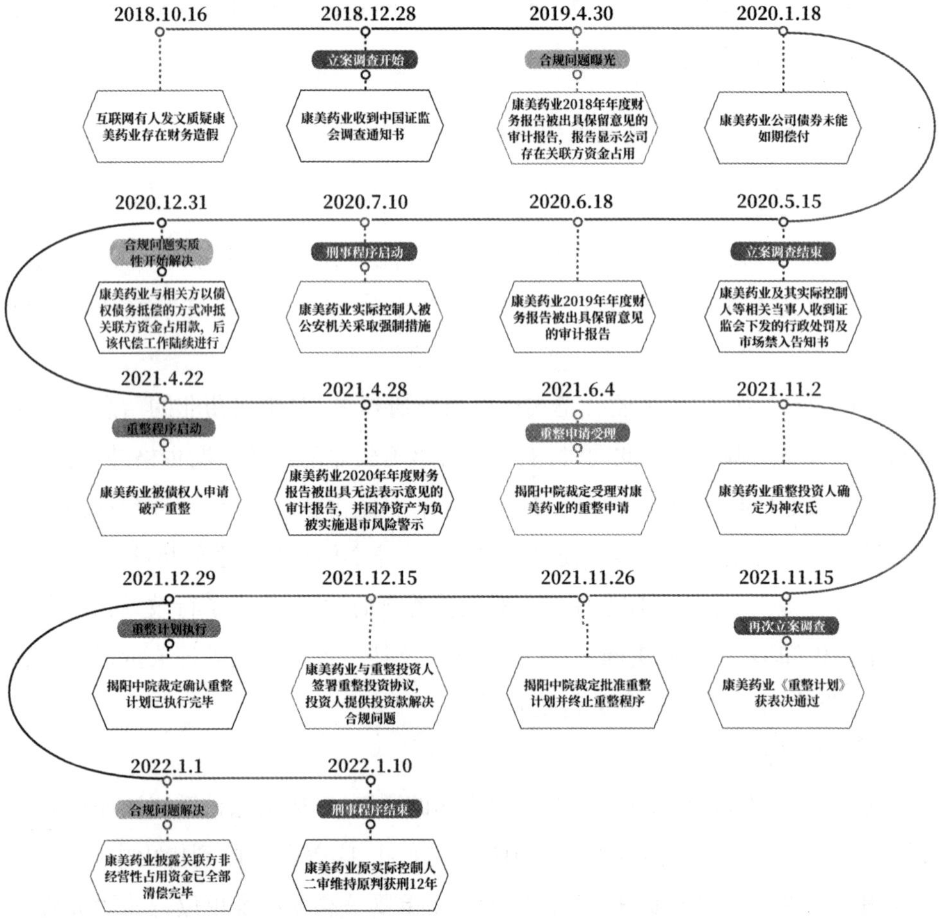

图2－10－1　康美药业合规问题解决时间轴

三、合规问题事实的分析

（一）康美药业面临的困境

1. 自身债务问题

自2016年起，康美药业实际控制人开始占用康美药业资金用于购买股票，替控股股东及其关联方偿还融资本息,垫付解质押款或支付收购溢价款等。根据审计机构的调查,截至2019年12月31日,实际控制人占用康美药业资金的余额高达94.81亿元。在2020年,经过各种努力,实际控制人解决了10亿元的资金占用款,截至2020年12月31日,资金占用余额为84.81亿元。

受实际控制人资金占用,医药行业下行及经营战略问题的影响,康美药业自2019年起连年亏损,2019年归属于康美药业股东的净利润为-466,067.50万元,2020年为-2,773,594.34万元。至2020年12月31日康美药业出现资不抵债的情况,归属于康美药业股东的净资产由正转负,变为-718,580.95万元。

根据康美药业的披露,在2018~2020年间,债务规模一直在300亿元以上,康美药业虽然试图通过对外融资化解其面临的债务问题,但奈何负债规模过大,公司融资能力有限且持续经营能力减弱,最终以失败告终。对于实际控制人资金占用问题,实际控制人夫妇虽然试图通过处置资产回填资金占用款项,但奈何资金占用规模巨大,实际控制人夫妇自身资产处置对价远不能完全解决资金占用问题。

2.法律责任的承担

(1)纪律处分

由于康美药业存在虚增营业收入、利息收入、营业利润,虚增货币资金、固定资产、在建工程、投资性房地产,未按规定披露控股股东及其关联方非经营性占用资金,所披露的2016年、2017年、2018年年度报告及2018年半年度报告存在重大遗漏等违规行为,康美药业实际控制人、时任董事、监事、高级管理人员对上述违规行为负有责任,严重违反《证券法》《16号文》《公开发行证券的公司信息披露内容与格式准则第2号——年度报告的内容与格式》《上交所股票上市规则》相关规定,上交所决定对康美药业及实际控制人、董事、监事、高级管理人员予以公开谴责:公开认定实际控制人暨时任董事长兼总经理马某田,实际控制人一致行动人暨时任副董事长兼副总经理许某瑾,时任董事、董事会秘书、副总经理邱某伟终身不适合担任上市公司董事、监事和高级管理人员;公开认定时任财务总监庄某清,时任监事、总经理助理、副总经理温某生,时任监事马某洲10年内不适合担任上市公司董事、监事和高级管理人员。

(2)行政监管措施

A. 2020 年 5 月 11 日

由于康美药业披露的 2019 年度净利润经修正后出现大幅变动,此前披露的业绩预告相关信息披露不准确,康美药业未及时披露业绩预告修正公告,康美药业董事长兼总经理、财务总监、董事会秘书,未履行勤勉尽责义务,对康美药业上述违规行为负有责任,违反《上市公司信息披露管理办法》相关规定,广东证监局决定对康美药业及相关责任人员采取出具警示函的行政监管措施。

B. 2020 年 6 月 5 日

由于康美集团披露的 2019 年度经营业绩多次出现大幅变动,相关信息披露不及时、不准确,违反《上市公司信息披露管理办法》等相关规定,广东证监局决定对康美药业采取责令公开说明的行政监管措施。

(3)行政处罚

康美药业虚增营业收入、利息收入、营业利润,虚增货币资金、固定资产、在建工程、投资性房地产,未按规定披露控股股东及其关联方非经营性占用资金的关联交易情况,所披露的《2016 年年度报告》、《2017 年年度报告》和《2018 年年度报告》存在重大遗漏,违反《证券法》相关规定,中国证监会决定对康美药业责令改正,给予警告,并处以 60 万元的罚款。

(4)刑事责任

在该案中,康美药业因单位行贿罪被判处罚金 500 万元;康美药业原副董事长、常务副总经理及其他责任人员 11 人,因参与相关证券犯罪被分别判处有期徒刑并处罚金。

(5)民事赔偿

在该案中,依据《证券法》(2014 年修正)第 69 条①,人民法院认为康美药业作为上市公司,披露的《2016 年年度报告》《2017 年年度报告》《2018 年半年度报

① 《证券法》(2014 年修正)第 69 条:"发行人、上市公司公告的招股说明书、公司债券募集办法、财务会计报告、上市报告文件、年度报告、中期报告、临时报告以及其他信息披露资料,有虚假记载、误导性陈述或者重大遗漏,致使投资者在证券交易中遭受损失的,发行人、上市公司应当承担赔偿责任;发行人、上市公司的董事、监事、高级管理人员和其他直接责任人员以及保荐人、承销的证券公司,应当与发行人、上市公司承担连带赔偿责任,但是能够证明自己没有过错的除外;发行人、上市公司的控股股东、实际控制人有过错的,应当与发行人、上市公司承担连带赔偿责任。"

告》中存在虚假记载,虚增营业收入、利息收入及营业利润,虚增货币资金的情况,披露的《2016 年年度报告》《2017 年年度报告》中存在重大遗漏,未按规定披露控股股东及其关联方非经营性占用资金的关联交易情况,应对案涉投资者损失共计约 24.59 亿元承担赔偿责任。

3. 资本市场运作受阻

根据《16 号文》相关规定,上市公司存在合规问题的,自发现起 12 个月内中国证监会不受理其再融资申请。因此,康美药业将因合规问题,在 12 个月内无法进行配股、公开增发、非公开发行、可转换公司债券、优先股、公司债券、企业资产证券化等一系列资本市场运作,融资能力将进一步受限。

4. 退市风险

康美药业 2020 年归属于公司股东的净资产为 -718,580.95 万元,且公司 2019 年年度财务报告被审计机构出具无法表示意见的审计报告,公司股票被实施退市风险警示。若康美药业 2021 年度相关财务指标无法改善,且继续被出具无法表示意见的审计报告,则公司股票可能会被交易所摘牌。

(二)控股股东面临的困境

1. 合规问题的限期解决

根据《国务院关于进一步提高上市公司质量的意见》相关规定,对已形成的合规问题,控股股东要限期予以清偿或化解。根据立信所于 2020 年 6 月 18 日出具的审查结论,2019 年度关联方非经营性占用资金余额为 9,481,126,200.69 元,实际控制人控制的康淳药业和康都药业合计占用康美药业资金 94.81 亿元。实际控制人通过债权债务抵偿以及现金方式偿还了 10 亿元资金占用款,仍有 84.81 亿元资金占用款尚待解决。

2. 到期债务的清偿责任

根据康美药业公开信息披露,实际控制人名下资产多用于处置变现清偿资金占用款,或因实际控制人自身债务而质押给相应债权人,实际控制人面临的到期债务的清偿责任异常沉重。

3. 法律责任的承担

(1)行政处罚

康美药业董事长、总经理全面管理康美药业事务,组织安排相关人员将康美药业资金转移到其控制的关联方,且未在定期报告里披露相关情况;同时为掩盖康美药业资金被关联方长期占用,虚构公司经营业绩等违法事实,组织策划康美药业相关人员通过虚增营业收入,虚增货币资金等方式实施财务造假,明知康美药业《2016 年年度报告》、《2017 年年度报告》、《2018 年半年度报告》与《2018 年年度报告》披露的数据存在虚假,仍然签字并承诺保证相关文件真实、准确、完整,直接导致康美药业披露的定期报告存在虚假陈述,是对康美药业信息披露违法行为直接负责的主管人员。康美药业董事长、总经理除依据上述身份实施违法行为外,同时作为实际控制人指使康美药业实施信息披露违法行为。

康美药业实际控制人,担任康美药业副董事长,副总经理以及主管会计工作的负责人,协助康美药业董事长、总经理管理公司事务,与康美药业董事长、总经理共同组织安排相关人员将康美药业资金转移到其控制的关联方,知悉康美药业董事长、总经理组织相关人员实施财务造假;明知康美药业《2016 年年度报告》、《2017 年年度报告》、《2018 年半年度报告》和《2018 年年度报告》披露数据存在虚假,仍然签字并承诺保证相关文件真实、准确、完整,直接导致康美药业披露的定期报告存在虚假陈述,是对康美药业信息披露违法行为直接负责的主管人员,同时其作为实际控制人指使康美药业实施信息披露违法行为。

此外,康美药业时任董事、监事和高级管理人员亦被认定为康美药业违规行为的主要责任人员。

综上所述,中国证监会决定对康美药业董事长、总经理和实际控制人给予警告,并分别处以 90 万元的罚款,其中作为直接负责的主管人员罚款 30 万元,作为实际控制人罚款 60 万元;对康美药业其他责任人员处以不同程度警告和罚款。同时,中国证监会还决定对上述人员采取终身或 10 年证券市场禁入措施。

(2)刑事责任

在该案中,马某田因操纵证券市场罪,违规披露、不披露重要信息罪以及单位行贿罪数罪并罚,被判处有期徒刑 12 年,并处罚金人民币 120 万元。

(3)民事赔偿

在该案中,康美药业董事长、总经理和实际控制人马某田,组织安排相关人员将康美药业资金转移到其控制的关联方,且未在定期报告里披露相关情况;为掩盖康美药业资金被关联方长期占用,虚构公司经营业绩等违法事实,组织策划康美药业相关人员通过虚增营业收入,虚增货币资金等方式实施财务造假。康美药业副董事长、副总经理和实际控制人许某瑾,是主管会计工作的负责人,与康美药业董事长、总经理和实际控制人马某田共同组织安排相关人员将康美药业资金转移到其控制的关联方,且知悉康美药业董事长、总经理和实际控制人组织相关人员实施财务造假。此外,康美药业董事长、总经理和实际控制人马某田,康美药业副董事长、副总经理和实际控制人许某瑾明知康美药业《2016 年年度报告》《2017 年年度报告》《2018 年半年度报告》披露数据存在虚假,仍然作为董事签字并承诺保证相关文件真实、准确、完整。康美药业董事长、总经理和实际控制人马某田,康美药业副董事长、副总经理和实际控制人许某瑾的行为直接导致康美药业披露的定期报告存在虚假陈述,是应当对康美药业信息披露违法行为直接负责的人员。依据《证券法》(2014 年修正)第 69 条之规定,康美药业董事长、总经理和实际控制人马某田、康美药业副董事长、副总经理和实际控制人许某瑾应当与康美药业对案涉投资者共计约 24.59 亿元的损失承担连带赔偿责任。

(三)风险化解方案的选择

康美药业及实际控制人在面临康美药业债务问题和资金占用问题时,曾经通过对外融资缓解了康美药业的即期债务清偿压力,通过债权债务抵偿解决了约 1/10 的资金占用问题,通过控制权转移和托管经营在自身被公安部门控制的情况下保障公司稳定运营,并完善公司内部控制,稳步推进风险化解工作。前述工作虽然都能在一定程度上对康美药业的风险化解起到积极作用,但仍不足以从根本上改变康美药业的基本盘,最终,康美药业通过司法重整走出了困境。

1. 对外融资

2020 年 1 月,为了补充公司流动性,降低公司财务费用,为原有存量贷款的展期,康美药业与 13 家银行签订了《康美药业股份有限公司存量贷款银团合同》,获得了100.48亿元贷款。根据康美药业的估算,银团贷款将为康美药业提供流动资金贷款支持,有利于解决公司存量债务,降低公司财务费用,相比原有存量贷款财务费用,预计每年可降低财务费用金额约为1亿元。

2. 债权债务抵偿

康美药业、实际控制人通过与赛米商务、粤民投等的债务冲抵,解决了8.23亿元资金占用款;通过将张某某对康美药业享有的1.37亿元债权用于抵偿康淳药业对康美药业的资金占用款,解决了1.37亿元的资金占用款;通过博益投资代马某田直接向康美药业支付现金,解决了0.4亿元资金占用款。通过一系列努力,实际控制人化解了10亿元的资金占用问题。此后,实际控制人就资金占用款向康美药业提供了担保物,康美药业继续通过处置担保物用于抵偿部分资金占用款。

3. 控制权转移

2020年9月,康美药业、实际控制人及其一致行动人与易林投资达成一系列协议,由易林投资作为托管实施主体,通过实际控制人表决权委托/让渡、生产经营及资产负债处置托管等方式具体落实和推进化解康美药业资产债务风险、维持康美药业生产经营稳定等各项工作。

公开信息显示,易林投资的3位股东均有国资背景,其中神农氏向上穿透后,实际控制人为广药集团。因此,有理由推断,控制权转移的根本原因在于广药集团初步决定收购康美药业,在康美药业实际控制人被采取刑事措施,康美药业及相关高级管理人员,中国证监会处以行政处罚,公司管理层不稳定的情况下,广药集团先行进驻,一方面稳定局面,另一方面开展尽职调查工作。

4. 通过司法重整走出困境

上述自救工作不足以从根本上解决康美药业的问题,在债权人的推动下,康美药业于2021年6月被揭阳中院裁定重整。康美药业通过重整程序引入重整投资人,获得了65亿元的流动资金,通过资本公积转增一并解决了资金占用问题,通过现金清偿、股票抵债、信托份额抵债的方式化解了自身债务问题。

5. 影响风险化解方案选择的因素

(1)对外融资无法从根本上解决康美药业面临的现实困境

对外融资无法从根本上解决康美药业面临的现实困境,有以下原因。

第一,根据康美药业在重整前披露的信息,其负债规模高达300多亿元。根据贷款协议,100.48亿元的贷款仅能用于偿还康美药业在各银团成员行的存量流动资金贷款,即借新还旧。换句话说,康美药业前期对于各银行的部分贷款到期无力偿还,为了避免该部分贷款逾期形成不良贷款,影响银行不良率指标,各银行同意向康美药业发放新贷款用于偿还旧债。该部分贷款只是在康美药业银行账户中走一圈,或是根本就没有进入康美药业控制的银行账户。因此,对外融资仅能缓解康美药业的偿债压力,将债务偿还期限又延长了3年,并不能从根本上解决康美药业的实际问题。

第二,仅通过对外融资无法解决资金占用问题。银团明确表示相应资金只能用于借新还旧,不可以用来解决实际控制人的资金占用问题。对于实际控制人而言,资金占用问题的解决与否关系到自身承担的法律责任的轻重,其更倾向于通过其他方式一揽子解决自身资金占用款的回填问题和康美药业的债务问题。

第三,仅通过对外融资不能全面化解康美药业面临的风险。对外融资只能在一定程度上起到“开源”的作用,即增加康美药业的流动性,以缓解康美药业偿债压力,但不能起到“节流”的作用。融资款仅能等额清偿相应债务,无法通过股票抵债、资产抵债、打折清偿等综合方式对相应债务进行调节。根据康美药业的负债规模和资金占用规模,若仅通过对外融资来解决自身问题,需要300多亿元的资金,成本太高,与收益不成正比。

(2)控制权转移对于解决康美药业实际问题的作用有限

通过表决权转移/让渡以及托管将康美药业的控制权转移给易林投资,仅能在康美药业实际控制人被采取刑事强制措施阶段稳住公司局面,完善公司内部控制,协助公司化解风险,起一个过渡的作用,并不能为公司带来实质性的资源,无法从根本上解决问题。

(3)司法重整是解决康美药业困境的最优选择

A.资产负债结构失衡,无法通过常规自力救济走出困境

在资产方面,根据康美药业在进入重整前公开披露的信息,其2020年年度财务报表显示,康美药业资产合计362.13亿元,负债432.72亿元。根据重整程序的资产评估结果,康美药业名下资产的快速变现价值为108.6亿元。在负债

方面，根据康美药业2019年披露的信息，截至2018年12月31日，康美药业的负债规模是375.90亿元。根据康美药业重整计划列示的债权申报与审查情况，债权人申报496.82亿元债权，法院裁定确认232.71亿元，尚需经债权人会议核查及揭阳中院裁定确认的债权有105.33亿元，不予确认160.50亿元，暂缓确认133.33亿元。

康美药业资产快速变现能力有限，负债规模大，实际控制人资金占用对康美药业流动性造成了巨大消耗，康美药业实际已经失去持续经营能力，难以单纯通过对外融资等方式解决其面临的困境。

B. 司法重整可综合利用各种方式对债务进行合理调整

受实际控制人资金占用和违规担保的影响，康美药业流动性收窄，债务规模飙升。单纯的对外融资无法通过股票抵债或打折清偿等方式对债务进行调整，而重整程序可以充分利用股票抵债或打折清偿等方式对债务进行调整。

康美药业因现金流枯竭已失去持续经营能力，需要引入投资人，只有注入大量流动性才能最大限度解决康美药业的债务问题。与常规投资方式相比，通过重整程序进行股权收购的成本往往更低，即通过重整程序招募对战略投资人更具有吸引力，根据市场化、法制化原则更容易招募到优质的战略投资人，为康美药业注入充分的流动性。

C. 重整程序对于优化财务指标效果明显，可达到保壳效果

康美药业2020年年度财务报告被出具非标准意见，该年度经审计后的净资产为负，如果其财务指标不能得到改善，将面临退市的风险。

通过重整程序引入战略投资人，为康美药业注入流动性，为康美药业"开源"，可提高康美药业流动资产的占比，改善康美药业资产结构。通过重整程序的股票抵债、打折清偿等非现金清偿的方式，可大规模化解康美药业债务，为康美药业"节流"。重整程序将引进战略投资人和债务调整相结合，可有效调节康美药业资产负债结构，优化财务指标，避免康美药业因净资产为负等财务问题退市。

D. 司法重整能够更有效地解决资金占用问题

实际控制人因自身债务问题已将其所有的所有康美药业股票质押，其同时面临自身债务问题和资金占用款的回填问题。且实际控制人在康美药业资金占

用问题被揭开后因信息披露违法违规、行贿、操纵证券市场等相关犯罪行为被实行刑事强制措施，除了处置自身资产外，无法通过其他更有效的途径解决自身债务问题和资金占用问题。另外，根据康美药业公开披露的信息，因资金占用规模较大，即使实际控制人及其一致行动人将自身资产全部变现，也无法填补资金占用的亏空。实际控制人实际已经不具有通过常规方式偿还资金占用款的能力。

司法重整对于资金占用问题则有较为灵活的处理方式，既可以通过与债权人协商豁免债权代控股股东偿还资金占用款，也可以与战略投资人协商购买控股股东股票，以股票价款偿还资金占用款。

E. 有国资背景的资金方支持

早在 2019 年 9 月，广药集团便与康美药业签署了《战略合作协议》，充分显示了国资企业与康美药业之间的合作意向。2020 年 9 月，在康美药业问题集中爆发，康美药业和相关责任主体被采取刑事措施、行政处罚等监管措施，康美药业处于混乱状态后，广药集团更是及时通过托管、表决权委托等方式接管康美药业，稳定局面，稳步推进康美药业的风险化解工作。2021 年 10 月，广药集团系企业在康美药业进入重整程序后，以重整投资人的身份向管理人提交了投标文件，拟向康美药业提供不超过 65 亿元资金，协助康美药业解决资金占用和违规担保问题。广药集团的介入，对康美药业最终选择通过重整化解风险，以及最终重整方案能够顺利落地具有决定性的影响。

（四）重整方案分析

1. 康美药业自身债务问题的解决

通过资本公积转增股票，以现有股本为基础，转增 8, 890, 005, 015 股股票。转增股票中的 6, 510, 872, 715 股通过各种方式专项用于引进重整投资人、清偿债务。其中，2, 879, 473, 356 股股票用于有条件引进重整投资人，重整投资人将以支付现金对价，解决康美药业资金占用问题并向康美药业提供业务发展支持为条件受让该等股票；3, 631, 399, 359 股股票通过以股抵债的方式，用于清偿康美药业的负债。

重整投资人以现金形式向管理人支付受让上述转增股份的对价，合计支付现金对价约 65 亿元。该部分资金将用于清偿康美药业债务，补充康美药业经营性流动资金。

有财产担保债权在担保物估值范围之内优先清偿,估值之外的部分转为普通债权清偿;职工债权、税款债权以现金方式全额清偿;普通债权50万元以下的部分一次性现金清偿,50万元以上的部分采用用以股抵债、现金、信托受益权方式清偿。

2. 控股股东资金占用问题的解决

(1)重整程序内的解决方案

在转增股票中,应向原控股股东、原实际控制人及关联股东分配3,509,415,488股股票,其中,2,243,592,703股专项用于引进重整投资人,通过以股抵债的方式清偿公司负债;剩余1,265,822,785股专项用于解决康美药业的资金占用问题,按照4.74元/股向康美药业的重整投资人转让该等股票,所得资金60亿元用于向康美药业偿还原控股股东及其关联方康都药业、康淳药业占用资金。

(2)重整程序外的配套措施

在康美药业进入重整程序前,实际控制人及其一致行动人、关联方便通过处置资产、债权债务抵偿、现金方式解决了约30亿元的资金占用问题。在重整程序中,通过上述资本公积转增股票的方式,变相为实际控制人解决了60亿元的资金占用,剩余5.41亿元的资金占用,由揭阳市政府专班牵头负责,继续以实际控制人及其关联方资产处置变现或以物抵债的方式进行清偿。

3. 证券集体诉讼问题的解决

根据广州中院的生效判决,因康美药业信息披露违法违规行为,投资者遭受重大损失,广州中院最终判决康美药业向投资者承担24.59亿元的损害赔偿。

该部分赔偿根据《企业破产法》的规定,属于普通债权,根据重整计划的规定,将通过小额现金清偿、股票抵债和信托份额抵债的方式获得清偿。

(五)方案实施效果

康美药业通过现金清偿、股票抵债和信托份额抵债的清偿安排,成功化解了自身债务问题和证券集体诉讼案件的赔偿问题;通过将本应分配给控股股东的部分股票转卖给重整投资人,以其对价成功解决了60亿元的资金占用填补责任;控股股东通过处置资产、债权债务抵销,多方筹集资金,成功解决了 30 多亿元的资金占用亏空,最终解决了康美药业资金占用问题。

就康美药业角度而言,通过引入重整投资人为公司注入流动性,改善了公司的资产质量和资产构成;通过股票抵债、信托份额抵债等方式大规模偿付了公司外部负债,使得公司财务指标得到有效改善。2021 年年度财务报告显示,康美药业经重整后的净资产已经由负转正,并成功撤销退市风险警示,恢复正常。

就合规责任角度而言,康美药业通过重整程序及程序外的其他配套措施,及时解决了资金占用问题和自身债务问题,但因其资金占用和财务造假等问题极其严重,康美药业和相关责任主体未能避免承担相应的民事、行政和刑事法律责任。具体情况为:(1)因资金占用、财务造假问题涉及的信息披露违法违规,康美药业在证券集体诉讼中败诉,需要承担 24.59 亿元的损害赔偿。实际控制人及其他相关责任人、中介机构承担连带责任。(2)因资金占用、财务造假问题涉及的信息披露违法违规,中国证监会决定对康美药业及其相关责任主体给予责令改正、警告、罚款等相应行政处罚。

在康美药业重整完成后,神农氏持有康美药业 3,509,413,788 股股票,持股比例 25.3134%,成为康美药业第一大股东,且可实际支配的康美药业股份表决权足以对康美药业股东大会的决议产生重大影响,神农氏成为康美药业控股股东。康美药业原控股股东 29.90% 的股份被动稀释至 10.73%。

整体而言,根据公开露信息,康美药业通过重整程序成功解决了自身债务问题、资金占用问题,且其财务指标得到优化,顺利解除退市风险警示,无其他未解决的重大遗留问题。但在康美药业实际控制人层面,因其违法犯罪行为较多,无法通过单纯解决康美药业债务和资金占用问题避免承担相应的刑事责任。

四、康美药业案的启示

对于上市公司合规问题导致的虚假陈述赔偿责任,破产重整可以起到实质性减少赔偿金额的效果。在康美药业的案例中,康美药业债务风险的集中爆发,一方面是受公司经营策略、内部控制和经济下行的影响;另一方面则是因资金占用规模过大,已经超过了 90 亿元。除通过破产重整等方式"一揽子"解决外,已无其他手段可供选择。

通过对近年来国内重整案例实证研究，康美药业与海航系公司重整案、紫光集团重整案等案例相比，其负债规模虽大但并非天文数字，其财务造假问题、资金占用问题远比债务问题严重。该案作为 A 股首例适用证券纠纷特别代表人诉讼程序的案件，法院判决康美药业向投资者承担 24.59 亿元的损害赔偿责任，但由于康美药业随后启动重整程序，最后投资者在重整程序中按普通债权清偿方案受偿，即康美药业通过将赔偿责任纳入重整范围，一次性解决并实质减少了康美药业需要承担的民事赔偿责任。这虽属无奈之举，但相较于投资者在康美药业退市后所要遭受的更大损失，该方案反而让人可以接受。实际上，该案也说明了破产重整这一司法工具，对于丧失清偿能力的上市公司和有意收购上市公司的战略投资者，具有非常实用的价值。

另外，康美药业案为市场专业机构敲醒警钟。截至 2022 年 12 月 31 日，康美药业资金占用规模仅次于海航系上市公司，而财务造假规模在国内资本市场是史无前例的。尽管中国证监会和交易所对上市公司的经营有了相当完善的监管措施，但仍旧无法避免如此恶劣的财务造假行为，导致独立董事和审计机构均承担了巨额的民事赔偿责任。虽然在很多案件中，独立董事和审计机构也属于被隐瞒的对象，但作为资本市场“看门人”，其应更勤勉尽责。因此，该案的出现，无论是对资本市场健康发展，还是对维护投资者合法权益，都具有极强的示范意义。

专题十一　围海股份合规问题解决方案研究

围海股份成立于1984年并于2011年在深交所上市，证券代码002586。围海股份在2022年6月之前，控股股东为浙江围海控股集团有限公司（持股比例43.06%，以下简称围海控股），实际控制人及其一致行动人为：冯某宏、陈某秋、李某澄、罗某民、王某权、邱某方，主营业务为建设工程、水利工程等。

2019年第一季度，根据围海股份的自查，发现围海股份存在控股股东非经营性资金占用和违规担保问题，截至该季度末，尚有6亿元违规担保问题和4750万元资金占用问题未解决。此后，经过围海股份的持续性自查、审计机构的核查以及中国证监会的调查，最终明确了围海股份资金占用和违规担保的规模合计8.56亿元（不包含利息）。

2019年5月，在上述问题爆发后，控股股东果断采取措施，试图通过转让其持有的围海股份股票获取资金解决资金占用和违规担保问题。但因围海股份的股价在2019年5月23日~6月10日从5.53元/股狂跌至3.53元/股，交易相对方中止交易。此后，经过各方努力，最终选择通过围海股份控股股东的重整及其他配套方案解决资金占用和违规担保问题。控股股东通过“清算式”重整，将其持有的股票让渡至重整投资人获取偿债资源清偿自身债务；通过重整投资人收购围海股份违规资金收益权（上市公司因资金占用和违规担保对控股股东产生的权益）解决了资金占用和违规担保问题。

一、合规问题事实的梳理

(一)2019年4月27日,围海股份经自查发现违规担保、资金占用问题

1. 围海股份违规担保的情况

通过自查发现,围海股份实际控制人之一、董事长以围海股份名义为包括控股股东围海控股、围海控股的子公司浙江围海贸易有限公司(以下简称围海贸易)及围海控股的关联方宁波朗佐贸易有限公司(以下简称朗佐贸易)等主债务人提供担保,为主债务人获取中国光大银行股份有限公司上海市东支行(以下简称上海光大银行市东支行)贷款、长安银行股份有限公司宝鸡汇通支行(以下简称长安银行宝鸡支行)承兑汇票提供担保。

(1)上海光大银行市东支行1.5亿元担保

2018年9月,围海控股在上海光大银行市东支行贷款1.425亿元。围海股份实际控制人之一、董事长将围海股份在上海光大银行市东支行的1.5亿元存单作为对上述贷款的担保。2019年3月,围海控股已归还上述1.425亿元贷款。2019年3月,围海股份已赎回1.5亿元存款,围海股份该笔质押担保已解除。

(2)长安银行宝鸡支行4.6亿元担保

2018年11月~2019年3月,围海股份实际控制人之一、董事长将围海股份在长安银行宝鸡支行的4.6亿元存单作为对围海贸易、朗佐贸易开立承兑汇票的担保。

2018年11月~2019年3月,围海贸易、朗佐贸易在长安银行宝鸡支行合计开立银行承兑汇票4.6亿元,围海控股为上述承兑汇票提供了担保。围海股份实际控制人之一、董事长将围海股份在长安银行宝鸡支行的4.6亿元存单作为对上述承兑汇票的担保(其中3.2亿元系使用暂时闲置的募集资金购买的存单)。

(3)长安银行宝鸡支行1.4亿元担保

2019年3月,围海股份实际控制人之一、董事长将围海股份子公司浙江省围海建设集团工程开发有限公司(以下简称工程开发公司)在长安银行宝鸡支行的1.4亿元存单作为对朗佐贸易开立承兑汇票的担保。

2019年3月,朗佐贸易在长安银行宝鸡支行合计开立银行承兑汇票1.4亿

元。围海股份实际控制人之一、董事长将工程开发公司在长安银行宝鸡支行的1.4亿元存单作为对上述承兑汇票的担保。

截至2018年12月31日，围海股份及子公司以存单质押的方式为控股股东及其子公司、关联方在相应银行融资提供担保，合计金额为4.6亿元（上海光大银行市东支行1.5亿元和长安银行宝鸡支行3.1亿元）。在2019年1月1日～4月26日期间，解除上海光大银行市东支行质押担保1.5亿元，在长安银行宝鸡支行增加质押担保2.9亿元。截至2019年4月26日，上述6亿元担保尚未解除。

2.控股股东及其关联方资金占用情况

围海股份通过自查发现，2018年，围海股份实际控制人之一、董事长以围海股份名义与朗佐贸易签订采购合同，并将合同预付款支付给朗佐贸易，再由朗佐贸易借款给围海控股，涉及资金共计6000万元。上述占款中的1500万元已于2018年4月归还，4500万元已于2018年12月归还。2018年6月，围海股份实际控制人之一、董事长以围海股份子公司浙江省围海建设集团舟山有限公司名义向朗佐贸易提供500万元借款。上述占款中的100万元已于2018年6月归还，剩余400万元于2018年10月全部归还。2018年9月，围海股份实际控制人之一、董事长以围海股份子公司北京橙乐新娱文化传媒有限公司名义向朗佐贸易提供50万元借款。上述占款已于2018年12月归还。

围海股份通过自查发现，2017年10月，围海股份实际控制人之一、董事长以围海股份名义与两家供应商（宁波汇金劳务发展有限公司、宁波和昌市政园林建设有限公司）签订采购合同，并将合同预付款支付给合同对方，再分别由合同对方借款给围海控股，涉及资金共计6100万元，其中宁波汇金劳务发展有限公司3100万元，宁波和昌市政园林建设有限公司3000万元。截至2018年12月31日，围海控股已归还上述6100万元占款。

围海股份通过自查发现，2018年2月，围海股份参股41%的江西蓝都文化旅游发展有限公司（以下简称蓝都文化，围海股份为其第二大股东）向朗佐贸易提供5000万元借款，随后于2018年2月由朗佐贸易打入围海控股的账户。截至2018年7月，围海控股向蓝都文化归还250万元。

综上所述，围海股份累计被控股股东及其关联方合计占用资金17,650万元，已收回资金12,900万元，截至2019年4月26日，实际被控股股东占用的资金余额为4750万元(不含利息),占最近一期经审计净资产的1.65%。控股股东承诺自该次公告发布之日起1个月内无条件向围海股份偿还所占用的资金。

(二)2019年4月30日,围海股份披露2018年年度报告被出具保留意见的审计报告

围海股份未履行审批决策程序,以定期存款、大额单位定期存单质押方式为控股股东及其子公司和关联方融资进行担保。截至2018年12月31日,已质押的定期存款和大额单位定期存单合计金额为4.6亿元,占围海股份2018年末归属于母公司所有者权益534,802.36万元的8.60%;截至2019年4月26日,已质押的定期存款和大额单位定期存单合计金额为6亿元。审计机构未能获取充分、适当的审计证据以证明围海股份前述违规担保解除的可能性以及是否存在担保损失。

(三)2019年5月23日,围海股份控股股东围海控股签署《股份转让框架协议》

围海股份接到控股股东围海控股的通知,围海控股于2019年5月23日与宁波交投签署了《股份转让框架协议》,其正在筹划将其所持有的部分围海股份股份合计340,978,666股股份(占围海股份总股本的29.8%)转让给宁波交投。

(四)2019年5月28日,围海股份披露违规担保、资金占用等事项处理进展

1. 围海股份控股股东及其关联方资金占用事项的解决措施进展情况

围海股份于2019年5月24日收到围海控股关联方朗佐贸易的通知及转账付款凭证,朗佐贸易已向蓝都文化归还上述4750万元借款。

2. 围海股份违规担保事项的解决措施进展情况

围海控股于2019年5月23日与宁波交投签订了《股份转让框架协议》,围海控股正在筹划将其所持有的部分围海股份股份合计340,978,666股股份(占围海股份总股本的29.8%)转让给宁波交投,宁波交投及其相关方给予围海控股不超过6亿元借款,用于解决围海股份与围海控股之间的违规担保事项。围海控股将在收到上述6亿元借款后,直接归还上述银行的贷款,围海股份及其子公司将及时解除存单质押。

（五）2019 年 5 月 30 日，围海股份回复深交所问询函

围海股份于 2019 年 5 月 21 日收到深交所下发的关于 2018 年年报的问询函[①]。深交所主要针对围海股份经营问题和资金占用、违规担保问题进行了询问。2019 年 5 月 30 日，围海股份对相关询问进行了回复。

1. 关于违规担保问题

截至 2018 年 12 月 31 日，围海股份违规担保金额为 4.6 亿元，其中 1.5 亿元已于 2019 年 3 月解除质押；截至 2019 年 4 月 26 日，围海股份违规担保的金额为 6 亿元。

2. 关于资金占用

围海股份于 2018 年 1 月与蓝都文化签订了《关于江西蓝都文化旅游发展公司之增资协议书》，增资后，蓝都文化注册资本 20,000 万元，其中围海股份认缴出资 8200 万元，占股份比例的 41%，为蓝都文化第二大法人股东。截至 2018 年 12 月 31 日，围海股份已出资 7650 万元。

2018 年 2 月，蓝都文化将 5000 万元转入朗佐贸易，随后朗佐贸易将此 5000 万元转入围海控股。2018 年 7 月，围海控股将 250 万元通过朗佐贸易归还给蓝都文化，截至 2018 年 12 月 31 日，蓝都文化应收围海控股 4750 万元。

综上所述，围海股份持股 41% 的参股公司的资金去向为控股股东围海控股，故实质上属于资金占用，应将围海控股期末未归还的 4750 万元认定为关联方资金占用。

（六）2019 年 7 月 12 日，围海股份因信息披露违法违规收到中国证监会立案调查通知书

围海股份于 2019 年 7 月 12 日收到中国证监会调查通知书（甬证调查字 2019051 号）。因涉嫌信息披露违法违规，中国证监会决定对围海股份立案调查。

（七）2019 年 8 月 23 日，围海股份披露新发现违规担保情况

围海股份第六届董事会自 2019 年 8 月 16 日履职起，全面盘查公司情况，梳理公司内部材料，通过自查发现公司新增 2 起冯某宏以围海股份名义为控股股东违规提供担保的情况。

---

① 深交所：中小板年报问询函〔2019〕第 185 号。

1. 邵某某借款协议对应的担保

2019 年 4 月 15 日,邵某某与围海控股签订了借款协议,约定:“围海控股向邵某某借款人民币 700 万元。”围海股份实际控制人之一冯某宏以围海股份名义作为借款保证人签订了该借款协议,协议约定围海股份与浙江围海清洁能源投资有限公司(以下简称围海清洁能源)、张某某以及冯某宏本人共同对该笔借款本金、利息以及为实现债权的费用(包括律师费)承担连带责任保证,并约定 20 日内归还。其后,围海控股未按照约定归还本息,仅于 2019 年 7 月 11 日归还借款本金 20 万元及部分利息。邵某某向宁波市鄞州区人民法院(以下简称鄞州区法院)起诉要求围海股份等担保人承担对邵某某的连带清偿责任。

2. 王某某还款协议对应的担保

2017 年 11 月 6 日,王某某与深圳前海宝兴投资基金管理有限公司(以下简称前海宝兴)签署了《宝兴稳富五号私募证券投资基金基金合同》,王某某认购金额为 3020 万元,并将认购资金一次性缴付。2017 年 11 月 6 日,围海控股出具承诺函,承诺在基金投资结束后,王某某获取的收益为 13% 含税。若王某某资金账户的金额低于投资的本金与承诺收益,由围海控股在 7 个工作日内补足亏损的本金及收益损失。

2018 年 9 月中旬,该合同终止后,围海股份实际控制人之一冯某宏以围海股份名义作为借款连带清偿责任人与前海宝兴、围海控股及王某某共同签署了还款协议,将合作期限延长,最长不超过 2019 年 3 月 30 日。围海股份承诺承担无限连带责任。

2018 年 9 月 20 日,王某某收到投资本金 11,766,286.95 元,本金亏损 18,433,713.05 元,2019 年 1 月 10 日,围海控股支付 500 万元给王某某。截至该次公告披露日,剩余未归还本金为 13,433,713.05 元。

2019 年 7 月 31 日,王某某向宁波仲裁委员会提起仲裁,要求围海股份承担连带清偿责任。

截至 2019 年 8 月 23 日,围海股份违规担保余额为 62,023.37 万元。

(八)2019 年 8 月 26 日,围海股份收到控股股东终止向宁波交投转让控制权的通知

围海股份于 2019 年 8 月 26 日收到控股股东的通知,围海控股于同日中午收到宁波交投发来的《关于终止本次股份收购的函》。宁波交投解除了与围海控股

于 2019 年 5 月 23 日签署的《股份转让框架协议》。双方同意解除的原因在于，自《股份转让框架协议》签署以来，市场环境、经济环境等情况发生了较大变化。

（九）2019 年 9 月 5 日，围海股份对深交所问询函进行回复

围海股份董事会于 2019 年 8 月 26 日收到深交所下发的问询函①。深交所对围海股份违规担保的问题进行了询问，围海股份于 2019 年 9 月 5 日作出回复。截至 2019 年 9 月 5 日，围海股份违规担保情况见表 2－11－1。

表 2－11－1　围海股份违规担保情况

单位：万元

担保对象名称	与围海股份的关系	违规担保金额	担保类型	担保期	截至报告期末违规担保余额	预计解除方式	预计解除时间
围海控股	围海股份的母公司	7000	存单质押	2018. 9. 26 ~ 2019. 9. 26	0	围海控股归还贷款，收回该定期存款	2019 年 3 月已解除
围海控股		8000	存单质押	2018. 9. 26 ~ 2019. 9. 26	0		2019 年 3 月已解除
围海贸易	同受控股股东控制	10,000	存单质押	2018. 11. 13 ~ 2019. 11. 13	10,000	通过谈判和司法途径解除违规担保，或者围海控股通过债务重组及股权转让归还借款，围海股份收回该定期存款	争取在 2020 年 2 月底前
围海贸易		6000	存单质押	2018. 12. 19 ~ 2019. 12. 19	6000		
朗佐贸易		15,000	存单质押	2018. 12. 28 ~ 2019. 12. 28	15,000		
朗佐贸易		3500	存单质押	2019. 3. 11 ~ 2020. 3. 11	3500		
朗佐贸易		3500	存单质押	2019. 3. 11 ~ 2020. 3. 11	3500		
朗佐贸易		3000	存单质押	2019. 3. 15 ~ 2020. 3. 15	3000		
朗佐贸易		3000	存单质押	2019. 3. 15 ~ 2020. 3. 15	3000		
朗佐贸易		2000	存单质押	2019. 3. 15 ~ 2020. 3. 15	2000		
朗佐贸易		4000	存单质押	2019. 3. 20 ~ 2020. 3. 20	4000		
朗佐贸易		3000	存单质押	2019. 3. 21 ~ 2020. 3. 21	3000		

① 深交所：中小板问询函〔2019〕第 317 号。

续表

担保对象名称	与围海股份的关系	违规担保金额	担保类型	担保期	截至报告期末违规担保余额	预计解除方式	预计解除时间
朗佐贸易	同受控股股东控制	3000	存单质押	2019.3.21～2020.3.21	3000		
朗佐贸易		2000	存单质押	2019.3.21～2020.3.21	2000		
朗佐贸易		2000	存单质押	2019.3.21～2020.3.21	2000		
围海控股	围海股份的母公司	700	连带责任保证	2019.4.15～2019.5.5	680	围海控股归还借款或者积极应诉解除违规担保	争取在2019年10月底前
围海控股		1843.37	连带责任保证	2018.9.20～2019.3.20	1343.37		
合计		77,543.37	—	—	62,023.37	—	—

截至该次公告日，围海股份通过自查发现还有疑似合同诈骗的违规担保情况的存在，2019年9月4日上午，围海股份已经连同冯某宏、围海控股一起向宁波市公安局高新技术开发区分局（以下简称宁波高新区公安分局）报案，具体情况如下：

中弘创融商业保理（深圳）有限公司（以下简称中弘保理）、宁波科怀贸易有限公司（以下简称科怀贸易）与围海控股，于2019年2月15日，签订了综合服务协议，由中弘保理向科怀贸易提供最高融资额度人民币37,000万元整，根据融资额度及资金需要，中弘保理及科怀贸易另行签订了《国内商业保理合同》，科怀贸易以为围海控股采购工矿产品的应收账款人民币3.7亿元作为质押。围海股份对该笔商业保理合同承担无条件回购承诺，围海控股及实际控制人之一冯某宏对该笔商业保理合同承担无限连带责任。

2019年9月3日，围海股份接到投资者咨询电话，言明已经购买由围海股份承担无条件回购承诺的中弘保理产品，但中弘保理并未向科怀贸易提供新增借款。2019年9月4日，经围海股份与科怀贸易确认，根据在《国内商业保理合同》项下的约定，科怀贸易只收到中弘保理出借的人民币500万元，其他款项尚未到账。为此，围海股份推断中弘保理在发行保理产品中很可能存在挪用购买产品款项的情况。因涉案金额巨大，一旦查实将给围海股份带来严重的经济损失。

围海股份认为中弘保理很可能涉嫌以非法占有为目的,采用合同诈骗等手段挪用《国内商业保理合同》项下的款项,已触犯刑事法律,故向宁波高新区公安分局报案。

(十)2019 年 9 月 20 日,围海股份披露发现新违规担保

围海股份收到黑龙江省哈尔滨市中级人民法院(以下简称哈尔滨中院)送达的案号为(2019)黑 01 民 1438 号案件的应诉通知书及法律文书。

根据起诉状陈述的事实与理由,2018 年 7 月 13 日,原告顾某某与围海控股签订借款合同,约定借款 1 亿元整,借款期限 30 日。同日,围海股份向原告出具了无限连带责任书,承诺对上述债务承担连带担保责任,担保期间为自主债务期限届满之日起 2 年。此后,围海控股只偿还了 501 万元,其余利息和本金未还。

(十一)2019 年 10 月 29 日,围海股份披露公司起诉相关被告损害公司利益并收到受理案件通知书

2019 年 10 月 29 日,围海股份披露,鉴于冯某宏、朗佐贸易、围海控股、围海贸易严重损害围海股份及广大中小股东的利益,对外构成越权和无权代表等,围海股份及工程开发公司于 2019 年 10 月 15 日以冯某宏、长安银行宝鸡支行、朗佐贸易、围海控股、围海贸易为被告向宁波中院提起民事诉讼。

(十二)2019 年 10 月 31 日,围海股份披露法院判决公司不承担担保责任

对于围海股份与邵某某关于 680 万元违规担保事宜,邵某某于 2019 年 7 月 18 日向鄞州区法院起诉,要求围海股份承担连带清偿责任。

鄞州区法院于 2019 年 7 月 18 日受理此案,并于 2019 年 10 月 8 日公开开庭进行了审理,截至该次公告披露日此案已审理终结。根据判决结果,因相应担保手续未履行上市公司法定审批流程,故围海股份的担保并未生效,无须承担担保责任。

邵某某不服一审判决,向宁波中院提起上诉。

(十三)2019年11月21日,围海股份回复深交所问询函并回复

围海股份董事会于2019年11月14日收到深交所下发的问询函[①],并于11月21日对相关问题进行了回复。

围海股份现任董事会面对截至该函回复日尚存的对围海控股及其关联方的大额违规对外担保事项,采取一案一策,积极应对。

1.邵某某案,截至2019年10月25日,鄞州区法院下达民事判决书[(2019)浙0212民初11073号],判决围海股份脱保。

2.王某某案,截至2019年7月31日,王某某向宁波仲裁委员会提起仲裁申请[(2019)甬仲字第217号],要求围海控股支付本金和利息共计18,609,993元以及违约金1,043,847元,围海股份承担连带清偿责任。宁波仲裁委已立案,排定仲裁员,待排庭。

3.顾某某案,截至2019年10月30日,围海股份以冯某宏、顾某某、围海控股为被告向宁波中院提起诉讼,请求判决《无限连带责任书》无效。宁波中院已受理案件[(2019)浙02民初1127号],12月30日开庭。

4.长安银行宝鸡支行案,截至2019年10月15日,围海股份及工程开发公司以冯某宏、长安银行宝鸡支行、朗佐贸易、围海控股、围海贸易为被告向宁波中院提起诉讼。宁波中院已立案[(2019)浙02民初1088号、1089号、1090号],长安银行宝鸡支行提出管辖权异议,围海股份已回复答辩。

(十四)2019年12月14日,围海股份公布公司公章、财务专用章等重要办公资料失控有关情形

2019年12月13日,围海控股提名的拟任董事冯某某等人将公司财务专用章、财务部门章、所有网银U盾(复核U盾)和公司公章强行带走。围海股份向宁波高新区公安分局报案。2019年12月14日傍晚,围海股份接宁波高新区公安分局通知,派员前往宁波市高新区公安分局梅墟派出所取回前述失控的公司公章、财务专用章、财务部门章、所有网银U盾(复核U盾)等重要办公资料。经初步清点,除由财务总监胡某某监管的两枚原法人代表冯某宏印章及一枚原总

① 深交所:中小板问询函〔2019〕第395号。

经理杨某某印章未能取回外，其他重要办公资料均已取回并暂时予以封存。

2019 年 12 月 16 日，围海股份刻制了新公章、财务专用章并备案启用。

（十五）2019 年 12 月 17 日，围海股份披露媒体报道的澄清公告

12 月 15 日晚间，相关媒体刊登了《ST 围海公章被抢？大股东的回应来了》等报道，介绍了围海股份控股股东在杭州召开媒体说明会的情况，围海股份对相关情况进行了澄清。根据澄清公告，控股股东与围海股份管理层之间存在严重的内部矛盾，控股股东曾发出罢免相关董、监事提案，全体董事、监事都口头表达了主动辞职的意愿。

（十六）2019 年 12 月 20 日，围海股份全体董事、部分高级管理人员及监事辞职

围海股份董事会于 2019 年 12 月 20 日陆续收到全体董事及高级管理人员的辞职报告，公司监事会同日陆续收到监事的辞职报告，鉴于公司将于 2019 年 12 月 24 日召开股东大会审议罢免现任董事、监事的相关议案，上述人员决定辞去所担任的公司董事、高级管理人员及监事职务。

（十七）2019 年 12 月 23 日，围海股份收到中国证监会行政监管措施决定书

围海股份于 2019 年 12 月 23 日收到宁波证监局向围海股份控股股东出具的《关于对浙江围海控股集团有限公司采取责令改正措施的决定》；向围海控股董事长冯某宏出具的《关于对冯某宏采取责令改正措施的决定》；向围海控股董事长助理、围海控股提名的拟任董事冯某婷出具的《关于对冯某婷采取责令改正措施的决定》；以及向围海控股提名的拟任董事张某杰出具的《关于对张某杰采取责令改正措施的决定》。

2019 年 12 月 13 日，上述人员未经围海股份同意，实施了获取围海股份公章、财务专用章、财务部门章、网银 U 盾（复核 U 盾）等重要资料的行为。宁波证监局决定对围海股份和上述主体采取责令改正的监管措施。

（十八）2020年4月27日，围海股份披露违规担保事项进展

1. 长安银行宝鸡支行4.6亿元担保

2018年11月~2019年3月，围海股份实际控制人之一、时任董事长冯某宏将围海股份在长安银行宝鸡支行的4.6亿元存单作为对围海控股的子公司围海贸易、围海控股的关联方朗佐贸易开立承兑汇票的担保，具体见表2-11-2。

表2-11-2　长安银行宝鸡支行4.6亿元担保情况

大额存单期限（时间）	金额（万元）	资金来源
2018.12.19~2019.12.19	6000.00	自有资金
2019.3.15~2020.3.15	8000.00	自有资金
2018.11.12~2019.11.12	10,000.00	募集资金
2018.12.28~2019.12.28	15,000.00	募集资金
2019.3.11~2020.3.11	7000.00	募集资金
共计	46,000.00	—

2. 长安银行宝鸡支行1.4亿元担保

2019年3月，围海股份实际控制人之一、时任董事长冯某宏将围海股份子公司工程开发公司在长安银行宝鸡支行的1.4亿元存单作为对朗佐贸易开立承兑汇票的担保，具体见表2-11-3。

表2-11-3　长安银行宝鸡支行1.4亿元担保情况

大额存单期限（时间）	金额（万元）	资金来源
2019.3.20~2020.3.20	4000.00	自有资金
2019.3.21~2020.3.21	10,000.00	自有资金
共计	14,000.00	—

3. 围海股份违规担保事项的进展情况

围海股份聘请审计机构就上述定期存单质押担保事项向长安银行宝鸡支行进行了函证，并于2020年4月23日收到长安银行宝鸡支行的回函。

（1）向围海股份回函

截至2020年3月22日，因票据申请人朗佐贸易和围海贸易表示不能保证在汇票到期前向长安银行宝鸡支行足额缴存票款，且由于出质人围海股份经营发

生重大变故和各种严重负面事项，根据合同相关条款，长安银行宝鸡支行已将该函所列相关存款（共计4.6亿元）划转至其保证金专用账户。

（2）向工程开发公司回函

截至2020年3月22日，因票据申请人朗佐贸易表示不能保证在汇票到期前向长安银行宝鸡支行足额缴存票款，根据合同相关条款，长安银行宝鸡支行已将该函所列相关存款（共计1.4亿元）划转至其保证金专用账户。

因上述回函没有明确保证金账户是否为围海股份申请开立，立信所在收到长安银行宝鸡支行回函后，于2020年4月24日现场函证保证金账户情况，长安银行宝鸡支行表示已经将定期存单情况回函给立信所，不能进一步提供相关信息。

（十九）2020年4月30日，围海股份披露资金占用专项审计说明

经审计机构审计，围海股份2019年度末资金占用金额为60,000万元。其中，朗佐贸易占用44,000.00万元，围海贸易占用16,000.00万元。

（二十）2020年4月30日，围海股份披露2019年年度报告被出具无法表示意见的审计报告

围海股份2019年度主要财务会计数据如表2-11-4所示。

表2-11-4　围海股份2019年度主要财务会计数据

单位：万元

科目	2019年	2018年	2019年比上年增减	2017年
营业收入	343,760.41	353,978.02	-2.89%	287,058.82
归属于围海股份股东的净利润	-142,165.78	25,290.83	-662.12%	21,332.40
归属于围海股份股东的扣除非经常性损益的净利润	-12,561.83	17,450.29	-171.99%	17,489.69
经营活动产生的现金流量净额	-7292.35	7353.87	-199.16%	7933.34
科目	2019年年末	2018年年末	2019年年末比上年年末增减	2017年年末
总资产	943,788.03	1,112,313.67	-15.15%	869,684.14
归属于围海股份股东的净资产	374,008.38	534,802.36	-30.07%	427,771.34

审计机构无法表示意见涉及的主要内容具体如下：

围海股份2018年、2019年未履行审批决策程序以定期存单质押方式为控股

股东子公司和关联方融资进行担保。截至2019年12月31日,已质押的定期存单合计60,000万元,银行回函显示相关存款已被划转至银行保证金专用账户。围海股份全额计提了减值准备。审计机构无法就围海股份解除上述违规担保的可能性以及可能存在的损失获取充分、适当的审计证据。

截至2019年12月31日,围海股份为控股股东及其关联方提供的涉诉违规对外担保累计金额为71,822.37万元。除上述60,000万元定期存单质押担保外,围海股份对其中涉及诉讼或仲裁的担保事项按照担保金额的50%计提了预计担保损失5911.19万元。截至审计报告日,相关诉讼和仲裁尚在进行中。审计机构无法就预计负债的充分性和合理性获取充分、适当的审计证据。

围海股份因涉嫌信息披露违法违规,于2019年7月12日收到中国证监会调查通知书,截至该次公告披露日该案件尚在调查之中,未出具最终结论。审计机构无法判断立案调查的结果及其对围海股份财务报表可能产生的影响。

围海股份在2019年对其2017年收购千年设计89.45975%股权形成的商誉70,080.50万元全额计提了减值准备。审计机构无法就上述商誉减值准备的合理性获取充分、适当的审计证据。

围海股份于2020年4月20日收到宁波证监局《监管提示函》,围海股份可能存在资金通过围海股份项目部员工或劳务公司等中间方被控股股东及相关方占用的情况,涉及累计发生金额初步统计达5.02亿元。

(二十一)2020年4月30日,围海股份披露股票交易被实施退市风险警示暨停牌有关情况

因审计机构对围海股份2019年年度财务报告出具了无法表示意见的审计报告,根据《深交所股票上市规则》(2018年11月修订)第13.2.1条的相关规定,深交所将对围海股份股票交易实行"退市风险警示"的特别处理。围海股份股票于2020年4月30日停牌一天,并于2020年5月6日起复牌。围海股份股票自2020年5月6日起被实施"退市风险警示"特别处理,股票简称由"ST围海"变更为"*ST围海"。

(二十二)2020年4月30日,围海股份披露新增控股股东及关联方资金占用情况

围海股份收到宁波证监局的监管提示函,指出围海股份可能存在资金通过

项目部员工或劳务公司等中间方被控股股东及相关方占用的情况，发生金额初步统计达5.02亿元。

围海股份经自查发现，公司存在资金被控股股东及其关联方非经营性占用的情况，上述资金占用事项多发生在2018年。截至2020年4月30日，经围海股份自查，涉嫌被控股股东及其他关联方占用的资金发生额为3800万元，已还款700万元，尚未归还的资金占用余额为3100万元。

（二十三）2020年8月17日，围海股份董事长收到宁波证监局出具的监管行政监管措施事先告知书

围海股份于2020年8月17日收到宁波证监局向围海股份董事长冯某婷出具的行政监管措施事先告知书，原因主要如下：(1)2019年商誉减值测试的资产组发生变更，而围海股份管理层未就该资产组变更提供合理性依据。(2)在预计商誉相关资产组未来现金流量时，未以企业管理层批准的最新财务预算或预测数据等为基础，且预测的部分指标依据不充分。(3)2019年度商誉减值信息披露不准确、不完整。(4)围海股份披露的商誉减值计提事项未见管理层提请董事会审议的过程。(5)2019年业绩预告修正公告披露不及时。(6)围海股份与控股东存在共用综合管理信息系统的情况。(7)董事会会议记录不完整。(8)内幕信息知情人登记管理不规范。

（二十四）2020年8月26日，围海股份发布控股股东申请破产重整的提示性公告

围海控股以“无法清偿到期债务”“资产已经不足以清偿全部债务”“明显缺乏清偿能力”“具有重整挽救价值，且重整具有较高的可行性”为由，向宁波中院提交了重整申请书。根据法院信息，与控股股东一并提交破产重整申请的围海控股相关公司还包括浙江围海投资有限公司（以下简称围海投资）、浙江均冠新材料有限公司（以下简称均冠新材料）、围海贸易、宁波米哈贸易有限公司、科怀贸易、朗佐贸易、宁波盖瑞贸易有限公司（以下简称盖瑞贸易）、宁波高新区高岸贸易有限公司（以下简称高岸贸易）等。

截至2020年8月26日，围海控股作为围海股份的控股股东，共持有围海股

份股票492,697,204股,占围海股份总股本的43.06%,其所持有的围海股份股份全部被司法冻结及轮候冻结。

(二十五)2020年9月3日,围海股份、控股股东及相关人员收到宁波证监局出具的行政监管措施决定书

宁波证监局对围海股份、控股股东及相关人员给予监管决定的原因如下:

1. 围海控股、冯某宏的行政监管措施原因

围海控股与围海股份存在共用综合管理信息系统的情况。围海控股的公章管理员可以使用个人账号登录"围海控股综合管理信息系统"查询围海股份历史用章情况,且能够查阅其实时更新的印章使用情况及相关盖章扫描件。

2. 围海股份的行政监管措施原因

关于围海股份被处以行政处罚的原因,主要为:2019年商誉减值测试的资产组发生变更,而围海股份管理层未就该资产组变更提供合理性依据;在预计商誉相关资产组未来现金流量时,未以企业管理层批准的最新财务预算或预测数据等为基础,且预测的部分指标依据不充分;2019年度商誉减值信息披露不准确、不完整;围海股份披露的商誉减值计提事项未见管理层提请董事会审议的过程;董事会会议记录不完整等。

(二十六)2020年9月12日,围海股份披露实际控制人被刑事立案

围海股份实际控制人之一冯某宏因涉嫌挪用资金,被宁波高新区公安分局认为符合刑事立案标准,已被立案侦查。截至该次公告披露日该案仅处于调查阶段,并未收到公安机关的结论性调查意见。

(二十七)2020年9月24日,围海股份就资金占用情况及后续整改措施进行说明

1. 控股股东及其关联方资金占用情况

经围海股份自查核实,上述资金占用情况发生时间范围为2017年9月~2019年3月,在《监管提示函》中涉嫌资金占用的5.02亿元具体情况见表2-11-5。

表 2-11-5　围海股份资金占用具体情况

单位：万元

资金占用发生额	非资金占用发生额	截至 2020 年 9 月 24 日资金占用余额
22, 085. 00	28, 087. 76	18, 385. 00

按照占用单位分类见表 2-11-6。

表 2-11-6　围海股份资金占用具体情况(按照占用单位分类)

单位：万元

资金占用单位	资金占用发生额	已归还	资金占用余额
朗佐贸易	16, 150. 00	3250. 00	12, 900. 00
均冠新材料	5935. 00	450. 00	5485. 00
合计	22, 085. 00	3700. 00	18, 385. 00

2. 控股股东及关联方资金占用的解决措施

围海股份拟向控股股东及其关联方发函追讨占用资金，并要求资金占用方按资金占用天数，以银行同期贷款利率计算向公司支付资金占用费。

(二十八)2020 年 11 月 26 日，法院裁定受理控股股东即围海控股破产重整

2020 年 11 月 26 日，宁波中院裁定围海控股重整，指定北京市中伦(上海)律师事务所(以下简称中伦)、浙江波宁律师事务所(以下简称波宁)、中汇会计师事务所(以下简称中汇)为该案破产管理人。

(二十九)2020 年 12 月 26 日，围海控股破产重组案件交宁波高新技术产业开发区人民法院(以下简称宁波高新区法院)审理

围海控股的住所地在宁波国家高新区，围海控股在庭前重组过程中，宁波国家高新区管委会与宁波高新区法院做了大量组织、协调工作，因此，该案由宁波高新区法院管辖，更有利于推进破产重整程序和维护社会稳定。经报请浙江省高级人民法院批准，裁定围海控股破产重整一案交宁波高新区法院审理。

(三十)2021 年 1 月 21 日，围海控股招募重整投资人

围海控股招募重整投资人的目的在于协调推进和统筹完成围海控股的重整

工作。重整投资人将提供资金支持,全面优化围海控股的债务结构,维护全体债权人的合法利益,整体化解债务问题;并同步化解围海股份的资金占用和违规担保问题,进一步支持围海股份发展。

为实现对围海控股未来发展的持续支持,围海控股招募的重整投资人基本条件如下:

1. 重整投资人应当是依法设立并有效存续的企业法人或非法人组织,未被列入失信被执行人名单。

2. 重整投资人或其实际控制人应具备与围海控股规模相适应的经营和管理能力,优先考虑能进一步支持围海股份发展的重整投资人。

3. 重整投资人应拥有足够的资金实力进行重整投资,并能出具相应的资信证明或其他履约能力证明。

4. 重整投资人需承诺:未负有数额较大的到期未清偿债务且处于持续状态;最近3年无重大违法行为或不涉嫌有重大违法行为;最近3年无严重的证券市场失信行为;以及其他法律法规、监管政策对重整投资人的主体资格的相关规定。

5. 两个或两个以上的重整投资人可以联合参与投资。

(三十一)2021年3月8日,围海股份收到控股股东等8家公司合并重整的裁定通知

2021年3月8日,围海股份收到围海控股破产管理人转发的宁波高新区法院民事裁定书(2020)浙0291破1号。根据管理人的申请,宁波高新区法院裁定围海清洁能源、盖瑞贸易、围海贸易、围海投资、均冠新材料、高岸贸易、朗佐贸易与围海控股合并重整,指定中伦、波宁、中汇、浙江导司律师事务所为破产管理人。

(三十二)2021年3月24日,围海股份披露资金占用专项审计报告(见表2-11-7)

表2-11-7 围海股份资金占用情况

单位:万元

序号	资金占用方名称	占用方与围海股份关系	2020年年末资金占用余额	占用形成原因
1	朗佐贸易	受控股股东控制	44,000	违规担保银行划转
2	围海贸易	受控股股东控制	16,000	违规担保银行划转

续表

序号	资金占用方名称	占用方与围海股份关系	2020 年年末资金占用余额	占用形成原因
3	围海控股(王某某案)	控股股东	2291.69	违规担保银行划转
4	围海控股(邵某某案)	控股股东	301.10	违规担保银行划转
5	朗佐贸易	受控股股东控制	12,900	资金拆借
6	均冠新材料	受控股股东控制	5485	资金拆借
合计			80,977.79	

(三十三)2021 年 7 月 6 日,围海股份披露控股股东签订重整投资意向协议的事宜

围海控股持有围海股份 492,677,204 股股份,持股比例为 43.06%。根据该次签订的意向协议,意向投资人拟收购围海控股持有的围海股份 40.44% 股票,围海控股持有的围海股份剩余部分股票将另行处置,具体以重整计划为准。

围海股份于 2021 年 7 月 5 日收到管理人的通知,管理人、围海控股等 8 家公司分别与浙江卫力控股有限公司(以下简称卫力控股)、宁波浙海投资集团有限公司(以下简称浙海投资)、台州市城市建设投资发展集团有限公司(以下简称台州城建集团)等 3 家意向投资人签订了《浙江围海控股集团有限公司等八家公司重整投资意向协议》。在协议签订后,管理人将通过商业谈判或竞争性遴选的方式,确定最终的重整投资人。

(三十四)2021 年 8 月 24 日,围海股份披露独立董事关于控股股东及其他关联方占用公司资金、围海股份对外担保情况的专项说明和独立意见

围海股份独立董事确认,截至 2021 年 8 月,围海股份尚未解决的资金占用、对外担保情况如下:

1. 长安银行宝鸡支行违规担保案:2018 年 11 月 ~ 2019 年 7 月,围海股份及全资子公司工程开发公司共计 6 亿元长安银行大额单位定期存单先后被作为控股股东的关联方围海贸易、朗佐贸易及杭州昌平实业有限公司 3 家公司开立承兑汇票的担保,共涉及违规担保发生金额 7 亿元,违规担保事项余额 6 亿元。围海股份及工程开发公司共计 6 亿元长安银行宝鸡支行大额单位定期存单已被长安银行宝鸡支行扣划,用于归还银承垫款。

2021 年 4 月,围海股份、工程开发公司以长安银行宝鸡支行为被告,请求法院判决围海股份、工程开发公司与长安银行宝鸡支行签订的存单质押合同无效。宝鸡市中级人民法院已正式立案。

2. 顾某某违规担保案:2018 年 7 月,围海股份控股股东向顾某某借款人民币 1 亿元。围海股份时任法定代表人、董事长冯某宏未经法定程序,以围海股份名义签署了《无限连带责任书》为围海控股提供担保。后因围海控股未能按时足额还清借款,顾某某起诉借款方围海控股、围海股份和其他相关方,法院一审判决围海股份承担连带清偿责任。围海股份不服一审判决结果,提起上诉。

2021 年 7 月,法院二审判决围海股份应当对围海控股偿还顾某某本金、借款利息、律师代理费等给付款项中不能清偿部分的承担赔偿责任。围海股份最终赔偿金额暂无法确定。

3. 王某某违规担保案:2018 年 9 月,围海股份实际控制人之一冯某宏未经法定程序,以围海股份名义作为借款连带清偿责任人与围海控股、王某某等相关方共同签署了《还款协议》,以围海股份名义承诺对围海控股在《还款协议》项下的所有债务承担无限连带责任。后因围海控股未能按时足额归还本息,王某某提起仲裁申请,要求围海控股归还本息及违约金,要求围海股份承担连带清偿责任。2020 年 7 月,围海股份收到裁决书,裁决围海股份承担连带清偿责任。2020 年 9 月,法院根据该裁决书扣划了围海股份账户资金。该违规担保案围海股份实际赔偿 2291.69 万元(不含诉讼费用),该案件已结案。

4. 邵某某违规担保案:2019 年 4 月,围海控股向邵某某借款人民币 700 万元。围海股份实际控制人之一冯某宏未经法定程序,以围海股份名义作为借款保证人签订了借款协议。后因围海控股未能按时足额归还本息,邵某某向法院起诉要求围海股份等担保人承担连带清偿责任。围海股份于 2020 年 9 月收到法院二审终审民事判决书,判决围海股份承担 1/3 的赔偿责任(案件本金为 680 万元)。截至该次公告披露日围海股份已对外赔付,实际赔偿 301.10 万元(不含诉讼费用),该案已结案。

5. 中弘保理违规担保案:2019 年 2 月,围海控股、围海控股关联方科怀贸易与中弘保理签订综合服务协议,由中弘保理向科怀贸易提供最高融资额度人民币 37,000.00 万元整,中弘保理及科怀贸易另行签订《国内商业保理合同》。围海股份对该笔商业保理合同承担无条件回购承诺。围海控股实际开具汇票总金额500万元。围海股份违规担保余额500万元,该案件暂未引发诉讼纠纷。

6. 资金占用事项:2018年6月~2019年3月,控股股东关联方朗佐贸易、均冠新材料通过围海股份项目部工程借款等方式占用围海股份资金。截至该次公告披露日,控股股东关联方占用围海股份资金余额18,385万元未归还。

(三十五)2021年9月3日,法院裁定批准延期提交控股股东破产重整计划(草案)

因重整计划(草案)中的相关内容尚未最终确定,重整计划(草案)制定相关基础工作尚在进行,根据围海控股等8家公司管理人提交的申请,法院裁定批准将围海控股等8家公司的重整计划(草案)提交期限延长至2021年12月3日。

(三十六)2021年10月28日,围海股份披露控股股东签订重整投资协议的情况

截至该次公告披露日,围海控股持有492,677,204股围海股份股份,持股比例为43.06%,其中限售股190,597,204股,质押股数482,197,204股,冻结股数492,677,204股。根据本次签署的重整投资协议,重整方拟合计支付总投资对价1,906,230,080.48元取得围海控股持有的围海股份40.44%股份,并收购违规担保和资金占用等违规资金收益权,解决围海股份的违规担保和资金占用问题。

1. 重整投资人情况

围海控股等8家公司、管理人与宁波舜农集团有限公司(以下简称宁波舜农)、中国东方资产管理股份有限公司深圳市分公司或其指定主体(以下简称中国东方)、宁波源真投资管理有限责任公司(以下简称宁波源真)等3家公司组成的投资联合体签署了《浙江围海控股集团有限公司等八家公司重整投资协议》,重整方拟通过收购围海控股所持有的围海股份部分股票及违规资金收益权的方式参与重整。

2. 重整投资协议主要内容

(1)重整投资人通过重整取得标的股份,合计462,677,204股围海股份股

票,其中:甲方 1 和甲方 2 合计取得 343, 152, 692 股股份,占围海股份总股本的 29. 99%;甲方 3 取得 119, 524, 512 股股份,占围海股份总股本的 10. 45%。

(2)重整投资人拟支付的总投资对价包括重整对价和违规资金收益权收购对价,甲方 1、甲方 2、甲方 3 支付金额按取得标的股份之比确定,即甲方 1 和甲方 2 共支付 1, 413, 789, 090. 33 元,甲方 3 支付 492, 440, 990. 15 元,共计 1, 906, 230, 080. 48 元。

(3)重整投资人拟以现金方式支付重整对价 1, 024, 541, 720. 97 元,用于清偿股票质押权人和普通债权。

(4)重整投资人收购 100% 的违规资金收益权,以现金方式收购,收购价格暂定为 881, 688, 359. 51 元。具体细节及金额,根据围海股份公告确定的资金占用违规担保数据,由甲方与丁方另行签署协议。

(三十七)2021 年 11 月 10 日,围海股份披露重整投资人支付意向款

围海股份从围海控股管理人处获悉,前述重整投资人宁波舜农、宁波源真已履行投资协议的约定,向以管理人名义开立的账户支付了 200, 000, 000 元现金作为意向款。

(三十八)2021 年 12 月 4 日,围海控股披露控股股东重整进展

管理人于 2021 年 12 月 1 日最终确定仅提交以宁波舜农、中国东方、宁波源真作为联合重整投资人的重整投资方案。经协商,宁波舜农、中国东方、宁波源真承诺其将解决围海股份的资金占用、违规担保问题。

(三十九)2021 年 12 月 17 日,围海股份及相关当事人收到行政处罚及市场禁入事先告知书

1. 未按规定披露为关联方提供担保的情况

2018 年 7 月 ~2019 年 7 月,在冯某宏授意安排下,围海股份为关联方围海控股及其控制的公司提供担保,涉及担保金额合计 13. 54 亿元,但围海股份未按规定披露。

2. 未按规定披露关联方非经营性占用资金的关联交易情况

2017 年 10 月 ~2019 年 3 月,在冯某宏授意安排下,围海股份通过向供应商

支付合同预付款间接划转，提供借款直接划转等形式，向围海控股及其控制的朗佐贸易、均冠新材料等关联方提供资金累计 34, 635 万元，涉及关联方非经营性资金占用的关联交易，但围海股份未按规定披露。

3. 处罚内容

对围海股份责令改正，给予警告并处以 60 万元罚款；对冯某宏等相关责任人员给予警告和罚款。

（四十）2021 年 12 月 31 日，围海控股实质合并破产案预计举行第二次债权人会议

围海控股等 8 家公司于 2021 年 12 月 31 日召开第二次债权人会议，就《浙江围海控股集团有限公司等八公司合并重整计划（草案）》进行表决。表决期限截至 2022 年 2 月 10 日。

（四十一）2022 年 1 月 5 日，围海股份发布公司违规担保、资金占用情况及进展

围海控股及其关联方等 8 家公司已经进入破产重整司法程序。围海股份已就上述违规担保及资金占用事项向围海控股管理人申报了债权，要求以优先债权进行偿付。围海控股管理人于 2021 年 12 月 1 日最终确定仅提交由宁波舜农、中国东方、宁波源真作为联合重整投资人的重整投资方案。围海股份违规担保及资金占用事项能否通过控股股东破产重整得以解决尚具有不确定性。

（四十二）2022 年 1 月 13 日，围海股份发布违规资金收益权相关情况

宁波舜农、宁波源真与围海股份及围海控股管理人拟签署《浙江省围海建设集团股份有限公司收益权转让协议》（以下简称《收益权转让协议》），该次拟签署的《收益权转让协议》为宁波源真、宁波舜农等重整方的安排而收购围海股份违规担保和资金占用等违规资金 856, 386, 842. 06 元收益权（以签署该协议时围海股份最新违规担保及资金占用数据为准，故从 881, 688, 359. 51 元调整为 856, 386, 842. 06 元）。其中，宁波舜农收购围海股份违规资金收益权 504, 154, 933. 92 元部分，对应支付的比例为 58. 87%，宁波源真收购围海股份违规资金收益权 352, 231, 908. 14

元部分,对应支付的比例为41.13%。

围海股份的现任董事长为汪某强,汪某强系宁波源真持股99%的股东,并担任宁波源真的执行董事。

重整方参与该次重整投资的前提是期待围海股份保证上市地位,如果违规担保和资金占用问题不解决,围海股份就有可能退市,因此收益权转让是重整投资计划的一部分。围海股份控股股东如果希望重整投资计划实现,就必须推动收益权转让事项,只有这样才能实现,因此控股股东在该次交易中有利益关系。

该次交易按照违规资金债权金额的原价定价,其中包括已决违规担保案件确定的违规资金金额,长安银行宝鸡支行—围海股份、长安银行宝鸡支行—围海工程全额按6亿元确定的违规资金金额,以资金占用形式被围海控股及其关联方占用的资金,该次交易按照上述违规资金并扣除已归还部分的差额定价。

宁波舜农、宁波源真与围海股份及围海控股管理人拟签署《收益权转让协议》,该次拟签订的《收益权转让协议》为宁波源真、宁波舜农等重整方的安排而收购围海股份违规担保和资金占用等违规资金856,386,842.06元收益权。其中,违规资金收益权收购对价为以现金方式支付,收购价格暂定为856,386,842.06元。

(四十三)2022年2月11日,围海股份发布控股股东破产重整进展情况

1. 债权人会议延期情况

鉴于部分债权人尚在等待上级部门对重整计划(草案)的审批,并向管理人提出了延期表决申请,为保证各债权人利益,先决定将《重整计划(草案)》表决期限(原表决日2022年2月10日)延期,具体延期时间另行通知。

2. 反垄断审查的具体情况

国家市场监督管理总局向宁波舜农出具《经营者集中反垄断审查不实施进一步审查决定书》,对宁波舜农收购围海股份股权案不再实施进一步审查。

(四十四)2022年2月10日,围海股份及相关当事人收到行政处罚及市场禁入决定书

围海股份于2019年7月12日收到中国证监会的调查通知书。因围海股份涉嫌信息披露违法违规,中国证监会决定对围海股份立案调查。

围海股份及相关当事人于2022年2月10日收到宁波证监局出具的行政处罚决定书、市场禁入决定书。

1. 行政处罚决定书主要内容

(1)未按规定披露为关联方提供担保的情况

2018年7月~2019年7月,在冯某宏授意安排下,围海股份为关联方围海控股及其控制的公司提供担保,涉及担保金额合计13.54亿元,但围海股份未按规定披露。

(2)未按规定披露关联方非经营性占用资金的关联交易情况

2017年10月~2019年3月,在冯某宏授意安排下,围海股份通过向供应商支付合同预付款间接划转,提供借款直接划转等形式,向围海控股及其控制的朗佐贸易、均冠新材料等关联方提供资金累计34,635万元,涉及关联方非经营性资金占用的关联交易,但围海股份未按规定披露。

2. 市场禁入决定书主要内容

(1)对冯某宏采取10年证券市场禁入措施;(2)对杨某水采取5年证券市场禁入措施;(3)对戈某亮、胡某胜分别采取3年证券市场禁入措施。

(四十五)2022年3月1日,围海股份披露投资者诉讼相关事宜

2022年2月10日,围海股份收到宁波证监局出具的行政处罚决定书,宁波证监局对围海股份及相关责任人员有关信息披露违法违规的行为进行了处罚,金某某等3名投资者以证券虚假陈述责任纠纷为由,向宁波中院提起诉讼,要求围海股份就前述信息披露违法行为承担民事赔偿责任,具体案件情况见表2-11-8。

表2-11-8 围海股份投资者诉讼情况

序号	案号	当事人	诉讼标的金额/元
1	应诉通知书(2022)浙02民初248号	金某某	45,236
2	应诉通知书(2022)浙02民初274号	胡某某	95,844
3	应诉通知书(2022)浙02民初274号	彭某某	463,372

(四十六)2022年3月29日,围海股份披露控股股东重整计划(草案)表决结果

关于重整计划(草案),截至2022年3月25日17时表决期限届满,各组的表决情况如下。

出资人组:出席会议有表决权的出资人为 11 户,代表的表决权总金额为人民币 115,800,000 元,其中同意的户数为 10 户,占有表决权人数的 90.91%,其代表的金额为人民币 106,630,000 元,占总金额的 92.08%。该组表决通过。

有财产担保债权组:出席会议有表决权的有财产担保债权人为 10 户,代表的债权金额为人民币 1,143,356,510.51 元,其中同意的户数为 7 户,占有表决权人数的 70%,其代表的债权金额为人民币 847,308,274.97 元,占总金额的 74.11%。该组表决通过。

普通债权组:出席会议有表决权的普通债权人为 91 户,代表的债权金额为人民币 6,416,762,170.62 元,其中同意的户数为 80 户,占有表决权人数的 87.91%,其代表的债权金额为人民币 4,571,065,353.78 元,占总金额的 71.24%。该组表决通过。

综上所述,以上表决组均表决通过,根据《企业破产法》第 84 条、第 86 条之规定,《重整计划(草案)》已由债权人会议表决通过。

(四十七)2022 年 4 月 8 日,法院裁定批准围海控股重整计划

法院认为,围海控股等 8 家公司破产管理人向法院申请批准的合并重整计划,已经各表决组表决通过,其内容并未违反法律法规的强制性规定,重整计划所附生效条件已具备,依法应予以批准。

(四十八)2022 年 4 月 22 日,围海控股收到重整投资人违规资金收益权

2022 年 4 月 22 日,围海股份已收到控股股东重整投资人宁波舜农的违规资金收益权收购款 626,703,891.02 元、宁波源真的违规资金收益权收购款 229,682,951.04 元,合计 856,386,842.06 元。

(四十九)2022 年 5 月 13 日,围海股份发布控股股东等 8 家公司合并重整计划

1. 资产负债情况

(1)资产情况

截至基准日(重整受理日),围海控股等 8 家公司合并抵销后资产总额为

1,263,885,171.98 元。

(2)负债情况

在重整程序中,管理人初步确认债权 6,013,600,738.57 元,其中,有财产担保债权 1,097,807,730.72 元,税款债权 45,518,312.11 元,普通债权 4,836,702,717.28 元,劣后债权 33,571,978.46 元。另外,经管理人调查,围海控股欠付职工债权共计 8,765,187.27 元。

2. 出资人权益调整

为贯彻出资人与债权人共同分担重整损失的原则,围海控股重整需要对出资人权益进行调整,包括围海控股股东让渡其持有的所有围海控股的股权,其中 100% 由重整投资人指定方持有。同时为进一步提高普通债权人清偿率,在重整计划裁定通过后的 12 个月内,围海控股需完成 3000 万股围海股份股票的处置,扣除相应有财产担保债权清偿金额后(如有),按未清偿的普通债权比例对各家普通债权人进行补充分配。

3. 债权清偿方案

重整投资方提供现金 1,024,541,720.97 元,其中支付 948,488,268.20 元,受让围海控股所持有的围海股份 40.44% 股票,合计 462,677,204 股,另外支付 76,053,452.77 元,用于普通债权清偿。作为上述交易的附加条件,重整投资方共提供违规资金金额等额现金,自围海股份受让 100% 违规资金收益权。

有财产担保债权:根据担保财产的评估价值及担保范围,股票质押的有财产担保债权按照每股股票评估价值 2.05 元计算,共计 947,501,818.02 元可以就担保财产获得优先清偿(一次性现金清偿);其余 1,904,486,751.03 元债权由于无法就担保财产优先受偿,需列入普通债权组,按照普通债权组的受偿方案获得清偿。

普通债权:每家普通债权人 50 万元以下部分全额清偿;50 万元以上部分第一次分配暂按照 1% 比例进行现金清偿;对于非保留资产变现后的现金,扣除相应有财产担保债权清偿金额后,按未清偿的普通债权比例对各家普通债权人进行二次分配;在重整计划裁定通过后的 12 个月内,围海控股需完成 3000 万股围海股份股票的处置,扣除相应有财产担保债权清偿金额后,按未清偿的普通债权比例对各家普通债权人进行补充分配。

4. 资产处置方案

(1)资产保留方案

为保持围海控股未来持续经营能力,围海控股所持有的3000万股围海股份股票及其他非保留资产外的资产将在重整程序中继续保留。

(2)非保留资产处置方案

重整投资方共支付重整投资款1,024,541,720.97元,用以清偿围海控股的股票质押优先债权、破产费用、共益债务、职工债权、税收社保债权及普通债权。针对围海大厦以及其他房产的处置,管理人有权选择拍卖或按照评估价出售给围海股份。对于围海控股其他非保留资产,将按照第一次债权人会议的资产处置方案进行处置。

5. 资金占用、违规担保解决方案

重整投资人将另行与围海股份协商,通过收购围海股份违规担保、资金占用的债权收益权等方式化解围海股份的资金占用、违规担保问题。

(五十)2022年5月27日,围海股份披露公司资金占用、违规担保问题解决进展

围海股份控股股东因资不抵债进入破产重整司法程序,重整计划已获法院批准。根据重整计划及《重整投资协议》,重整投资人以现金方式收购控股股东100%的违规资金(围海股份违规担保和资金占用金额)收益权,化解控股股东对围海股份的违规担保和资金占用问题。根据重整计划及《重整投资协议》的约定,围海股份已于2022年4月22日收到控股股东重整投资人支付的违规资金收益权收购款856,386,842.06元。

控股股东对围海股份的违规占用资金已全部清偿。待围海股份收到违规资金收益权的回款后,将从回款中扣除违规资金利息,再将剩余的收益权回款按约定支付给投资人。

(五十一)2022年6月20日,围海股份控股股东发生权益变动

权益变动原因为围海股份控股股东执行《浙江围海控股集团有限公司等八公司合并重整计划》。

在该次权益变动前，围海控股持有围海股份 492,677,204 股股份，占围海股份总股本的 43.06%，宁波源真、宁波舜农及其一致行动人杭州光曜致新钟洋股权投资合伙企业（有限合伙）（以下简称光曜钟洋）未持有围海股份股份。在该次权益变动后，通过执行法院裁定，宁波源真将持有围海股份 124,084,972 股，占上市公司总股本的 10.84%，宁波舜农将持有围海股份 168,689,320 股股份，占上市公司总股本的 14.74%；光曜钟洋将持有围海股份 169,902,912 股股份，占上市公司总股本的 14.85%，围海控股持有围海股份 30,000,001 股股份，占上市公司总股本的 2.62%。

根据《浙江围海控股集团有限公司等八公司合并重整计划》，投资人应出资 102,454.17 万元用于收购股权，在该次权益变动中，三方约定，宁波舜农实际出资 6829.61 万元，宁波源真实际出资 25,624.56 万元，光曜钟洋实际出资 70,000 万元用于支付给管理人取得围海股份 40.44% 的股票。重整投资人将另行与围海股份协商，通过收购围海股份违规担保、资金占用的债权收益权等方式化解围海股份的资金占用、违规担保问题。

（五十二）2022 年 8 月 30 日，围海股份披露资金占用清偿情况

因长安银行案件尚未结案，宁波舜农、宁波源真尚未支付给围海股份违规资金利息 9279.50 万元，截至 2022 年 6 月 30 日，资金占用本金余额已经全部清零。

（五十三）2022 年 8 月 30 日，围海股份披露独立董事发表关于资金占用、违规担保的专项说明和独立意见

宁波舜农、宁波源真与围海股份签订的《收益权转让协议》约定，由宁波舜农、宁波源真收购违规担保和资金占用等违规资金收益权及资金占用期间的利息，用于解决原控股股东违规占用围海股份资金的问题。2022 年 4 月 22 日，围海股份已收到宁波舜农、宁波源真关于违规资金收益权的收购款共计 85,638.68 万元。

根据转让协议，若围海股份收到长安银行违规资金收益权的回款，将从回款中扣除违规资金利息，再将剩余的收益权回款按照该协议的比例支付给宁波舜农和宁波源真。由于长安银行违规担保案尚在审理，围海股份尚未收到违规资金占用期间的利息。

围海股份与关联方的资金往来均为正常资金往来，与控股股东及其他关联

方不存在与《8 号监管指引》规定相违背的情形。围海股份不存在控股股东及其他关联方违规占用资金的情况。

在报告期内,围海股份对外担保依照相关法规要求、公司制度和其他相关规定,履行了必要的审议程序,不存在违规对外担保的情况。以前年度原控股股东及其关联公司对围海股份的非经营性资金占用问题已解决。

(五十四)2022 年 11 月 21 日,围海股份撤销退市风险警示

2022 年 11 月 17 日,围海股份提交的撤销股票交易退市风险警示申请已获得深交所审核同意。股票将自 2022 年 11 月 18 日开市起停牌 1 天,并自 2022 年 11 月 21 日开市起复牌。复牌后,围海股份的退市风险警示撤销,股票简称:由“*ST 围海”变更为“ST 围海”。

二、合规问题事实的总结

(一)围海股份合规问题爆发前的股权分布情况

在 2018 年 12 月 31 日,围海股份的控股股东为围海控股,实际控制人及其一致行动人为:冯某宏、陈某秋、李某澄、罗某民、王某权、邱某方,具体情况见图 2-11-1。

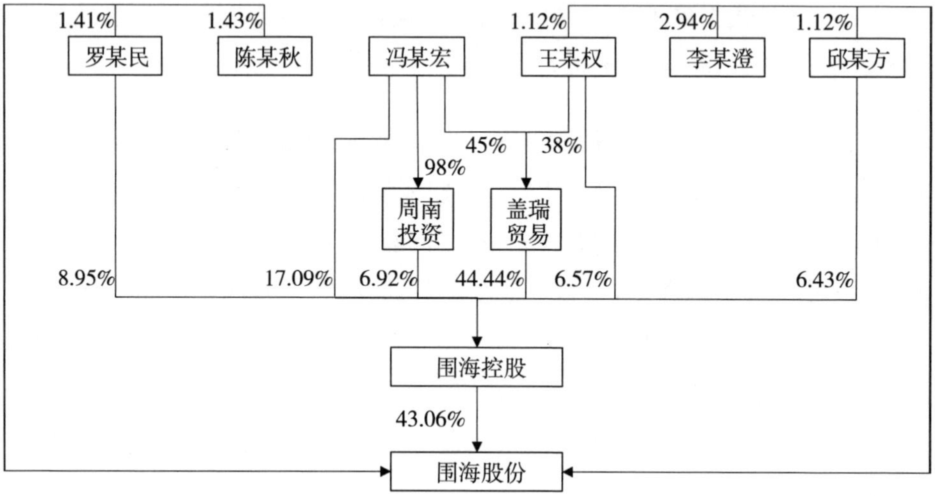

图 2-11-1 围海股份股权结构

(二)围海股份合规问题的爆发

1. 资金占用问题

2019 年 4 月 27 日,围海股份经过自查发现公司存在控股股东非经营性资金占用问题。在该次自查中,围海股份发现截至 2019 年 4 月 26 日,实际被控股股东占用的资金余额为 4750 万元(不含利息),占最近一期经审计净资产的 1.65%。

2019 年 5 月 24 日,围海股份收到朗佐贸易的通知及转账付款凭证,朗佐贸易已向蓝都文化归还上述 4750 万元资金占用款。

2020 年 4 月,围海股份披露资金占用审计说明,围海股份将违规担保质押的 6 亿元定期存款和存单 100% 计提资产减值损失后,将该 6 亿元计入控股股东资金占用。

2020 年 4 月 30 日,经宁波证监局调查,围海股份历史发生的资金占用规模初步统计达 5.02 亿元。经围海股份自查,发现截至 2020 年 4 月 30 日,尚未归还的资金占用余额为 3100 万元(本金)。

2020 年 9 月 24 日,经围海股份自查 2017 ~ 2019 年资金占用情况,发现尚未归还的资金占用余额为 18,385 万元(本金)。

2021 年 3 月 24 日,经审计机构核查,围海股份资金占用金额高达 80,977.79 万元,其中 18,085 万元形成于资金拆借,剩余 62,892.79 万元形成于违规担保划转。

2. 违规担保问题

2019 年 4 月 27 日,围海股份经过自查发现公司存在违规担保问题。在该次自查中,围海股份发现截至 2019 年 4 月 26 日,围海股份尚未解决的违规担保余额为 6 亿元。

2019 年 8 月 23 日,围海股份经盘查后发现 2 起违规担保情况,涉及金额 2023.37 万元。此时,围海股份的违规担保总额为 62,023.37 万元。

2019 年 9 月 4 日,围海股份通过自查发现还有疑似合同诈骗的违规担保情况存在。中弘保理与科怀贸易、围海控股,签订综合服务协议,由中弘保理向科怀贸易提供最高融资额度 3.7 亿元,中弘保理及科怀贸易另行签订《国内商业保理合同》,科怀贸易以为围海控股采购工矿产品的应收账款人民币3.7亿元作为质押。围海股份对该笔商业保理合同承担无条件回购承诺。该起违规担保实际发生额为500万元,围海股份已在发现后报警。

2019年9月20日,围海股份通过自查发现新的违规担保情况。2018年7月13日,顾某某与围海控股签订《借款合同》,约定借款1亿元,围海股份出具了《无限连带责任书》。截至9月20日,该笔借款偿还金额为501万元,顾某某起诉要求围海控股偿还本金及利息123,490,734.66元,要求围海股份承担连带责任。

2019年12月31日,经审计机构核查,因违规担保而被质押的6亿元定期存款和存单被银行划转至银行保证金专用账户,围海股份对该部分存款计提100%减值准备,但保留向被担保方继续追偿的权利。

2020年7月,围海股份在王某某违规担保案中败诉,9月法院根据判决划扣2291.69万元。

2021年7月,围海股份在顾某某违规担保案二审中败诉,法院判决围海股份承担1/2的赔偿责任,合计承担赔偿额不超过7800万元。

中弘保理违规担保案,违规担保余额500万元,该案件暂未引发诉讼纠纷,围海股份已就上述违规担保及资金占用事项向围海控股管理人申报了债权。

(三)合规问题的解决

1.现金清偿

2019年5月24日,围海股份收到朗佐贸易的通知及转账付款凭证,朗佐贸易向蓝都文化归还4750万元资金占用款。

2.处置股票换取资金解决资金占用和违规担保问题

2019年5月,即资金占用和违规担保问题爆发初期,控股股东与宁波交投签署《股份转让框架协议》,筹划出售其持有的围海股份340,978,666股股份(占围海股份总股本的29.8%)。转让价款将直接用于处理资金占用、违规担保事宜以及控股股东自身债务问题。但令人意外的是,围海股份因资金占用、违规担保及其他合规问题被施加风险警示,公司股票在5月23日~6月10日,由最高5.53元/股跌至最低3.53元/股。而围海股份与宁波交投约定的第一批股票的交易价格为6元/股,宁波交投在围海股份股票大跌后选择了终止股权收购计划。

3. 通过诉讼解除违规担保

围海股份在自查、审计机构核查以及监管机构的调查中不断发现新的违规担保情况,并选择了通过诉讼方式解决。在与债权人就违规担保是否生效的诉讼中,法院的判决结果多数为围海股份承担一定比例的违规担保责任,减轻了围海股份的偿债压力。

4. 控股股东重整

围海股份的违规担保问题源自控股股东的对外举债,控股股东自身偿债压力大,无法清偿相关债务,才引发了围海股份实际承担违规担保责任的结果。在控股股东出售股权计划失败后,最终选择通过自身的破产重整化解自身债务问题和围海股份资金占用和违规担保问题。控股股东在重整程序中将出售围海股份股票获取的资金用于清偿有股票质押的有财产担保债权,以自身股权获取重整投资人的投资款用于清偿普通债权。另外,在重整程序外,重整投资人向围海股份买入了违规资金收益权,向围海股份支付收益权对价约8.56亿元,成功解决了资金占用和违规担保问题。

(四)监管部门的关注及监管措施

1. 行政责任

2019年7月12日,围海股份因资金占用和违规担保涉及的信息披露违法违规被中国证监会立案调查。该调查持续多年,直至2021年12月,中国证监会向围海股份送达了行政处罚及市场禁入事先告知书,拟对围海股份、冯某宏等相关责任主体处以行政处罚。2022年2月,围海股份收到宁波证监局的行政处罚决定书和市场禁入决定书,二者对围海股份及冯某宏等相关责任主体处以警告、罚款和市场禁入措施。

除中国证监会的行政监管外,深交所也对围海股份资金占用、违规担保和其他合规问题进行了多次询问,并对围海股份、冯某宏等相关责任主体给予过多次警示函,以及责令改正相关的违规行为。

2. 刑事责任

2020 年 9 月,围海股份获知,冯某宏因涉嫌挪用资金,被宁波高新区公安分局立案侦查。围海股份未进一步披露相关信息,无法获知冯某宏被公安机关立案侦查的详情。从冯某宏被立案侦查至今,无公开信息表明其被判处承担刑事责任。

3. 民事责任

2022 年 3 月 1 日,围海股份披露金某某等 3 名投资者以证券虚假陈述责任纠纷为由,向宁波中院提起诉讼,要求围海股份就前述信息披露违法行为承担民事赔偿责任,案件涉及赔偿金额 604,452.00 元。此后,围海控股未进一步披露相关信息,截至 2022 年 12 月 31 日,也未查到相关案件的判决结果。

(五)合规问题解决时间轴(见图 2－11－2)

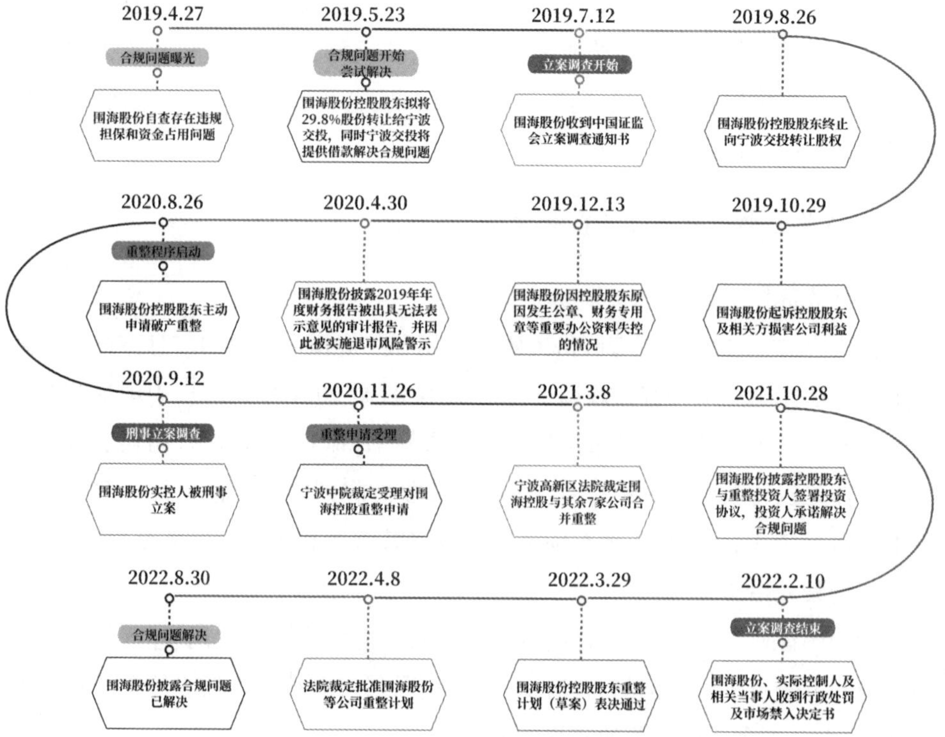

图 2－11－2　围海股份合规问题解决时间轴

三、合规问题事实的分析

（一）围海股份面临的困境

1. 因违规担保引发的偿债压力

与资金占用问题相比，围海控股的违规担保问题更为严重。受控股股东违规担保问题的影响，多家债权人起诉要求控股股东偿还相关债务，并由围海股份承担连带责任。其间，围海股份因违规担保问题被划扣的资金高达6.72亿元左右。

2. 法律责任的承担

（1）纪律处分

A. 2019年10月11日

由于围海股份存在未履行审批程序向控股股东、实际控制人提供担保，控股股东非经营性占用围海股份资金的情形，且未履行信息披露义务，围海股份实际控制人、董事、高级管理人员未能恪尽职守及履行诚信勤勉义务，对上述违规行为负有责任，违反了《深交所股票上市规则》《深交所中小企业板上市公司规范运作指引》相关规定，深交所决定对围海股份给予通报批评的处分，对围海股份相关责任人员给予公开谴责或通报批评的处分。

B. 2022年4月25日

由于围海股份存在向关联方提供资金、担保的情形，且未及时履行审议程序和披露义务，围海股份实际控制人、关联方、董事、监事、高级管理人员未能恪尽职守及履行诚信勤勉义务，对上述违规行为负有责任，违反了《深交所股票上市规则》《深交所中小企业板上市公司规范运作指引》相关规定，深交所决定：对围海股份给予公开谴责的处分；对围海股份相关责任人员给予公开谴责、通报批评或公开认定3年或5年内不适合担任上市公司董事、监事、高级管理人员的处分。

（2）行政处罚

由于围海股份未按规定披露为关联方提供担保的情况，未按规定披露关联方非经营性占用资金的关联交易，围海股份相关董事、监事、高级管理人员未能忠实、勤勉地履行职责，对上述违法行为负有责任，违反了《证券法》等相关规定，宁波证监局决定：对围海股份责令改正，给予警告，并处以60万元罚款；对相关责任人员给予警告和罚款，其中部分人员被采取5年或3年证券市场禁入措施。

(3)民事责任

根据《证券法》相关规定，上市公司虚假陈述导致投资者在证券交易中遭受损失的应承担赔偿责任。具体而言，人民法院将根据《虚假陈述规定(新)》的相关规定，对虚假陈述、重大性及交易因果关系、过错、责任主体、损失等进行认定，并以此判断围海股份是否承担赔偿责任。

3. 资本市场运作受阻

根据《16号文》相关规定，上市公司存在合规问题的，自发现起12个月内中国证监会不受理其再融资申请。因此，围海股份将因合规问题，在12个月内无法进行配股、公开增发、非公开发行、可转换公司债券、优先股、公司债券、企业资产证券化等一系列资本市场运作，融资能力将进一步受限。

4. 退市风险

围海股份因资金占用和违规担保等问题，2019年年度财务报告被出具无法表示意见，此后，深交所对围海股份实施了退市风险警示。若围海股份2020年度无法消除资金占用、违规担保等合规问题的影响，2020年年度财务报告继续被出具非标准意见，则围海股份将存在退市风险。

(二)控股股东面临的困境

1. 合规问题的限期解决

根据国务院《关于进一步提高上市公司质量的意见》的相关规定，对已形成的合规问题，控股股东要限期予以清偿或化解。控股股东通过资金拆借占用了1.84亿元资金，需要承担清偿责任；围海股份因违规担保问题为控股股东承担了约6.72亿元的担保责任，围海股份有权在担保责任范围内向控股股东追偿。

2. 到期债务的清偿责任

围海股份及控股股东并未公开披露围海控股的债务问题，根据控股股东的重整计划得知，在重整程序中，管理人初步确认债权6,013,600,738.57元，其中，有财产担保债权1,097,807,730.72元，税款债权45,518,312.11元，普通债权

4, 836, 702, 717. 28 元,劣后债权 33, 571, 978. 46 元。另外,经管理人调查,围海控股欠付职工债权共计 8, 765, 187. 27 元,暂缓确认债权 1, 044, 823, 990. 26 元,均为普通债权。

控股股东的债务规模已经超过 60 亿元,而其资产经评估后仅有 12. 64 亿元,资产负债结构失衡,严重资不抵债,其面临的偿债压力巨大。

3. 法律责任的承担

(1)纪律处分

A. 2019 年 10 月 11 日

由于围海股份控股股东、实际控制人对非经营性占用资金,围海股份未履行审批程序向其提供担保且未履行信息披露义务的违规行为负有责任,违反了《深交所股票上市规则》《深交所中小企业板上市公司规范运作指引》等相关规定,深交所决定对围海股份控股股东围海控股、实际控制人给予公开谴责的处分。

B. 2022 年 4 月 25 日

由于围海股份控股股东、实际控制人对围海股份向关联方提供资金、担保,且未及时履行审议程序和信息披露义务的违规行为负有责任,违反了《深交所股票上市规则》《深交所中小企业板上市公司规范运作指引》相关规定,深交所决定对围海股份、围海股份控股股东及其关联方、实际控制人给予公开谴责的处分,并对围海股份实际控制人给予公开认定 10 年内不适合担任上市公司董事、监事、高级管理人员的处分。

(2)行政处罚

由于围海股份实际控制人非经营性占用资金,指使围海股份对关联方提供担保,且围海股份未及时履行信息披露义务,围海股份实际控制人是对围海股份违规行为直接负责的主管人员,违反了《证券法》相关规定,宁波证监局决定对围海股份实际控制人给予警告,并处以 90 万元的罚款,其中作为直接负责的主管人员处以罚款 30 万元,作为实际控制人处以罚款 60 万元,并对其采取 10 年证券市场禁入措施。

(3)刑事责任

2020 年 9 月,围海股份实际控制人之一冯某宏因涉嫌挪用资金,被宁波高新区公安分局认为符合刑事立案标准,立案侦查。

(4)民事责任

根据《证券法》相关规定,上市公司控股股东、实际控制人对于上市公司证券虚假陈述有过错的,应当与上市公司承担连带赔偿责任。在该案中,人民法院认为围海股份实际控制人时任围海公司董事长、法定代表人,系对涉案违规披露义务直接负责的主管人员,证券虚假陈述行为是在围海股份实际控制人的授意安排下作出,根据现有证据不足以证明围海股份实际控制人对围海股份信息披露违法行为及相关事项采取了充分、积极的履职行为。根据《虚假陈述若干规定(新)》的相关规定,围海股份实际控制人应当对投资者的投资损失承担连带赔偿责任。但是,对于控股股东围海控股,人民法院认为其并非法定的信息披露义务人,现有事实也不足以证明控股股东围海控股组织、指使围海股份实施虚假陈述,故围海控股不应承担连带赔偿责任。

(三)风险化解方案的选择

面对围海股份资金占用、违规担保和控股股东自身债务问题,围海控股曾经希望通过出售其持有的围海股份部分股票换取现金,专用于资金占用款的偿还和实际违规担保的自身债务的清偿。但令人遗憾的是,因围海股份股票下跌,股权处置方案搁浅。最终,经过各方协商努力,通过控股股东的“清算式”重整成功化解了合规问题。

1. 股权处置

2019 年 5 月 23 日,围海控股与宁波交投签署《股份转让框架协议》,筹划将其所持有的部分围海股份股份合计 340,978,666 股(占围海股份总股本的 29.8%)转让给宁波交投。

根据框架协议安排,上述股票分两次转让,第一次转让 20%,转让后围海控股同意放弃持有的围海股份剩余 23.06% 股份的表决权,以确保宁波交投成为围海股份控股股东,第一次转让的交易价格为 6 元/股。在第一次股份转让交割完成的同时,宁波交投及其相关方给予围海控股不超过 6 亿元借款,用于解决围海股份与甲方之间的违规担保事项。

第二次转让 112,133,924 股(占围海股份总股本的 9.8%),转让价格以 2020 年 5 月 22 日前 30 个交易日的股票交易均价为基础,上浮不超过 11.5%。

从双方签订框架协议至 6 月 10 日,围海股份的股票出现大幅下跌,由最高点的 5. 53 元/股一度跌至 3. 53 元/股。此后，围海股份股票虽有反弹，但始终远低于框架协议约定的第一次转让的 6 元/股的价格。8 月 26 日，宁波交投解除了框架协议，终止了该笔交易。初步判断，宁波交投终止交易的原因在于围海股份股价大幅下跌，其认为继续交易将使自身利益受损。

2. 诉讼应对违规担保问题

面临违规担保连带责任，在控股股东股权转让计划失败后，围海股份选择了通过诉讼途径解除违规担保。根据围海股份公开披露的诉讼情况，通过诉讼，围海股份在相应的违规担保中的连带清偿责任得到减轻。

3. 控股股东司法重整

2020 年 8 月，围海控股及其关联公司向法院申请重整。2020 年 11 月，法院分别裁定受理围海控股等 8 家公司重整。2021 年 3 月，经管理人申请，法院裁定 8 家公司实质合并重整。通过重整程序，围海控股成功招募到重整投资人，共获取约 19 亿元的投资款用于清偿自身债务和解决资金占用与违规担保问题。

4. 影响风险化解方案选择的因素

（1）股价下跌导致股权转让方案搁浅

控股股东于 2019 年 5 月 23 日与宁波交投签订《股权转让框架协议》，约定第一批转让 20% 股票，转让价格 6 元/股。令人意外的是，围海股份股票在协议签署后第二天便开始狂跌不止。在 2019 年 5 月 23 日，围海股份股价为 5. 35 元/股，但从 2019 年 5 月 24 日起围海股份股价连续 6 天下跌，跌至 3. 97 元/股。随后围海股份股价虽略有反弹，但截至 2019 年 8 月 26 日股权转让框架协议终止，围海股份股价最高也只涨至 4. 60 元/股，其余大部分时间围海股份股价均低于 4 元/股，最低时曾跌至 3. 42 元/股。初步判断，宁波交投于 8 月决定终止交易的原因主要是框架协议约定的股价远高于围海股份股票的实际价格，继续交易将使自身利益受损。

（2）围海股份未出现严重的债务问题

上市公司涉及资金占用和违规担保情况的，通常是通过上市公司的破产重整或上市公司与控股股东的同步破产①实现风险出清。根据司法实践，上市公司

① 众泰汽车在深交所上市，股票代码：000980，涉及 3. 1 亿元资金占用问题，最终通过众泰汽车的重整及其控股股东的破产清算完成风险出清。

破产重整除需要满足《企业破产法》第 2 条规定的前提条件外，还需要获得证监会的审批。根据以往案例，上市公司通过重整可以有效化解自身债务、资金占用和违规担保问题，显著改善上市公司各项财务指标。另外，与协议重组相比，投资人更青睐于通过破产重整进行风险投资：一是通过重整程序收购股权的成本更低，投资收益更高；二是通过重整程序的清理，上市公司的合规问题都能够得到清理，不会对未来经营发展造成影响。

但是，在围海股份的风险化解过程中，并未涉及围海股份的破产重整。初步分析，一是资金占用和违规担保问题虽然给围海股份造成了一定困扰，但影响有限；二是围海股份自身资产负债情况良好，虽然因合规问题一度被审计机构出具非标准意见的审计报告，但始终没有出现净资产为负的情况；三是可能围海股份也希望通过重整化解相关风险，但未获得证监会的审批。

(3)控股股东债务压力沉重

如前所述，控股股东资产负债结构失衡，其负债规模在 60 亿元以上，经第三方中介机构评估，其资产价值仅有 12.64 亿元。根据围海股份公开披露的信息，控股股东名下资产，特别是持有的围海股份股票已全部被质押，实际已经处于严重资不抵债的情况之中。控股股东在沉重的债务压力之下，若无有效的风险化解方案，其名下资产将会被债权人逐一申请强制执行处置，最终面临破产清算的局面。

(4)控股股东破产清算不利于围海股份资金占用和违规担保问题的解决

如前所述，控股股东面对巨额的债务压力，若不采取有效措施，最终将会走向破产清算的结果。若控股股东破产清算，围海股份因资金占用和违规担保问题而对控股股东产生的债权按照《企业破产法》的规定应当认定为普通债权。按照控股股东的资产负债结构，围海股份通过控股股东的破产清算程序无法完全收回相应款项，会出现大额损失，将会严重影响围海股份的相关财务数据。围海股份本就因资金占用和违规担保等合规问题被实施退市风险警示，若相应款项出现大额损失，可能使其财务指标进一步恶化，最终被深交所摘牌。

(5)重整程序能够以更加灵活的方式处理围海股份和控股股东的问题

根据前述控股股东的资产负债情况，若其最终被动进入破产清算程序，根据《企业破产法》的规定，只能依照程序处置资产，然后向债权人分配资产处置款。

站在控股股东层面,破产清算程序虽能“根本化解”控股股东的债务问题,让实际控制人获得解脱,但对于围海股份而言,并不是最好的选择。通过破产重整程序,控股股东一方面可以通过程序内的各种方式调整、化解自身债务问题;另一方面,也可与重整投资人、债权人协商,通过债权债务的转移或抵偿化解围海股份的资金占用和违规担保问题,实现保壳。

(四)围海控股重整方案分析

1. 控股股东自身债务问题的解决

通过重整程序,控股股东直接获取 1,024,541,720.97 元投资款,其中:948,488,268.20 元用于受让围海控股所持有的围海股份 40.44% 股票,该部分股权转让款专项用于清偿有围海股份股票质押的有财产担保债权;76,053,452.77 元用于普通债权的清偿。

有财产担保债权根据担保财产的评估价值及担保范围估价,股票质押的有财产担保债权中按照每股股票评估价值 2.05 元计算,共计 947,501,818.02 元可以就担保财产获得优先清偿(一次性现金清偿);其余 1,904,486,751.03 元债权由于无法就担保财产优先受偿,需列入普通债权组,按照普通债权组的受偿方案获得清偿。

每家普通债权人 50 万元以下部分全额清偿;50 万元以上部分第一次分配暂按照 1% 比例进行现金清偿。对于非保留资产变现后的现金,在扣除相应有财产担保债权清偿金额后,按未清偿的普通债权比例对各家普通债权人进行二次分配。在重整计划裁定通过的 12 个月内,围海控股需完成3000 万股围海股份股票的处置,在扣除相应有财产担保债权清偿金额后,按未清偿的普通债权比例对各家普通债权人进行补充分配。

2. 资金占用和违规担保问题的解决

在重整程序外,围海股份及控股股东的破产管理人与源真投资、宁波舜农签订《收益权转让协议》。由源真投资、宁波舜农收购围海股份违规担保和资金占用等违规资金 856,386,842.06 元的收益权。其中,宁波舜农收购围海股份违规资金收益权 504,154,933.92 元部分,对应支付的比例为 58.87%;源真投资收购围海股份违规资金收益权 352,231,908.14 元部分,对应支付的比例为 41.13%。

在源真投资、宁波舜农获取收益权后，针对违规担保诉讼回款部分，围海股份在收到该等款项后（扣除相关经甲方审核确认的合理办案成本）应支付给源真投资、宁波舜农；针对资金占用部分，在重整程序中的现金分配由控股股东的破产管理人直接分配给源真投资、宁波舜农。

2022 年 4 月 22 日，围海股份收到宁波舜农、宁波源真关于违规资金收益权的收购款共计 85,638.68 万元。根据转让协议约定，若围海股份收到长安银行宝鸡支行违规资金收益权的回款后，将从回款中扣除违规资金利息后，再将剩余的收益权回款按照该协议的比例支付给宁波舜农和宁波源真。

3. 重整投资人投资成本

根据上述重整方案，可以发现围海控股重整投资款主要来源于 3 种形式：一是出售围海股份 40.44% 股票获取 1,024,541,720.97 元重整投资款；二是通过出资人权益调整，将围海控股 100% 股权让渡至重整投资人名下，获取 76,053,452.77 元重整投资款；三是重整投资人以 856,386,842.06 元的价格收购围海股份因资金占用和违规担保对围海控股形成的债权。

根据重整方案的上述安排，重整投资人参与重整的主要目的以及重整方案中最重要的部分在于获取围海股份股票以及协助解决围海股份资金占用和违规担保问题，围海控股等 8 家公司的控制权问题并非重整程序的重点。根据上述安排，假设违规资金收益权可能无法实现，重整投资人获取围海股份 40.44% 股票的实际成本大约为 4.07 元/股。而围海股份的股价在围海控股召开第二次债权人会议之际，还在 4.07 元/股以下。在围海控股重整计划裁定批准日 2022 年 4 月 8 日，围海股份股价也仅达到 4.86 元/股。当然，若违规资金收益权能够部分实现，则重整投资人的实际投资成本将会根据实际情况下降。

4. 有财产担保债权涉及的质押股票价格

根据重整计划的约定，享有围海股份股票质押权的有财产担保债权人，其掌握的质押股票按照 2.05 元/股的评估结果获得优先清偿，其余部分转为普通债权清偿。而围海股份的股价在围海控股进入重整后，直至召开表决方案之际，绝大部分时期均在 2 元/股以上。换句话说，若享有围海股份股票质押权的有财产担保债权人选择申请强制执行拍卖股票，则股票处置单价可能会超过 2.05 元/股的价格。

综上所述,重整投资人的投资成本以及有财产担保债权人的股票评估价格与围海股份股票实际价格都存在一定程度的偏离。但重整投资人和有财产担保债权人最终均选择同意该方案,表明了对围海控股重整的支持。

(五)方案实施效果

通过围海股份重整程序中的重整投资人收购围海股份违规资金收益权的安排,围海股份的资金占用和违规担保问题成功化解。

通过围海控股的"清算式"重整,控股股东离场。回溯起控股股东的实际控制人冯某宏等人在围海股份引发的一系列内斗,控股股东的离场对于围海股份治理来说,可能是好事,围海股份的内部治理也许会更加成熟。通过控股股东的重整,资金占用和违规担保问题得以解决,围海股份避免了因资金占用和违规担保承担大额资金不能收回的损失。

至于其他影响,根据围海股份信息披露,已有投资者针对围海股份提起了证券虚假陈述民事诉讼并取得了法院的支持。对于控股股东而言,在重整后,控股股东没能继续持有围海股份的股权,不能享受围海股份重整红利。另外,对于冯某宏因挪用资金被刑事立案侦查的情况,无法通过重整或是其他方案避免。

四、围海股份案的启示

根据围海控股的自查、审计机构的核查以及中国证监会的调查,围海股份最终无法自行消化的合规问题的资金规模约为 8. 56 亿元。根据围海股份历年来的财务报告,合规问题虽对围海股份的财务指标造成负面影响,但围海股份的净资产一直为正。正因合规问题对围海股份的影响有限,围海股份具备使用非破产重整等路径化解合规问题的条件。同时,从围海股份起诉实际控制人等相关责任人侵害公司利益来看,围海股份和实际控制人也存在严重分歧或冲突,导致无法从实际控制人与围海股份的两级结构中统筹解决问题。

重整投资人的收购成本和风险相对较低。重整投资人并未直接收购围海股份,而是采取了两个步骤:一是参与控股股东的重整程序;二是收购围海股份因合规问题对控股股东形成的债权。此时,重整投资人的收购价款既可先行填补围海股份的损失,维系围海股份的运营,又能为后续重整投资人间接控制围海股份做好铺垫。由于在此方案下,控股股东存在重整价值,即控股股东仍维持着对围海股份的股权控制关系,重整投资人未来可通过控股股东继续控制围海股份,完成对围海股份的收购。这样一来,该收购方案也就避免了直接借款用于控股股东解决合规问题所面临的资金无法收回的潜在风险。这种方式相较于推动上市公司重整的审批难度和广泛影响或直接收购的高昂成本存在借鉴意义,即在收购上市公司时或在控制权争夺中,在上市公司资质较好而控股股东问题严重的前提下,"暗度陈仓"式地对控股股东发起收购更为可取。

专题十二　海航系四家公司合规问题解决方案研究

海航集团成立于1998年4月16日,是以航空运输主业为核心的跨国企业集团,是中国第四大航空公司。以2020年5月为基准日,海航集团控股或参股海航控股、海航基础、供销大集、海越能源集团股份有限公司、海航科技股份有限公司、凯撒同盛发展股份有限公司、海航创新股份有限公司、海福德集团控股有限公司、东北电气发展股份有限公司、海南美兰国际空港股份有限公司、中国顺客隆控股有限公司、CWT International Limited、海航投资集团股份有限公司、渤海租赁股份有限公司等众多境内外上市公司。

2004年,海航集团正式提出多元化扩张战略,2008~2017年的十多年,被视为海航集团"疯狂扩张"的阶段。在此期间,海航将扩张布局延伸至全球,接连购买海内外资产,建立多元化投资组合,公司资产规模、收入迅猛增长。2017年6月,银监会开始窗口指导国内各大银行,要求排查海航等企业的授信及风险分析,重点关注并购贷款及内保外贷的情况。受此影响,银行开始对海航集团抽贷,进而导致海航集团于2018年陷入流动性危机。

为应对危机,海航集团开始加快出售业务和资产。根据公开资料,仅2018年海航集团就出售了近3000亿元资产;2019年,海航集团大力出售地产业务,其中就包括英国路透社总部大楼等。但两年的“自救”并没有让海航集团走出危机,直到2019年年末,海航集团的资产负债率仍然高达72%。高负债率的同时,海航集团旗下核心上市公司的合规问题也相当严重,海航控股、海航基础、供销大集3家上市公司经自查发现涉及的控股股东非经营性资金占用和违规担保规模高达1076.35亿元。

2020年新冠疫情的暴发,让海航集团的流动性危机更加突出,海航集团不得不从“自救”转向“他救”。2020年2月,海南省政府牵头会同相关部委和机构共同成立了海南省海航集团联合工作组(以下简称联合工作组),全面处置风险。在联合工作组的带领下,海航集团在2020年年中全面完成了资产和负债的尽调工作,并确定通过破产重整化解风险。

一、合规问题事实的梳理

(一)自2018年起,海航集团开始出售资产清理债务

自2018年起,海航集团面对流动性压力,开始进行资产处置。在2018年完成了近3000亿元规模的资产出售,清理了300多家公司。但在海航集团大规模处置资产后,海航集团的资产负债率并没有显著降低。海航集团2018年债券年报显示,截至2018年年末,海航集团总资产1.07万亿元,同比减少13%,总负债7553亿元,同比增加3%,净资产3152亿元,同比减少36%,净资产大幅减少主要系海航集团处置子公司股权以及年度亏损所致。

(二)2020年4月29日、30日,海航控股、海航基础、供销大集披露资金占用和违规担保情况说明

1.海航控股称,2019年度,不存在非经营性资金占用和违规担保情况。

2.海航基础称,2019年度,存在控股股东及其关联方非经营性占用海航基础资金的情形,合计金额7.07亿元;存在违规担保情况,期末对关联方担保余额167.70亿元,超过了股东大会授权的150亿元关联担保限额。

3.供销大集称,2019年度参与投资的参股公司华宇仓储有限责任公司及海南仕善嘉合商业管理有限公司,因开展相关业务,于12月下旬向海航现代物流集团有限公司支付预付款241,400万元。受2020年年初新冠疫情影响,截至审

计报告日,业务尚未能按原计划开展,导致形成短期非经营性资金占用。不存在违规担保情况。

(三)2020 年 5 月 22 日,海航基础收到上交所监管工作函

海航基础于 2020 年 5 月 22 日收到上交所下发的《关于海航基础设施投资集团股份有限公司违规担保有关事项的监管工作函》①。5 月 25 日,海航基础披露回函情况,具体内容如下:

2019 年期末,海航基础为关联方担保超限 17.7 亿元,主要为根据关联方债务融资增信需要而配合发生的担保,造成担保超限的项目情况见表 2-12-1。

表 2-12-1　海航基础担保超限项目情况

单位:万元

序号	被担保方	担保方式	担保物	期末担保余额	担保起始日	担保到期日	截至本回复出具日情况
1	海航物流集团有限公司	抵押担保	海南大厦房产第四顺位抵押	42,680.00	2019.1.17	2020.3.17	正在协商办理展期协议签署
2	海航股权管理有限公司	质押担保	8.5 亿元定期存单质押	85,000.00	2019.6.21	2020.2.21	已续期至 2020.8.21
					2019.6.24	2020.2.24	已续期至 2020.8.24
					2019.6.26	2020.2.26	已续期至 2020.8.26
3	海航实业集团有限公司	信用担保	信用担保	24,590.00	2019.12.12	2020.9.12	担保状态未发生变化
4	关联担保项目逾期利息			24,752.72			
	合计			177,022.72			

被担保方海航物流集团有限公司(以下简称海航物流)、海航股权管理有限公司(以下简称海航股权)、海航实业集团有限公司(以下简称海航实业)为海航基础关联方。截至 2019 年 12 月 31 日,未经审计财务报表显示,海航物流总资产 2034.82 亿元,净资产 789.46 亿元,海航股权总资产 997.21 亿元,净资产 50.95 亿元,海航实业总资产 2948.37 亿元,净资产 1071.72 亿元,三者均具备偿债能力。海航基础为关联方提供担保暂时不会对海航基础主营业务的日常经营活动

① 上交所:上证公函[2020]0563 号。

造成重大影响。上述违规担保于2020年5月底解除。

(四)2020年7月18日,海航基础披露收到警示函

海航基础收到海南证监局《关于对海航基础设施投资集团股份有限公司、鲁某明、陈某辉、邢某红采取出具警示函措施的决定》。

海航基础披露2019年年度报告,称在报告期内存在控股股东及其关联方非经营性占用海航基础资金的情形,合计金额7.07亿元;期末对关联方担保余额167.70亿元,超过了股东大会授权的150亿元关联担保限额。上述事项均未按规定履行审批程序,也未以临时公告的形式履行信息披露义务。海南证监局据此对海航基础、鲁某明、陈某辉、邢某红出具警示函。

(五)2021年1月29日,海航集团、海航控股、海航基础、供销大集及其并表子公司被债权人申请重整

2021年1月29日,多名债权人在同一时间向海南省高级人民法院(以下简称海南省高院)提出对海航集团、海航控股、海航基础、供销大集及其并表子公司的重整申请。

(六)2021年1月30日,海航控股披露海航控股治理专项自查报告

1. 海航控股股东及关联方非经营性资金占用的情况

截至2021年1月30日,海航控股存在非经营性资金占用情形,涉及金额3,802,221.12万元,具体如下:(1)资金拆借:海航控股被关联方拆借资金,涉及金额956,615.13万元;(2)借款被关联方实际使用:海航控股贷款资金下款后被关联方实际使用,涉及金额1,387,492.95万元;(3)为关联方提供担保形成的资金划扣:海航控股为关联方提供担保的债务,因主债务人到期未偿付,债权人划扣公司的资金,涉及金额867,463.93万元;(4)关联方代收款项:海航控股关联方代海航控股收款,涉及金额508,614.66万元;(5)兑付员工理财:为缓解海航集团员工理财产品兑付压力,海航控股以支付现金、机票兑换等方式代为兑付员工理财,涉及金额82,034.45万元。

2. 海航控股未披露担保情况

截至2021年1月30日，海航控股存在未披露担保的情形，担保对象包括海航集团体系内的各关联公司，涉及金额2,637,640.90万元。同时，自查报告还披露了海航控股存在需要关注的资产。

（七）2021年1月30日，供销大集披露关于上市公司治理专项自查报告

1. 股东及关联方非经营性资金占用的情况

截至2021年1月30日，供销大集存在非经营性资金占用情形，涉及金额合计1,899,952.93万元，具体情况如下：

（1）理财产品形成的资金占用：供销大集购买的部分理财产品的最终资金借用方为控股股东或其关联方，涉及金额1,370,000.00万元。

（2）定期存单本金及利息为关联方提供担保后被划扣：供销大集部分子公司存在定期存单，以其本金及利息为控股股东或其关联方提供担保，因主债务人未按时还款，资金被动划扣，形成对关联方应收款，涉及金额529,952.93万元。

2. 供销大集未披露担保的情况

供销大集及其部分子公司存在未履行供销大集审议程序的关联担保，担保对象包括控股股东海航商业控股有限公司（以下简称海航商控）、第二大股东新合作商贸连锁集团有限公司以及其他关联方，涉及金额438,364.09万元。同时，自查报告还披露了供销大集存在需关注的资产、业绩承诺未履行、关联股东投资等事项。

（八）2021年1月30日，海航基础披露关于上市公司治理专项自查情况

1. 关联方资金占用情况

截至2021年1月30日，海航基础及并表子公司存在非经营性资金占用情形，涉及金额合计445,970.44万元，具体如下：

（1）存在为关联方偿还到期银行贷款，关联方拆借资金用于日常运营的情形，金额111,263万元；

（2）存在关联方使用海航基础房产抵偿工程款的情形，形成对关联方的应收账款或其他应收款合计71,443.2万元；

(3)存在由关联方代收海航基础未取得预售许可证的在建开发产品认购款项的情形,形成对关联方的应收账款或其他应收款合计63,264.24万元;

(4)海航基础与海南禧越投资有限公司共同投资4家标的企业,投资额合计200,000.00万元,因上述4家公司参与的万宁水镇花街项目土地尚未获批,项目建设未开始,所以可能构成资金占用。

2.未披露担保情况

截至2021年1月30日,海航基础及并表子公司存在未履行审议或披露程序的关联担保事项,涉及金额合计1,467,604.53万元。同时,自查报告还披露了海航基础存在需要关注的资产、业绩承诺未履行、关联股东投资等事项。

(九)2021年2月9日,海航控股披露关于针对海航控股治理专项自查报告的整改计划的补充公告

根据《国务院关于进一步提高上市公司质量的意见》规定,上市公司实施破产重整的,应当提出解决资金占用、违规担保问题的切实可行的方案。海航控股计划对股东及关联方非经营性资金占用,需承担责任的未披露担保,需关注的资产对海航控股造成的损失等通过债务转移方式进行化解。现海航控股就资金占用、违规担保问题的整改计划补充披露,具体如下。

1.债务转移方案

(1)债务转移方案的基本介绍

截至该次公告披露日,海航控股已经被债权人申请重整。如重整申请被法院裁定受理,将通过将部分海航控股债务转移至股东和关联方的方式,解决同等金额的股东及关联方非经营性资金占用,需承担责任的未披露担保和需关注的资产对海航控股造成的损失。具体解决方式如下:

按照不得损害上市公司和中小股东利益,保障债权人合法利益的原则,海航控股重整申请被法院受理后,在重整计划中,将按同等比例将部分无救助性质的带息普通债转移至股东和关联方海航集团清偿。转移的债务金额预计约不少于725亿元。转移比例=债务转移总额÷海航控股无救助性质的带息普通债金额。重整计划经法院裁定批准并执行完毕后,上述违规事项即整改完毕。

(2)债务转移方案的落实情况

为确保债务转移方案切实可行,海航控股已经取得了海航集团所涉金融机构总行/总部级债权人委员会(以下简称债委会)多数债权人的支持意见,海航集团、海航航空集团已就债务转移方案出具《关于通过代为清偿债务方式解决合规问题的承诺函》(以下简称《承诺函》),具体情况如下:

A.债委会多数债权人支持与认可情况

为确保债务转移方案切实可行,得以落地,海航控股已与债权人充分沟通,在债委会框架下,向203家债委会成员单位发送书面方案文件征求意见,截至该次公告披露日已取得的回复情况如下:对债务转移方案书面回函同意的债权人147家,占债委会中债权人总数的72%,超过1/2,代表债权总额占债委会债权总额的81.24%,超过2/3,符合《海航集团金融机构总行/总部级债权人委员会议事规则》规定的人数与金额多数决要求,解决方案已获得债委会中多数债权人的支持与认可。

B.海航集团、海航航空集团出具《承诺函》的情况

为确保债务转移方案切实可行,得以落地,海航集团、海航航空集团向海航控股出具了《承诺函》,无条件、不可撤销地承诺,同意代海航控股清偿与股东及关联方非经营性资金占用,需承担责任的未披露担保和需关注的资产对海航控股造成的损失同等金额的负债。

2.未披露担保的责任认定

就未披露担保,海航控股将通过各种途径,依规不承担相应担保责任。一是根据相关法律规定,海航控股经营层超出授权额度且海航控股未公告的担保行为,应当认定为担保无效,海航控股及其子公司承担的民事责任,不得超过债务人不能清偿部分的1/2;二是在海航控股及其子公司提供物的担保的情形下,海航控股及其控制子公司仅以其提供的担保物的价值为限承担责任,因此,即便发生担保物价值不足以清偿主债务的情况,海航控股及其控制子公司亦不承担清偿不足的责任;三是在海航控股及其控制子公司提供的信用担保,与第三方提供的能够足额清偿主债权的物的担保并存情形下,在海航控股及其子公司进入破产重整程序后,债权人将选择向物的担保人主张权利,海航控股从而不用承担担保责任。遵照相关法律规定的上述认定原则,预计至少约109亿元不应承担担

保责任。

上述认定原则的法律适用问题,由律所出具《关于拟重整上市公司关联担保责任认定的法律备忘录》,并已经有权机关认可。

(十)2021年2月9日,供销大集公布关于针对自查报告整改计划的补充公告

根据《国务院关于进一步提高上市公司质量的意见》的规定,上市公司实施破产重整的,应当提出解决资金占用、违规担保问题的切实可行方案。供销大集计划对股东及关联方非经营性资金占用、需承担责任的未披露担保等通过资本公积金转增股票等方式进行整改。现供销大集就资金占用、违规担保问题的整改计划补充披露如下。

1. 差异化转增方案

截至该次公告披露日,供销大集已经被债权人申请重整,如重整申请被法院裁定受理,将在重整计划中通过资本公积金差异化转增的方式,解决同等金额的股东及关联方非经营性资金占用1,899,952.93万元,需承担责任的未披露担保约398,381.12万元和需关注资产97,922.00万元对供销大集造成的损失。具体解决方式如下:

按照不得损害上市公司和中小股东利益,保障债权人合法利益的原则,供销大集重整申请被法院受理后,将在重整计划中,将资本公积金转增股票,其中:大股东及其特定关联方(包括一致行动人),二股东及其一致行动人将获得的转增股票回填供销大集,用于解决股东及关联方非经营性资金占用和需关注资产以及需承担责任的未披露担保对供销大集造成的损失;中小股东获得的转增股票自行保留。重整计划经法院裁定批准并执行完毕后,上述违规事项即整改完毕。

2. 未披露担保的责任认定

就未披露担保438,364.09万元,供销大集将通过各种途径,相应减少将承担的担保责任。根据相关法律规定,供销大集未公告的担保行为,应当认定为担保无效,供销大集及其子公司承担的民事责任,不得超过债务人不能清偿部分的1/2。按照上述原则调整后,预计约39,982.97万元担保不需承担责任,具体以监管机构及人民法院的认定结果为准。上述认定原则的法律适用问题,由律所出具《关

于拟重整上市公司关联担保责任认定的法律备忘录》，并已经有权机关认可。

（十一）2021年2月9日，海航基础公布关于针对自查报告的整改计划的补充公告

根据《国务院关于进一步提高上市公司质量的意见》的规定，上市公司实施破产重整的，应当提出解决资金占用、违规担保问题的切实可行方案。海航基础计划对股东及其关联方非经营性资金占用，需承担责任的未披露担保，需关注资产对海航基础造成的损失等通过担保责任认定、资本公积金差异化转增等方式进行整改。现海航基础就资金占用、违规担保问题的整改计划补充披露如下。

1. 差异化转增方案

海航基础已经被债权人申请重整，如重整申请被法院裁定受理，将在重整计划中通过资本公积金差异化转增的方式，解决同等金额的股东及其关联方非经营性资金占用445,970.44万元，需承担责任的未披露担保预计881,211.49万元。就海航基础履行决议程序，支付对价后尚未完成过户的18,600.00万元股权投资资产，海航基础正在积极沟通关联方推进交易，使其配合海航基础完成资产过户。如关联方无法及时完成股权过户，海航基础将解除股权转让协议，并要求关联方返还股权转让款。关联方无法按时返还股权转让款的，海航基础将参照资金占用的解决方案处理相关问题。上述解决措施的法律适用问题，已经有权机关认可。就需关注的209,380.36万元股权投资，海航基础正在积极沟通关联方进行资产回填，避免海航基础资产损失。关联方无法及时完成资产回填的，海航基础将参照资金占用的解决方案处理相关问题。具体解决方式如下：按照不得损害上市公司和中小股东利益，保障债权人合法利益的原则，海航基础重整申请被法院受理后，将在重整计划中，将资本公积金转增股票，其中：大股东获得的转增股票让渡海航基础，用于解决股东及其关联方非经营性资金占用、需承担责任的未披露担保和需关注资产对海航基础造成的损失；中小股东获得的转增股票自行保留。重整计划经法院裁定批准并执行完毕后，上述违规事项即整改完毕。

2. 未披露担保的责任认定

就未披露担保约1,467,604.53万元，海航基础将通过各种途径，减少将承担

的相应担保责任。一是根据相关法律规定,海航基础经营层超出授权额度且海航基础未公告的担保行为,应当认定为担保无效,海航基础及其子公司承担的民事责任,不得超过债务人不能清偿部分的1/2。二是在海航基础及其子公司提供物的担保的情形下,海航基础及其控制子公司仅以其提供的担保物的价值为限承担责任,因此,即便发生担保物价值不足以清偿主债务的情况,海航基础及其控制子公司亦不承担清偿不足的责任。三是在海航基础及其控制子公司提供的信用担保,与第三方提供的能够足额清偿主债权的物的担保并存情形下,在海航基础及其控制子公司进入破产重整程序后,债权人将选择向物的担保人主张权利,海航基础从而不用承担担保责任。按照上述原则调整后,预计约586,393.04万元担保不需承担责任,具体以监管机构及人民法院的认定结果为准。

上述认定原则的法律适用问题,由律所出具《关于拟重整上市公司关联担保责任认定的法律备忘录》,并已经有权机关认可。

(十二)2021年2月10日,法院裁定受理海航集团、海航控股、海航基础、供销大集及其并表子公司重整

2021年2月10日,海南省高院裁定受理海航集团、海航控股、海航基础、供销大集及其并表子公司重整。

(十三)2021年2月19日,海航控股、海航基础、供销大集股票被实施退市风险警示

根据《上交所股票上市规则》(2020年12月修订)第13.4.6条的相关规定,海航控股股票将于2021年2月19日被实施退市风险警示,股票简称改为“*ST海航”“*ST海航B”,股票价格的日涨跌幅限制为5%。

根据《上交所股票上市规则》(2020年12月修订)13.4.6的相关规定,海航基础股票将于2021年2月19日被实施退市风险警示,股票简称改为“*ST基础”,股票代码仍为“600515”,股票价格的日涨跌幅限制为5%。

根据《深交所股票上市规则》(2020年修订)第14.4.1、14.4.9条的相关规定,供销大集股票将于2021年2月19日起被实施退市风险警示,股票简称由“供销大集”改为“*ST大集”,股票价格的日涨跌幅限制为5%。

(十四)2021 年 3 月 2 日,海航集团等 7 家公司管理人申请海航集团其他 324 家公司实质合并重整

海航集团等 7 家公司管理人以大新华航空等 324 家公司与海航集团法人人格高度混同,区分海航集团与其他 324 家公司财产成本过高,严重损害债权人公平清偿利益为由,向海南省高院申请将大新华航空等 324 家公司纳入海航集团重整一案,并使用关联企业实质合并破产方式进行审理。

(十五)2021 年 3 月 9 日,海南省高院组织召开实质合并听证会

2021 年 3 月 9 日,海南省高院组织召开听证会,海航集团等 7 家公司管理人、债务人代表、出资人代表、债权人代表以及职工代表现场参会,423 家利害关系人通过全国企业破产重整案件信息网以网络方式参加听证会。

(十六)2021 年 3 月 13 日,海南省高院裁定海航集团等 321 家公司实质合并重整

2021 年 3 月 13 日,海南省高院裁定海航集团等 321 家公司实质合并重整,指定海航集团清算组担任管理人。

(十七)2021 年 3 月 19 日,供销大集管理人发布《供销大集战略投资者招募公告》

2021 年 3 月 19 日,供销大集管理人发布《供销大集战略投资者招募公告》,主要内容如下:

按照法治化、市场化原则,公平、公正、公开对全体意向重整投资人进行公开招募,重整投资人须具备的主要条件如下:(1)意向重整投资人应当是依照中华人民共和国法律设立并有效存续的企业法人和合伙企业,具有良好的商业信誉和社会责任感。(2)意向重整投资人应具备较好的财务实力、优秀的现代企业治理管理能力。(3)意向重整投资人应具备清晰的内外部决策流程,能够高效完成相应的谈判和决策工作,能够在合理的时间内完成本次交易,确定性高。(4)意向重整投资人可以是联合体,联合体可由两个或两个以上的意向战略投资人组

成,联合体应明确牵头人,牵头人必须为实质性运营企业。联合体中须有一个意向战略投资人符合上述资格条件。(5)管理人根据重整工作需要认为需要符合的其他条件。

意向战略投资人的投资应承诺如下条件:(1)意向战略投资人认可并同意供销大集的司法重整程序,愿意配合并支持司法重整工作的开展;(2)意向重整投资人未来对供销大集的运营需确保企业正常运营,稳健发展;(3)意向重整投资人承诺做好员工安置和队伍稳定工作;(4)意向战略投资人如违背上述承诺,需承担相应的违约责任。

(十八)2021年3月19日,海航基础管理人发布《海航集团机场板块战略投资者招募公告》

按照法治化、市场化原则,公平、公正、公开对全体意向重整投资人进行公开招募。重整投资人须具备的主要条件如下:(1)意向重整投资人应当是依照中华人民共和国法律设立并有效存续的企业法人和合伙企业,具有良好的商业信誉和社会责任感。(2)意向重整投资人应为国有控股企业,并应取得其国资监管机构或所在地地方政府的授权。优先选择总部注册在海南自贸港的意向重整投资人。(3)意向重整投资人应具备较好的财务实力、优秀的现代企业治理管理能力和安全生产理念。(4)意向重整投资人应具备清晰的内外部决策流程,能够高效完成相应的谈判和决策工作,能够在合理的时间内完成本次交易,确定性高。(5)意向重整投资人可以是联合体,联合体可由两个或两个以上的意向战略投资人组成,联合体应明确牵头人,牵头人必须为实质性运营企业。联合体中须有一个意向战略投资人符合上述资格条件。(6)管理人根据重整工作需要认为需要符合的其他条件。

意向重整投资人的投资应承诺如下条件:(1)在取得机场板块的重整投资人资格,成为控股股东之后,带领机场板块企业依法履行对下属全资、控股、参股子公司的股东责任。(2)确保重整后的机场板块长期保持国有控股地位不变,未经地方政府许可,不得擅自向其他第三方转让股权。重整后的机场板块总部的注册地和运营地应设在海南省。(3)意向重整投资人须承诺,就海南省未来机场基础设施新建、扩建、改建的投资建设管理的统一规划及安排等相关要求予以落实和配合;重整后积极参与地方经济社会发展。(4)本重整项目不进行意向投资者自行开展的专项尽职调查和评估工作,意向投资者可参照管理人提供的已有第三方尽职调查报告和评估报告。(5)意向重整投资人认可并同意机场板块的破产重整程序,愿意配合并支持破产重整工作。(6)意向重整投资人认可并同意保持机场板块现有机场运营管理业务的专业化、市场化运营体制机制。(7)意向战略投资人如违背上述承诺,则需无条件以名义对价将其持有的重整项目股权转让给海南省政府指定的主体承接。

(十九)2021年3月19日,海航控股管理人发布《海航集团航空主业战略投资者招募公告》

按照法治化、市场化原则,公平、公正、公开对全体意向重整投资人进行公开招募,欢迎民营资本积极参与。重整投资人须具备的主要条件如下:(1)意向重整投资人应当是依照中华人民共和国法律设立并有效存续的企业法人和合伙企业,具有良好的商业信誉和社会责任感。(2)意向重整投资人应具备较好的财务实力、优秀的现代企业治理管理能力和安全生产理念。(3)意向重整投资人应具备清晰的内外部决策流程,能够高效完成相应的谈判和决策工作,能够在合理的时间内完成本次交易,确定性高。(4)意向重整投资人可以是联合体,联合体可由两个或两个以上的意向战略投资人组成,联合体应明确牵头人,牵头人必须为实质性运营企业。联合体中须有一个意向战略投资人符合上述资格条件。意向重整投资人有外资的,应符合外商投资准入相关规定。(5)管理人根据重整工作需要认为需要符合的其他条件。

意向重整投资人的投资应承诺如下条件:(1)对于重整招募范围内的境内航司,须确保运营"HU"代码海航控股,有地方国资股东参与的各航空公司现有注册地、品牌和牌照均保持不变,并确保持续经营,在重整后积极参与地方经济社会发展。(2)重整后的海南航空主业总部的注册地和运营地应设在海南海口。确保海南航空主业不能分割,海航控股及各地方航司一张网管控运营。(3)确保重整后的海南航空须聚焦于航空主业发展,不能擅自投资、从事、开展与航空业无关的其他行业。(4)意向重整投资人认可并同意航空主业的破产重整程序,愿意配合并支持破产重整工作。(5)意向重整投资人认可并同意保持航空主业现有的专业化、市场化运营体制机制。(6)意向重整投资人未来对航空主业的运营需以确保航空安全为首要目标,两年内保证特业人员稳定。(7)意向战略投资人如违背上述承诺,需承担相应的违约责任。

(二十)2021 年 4 月 12 日,海航控股及子公司重整案第一次债权人会议召开

2021 年 4 月 12 日,海航控股及子公司重整案第一次债权人会议通过全国企业破产重整案件信息网召开。

(二十一)2021 年 4 月 13 日,海航基础及子公司重整案第一次债权人会议召开

2021 年 4 月 13 日,海航基础及子公司重整案第一次债权人会议,由海南省高院主持,在全国企业破产重整案件信息网以网络及以现场会议的方式召开。

(二十二)2021 年 4 月 14 日,供销大集及子公司重整案第一次债权人会议召开

2021 年 4 月 14 日,供销大集及子公司重整案第一次债权人会议,由海南省高院主持,在全国企业破产重整案件信息网以网络及以现场会议的方式召开。

(二十三)2021 年 4 月 30 日,供销大集披露 2020 年度大股东及其附属企业非经营性资金占用及清偿情况、违规担保及解除情况的专项说明

截至 2020 年 12 月 31 日,资金占用余额 1,964,186.88 万元,违规担保余额 509,691.46 万元将通过供销大集破产重整方案统筹化解。

(二十四)2021 年 6 月 4 日,海航集团等 321 家公司重整案第一次债权人会议召开

2021 年 6 月 4 日,海航集团等 321 家公司重整案第一次债权人会议,由海南省高院主持,在全国企业破产重整案件信息网以网络及以现场会议的方式

召开。

（二十五）2021年8月6日，法院裁定批准海航控股、海航基础、供销大集及子公司延期提交重整计划草案

根据《企业破产法》第79条的规定，海航控股、海航基础、供销大集及子公司提交重整计划草案的6个月期限即将到期。重整计划草案制定相关基础工作尚在进行，重整计划草案中相关内容尚未最终确定。因此，供销大集及子公司向海南省高院申请将重整计划草案提交期限延长3个月。海南省高院认为，申请延期提交重整计划符合法律规定，符合实际情况。因此，裁定重整计划草案提交期限延长至2021年11月10日。

（二十六）2021年9月12日，海航控股披露战略投资者招募情况

管理人已经确定海航集团航空主业重整投资人为辽宁方大集团实业有限公司（以下简称辽宁方大），若投资完成，重整投资人可能成为海航控股控股股东。

（二十七）2021年9月13日，海航基础披露战略投资者招募情况

管理人已经确定海航集团机场板块重整投资人为海南省发展控股有限公司（以下简称海发控），若投资完成，重整投资人可能成为海航基础控股股东。

（二十八）2021年9月24日，海航集团董事长被采取刑事强制措施

2021年9月24日，海航集团接到海南公安机关通知，海航集团董事长、首席执行官因涉嫌违法犯罪，被依法采取强制措施。

（二十九）2021年9月27日，海航控股及子公司召开第二次债权人会议和出资人组会议

2021年9月27日，海航控股及子公司召开第二次债权人会议和出资人组会议，并于2021年10月23日表决通过重整计划（草案）及出资人权益调整

方案。

(三十)2021年9月28日,海航基础及子公司召开第二次债权人会议和出资人组会议

2021年9月28日,海航基础及子公司召开第二次债权人会议和出资人组会议,并于2021年10月23日表决通过重整计划(草案)及出资人权益调整方案。

(三十一)2021年9月29日,海航集团等321家公司召开第二次债权人会议

2021年9月29日,海航集团等321家公司召开第二次债权人会议,并于2021年10月23日表决通过重整计划(草案)及出资人权益调整方案。

(三十二)2021年9月30日,供销大集及子公司召开第二次债权人会议和出资人组会议

2021年9月30日,供销大集及子公司召开第二次债权人会议和出资人组会议,并于2021年10月23日表决通过重整计划(草案)及出资人权益调整方案。

(三十三)2021年10月,供销大集控股股东出具《承诺函》对非经营性资金进行兜底承诺

2021年10月,控股股东海航商控向供销大集出具《承诺函》,无条件、不可撤销地承诺:如非经营性资金占用无法收回或无法通过关联方回填解决,或需关注资产出现减值风险,将按照资金占用金额或需关注资产的账面价值全额对供销大集进行补偿,避免供销大集形成资产减值损失。

(三十四)2021年10月31日,法院裁定批准海航集团等321家公司重整计划

1. 重整整体架构

海航集团等321家公司分为航空引战企业25家、机场引战企业3家、其他非引战企业293家。重整计划将分别设立引战平台、信托平台两类运营平台,海航

集团等321家公司将分别通过出资人权益调整方案归集至引战平台与信托平台。通过引战平台引入重整投资人,非引战企业搭建信托计划的双平台机制,将实现航空、机场的专业化运营,最大限度释放企业运营价值。债权人通过信托计划分享企业重整完成后的未来价值,同步依托信托平台资产管理、维护、变现、运营及债务清偿的功能价值,将实现海航集团等321家公司全面的股权重组、管理重组、债务重组及资产重组。

2. 出资人权益调整

对于321家公司以外的主体所享有的321家公司出资人权益,将按照以下原则进行调整:海航方股东的出资人权益全部清零,非海航方股东的出资人权益原则上均不调整,海南省省属国资股东出资人权益依法被调整。

321家公司出资人权益调整的具体操作方式如下:海航方股东权益归集至持股平台,由信托计划持有;引战企业权益分别归集至海航航空集团及三亚翊航实业有限公司,并由债权人通过信托计划持有;公众公司权益根据需求整体归集至持股平台,由信托计划持有;存在海航方股东回购安排的权益,作为海航方股东权益处理。

3. 债权清偿方案

(1)职工债权、税款债权以现金方式全额清偿

职工债权、税款债权由海航集团等321家公司在重整计划执行期限内以现金方式全额清偿。

(2)有财产担保债权根据不同板块进行区分

A. 航空引战企业和机场引战企业的有财产担保债权

在市场评估价值范围内留债展期清偿,剩余部分转为普通债权受偿。

B. 非引战企业涉及的有财产担保债权

担保物系现金、现金等价物或已经在重整期间变现,有债权人可就变现所得在重整计划执行期间优先受偿。

在扣除上述可优先受偿部分后,剩余的有财产担保债权,若担保物系非现金、现金等价物或尚未变现的其他财产,有财产担保债权人将以担保财产评估价值为限,以优先类信托受益权份额抵债受偿。

(3)普通债权

普通债权以债权人为单位,每家债权人本金3万元以下(含3万元)的部分在重整计划执行期限内以现金方式一次性清偿完毕。超过本金3万元的债权部分,清偿方式如下:

A. 救助贷款

本金及利息部分,根据重整投资人接受的金额及条件,按相同比例分别参照航空板块、机场板块的有财产担保债权的清偿方式在航空板块、机场板块留债清偿;其他部分,包括但不限于罚息、复利、违约金、维持费等按其他普通债权的清偿方式清偿。

B. 其他普通债权

按照统一比例以普通类信托份额受偿。普通债权人可获得的普通类信托份额计算方式为:

$$普通类信托份额=\frac{债权人待清偿的普通债权金额}{待清偿的普通债权总额}\times 普通类信托份额总额$$

(三十五)2021年10月31日,法院裁定批准海航控股及子公司重整计划

1. 资产情况

根据海航控股2020年年度报告,截至2020年12月31日,海航控股合并范围总资产1645.77亿元,总负债1868.31亿元,净资产-222.54亿元。根据海航控股2021年半年度报告,截至2021年6月30日,海航控股合并范围总资产2176.98亿元,总负债2457.48亿元,净资产-280.50亿元。以2021年2月10日为评估基准日,海航控股及其11家公司资产市场价值及清算价值为409.32亿元,相关数据以《资产价值评估报告》《清算价值评估咨询报告》为准。

2. 负债情况

截至重整计划(草案)提交日,债权人申报债权合计3972.09亿元。管理人审查并依法提交海南省高院裁定确认的债权合计1374.43亿元,分别为有财产担保债权601.76亿元、税款债权2.59亿元、普通债权770.04亿元、劣后债权0.04亿元;不予确认债权1277.75亿元。初步审查确定的债权和暂缓确定的债权1319.92亿元,因涉及衍生诉讼、债权人异议、事实情况复杂等尚未提交法院裁定,管理人预计其中238.50亿元债权将被法院确认。

经管理人调查，11 家公司另有截至重整受理日应付未付的经营性欠款共益债务、继续履行合同的融资租赁等共益债务及职工债权、未申报债权、或有债务等约 340 亿元，其中职工债权金额总计约 1.84 亿元，涉及职工 38,727 名。

3. 重整整体思路

根据《破产审判会议纪要》，参照过往案例经验，在海南省高院的指导下，并会同相关各方充分研究后，对 11 家公司实施协同重整，以实现 11 家公司各自价值最大化，最大限度提高债权人的清偿率。具体措施包括：统一引入重整投资人；统一化解合规问题；统一利用偿债资源，以相同方式偿债；统一安排上市公司内部债权；依法表决，协同执行；统一制订重整计划。

4. 重整投资人引入情况

根据投资安排，海南方大航空发展有限公司（以下简称海南方大）将以 1,230,000 万元为对价，取得海航控股不少于 440,000 万股 A 股股票，并通过对关联方的投资安排，最终取得海航控股控制权，具体的持股安排，按照海南方大与管理人之间的重整投资协议执行。

5. 出资人权益调整方案

在海航控股层面，以海航控股现有 A 股股票约 1,643,667.39 万股为基数，按照每 10 股转增 10 股实施资本公积金转增，转增股票约 1,643,667.39 万股。转增后，海航控股总股本将增至 3,324,279.42 万股。前述转增形成的约 1,643,667.39 万股股票不向原股东分配，全部按照重整计划进行分配和处置。其中：不少于 440,000 万股股票以一定的价格引入重整投资人，股票转让价款部分用于支付 11 家公司重整费用和清偿相关债务，剩余部分用于补充流动资金以提高海航控股的经营能力；约 1,203,667.39 万股股票以一定的价格抵偿给 11 家公司部分债权人，用于清偿相对应的债务。

在子公司层面，海航航空技术有限公司（以下简称海航技术）、北京科航投资有限公司、乌鲁木齐航空有限责任公司（以下简称乌鲁木齐航空）、海南福顺投资开发有限公司（以下简称福顺投资）、福州航空有限责任公司（以下简称福州航空）等 5 家公司不进行出资人权益调整；中国新华航空集团有限公司（以下简称新华航空）、山西航空有限责任公司（以下简称山西航空）、云南祥鹏航空有限责任公司（以下简称祥鹏航空）、长安航空有限责任公司（以下简称长安航空）、广西北部湾航空有限责任公司(以下简称北部湾航空)等5家子公司除对下述股东出资人权益进行调整外,其他工商登记股东的出资人权益不调整。具体安排如下:

(1)中国对外经济贸易信托有限公司持有的新华航空全部1,143,887,137元注册资本调整为由海航控股持有;

(2)北京鸿瑞盛达商贸有限公司(以下简称鸿瑞盛达)持有的山西航空全部340,136,054.42元注册资本,海航航空集团持有的山西航空全部303,030,303.03元注册资本调整为由海航控股持有;

(3)云南鹏夏元昊投资合伙企业(有限合伙)持有的祥鹏航空全部576,438,964.03元注册资本调整为由海航控股持有;

(4)海航航空集团持有的长安航空全部476,758,722元注册资本调整为由海航控股持有;

(5)天津航空有限责任公司(以下简称天津航空)持有的北部湾航空全部2,100,000,000元注册资本调整为由海航控股持有。

6. 债权清偿方案

(1)职工债权、税款债权

11家公司各自的职工债权和税款债权由11家公司在重整计划执行期间以自有现金全额清偿,如自有资金不足,以重整投资人投入的资金依规统一安排清偿。

(2)有财产担保债权

有财产担保债权在担保物市场评估价值范围内留债展期清偿,市场评估价值范围之外的部分转为普通债权清偿。

(3)普通债权

每家债权人10万元以下(含10万元)的部分,由11家公司于法院裁定批准重整计划后60日内以自有资金一次性清偿完毕,自有资金不足的,以重整投资人投入的资金依规统一安排清偿。每家债权人在11家公司最多可受偿10万元。超过10万元的部分处理如下:

A. 救助贷款

债权本金及利息部分参照有财产担保债权的清偿方式清偿,留债主体为11

家公司,具体由海航控股根据实际财务状况指定。债权的其他部分,包括但不限于罚息、复利、违约金、维持费等,按其他普通债权的清偿方式清偿。

B. 其他普通债权

其他普通债权将同时按以下两种方式受偿,即债权人不可仅受领其中关联方清偿部分或仅受领股票抵债部分,也不可改变两种清偿方式的受领比例。

(a)关联方清偿

在每家债权人的其他普通债权中,64.38%的债权由关联方清偿(根据合规问题总规模,最终比例可能会有适当微调)。关联方清偿的具体方式以海航集团等321家公司实质合并重整计划中规定的普通债权清偿方式为准。

(b)股票抵债清偿

在每家债权人的其他普通债权中,35.61%的债权以股票抵偿,抵债价格为3.18元/股(最终比例以及抵债价格可能适当微调)。

通过以上方式,可实现其他普通债权的全额清偿。预计在其他普通债债权中,每100元可由约11.20股海航控股A股股票清偿35.61%,另64.38%由关联方清偿。

(三十六)2021年10月31日,法院裁定批准海航基础及子公司重整计划

1. 资产情况

根据海航基础2020年年度报告,截至2020年12月31日,海航基础合并范围总资产574.34亿元,总负债492.80亿元,净资产81.54亿元。根据海航基础2021年半年度报告,截至2021年6月30日,海航基础合并范围总资产588.53亿元,总负债505.42亿元,净资产83.11亿元。以2021年2月10日为评估基准日,海航基础及其20家子公司资产市场价值为481.09亿元及清算价值为228.98亿元,相关数据以《市场价值评估报告》《清算价值评估咨询报告》为准。

2. 负债情况

截至重整计划草案提交之日,债权人申报债权1888.62亿元。管理人审查并向海南省高院申请裁定的债权如下:确认债权金额530.49亿元,分别为有财产担保债权190.31亿元、税款债权12.31亿元、普通债权327.80亿元、劣后债权

0.07 亿元;不予确认债权 550.33 亿元。此外,807.80 亿元债权尚未申请法院裁定确认,管理人预计其中 421.50 亿元债权将被确认。

除上述确认债权和预计确认的约 951.99 亿元债权外,经管理人调查,21 家公司继续履行合同涉及的融资租赁债务,截至受理日应付未付的经营性欠款等共益债务及职工债权,以及未申报债权等约 27 亿元,其中职工债权金额总计约 0.14 亿元,涉及职工 4062 名。

3. 重整整体思路

依据《破产审判会议纪要》,参照过往案例经验,在海南省高院的指导下,并会同相关各方充分研究后,对 21 家公司实施协同重整,以实现 21 家公司各自价值最大化,最大限度提高债权人的清偿率。具体措施包括:统一引入重整投资人;统一化解合规问题;统一利用偿债资源,以相同方式偿债;统一安排上市公司内部债权;依法表决,协同执行;统一制订重整计划。

4. 重整投资人引入情况

该次重整投资由海发控作为直接投资主体参与。根据投资安排,海发控将以 8,550,000,000 元为对价,取得海航基础以资本公积金转增的 3,300,000,000 股 A 股股票,取得海航基础控制权,具体的持股安排,按照海航控股与管理人之间签署的重整投资协议执行。

5. 出资人权益调整方案

在海航基础层面,以海航基础现有 A 股股票约 390,759.25 万股为基数,按照每 10 股转增 20 股实施资本公积金转增,转增股票约 781,518.49 万股。在前述转增股票中:

(1)将约 330,000.00 万股股票以一定的价格用于引入重整投资人,股票转让价款部分用于支付 21 家公司重整费用和清偿相关债务,剩余部分用于补充流动资金以提高海航基础的经营能力;约 158,324.80 万股股票以一定的价格抵偿给 21 家公司部分债权人,用于清偿相对应的债务。

(2)在剩余约 293,193.70 万股股票中:将控股股东及其支配的股东取得的约 29,746.78 万股股票注销以履行业绩承诺补偿义务,约 149,229.52 万股股票回填海航基础,用于解决海航基础自查报告和自查报告补充公告中披露的相关问题,回填股票用于抵偿债务;中小股东获得的约 114,217.40 万股股票自行保留。

完成业绩承诺股份注销后，海航基础总股本约 1,142,530.96 万股。

在 20 家子公司层面，就三亚凤凰国际机场有限责任公司(以下简称凤凰机场)的下述出资人权益进行调整：平安汇通投资管理有限公司持有的凤凰机场 144,578.3133 万元注册资本调整为由海航基础持有。其他子公司出资人权益不调整。

6. 债权清偿方案

(1)职工债权和税款债权

21 家公司各自的职工债权和税款债权由 21 家公司在重整计划执行期间以自有现金全额清偿，如自有资金不足，以重整投资人投入的资金依规统一安排清偿。

(2)有财产担保债权

有财产担保债权在担保物市场评估价值范围内留债展期清偿，市场评估价值范围之外的部分转为普通债权清偿。

(3)普通债权

每家债权人 10 万元以下(含 10 万元)的部分，由 21 家公司于法院裁定批准重整计划后 60 日内以自有资金一次性清偿完毕，自有资金不足的，以重整投资人投入的资金依规统一安排清偿。每家债权人在 21 家公司合计最多可受偿 10 万元。超过 10 万元的部分处理如下：

A. 救助贷款债权

债权本金及利息部分参照有财产担保债权的清偿方式清偿，留债主体为 21 家公司，具体由海航基础根据实际财务状况指定。债权的其他部分，包括但不限于全部罚息、复利、违约金、维持费等，按其他普通债权的清偿方式清偿。

B. 其他普通债权

其他普通债权以海航基础转增股票抵债的方式安排清偿。抵债价格为 15.56 元/股。

通过以上方式，可实现其他普通债权的全额清偿。预计在其他普通债权中，每 100 元可获得约 6.43 股海航基础 A 股股票。

(三十七)2021 年 10 月 31 日,法院裁定批准供销大集及子公司重整计划

1. 资产情况

根据供销大集 2020 年年度报告,截至 2020 年 12 月 31 日,供销大集合并范围总资产 270.20 亿元,总负债 211.23 亿元,净资产 58.97 亿元。根据供销大集 2021 年半年度报告,截至 2021 年 6 月 30 日,供销大集合并范围总资产 264.72 亿元,总负债 207.86 亿元,净资产 56.86 亿元。以 2021 年 2 月 10 日为评估基准日,25 家公司资产市场价值为 240.49 亿元及清算价值为 108.33 亿元,相关数据以《资产价值评估报告》《清算价值评估咨询报告》为准。

2. 负债情况

截至重整计划(草案)提交日,债权人申报债权 32.25 亿元。管理人依法审查并经海南省高院依法裁定的债权如下:确认债权合计 201.28 亿元,分别为有财产担保债权 84.23 亿元、税款债权 5.41 亿元、建设工程价款优先债权 1.22 亿元、普通债权 110.42 亿元;不予确认债权 37.72 亿元。初步审查确定的债权和暂缓确定的债权 93.25 亿元,因涉及诉讼仲裁未决、争议较大、附条件未成就等尚未提交法院裁定,管理人预计其中 34.00 亿元债权将被法院确认。

除上述已经裁定确认和预计确认的约 235.28 亿元债权外,经管理人调查,截至重整受理日,25 家公司另有应付未付经营性欠款、继续履行合同的债务等共益债务及职工债权、未申报债权等约 9.42 亿元,其中职工债权金额总计约 0.15 亿元,涉及职工 3608 名。

3. 重整整体思路

依据《破产审判会议纪要》,参照过往案例经验,在海南省高院的指导下,并会同相关各方充分研究后,对 25 家公司实施协同重整,以实现供销大集等 25 家公司各自价值最大化,最大限度提高债权人的清偿率。具体措施包括:统一利用偿债资源,以相同方式偿债;统一化解合规问题;协同招募重整投资人;统一安排供销大集内部债权;依法表决,协同执行;统一制订重整计划;先重整,再引战。

4. 重整投资人引入情况

供销大集在重整期间未能招募到重整投资人,故将重整方案的思路临时调整为"先重整,再引战"。

5. 出资人权益调整方案

以供销大集现有股票约 598, 200. 40 万股为基数，按照每 10 股转增 34. 9 股实施资本公积金转增，转增股票约 2, 088, 046. 70 万股。

（1）海航商控及其一致行动人、特定关联方合计持有的 281, 094. 39 万股共计转增 981, 173. 23 万股股票，全部回填至供销大集，其中：

A. 未履行 2018 年、2019 年业绩承诺应注销的 109, 986. 97 万股对应转增新股 383, 914. 69 万股注销，用于履行该等股东 2018 年、2019 年的业绩承诺部分的补偿义务。

B. 剩余存量股 171, 107. 43 万股对应转增 597, 258. 54 万股补偿给供销大集，用于弥补供销大集于自查报告、自查报告补充公告中披露的相关问题对供销大集造成的部分损失，供销大集获得该等股票后可将其用于向债权人分配抵偿供销大集债务，未来引进重整投资人及改善供销大集持续经营能力。

（2）新合作商贸及其一致行动人合计持有的 147, 051. 15 万股在该次转增获得的股票 513, 288. 97 万股按如下方式调整，其中：

A. 未履行 2018 年、2019 年业绩承诺应注销的 110, 571. 39 万股对应转增 385, 954. 68 万股注销，用于履行该等股东 2018 年、2019 年的部分业绩承诺补偿义务。

B. 其余存量股 36, 479. 75 万股对应转增 127, 334. 30 万股，在确定 2020 年业绩承诺补偿方案且新合作商贸及其一致行动人履行完毕 2020 年业绩承诺补偿义务前暂不向其分配，待供销大集通过相关审议程序确定业绩补偿方案后，根据股东大会决议处置。

（3）其余股东持有的 170, 054. 86 万股对应转增新股 593, 584. 49 万股，按照同等比例将其中 221, 185 万股给供销大集，用于向债权人分配抵偿供销大集债务，未来引进重整投资人及改善供销大集持续经营能力，剩余 372, 399. 49 万股按照其持股数量相对比例分配。

完成上述步骤后，供销大集总股本约 1, 916, 377. 73 万股。其中：598, 200. 40 万股为原有股东存量股票（其中约 220, 558. 37 万股需履行 2018 年、2019 年业绩承诺补偿义务，尚待解除质押冻结后注销）；约 372, 399. 49 万股转增股票为中小股东持有；约 531, 776. 87 万股转增股票用于未来引进重整投资人及改善供销大集持续经营能力和现金流，约 286,666.67 万股用于向债权人分配抵偿供销大集债务及改善供销大集持续经营能力，约 127,334.30 万股在相关方履行完毕 2020 年业绩承诺补偿义务前暂不分配。出资人权益调整方案不涉及 2020 年业绩承诺补偿事项，2020 年业绩承诺补偿相关事项，依相关规定另行处理。

在子公司方面，不进行出资人权益调整。

6. 债权清偿方案

(1) 职工债权、税款债权

25 家公司各自的职工债权和税款债权由 25 家公司在重整计划执行期间以自有现金全额清偿，如自有资金不足，以偿债资源的现金部分依规统一安排清偿。

(2) 有财产担保债权

有财产担保债权在担保物市场评估价值范围内留债展期清偿，市场评估价值范围之外的部分转为普通债权清偿。

(3) 普通债权

在 25 家公司的普通债权中，每家债权人 1 万元以下的部分，由 25 家公司在该重整计划执行期限内以自有资金一次性清偿完毕，自有资金不足的，以偿债资源的现金部分依规统一安排清偿。每家债权人在 25 家公司最多可现金受偿 1 万元。超过 1 万元的部分以供销大集股票抵债。

在每家债权人的其他普通债权中，预计其他普通债权每 100 元可获得 25 股供销大集股票，抵债价格为 4 元/股。通过上述方式，可实现其他普通债权全额清偿。

(三十八) 2021 年 12 月 17 日，海航控股、海航基础、供销大集收到中国证监会立案告知书

2021 年 12 月 17 日，海航控股、海航基础、供销大集分别收到中国证监会立案告知书，因涉嫌信息披露违法违规，根据《证券法》《行政处罚法》等法律法规，中国证监会决定对海航控股、海航基础、供销大集立案。

（三十九）2021 年 12 月 31 日，海航控股、海航基础、供销大集及其子公司重整计划执行完毕

2021 年 12 月 31 日，海航控股、海航基础、供销大集及其子公司收到海南省高院送达的民事裁定书，确认重整计划已执行完毕。

（四十）2022 年 1 月 20 日，海航控股披露关于海航控股治理专项自查报告所涉事项已整改完毕

1. 自查报告所涉事项的基本情况

根据自查报告，海航控股关联方非经营性资金占用余额合计为 380.22 亿元；未披露担保金额合计为 247.63 亿元；需要关注资产金额合计为 2355.67 亿元。

2. 自查报告所涉事项的整改情况

（1）将部分需关注的资产过户至海航控股或子公司名下

2021 年 2 月 9 日，天津航空将持有的海航机场集团有限公司（以下简称机场集团）3.75% 股权过户至海航控股名下，且 2021 年 10 月 31 日确定该部分股权未在机场集团重整计划中调整，解决需关注的资产规模 3.80 亿元；

2021 年 11 月 24 日，天津航空将持有的北部湾航空 70% 股权过户至海航控股名下，解决需关注的资产规模 28.20 亿元；

2021 年 11 月 24 日，海航航空集团将持有的长安航空 11.91% 股权过户至海航控股名下，解决需关注的资产规模 9.69 亿元；

2021 年 11 月 25 日，鸿瑞盛达、海航航空集团将持有的山西航空 49.39% 股权过户至海航控股名下，解决需关注的资产规模 12.29 亿元；

2021 年 12 月 28 日，大新华航空、天航控股有限责任公司、天津航空将持有的深圳兴航融投股权投资基金合伙企业（有限合伙）99% 份额过户至海航控股及海航技术名下，解决需关注的资产规模 18.45 亿元。

（2）由关联方清偿海航控股部分债务

2021 年 1 月，海航集团向海航控股出具《承诺函》，无条件、不可撤销地承诺同意代海航控股清偿与股东及关联方非经营性资金占用，需承担责任的未披露

担保和需关注的资产对海航控股造成的损失同等金额的负债。

2021 年 10 月 31 日,海南省高院裁定批准重整计划,重整计划已对债务转移相关安排进行规定,因此,债务转移相关安排随重整计划一同生效。

2021 年 12 月 31 日,海航集团等关联方向海航控股出具《关于履行海航控股合规问题整改承诺的复函》,确认海航控股因执行重整计划所产生的需海航集团等关联方清偿的负债,其将依法依约予以承担,从而解决自查报告所涉事项对海航控股造成的损失。

2021 年 12 月 31 日,海南省高院裁定确认海航控股重整计划执行完毕。自此,应按重整计划由关联方清偿债务的责任已整体转移至海航集团等关联方。

另外,根据债权人出具的书面文件及选择意向,在由关联方为海航控股提供担保的债务中,约 34.73 亿元已确定将在关联方重整程序中受偿,即该部分债务已全部转移至海航集团等关联方。

(3)抵销部分关联方经营性应付款

经海航集团管理人审查确认,海航集团等 321 家实质合并重整公司对海航控股享有约 0.50 亿元普通债权。海航控股已向关联方主张抵销,相应的抵销金额可与关联方清偿的海航控股债务一道用于解决自查报告所涉事项对海航控股造成的损失。

(4)综上所述,海航控股自查报告所涉事项已经整改完毕,具体情况如下:

A. 关联方非经营性资金占用的整改情况

自查报告中涉及的 380.22 亿元关联方非经营性资金占用,通过关联方清偿债务以及抵销关联方经营性应付款的方式予以解决。

B. 未披露担保整改情况

在自查报告中涉及的 247.63 亿元未披露担保中,约 147.98 亿元已由法院裁定,确认海航控股需实际承担责任的仅为 56.78 亿元;约 99.65 亿元尚未经法院裁定确认债权金额,对应债权申报金额为 164.64 亿元(包含重复申报)。根据《民法典》《担保制度司法解释》《担保法解释》等规定,并结合前期认定情况及相关未披露担保事项具体材料,海航控股按照债权人申报金额的 1/2 比例预留偿债股票资源,对应预留股票数量 9.18 亿股。相关债权金额将在依法裁定确认后按照重整计划中同类债权的清偿规定，以预留偿债资源进行清偿，其中股票抵债价格确定为3.18元/股，承债金额不因股价变化而发生变化。

就未披露担保对海航控股造成的损失，通过关联方清偿债务的方式予以解决。

鉴于海航控股自查报告中所涉事项已整改完毕，海航控股后续将根据相关规定适时按照监管要求准备相关材料并向上交所申请撤销该项其他风险警示。

（四十一）2022年1月20日，海航基础披露关于海航基础治理专项自查报告所涉情形已整改完成

1. 自查报告所涉事项的基本情况

根据自查报告，海航基础关联方非经营性资金占用金额合计44.59亿元；未披露担保金额合计146.77亿元；需关注资产金额合计22.80亿元。

2. 自查报告所涉事项的整改情况

截至2021年12月31日，海南省高院裁定确认海航基础重整计划执行完毕。自查报告所涉事项已通过海航基础原控股股东及其支配的股东按照重整计划的规定将转增股票中约149,229.52万股让渡海航基础的方式全部整改完毕，价格以出资人权益调整方案公告前一交易日即2021年9月10日的收盘价12.91元/股计算。

（四十二）2022年4月24日，海航集团重整计划执行完毕

2022年4月24日，海航集团等321家公司于收到海南省高院送达的民事裁定书，裁定确认重整计划执行完毕。

（四十三）2022年4月25日，供销大集披露关于供销大集治理专项自查报告所涉事项已整改完毕

1. 自查报告所涉事项的基本情况

自查报告中提及供销大集存在股东及关联方非经营性资金占用和未披露担保相关需整改事项，其中：供销大集股东及关联方非经营性资金占用1,997,874.93万元，分别是理财产品形成的资金占用1,370,000.00万元，定

期存单本金及利息为关联方提供担保后被划扣形成的资金占用 529,952.93 万元,需关注的资产 97,922.00 万元;未履行供销大集审议程序的关联担保 438,364.09 万元。

2. 自查报告所涉事项的整改情况

2021 年 10 月,控股股东海航商控向供销大集出具承诺函,无条件、不可撤销地承诺:如非经营性资金占用无法收回或无法通过关联方回填解决,或需关注资产出现减值风险,将按照资金占用金额或需关注资产的账面价值全额对供销大集进行补偿,避免供销大集形成资产减值损失。

截至 2021 年 12 月 31 日,海南省高院裁定确认供销大集重整计划执行完毕。供销大集自查报告所涉事项整改具体情况如下:

(1)股东及关联方非经营性资金占用整改情况

截至 2020 年年末,供销大集控股股东及其关联方形成的非经营性资金占用共计 1,964,186.88 万元,其中:上海尚融供应链管理有限公司于 2021 年 4 月以货币资金还款 1.35 万元;2021 年因主债务人未按时还款,被金融机构按合同约定划扣资金 31,132.96 万元,形成非经营性占用。

就自查报告中涉及的关联方非经营性资金占用,供销大集已向关联方重整程序申报债权,根据海航集团等 321 家公司重整计划的规定将获得现金及信托份额清偿。对于信托份额不能足额清偿的部分,通过差异化转增安排予以解决。2021 年 12 月 30 日,上述股票已登记至管理人证券账户。

根据《信托法》和海航集团等 321 家公司重整计划的规定,将由发起人作为委托人成立信托,并将发起人持有的总持股平台 100% 股权及对各业务板块的应收款债权注入信托,作为信托财产。信托通过总持股平台实现对所有信托底层资产的实控及管理。信托底层资产包括信托通过总持股平台实控及管理的全部资产,具体包括但不限于各类房屋、土地、在建工程等实物资产,股权投资、应收账款等其他资产。截至该次公告披露日,海航集团破产重整专项服务信托已经成立,供销大集向控股股东及其关联方所在破产重整程序申报债权对应的偿债资源即现金以及信托份额已经到账。

因此,自查报告中涉及的关联方非经营性资金占用事项,通过受领现金、信托份额及重整计划差异化转增安排予以解决。

(2)未披露担保整改情况

就自查报告中涉及的未披露担保,供销大集已通过各种途径来减少需承担的相应担保责任。截至 2022 年 3 月 24 日,一是由重整企业提供的担保,将根据重整计划通过现金受偿和供销大集股票抵偿实现清偿,从而使 49.97 亿元的未披露担保整体得到解决;二是由非重整企业提供的 1 亿元未披露担保,主债务人已于 2022 年 4 月 22 日解除娄底新合作宸德置业有限公司土地抵押,该未披露担保的违规情形已消除。因此,就未披露担保对供销大集造成的损失,通过受领信托份额及重整计划差异化转增安排予以解决。

综上所述,截至该次公告披露日,自查报告、自查报告补充公告中所涉非经营性资金占用和未披露担保事项均已整改完毕。

(四十四)2022 年 5 月 18 日,海航控股披露退市风险警示将被撤销

审计机构对海航控股 2021 年年度财务报告进行审计并出具了标准无保留意见的《2021 年度财务报表及审计报告》《关于导致对海南航空控股股份有限公司 2020 年度财务报表出具带与持续经营相关的重大不确定性段落的无法表示意见的审计报告所涉及事项的重大影响予以消除的专项说明》。截至 2021 年 12 月 31 日,归属于海航控股股东的净资产为 84.90 亿元。

审计机构对海航控股 2021 年度内部控制的有效性进行审计并出具了标准无保留意见的《2021 年度内部控制审计报告》,独立董事已就相关事项消除发表了《关于会计师事务所对公司 2021 年度内部控制出具标准无保留意见审计报告的专项意见》。根据《上交所股票上市规则》(2022 年 1 月修订)第 9.3.6 条、第 9.8.6 条相关规定,海航控股因 2020 年度经审计的期末净资产为负值,2020 年度财务会计报告被出具无法表示意见的审计报告而触及的退市风险警示和因 2020 年度内部控制被出具否定意见的内部控制审计报告而触及的其他风险警示的相应情形已消除。海航控股已于 2022 年 4 月 29 日向上交所提出撤销相应的退市风险警示和其他风险警示的申请。2022 年 5 月 17 日,上交所同意撤销相应的退市风险警示和其他风险警示。

此次撤销退市风险警示和其他风险警示后将继续实施其他风险警示,海航控股股票简称将由“*ST 海航”变为“ST 海航”,股票代码 600221 不变,股票价格

的日涨跌幅限制仍为5%。

（四十五）2022年5月18日，海航基础披露退市风险警示将被撤销

审计机构对海航基础2021年年度财务报告进行审计并出具了标准无保留意见的《2021年度审计报告》《2020年度审计报告无法表示意见所涉及事项影响已消除的专项审核报告》。经审计，海航基础2021年度营业收入实现45.25亿元，实现归属于海航基础股东的净利润4.63亿元，归属于海航基础股东的扣除非经常性损益的净利润0.61亿元，截至2021年12月31日，归属于海航基础股东的净资产为193.06亿元。

审计机构对海航基础2021年度内部控制的有效性进行审计并出具了标准无保留意见的《2021年度内部控制审计报告》，独立董事已就相关事项消除发表了《关于会计师事务所对公司2021年度内部控制出具标准无保留意见审计报告的专项意见》。根据《上交所股票上市规则》（2022年1月修订）第9.3.6条、第9.8.6条相关规定，海航基础因2020年年度财务报告和内部控制分别被出具无法表示意见的审计报告和否定意见的内部控制审计报告而触及的退市风险警示和其他风险警示的相应情形已消除。

根据《上交所股票上市规则》（2022年1月修订）第9.3.6条、第9.8.6条相关规定，海航基础因2020年度财务报告和内部控制分别被出具无法表示意见的审计报告和否定意见的内部控制审计报告而触及的退市风险警示和其他风险警示的相应情形已消除。海航基础已于2022年4月28日向上交所提出撤销相应的退市风险警示和其他风险警示的申请。2022年5月17日，上交所同意撤销相应的退市风险警示和其他风险警示。

此次撤销退市风险警示和其他风险警示后将继续实施其他风险警示，海航基础股票简称将由“*ST基础”变为“ST基础”，股票代码600515不变，股票价格的日涨跌幅限制仍为5%。

（四十六）2022年6月22日，供销大集披露退市风险警示将被撤销

审计机构对供销大集2021年年度财务报告和2021年度内部控制有效性分别出具了带与持续经营相关的重大不确定性段落的无保留意见审计报告和标准

无保留意见内部控制审计报告，相应的退市风险警示情形和其他风险警示情形已消除，供销大集已按照相关规定向深交所提出撤销退市风险警示和部分其他风险警示情形的申请。经审核，深交所于2022年6月21日同意撤销对供销大集股票交易实施的退市风险警示和部分其他风险警示情形。

此次撤销退市风险警示和部分其他风险警示情形后将继续实施其他风险警示，供销大集股票简称将由“*ST大集”变为“ST大集”，股票代码仍为“000564”，股票价格的日涨跌幅限制仍为5%。

（四十七）2022年9月1日，海航控股收到中国证监行政处罚决定书

2022年9月1日，海航控股收到中国证监会行政处罚决定书。根据相关当事人违法行为的事实、性质、情节与社会危害程度，针对2018年1月~2020年6月的相关违法行为，根据《证券法》第197条第2款的规定，中国证监会决定：（1）对海航控股给予警告，并处以200万元罚款；（2）对相关董事、监事、高级管理人员给予警告和罚款。针对2020年7~12月的相关违法行为，根据《证券法》第197条第1款的规定，中国证监会决定：（1）对海航控股给予警告，并处以100万元罚款；（2）对相关董事、监事、高级管理人员给予警告和罚款。

（四十八）2022年9月13日，供销大集披露收到《投资意向函》

供销大集及其24家子公司于2021年2月10日被海南省高院裁定受理重整，并于2021年12月31日经海南省高院裁定确认重整计划执行完毕，供销大集正持续推进重整投资人招募工作。

2022年9月13日，供销大集收到新供销产业发展基金管理有限责任公司（以下简称新供销基金）的《投资意向函》。

2022年10月26日，供销大集与新供销基金签订《战略合作框架协议》。

（四十九）2022年9月22日，海航基础收到中国证监会行政处罚决定书

2022年9月22日，海航基础收到中国证监会行政处罚决定书。根据相关当事人违法行为的事实、性质、情节与社会危害程度，针对2018年1月~2020年6月的海航基础的违法行为，依据2019年《证券法》第197条第2款的规定，中国

证监会决定:(1)对海航基础给予警告,并处以130万元的罚款;(2)对相关董事、监事、高级管理人员给予警告和罚款。针对2020年7~12月未及时披露非经营性关联交易行为,依据2019年《证券法》第197条第1款的规定,中国证监会决定:(1)对海航基础给予警告,并处以70万元的罚款;(2)对相关董事、监事、高级管理人员给予警告和罚款。

(五十)2022年9月28日,供销大集收到中国证监会行政处罚决定书

2022年9月28日,供销大集收到中国证监会行政处罚决定书。根据相关当事人违法行为的事实、性质、情节与社会危害程度,中国证监会决定:(1)对供销大集给予警告,并处以200万元罚款;(2)对相关董事、监事、高级管理人员给予警告和罚款。

二、合规问题事实的总结

(一)海航集团及其3家上市公司合规问题爆发前的控制权分布情况

根据公开信息检索,海航集团下属5个事业部,分为总部直管板块、航空板块、空港板块、租赁板块和非航板块。其中,海航控股隶属航空板块,海航基础隶属空港板块,供销大集隶属非航板块。

(二)债务问题与合规问题的爆发

1. 自身债务问题

自2013年起,海航集团开始通过内保外带的方式开展海外并购,与此同时,境内也在通过举债进行疯狂扩张。海航集团的海内外扩张最终于2017年银监会严查内保外贷海外并购之际停下。受银监会的排查影响,银行开始对海航集团进行抽贷,海航集团于2017年年底开始出现流动性问题,2018年流动性问题加剧,大量到期债务出现逾期。根据海航集团2020年的新年贺词,海航集团的流动趋紧问题曾一度导致员工工资迟发、缓发。

2020年6月,中介机构完成了对海航集团资产及负债情况的摸底。截至2019年6月30日,海航集团总资产6933亿元,总负债9695亿元,净资产-2762

亿元。该结果得到股东团队的书面确认和债委会的符合确认。

其后,在海航集团、海航控股、海航基础和供销大集的重整程序公布的债务情况显示,债权人向4个程序申报的债权超过20,000亿元,其中海航集团等321家公司债权人申报债权14,606.33亿元,海航控股3972.09亿元,海航基础1888.62亿元,供销大集332.25亿元。上述债权人申报债权经管理人最终审查确认的金额超过10,000亿元。

2. 资金占用问题

前期,为支持海航集团的对外扩张,缓解海航集团的流动性压力,海航控股、海航基础、供销大集现金被海航集团体系内公司大规模占用。截至2021年1月30日,海航控股非经营性资金占用规模为3,802,221.12万元,海航基础非经营性资金占用规模为445,970.44万元,供销大集非经营性资金占用规模为1,899,952.93万元,合计6,148,144.49万元。

3. 违规担保问题

前期,为支持海航集团的对外扩张,缓解海航集团的流动性压力,海航控股、海航基础、供销大集违规为海航集团体系内公司提供了多笔担保。截至2021年1月30日,海航控股未披露担保规模为2,637,640.90万元,海航基础未披露担保规模为1,467,604.53万元,供销大集未披露担保规模为438,364.09万元,合计4,543,609.52万元。

(三)债务问题及合规问题的解决

1. 处置资产偿还债务

为维持自身流动性,避免大规模的债务逾期影响海航集团的信用,海航集团选择甩卖资产偿还债务。根据媒体报道,海航集团在2018年进行了多笔大额资产处置,2018年全年处置资产近3000亿元。但海航集团2018年债券年报显示,截至2018年末,海航集团总资产1.07万亿元,同比减少13%,总负债7553亿元,同比增加3%,净资产3152亿元,同比减少36%,通过处置资产偿还债务并没有达到预期的效果。

2. 政府部门协助

2020年2月29日,海南省政府牵头多个部门,成立海航集团联合工作组,推进海航集团风险处置工作。

3. 破产重整

2020 年 6 月，中介机构的尽职调查报告发现，截至 2019 年 6 月 30 日，海航集团总资产 6933 亿元，总负债 9695 亿元，净资产 –2762 亿元，已经严重资不抵债。因此，在各方协商一致下，海航集团最终选择采用破产重整的方式化解债务风险，并连带解决相关合规问题。

4. 通过诉讼化解违规担保

在海航集团等 321 家公司、海航控股、海航基础和供销大集的重整程序中，管理人根据《公司法》《民法典》《担保制度司法解释》《担保法解释》相关规定，通过诉讼途径减轻了 3 家上市公司的违规担保责任。根据相关判例，在一些涉及程序明显瑕疵的违规担保案件中，违规担保方通常是承担 1/2 的担保责任。

（四）监管部门的关注及监管措施

1. 行政责任

在海航集团、海航控股、海航基础和供销大集通过资产报告披露了其令人瞠目结舌的资金占用和违规担保问题后，中国证监会并没有立刻对相关责任主体进行立案调查并进行行政处罚。可能是为确保重整工作的顺利开展，中国证监会给予了宽容监管。但是，在 2021 年 12 月 17 日，在海航控股、海航基础和供销大集重整计划经法院裁定批准之后，中国证监会对 3 家上市公司因资金占用、违规担保等相关问题涉及的信息披露违法违规进行了立案调查。2022 年 9 月，3 家上市公司陆续收到了中国证监会的行政处罚决定书，中国证监会对相关责任主体给予了警告、罚款等行政处罚。

2. 刑事责任

2021 年 9 月 24 日，海航集团实际控制人和首席执行官被警方带走调查，各方均未披露二人涉及的违法犯罪行为。

2022 年 3 月，在海航集团股东变更为海南海航二号信管服务有限公司前夕，时任海航航空集团董事长，也被警方带走。

3. 民事责任

截至 2022 年年底，海航集团、海航控股、海航基础和供销大集均未披露收到证券虚假陈述民事赔偿案件的传票。我们无法知悉到底是投资者未提起诉讼还是相关的诉讼未被法院立案。

（五）合规问题解决时间轴（见图2－12－1）

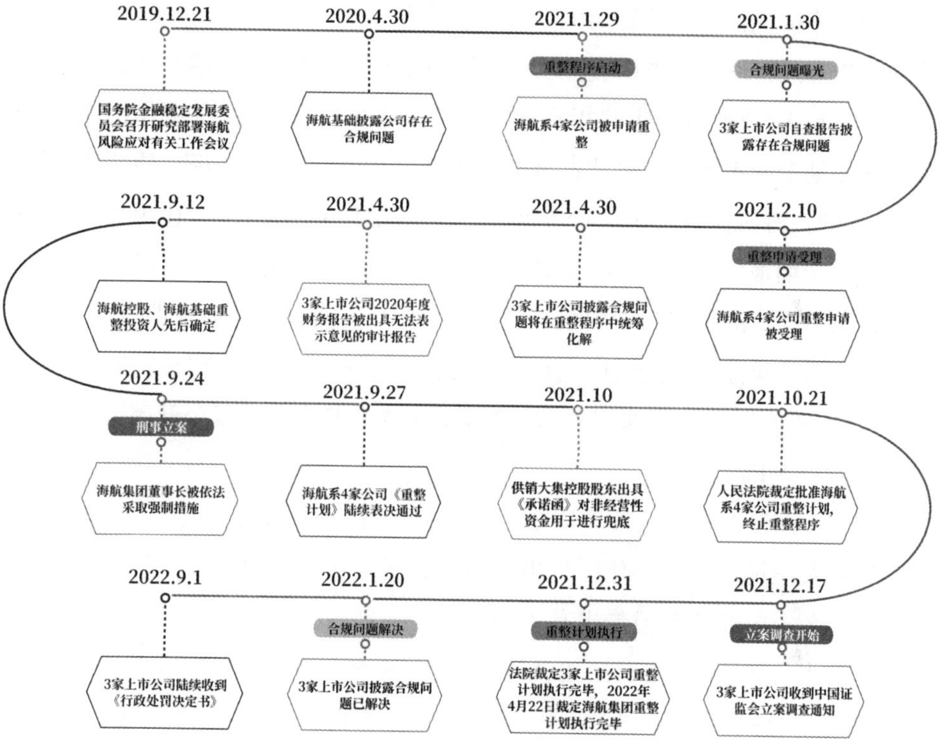

图2－12－1　海航系4家公司合规问题解决时间轴

三、合规问题事实的分析

（一）3家上市公司面临的困境

1. 因违规担保引发的偿债压力

海航控股、海航基础和供销大集为海航集团4,557,038.04万元债务违规提供了担保。自2018年起，海航集团陆续发生债务违约，大量债权人起诉海航集团要求其偿还债务，而3家上市公司作为相应债务的保证人，也被起诉要求承担连带清偿责任。

2. 法律责任的承担

(1) 纪律处分

A. 海航控股

根据中国证监会行政处罚决定书查明的事实，作为上市公司，海航控股连续多年发生非经营性资金占用、违规担保等违规行为，次数众多，涉及金额巨大；作为证券发行人，海航控股未按规定就关联资金占用、违规担保事项作出披露，导致公司多期定期报告及相关债券募集说明书存在重大遗漏，违规性质恶劣，情节严重。同时，海航控股时任董监高知悉、参与审批相关资金占用、违规担保，未能保证相关定期报告真实、准确、完整，违反其在《董事（监事、高级管理人员）声明及承诺书》中作出的承诺，对海航控股违规行为负有责任。海航控股及相关责任人员的行为严重违反《证券法》《上交所股票上市规则》《上交所公司债券上市规则》①等有关规定，上交所决定对海航控股及相关责任人员予以公开谴责。

B. 海航基础

根据中国证监会行政处罚决定书查明的事实，海航基础发生多笔非经营性资金占用及违规担保，金额巨大，相关内部控制存在重大缺陷，年审会计师事务所因此对公司内部控制报告出具了否定意见。同时，海航基础时任董事、监事、高级管理人员知悉、参与审批相关资金占用、违规担保，未勤勉尽责，违反其在《董事（监事、高级管理人员）声明及承诺书》中作出的承诺，对海航基础违规行为负有责任。海航基础及相关责任人员的行为严重违反中国证券监督管理委员

---

① 《上交所公司债券上市规则》(2018 年修订) 第 1.4 条："发行人及其控股股东、实际控制人应当诚实守信，发行人的董事、监事、高级管理人员或者履行同等职责的人员应当勤勉尽责，维护债券持有人享有的法定权利和债券募集说明书约定的权利。增信机构应当按照相关规定和约定履行增信义务。"第 1.6 条："发行人、受托管理人、资信评级机构等信息披露义务人应当根据法律、行政法规、部门规章、规范性文件、本规则及本所其他规定，及时、公平地履行信息披露义务，保证所披露的信息或提交文件的内容真实、准确、完整，不存在虚假记载、误导性陈述或者重大遗漏，并确保提交的电子件、传真件、复印件等与原件一致。"第 1.7 条："发行人及其董事、监事、高级管理人员或者履行同等职责的人员、控股股东、实际控制人、增信机构、专业机构、投资者及其相关人员（以下简称监管对象）应当遵守法律、行政法规、部门规章、规范性文件、本规则、本所其他规定、证券上市协议和募集说明书等文件的约定或者承诺。"第 3.2.3 条："定期报告的内容与格式应当符合《公开发行证券的公司信息披露内容与格式准则第 38 号——公司债券年度报告的内容与格式》《公开发行证券的公司信息披露内容与格式准则第 39 号——公司债券半年度报告的内容与格式》及本所相关规定。"

会、中国银行业监督管理委员会《关于规范上市公司对外担保行为的通知》《上交所股票上市规则》等相关规定，上交所决定对海航基础予以公开谴责，对海航基础相关责任人员予以公开谴责或通报批评。

C. 供销大集

根据中国证监会行政处罚决定书查明的事实，供销大集存在非经营性关联交易及关联担保事项，且未履行信息披露义务，供销大集时任董事、监事、高级管理人员未能恪尽职守，履行诚信勤勉义务，对上述违规行为负有责任，违反《深交所股票上市规则》《深交所主板上市公司规范运作指引》，深交所决定对供销大集予以公开谴责，对供销大集相关责任人员予以公开谴责或通报批评。

（2）行政监管措施

A. 海航控股

由于海航控股关联方海航集团、海航实业分别占用公司资金 56.70 亿元、9.00 亿元，虽相关资金于 2018 年年度报告披露日前清偿，但仍违反《16 号文》的规定。同时，海航控股对该行为未及时履行信息披露义务，违反《上市公司信息披露管理办法》的规定。因此，海南证监局决定对海航控股采取出具警示函的监管措施。

B. 海航基础

由于海航基础未就关联担保超过授权部分履行董事会、股东大会的决策程序，且未及时履行信息披露义务，海航基础时任董事长、总裁、财务总监未履行勤勉尽责义务，对上述违规行为负有责任，违反《上市公司信息披露管理办法》的规定，海南证监局决定对海航基础及相关责任人员采取出具警示函的行政监管措施，并记入资本市场诚信信息数据库。

C. 供销大集

由于供销大集存在非经营性关联交易及关联担保事项，未履行信息披露义务，供销大集时任董事、监事、高级管理人员未履行勤勉尽责义务，对上述违规行为负有责任，违反《上市公司信息披露管理办法》的规定，陕西证监局决定对供销大集及相关责任人员采取出具警示函的监督管理措施。

（3）行政处罚

A. 海航控股

由于海航控股存在非经营性关联交易和关联担保事项未及时披露的情况，

且在《2018 年半年度报告》《2018 年年度报告》《2019 年半年度报告》《2019 年年度报告》《2020 年半年度报告》中对此存在重大遗漏，海航控股涉案期间有关董事、监事、高级管理人员知悉、审批上述事项，对上述违法行为负有责任，违反了《证券法》相关规定。针对 2018 年 1 月 ~2020 年 6 月的相关违法行为，中国证监会决定对海航控股给予警告，并处以 200 万元罚款；针对 2020 年 7 月 ~12 月的相关违法行为，中国证监会决定对海航控股给予警告，并处以 100 万元罚款；对海航控股相关责任人员给予警告和罚款。

B. 海航基础

由于海航基础存在非经营性关联交易和关联担保事项未及时披露的情况，且在《2018 年半年度报告》《2018 年年度报告》《2019 年半年度报告》《2019 年年度报告》《2020 年半年度报告》中对此存在重大遗漏，海航基础涉案期间有关董事、监事、高级管理人员知悉、审批上述事项，对上述违法行为负有责任，违反了《证券法》相关规定。针对 2018 年 1 月 ~2020 年 6 月的违法行为，中国证监会决定对海航基础给予警告，并处以 130 万元的罚款；针对 2020 年 7 ~12 月未及时披露非经营性关联交易行为，中国证监会决定对海航基础给予警告，并处以 70 万元的罚款；对海航基础相关责任人员给予警告和罚款。

C. 供销大集

由于供销大集存在非经营性关联交易和关联担保事项未及时进行披露的情况，且 2017 年半年报及年报、2018 年半年报及年报、2019 年半年报及年报、2020 年半年报对上述事项存在重大遗漏，供销大集时任董事、监事、高级管理人员知悉并参与相关审批，对上述违法行为负有责任，违反了《证券法》规定，中国证监会决定对供销大集给予警告，并处以 50 万元罚款，对供销大集相关责任人员给予警告和罚款。

（4）民事责任

根据《证券法》《虚假陈述规定（新）》等相关规定，上市公司因其虚假陈述给投资人造成损失的，承担民事赔偿责任。在该案中，对于可能因证券虚假陈述诉讼产生的赔偿责任，海航控股、海航基础、供销大集的破产管理人预留了偿债资源。

3. 资本市场运作受阻

根据《16 号文》相关规定，上市公司存在合规问题的，自发现起 12 个月内中国证监会不受理其再融资申请。因此,海航控股、海航基础、供销大集将因合规问题,在12个月内无法进行配股、公开增发、非公开发行、可转换公司债券、优先股、公司债券、企业资产证券化等一系列资本市场运作,融资能力将进一步受限。

4. 退市风险

根据上述规定,海航控股、海航基础、供销大集因资金占用和违规担保等问题,2020年年度财务报告被出具无法表示意见。此后,交易所对3家公司实施了退市风险警示。若3家公司2021年度无法消除资金占用、违规担保等合规问题以及自身债务问题的影响,2021年度财务报告继续被出具非标准意见,则3家公司存在退市风险。

(二)海航集团面临的困境

1. 合规问题的限期解决

根据国务院《关于进一步提高上市公司质量的意见》相关规定,对已形成的合规问题,控股股东要限期予以清偿或化解。海航集团及其关联公司对海航控股、海航基础、供销大集形成的非经营性资金占用需要承担清偿责任。海航控股、海航基础、供销大集违规为海航集团及其关联公司提供的担保,部分债权人已经起诉要求海航集团及其关联公司清偿债务,3家上市公司需承担连带清偿责任。在3家上市公司承担相应连带清偿责任后,有权在承担的担保责任范围内向海航集团及其关联公司追偿。

2. 到期债务的清偿责任

根据中介机构在2020年作出的尽职调查报告,截至2019年12月31日,海航集团范围内负债合计8833.60亿元(不含自平衡企业负债),其中包含带息负债7927.96亿元、非融资类负债667.28亿元以及应付利息238.36亿元。依据集团管理板块划分后,其中带息负债金额最高的板块为航空板块,金额2646.75亿元,占比33.38%;其次为非航板块,金额为1856.71亿元,占比23.42%。两个板块合计承担海航集团1/2以上的带息负债,具体的负债分布见表2-12-2。

表 2－12－2　海航集团债务分布情况

单位：亿元

板块	带息负债	非融资类负债	应付利息	合计
总部直管	1128.04	28.44	36.12	1192.60
航空	2646.75	247.04	34.23	2928.02
空港	904.92	220.01	54.77	1179.70
租赁	1391.54	78.78	63.04	1533.36
非航	1856.71	93.01	50.20	1999.92
总计	7927.96	667.28	238.36	8833.60

根据重整程序中的债权申报和审查结果，管理人初步审查后预计其中 607.69 亿元债权将被法院确认，509.09 亿元债权将被法院不予确认，暂缓确认的债权约为 895.66 亿元。经管理人调查，321 家公司另有截至重整受理日应付未付的经营性欠款，继续履行合同的融资租赁债务等共益债务及职工债权，未申报债权等约 323.96 亿元，其中职工债权金额总计约 2.05 亿元，涉及职工约 3 万名。

综上所述，除资金占用和违规担保问题外，海航集团自身的债务问题更加严重，面临着沉重的偿债压力。

（三）风险化解方案的选择及影响因素

1. 风险化解方案的选择

相较于资金占用和违规担保问题，海航集团及其旗下的上市公司更关注债务问题的化解，且其资金占用和违规担保问题会发生很大一部分也是因为需要动用集团上下一切可用资源解决到期的债务。

海航集团在债务问题爆发后，首先采取的是通过出售资产偿还债务，但最终发现，通过处置资产偿还债务并没有达到预期的效果。通过处置资产换取的现金大多用于偿还利息，海航集团的资产负债率不降反升。

因此，海航集团的资产处置工作只能被迫停止。2020 年 6 月，中介机构的尽职调查报告发现，截至 2019 年 6 月 30 日，海航集团总资产 6933 亿元，总负债 9695 亿元，净资产 －2762 亿元，已经严重资不抵债。为全面化解问题，在各方协商一致下，海航集团最终选择采用破产重整的方式化解债务风险，并连带解决相关合规问题。

2. 影响风险化解方案选择的因素

(1)资产负债结构失衡,无法通过处置资产清偿全部债务

2020 年 6 月,中介机构完成了对海航集团资产及负债情况的摸底。截至 2019 年 6 月 30 日,海航集团的净资产为 -2762 亿元,该结果得到股东团队的书面确认和债委会的符合确认。海航集团在此种情况下,即便是卖光所有资产,也无法清偿全部债务。

(2)资金占用和违规担保规模太大,通过常规方式不可能完成回填

根据海航控股、海航基础和供销大集的自查,3 家上市公司涉及的资金占用规模达 6,148,144.49 万元,违规担保规模达 4,543,609.52 万元,已经无法通过海航集团直接偿还或是债权债务冲抵等常规形式解决。

(3)重整程序可综合利用各种方式对债务进行合理调整

海航集团及其旗下上市公司面对如此庞大的债务压力,实际无法通过出售资产、对外融资方式化解风险。而重整程序可以充分利用股票抵债、信托份额抵债或打折清偿等方式对债务进行调整。

海航集团及其旗下上市公司因债务问题已基本失去持续经营能力,需要引入投资人,注入大量流动性才能最大限度解决公司的债务问题。与常规投资方式相比,通过重整程序进行股权收购的成本往往更低,即通过重整程序招募对战略投资人更具有吸引力,根据市场化、法制化原则更容易招募到优质的战略投资人,为上市公司注入充分的流动性。

(4)重整程序可综合利用各种方式解决资金占用和违规担保问题

司法重整对于资金占用和违规担保问题则有较为灵活的处理方式:可以通过与债权人协商豁免债权代控股股东偿还资金占用款;可以与战略投资人协商购买控股股东股票,以股票价款偿还资金占用款;可以通过向控股股东发行股票,然后按照市场价格回填上市公司;也可在控股股东进入重整程序后通过各种债权化解方式代上市公司偿债解决。

(5)重整程序对于优化上市公司财务指标效果明显,可以达到保壳效果

海航控股、海航基础和供销大集 2020 年年度财务报告被出具非标准意见,且海航控股 2020 年年度财务报告显示,其净资产为负。如果上市公司财务指标

不能得到改善，下一年度财务报告继续被出具非标准意见，将面临退市的风险。

通过重整程序引入战略投资人，为上市公司注入流动性，为上市公司“开源”，可提高上市公司流动资产的占比，改善上市公司资产结构。通过重整程序的股票抵债、打折清偿等非现金清偿方式，可大规模化解上市公司债务，为上市公司“节流”。重整程序将引进战略投资人和债务调整相结合，可有效调节上市公司资产负债结构，优化财务指标，避免上市公司因净资产为负等财务问题退市。

（6）政府支持企业的重整程序

海航集团及其旗下上市公司的风险处置工作得到国务院的高度重视，中国人民银行、银保监会、中国证监会、中国民用航空局、财政部、国家发展和改革委员会、最高人民法院、国家税务总局、海南省政府及其他地方政府在各个方面的高度支持，使最终重整方案能够顺利开展并化解风险。

（四）重整方案分析

1. 债务问题的解决

（1）海航集团

海航集团等 321 家公司总体分为引战企业和非引战企业。航空引战企业 25 家，由海南方大以现金增资方式取得 25, 700, 000, 000 元注册资本对应股权，持股比例 95%；机场引战企业 3 家，由海发控以现金增资方式取得 2, 250, 000, 000 元注册资本对应股权，持股比例 56%；非引战企业 293 家，以其资产搭建信托计划，信托计划持有航空引战企业 5% 和机场引战企业 44% 股权。

A. 321 家公司的职工债权和税款债权在重整计划执行期限内以现金方式全额清偿。

B. 有财产担保债权分为引战企业和非引战企业清偿。引战企业涉及的有财产担保债权在市场评估值范围之内留债展期清偿，剩余部分转为普通债权清偿；非引战企业除担保物为现金及等价物或在重整期间已经变现的可优先清偿外，其余部分以优先类信托份额清偿。

C. 普通债权以债权人为单位，3 万元以下部分以现金方式一次性清偿完毕，超过 3 万元的部分，属于救助贷款的，留债展期清偿，其他普通债权以信托份额受偿。

(2)海航控股

海航控股通过资本公积转增股票,以现有股本为基础,转增了1,643,667.39万股股票。在转增股票中:不少于440,000万股专项用于引进重整投资人,股票转让价款部分用于支付11家公司重整费用和清偿相关债务,剩余部分用于补充流动资金以提高海航控股的经营能力;约1,203,667.39万股股票以一定的价格抵偿给11家公司部分债权人,用于清偿相对应的债务。

A. 11家公司的职工债权和税款债权以现金方式一次性全额清偿。

B. 有财产担保债权在担保物市场评估价值范围内留债展期清偿,市场评估价值范围之外的部分转为普通债权清偿。

C. 普通债权以家为单位,10万元以下部分以现金方式一次性全额清偿,10万元以上部分,属于救助性贷款的,留债展期清偿;属于其他普通债权的,64.38%的债权由海航集团清偿,35.61%的债权以股票抵偿,抵债价格为3.18元/股。

(3)海航基础

海航基础通过资本公积转增股票,以现有股本为基础,转增了781,518.49万股股票。在转增股票中:约330,000.00万股专项用于引进重整投资人,剩余部分用于补充流动资金以提高海航基础的经营能力;约158,324.80万股股票以一定的价格抵偿给21家公司部分债权人,用于清偿相对应的债务;约293,193.70万股用于解决业绩补偿、资金占用和违规担保等问题;约114,217.40万股分配给中小股东。

A. 21家公司的职工债权和税款债权以现金方式一次性全额清偿。

B. 有财产担保债权在担保物市场评估价值范围内留债展期清偿,市场评估价值范围之外的部分转为普通债权清偿。

C. 普通债权以家为单位,10万元以下部分以现金方式一次性全额清偿,10万元以上部分,属于救助性贷款的,留债展期清偿;属于其他普通债权的以股票抵偿,抵债价格为15.56元/股。

(4)供销大集

供销大集通过资本公积转增股票,以现有股本为基础,转增了2,088,046.70

万股股票。在转增股票中:897,203.66 万股用于解决业绩承诺问题;597,258.54 万股补偿给供销大集解决资金占用和违规担保等问题;221,185 万股给供销大集,用于向债权人分配抵偿供销大集债务,未来引进重整投资人及改善供销大集持续经营能力;剩余 372,399.49 万股分配给股东(海航商控、新合作商贸及其一致行动人之外的股东)。

A. 25 家公司的职工债权和税款债权以现金方式全额清偿。

B. 有财产担保债权在担保物市场评估价值范围内留债展期清偿,市场评估价值范围之外的部分转为普通债权清偿。

C. 普通债权以家为单位,1 万元以下部分以现金方式一次性全额清偿,1 万元以上部分,以股票抵偿,抵债价格为 4 元/股。

2. 资金占用和违规担保问题的解决

(1)海航控股

在海航控股重整案中,通过协同重整的方式,海航控股债权人的其他普通债权中的 64.38% 的债权由海航集团等关联方清偿,以此解决资金占用和违规担保给海航控股造成的损失。海航集团等关联方无条件、不可撤销地承诺同意代海航控股清偿与关联方占用资金对海航控股造成的损失同等金额的负债。最终,该部分负债在海航集团等 321 家公司重整计划中以普通类信托份额受偿。

自查报告中涉及的 380.22 亿元关联方非经营性资金占用,通过关联方清偿债务以及抵销关联方经营性应付款的方式予以解决。

在自查报告中涉及的 247.63 亿元未披露担保中,约 147.98 亿元已由法院裁定,确认海航控股需实际承担责任的仅为 56.78 亿元;约 99.65 亿元尚未经法院裁定确认债权金额,对应债权申报金额为 164.64 亿元(包含重复申报)。根据《民法典》《担保制度司法解释》《担保法解释》等规定,并结合前期认定情况及相关未披露担保事项具体材料,海航控股按照债权人申报金额的 1/2 比例预留偿债股票资源,对应预留股票数量 9.18 亿股。相关债权金额按照重整计划中同类债权的清偿规定,以预留偿债资源进行清偿,其中股票抵债价格确定为 3.18 元/股。

(2)海航基础

根据海航基础重整计划的规定,本应分配给原控股股东的约 149,229.52 万股股票,以 2021 年 9 月 10 日的收盘价 12.91 元/股让渡给海航基础,用于抵偿非经营性资金占用和违规担保给海航基础造成的损失。

海航基础在自查报告中披露的资金占用规模为 44.59 亿元。在海航基础进入重整程序后,因债权债务抵销、债权债务转移等原因,非经营性资金占用规模发生变化,最终确定的非经营性资金占用余额为 49.75 亿元。上述 497,540.75 万元的关联方非经营性资金占用余额由原控股股东及其支配的股东通过向海航基础让渡股票予以解决。按照出资人权益调整方案公告前一交易日即 2021 年 9 月 10 日的收盘价 12.91 元/股计算,需让渡转增股票约 38,539.18 万股。

自查报告中涉及的未披露担保约 146.77 亿元,海航基础已通过各种途径来减少需承担的相应担保责任。一是约 109.52 亿元已由法院裁定,裁定确认海航基础需实际承担的责任仅为 54.68 亿元。二是约 37.25 亿元尚未经法院裁定确认债权金额(对应的在该次重整中债权人申报的担保债权金额为 49.80 亿元);此外,另有 3 笔债权人申报的担保债权,债权人申报金额合计 22.03 亿元,海航基础从审慎角度也将其纳入该次解决的范围。前述尚未裁定确认责任金额的担保债权,根据《民法典》《担保制度司法解释》《担保法解释》等规定,并结合前期认定情况及相关未披露担保事项具体材料,海航基础按照未披露担保债权责任不超过主债务人无法偿还部分 1/2 的比例预计,责任金额约为 35.91 亿元。因此,未披露担保预计承担的责任金额合计约 90.59 亿元。就上述 90.59 亿元的担保债权责任金额,由海航基础原控股股东及其支配的股东通过向海航基础让渡股票予以解决。

按照出资人权益调整方案公告前一交易日即 2021 年 9 月 10 日的收盘价 12.91 元/股计算,需让渡转增股票约 70,174.28 万股。

(3)供销大集

供销大集按照自查报告所涉事项可能产生的最大口径约 257 亿元先向海航集团等 321 家公司破产重整程序申报债权,并将根据海航集团等 321 家公司重整计划的规定获得现金及信托计划份额清偿,并由海航集团及其一致行动人、特定关联方将取得的 597,258.54 万股转增股份让渡供销大集予以解决(价格按公告前一日即 2021 年 9 月 15 日收盘价 2.91 元/股计算,可解决自查报告所涉事项给供销大集造成的损失约 1,738,022.35 万元)。

根据供销大集的自查报告,其涉及的非经营性资金占用规模为196.42亿元。供销大集进入重整程序后,相关债务人未按时还款,导致债权人划扣资金形成资金占用,截至2021年12月31日,非经营性资金占用余额为199.53亿元。供销大集已就上述非经营性资金占用向海航集团等321家公司重整程序申报债权,将根据海航集团等321家公司重整计划的规定获得现金及信托计划份额清偿,对于信托计划不能足额清偿部分,通过差异化转增安排予以解决。

就自查报告中涉及的违规担保,供销大集已通过各种途径来减少需承担的相应担保责任。

截至2021年12月31日,一是由供销大集及其重整子公司提供的担保,将根据供销大集重整计划通过现金受偿和股票抵偿实现清偿,从而使49.97亿元的违规担保整体得到解决。经法院裁定确认的债权,均为普通债权,根据重整计划清偿,就违规担保对供销大集造成的损失,将按照非经营性资金占用的上述解决方案予以解决。未经法院裁定确认的债权,供销大集将通过诉讼手段维护自身权利,以未履行内部审议程序且未进行披露为由,主张上述担保合同无效,供销大集不应承担担保责任。

二是由非重整企业提供的1亿元未披露担保,主债务人已出具承诺,在2022年1月31日前解除土地抵押,已提前归还借款2000万元。就违规担保对公司造成的损失,将按照非经营性资金占用的上述解决方案予以解决。

(五)方案实施效果

海航集团、海航控股、海航基础、供销大集通过现金清偿、股票抵债清偿和信托份额抵债清偿方式,成功化解了1万亿元左右的债务问题。

海航控股通过将65%的债务转移至海航集团的信托计划中成功解决了非经营性资金占用和违规担保问题;海航基础通过差异化转增,即控股股东将其通过资本公积转增的股票以市场价格让渡给海航基础,成功解决了非经营性资金占用和违规担保问题;供销大集通过向海航集团等321家公司重整程序申报债权获偿以及差异化转增的方式,成功解决了非经营性资金占用和违规担保问题。

海航集团航空板块、机场板块,海航控股,海航基础通过引入重整投资人为公司注入流动性，改善了公司的各项财务指标和资产负债结构，并消除了以前年度财务报告非标准意见涉及的相关事项的影响，成功撤销退市风险警示。供销大集虽然未能在重整程序中招募到重整投资人，但依然通过重整程序化解了大规模债务，改善了公司的各项财务指标和资产负债结构，并消除了以前年度财务报告非标准意见涉及的相关事项的影响，成功撤销退市风险警示。

通过重整程序，海航集团及3家上市公司及时解决了资金占用和违规担保问题，但因其资金占用和违规担保涉及金额特别巨大，公司及相关责任主体未能避免承担相应的行政和刑事责任。因资金占用、违规担保问题涉及的信息披露违法违规，中国证监会最终决定对海航集团、3家上市公司及其相关责任主体给予警告、罚款等相应行政处罚。因公司通过重整程序及时解决了资金占用和违规担保问题，未对上市公司利益造成重大损失，实际控制人及其他责任主体避免了承担《刑法》第169条之一规定的背信损害上市公司利益罪的刑事责任。但是，高管因信息披露违法违规及其他违法犯罪行为被警方带走调查，至今未能根据公开信息查询到其刑事判罚结果。从资金占用和违规担保规模来看，3家上市公司的信息披露违法违规行为相当严重。但通过公开信息未查询到投资者提起证券虚假陈述民事赔偿诉讼的相关情况。

（六）重整后的衍生问题

海航集团信托计划的底层资产并非最优质的资产，其产生现金流的能力有限。若以资产评估价值测算，则信托计划的实际清偿率可能不足30%；若根据快速变现价值测算，则信托计划的实际清偿率会更低。根据供销大集资金占用和违规担保的解决方案，需要根据信托计划实现部分债权的受偿。但信托计划最终的清偿结果存在不确定性，供销大集可能会因此产生相应的损失。

供销大集在重整程序中未能成功引入重整投资人，虽然在2022年12月31日之前新供销基金表达了投资意向，但始终没有敲定。根据供销大集重整计划的规定，有财产担保债权在担保物市场评估价值范围内展期10年清偿，留债利率按照原融资利率与3.00%/年孰低者确定。在供销大集未能引入战略投资人补充流动性的情况下，其经营性现金流能否支撑得住有财产担保债权人的留债方案存在不确定性。

四、海航集团重整案的启示

海航集团重整案是目前我国债务规模最大,债权人数量最多,债权人类型最复杂,纳入实质合并重整范围的关联企业数量最多的超大型案件。这也是我国为数不多的由高级人民法院直接审理的重整案件。我们复盘海航集团合规问题的解决过程,其独立性欠缺的管理架构,成为法院否认关联企业的独立人格并裁令共同承担责任的重要依据。这也是造成海航集团的各级关联公司基本被一网打尽,打破法院裁定纳入实质合并重整范围内的关联企业数量纪录的直接原因。

在海航集团重整过程中,监管部门在对海航集团予以行政处罚时,明确指出海航集团管理结构存在严重问题,不同法人之间的独立性缺失,具体表现:“海航集团通过‘海航集团—事业部/产业集团—单体公司’三层管理结构实际管理下属公司。在财务上施行全集团一体化、垂直化、三层式控制及管理;在资金上施行现金流一体化管理,资金由海航集团统一调拨。海航控股等公司属于前述‘单体公司’,在财务资金管控方面缺乏独立性,其与相关关联方的资金往来,签署对外担保合同等,均在海航集团组织及操控下完成。”

上述认定和处罚给市场上采取同类管理架构的上市公司敲响警钟。目前,我国大量上市公司在管理条线上并不完全独立,习惯于隶属总部集团的某一业务单元。从管理角度来讲,缩短管理半径具备商业上的合理性和普遍性。为追求管理便利与效率,总部集团会倾向于向上市公司实施一定的管理行为,甚至对于民营企业,出现上述管理行为是“正常”现象。但就法律与监管角度而言,此类管理行为是否合规,从事后监管层面来评价存在模糊地带,出现问题时易于成为公司治理失衡,丧失独立性的处罚依据。

海航集团合规问题的严重程度与涉及的债务规模都是史无前例的。在该案中,对于合规问题的处理并非采用“一刀切”的方式全部甩给海航集团,而是通过关联方承接债务、差异化转增以及向关联方申报债权等多元化的方式统筹解决。这与合规问题的规模有很大关系,即使海航集团负责解决全部合规问题,其亦是以信托份额抵偿,而信托份额对应的底层资产并不会增多,海航集团的债权人将面临偿债资源被进一步稀释的风险。

海航集团所涉3家上市公司与责任人员因合规问题受到证券监管机构的行政处罚,但相对于上千亿元的资金占用规模,顶格处罚亦属九牛一毛。因此,有的市场人士认为处罚偏轻,应该加大处罚力度,提升违法违规的成本。但是就另一层面而言,如监管部门施以极刑乃至退市处罚,势必导致上市公司债权人和中小股东承担更大的金钱损失,应站在更高维度权衡权责边界。另外,如此大规模的资金占用并未引发严重法律责任的原因在于,海航集团占用的资金并非挪作他用,大部分还留存在整个海航体系内,这也是为何海航集团300多家公司需要实质合并重整的重要原因,也只有这样才能将"大股东及关联方—上市公司—债权人"之间的三角债拉直。

从实用角度观之,海航集团重整案体现出更为广泛的均衡原则。这会成为我国上市公司合规案件以及债务重组市场中的重要标尺。关于该案,市场要问的是:在牵涉利益众多的超大型案件中,政府与法院应该扮演何等角色——当面临受损者众多而资源匮乏时,是对整个案件"一刀切"式的风险出清,还是制定明确的分配标准,让企业顺利走出来?当要解决合规与债务问题时,是改善企业外部环境,提供充分的政策支撑,调整处罚的触发尺度,还是用严格的规定实现"无死角"的追责?对于这些问题,市场必然有不同看法,但从实用主义出发,在缺乏明确的法律和规则的模糊地带,允许"拍脑袋"式地选择一种更可预期、更尊重市场规律的解决路径,可能在未来实践中会更多地涌现。

后　记

“对我而言，能够察觉生命和意识的永恒奥秘，了解现实世界的神奇结构，

并且能投入全身心的努力去领悟自然界中所展示出来的理性，

哪怕只能得到其中极小的部分，

便也心满意足了”

——爱因斯坦《我的世界观》①

市场在资产负债表衰退的隐忧下是敏感而脆弱的。大洋对面的蝴蝶轻轻扇动翅膀，彼岸将会掀起滔天巨浪。2020 年 1 月 31 日，做空机构发布了瑞幸财务造假报告。其后，瑞幸九死一生，股价从巅峰时期的 51.38 美元/股一路暴跌至 1.38 美元/股并退市备案，告别纳斯达克。在后来的故事中，瑞幸是幸运的，2021 年 2 月，瑞幸申请破产保护。2023 年 8 月 1 日，瑞幸时隔两年后公布业绩——境内门店突破万家，净利润近 10 亿元人民币。但是，幸运儿永远是少数，更多的问题企业一蹶不振。

预防问题当然比解决问题更好，事前监管比事后惩处更有效。但现实评价并非如此。因此，辜朝明才说防止危机的人无法成为英雄。在好莱坞的世界里，所谓的英雄都是在危机爆发、

① 参见［美］阿尔伯特·爱因斯坦著：《我的世界观》，方在庆编译，中信出版社 2018 年版，第 9 页。

无数人已经丧命之后才出来拯救无辜、消灭坏蛋的。假如有一个睿智之人事先意识到了危险，并成功地将灾难化解的话，那么就不会有传奇，不会有英雄，更不会有什么电影了。一个英雄需要的是一场货真价实的灾难。①

市场经济中没有好莱坞式的英雄，也没有单枪匹马拯救世界的桥段，更多的是利益攸关者的合力自救。就像英雄电影中的反派“倒数计时”，拯救必须在规定时间内完成。上市公司想要真正地解决合规问题，首要是选准正确的方向，尽快付诸行动——细节并不重要，过程可以修正——增加市场投资者的信心。在危机中，信心比黄金更可贵。

当下，如上市公司因资金占用、违规担保形成的风险得不到有效解决，市场主体会用脚投票，造成股价的巨幅波动。资本从股票市场快速撤出甚至离境，将带来不可预测的风险。这一点在1931年德国经济危机冲击全球稳定秩序即有体现，其引发全球清偿危机并在随后一系列人类历史大事件中起到了关键作用。这种债务与危机的伴生关系，始终是我们高度关注和忧虑的重点，本书希望通过小事件的修正，规避不可预测的风险和灾难。

灾难中需要英雄人物协助民众重建信心，在上市公司合规问题中，需要实控人“老兵不死”，坚忍不拔地坚守，也需要“白衣骑士”重建企业生存秩序。因此，为便于各方可以快速行动，我们根据亲身经验，将市场具有代表性的上市公司纾困方式进行提炼和总结，并对其中细节进行还原。这既是为了满足自己了解该类问题内在构造和逻辑的好奇心，也更希望借此了解掌握其内在规律与逻辑，为纾困英雄提供武器，战胜企业个体暂时性的困难，从根源上斩断债务危机对现实世界的冲击。本书更向那些无名的英雄致敬，为那些制止灾难出现的“无名者”，维护着风险底线的“守夜人”致敬。他们对未来世界所起到的深远意义早已超过处置债务危机本身。

最后感谢梁跃律师自本书初创到正式出版阶段的全程参与，感谢董文祥律师在繁忙工作之余的倾情投入，感谢二位律师陪伴我度过初入中伦最为筚路蓝缕的适应期，期待我们怀揣对商业与法律世界的好奇心与梦想，一同为这个世界做些什么，亦感谢本书过程中贡献智慧和力量的朋友们，谢谢大家！

是为后记。

---

① 参见[美]辜朝明：《大衰退：宏观经济学的圣杯》，喻海翔译，东方出版社2016年版，第53页。